U0000835

百衲本二十四史

北史

上海涵芬樓影印

北平圖書館及自

藏元大德刻本原

書版匡高二十二

公分寬十七公分

李靈曾孫元忠渾
李順　玄孫元操
李孝伯　猶弟子士謙
　　　　　　公緒　弟子琛
李裔　子子雄
李義深　弟幼廉

北史列傳二十一

吳興山刊

李靈字武符趙郡平棘人也父襁字小同恬靜好學有聲
趙魏間道武平中原聞其已亡哀惜之贈宣威將軍蘭陵
太守神麚中太武徵天下才儁靈至拜中書博士賜爵高
陽太守以學優蒙授文成皇帝經加中散內博士賜爵高
邑子文成踐阼卒於洛州刺史贈定州刺史鉅鹿公諡曰
簡子恢襲以師傅子拜長安鎮副將進爵為侯假爵鉅鹿公
後東平王道符謀及遇害贈恆州刺史鉅鹿公諡曰鉅鹿公
弟綜事見祀後長子悅祖襲爵倒降為伯卒悅祖
子瑾字伯瑤襲位大司農卿瑾淳謹好學老而不倦卒贈
司空悅祖弟顯甫豪俠知名集諸李數千家於殷州西山
開李魚川方五六十里居之顯甫為其宗主以軍功賜爵
平棘子位河南太守贈安州刺史諡曰安
子元忠少屬志操粗覽書史及陰陽術數有巧思居喪以
孝聞襲雙爵平棘子親清河王懌為營明堂大都督司為主

簿遭母憂丟任歸李魚川嘗亡二馬既獲盜即以與之在
毋喪哭泣哀動旁人而飲酒騎射不綴曰禮豈為我初元
忠以毋多患心醫藥善方技性仁恕無貴賤皆為救療
療家素富在鄉多有出債求利元忠焚契免責鄉人甚敢
之遺奴為導曰若逢賊但避道我自中山至
遠命者凡三百人賊至元忠歐卻之高榮悉眾攻圍執元忠
葛榮起元忠率宗黨起壘清河有五百人西成還經南趙郡以
路梗共投元忠奉絹千餘匹元忠唯受一匹殺五牛以食
之孝莊時盜賊蠭起元忠率宗黨作壘清河有五百人
以隨軍賊平就拜南趙郡太守好酒無政績及莊帝幽崩
元忠華官潛圖義舉會齊神武東出元忠便乘露車載妻
酌酒掌脯食之謂門者曰本言公招延義士到門者以告
門不能吐哺輟洗其能下車獨坐
神武遽見之引入贈車上取筆敲之長歌慷慨
歌闋謂神武曰天下形勢可見明公猶欲事爾朱乎神武
曰非英雄也高乾邑已見神武因紿曰從叔董龕何肯
來嘗未是時高乾邑已見神武曰趙郡醉使人扶出元忠不
子嘗來元忠曰雖癰癱並解事神武曰趙郡醉使人扶出元忠不

論靖事元忠曰昔日建義臨輔大樂比來寂寞無人問
之親孝武帝納神武女為后而謝爲時殷州刺史尒朱羽
事家遷太常卿殷州元忠以從兄瑾年長以中正讓
生阻女據州元忠為后詔元忠即令行殷州每晏席更
明公之敵神武急握元忠手而謝爲時殷州刺史令尒朱羽
冀殼合洛瀛幽定自然弭從唯劉誕胡或當罪拒然非
藩君向冀州高乾邑兄弟必爲明公主人殷州便以賜委
眞納又謂神武小無糧伎不足以濟大事冀州大
元忠懍懍流涕神武亦悲不自勝元忠進從橫之策深見
肯起孫騰進曰此君天道來不可違也神武乃復留與言

欲尅建義處神武撫掌笑曰此人逼我起女賜白馬一四
元忠戲曰若君不與待中當重贓建義處神武曰建義不憲
無止畏如此老翁不可過耳元忠曰止為此翁難遇所以
不去因將神武穎大笑神武悉其雅意深重之後神武奉
送皇后仍田於晋澤尒忠馬倒良久乃蘇神武親自撫視
封晋陽縣伯後為光州刺史時州境災儉人皆采色元忠
表求賑貸被報聽用刀石元忠以為少送出十五万石賑
之事記表陳朝廷嘉而不責數拜待中元忠雖處要任初
不以物務干懷唯以聲酒自娛
關心園歷羅種果親朋尋詣必留連宴賞每挾彈攜壺

歡息而去大餉米絹愛而散之俄復以本官領衛尉卿卒
無媲使婢卷兩褌以質酒肉呼妻出衣不曳地二公相視
子如嘗詣元忠逢其方坐樹下擁被對壺獨酌
乞至蒲桃一盤文襄報以百縑其見賞重如此孫騰司馬
飲酒樂爾尒坐樹下蔦巾擁被對壺獨酌酌庭室
委以台閣以養餘年乃除驃騎大將軍儀同三司賈貴文
而多美酒故神武欲用為僕射文襄言其好酒不可
少府嘗載我我裁後自中書令復求為太常卿以其有音樂
游遨里閈每言嘗無食不可使我無酒阮步兵吾師也孔

有米三石酒數斗書籍藥物充滿醫架未及賻至金蠰質
絹乃得歛焉贈司徒諡曰敬惠初元忠將仕夢手執炬入
其父墓中夜驚起其惡之旦吉其受業師占云大吉可謂
光照先人也竟如其占性甚工彈彈出一孔撤棗
栗而彈之十中七八嘗從文襄入謁魏帝有鳧鴈殿上文
襄命元忠彈之間得幾鳧而落對曰一九奉至尊威靈一
九承大將軍意氣兩九足矣如其言而落之子搔嗣搔字
德沈少聰敏有才藝眷录諸聲別造一器號曰八絃時人
稱有思理武定末自丞相記室除河內太守居數載流人
盡復代至將還都父老號泣追送二百餘里生為立碑終

於儀曹即擢妹曰法行劭好道戒指自普不嫁遂為尼所
居去鄴三百里往來怕步在路或不得食飲水而已逢暑
寒年脫衣求贖泣而隨之雖免馴狎入其山居房舍齊亡
後遭時大儉施家粥於路異母弟宗偁與族人爭衡爭地
相毀辱曰我有地二家欲得者任來取之何為輕致忿訟
宗偁等慙遂讓為閒田

渾學季初靈之曾孫也祖綜行河閒郡早卒父遵字良軌
有業尚為魏冀州征東府司馬京兆王愉冀州起逆遇害
贈幽州刺史諡曰簡渾以父死王事除給事中後以四方
多難求為青州征東司馬與河閒邢郡北海王昕俱奉老
毋攜妻子同起青郡未幾而余朱榮入洛衣冠戮盡物論
以為知幾時自河北流移入聚青土眾踰二十萬共赴河閒
邢杲為主起自北海冀東陽青州刺史元世儁欲謀誅之
府人遂猜武渾乃與長史崔光韶具陳禍福由是喋血而
盟上下遂睦普泰中崔社客文於海岱攻圍青州渾以為
都官尚書東北道行臺赴援社客諸城各自固保渾以社
客賊根本烏合易離若逢疑沮渾力決行果覆衆社
禽諸近可傳撤而定諸將尚逗疑渾力決行果覆衆社
首送洛陽海隅清定天平初丁母憂行喪家側始將滅性
武定初兼散騎常侍聘梁使主梁武謂曰伯陽之後久而

彌盛趙李人物今寶名多使還為東郡太守以贓賄徵還
齊文襄王使武士提以入置諸庭渾抗言曰將軍本日猶
自禮賢邢文襄笑而會之齊天保初除太子少保時太常
邢卲為少師史部尚書楊愔為少傅論者榮之以豫禪代
儀注賜爵涇陽縣男文宣以魏麟足搭未精詔渾與邢卲
崔㥄魏收王昕李伯倫等修撰曹甫謂魏曰雕蟲小技我
不如卿典朝章卿不如我尋除海州刺史後王人共圍
州城城中多石典井常食海水賊絕其路城內先有一池
夏旱涸竭渾齊我朝服而祈焉一朝天雨泉流涌溢賊以
為神應時賊師敗渾捕斬渠師傳首鄴都渾妻郡往州干政
納賄坐免卒于鄴子湛字處元涉獵文史有家風兼通直
散騎常侍聘陳使副襲爵涇陽男渾與弟繕繢俱為聘使
主甚湛又為使副其少趙郡人士百為四使繢其姊
便求入學家人以偶年俗忌不許遂補其婦筆牘用之末
蹢朔遂通急就章內外以為非常兒及長儀貌端偉僅神
情朗儁第五舅王宅相之奇良在此嫪後敕撰五禮繢與太原王
又學軍禮魏靜帝於顯陽殿講孝經禮記繢與從弟
裴伯茂魏收盧元明等俱為錄議議舉可觀歷中書侍郎
丞相司馬每霸朝文武總集對揚王庭常令繢先發言端

為群僚之首音詞辯正風儀都雅聽者悚然文襄益加敬
異又掌儀注武定初兼散騎常侍為聘梁武問高
相今在何處黑獺若為形容高相作何經略繪敷對明辯
梁武稱佳與梁人訊言氏族裒進求市繪獨守清尚梁人重其廉
姓在十四之限繪曰兄所出雖遠當共車千秋分字耳一
坐皆笑還拜高陽內史繪舊有三猛獸人常患之繪欲悟
潔使還繪至後淀水皆洄乃置農正專主勸課墾田

陽構多陂淀而繪自是偶然貪此以為化感所致皆勸申上繪
猛獸因關俱死於郡西咸以為功人將竟不聽高

倍增家給人足瀛州三郡人俱詣州請為繪立碑于郡街神
武東巡郡國在瀛州城西駐馬父立使即中陳元康喻慰
之河間太守佳謀悟其弟遲勢從繪乞襄角鵑羽繪各書
曰鵑有六翮飛則沖天蹇有四足走便入海下官豈體疏
頻手足遲鈍不能近追飛走遠使人時文襄使遷選司
徒左長史遷舊繪既而不果謂由此書又文襄嗣業司
進賢冠賜繪曰卿但在心事孤當用卿為三公莫學侯景
而已至補大將軍從事中即還當用卿為三公莫學侯景
代山東諸郡其特降書徵者唯繪與清河太守辛術二人
叛也及文宣嗣事仍為丞相司馬天保初除司徒右長史

繪質性方重未嘗趣事權門以此父而沈屈卒贈南青州刺
史謚曰景子君道有父風繪弟繡字乾經少聰慧有才學
與舅子河間邢昕相倫輩少不逮之位中散大夫梁使
主侍中李神儁舉繡尚書南主客即繡前後接對凡十八
人頗為稱職鄴下為之語曰學則繪繡口則繪繡濟
文襄攝選以繡為司徒諮議參軍謂曰蘭陵蕭安平諸
崔繡曰子玉以還彫龍絕美崔邊間之怒繡詣門謝之遲
不次以卿人才故有此舉耳梁謝藺來聘使不得接我武定
上馬不顧卿子王以

五年兼散騎常侍使聘梁繡常逸遊放達自號隱君蕭然有
絕塵之意使還除太子家令　卒鄴初贈比徐州刺史謚
曰文
璨字世顯覆弟趙郡太守均之子也身長八尺五寸容貌
剋儁博受學於梁祚位中書即雅為高兇所知初末徐二州
刺史薛安都舉彭城降詔鎮南大將軍博陵公尉元鎮東
將軍薛安都舉彭城降
都率文武出迎元不加禮接安都還城遂不降宋將張永
沈攸之等先也下礛元令璆與中書即雅
都即與俱載赴軍元等入城收管籥其夜攻南門不剋
退還璆勸元乘求永失攻永米船大破之於是遂定淮

北加瑑寧將軍與張讜對為兗州刺史安帖初附以參
定徐州功賜爵始豐侯卒諡曰懿子元茂以襲爵元茂以寬
雅著補位司徒司馬彭城鎮副將人吏安之卒贈顯武將
軍徐州刺史諡曰順子秀之字鳳起襲爵位尚書都官郎
秀之弟子雲諡子鳳昇子道宗位直閤將軍道宗弟德林司
字鳳蒔秀之等並早孤事母孝謹兄弟容貌魁偉風慶
審正而皆早卒鳳昇子羽字鳳隆子羽弟子岳
徒中兵參軍元茂弟宣茂太和初拜中書博士後兼定州
州長史
定州刺史子徹仕齊位尚書左丞徹子純隋開皇中為介
位司徒諮議參軍大中大夫者忠謜一篇文多不載卒贈
蒙州刺史諡曰惠子籍之字儁遠性謹正祖逖書史
純子德饒字世文少聰敏好學有至性弱冠仕隋為校書
即仍直內史省多掌文翰轉監察御史科正不避權貴大
通德行為當時所重凡與交結皆海內髦彥性至孝母
蒙三年遷司隸從事每巡四方理冤在襄孝悌雖位秩未
爆疾頓終日不食十旬不解衣及丁憂水漿不入口五百度
勩歐血數升及送葬會昌仲冬積雪行四十餘里單袒徒跣

號踊幾絕會葬者千餘人莫不為之流涕後甘露降於庭
樹有鳩巢其庭納言揚達巡省河北詣廬弔慰之因段所
居村名為孝敬里後為金河縣長末之官謁
蓋盜蜂起賊帥格謙孫宣雅等十餘頭狼於勃海有
敕許其歸首謙等懼不敢降以德饒信行有聞遣奏曰若
德饒來者即相率歸首帝遣德饒往諭諸賊至冠氏
會佗司法書佐太守揚子崇特禮之又義兵起子崇遇害
棄戶城下德饒赴哭盡哀收瘞之至介休詣崇官
崇見許因贈子崇官令德饒為使者住離石禮葬子崇徹
弟公緒
公緒字穆叔性聰敏博通經傳觀末為奧州司馬屬疾去
官絕迹藪皇山齊天保初以侍御史徵不就公緒沈宾樂
道文不關時務故譬心不仕尤明天文善圖緯之學嘗謂
子弟曰吾觀齊之分野福德不多國家祚終四七及齊亡焉
距天保之元二十八年矣公緒雅好著書撰典言十卷趙
質疑五卷喪服章句一卷古今略記二十卷玄子五卷趙
記八卷趙語十二卷並行於世公緒既善陰陽之術有秘
記傳之子孫而不好為臨終取以投火子少通有學行公
緒弟縣字季節少好學然性倨傲每對諸兄弟露髻披

服略無少長之禮為辯文襄大將軍府行參軍進則集題
云昌春公主撰閱緣不任事每被識訶除殿中侍御史修
國使後為太子舍人為副使聘于并州江南多以僧寺傳
容出入常袒露還坐事解後辛於江南珍曹參軍撰戰國
文人集其序曰達生丈人者生於戰國之世爵里姓名無
春秋及音譜並行於世又自簡詩賦二十四首謂之達生
閒焉尒時人搉其行已彊為艾號順好屬文戍瓿棄薰常
持論文六古人有言性情生於天神識於形骸之役由此言之
然則性也者所受於天神識是也故為形骸之主情性之辯
所受於性嗜慾是也故為形骸之役由此言之情性之辯
以遇榮樂而無汰遺厄窮而不閒或出入閒或栖物表道
通寄託莫知所終

斷焉殊異故其身泰則均榮死生塵垢名利縱酒恣色所
以養情否則屏除愛著擯落狡膿收視及聽所以養識是
李順字德正鉅鹿公靈之從父爭也父系蒸容垂散騎侍
郎東武城冷道武定中原以為平棘子神瑞中拜中書侍
棘男順博涉經史有計策神瑞中拜中書博士轉中書侍
郎從征蠕蠕以籌略賜爵平棘子太武將討赫連昌謂崔
浩曰朕前北征李順獻策數事實合經略大謀令欲使撫
前驅之事何如浩曰順智足周務實如聖旨但臣與之昏姻深

知其行縱然異果於去就不可專委帝乃止初浩弟覽娶順女
又以弟子聚順女雖各姊嫌而順浩頗輕順順又不伏由是潛相
猜忌故浩毀之至統万大破昌軍順謀功居多後征統万
昌出逆戰順破其左軍及剋統万帝賜諸將珍寶雜物順
固辭唯取書數千卷帝善之遷給事黃門侍郎又從擊赫
連定於平涼三秦平進爵為侯遷四部尚書晉爵高平八未幾懷
渠蒙遜以河西內附帝欲簡行人崔浩曰邢貞
華詔襄慰尚書順即其人也帝曰順方為
此使若蒙遜身軏王帝而朝於朕復何以加之浩曰順為太
使吳亦親之太常苟事是宜無嫌於朕從之以順為太
常策拜蒙遜為太傅涼王使還拜使持節都督四州諸軍
事長安鎮都大將寧西將軍開府進爵高平八未幾懷
無起家遊使中兵校郎楊定歸追順曰太常不謂此叟無禮乃至於是擺節
四部尚書加散騎常侍延和初使涼軏遂辭不受其使坐隱兄
而出家遊使中兵校郎楊定歸帕睄而不承之命乃小
拜之詔是以敢自安耳君曰爾拜誷睄而不承之命乃小
男無拜矣順曰諸桓公九合諸侯
寋自取此乃速禍之道蒙遜拜伏蓋禮順還帝閒與載遊
往復辭及其政敎得失順曰蒙遜專威河右三十許年經

涉艱難粗識機變雖不能貽厥孫謀猶足以終其一世但
前歲表許十月送臺無懈及臣往迎便乖本意不信
於是而其父臣觀之不復周矣帝若如卿言則效在無遠
襲世之後早晚當滅對曰臣略見其子迥非才俊如聞徵
煌太守牧捷器性粗立若繼蒙略必此人也然比之於父
豈云不逮哉天所用資聖明也帝曰朕方事西東未暇
西鄉所言殆天所用資聖明也帝曰朕方事剋涼州謂
順曰卿言近始三五年間不足為晚又蒙遜死問至大武謂
不當不遠於是賜絹千四疋使涼州十二回

〔北史列傳卅六 頁四十三〕太武稱其能而

無所不參崔浩惡之順凡使涼州一秉寵待彌厚政無巨細
信太延三年順復使涼州及還帝問以將平河右計順以
詔追之順受蒙遜金聽殺之活延知之密言於帝帝未之
故蒙遜與眾豐得不聞又西域沙門嘗無懈有方術在涼州
水草不宜遠征崔浩固以為宜征帝從浩議及至姑臧甚
人勞既久不可頻動帝從之五年議征涼州順以
豐水草帝與景穆書頻嫌順而聽其殺臺無懈益嫌之
吳克涼州後聞受蒙遜金而聽其殺臺無懈益嫌之
寵勞未加其罪尚詔順美次群臣賜以爵位順頻受納
第不平涼州人徐桀發其事浩又毀之帝大怒刑順於城

西順死後數年其從父弟孝伯為太武重居中用事及
浩誅帝怒甚謂孝伯曰卿從兄雖誤朕意亦未至此
由浩逮殺卿從兄等豈國朕意亦未至此
中鎮西大將軍太尉公高平王妻邢氏曰孝妃
順四子長子敷字文真君二年選入中書教學及聰敏內參
給侍東宮又為中散與李訢盧遐度世等並以文
機密敷性謙恭加有文學文成寵遇之遷秘書下大夫賜
爵平棘子後兼錄南部遷散騎常侍南部尚書中書監領
內外秘書襲爵高平公朝政大議事無不關及宋徐州刺
史薛安都司州刺史常珍奇等以彭城懸瓠降于時朝議

〔北史列傳卅七 頁十四〕

謂未必可信敷乃固執必於乃遣師接援淮海寧輯敷既
見待二世兄弟親戚在朝者十餘人弟奕又有寵於文明
本后李訢列其隱罪二十餘條文大怒皇興四年誅敷
兄弟削順位號為庶人敷從弟顯德妹夫廣平宋叔珍等
皆坐關亂公私同時伏法敷從兄敦學孝義亦門有禮至
濮陽侯式自以家據權要心慮危禍常敕津吏臺有使者
必先啟然後度之既而使人卒至姑云南過既濟突入執
福時人歎惜之敷式字景則為比州刺史
於若喪庭吉凶書記皆合典則篤學知名位西兗州刺史
式赴都與兄俱死子憲字仲軌清粹善風儀好學有器

庶夫和初襲爵又降爵為伯拜祕書中散雅為孝文知賞後
拜趙郡太守趙脩與其州里脩歸葬父母也牧守以下畏
之累跡不為任時人高之後以黨附高肇為御史所劾
正光五年行雍州刺史淮南大都督及梁平北大將軍
軍揚州刺史淮南大都督除七兵尚書孝昌中除征東將
寮力屈而降因求還國既至救付廷尉憲女壻安熙中監
據相州友靈太后謂監心懷劫欲遠詔賜憲死永熙中贈
儀同三司尚書令定州刺史諡曰文靖子希遠字景冲早
卒希遠子懷襲祖爵希遠弟希宗字景玄性寬和儀貌
雅麗有才學位金紫光祿大夫齊神武擢為中外府長史

文宣帝納其第二女為　皇后位上黨太守卒贈司空公
殷州刺史諡曰文簡希宗長子祖昇儀容瓌麗垂手過膝
文學足以自通位齊州刺史溢於從女為妻見殺祖昇弟祖
勳位給事黃門侍郎齊文宣以其女為濟南王妃除侍中
封開楊郡王尋改封公濟南郎位除趙州刺史濟南廢還
封册楊郡王尋改封公濟南郎位除趙州刺史濟南廢還
除金紫光祿大夫太蠶中昭信后有寵於武成除齊州刺
史讖佷籍坐兔官復起為光州刺史勳性貪慢兼其
裴氏驕其幸政時論鄙之妻崔氏即祖勳無才幹封
自少及長居官無可稱述卒贈尚書右僕射武平中將封

后兄君群孫壼為王還復祖勳王爵其弟祖欽封寬陵王位
光祿卿祖勳第三弟中納兄弟中最有識尚以經學被知
卒於散騎常侍希宗弟希仁字景山有學識卒於侍中太
子舍事貴子公統仕齊位外郎高歸彥之反公統為之謀
主廢敗武成帝捕殺之肝膽塗地希仁弟第賽字希義博沙
老事發齊仕齊位散騎常侍大中正尚書左丞以本
經史文贍富贍位散騎常侍梁後坐事免論者以為非罪賽弟明
官兼散騎常侍使梁升水蘇子惜餘明益達友
友盧元明魏牧詩云二臨河嘗升水蘇子惜餘明益達親
趣廷尉辨交情蓋失職之志云後除給事黃門侍郎卒其

文筆別有集錄卒受禪贈儀同三司諡曰文惠賽弟希禮
字景節性敦厚容止樞機動導禮度起家著作佐即脩起
居注歷位太常少卿兼廷尉少卿行魏尹事豫州刺史仍
居議曹與邢邵等議定禮律卒於信州刺史
第基同見吏部郎中陸卬與之定禮福司徒府參軍事與
弟基同見吏部郎中陸卬與之定禮福司徒府參軍事與
弟著員字元操好學善屬文蜀性甚兀其督與
矢幸員對曰禮雖不肖請附子臧昂揖手曰士固不妄有
名少睿顯忠當富遠至簡靜不妄通接實客射員甲科拜給事
中稍遷兼通直散騎常侍副奚毅使陳孝員從姊則那侍
皇后從兄祖勳女為發帝濟南王妃祖欽女一為後主妃

英一為琅邪王儀妃祖勳叔寶女為安德王延宗妃諸為
子女多有才貌又因昭后所以與帝室姻媾重疊兄弟
並以文學自達恥為外戚家于時黃門侍郎即高乾和親要
用事求昏於英孝員孝員拒之由是有隙陰譖之出為太尉
府外兵參軍後歷中書舍人武平中出為博陵太守不得
志尋轉為司州別駕後兼散騎常侍聘周使副還除給事
黃門侍郎即李德林別掌文翰館假儀同三司以美於詞令敕與中
書侍郎即李若李德林宣帝即位轉吏部下大夫隋文帝為
三司小典祀下大夫敕教周武帝平齊授儀同

永相芳貞從韋孝寬討尉遲迥以功授上儀同
初孫馮翊太守尉犯廟諱於是稱字元操後數歲遷蒙州
刺史更人安之自此不復留意文筆人間其故慨然嘆曰
五十之年候焉已過嘗蓄姬素髮筋力已衰官音艾情一時
盡矣悲天然每暇日輒引賓客歌對酒終日為歡後微之
拜內史侍郎與內史令李德林參典文翰元操無幹劇之
用頻稱不理上譴怒之敕御史劾其事由是出為金州刺
史卒官所著文集三十卷行於世子元玉元操弟孝基亦
有才學風詞其美以衛尉丞待詔文林館位儀曹郎中孝
其弟孝俊太子洗馬孝俊弟威字泰重涉學有器幹兄
第之中最為敦篤位大尉外兵參軍修起居注往隋禮部

侍郎大理少卿式弟奕字景世美容貌有才藝位都官尚
書安平侯俊與兄敷同死太和初文明太后追念并兄弟及
誅李訢存閭憲等二家歲時賜以布帛奕弟閭字道度
少為中散逃避得免後歷位慶支支尚書太和二十一年孝
文幸長安岡以咸陽舊都勸帝去洛陽尚
書今以西京說朕使朕不殲東轅當是獻可理歟所以今
古相反且閭曰昔漢祖起於布衣欲藉崤以自固豈獻之
言符於本旨今陛下德洽四海何隆周是以愚臣獻說
不能上動帝大悅閭性鯁烈敢直言常面折孝文彈駁公
卿無所迴避百寮皆憚之華文常加優禮每車駕巡幸恒

兼尚書右僕射雖才學不及諸兄然於世歷位給事中累遷博

卒子祐字長禧篤友于見稱弟悕基陳留太守卒子探幽
高平太守探幽兄子洪驥河閒太守
李孝伯高平公順從父也父曾少以鄭氏禮左氏春秋
教授為業郡三辟功曹並不就曰功曹之職雖曰鄉選高
第猶是郡吏其耳比面事人亦何容易州辟主簿到官月餘
乃歎曰梁敬叔云州郡講授道武時為趙郡太守令行禁止并州丁零
此遂還家講授云州郡之職徒勞人且道之不行身之憂

數為山東宣知曾能得百姓死力憚不入境賊於常山界
得一死鹿賊長謂趙郡地也責之還令送鹿故憂郡諱曰
詐作趙郡鹿猶勝常山粟其見憚如此卒贈鹿荊州刺史栢
仁子謚曰毅散騎侍郎光祿大夫賜爵魏昌子以軍國秘
書奏事中散轉散騎侍郎光祿大夫賜爵千里駒也遷秘
機密甚見親寵謀切秘時人莫能知遷出部尚書以頻
代遣其弟太尉汪夏王義恭率衆赴彭城宋文帝聞車駕南
從征伐規略之功進爵書先侯其君未宋文帝聞車駕登
亞父家以望城內遣送其停嗣應至小市門宣詔勞問義
恭等閒應士馬數日將軍四十餘萬宋徐州刺史武陵王
駿遣人獻酒二器甘蔗百挺并請駱駝帝明日復登亞父
家遣孝伯至小市門駿亦使其長史張暢對孝伯曰主上
有詔詔太尉安比可暫出門欲與相見今遣賜駱駝及貊
裘雜物暢曰有詔之言何得稱之於此孝伯曰鄉家太尉
安比是人臣不縱為隣國之君何為不稱詔於隣國之臣
又何至杜門絕橋暢曰王以魏帝營壘未立此精甲十
萬恐輕相陵踐故且閉城待彼休息兵士然後共修戰場
何以交戲孝伯曰令行禁止主將常事何用廢橋杜門復
冠日交謗大我亦有良馬百萬後可以此相扮既開門

暢屏人卻使出受賜物孝伯曰詔以貊裘賜太尉駱駝騾
馬賜安比義恭獻皮袴褶二其駱駝奉酒二器甘蔗百挺帝
又遣賜義恭奉駿等甜各一領駱駝各九種并胡豉孝伯曰有
後詔此諸鹽各有所宜自可鹽食鹽主上自所食黑鹽療
腹脹駿氣鹽療目痛戎鹽療諸
赤䖵駁鹽療馬脊臨鹽四種並非食鹽太尉何不遣
人來至朕間見朕小大知其故不復遣信義恭答如流暢
一四孝伯風容閒雅應答如流暢及左右甚相嗟歎帝大
喜進爵宣城公為使持節散騎常侍秦州刺史卒贈征南
大將軍定州刺史謚曰文昭公孝伯體度峽雅明達政事
朝野貴賤咸推重之景穆曾啓太武廣㣲俊秀帝曰朕有
一孝伯足理天下何用多為假使復求訪此人單亦何可得
其見貴如此性方慎忠厚每朝廷事有所不足必手自書
表切見言陳諫或不從者至於再三削藁草家人不見公
送論議常引綱紀其所言者孝伯恐其名以為已善故
終不抑折及見帝言其所長初不隱人姓名以為是非
衣冠之士服其雅正自崔浩誅後軍國謀謨咸出孝伯太
武寵眷有亞於浩亦以孝卒輔遇之獻替補闕其迹不見時
人莫得而知卒之日遠近哀傷焉孝伯美名聞遐邇遂李

俊江南齊武帝謂曰此有李孝伯於卿遠近其禄爲遠人
所知若此其妻崔顥女高明婦人所爲也元顯志氣甚高爲時人所傷惜翟氏二子安上
納翟氏不以爲妻惜忌元顯後遇劫元顯見害世二翟除安氏後
上近有風度安人襲爵壽光侯司徒司馬無子爵除安上
鉅鹿太守亦早卒安人弟豹子後追理先封卒不得襲爵
祥午元善舉鄉黨宗之位中書博士時尚書
韓元興翠榮出青州以祥爲兗豫之南青淮陽郡以撫之安
詣軍降者萬餘家百姓安業進河間太守有感恩
祥太守流人歸者萬餘家百姓安業進河間太守有感恩
之稱徵拜中書侍郎人有千餘上書之留數年朝廷不許
次弟即以爲生帝每幸國學恒獨被引問詔曰汝但守此
卒官追贈定州刺史平棘子謚曰憲子安世勤聰悟興安
二年支成帝引見侍郎博士諸子謂其英偉欲以爲中書學
生安世世十一帝見其尚小號問之安世應説父祖甚有
至大不慮不富貴天安世初拜中散以謹慎懼帝親愛之深遠
主客令齋使劉纘朝貢安世奉詔勞之纘等呼安世爲典
止纘等員相謂曰周堂客奏改典客名鴻臚今曰主客君
幾必安世曰何以七奉之官稱於上國纘曰世異之號凡有
客必安世曰周堂客奏改典客名鴻臚今曰主客君

廷善士初廣平人李波宗族強盛殘掠不已前刺史辭道
掷親往討之大爲波敗逐爲逋逃之藪公私成患百姓語
曰李波小妹字雍容褰裙逐馬如卷蓬左射右射必疊雙
婦女尚如此男子那可逢安世設方略誘波及諸子姪三
十餘人斬於鄴市州內肅然又尚滄水公主生二子謚郁
場子琚羅涉歷史傳頗見文才安世時人多絕戶爲沙門琚
高陽王雍表薦琚爲友時人多絕戶爲沙門瑀上言三千
之徒復其身又尚濟氏以妒悍見出又尚尚家女六強富世太師
之飛賈夭矢於不孝不孝之大無過於絕祀婚禮縱背禮
之情而肆其商法之意鈌曠世之禮而求將來之益叢堂

堂之政而從鬼數乎沙門都統僧達等恣場以
場為謗毀佛法泣訴靈太后責之場自理曰鬼神之名皆
是逼靈達稱佛非天非地本出於人名之為鬼愚謂非皆
尚書即隨輔實義西征以場為統軍場德洽卿閭招募雄
靈太后雖以場言為允然不免遷等意猶訶場金一兩轉
勇其衆從者數百騎來辨突故其下每有戰功軍中號曰至
李公騎將貴啟場為左丞仍為別將軍機戎政皆與參決
官建義初河陰遇害初贈尚書右僕射殷州刺史後又贈

散騎常侍驃騎大將軍儀同三司冀州刺史場慨慷有大
志好飲酒為於親知每謂弟郁曰大夫學問稽古今
而能何用專經為老博士也與弟諡相友愛諡在鄉物
故場慟哭絕氣父而方蘇不食數日其年形骸毀悴人倫
哀歎之
諡字永和少好學周覽百氏初師事小學博士孔璠數年
後璠還就諡請業同門生為之語曰青成藍藍謝青師何
常在明經諡以公府二辟並不就唯以琴書為業有詔許之
州再舉秀才公府一辟拜著作佐即辭以授弟郁有絕世之
心覽考工記大戴禮盛撰撰篇以明堂之制不同遂著明堂

制孝論曰余謂論事辯物當取正於經典之真文援證
疑必有驗於周孔之遺訓然後可以稱雋的矣今禮文殘
缺聖言靡存明堂之制誰使正之是以後人紛糾競與異
論五九之說各信其背是非無準得失相半故歷代紛紜
靡所取正乃使裴頠云今羣儒紛糾互相掎摭就令其說
可得而圖其所以居用之禮莫能通也為設虛器耳沉漢
氏所作四維之个不能令各處其辰忌以為設虛器必崇祖配天
其義明著廟宇之制理未分直可為毀屋以尊嚴父之
義求衷莫適可從哉但恨典文殘滅求之靡據而已矣乃
祀其餘雜碎一皆除之斯豈不以居今之令各勉其辰是撼

複遂去室牖諸制施之於教未知其所隆政哉言乎仲尼有言
可喻其所以必須惜哉言乎仲尼有言曰賜也爾愛其羊
我愛其禮余以必須隆之於禮任意而忽之而論
則聖人之於禮殷勤而重之裴頠之於禮豈徒
則頷賢於仲尼矣以斯觀之裴氏子以不達失禮之旨也是
余竊不自量頗有鄙意據理尋義以求其貴合雅衷不
苟備信乃藉之以禮傳考之以訓注博採先賢之言廣搜
通儒之說量其當否參其同異棄其所短收其所長推義
察圖以折碎衷豈敢必善耶亦合其志矣凡論明堂之
制者雖蕪然校其大略則一途而已言五室者則據周禮

考工之記以為本是康成之徒所執言九室者則筆大戴
盛德之篇以為源是伯咺之倫所持此二書雖非聖言然
是先賢之中博見洽通者也但各記所聞未能全正可謂
既盡美矣未盡善也而先儒不能考其當否便各是所習
卒相非殺豈達士之確論哉小戴氏傳禮事四十九篇號
曰禮記雖未能金當然多得其東方之前野亦無愧矣而
月令以為明堂五室古今通則其室居中者謂之太太室
之東者謂之青陽當太室之北者謂之玄堂四面之室各有夾房
謂之總章當大室之北者謂之玄堂四面之室各有夾房
謂之在右个二十六户七十二牖矣室个之形今之殿前

是其遺像耳个者即寢之房也但明堂與寢施用既殊故
房个之名亦隨事而遷耳今粗書其像以見鄙意粲圖察
義略可驗矣故撿之五室則義明於考工校之户牖則數
協於盛德考之施用則事著於月令求之閒比合周禮與
五藻既同夏殷又符周秦雖非衆儒儻或在斯矣考工記
曰周人明堂度以九尺之延東西九延南北七延堂崇一
筵五室凡室二筵室中度以几堂上度以延以延舍謂堂
於五室而謬於堂之脩廣何者當以理推之今恔古今之
情也夫明堂者蓋所以告月朔布時令宗文王祀五帝者

也然營構之範自當因冒翔制耳故五室者合於五帝各
居一室之義且四時之祀皆據其方之正又聽朔布令咸當
得其月之辰可謂施政及俱二三但允求之古義寢為當
矣鄭康成漢末之通儒像學所取正釋五室之位謂土居
中木火金水各居四維然四維之室既以美說飾之以
巧辭言水木用事交於西南金水用事交於東南火土用
事交出於西北既依五行當從其用事
之交出何經旨謂之於異端言乖而博疑誤後學非所
望於先儒也禮記玉藻曰天子聽朔於南門之外閏月則

闔門左扉立於其中鄭玄注曰天子之廟及路寢皆如明
堂制明堂在國之陽每月就其時之堂而聽朔焉卒事反
宿路寢亦如之閏月非常月聽其朔於明堂門下還處路
寢終月也而考工記周人明堂玄注曰或舉王寢或舉
明堂互言之以明其制同也其同制之言皆出鄭注然則
明堂與寢不得異矣而尚書顧命曰迎子釗南門之外
延入翼室此則路寢有左右房矣其下曰大貝鼓在西房
垂之竹矢在東房此之翼室即路寢之房玄注然則
記喪服大記曰君夫人卒於路寢小斂婦人髢帶麻於房
中鄭玄注曰此蓋諸侯禮帶麻於房中則西南天子諸侯

左右者見於注者也論路寢則明其左右言明堂則闕其
左右不同制之說還相矛楯通儒之注何其能乎使九室
之徒奮筆而爭鋒者豈不由於室之不當哉記云東西九
筵南北七筵五室凡室二筵置五室於斯堂雖使班倕攜
思王爾營度則不能令室壁之外裁有四尺五寸之地為豈
間便爾營度則不能令室壁之外裁有四尺五寸之地而室戶
有天子布政施令之處而室之外裁有四尺五寸之堂周公負
約為陋過矣論其堂宇則偏而非制求之道理則未愜人
衰以朝諸侯之處而室戶之外宗祀文王以配上帝之堂公負
情其不然也余恐為鄭學者苟求必勝競生異端以相嘗

若東西二筵者為室之東西耳南北則狹焉余故備論之曰
柳云二筵者為室之東西耳南北則狹焉余故備論之曰
如此則三室之中南北裁各丈二耳記云四旁兩夾窗者
為三尺之戶二筵窗戶之間裁盈一尺繩樞甕牖之室
蓽門圭窬前之堂尚不然矣假令復欲小廣之則四面之
單狹不齊焉且凡室二筵地耳然則戶牖之間不為通矣驗之
閭狹不齊焉既深南北更淺矣堂宇之制不為通矣驗之
若塗墍略無算焉東西既深南北更淺矣堂宇之制不為通矣驗之
衆塗墍略無算焉且凡室二筵地耳然則戶牖之間此之
禮記明堂天子負斧依南向而立鄭玄注曰從廣八尺畫斧文
蹄二尺也禮記明堂天子負斧依南向而立鄭玄注曰設
斧於戶牖之間而鄭氏禮圖說衮制曰從廣八尺畫斧文
於其上參之屏風也以八尺衮置二尺之間此之區通不

待知賢者較然可見矣且君二筵之室為四尺之戶則戶之
兩頰裁各七尺耳全以置之間哉
其不然二也又復以世代驗之猶目不容刻復戶牖之間哉
造之差每加崇飾而夏啟世監郁郁美哉以斯察之其
促狹豈是夏禹卑宮之意周監二代周人之制反更
不然三也又云堂崇一筵便基高九尺而壁戶之外裁四
尺五寸之堂周公負斧依南向而室之外裁有四尺五寸之堂周公負
以九堂上度以筵而復云凡室二筵而不以几筵之度
以几堂上度以此驗之記者之謬抑可見矣又云室中度
堂凡九室三十六戶七十二牖上貞下方東西九仭南北
七筵堂崇三尺也余謂盛德篇得之於戶牖失之於九室
十筵堂高三尺也余謂盛德篇得之於戶牖失之於九室
何者非五室之制假有夾房而客有戶牖有兩牖乃乃因
立則非拘異術戶牖之數固自然矣九室者論之五帝事
既不合施之時令又失其辰左右之个重置一隅兩辰同
勲參差出入斯乃義無所據未足稱也且又堂之脩廣
是五室之地假使一室之中僅可一丈置其間五十四尺便
六十三尺耳計其一室之中僅可一丈置其中五十四尺便
容之哉若必小而為之以容其數則令帝王側身出入斯何
為怪矣此既直不合典制抑亦可哂之甚也余竊聞其九室
之言誠亦有由然竊以為戴氏聞三十六戶七十二牖弗

見其制驥知所置便謂一室有四尸之愈計其尸牖之數
即以為九室耳或未之思也蔡伯喈漢末之時季士而見
重於當時即識其倜廣之不當而必患其九室之為諺
更脩而廣之假其法冡可謂因偽飾辭順非而澤諺可歎
矣余今省彼眾家委心從善庶探其衷不為苟異但是古
非今俗間之常情愛憎惡近世中之恬事而千載之下獨
儻或行焉謚不飲酒好音諧愛樂山水高尚之情長而彌
論二遇其賞處爾志歸乃作神士賦延昌四年卒官年四十五

人上書曰竊見故處士趙郡李謚十歲喪父哀號罷隣人
之相勗事兄瑒恭順盡友于之誠十三通孝經論語毛詩
尚書歷數之術尤盡其長州閭鄉黨有神童之號年十八
詣太學祭時博士即孔瑚也睍始要絕論授著無
不欲其言矣於是鳩集諸經緯候廣校同異比三傳事例名春
秋叢林十有二卷為璠等判析隱伏垂盈百條灕無常灕
之相勗事兄瑒恭順盡友于之誠十三通孝經論語毛詩
織毫必舉通不長有杜斯庖不苟言必達經弗飾辭而
皆理辭氣磊落觀者忘疲每曰丈夫擁書萬卷何假南面
百城遂絕跡下帷杜門却掃葉產菜豈享手自刪削卷無重
複者四千有餘矣猶括次專家捜比當議隆文達

通宵雜仲舒不闕別君伯之閉戶高氏之遺漂張生之志
食方之斯人未足為衒譬詰故太常卿劃芳推問音義
語又中代異發之由芳乃歎曰君若遇高祖待中太常非
僕有也前河南黃門待郎甄琛內贊近機朝野傾目于
時親識有求官者苔云趙郡李謚晩學守道不闕于時常
欲致言但未有次耳諸君何為輕自媒衒謂其子曰晉郎
玄鳳揖不遠數千里詣扶風馬融今汝師甚通何不
葉也又謂朝士曰甄琛行不愧時但未薦李謚以此負朝
廷耳又結字依嚴憑崔鑒室方欽訓彼青衿宣揚典裏
西河之教重與比海之風不墜而祐至閭甚疾而卒郎
曰孝義云

国街珍悴之哀儒生結撰粱之慕況瑀等或服議下風或
親承音旨師儒之義其可默乎事奏詔曰謚憂辭徵辟志
守沖素儒隱之孫深可嘉美可遠使惠康進女妾謚曰
貞靜處士并表其門閭以旌高郎於是表其門曰文德里
士自国學之遷諸博士卒不講說其朝夕教授唯郁而已
問其五經義例十餘條遵明所吝數條而已銷遷国子博
時學士徐遵明教授山東生徒甚盛懷遵明在館今郁
郁字永穆好學沈靖博通經史為廣平王懷支深見禮遇
謙厓覽雅甚有儒者之風再遷通直散騎常侍建義中以

兄瑒卒遂撫養孤姪於歸於鄉里永熙初除散騎常侍儀大

將軍左光祿大夫兼都官尚書尋領給事黃門侍郎三年

於顯陽殿講禮記詔執經郁解說不窮甚難鋒起無廢

談笑孝武及諸王几預聽者莫不嗟善難鋒難辭甚

侍驃騎大將軍尚書左僕射儀同三司都督定州刺史

謚子士謙字約一名容郎疑開府叅軍後丁母憂居

喪骨立有妹適宋氏不勝哀而死士謙服闋捨宅為伽藍

顏子也年十二親廣平王贊辟開府參軍事母以孝聞吾家

歐吐疑中毒因跪聳之伯父瑒深所嗟尚母稱此見吾曾

脫身而出詣學請業研精不倦遂博覽羣籍善天文術數

免刺史尚元海以禮弗致之稱為菩薩隋有天下卒志不

齊吏部尚書辛術召署貢外郎趙郡王叡舉德行皆稱疾

鐵胡對之危坐終日不倦李氏宗黨家盛毎春秋二社必

仕白少孤未嘗飲酒食肉口無殺害之言親賓至軏陳

設菜謂叅從曰孔子稱黍為五穀之長荀卿亦云食先黍

高會毎夏無不沈醉諠譁士謙所盛饌盈前而先

不就和士開亦重其名將名士祭酒固辭得

稷古人所尚寧可違乎少長蕭然無敢弛情退而相謂曰

既見君子方覺吾儕之不德也此家富於財躬處節儉毎以振施為務州里

人誎額至於此家富於財躬處節儉毎以振施為務州里二

有喪事才均至相鬩訟士謙聞而出財補其少者令與多

者相埒兄弟媿懼更相推讓卒為善士有牛犯其田者士

謙牽置涼處飼之過於本主盜刈禾黍者士謙見之默而避之

其家僮嘗執盜粟者士謙慰喻之曰窮困所致義無相責

遠令放之其奴輩董震因醉詈士謙曰吾豈為盜粟家

了矣士謙聞之各令罷去明年大飢其奴

年穀不登責家無以償皆來致謝士謙曰吾家餘粟本圖

賑贍豈求利哉於是悉召責家為設酒食對之燔契曰債

去矣幸勿為念也各令罷去明年大飢多有死者士謙

拒之一無所受他年饑多有死者士謙罄竭家資為之粥

賴以全活者萬計收埋骸骨所見無遺至春又出田糧種

子分給貧乏多所全濟趙郡農人德之撫其子孫曰此李參軍遺惠

也仁心感物墨犬生子交共相乳少年間或謂士謙曰此陰德

諸子皆知何陰德之有士謙曰所謂陰德者今吾所作

子皆知何陰德之有士謙曰所謂陰德者今吾所作

曰夫言陰德其猶耳鳴已獨知之人無知者今吾所作

應報義士謙喻之曰積善餘慶積惡餘殃豈虛言哉或

藥以救疾瘵如此積三十年或謂士謙子多方德惠

經云轉輪五道無復窮已此則賈誼所言千變萬化未始

有極忽然為人之謂也佛道未來而賢者已知其然矣至

若眩為黃能杜宇為鶗鴂褒君之子為猛獸君子為
鵠小人為猨諺云生為永如意為大黃母為蚯蚓武為醫雞
變為牛徐伯為魚鈴下為烏書生為蛇羊祐前身為李氏之
子此非佛家慈愛異形之謂邪客曰那子才曾有松柏
後身化為橋樑僕以為然忠曰三敦傳冏士謙曰佛日也道
忠作木豈有心乎客亦不能難而止士謙平時時為詠懷
詩輒毀其本不示人又嘗論刑罰遠文不具其略曰帝王
制法治革不同自可損益無為頓改今之愚謂此罪宜從
而不懲也語曰人不畏死恐不可以死恐之愚謂此罪宜從

肉刑則其一趾再犯者斷其左腕流刑刖去右手二指又
犯者刖其腕小盜宜黥又犯刖落其所用三指又不悛則
下其腕無不止也無類之人寃之過蓄商職為蜀陛通災
召戎矣非求安道也博弈淫遊盜之萌也梐而不薰
之則可有識者頗以為得政體隋開皇十年終於家趙州
士安聞之莫不流涕曰我曹不死而令李參軍死乎曾弈
者萬餘人李景伯等以士謙道著立園條其行狀詣尚書
省請先生之諡事寢不行遂相與樹碑於墓其事范陽盧
氏亦有婦德又夫終所有賻贈一無所受謂州里父老曰
參軍平生好施今雖頒歿安可奪其志哉乃散粟五百石

以服窮乏免奴婢六十人案趙郡李氏出自趙將武安君
牧當蔡漢之際廣武君左車十四世孫恢
字仲興漢桓靈間高尚不仕既有道大夫恢生定字文義
仕魏位漁陽太守有子四人並仕皆平字伯括及樂平太
守機字仲括位國子博士隱字叔仕皆平字伯括方位尚書
郎兄弟皆以儒素著名時謂之四括機子楫字雄方位尚書
侍御史家于平棘南有男子五人楫字世遐以友悌著美
晃字仲黃茶字季士黃勁字少黃叡字幼黃並以友悌著
為當世所宗時所謂四黃者也叡位高密郡守以友悌著
晃位鎮南府長史一子義勁位書侍御史四子盛敏隆喜

嶽位高平太守二子勗充其後慎敬居栢仁二子孫其微義
南梃故壘世謂之南祖勗兄弟居巷東盛兄弟居巷西世
人指其所居因以為目蓋自此也義字敬仲位司空長史
生東宮舍人吉字彥同吉生尚書郎即聰字小時聰生真字
義深事列于後勗字彥賢位太守勗生四子建追碑頍位中書
字義賢襲閔纘字緯業位太尉祭酒酒生四子誕休重苟誕
字紹元殷趙郡太守生四子誕字神龜位州主
三子續顗顧生翻系曾吾有令子事並列子前盛位中書
簿生二子鳳林秀林
李裔字伯徽伯父秀林小名檀性謹直太和中中書博士為

頡立相豪右畏之景明初試守博陵郡抑彊扶弱政以嚴威爲名以母憂去職後爲司徒司馬定州大中正大夫卒贈齊州刺史裔出後伯父鳳林孝昌中爲定州鎭軍長史帶博陵太守于時迸賊未息伯爲候至于市令驛師咸以爲王呼洛軍參定策功封固安縣伯爲候衛大將軍陝州刺史及周

文帝攻尅州城見寔東魏贈尚書令司徒定州刺史子陽從榮爾朱榮禽葛榮遂轝商及高歡辭脩議義李無爲諮議於晉榮爾朱榮禽葛榮遂免天平初以齊神武丞相周州王遂陷沒洛日市王驛王乃封齊定州刺史子

旦襲子曰弟子雄子雄少慷慨有大志陝州破因隨周軍入長安家世並以學業自通子雄獨晉騎射其兄子旦讓之曰柰文尚武非士大夫素業子雄曰自古誠臣貴杜文武不備而能濟功業者鮮矣旣文旦武兄何病焉子曰無以應仕周累遷小獨全界遷涼州摠管長史從滕王逌破吐谷渾於青海以功加上儀同宣帝即位徵爲司會中大夫以淮南功實部後從達奚武與齊人戰於芒山諸軍大破子雄所領上開府及受禪拜鴻臚卿進爵高都郡公及晉王廣出鎭上開府及受禪拜鴻臚卿進爵高都郡公及晉王廣出鎭州刺史隋文帝摠百揆徵爲司會中大夫以淮南功

分州以子雄爲河北行臺兵部尚書上謂曰吾兒旣少卿兼文武之才今于子雄者推誠相委吾無比顧憂矣子雄頓首流涕誓以效命子雄當官正直侃然有不可犯色王甚敬憚之子也休字紹則散騎常侍公挺嗣裔從祖誕從弟熙等俱被更人補爲威歲餘卒官子公挺嗣裔從祖誕字令世誕弟休徵事在高允字紹則誕位中書侍郎京兆太守誕從祖善見位趙郡太守善見子顯進位州主簿濮陽太守顯進子暎字暉道位相州中從事步兵校尉贈毅州刺史太守暎子李普濟武定中位比海太守暎弟育字仲遠位相州防城普濟學涉有名性和韻位潞比海太守入語曰入麤入細

別將以拒爲榮之勳賜爵趙郡公後除金紫光祿大夫卒贈都官尚書諡曰貞子惜襲與從父兄普濟並應秀才舉時人謂其所居爲秀才村惜位太子舍人惜族叔蕭字彥邑員分常侍初詔附侍中元暉後以左道事紹求福故紹愛之爲常裸身被髮蓬首跣足於隱屛劇爲絕緋第待飲頰醉言爲黃門郎性酒狂從靈太后幸江陽王繼第待飲頰醉之辭不遜抗辱太傅清河王懌爲有司彈劾太后恕之卒夏州刺史蕭從弟瞰字景林有學識位廷尉少卿贈齊州剌史諡曰宣子慎武定中位東平太守慎從弟仲旋司徒左長史恒農太守先是宮牛二姓阻險爲害仲旋示以威

惠即並歸伏兒遷左光祿大夫天平初遷都於鄴以仲旋
為營構將進號儀大將軍出為兗州刺史還除將作大匠
所歷並著聲績卒贈驃騎大將軍
希良侍御史烺字仲文小字醜環中書侍郎盛弟隆之後
名犯太祖元皇帝諱景生東郡太守伯應生始平太守景
也烺字大鼎位阜城令隆中書令與任城王澄推究之烺
幹用與酈道元俱為李彪所知恒州刺史穆泰擄代都景
及烺書侍御史與壽春康生等迎接
曉喻乃執泰等鼻明初齊豫州刺史裴叔業以壽春歸附
烺以司空從事中郎為軍司馬與楊大眼篡康生等迎接

仍行揚州事賜爵容城伯及荊蠻擾動敕烺兼通直散騎
常侍慰勞之降者萬餘家除梁州刺史時武興氐楊集起
舉兵作逆敕假烺平西將軍督別將大破集起軍又破秦
州賊呂苟兒及斬氐少有節操母患積年名醫療之不愈乃
曰明子密字希邑少有節操母患積年名醫療之不愈乃
精習經方洞閱針藥母得除由是以殷術知名屬爾朱
兆弒逆頻勃海高昂為報復計從神武封容城縣侯位
襄州刺史
李義深趙郡高邑人也祖真字令才位中書侍郎父紹字
闕宗敕州別駕義深有當世才用而心懷險峭時人語曰

翊戰森森李義深初以殷州別駕歸齊神武并遷鴻臚少
卿見朱兆盈叛歸之北平神武怨其罪遷鄴州刺史
好利多所受納轉行梁州刺史為陽夏太守段業告其在
州聚斂被禁止卒於禁所子駒騄為壽陽道行臺左丞與王琳同陷
常侍聘陳陳人稱之後為開府太守絳之開府軍判政
陳周末逃歸隋開皇中為求安郡太守為開府行臺中歷尚
藻明敏有才幹駒騄次陳政藻時為開府行臺中書舍人
肖事便謝病辭職居憂在喪禮人士稱之
書工部員外郎卒於宜州長史駒騄弟文師歷中書尚
齊郡太守義深同軌體貌魁岸腰帶十圍學綜諸經兼
該釋氏又好醫術年二十舉秀才再遷著作即典儀注修
國子博士興和中兼通直散騎常侍使梁深耽釋學
遂集名僧於其愛敬同泰二寺講涅槃大品經引同軌豫
席兼邀其朝士共觀聽同軌論難久之道俗咸以為善
盧景裕卒時人傷惜之神武引同軌諸公子其嘉禮不
入授日暮始歸緇素請業者同軌夜為解說四時恆不
以為倦卒時人傷惜之贈瀛州刺史諡曰
庫同軌弟幼廉安德太守以貞行藥市幼廉弟之良有幹
用位金部郎中
之良弟幼廉少豪俠欲為兒童時初不從人家有所求讀堂

故以金寶授之終不取彊付輒擲之地州牧以其蒙幼而
廉故以名焉性聰敏累遷齊文襄驃騎府長史文襄舊為
濟州故儀同府長史齊神武行經冀部揔合
河北六州文籍尚書戶口增損親自部分多在馬上徵責
州準的神武深加慰勉仍責諸人曰卒卿等諸人作得諸
文蔚指影取備加權又遷瀛州長史齊神武機立成恉先期貪為諸
者多不見納後因大集謂陳元康曰我教你好長史處李
矣文襄嗣事除霸州揀時以幷州文襄專謂人曰五吾是知人
歎美之神武還幷州揀時以文襄幼廉前拜恩觀者咸
長史一脚指不是時諸人並謝罪諸人曰碎卿等諸人拜
幼廉即其人也遂命為幷州長史常在文襄第內與龍西
辛術等六人骰為館客天保初除太原郡太守文宣嘗與
語又楊愔誤稱為楊公以應對失宜除濟陰郡守惠邊太
僕大司襄二鄉趙州大中正鄉所在稱職後主時和
士開權重百寮盡傾幼廉高揖而巳由是出為南青州刺
史主簿徐乾家富而暴橫歷政不能禁幼廉至因其有犯
殺之羅還郡孝徵執政求紫石英於幼廉以其南青州
所出幼廉辭無好者固請乃與二兩孝徵有不平之言或
以告幼廉幼廉抗聲曰李幼廉結髮從宦誓案曲意求人

天生德于予吾豈徵其如子何假欲挫頓不過遣向幷州耳
時已授幷省都官尚書辭而未報遂被救遺之齊未官至
三品已上恋加儀同獨不露此例語人曰我不作儀禮
覽為榮辛贈吏部尚書義深族第神威幼有風裁家業
學無所寄撰集樂書近百卷卒於尚書左丞又有李業
字彥鴻世居栢仁弱冠以文章知仕齊位東平太守後待
詔文林館除通直散騎常侍著作郎對酒招致賓客風
貧無名宅止佛寺中甞著書對酒招致賓客風
調詳雅 蒸從兄子朗才辭 業之亞兼有吏能位中書舍人
論曰古人云燕趙多奇士觀夫李靈兄第亞有焉靈則首
略蓋亦過人各能克廣門紫道風不殞餘慶之美豈非此
應弓雄道光師傳順則器標棟幹一時推重孝伯風範鑒
之謂乎至如元忠之倜儻橫功名自矜初之家風素
業昆季兼擊樂有齊之日雅道力振氣之子第特盛衣纓
唯咸里是憑固亦文雅所得安世識具通雅時幹之良塲
以聚俊逵郁則儒情顯謐之萬逸固可謂世有人焉義深
第兄人位兼美子雄才官不贅門緒茂矣

北史列傳二十一

北史三十三

游雅 明從祖弟
高閭
趙逸 兄子蒧
胡叟
胡方回
張湛
段承根 宗
闞駰 胤
劉延明

趙柔
索敞
宋繇 孫游道
江式

游雅字伯度小名黃頭廣平任人也太武時與勃海高
允等俱知名徵拜中書博士後使宋授散騎侍即賜爵廣平
子稍遷太子少傳領禁丘進爵為候受詔與中書侍即胡
方回等改定律制出為東雍州刺史假梁郡公在任廉白
甚有惠政徵為祕書監委以國史之任竟無所成雅性剛
讜好臧否詭誕凌獵人物高允重雅文學而雅輕允才允性

柔寬不以為恨允將婚于邢氏雅勸允聚其族允不從雅
曰人貴河閒邢不勝廣平游人自棄伯度我自敬黃頭其
貴已賤人皆此類也允先著徵士頌雅自謂門地之胄
恣儒者陳奇遂陷奇至族議者深責之卒贈相州刺史謚
曰宣俟

明根字志遠雅從祖弟也祖緝慕容熈樂浪太守父幼馮
跋假黃平太守明根幼年遭亂為慕容暐陽王氏奴主使牧羊
明根以將水壺僑人書字路邊書地學之長安鎮將寶瑾見
之呼問知其姓名乃告游雅使人贖之教書年十六辭
雅歸鄉里於白渠坟為宅讀書積歲雅稱薦之太武權為
中書學生性寡欲綜習經史文成踐阼為都曹主書帝以
其敬慎真外散騎常侍安慰倭使宋宋姜武
儀曹尚書加散騎常侍遷天鴻臚鄉河南王幹師尚書如
故隨倒降倭為伯又參定律令屢進謹言明根以年踰七
十表求致仕優詔許之引入陳謝帝言別殺勤司
泰候為政清平芳文時累遷東兗州刺史封新
仍為流涕賜青紗單衣委貌冠被褥袍等物其年以司
徒尉元為三老明根為五更行禮辟雍賜步挽一乘給上
卿祿供食之味太官就第月送以定律令賜布帛等歸本

郡又賜安車兩馬幰帳被禮軍駕幸鄴明朝于行官優

詔賜以穀帛敕太官備送珍羞羲爲造甲第國有大事恆重
書訪之舊疾發動手詔問疾遷珍羞太醫爲造甲第弔祭
贈賻甚厚贈光祿大夫金章紫綬謚靖侯明根歷官內外
五十餘年虜身以禮讓時論貴之壽文初明
根與高閭以儒老學業特被禮遇公私出入每相追隨而
閭以才學高閭以儒老掌素高游爲子肇襲官內外
名爲博綜經史孝文初爲內祕書侍御中散稍遷典命中
大夫車駕南伐肇奉表諫不納尋遷太子中庶子肇謙素敬
重文雅見任以父老求辭官扶侍孝文欲令祿養出爲本

北史列傳二十二【三】

州南安王楨鎭地府長史帶魏郡太守王襲後爲高陽王
雍鎭地府長史如故爲政清簡加以臣贊歷佐二王
其有聲績以父愛解任後授黃門侍郎兼侍中爲歲內大
使黜陟善惡賞罰分明歷太府廷尉卿兼御史中尉黃門
如攸摩儒者動存名教直繩所舉奏非傷風敗俗持法仁
平斷獄務於矜恕尚書令高肇以孝文宣武之舅百寮悚慴以肇
名與已同欲令攸易肇以孝文所賜名志不許高肇其銜
之宣武嘉其剛梗盧昶之在胸山也肇諫曰胸山最爾僻
在海濱於我非急於賊爲利如聞賊求易胸
山持此無用之地復彼舊有之彊兵役時解其利爲太

將從之尋而昶敗遂待中率軍主徐玄明斬其靑冀二州
刺史張稷首以郁州內附朝議遣兵赴接肇表以爲不宜
勞師爭海島之地帝不納及大將軍高肇伐蜀又陳顧
侯師孝圖又以肇於史爲相州刺史有惠政卒於
遷尚書右僕射肇於軍事斷決不速主者諸事決於肇
再三必窮其理然後下筆雖寵勢千請終無迴撓方正之
操時人服之及元義廢靈太后肇獨抗言以爲
公卿會議其事於時群官莫不失色順百寮成
不可終不下署本謚文貞公肇爲寬泰內剛
手不釋書善周易毛詩尤精三禮爲易集解撰冠婚儀

北史列傳二十二【四】

珪論詩賦表啓九七十五篇謙不競曾撰儒碁以表其
志清貧寡欲賞仰俸祿下自能恕之豈可令臣曲筆也其執
隆恕執而不從曰陛下自屬可令臣曲筆也其執
意如此及明帝初近侍群官在奉迎者自侍中崔光以
下竝加封何以自處固辭不應論者高之子襲父位今古之常因
此復封肇獨曰子襲父業有
才學龍驤新泰伯位國子博士領尚書即中明帝必論肇
辭文安之封復欲封祥守其父志卒不受又追論肇前
辭清河守正不屈乃封祥高邑縣侯卒贈給事黃門侍郎
幽州刺史謚曰文

高閭字閭士漁陽雍奴人也五世祖原晉安北將軍上谷
太守閭士關中侯有碑在薊中祖雅少有名位州別駕父洪
字季顥位陳留王從事中郎間幽綜經奇之使為⋯固安貞
子閭早孤少好學博綜經史下筆成章少為車子送租至
平城脩刺詣崔浩浩與語之使為謝中書監表明日浩至
歷祖車過駐馬呼閭子皆驚閭本名驢浩乃改為閭
而字焉由是知名和平末為中書侍郎文成崩乙渾擅權
中參決大政賜爵安樂子與鎮男大將軍尉元南趙徐州
內外危懼文明太后臨朝誅渾引閭與中書令高允入禁
以功進爵為侯獻文即位從崇光宮閭表上至德頌高允

初為中書令給事中委以機密文明太后甚重閭詔令書
撰碑銘贊頌皆其文也太和三年出師討淮北閭表諫陳
四疑請時速返旆文明太后曰六軍電發有若摧枯何慮
四難也遷尚書中書監淮南王他表求依舊斷祿間表以
為若不班祿則貪者肆其姦情清者不能自保詔從閭議
知以行事忠者發心以附道壁如玉石皦然可知帝曰王
孝文文引見王公以下於皇信堂令辯忠佞間曰安者飾
石同體而異名忠佞異名而同理求之於同則失其所以
異尋之於異則名忠佞異名而同出處同異之間交換忠佞之

境迫宜是曠然易明哉或有託倭以成忠或有假忠以飾倭
如楚之子燮後事雖忠初非倭也閭曰子燮若諫楚初難雖後
述終致忠言此適欲幾諫非為倭也子燮若設諫楚初權倭隨
忠無由得顯帝善閭對後上表曰臣聞為國之道其要有五
一曰文德二曰武功三曰法度四曰防固五曰刑賞故
遠人不服則修文德以來之荒校放命則播武功以威之
人未知戰則明賞罰以勸之暴敵輕侵則設防固以禦之
臨事制勝則明法度以齊之用能闢國寧方征伐四剋比
狄悍愚同於禽獸所長者野戰所短者攻城若以狄之所
短奪其所長則雖眾不能成患雖來不能內過又狄散居
野澤逐水草戰則與家產並畜牧俱逃忽無

古人伐北方攘其侵掠而已歷代為邊患者良以儦忽無
常故也六鎮勢分倍眾不關玄相圍過難以制之昔周命
南仲城彼朔方趙靈秦始長城是築漢之孝武踵其前事
此四代之君皆帝王之雄傑所以同此役者非智術之不
長兵眾之不足乃防狄之要事理然也今故宜於六鎮
之北築長城以禦北虜雖有暫勞之勤乃有永逸之益即
於要害往往開門造小城於其側因施卻敵多置弓弩狄
來有城可守有兵可捍既不攻城野掠無獲草盡則走終
始必懲艾且發近州武勇四萬人及京師二萬人合六萬

人忍武士於死內立征比大將軍亦選忠勇有志幹者以
充其選下置官屬分為三軍一萬人專習弓射一萬人專
習刀楯一萬人專習騎矟修立戰場十日一習採進旗之
八陣之法為平地禦敵之方使將有定文兵有常主上下相
節兵器精堅必堪禦寇使將有常至八月征比部率所鎮與六
晝夜如一七月發六郡兵萬人名戍作之具歡臺比諸
然後散分其地以築長城計六鎮東西不過千里夫
鎮之兵直至磧南揚威比秋若來拒與央戰若其不來
屯倉庫憶近往來俱送比鎮至八月征比部率所鎮與六
一月之功當一步之地三百人三里三千人三十里三萬

【北史列傳廿一】 七

人三百里則千里之地強弱相兼計十萬人一月必就軍
糧一月不足為多人懷永逸勞而無怨計築長城其利有
五罷遊防之苦其利一也比部放牧無抄掠之患其利
也發城觀敵以逸待勞其利三也省境防之虞息無時之
備其利四七歲常遊運永得不遺其利五也孝文詔曰比
當與如輪支詔間為書間蠕蠕時蠕蠕主敦崇和親其
凶事帝曰卿職典文辭不論彼之凶事若知而不作乖在
灼然若情思不至應謝所任對曰帝崇其父則子悅敬其
子婆犯邊境如臣愚見謂不宜乖帝曰敬其父則子悅敬
其君則臣悅卿云不合朕慰是何言歟間遂免冠謝藥帝

曰蠕蠕使牟提小心恭慎同行疾敦厚恐其還比必被
誣諂昔劉準使殷靈誕每禁下人不為非禮事及還果被
讒頰以致極刑今書可明年提忠於其國使蠕蠕主知之
是年冬至大饗群臣孝文親舞於太后前群臣皆舞帝乃
歌乃率群臣拜上壽間進曰臣聞大夫行孝行合一
家諸侯行孝聲著一國天子行孝德被四海今陛下敬
信堂間曰伏思太皇太后十八條之令又仰尋聖朝所行
孝道臣等不勝慶踊謹上千萬歲壽帝大悅又議政於皇
事周於百揆願終成其事帝曰刑法所制之會軌物於
法何者為刑施行之日何先何後對曰刑法者王道所用何者為

【北史列傳廿二】 八

眾謂之法犯違制約致之於憲謂之刑然則法必先施刑
必後者帝曰論語稱冊子退朝孔子曰何晏也曰有政
曰其事也如其有政雖不吾以吾其與聞之所綜後記間與太
者為事對曰政者上之所行事者下之所行事者下之所
常採惟樂以營金石又領廣陵王師出除鎮南將軍相州
刺史以參定律令之勤賜布帛粟牛馬等遷都洛陽間表
諫言遷有十損必不獲已請遷於鄴帝頗嫌之雍州刺史
曹武據襄陽請降車駕親幸懸瓠間表諫遂洛陽草創武既
不遺質往必非誠心帝不納武果虛詐諸將皆無功而還
車駕還幸石濟間朝於行宮帝謂曰朕往年之意不欲決

（上欄　右半）

征但兵士已集恐為幽王之失不容中止遂至淮南而彼
諸將以列州鎮至無所獲實由晚一月日故耳聞曰古攻戰
法倍則攻之十則圍之聖駕親征誠應大捷所以無獲良
由兵少故也今京邑庶事造頷陛下當從容伊瀍
使德被四海帝曰頷從容伊瀍實亦不實然中州地略以
言也閭可聖明之辰而關盛禮帝曰荊楊未一豈得如卿
司馬相如臨終恨不封禪今雖江介之間車駕至鄴孝文
盡平豈可聖明之辰
揚州荊及衡陽惟荊州此非近中國乎又車駕至鄴
也閭以江南非中國且三代之境亦不能遠
頻幸其州館下詔襄揚之間每請本州以自效詔曰閭以

（上欄　左半）

縣軍之年方求衣錦知進亡退有塵謙德可降號平北將
軍朝之老成宜遂從情頷徙授幽州刺史令存勸兼行恩法
立舉閭以諸州罷從事依府置參軍於政體不便表復
舊帝不悅歲餘表求致仕優卷不許徵為太常卿頻表陳
遜不聽又車駕南討漢陽閭上表陳謝求迴師不納漢陽
平賜閭閱書間上表陳謝宣武踐阼間累表遜
光祿大夫金章紫綬使更新政以其先朝儒舊屢見求歸帝為
見東堂賜以几杖與馬繒綵衣服布帛書從優厚
之流沛優詔賜以安車几杖興馬繒綵衣服布帛
百僚餞之猶群公之祖二疏也閭進隄陛上望闕表以

（下欄　右半）

示戀慕之誠卒于家謚文貞閭好為文章集四十卷其文
亦高允之流後稱一高為當時所服間強果敢直諫其在
私室言裁聞耳及於朝廷談論鋒起人莫能
敵孝文以其文雅又於朝廷廣狼之中則談論鋒起人莫能
好嘗屢諸博士學生百餘人有所干求者無不受其賂又
老為二州乃更廉儉自謹有良牧之譽子元昌襲爵俟遂
西傳陵一郡太守閭弟悅篤志好學有美於閭早卒
趙逸字思群天水人也父昌石勒黃門即遂好學風成仕
姚興歷中書侍即後為赫連屈丐正所屬拜赫連
統萬見逸所著曰此賢無道安得為此言乎作者誰也速

（下欄　左半）

推之司徒崔浩進曰彼之譔述亦子雲美新固宜多帝
乃止歷中書侍郎赤城鎮將頻表乞免父乃見許性好墳
典白首彌勤年踰七十手不釋卷凡所著述詩賦銘頌五
十餘篇逸兄溫字思恭博學有高名為姚泓天水太守劉
裕滅泓逸奔於仇池令溫子琛字叔起初仕氏王楊難當為難當府
司馬卒于仇池令溫子琛字叔起初仕氏王楊難當為乳母揚
奔壽春年十四乃歸孝心色養雉熱之節必親調之星典
中京師儉婢從者於路遇得一羊行三十里而琛知之令送
冀州媤室從簡粟難之琛遇見切責殺留輕粃常送子禔
於本廝又過路旁主人設羊羹琛訪知盜殺卒辭不食遣

人買郭刃得剝刀六郭即命送還刃主高之義而不受
琛命委之而去初為兖州司馬轉團城鎮副將還京為淮
南王他府長史時禁制甚嚴不聽越關葬於舊茔琛積四
十餘年不得葬二親又煮嘗拜獻而未曾不頭泣墓卒事每於
時節不受子孫慶賀年餘耳順而孝思彌篤慨歲月推移
還姿無異乃絕鹽粟斷諸饍味食麥而巳年八十卒事每於
洛陽子雁等乃還鄉葬焉應弟駉字寶育好音律以善歌
聞於世位至秦州刺史

胡叟字倫許安定臨涇人也世為西夏著姓叟少聰慧年
十二辯疑釋理解有屈焉學不師受披讀群籍再閱於目
甘誦焉好屬文既善典雅之詞又工鄙俗之句以姚氏將
衰遂入長安觀風化隱匿名行懼人見知時京兆韋祖思
少閑典墳多蔑時彥待叟不足叟拂衣而出祖思固留之
曰當與君論天人之際何遽返乎叟曰論天人者其亡久
矣與君相知何夸言若是遂歸主人賦韋杜二族一宿而
成時年十八矣其述前載無違舊美叙中世有慨時而
末又鄙贙人皆奇其才畏其孤危飄坎壈未有仕路遂
入漢中宋梁秦二州刺史馮翊吉翰頗相禮接授叟末佐
不稱其懷幾翰遷益州叟隨入蜀時蜀沙門法成率僧
數千人鑄丈六金像宋文帝惡其聚眾將加大辟叟聞之

即赴冊楊啟申其美遂免復遠蜀法成遺其珍物價直千
餘匹叟一無所受後入汭澳牧犍牧犍遇之不重叟乃為
詩宗所知廣平程伯達其略曰群犬吠新客佞媚何其工
真途既已塞曲路非所遵遍診詎合衒愧賕覿珍珠均何用
宣憂懷託翰寄詩謂曰涼州雖地居戎域然自張氏以來號有華風叟既先歸魏朝廷
貴主奉正朔而弗遵蒸蒸仁義而未允吾之擇木鳳在大魏
與子暫違非久闊也歲餘牧犍破降叟既先志意所栖自適讚其高
其識機賜爵始復男家於密雲蓬室蓽門唯以酒自適誚諸人金城宗舒曰我此生活以勝焦先志意所栖自適讚其高
矣文成時召叟及舒並使作檄求蠕蠕舒文勝於叟季
歸家不事產業常苦飢貧然不以為耻養子字螟蛉以自
給養每至貴勝門恥來一特牛犓草褌褌而巳作布襄
三四斛飲噉醉飽盛餘肉餅以付螟蛉見車馬榮華者視
之蔑如也尚書李敷奉讚其幽贊以弦韋為幽贄以
曰吳鄭之交以紵縞為美談吾之贈吾子以弦韋為幽贄以
此言之彼可無愧也於允館見中書侍郎趙郡李璨璨富
華靡叟貧素璨雖拜為叟設食而巳作布褌而巳
少孤母言及父母則涕下若孺子號春秋當祭之前則先
德襤衣帽君欲作何許也譏其惟假盛服璨慚然失色叟

求言酒美脯將其所知廣寗常順陽馮翊田文宗上谷侯
法僑提壺執俎至郭外空靜勵設坐奠拜盡孝思之敬時
燉煌氾潛家善釀酒每齡送一壺與著作佐即傅陵許
赤武河東裴定宗等數子粟與漱示頻飲濁酒蔬食皆自
叟何其恒也潛曰我謂潛曰吾三之惠以為過厚子惠於
潛為君子矣順陽等數子粟與漱示頻飲濁酒蔬食皆自
其家遇叟短褐曳尖從田歸食間設濁酒蔬食皆自
其一妾迎年喪跛卧衣布穿襖聞見其黃以衣物直十餘
辦然棄其館宇甲西園嘯局而飯萊精潔臨醬調美見
匹贈之亦無辭究聞作宣命賦叟更為之厚密雲左右皆祇
【北史列傳二十二十三】
▼
游林九

仰其德歲時率以布麻麥豆隨分散之家無餘財卒無
子無家人管主凶事胡始昌迎煩之子家葬於臺次即令
弟緯之殯其存故始昌迎煩之子家雖宗室性氣
殊詭不相附其存往來乃簡又亡而收恤至厚議者以為
非必敦良踈宗或緣求利品秩也
胡方回安定臨涇人也父義周姚泓黃門侍即方回
連臺正為中書侍即沐獵史籍辭彩可觀為屈正統萬城
銘蛇祠碑諸文頗行於世太武破赫連昌方回入魏未為
時知後為比鎮司馬為領循表有所稱薦帝覽之嗟美聞
如方回召為中書博士賜爵臨涇子選侍即與太子少傅

游雅等改定律制司徒崔浩及當時朝賢並愛重之清貧
守道以壽終
張湛字子然一字仲玄燉煌深泉人也魏執金吾恭九葉
孫為河西著姓祖篡仕涼位金城太守父顯有遠量武威
王據有西夏司湛弱冠知名涼土好學能屬文冲素有大志
位酒泉太守湛遂位兵部尚書涼州平拜寗遠將軍賜爵南通
仕沮渠蒙遜位兵部尚書涼州平拜寗遠將軍賜爵南通
男司徒崔浩識而禮之浩注易敘曰燉煌張湛金城宗欽
武威段承根三人皆儒者並有儁才見稱西州每與余論
易余以左氏傳卦解之遂相勸為解注故為之解其見稱
【北史列傳二十二十四】
▼

如此湛至京師家貧不立操尚無氈浩常給其衣食舊為
中書侍即湛知浩必敗固辭每贈浩詩頌多箴規之言浩
亦欽敬其志每常報答極推宗之美浩誅湛慊恐燒
門却掃閭甲皆絕必壽終兄銳字懷義閑粹有才幹仕沮
渠蒙遜位建昌令性至孝毋憂哀毀過人服制雖除而踈
糲弗改崔浩禮之與湛等卒於征西將軍懷義孫通字彥
緯博通經史沈冥不預時事頓立李彪欽其學行與之遊
款及彫用事言於中書令李沖沖召見甚器重之太和中
徵中書博士即求平中又徵汾州刺史皆不赴終
於家通四子徹驎儉鳳皆傳家業知名於世徹字方明位

侍中衛尉卿封西平縣公子敢之襲位太中大夫樂陵郡守麟字嘉應位廣平太守儁字元慎位涼州刺史鳳字孔璧位國子博士散騎常侍著五經異同評十卷爲儒者所稱

段承根武威姑臧人自云漢大尉頴九世孫也父暉字長祚身八尺餘體貌魁傑歸從暉請馬暉戲作木馬與童子其志後二年童子辭歸從湯湯甚器愛之有一童子與暉同刺史御史大夫西海侯熾盤爲輔國大將軍涼州而去暉乃自知必將貴仕乞伏熾盤盤子慕末襲位政亂暉父子奔謝暉曰吾太山府君子奉敕遊學今將歸損子厚贈無以報德子後至常伯封侯非報也且以爲好言謂子與童子奔欲南奔云置金於馬韉中帝密遣視之果如告者言斬之於市暴尸數日時有儒生京兆林白奴欽暉德首夜竊其尸置之枯井女爲燉煌張氏婦聞之乃向長安收葬崔浩見而好學機辯有文思而性行疎薄卑之與同郡陰仲達俱被浩引以爲奇之與同郡陰仲達俱被浩引以爲著作郎引與同事世咸重承根與宗欽等俱述言之太武並請爲著作郎引與同事世咸重承根與宗欽等俱薄其行甚爲燉煌公李寶所敬待浩誅承根與宗欽等俱

宗欽字景若金城人少好學有儒者風土沮渠蒙遜爲中死

書即世子洗馬上東官侍臣歲大武平涼州入魏賜爵男拜著作郎與高允書贈詩允荅書并詩甚相襃美在河西撰蒙遜記十卷無足可稱闕駟字玄陰燉煌人也祖父玖並有名於關令駟悟通經聽敏過人三史群言則誦時人謂之宿讀注王朗易傳撰十三州志三十八典左右訪以政事指益拜祕書考課即中給文吏校經籍刊定諸子三千餘卷牧犍待之彌重大行臺遷稽令騌慱通經聽敏過人三史群言則誦時人謂尚書及姑臧平樂安王不鎮涼州引爲從事中郎王曩遷京師家其貧不免飢寒性能多食一飯至三升乃飽率無

後劉延明燉煌人也父寶字子玉少儒學稱延明年十四就博士郭瑀瑀弟子五百餘人通經業者八十餘人瑀有女始笄妙選良偶有心於延明遂別設一席謂弟子曰吾有一女欲覓一快女婿誰坐此席者吾當婚焉延明遂奮衣坐神志湛然曰延明其人也瑀遂以女妻之延明後隱居酒泉不應州郡命弟子受業者五百餘人涼武昭王徵爲儒林祭酒從事中郎昭王好尚文典書史穿落者親自補茸延明時侍側請代其事王曰躬自執者欲人重此典籍吾與卿相遇何異孔明之會玄德遠撫夷護重雖有政務

手不釋卷昭王曰鄉注記篇籍以燭繼書曰日且夜可
休息延明曰朝聞道夕死可矣不知老之將至孔聖稱焉
延明何人斯敢不如此延明以三史文繁著略記百二十
篇八十四卷燉煌實錄二十卷方言三卷靖恭堂銘一卷
注周易韓子人物志黃石公三略行於世蒙遜平酒泉拜
秘書即專管注記纂羊酒牧犢尊為國師親自致拜命官屬
生學徒數百月致羊酒牧犢陰興為助教亞以文學見
以下皆北面受業時同郡綦毋懷文東遷風聞其名拜樂平
王從事中郎太武詔諸年七十已上聽留本鄉一子扶養

延明時老矣在姑臧歲餘恩鄉而返至涼州西四百里菲
谷窟疾卒太和十四年尚書李沖奏延明河右碩儒令子
孫沈屈未有祿潤賢者子孫宜蒙顯異於是除其一子為
郡州雲陽令正光三年太保崔光奏曰故樂平王從事中
郎燉煌劉延明著業涼城遺文在茲自故已後身隸不獲收異
之宥況乃維祖逮孫相去未遠而令父子淪卑隸不獲收異
儒學之士所為竊歎之歟尚書推檢所屬蠲免碎役敦化
萬俗於是平在詔曰大保啓陳深合勸善其孫等三家特
可聽免河西人也以為榮
趙柔字元順金城人也少以德行才學知名河右沮渠牧

犍時為金部即太武平涼州內徙京師歷著作即河內太
守甚著信惠景甞在路得人所遺金珠一貫價直數百縑
桑呼主還之後有人遺柔鏵數百枚者柔與子善明鬻之
市有人從柔買索絢二十匹有商人知其賤與柔三十
匹善明欲取之柔曰與人交易一言便定豈可以利動心
遂與之摶紳之流聞而敬服隴西王源賀采佛經幽旨作
祗洹精舍圖偈六卷柔為之注解為當時俊僧所欽味又
憑立銘讚頌行於世子默字沖明武威太守
索敞字巨振燉煌人也為劉延明助教專心經籍盡能傳
延明業涼州平入魏以儒學為中書博士京師貴遊之子

皆敬憚威嚴多所成益前後顯達位至尚書牧守者數十
人皆受業於敞以喪服散在眾篇遂撰比為喪服要記
出補扶風太守在位清貧卒官時舊同學生等為請謚詔
贈涼州刺史謚曰獻初敞之在涼州與鄉人陰世隆文才
相友世隆至京師被罪徙和龍角上谷遇見世隆對泣而
能抑掠為奴敞因行至上谷困不前達士人徐
理得免世隆子孟貴性至孝每向田芸耨早朝拜父來亦
如之鄉人歎焉
宋繇字體業燉煌人也世仕張氏父僚張玄靚武興太守
繇生而僚為張邕所誅五歲喪母事伯母張氏以孝聞八

藏而張氏卒君喪過禮唁然謂妹夫張彥曰門戶傾覆賴
荷在弱不衝膽自屬何以繼承先業遠隨彥至酒泉遂師就
學閉室讀書晝夜不倦博通經史呂光時舉秀才除中
後奇段業為中散騎侍以業無遠略西奔涼武昭王歷
位通顯家無餘財雖典兵革間講誦不廢每閒儒士在門常
倒展出迎引談論籍之明斷時事亦無滯也沮渠蒙遜
平酒泉於祿西王右丞相錫爵清水公及平涼

北史列傳十二　廿九

游犬

州從牧犍至京師卒謚恭公長子巖襲爵改為西平侯巖
子崇中書讜即樂安王範從事中郎海太守子遊咸陽太守子
李頎性清簡讜君家如官位勃海太守子遊道弱冠隨
父在郡父亡吏人贈遺無所受事母以孝聞與叔父別
君叔父為奴訴以構迎遊道話迄雲而殺之魏廣陽王
深北伐請為鎧曹及為定州刺史又以為府佐廣陽
繁北伐請元徹評其降賊收錄妻子遊道為訴得擇與廣陽
子迎喪還葬中尉鄴喜嘉其壯氣即引為殿中侍御史臺
中語曰見惡能討宋遊道者壯哉即除左立中軍為尚書
令臨淮王彧譴責遊道乃執版長揖曰下官謝王頊不謝

王理即日詣闕上書曰徐州刺史元孚頻有表二偽梁廣
陵王卒圖彭城乞增羽林二千以孚宗室重臣告請應安
所以量表給武官千人孚令代下以路阻自防遂納在防
羽林八百人辭云疆境無事乞將還家臣孚乞解司深知不
可尚書令臨淮王彧即孚之兄子遣省事謝遠三日之中
八度通迫云宜依判許臣不敢附下罔上孤負聖明但孚
之意請不合其罪下科或名毋於我醜罵溢口不顧朝章一
身在任乞師相繼及其代下便請放還進退為身無憂國
小即憂國之心豈厚於我醜罵溢口不顧朝章都堂右僕射
世隆更部即中臣薛琡已下百餘人血皆聞見臣實獻替

北史列傳卅　廿

王

言云忠臣奉國事在其心亦復何簡貴賤比自北海入洛
王不能致身延難方清宮以迎繁賊鄭先護立義廣州王
復建旌往討趣惡如流伐善何速今得冠晃百寮乃欲為
私害政為臣此言或賜怒甚臣既不怳千犯百寮遂使一
即攘袂高聲肆言頓挫乞解尚書令帝乃下敕聽解臺即
後除司州中從事時將還鄴會嵊兩行孤擁於河橋遊道
王后朝夕宴歌行者曰何時即而不作此聲也固大懼後齊神武自太原來
應曰何時即此人是遊道邪常聞其名今日始識其面還遊

道別駕後目神武之司州歡朝士輿艘屬遊道曰飲高歡
手中酒者大丈夫卿之為人合飲此酒又還晉陽百官辭
於紫陌神武執遊道入朝黃中有憎忠卿者但用
心莫懷恨應當便卿位與之相似於是啟以遊道為尚
文襄執請乃以吏部郎中崔暹為御史中尉以遊道為尚
書左丞文襄謂暹遊道曰卿一人處南臺一人處北省當
使天下蕭然遊道入省勃太師咸陽王但太保孫騰司徒
高隆之司空侯景錄尚書元弼尚書令司馬子如騶騰尚書
銀催徵酬價雖非指事贓賄終其不避權豪又奏颻尚書
達失數百條省中豪更王儒之徒立鞭斤之始依故事於

尚書省立門名以記出入早晚令僕已下皆側目魏安平
王坐事七章武二王及諸王妃太妃是其近親者皆被徵
貴都官郎中畢義雲王其事有奏而禁有不奏颻禁者遊
道判下廷尉科罪高隆之不同於是反誣遊道鷹邑挫辱
己遂枉拷畢令史證成之與左僕射襄城王旭尚書鄭述
祖等上言曰飾偽亂真國法所必去附下罔上王政所不
容謹案尚書左丞宋遊道名望本關功績何紀其姦詐尋
始朝王宁散之人之際叨竊臺郎踴行諂言肆其姦詐曾
識名義不顧典文郵其心衆畏其口出州入省歷泰清
資而長惡不悛冒無忌譚毀譽由己憎惡任情比因安平

王事遂肆其褊心因公報隙與即中畢義雲遞相糾舉又
左外父道隙即中魏叔道牒云內降人左澤等為京畿送省
令取保放出中大將軍在省曰判聽遊道發怒曰往日官府
成何物官府將此為例又云文襄使元景康謂曰卿
請問遊道並貪承引案律對捍謂使無人臣之禮大不敬
罪口柵夷齊心懷盜跖欺公賣法受納苟且產隨官厚利之
與位積雖賤贓行未露跏欺詐如是舉此
禮襪律處遊道死罪是時朝士皆忿為遊道不濟而文襄
閔其與隆之相抗之言謂楊遵彥曰此其是頗直大剛惡

人遵彥曰譬之畜狗本取其吠今以數吠殺之恐將來無
復吠狗即中魏叔道牒云內降人左澤等為京畿
逐我向井州他經略不忍殺卿遊道從至晉陽乂為大行
臺吏部又以為太原公開府掾府證議乂平陽公為中尉遊道
以證議領尚書侍御史尋乂以文襄疑
黃門即溫子昇知之謀繫諸獄而餓之文襄謂曰吾近書與京師諸貴
輿馭路隔遊道收而葬之食弊儒而死
論乂朝士云卿辟於朋黨將為一病乃卿真是重舊節義人
此情不可舊乎昇本不殺之卿葵之何所憚天下代卿
怖者是不知吾心也尋除御史中尉東萊王道習參御史

贈儀同三司謚曰貞惠游道剛直疾惡如讎見人犯罪皆
欲致之極法彈糾見事又好察陰私問獄察情捶撻嚴酷
兗州刺史李子貞在州貪暴游道案之文襄怒於尚書都
義顏意將念刃游道密啓云子貞元
康交游恐其別有讀蜀文襄怒於尚書都堂集百寮撲殺
子貞又兗州人為游道生立祠堂像題曰忠清君游道別
勅吉蠡等五人同死有欣悅色朝士甚鄙之然重交游存
然諾之分歷官嚴整而時大納賄分及親故之艱匱者其
男女孤弱為嫁娶之臨終必哀慟親視為之與頓立李
牧樂昌西河二王乖忤及二王薨每事經恤之興用弟為佐史今弟
獎一面便定死交歡曰我年位已高每會用弟為佐史今弟

選限外授狀道習與游道有舊使令史受之文襄怒收游
道辯而判之曰游道重世犧悍是非肆已吹毛洗垢創延
人物往道即中蘭京壺忿競列事十條及加推窮便是虛
安方共道習陵悔朝典法官而犯特是難原宜付省科游
道被禁獄吏欲為脫枷游道抗志不肯此令公命所著不可
之下獄尋得出不歸家從之府理事卒遺令簿獎不立碑
表不求贈謚贈瓜州刺史武平中以子士素久典機密重
太府卿乃於少府覆檢王司盜截得鉅萬計姦吏友誣奏
輒脫文襄聞而兔之游道抗言不政天保元年以游道兼

比面於我足矣游道曰不能既而歎為河南尹辟游道為
中正使者相蜀以衣帽待之握手歡謔元顥入洛獎受其
命出使徐州都督元孚與城人趙紹兵殺之游道為獎訟
宛得雪又表為請贈回已考沉嗜以益之又與劉敬結
交託啟弟粹於徐州殺趙紹後劉粹以加贈以徐
州教官軍討之梟首於鄴市孫騰使客告市司得五
百匹後聽收游道時為司州中從事令家人作劉粹所親
勒使速付騰聞大怒游道立理以抗之既收粹乃復加贈
遺李獎二子構訓居貪游道後令其求三富人死事免
之几得錢百五十萬盡以入構訓其後使氣嘗使如此時
語曰游道獼猴西陸操科斗形意識不關見何謂醜者以
無情構蜜因游道會客因戲之曰賢從在門外見之乃獼
自迎接為通名稱族弟游道出見之獼猴而衣帽
也將與構絕構謝之豁然如舊游道死後構為定州長史
游道第三子璡為臺曹博陵王管記與典籤共評表構
構於禁所祭游道而訴焉游道怒曰
我與構因義故豈不知何其小人謀陷清直之士遂
驚踖曰不敢不敢旬日而卒游道每戒其子士素約
慎等曰吾執法大剛數遭屯蹇性自如此子孫不定必師之

諸子奉父言綦和謙遜士素沈約言有才識稍遷中書
舍人趙彦深引入省參典機要歷中書黃門侍郎遷儀
同三司散騎常侍彦深所重初祖挺知朝政出彦深為剌史斑
真溫恭其為東郡守中書侍郎李德林白斑留之由是遂
奏以士素為機密士約亦重善士官尚書左丞
除黃門侍郎即李德林白斑留之
世傳家業祖共典機密士約亦重善士官尚書左丞
宇善蟲篆詁訓永嘉大亂瓊華官投張軌子孫因居涼土
江式字法安陳留濟陽人也六世祖瓊字孟珸晉馮翊太
各有體倒又獻經史諸子千餘卷由是拜中書博士卒贈

敦煌太守父紹興高允奏為祕書郎掌國史二十餘年以
謹學稱萃於趙郡太守式少專家學數年中常憂兩人時
相教授及罷每有記識初拜司徒長史兼行參軍檢校御
史彝除侍郎令必書文昭太后尊諡冊除奉朝請仍待
節令象體充工洛京宮殿諸門板題皆式書也延昌三年
三月式表曰臣聞伏犧氏作而八卦形其畫軒轅氏興而
靈龜彰其彩古史倉頡覽二象之交觀鳥獸之迹別翔文
字以代結繩用書契以維事宣之王迹則百工以叙萬
品以明迄於三代厥體頗異雖依類取制而未能殊
蹟氏矣故周禮八歲入小學保氏教國子以六書一曰指

事二曰象形三曰形聲四曰會意五曰轉注六曰假借蓋
是史頡之遺法及宣王太史史籀著大篆十五篇與古文
或同或異時人即謂之籀書孔子修六經左丘明述春秋
皆以古文厥意可得而言其後七國殊軌文字乖別暨秦
兼天下丞相李斯乃奏罷不合秦文者斯作倉頡篇中車
府令趙高作爰歷篇太史令胡母敬作博學篇皆取史籀
大篆或頗有省改所謂小篆者也於是秦燒經書除舊典
官獄職務繁多以趣約易始用隸書古文由此息矣隸書
者始皇使下杜人程邈附於小篆所作也世人以邈徒隸
故謂之隸書故秦有八體一曰大篆二曰小篆三曰符書四曰蟲書

五曰摹印六曰署書七曰殳書八曰隸書漢興有尉律學
復教以籀書又習八體試之課最少者為尚書史書或不
正輒舉劾焉又有草書莫知誰始其形雖無厥詣亦是
一時之變通也孝宣時召通倉頡讀者獨張敞從受之涼
州剌史杜業沛人爰禮講學大夫秦近亦能言之孝平時
徵禮等百餘人說文字於未央宮中以禮為小學元士黃
門侍郎即楊雄採以作訓纂篇及亡新居攝自以應制作
大司馬甄豐校文字之部頗改定古文時有六書一曰古
文孔子壁中書也二曰司字即古文而異者三曰篆書云
小篆也四曰佐書秦隸書也五曰繆篆所以摹印也六曰

15-513

烏篆所以憚信也壁中書首魯恭王壞孔子宅而得尚書

春秋論語即荓經也又北平侯張敞獻春秋左氏傳書體題

孔氏相類即前代之古文矣後漢郎中扶風曹喜號曰工

篆小異斯法而其精巧自是其法也又詔侍中賈魴

不悉舊遂即汝南許氏古學一端也後學皆其法訓侍中

歐可謂類聚羣分雜而不越文質彬彬最首一終亥各有

太學立石碑列載五經題

書畫竒能莫不雲集時諸方獻篆籀血出邑者魏初傳士清

河張揖著埤倉廣雅古今字詁方之許篇古今體用或

得感失陳留邯鄲淳亦與揖同傳開古藝特善倉雅能

事類郭氏於古文為益者然其字詁方之許篇古今體復宣校之說文篆隸

三字石經於漢碑西其文尉煥三體復宣校之說文篆隸

字指八體六書精究閌理有名於指以書教諸皇子文建

犬同而古字少異又有京兆韋誕河東衛覬二家並能

家嘗臺觀族題寶器之銘未之吳誕表上字林六卷並其

其妙晉世義陽王典祠令任城呂忱表上字林六卷並其

況飆附託許慎說文而按偶章句隱別古籀奇惑之字文

北史列傳二十二 二十七

太山州 灾山州

得正隸不善篆意也悅弟靜別成故左校令李登聲類之

法作韻集五卷使宫商角徵羽各為一篇而文字與便

是歲衛覬又讀羹夏時有不同皇魏承百王之季紹五運之

緒世易風移文字改變篆形謬錯隸體失真俗學鄙習乃曰追

加虛造巧竟炫惑於時難以釐改皆巳不合

來為歸巧竟為辯小兔為觀神虫為雜轉此巳不合

孔氏古書史籀大篆許氏說文石經三字也見所關古莫

不悵焉歎夫文字者六籍之宗所以垂

今令人所以識古臣六世祖瓊家世陳留往晉之初與從

父兄俱受學於備觀古篆之法倉雅方言說文之誼當時

奉歡五世傳掌之書古篆八體之法時蒙嘉錫別於儒

林官班五經文字號世業暨臣閒短識學備濱潰家風益

無顧是籍六世之資奉遵祖考之訓鍇古人之軌企踐

儒門之轍求撰集古來文字以許慎說文為宗尚

書五經音注籀篇爾雅三倉凡將方言通俗文祖文宗坤

之誼苦以類編聯文無後重統為一部其古籀奇惑俗隸

倉廣雅古今字詁三字石經字林韻集諸賦文字有六書

諸體咸使班於篆下各有區別詁訓假借之誼敘念隨文而

北史列傳二十二 二十八

灾山

解音讀楚夏多聲詆逐字而注其所不知者則闕如也脫

蒙遂許算省百氏之觀而同文字之域典書祕書所須之

書乙垂敕給并學士五人聲習文字者助臣被覽書生名

五人專令抄寫侍中黃門國子祭酒一月一監誣議疑隱

庶無紕繆所撰名目伏聽明旨詔可如所請給之

其兼教人書史也其有所須依請給之名曰待書成重聞

說文為本上篆下隸正光中兼著作郎卒官贈巴州剌史

式於是撰集字書號曰古今文字凡四十卷大體依許氏

其書竟未能成式兄子征虜將軍順和亦工篆書先是太

和中兗州人沈法會能隸書宣武之在東宮敕法會侍書

後以隸迹見知於閭里者甚衆宋有如僅浩之妙

論曰游雅才業亦高允之亞至於陷旋陳奇斯所以絕世

而莫不淵根雅道儒風終受非常之遇以太和之盛有乙

言之重柳乃曠世一時掌既聿克隆堂構正清梗槩顛

沛不渝辭爵主幼之年抗節富文詞故能受遇累朝見

已逮矣高閭發言有章句下筆富文雅自業琰加之

重明主桂冠謝事禮備懸輿美矣趙逸文雅自業琰加之

孝義可謂世有人焉胡叟回張湛叚承根闞駰劉延明

異人歟胡方回張湛叚承根闞駰劉延明趙柔索敞普通

涉經史才志不羣儕重西州有聞東國故流播之中自挍

泥淖人之不可以無能信也宋繇慨忠能申終致顯達遊

道剛直自立任使為累江式能世其業亦足稱云

列傳第二十二　　　北史三十四

北史列傳二十二　三十

王慧龍　玄孫松年　五世孫勁
　鄭義　譯叔孫懷　儼族孫偉　道邕子譯
　　　從曾孫逸邕

王慧龍太原晉陽人晉尚書僕射愉
之子也幼聰慧愉以為諸孫之龍故名焉初宋武微時愉
不為之禮及得志愉以為家見誅慧龍年十四為沙門僧彬
所匿因將過江津見其行意忽忽疑為王氏子孫彬稱
為受業者乃免既濟遂西上江陵依叔祖忱故江州刺史前
中從事習齊之資給慧龍送度江逡奔姚興自言也如此姚
別駕劉期公主人王騰等謀舉兵推慧龍為盟主剋日龍襄
州城而宋武開詠之卒亦懼江陵有變遣其弟道規為荊
州眾遂不果羅恂等將慧龍又與僧彬北詣襄陽晉雍
刺史魯宗之資給慧龍送度江逡奔姚興與自言也如此姚
泓滅慧龍歸親明元引見與言慧龍請效力南討言終俯
而流涕天子為之動容謂曰朕方混一車書庶卷吳會卿
情計如此豈不能相資以眾平然亦未之用後拜洛城鎮
將鎮金墉會明元崩太武初即位咸謂南人不宜委以師
旅之任遂停前授初崔浩弟恬聞慧龍王氏子以女妻之
浩既奇姻及見慧龍鼻漸大浩曰且貴種矣數向諸公稱其美司
之鬮王慧龍鼻漸大浩曰且貴種矣數向諸公稱其美司

徒長孫嵩聞之不悅言於太武以其嘆服南人則有訕鄙
國化之意太武怒召浩責之浩免冠陳謝得釋慧龍由是
不調父之除樂安王範傅領揚州大中正慧龍抗
表願得南垂自效太武以荊州刺史謝晦之乃授慧龍
軍左長史及宋荊州刺史謝晦起兵江陵引慧龍為援慧
龍督司馬靈壽等一萬人撥其晦敗乃圍項城晦敗乃
班師後宋將王玄謨寇滑臺慧龍設奇
等同討之相持五十餘日諸將以賊盛莫敢先慧龍與安頡
兵大破之太武賜以劍馬錢帛授龍驤將軍賜慧龍爵長社侯
拜榮陽太守仍領長史在任十年農戰並修招
納邊遠歸附者萬餘家號為善政其後宋將到彥之撻道
濟頻頓淮潁大相侵掠慧龍力戰屢摧其鋒彥之與人書
蕭斌書曰虜軌頑鈍馬棧之中唯王慧龍及韓
延之可為深憚不意儜弱生戀夫乃令老子訐之宋文縱反
間云慧龍自以功高而位不至欲引寇邊因據安南大
將軍司馬楚之以叛太武聞曰此必不然是齊人忌樂毅
耳乃賜慧龍璽書曰義隆畏將軍如虎欲相中害朕自知
之風塵之言想不足介意也宋文計既不行復遣刺客呂
玄伯購慧龍首二百戶男絹一千四玄伯為反開來見
有所論慧龍疑之使人探其懷有足刀玄伯叩頭請死慧

龍曰各為其主也吾不忍害此人左右皆言義隆賊心未
已不殺玄伯以剿將來亦安能害
我且吾方以仁義為干櫓又何憂乎剌客遂捨之時人服
其見恕慧龍曰以遭難流離常懷憂悴乃作祭伍子胥文
以寄意焉生一男一女遂絕房室希求靜退慧龍自以遠
動必以禮太子少傅游雅言於朝曰慧龍古之遺孝文
帝王制度十八篇君號曰國典具君元年拜使持節寧南將
軍武牢鎮都副將未至鎮而卒瞑沒謂子寶興曰吾羈
旅南人恩非舊結蒙聖朝殊特之慈得在壇場效命誓願
鞭屍吳市裁墳江陰不謂嬰此重疾得心莫遂非唯仰愧

國靈寶亦俯欱岾上脩矩命也夫復何言身殁後之葬河
內州縣之東鄉依古墓而不墳足藏棄幽而已庶其魂而
有知猶希結草之報時制南人入國者皆葬桑乾縣申
遺意詔許之贈安南將軍荊州剌史諡穆侯吏人及將士
共於墓所起佛寺圖慧龍及僧彬像而讚之呂玄伯感全
宥之恩於墓側終身不去初寶興母及慧龍少孤事申
至孝年尚書盧遐妻崔浩女也初寶興母及遐妻俱孕浩謂
曰汝等將來所生皆我之自出可指腹為親及昏浩為撰
儀躬自監視謂諸客曰此家禮事宜盡其美及浩被誅盧
遐後妻寶興與從母也緣坐沒官寶興亦逃避未幾得出盧

遐妻時官賜度斤鎮高車渴真等聚衆與盡賣效產自出塞歸
之以歸州辟中從事別駕舉秀才皆不就閣門不交人事
龍襲爵封長社侯龍驤將軍卒子瓊襲爵瓊字世珍孝文賜
名焉拜前將軍并州大中正十六年降號侯為伯帝納其長女
為嬪拜前將軍并州大中正十六年始中為光州剌史
贈為中尉王顯所劾終得雪免神龜中除左將軍兗州剌
史去州歸京多年沈滯所居在司空劉騰宅西騰勢傾
朝野初不侫騰既權重吞鄰宅增廣居宇瓊唯瓊宅不聽歸其夫家
肯與以此父見屈抑瓊仍葬之別所家不即塞常於壙內哭泣
女卒京慟無已瓊仍葬之別所家不即塞常於壙內哭泣

父之乃掩當時深怪之加以聲疾每見道俗乞丐無已造
次見之令人笑愕道逢太保廣平王懷騶唱不肯避言馬
瘦懷即令人笑愕道逢太保廣平王懷騶唱不肯避言馬
黃閣見崇子世哲直問繼伯在否崇趣出瓊乃下崇俛而
好以紙帖衣領瓊曬而制去之崇小子青貽嘗盜服寵勢
亦不恨領軍元父使奴遺瓊馬瓊并留奴東將軍金紫光祿
曰東海之風於茲隆矣芙孝昌三年除鎮東將軍金紫光祿
大夫中書令時瓊季遠業為黃門郎故有此授卒贈征虜
將軍中書監并州剌史自慧龍入國三世一身至瓊始有
四子長子遵業風儀清秀涉歷經史位著作佐郎與司徒

左長史崔鴻同撰起居注遷右將軍兼散騎常侍簿
蠕蠕乃詔代京來拾遺文以補起居所闕與崔光安豐王
延明等參定服章及光為孝明講遵業預講延業錄
義並應詔作釋奠詩時人語曰英英濟濟王家兄弟
轉司徒左長史黃門郎監典儀注導業有譽當時興中書
令陳郡袁翻尚書琅邪王誦並領黃門郎號曰三哲時政
鑄門下世謂安帝復好事者多毀新殘以學之義朝太后臨
立園嘗著帝有從姨兄弟之親相翠奉迎見害河陰
朝天下方亂謀避地自來徐州太后曰王誦並出罷幽州知作
黃門卿何乃欲徐州也更待二年當有好處分導業兄

北史列傳二十三 〈五〉

弟並交游時俊乃為當時所美又余朱榮入洛兄弟在父
喪中以於莊帝有從姨兄弟之親相翠奉迎見害河陰
議者惜其人才而識其躁競贈并州刺史書三晉記十卷
子松年少知名嘗文襄臨并州辟為主簿辜遷通直散騎
常侍副李繪使梁使還歷位尚書郎中親收撰魏書成松
年有謗言宣怒禁止之仍加杖罰藏鍰待免除臨漳令
遷司馬別駕本中正孝昭擢拜給事黃門侍郎馳驛至鄴都宣遺詔
賜望與論政事甚善之孝昭崩松年馳驛至鄴都宣遺詔
發喪三涿泗迄於宣罷容色無改辭吐詭韻慟號慟絕
於地百官莫不感慟還晉陽兼侍中讀梓宮還鄴諸舊臣

避形迹無散盡衰唯松年哭必流涕朝士咸恐武成雖忿念
松年戀舊情切亦雅重之又本官加御史中丞發晉陽之鄴
尋參定律令前後大獄多委焉兼御史中丞諡曰平第二子勔最
在道遇疾卒贈吏部尚書并州刺史諡曰平第二子勔最

知名

勔字君懋少沈黙好讀書住齊累遷太子舍人待詔文林
館時祖孝徵魏收陽休之等實論古事有所遺忘不
能得問勔勔具論所出取書驗之一無舛誤是大為時
人所許稱擢著作佐郎以母憂去職在家著齊書時制禁私
史之義近代彌絕於是上表請人曰臣謹案周官四時

帝受禪擢著作佐郎以母憂去職在家著齊書時制禁私

北史列傳二十三 〈六〉

撰史為內史侍郎李元操所奏上怒遣收其書臨見而悅
於是起為員外散騎侍郎修起居注勔以上古有鐃燧改
火之義近代廢絕於是上表請變人曰臣謹案周官四時
變火以救時疾明火不數變時疾必興聖人作法豈徒然
也在晉時有人以洛陽火度江者世世事之相續不滅火
色變青昔師曠食飯云是勞薪所爨晉平公使視之果車
輒令溫酒及炙肉用石炭木炭竹火草火麻荄火氣
味各不同以此推之新火舊火理應有異伏願遠遵先聖
於五時取五木以變火用功甚少救益方大縱使百姓習
久未能頓同尚食內廚及東宮諸王食厨不可不依古法

【北史列傳二十三】　七

上従之勅又言上有龍顔戴干之表指示羣臣上大悦賜
物數百段拜著作郎上表言符命曰首周保定二年歳在
壬午五月五日青州黄河變清十里鏡澈飛民以為已瑞
改元年曰河清是月至尊以大興公始作隨州刺史歴年
二十隋實屬大隋午為鶉火也竊以靈圖曰聖人受命瑞必先見
於河得者取隋未能清也竊以靈圖曰聖人受命瑞必先見
啓聖實屬大隋午為鶉火以明火德仲夏火王之兆明火德
初邵州人楊恕近河得青石圖〔紫石圖一皆隱起成
文有至尊名下云八方天心永州又得石圖剖為兩段有
安邑掘地得古鐵板文曰皇始天年齎楊鐵券王興同州
楊樹之形黄根青葉汲水得神龜腹下有文曰天下楊興
得石龜文曰天子延十年大吉臣以前之三石不異書今
何以用石石體必固兼是神靈之物孔子歎曰龜腹七字何以不出書洛不出圖
龜亦父固兼是神靈之物孔子歎曰龜腹七字何以不出書今
於大隋璽甚圖書屬出建德六年亳州大周村有龍關初
者勝黒者死大象元年夏滎陽汴水北有龍關初見白氣
屬天自東方歴陽武來及至白龍也長十許丈有黒龍
墜地謹案龍君象也前關於亳州周村者蓋象至尊以龍
乗雲而至雲雨相薄乍合乍離自午至申白龍昇天黒龍

【北史列傳二十三】　八

關之歳為亳州總管逐代周有天下後關於滎陽者滎字
三火明火德之之盛也白龍從東方來歴滎陽武者蓋象至
尊將登帝位從東第入自崇陽門也西北昇天者也乾位
天門坤靈圖曰聖人受命皆見而殺皆感氣也又曰
發也聖人殺龍者前後龍死是也白姓商者皇家於五姓為
與五黒龍龍關白龍陵故泰人有命謹案此言皆為大隋而
泰姓商名宮者武元皇帝諱於五聲為宮曰黄色者隋亦為
商也名宮者武元皇帝諱於五聲為宮曰黄色者隋亦為
長八尺者武元皇帝身長八尺河龍以正月辰見白龍
月卦龍見之所於京師為辰地白龍與黒龍關者亳州滎
陽龍關是也勝龍所以白者楊姓納音為商至尊又辛酉
歳生位皆在西方西方白色也死龍所以黒者周色黒所
關能去敵曰除臣以泰人有命也乾鑿度曰泰之為言通也大也明
伏法亦當五數白龍陵者陵猶勝也鄭玄説陵當除凡
以稱五者周閔明武宣靖凡五帝趙陳代越滕五王一時
其二者人形體之彰識也干盾也泰人之表戴干臣玄注云至
表者人形體之彰識也干盾也泰人之表戴干臣玄注云至
尊有戴干之表益知泰人之表不爽亳龜坤靈圖所云字
字臣騶緯書又稱漢四百年終如其言則知六十世亦必
然矣昔宗周卜世三十今則倍之稽覽圖曰太平時陰陽

和合風雷同會海內不偏地有阻隙陰風有進疾雖太平
之政猶有不能均惟平均乃不鳴絛故欲風化於亳享者陳
留也謹案此言蓋以至尊昔為陳留公世子亳州摠管遂
受天命入海內均同不偏不黨以成太平之風化也在大統
十六年武元皇帝改封陳留公是時齊國有祕記云天王
陳留入并州燕主高洋為是待枯柏從下生枝東南指夜王
帝東將兵入并州同武帝時望枯柏生枝東南枝廻指當有
是殺亳州刺史紇豆陵恭至尊代為之又陳留老子孫子祠有
枯柏世傳二老子將度云枯柏從下生枝東南上指夜有三
聖人出吾道復行至酒枯柏從下生枝東南上指夜有三

童子相與歌曰老子廟前右枯樹東南枝如織聖主從此
去及至尊牧亳州親至祠橫之下見是枯枝回抱其枯枝
漸指西北道教衆事行考校太平主出於亳州陳留之
地皆如所言稽覽圖又云政道得則陰物變為陽物鄭玄
注二云志變為韭亦是謹案自六年以來遠近山石多變為
王石為陰王為陽又在衛園中蔥皆變為韭上覽之大悅
賜物五百段未幾紹復上書曰易乾鑿度曰隨上六拘絛
之乃從維之王用耳手西山隨者二月卦陽德施行葦渼
難解萬物隨陽而出故上六欲九五拘絛之維持之明被
陽化而欲陰隨從之也易稽覽圖坤六月有子女任政一

年傳為復五月貧之從東北來立大起土邑西北地動星
隆陽衛屯十一月神人從中山出趙地動北方三十日千
里馬數至謹案凡此皆易緯所言皆是大隋符命隨者二月
之卦明大隋以二月即皇帝位也陽德施行者明當時蕃
德教施行於天下也蕃決難解者明當時蕃彰皆通決隨
難皆解散也萬物隨陽而出者明天地開萬物盡隨楊氏
而出見也上六欲九五拘絛之者五為王六為宗廟明宗
廟神靈欲命登九五之位帝王以禮絛係人以義也拘
人以禮絛係人以義此二句亦是乾鑿度之言樂云明
能以綱維持正天下也被陽化而欲陰隨從之者明諸陰

類被服楊氏之風化真不隨從陰謂臣下也王用耳手于西
山者蓋明至尊以美隨楊丁窴之至也坤六月仁壽官也凡
三稱陽欲美隨楊丁窴之至也坤六月生也有子女任政者言
建未言子女而為周右任內政也有子女任政者言樂是坤
皇帝子女而為周右任內政也一年傳位與楊氏也坤
之一卦陽欲東北來初起言周宣帝崩後二年傳位與楊氏也
五月貧之從東北來立初起言周宣帝崩後
帝以五月崩為真人革命當在此時至尊謙讓而逆天意故
蹿年乃立昔為定州摠管在京師東北本而言之故曰真
人從東北來立大起土邑者大起即大興城邑也故曰西北地

【上欄】

動星陰者盖天意去周授隋變動也陽衡者言楊氏得
天衡助也屯十一月神人從中山出者此卦動而犬作
故至尊以十一月被授亳州摠管將從中山而出也趙地
動者中山為趙地以神人將去神人之時傳留三十日也北方三十日者
盖至尊舊所乘駟驪馬也屯震下坎上震行則先作弄四足
坎於馬為美脊是故歷數至也
數至者言歷數至也故河圖通紀白形瑞出承元託道無為安率被
隨叶靈皇河圖皇条持日皇握神日投輔提象不絕立皇後翼不

校案刊
北史列傳二十三
〈十一〉

格道終始德優劣帝任政河典出叶輔嬉爛可述謹案庶
此河圖所言亦是大隋符命形瑞出變矩衡者矩法也衡
北斗星名所謂璿璣玉衡者也大隋受命兆之瑞矩始出
天象則為之變動北斗主天之法度故曰矩衡易緯伏戲
矩衡者鄭玄注以為法王衡之神與此河圖矩衡義同亦
應隨者言赤帝降精感應而生隋也故言大隋德為赤帝
天子叶靈皇者也叶合也言大隋德合上靈天皇大帝也又
年號開皇與宋靈寶經之開皇年相合故曰叶靈皇大帝出
者皇大也群君也大君出盖謂至尊受命出為天子也承
元託者言承周天元終託之運也道無為安率者安下脫

【下欄】

一字言大道無為安定天下率從被遂矩戲作術者矩法
也昔邊皇握機戲作八卦之術言大隋被服彼二皇
之法術也握神日者言握持拏神明照如日皇年易服曰
色也握神日者言握持拏神明照如日又開皇以來曰
漸長亦其義也遂皇輔提者言皇投授政事於輔佐使之提拏
也象不廢絕者法象不廢絕立皇後翼不格者格至於善也言
本立太子以為皇家後嗣而其立皇後翼之人不能至於善也
道終始德優劣者言前東宮通終而德優劣今皇太子道始
而德優也帝任政河典出叶輔嬉爛可述者言皇帝親任政事而邵州河
濱得石圖也叶輔嬉爛可述者言叶合也言群臣合

校案刊
北史列傳二十五
〈十二〉

心輔佐以興政教嬉爛然可紀述也所以發皇条持帝通紀
二篇大陳符命者明皇道帝德盡在赤隋也上大悅以勵
至誠寵錫日隆時有人於黃鳳泉浴得二百石頗有文理
遂附其文以為字復言有諸物象而上奏曰其大王有日
月星辰人卦五岳及二麒雙鳳青龍朱雀騶虞等其名當
其方位又有五行十日十二辰之名凡二十七字又有天
門地戶人門鬼門閉九字又有卻非及二鳥其鳥人面
則抱朴子所謂千秋萬歲者也其小玉亦有五岳卻非凰
門之象二玉俱有仙人玉女乘雲控鶴之象別有天皇大
犀之象二玉俱是風伯雨師山精海若之類又有天帝諸
神不可盡識盡是

帝皇皇帝及四帝坐鉤陳比斗三公天將軍土司空老人天
倉南河北河五星二十八宿凡四十五官諸字本無行伍
皆往往偶對於大王則有皇帝曰名並臨南面與日字正
鼎足復有老人星蓋明南面東月而長壽也皇帝二字在
西上有月形蓋明象月也於次王則皇帝名與日字次
比兩揚字與萬年字次比隋與日字正並蓋明長久言慶
也勑復迴与其字作詩二百八十篇奏之上令宣示天下勑集
千四勑於具採人開歌謠引圖書纖緯依約符命拪撮佛
經撰為皇隋靈感誌合三十卷奏之上令宣示天下勑集
諸州朝集使洗手焚香開目讀之曲折其聲有如歌詠經

涉旬淘徧而後罷上益喜賞賜傳洽及文獻皇后崩勑復
上言佛經說人應生天上及上品上生無量壽國之時天
佛放大光明以香花妓樂來迎之如來以明星出時入涅
盤伏惟大行皇后聖德仁慈福善禎符備諸祕記皆六是
妙善菩薩臣謹案八月二十二日仁壽宮內再雨金銀之
花二十三日大寶殿後夜有神光二十四日卯時永安宮
北有自然種種音樂震滿虛空至五更中奄然如寐便即
升遐與經文所說事目符驗臣又以恩意思之皇后遷化
不在仁壽宮大興宮平生所出入也原升遐後二日苑內夜有
象京師永安門平生所出入者蓋避至尊常居正處也在永安宮者

鍾聲二百餘處此則生天之應顯然也上覽之且悲且喜
時蜀王秀以罪廢上謂勑曰嗟乎吾有五子三子不才勑
進曰自古聖帝明王皆不能後不肖之子黃帝二十五子
同姓者二餘各異德矣後上夢欲上高山而不能得崔彭捧
有三監上然其言後上夢欲上高山而不能得崔彭捧腳
李盛扶肘乃得上因謂彭曰死生當與彌俱勑未幾彭亦
吉上高山者明高宗大安如山也彭猶彭祖李老李猶李老
二人扶侍寞為長壽之徵上見容色大義此皆經籍
幾崔彭亦卒煬帝嗣位漢王諒作亂帝不忍誅勑上書曰
臣聞黃帝滅炎蓋去母第周公誅管信亦天倫叔向戮叔

魚仲尼謂之遺直石蜡殺石厚丘明以為大義此皆經籍
明文帝王常法今陛下置此逆賊度越前聖謹案賊諒毒
被生靈者也古者同姓不別異姓故黃帝有
二十五子其得姓者十有四人唯青陽夷鼓與黃帝同為
姬姓諒既自絕請改其氏勑以此求媚帝依違不從後遷
祕書少監卒於官勑好讀書在著作將二十年專典國史撰隋書
八十卷多錄口敕又採迁怪不經之語及委巷之言以類
相從為其題目詞義繁雜無足稱者遂使隋代文武名臣
善惡之迹堙滅無聞初撰齊志為編年體二十卷復為齊
書紀傳一百卷及平賊記三卷或文詞鄙野或不軌不物

駿人視聽大為有識嗤鄙然其指摘經史諛誤為讀書記
三十卷時人服其精博爰自志學暨於暮齒篤好墳史遺
略世事用思既專性頗恍忽每至對食閉目凝思盤中之
肉輒為僕從所啖劭弗之覺唯責肉少數訶厨人以
情白劭劭依前閉目伺而獲之厨人方免答辱其專固如
此遭業弟廣業性沈雅涉歷書傳位太尉祭酒遷屬於南
陰之役遂亡敗骨父無子贈齊州刺史延業弟季和位著
鉅鹿太守贈業弟延業博學多聞位中書郎河
太中大夫贈徐州刺史子又有儀望以幹用見稱交於
侍御史并州大中正贈華州刺史

北史列傳二十三

〈十五〉〈十三〉

鄭羲字幼麟滎陽開封人魏將作大匠渾之八世孫也曾
祖豁慕容垂太常卿父曄不仕聚徒長樂潘氏生六子粗有
志業而羲第六文學優冠舉秀才高書奏李孝伯以女
妻之文成末爨中書博士天安初宋司州刺史常珍奇據
汝南來降獻文詔殷中尚書元石為都將赴之遣羲參石
軍事到上蔡珍奇來迎既相見議欲頓軍
汝北未即入城羲謂石曰機事尚速今珍奇雖來意未可
量不如直入其城羲從之遂入其城城中尚有珍奇
親兵數百人在珍奇宅內石既克城音益懼怠置酒嬉戲
以全制為勝石從羲言逐東馬徑入其城音益懼怠置酒嬉戲

無警防之虞羲勸嚴兵設備以待非常其夜珍奇果使人
燒府欲救火作難以石有備乃止明日羲引軍東討波陰宋波陰太守張
慰郭邑眾心乃定羲齊曰武幡安
超城守不下石攻之不克議欲還軍長社待秋穀之羲曰
石不納遂死攻揚文長社必備城深漸多積新穀來恐難圖矣
今超驅市人命不延宜安心守之超食已盡不降當走
而欲棄遂旋師長社至冬復往攻超果如羲策北
歷年超死楊文長代初陽武人田智度年十五妖惑動眾
平遠中書侍郎延興初陽武人田智度年十五妖惑動眾
擾亂東索以羲河南人望為州郡所信遣乘傳慰喻羲到

信州路冬于州

北史列傳二十三

〈十六〉

宣宗禍衆皆散智慶尋見禽斬以功賜爵泰昌男孝文
初兼員外散騎常侍寧朔將軍陽武子使於宋中山王叡
籠幸當世並立王官羲為其傳是後歷年不轉資產亦之
因請假歸逐盤桓不返及本沖貴寵與羲昏姻乃就家徵
為中書令文明太后為父並立廟於長安祧長安初成以羲
兼太常卿假滎陽侯具官屬詣長安拜廟建碑於廟門選
以使功仍賜爵出為西兗州刺史假南陽公羲多所受
納政以賄成性又嗇悋人有禮餉者不與杯酒臠肉而西
門受羊酒東門沽賣之以季沖之親法官不之糾也酸棗
令鄭伯孫鄄城令董騰別駕賈懷德中從事申靈慶並在

住廉貞勤恤百姓義皆申表稱薦時論多之文明太后為

孝文納其六女為嬪徵為祕書監太和十六年卒尚書奏為

曰宣詔曰蓋棺定諡先典成式激揚清濁政道明軌義雖

宿有文業而政闕廉清尚書何乃激情遺至公衍違明軌

諡法博聞多見曰文不勤成名曰靈可贈以本官加諡文

靈言十諡平景伯涉歷史位太常少卿出為齊州刺史贈

司徒左長史宣武初以從弟思拜太常少卿出為齊州刺史與弟通

懿闕雅有政事才景伯為孝文所器遇拜長兼給事黃門侍郎

懿好勤課著斷決雖不清潔義然後取百姓猶思之卒贈

兗州刺史諡曰穆子恭業龔第將武定三年坐與房子遠謀

害齊神武伏誅懿第道昭字伯少好學綜覽墳籍言辯中

書侍郎從征沔北孝文饗侍臣於縣瓠方丈竹堂道昭與

左一隅獨未照樂作酒酣孝文歌曰白日光天兮無不曜江

兄懿俱侍坐

馳誠混日外鄭懿歌曰舜舞干戚兮天下歸心我後撫戎苹萬國

正歷邢巒歌曰雲雷大振兮天門關彭城王勰歌曰顧從聖

昭歌曰皇風一鼓兮九地匝戴日依天清六合兮孝文又歌

政教令暉江沼窮兮如大化光四表孝文謂道昭曰自比

日遵彼汶墳兮昔化貞未若今日道風明宋弁歌曰文王

豫雖狼狽與諸才儁兮不發詠綴未若今日遂命邢巒撮集叙

記富爾之年卿頗丁艱私母春席常用慨然自正除

書郎累遷國子祭酒廣平王懷為司州牧以道昭與宗正

卿元臣為州都督道昭上表曰臣聞唐虞發運以文德為

本殷周創業以道藝為先禮樂者為國之基不可斯

須廢也伏惟大魏定鼎伊瀍惟新寶歷九服咸至德之和

四垠懷纓壤之慶西春兩閭旦祖化江漱先帝愛震武怒

戎車不息而傳鑒心典墳留駐御史中尉臣李彪

與吏部尚書任城王臣澄等妙選英儒以崇學數等依

官置四門博士四十人其國子博士太學博士及國子助

教已簡置伏尋先皆意在速就但軍國多事未遑營立

自爾迄今垂將一紀學官彫落四術寢廢遂使碩儒者德

卷經而不談俗學後生遺本而逐末進競之風裝塞由於此

矣伏惟陛下欽明文思玄鑒洞遠垂心經素優柔墳籍

發由肯敦營學館房宇既脩生徒未立臣往年刪定律令

課預議筵謹依准前修尋訪舊事究定典式而今尚未允遂

早敕施行使選授有依生徒可進詔褒美之而令事訖封呈請

道昭又表曰臣自往年以來頻請學令並置生員前後累

上未蒙一報當以臣識淺議疏官無能有所感悟者也館宇

既脩生房粗構博士見員足可講習雖新令未班請依舊

權置國子學生，漸開訓業，使播教有章，儒風不墜，至于孔廟既成，釋奠舍始揖讓之容，請俟令出不報，遷祕陽邑中正，出歷光青二州剌史，後入為祕書監，卒諡榮恭。道昭好為詩賦，凡數十篇，其在二州政務寬厚，不佳威刑，為吏人所愛。子嚴祖，頗有風儀，粗觀文史，輕蹀薄行，不人士咸恥言之，而嚴祖中尉蔡儁劾嚴祖與宋氏從姊姦通，襄事為故仲禮，死而不及其家。嚴祖無子，弟敬祖以光祿大夫鴻臚卿，出為北豫州剌史，還除鴻臚卿，辛贈司空公庶子。仲禮少輕險，有辭力，齊神武嬖寵其姊，入隨從與往甬，親戚被眤，擢為帳內都督，掌神武弓矢，出入隨從與甬，俱好酒不爱公事，神武貴之，曹懼潛通西魏為人斜出懼，遂謀逆事發火車欲乞哀神武避不見，賴武明皇后及文襄事為，故仲禮死而不及其家嚴祖以子紹元嗣紹元小字安都位太尉諮議，趙郡太守卒子子斂字靈紹少有器識學涉好文章齊武平末位司徒記室自龜束或有所之造乘驢衣鶉破幣而徙遠近欽其高名此謂有異狀觀者如堵及見形乃短陋不副所聞然風神俊發無異狀言談彌日深加禮重及歸言之朝廷累徵不至終與相見言談彌日深加禮重及歸言之朝廷累徵不至終

於家子龡，二弟子騰、天壽，俱仕隋，子騰位蔣州司馬，天壽開府參軍，並以雅素稱。嚴祖弟敬祖，起家著作郎，鄭儼之敗也，為鄉人所害。子元禮，字文規，少好學，愛文藻，有名望。齊文襄引為館客，歷兼中書舍人、南主客郎中、太尉諮議參軍、長廣樂陵二郡守、待詔文林館、太子中舍人。崔昂後妻元禮姊也，魏收又即之妹夫，昂嘗持元禮數篇詩示盧思道，乃曰：看元禮賢於魏收，且知妹夫踈於婦弟。元禮大象中卒於覺元禮比來詩詠亦冒不減魏收思道苍云未。敬祖弟述祖，字恭父，少聰敏，好屬文，有風檢，為光達所稱，譽歷位司徒左長史、尚書侍中、太常卿、丞相右長史，齊天保中，歷太子少保、左光祿大夫、儀同三司、兗州剌史。時穆州於鄭城南小山起齋宇，刻石為記，述祖時年九歲，及為剌史往鄭城南小兗州見之矣，遠光州剌史。初述祖父廉慎，子容為巡省使歎曰：古人有言，閭伯夷之風貪夫廉懦夫有立志，令放鄭兗州見之矣，有言閭伯夷之風貪夫，雲堂述祖對之鳴咽悲動，得一破石有銘云，中立先生鄭道昭之白，何頁五君執之以歸首，述祖特原之，自是境內無盜，百姓歌曰：大鄭公、小鄭公，相去五十載，風教猶尚同。述祖能鼓琴，自造龍吟十弄云，嘗夢人彈琴寤而寫得，當時以為絕

妙所在好為山池松竹交植盛餚饌以待賓客將迎不倦
少時在鄉單馬出行忽有騎者數百見述祖皆下馬曰公
在此行列而拜述祖額問從人皆不見心甚異之未幾被
徵終歷顯位及病篤乃自言之且曰吾老矣生富貴足
矣以清白之名遺子孫死無所恨前後行賂行贏殺某舍趙定
六州事正除政天統元年卒年八十一贈開府中書監比
豫州刺史諡曰簡公述祖女為趙郡王叡妃述祖常坐
受王拜命坐乃敢坐王乃娶後王更娶鄭道蔭女王坐受道
蔭拜王命坐乃敢坐王謂道蔭曰鄭尚書風德如此又貴

二十一

重頵舊君不得並之述祖子元德多藝術官琅邪太守述
祖弟遵祖祕書郎贈光州刺史遵祖弟順祖卒於太常丞
自靈太后豫政淫風稍行及元又擅權公為尚書自此素
族名家遞多亂法官不加斜正昏官無貶於時有識咸
以歔自矣義長兄白駿次小白次洞林次叔夜次連山並
恃豪門多行無禮鄉黨之內族之若離小白位中書博士
子愉伯有當世器幹孝文納其女為嬪位東徐州刺史卒
於鴻臚少卿諡曰蘭子希儁好學脩謹丞相高陽王雍以女妻之
封太守希儁弟幼儒謹謹丞相高陽王雍以女妻之
位司州別駕有當官稱卒贈散騎常侍兗州刺史諡曰廉

幼儒二後妻淫蕩充悖肆行無禮幼儒時望其優并從兄
獻每謂所親曰從弟人才足為令德不幸得如此婦今
巴關新三州刺史敬道子正則仕周復三州刺史偷仕西魏敬道位平
死復重死可為悲歎幼儒子敬道敬德俱仕西魏敬道位
伯獻死弟人子敬道子正則仕周復城東平原太守性猜狂使酒為
城廣陵王羽納其女為妃位東平原太守性猜狂使酒為
政貪殘卒贈南青州刺史長子伯獻博學有文才早知名
舉司州秀才歷太學博士領殿中御史與當時名勝居
遊款明帝釋奠詔為尚書外兵郎中典儀申
注以軍功賜爵陽武子節閔帝初以舅趙授征東將軍元
金紫光祿大夫領國子祭酒轉護軍將軍賜爵武城子元

二十二

象初以本官兼散騎常侍使柔前後使人梁武令其侯王
於馬射之日宴對申禮伯獻之行梁武令其領軍將軍職
膾與之接議者以此貶之使還除南青州刺史在官貪縱
妻安豐王元延明女事為聚斂貨公行潤及親戚財畫以
逃散邑落空虛乃誣陷良善云欲反叛籍其貨財盡以入
已誅其丈夫婦女配沒百姓冤苦聲聞四方為御史糾劾
死罪數十條遇赦免因以頓廢齊文襄作相每誣朝士
常以伯獻及崔叔仁為喻武定七年除太常卿卒贈驃騎
大將軍中書監兗州刺史子蘊太子舍人陽夏太守伯獻
弟仲衡武定中儀同開府中郎仲衡弟輯之司徒諮議參

大寧中以軍功賜爵萇樂男位金紫光祿大夫東濟北太
守肥城戌主卒贈度支尚書比豫州刺史輯之弟懷華司
徒諮議齊大寧中仁州刺史敬叔榮陽邑中正濮
陽太守坐貪穢除名子籍字承宗徐州平東府長史籍第
瓊字祖珍有強幹稱位范陽太守頗有聲卒孝昌中第儀
寵要重贈青州刺史瓊兄弟雍睦其諸婦妖亦咸相親愛
閨門之內有無相通為時人所稱美子道邕
道邕巴字孝穆幼謹厚以清約自居年未弱冠涉歷經史父
叔四人並早歿昆季之中道邕居長撫訓諸弟有如同生
魏孝昌初解褐太尉行參軍累以戰

◤ 列史列傳二十三　　二十三 ▼

刑

功進至左光祿大夫太師咸陽王友賜爵永寧縣侯大統中行
關除司徒左長史領涓洮王友賜爵永寧縣侯大統中行
岐州刺史往任未幾有能名王羆時為雍州刺史欲其善
政貽書盛相稱述先是所部百姓父遭離亂逃散盡道
邑下車之日戶止三千最周文帝賜書歡美之徵拜京兆
四萬家歲考績為天下最周文帝賜書歡美之徵拜京兆
尹又梁岳陽王蕭詧稱藩乃假道邑散騎常侍持卽拜警
為梁王使還稱百進儀同三司加散騎常侍時周文東討
除大丞相府右長史封金鄉縣男軍次潼關命道邑與左
長史孫儉司馬楊寬尚書蘇亮諮議劉孟良等分掌衆務

仍令道邑引接關東歸附人士并品藻才行而任用之撫
納銓敘咸得其宜後拜中書令賜姓宇文氏尋以疾免周
孝閔帝踐阼加驃騎大將軍開府儀同三司進爵為子歷
御正中大夫御正宜華廈陝四州刺史頻歷數州皆有政
績入為少司空卒贈本官加鄭陳使後至開府儀同大將軍邵州
刺史諡曰貞
子誼嗣歷位至宜州刺史政諡曰文
譯字正義幼聰敏涉獵羣書工騎射尤善音樂有名於世
譯從祖文寬尚周文帝元妹魏平陽公主無子周文命
將軍徐杲弟譯於隋文帝政諡曰文

◤ 列史列傳二十三　　廿四 ▼

京

譯後之由是譯少為周文所親恒令與諸子遊集年十餘
歲嘗詣府司錄李長宗於衆中戲之譯斂容謂曰明
公位望隆重不輕瞻仰斯輩相覷狎侮無乃喪德也長宗
之文寬後誕二子譯後歸本生周明帝時記令事輔城公
是為武帝及帝即位為左侍上士與儀同劉昉侍帝側
正下大夫頗被顧遇東宮建轉太子宮尹下大夫特被太
子親待時太子多失德內史中大夫烏丸軌每勸帝廢太
子立秦王由是太子恒不自安建德二年為聘齊使副後
詔太子西征吐谷渾太子陰謂譯曰秦王上愛子也烏丸

軌上信臣也今吾此行得無扶蘇之事乎譯曰顧殿下勉
著仁孝無失子道而巳太子然之既破賊譯以功最賜爵
開國子後坐與宇文孝伯等以聞帝大
怒除譯名宮臣親事者咸被譴太子復召譯戲狎如初因
吏部下大夫及武帝崩宣帝嗣位超拜開府儀同大將軍
內史中大夫封歸昌縣公既上大夫之官自譯始也以其
遷內史上大夫進封沛國公上大夫之官自譯始也以其
時帝幸東京譯攝官材自營私第又坐除名劉昉數言於
子善願為歸昌公元琮為永安縣男又監國史譯頗專權
帝復之之顏待如初詔領內史事初隋文帝與譯有同
學之舊譯文素知隋文相表有奇傾心相結至是隋文為
宣帝所忌譯不自安晉在永巷私於譯曰久願出藩公所
悉也敢布心腹少留意焉譯曰以公德望天下歸心欲求
多福宜敢忘志也謹即言之時將遣譯南征譯曰若定江東
自非懿戚重臣無以鎮撫可令隋公行且為壽陽總管以
督軍事帝從之乃下詔以隋文為揚州總管譯發兵會
壽陽以伐陳行有日矣帝不念譯遂與御正下大夫劉昉
謀引隋文入受顧託既而譯宣詔文武百官皆受隋文節
度時御正中大夫顏之儀與官者謀引大將軍宇文仲輔

政仲巳至御坐譯知之遠率開府楊惠及劉昉皇甫績柳
裘俱入仲與之儀見譯等惶怨遂巡欲出隋文因執之於
是矯詔復以譯為內史上大夫明日隋文為丞相拜譯柱
國府長史行內史上大夫事及隋文為大冢宰總百揆以
譯兼領天官都府司會總六府事出入臥內言無不從賞
賜玉帛不可勝計每出入以甲士從拜其子元璹為儀同
時尉遲迥遣王謙司馬消難等作亂隋文逾加親禮進上
國恕以十一死譯性輕險不親職務而賑貨狼籍隋文覽之
譯猶坐聽事無所關預頗有求解職隋文覺喻之接以
恩禮及帝受禪譯以上柱國歸第賞賜豐厚進子元璹成
皋郡公元琇求安男追贈其父及亡兄二人並為刺史譯
自以被踈陰呼道士章醮以祈福助其婢奏譯厭蠱醮道
帝謂譯曰我不負公此何意也譯無以對又與母別居
為憲司所劾由是除名下詔云譯嘉謀良策寂爾無聞為
獄賣官沸騰盈耳若留之於世在人為不道之臣戟之於
朝入地為不孝之鬼有累幽顯無以置之宜賜以孝經令
其熟讀仍遣與母共居未幾詔譯參撰律令復授開府隆
州刺史譯請還療疾有詔徵之見於醴泉宮賜宴甚歡因謂
譯曰貶退巳久情相矜愍於是顧謂侍臣曰鄭譯與朕同

生共死間關危難興言己念此何日忘之譯因奉觴上壽帝

令內史李德林立作詔書復爵沛國公位上柱國高熲戲

譯曰筆乾苕曰出為方岳杖策言歸不得一錢何以潤

謂上大笑未幾詔譯參議樂事譯以周代七聲調凡八篇

隋受命禮樂且新更脩七始之義名曰樂府聲調凡八

奏之帝嘉美為儀拜岐州刺史歲餘復奉詔定樂於大常

帝勞譯曰律令則公定之音樂則公居

其三良足美也尋還岐州開皇十一年卒年五十二謚曰

達之子元壽嗣煬帝初立五等老除以譯佐命元功詔追敗

封譯華公以元壽龑元壽歷位右光祿大夫右衞將軍大

信州劉李列

北史列傳二十三

◇二十七◇

業末為文城太守以城歸國瑒弟儼儼字李然容貌壯麗

初為司徒胡國珍行參軍因為靈太右所幸時人未知之

後太右歷蕭寶夤西征以儼為友及太右及政儼請使還

朝復見寵得拜諫議大夫中書舍人領尚食典御書夜禁

中寵愛充甚儼每休沐太右遣閹童隨侍儼見其妻唯

得言家事而已與徐紇俱為舍人儼以紇有智數伏其唯

主紇以儼寵幸既盛傾身承接共相表裏勢傾內外城陽

王徽亦與之合當時政令一歸於儼等遷散騎常侍車騎將

軍舍人常侍如故明帝崩事出倉卒儼走歸鄉里儼計從

榮舉兵向洛陽以儼紇為辭榮逼京師儼走歸鄉里儼計從

兄仲明欲據郡起眾尋為其郡下所殺與仲明俱傳首洛

陽子文寬從武帝入關西敬叔弟子恭燕郡太守卒後贈尚書

因儼勢除衞尉少卿遷衞將軍左光祿大夫卒贈青州刺史

右僕射諡曰貞叔夜子伯夏位東兼太守卒贈青州刺史

伯夏弟謹字仲恭琅邪太守連山性嚴暴過撻僮僕酷過

二子思明驍勇善騎射被髮豎村義率村下乘馬匹逃其第

人理父子一時為奴所害斷首投馬隨流高至家繼

投水思明止將從自射之一發而中落馬隨流高至家繼

殺之思明弟思和並以武力自效思明位直閣將軍坐第

思和同元禧逆徙遂會赦免卒後贈濟州刺史子先護少

路等列

北史列傳二十三

◇二十八◇

有武幹莊帝居藩也先護得自結託及爾朱榮秉兵向洛

靈太右令先護與鄭季明等守河梁先護開莊帝即位於

河北遂開門納榮以功封平昌縣侯廣州刺史元顥入洛

莊帝北巡先護據州起義兵不受命莊帝還京進爵郡公

歷東雍豫二州刺史兼尚書右僕射及爾朱榮死徐州刺

史爾朱仲遠擁兵向洛詔先護與都督賀拔勝行臺楊昱

同討之閒京師不守先護部眾逃散因奔梁尋歸為仲遠

所害之孝武初贈使持節都督四州刺史子偉偉字子直少

倜儻有大志每以功名自許善騎射膂力過人爾朱氏滅

後自梁歸魏及武帝西遷偉亦歸鄉里不求仕進爾大統三

年河內公獨孤信既復洛陽偉乃與宗人榮業糾合州里
舉兵於陳留宿開報有萬人遂拔梁州禽東魏刺史鹿
求及鎮守將令狐德并獲陳留郡守趙季和乃率眾西
附因是梁陳開相次降款偉馳入關四周文帝與語歡美
之拜北徐州刺史封武陽縣伯從戰河橋及解玉壁圍偉
常先鋒陷陳諸軍文命周文進爵襄城郡公侍中驃騎大將
軍開府儀同三司魏恭帝二年進位大將軍江陵防主都
督十五州諸軍事偉性麤獷不遵法度睚眦之閒便行殺
戮朝廷以其有立義之效每優容之及在江陵乃專戮副
防主杞賓王坐除名保定元年詔復官爵天和六年為華
州刺史偉前後莅職皆以威猛為政吏人莫敢犯禁盜賊
亦為之休止雖非仁政然以此見稱卒於州贈本官加
少傅都督州刺史諡曰肅偉性吃少時嘗逐鹿於野失
之遇牧豎問焉牧豎苔之其言亦吃偉怒謂其效已逐射
殺之其忍暴如此子大士嗣述祖族子雛有識尚操行清
整仕至膠州刺史初齊文宣為皇太子納其女為良娣雛
時為尚書郎趙郡李祖昇兄微相敬憚楊愔奏授雛趙
郡太守祖昇兄弟具服至雛門投剌拜謁文宣聞之喜笑
曰足得殺李家兒矣

論曰王慧龍拔難自歸間關夷嶮撫人督眾見慍敵世
珍寰有令子克播家聲松年之逊戀舊賈有古人風矣劭
愛自幼童託于白首好學不倦究極羣書搢紳洽聞之士
無不推其博物雅好著述久在史官既撰齊籍偹隋典
好詭怪之說尚榮利得不以道而頰其家聲惜義機
識明悟為時所許懿兄弟風尚有可觀故能立當榮遇
共濟其美述祖德業足嗣家聲嚴祖中禮大廝門素幼儒
才無遷固徒煩翰墨乾沒雜以妖訛爲河
朔清流而乾沒雜以妖訛爲河
令閭促年伯歐以賄敗道邑撫寧雜散二軍克襄實
受顧訖適足為敗及帝遷明德義非簡在瞳瞞之寄固有
收歸言追昔款內懷歉望恥居天耿之末羞與絳灌為伍
事君盡禮旣闋於風心不愛其親邊彰於物議格之名教
君子所深尤也儳名編恩倖取辱前載偉齲然豹變蓋知
機之士乎

薛辯
　端子冑
　端從祖弟湖
　　湖子聰
　　　聰子孝通
　　　　通子道衡
薛寘
薛憕
　善弟子善

儒州路事州
北史列傳二十四
▲【一】▼

薛辯字允白河東汾陰人也曾祖興晉尚書右僕射冀州剌史安邑公諡曰莊祖濤襲爵位梁州剌史諡曰忠藎宗都傾覆皆以義烈著聞父強字威明幼有大志懷軍國籌略與比海王猛同志友善及桓温入關中猛以布褐謁之温曰江東無卿比也秦國定多奇士如生輩尚有幾人吾欲與之俱南猛曰公來可與撥亂濟時者友人薛威明其人也温曰聞之久矣方致命強聞之自商山來謁與猛皆署軍謀祭酒強察温有大志而無成功乃勸猛止俄而温敗及符堅祭立委任其平陽公融為書將以軍馬聘強猛以為不可屈乃止及堅伐張平自與數百騎馳至強壘不求相見但有死節之臣堅使主簿責之因懷城終無生降之意但與勸事君者後堅伐葺軍敗強須吾平晉自當面縛捨之以勸事君耳堅諸將請改之堅曰之遣使重加禮命徵拜右光祿大夫七十卒尚書封馮翊郡遂總宗室強共威振河輔破慕容永於陳川姚興聞而憚

公轉左戶尚書年九十八卒贈輔國大將軍司徒公諡曰宣辯幼而儁爽其譽仕江英假儻多大略由是豪傑多歸慕之強又復襲統紹其家仕姚與歷太子中庶子河北太守辯遂歸姚氏運衰遂委襄歸鄉邑及晉將劉裕平姚泓即署相國掾尋除平陽太守委以比道鎮捍及長安失守辯遂歸親詣功於河際位平西將軍東雍州剌史賜爵汾陰侯年詣關明元深加器重明年方得旋鎮帝謂之曰朕委卿西藩志在關右卿宜克終良筭與朕為長久主人辯既還住務農教戰相以數千之衆摧抗赫連氏其兄子謨奬之又除并州剌史徵授大羽真具太常七年卒於官帝以所圖未遂深

憺州路事州
北史列傳二十四
▲【二】▼

悼惜之贈并雍二州剌史尚書僕射魏密報謹遷亦學隨劉裕庾江位府記室辯歸魏謹遷亦來奔授河東太守後襲爵汾陰侯始光三年與宜都王美斤共討赫連昌禽其東平公乙斗姚九剋蒲坂遂以新舊百姓并為一郡除平西將軍復為太守神䴥三年除使持節秦州剌史山胡白龍憑險作逆太武詔南陽公姜普與謹並為都將討平一封涪陵郡公太延初征吐没骨平之謹自郡邁州威恩兼被風化大行時兵荒之後儒雅道息謹自立庠序教以詩書三農之暇乘令受業躬巡邑里親加考試河汾之地儒道更興真君元年徵授內都坐大官輔政

深見賞重每訪以政道車駕臨幸者前後數四後從加比
討與中山王辰等後期見殺尋贈鎮西將軍秦雍二州刺
史諡曰元公長子初吉拔一曰車轂拔本名洪祚太武賜
名焉沈毅有器識弱冠司徒崔浩見而奇之真君中蓋天
擾動關右辭永宗屯據河側太武親討之詔拔絳合宗鄉
壁於河除斷二寇往來之路
武南討以拔為都將從駕臨江而還又共陸員討反氐仇
傳檀強免生平之皇興三年除散騎常侍尚文成女
長公主拜駙馬都尉其年拔族叔徐州刺史安都據城歸
傳敕拔詣彭城勞迎除南豫州刺史延興二年除鎮西大
順將軍開府儀同三司等以善政徵詣京師獻文親自勞勉復

（三）右通

將軍平太守許令宗少有父風河東公卒
根南平太守
人令遠州太和六年改爵河東公卒贈左先祿大夫諡曰康
長子偹字寧宗執
令遠州太守
河東公除懸執鎮尋授持節義陽都將後除立惠將
軍河北太守郡帶山河俗多盜賊有韓馬兩姓各二千餘
家恃強猾陰最為校害劫掠道路侵暴鄉閭佩至郡即收
其效魁二十餘人一時戮之於是聾盜屏氣
於郡諡曰敬子商學孫蕙爵性豪英盛賞圉卒
伎以恣嬉游卒於洛州刺史子寿紳襲爵位太中大夫寿

紳立行險薄坐事為河南尹元世儁所劾死後贈華州刺
史拔第洪祚隆字世齊提善使至詔驅驅駒兼主客即以接之卒贈華
才除中書博士宣始拔尚西河主有賜田在馮翊驅驅徙居
東太守諡曰宣始拔尚西河主有賜田在馮翊頗有學業閑解
之遂家於馮翊之夏陽長子慶之守廄集頗得一狐慶之
幾案位廷尉正博陵崔纂集或以城拔
與廷尉正博陵崔纂或以城拔校責宣速殺之或以長有
義可觀事傳於世後東北永惠卒贈華州刺史慶之弟
滄州刺史拔為高崇攻圍城陷尋以軍功累至驃騎將軍
英集性通率簡易本卒英集子端

（四）

直歇騎常侍卒英集子端
端字仁直本名沙陁有志操遭父憂居喪合禮興平第裕勵
精篤學不交人事年十七司空高乾辟為參軍賜爵平
陸男端以天下擾亂遂棄官歸鄉里魏孝武守降東魏文
大都督辭禮據龍門引端同行崇禮孝失守降東魏文
魏道行臺辭僻義督乙千貴西度據楊氏壁與宗親及家
僮寺先往壁中惰義乃令其兵逼端等東度方欲濟河會
日暮端密與宗至及家僮等叛之情義亦道騎追端且戰
且馳遂入石城柵得免柵中先有百家端與并力固守貴

等數來尉喻知端無降意遂拔還河東東魏又遣其將賀
蘭懿南汾州刺史薛琰達守楊氏壁端率其屬并招喻村
數十人端斂其器械復還楊氏壁周文遣南汾州刺史蘇
景恕鎮之降書勞問徵端赴關以為大丞相府戶曹參軍
從禽竇泰復弘農戰沙苑以功進爵為伯後改封交城
縣伯遷吏部郎中端性強直每有奏請不避權貴周文
嘉之故賜名端欲令名質相副自居選曹先盡賢能雖貴

游子弟才劣行薄者未嘗升擢之每啓周文云設官分職
本康時務苟非其人不如曠職周文深然之大統十六年
軍東討杜國公李弼為別道元帥妙簡英寮數曰不定周文
謂弼曰為公思得一長史無過薛端弼對曰真才也乃遣
之轉尚書右丞仍掌選事梁主蕭詧獻馬瑙鍾周帝
執之顏丞即曰能擲摧摳頭得盧者便與鍾巳經數人不
得順至端乃執摧摳頭而言曰非為此鍾可貴但思露其
誠耳便擲之五子皆黑文帝大悅即以賜之親帝發近臣
有勸文帝踐極文帝召端告之端以為三方未一遽正名
號示天下以不廣請待金龜剪鬐為然後所順樂推文帝撫
端背曰成我者卿也卿心既與我同身必豆與我異遂脫所
著冠帶袍袴並以賜之進授吏部尚書賜姓宇文氏端久

處選曹雅有人倫之鑒其所擢用咸得其才六官建拜將軍
司馬加待中驃騎大將軍開府儀同三司進爵為侯周孝
閔帝踐阼冊遷戶部公晉爵為公晉公護為政帝惠帝召
羣臣議之端頗具同異護不悅出為蔡州刺史為政帝惠
人更愛之轉蔡州刺史地接梁陳事籍鎮撫綰管史
寧遣司馬梁榮催令赴往蔡府州贈遺勿有所受贈本官
人至基州未幾卒遠誠薄葬父老訴榮請留端撫綰者千餘
加大將軍進封文城郡公諡曰質子胄嗣
貴字紹玄少聰明每覽異書便曉其義常歎訓注著某會
聖人深旨輒以意辯之諸儒莫不稱善性慷慨志立功名

加開府隋文帝受禪三遷為兗州刺史到官繫囚數百胄
剖斷旬日便了圖圄空虛有陳州人向道力偽作高平郡
守將之官胄遇諸塗察其有異將留詰之司馬王君馥固
諫乃聽詣郡既而悔之即遣主簿追道力有部人徐俱羅
嘗任海陵郡守先是已為道力偽代之比至秩滿公私不
悟將羅遂語君馥以為郡使君宣容疑
君馥俱以俱羅所陳又固請胄胄呵君馥乃止遂收之道力
懼而引偽其發姦摘伏皆此類也時人謂為神明先是兗
州城東沂泗二水合而南流沉溢大澤中胄遂積石堰之

決令西注陵澤盡爲良田又通轉運利盡淮海百姓賴之
號爲薛公豐充渠冑以天下太平遂遣博士登太山觀古
迹撰封禪圖及儀上之帝謙讓不許轉鄏州剌史有惠政
微拜衞尉卿轉大理卿持法寬平名爲柵職遷刑部尚書
此欲成頒罪冑明憂之正議其獄由是忤旨械繫之久而
得免檢校相州事甚有能名漢
時左僕射高熲被踈忌及王諒作亂幷州遣其將綦
良東略地攻過慈州剌史上官政請撲於冑冑畏諒兵辭
不敢拒良又引兵攻冑欲以計却之遣親人曾讁相攻
良曰天下事未可知冑爲人臣去就須得其所何遽相攻
也良乃釋去進圍黎陽及良爲史祥所攻棄軍歸冑朝廷
以冑懷貳心鎖詣大理相州吏人素懷其恩詣闕理冑者
百餘人冑竟坐除名配防嶺南道卒子爲獻知名端第冑
字仁友少以孝悌聞於州里弱冠丞相參軍事時京兆
韋裕
終日飽遊以從孫女妻之裕嘗謂親友曰大丈夫當聖明
覽志安放逸不干世務裕慕其恬靜數載酒有候之談宴
之運而無灼然文武之用爲世所知雖復栖遑徒爲勞苦
耳至如章居士裕嘗宿宴于魚之廬後庭有井裕夜出戶若有
何其樂也裕便却行遂落井同坐共出之因勸裕酒曰
人欲牽其手裕便却行遂落井同坐共出之因勸裕酒曰

向應卿不測豪幸得無他宜盡此爵裕曰隆井蓋小小耳
文章之士謀之者數人周文傷惜之追贈洛州剌史
貴從祖第濟字道頤父琛周文城傍位新豐令閑
閑幼好學有志行因天和中龔爵虞城侯位新豐令閑
皇中歷尚書虞部考功郎中帝闡濟事母甚隆
興服几杖四時珍味當世榮之後其母疾病濟憂甚隆
親故弗之識暨丁母艱詔鴻臚監護喪事歸葬襄陽時隆
冬極寒濟衰絰徒跣冒犯霜雪自京及鄉五百餘里足凍
墮指劃血流離朝野爲之傷痛州里賙助一無所受尋起
令視事上見其毀瘠過其爲之改容顏蒼臣曰吾見濟
哀毀不覺悲感傷懷嗟異父之濟竟不勝喪卒其弟
譲時爲晉王府兵曹參軍事在揚州濟遺書於譲曰吾以
不造幼丁艱酷窮游約處屢絕簞瓢晚生早孤不聞詩禮
賴奉先人貽厥之訓慓篤母氏聖善之規貧殘裹糧不憚
鞭遠從師就業欲罷不能砥行礪心困而彌篤官非聞達而
祿喜速親榮庶保期頤得終色養何圖精誠無感禍酷荐臻
愛至長罹荼苦申哀訴苦用叩心泣血哀毀禍酷荐臻
兄弟俱被奪情豈圖廬墓申哀號手啓足幸及全歸使天
者也既而剸鉅纛深不勝荼毒啓足幸及全歸使天

死而有知得從先人於地下矣豈非至願哉但念爾伶俜
孤嫠遠在遺服顧此恨恨如何可言冀得與汝
面訣忍死待汝既歷一旬波未來便成今古緬然永別
為恨何言勉之哉勉之哉書成而絕有司以聞文帝為之
兒時與宗人戲潛見一黃蛇有角及足召羣童共視
詣宅乞食母以告之僧曰此兒早有名位
然壽奇不過六七耳言終而出忽然不見後終於四十六

七之言驗矣子乾福武安郡司君書佐
洪隆第湖守破胡少有節操篤志於學專精講習不干時
務與物無競好以德義服人或有兄弟忿兌閱鄰里爭訟者
恐湖聞之皆內自改悔咸化其風教咸以敬讓為先三
召州從事別駕陰陽河東太守兄弟並為本郡當世榮之後
州中從事別辟主簿除州將傾心致禮並不獲已而應之本
州刺史後罷郡終於家有八子長子聰知名
聰字延智有理識善自標致不支游麈雖在闇室終
日矜莊見者莫不懍然加敬博覽墳籍精力過人至於前
言性行多所究悉詞辯占對九日延所長遭父憂毀盧墓側
哭泣之聲酸感行路友于篤睦而家教甚嚴諸弟雖皆冠

恂不免杖罰對之蕭如也未弱冠
州辟主簿太和十五年
釋褐著作佐郎于時孝文留心氏族正定官品士大夫解
巾優者不過奉朝請聰起家便佐著作時論美之後遷書
侍御史凡所彈劾不避強御孝文或欲覽伏者聰輒爭書
累遷直閣將軍兼給事黃門侍郎散騎常侍直閣如故聰
深為孝文所知外莫親其際帝欲進以名位輒苦
委總管領故終太和之世恂帶政直閣將軍罷朝匡諫
聰恂陪侍帷幄言兼晝夜時政得失預以心膂勤諫
事多聽允而重厚沈密外莫窺其際帝

讓不受帝亦雅相體悉謂之曰鄉天爵自高固非人爵之
所榮也又除羽林監帝曾與朝臣論海內姓地人物戲謂
聰曰世人謂卿薛是蜀人定是蜀人不聰對曰臣遠祖
廣德世仕漢朝時人呼為漢臣九世祖永隨劉備入蜀時
人呼為蜀臣今事陛下是虜非蜀也帝撫掌笑曰卿非蜀
自明非蜀何乃遂復苦朕聰因投戟而出帝曰薛監醉耳
其見知如此二十三年從駕南征兼御史中尉及宣武即
位除都督齊州刺史政存簡靜卒於州吏人追思留其所
坐榻以存遺愛贈征虜將軍華州刺史諡曰簡懿侯魏前
二年重贈車騎大將軍儀同三司延州刺史子孝通最知

孝通字士達博學有儁才蕭寶寅征關中引參驃騎大將
軍府事禮遇甚隆及寶寅將有異志孝通悟其萌託以拜
埽墓後果逆命北海王顥入洛宗人薛脩義等怪止之
徒作亂欲以應之孝通與所親計曰北海乘虛遠入吳兵
不能久住其事必無成今若與永寧等同擧滅族入洛除負外
走預其親事者咸罹禍唯同擧城面守及寶寅平定元顥見
散騎侍郎尒朱天光鎮關右表為關西大行臺郎中深見

【北史列傳二十四】 十一 ▼

任遇關中平定預有其力以功賜爵汾陰侯駐帝既崩願
元曄地又疎遠更議主社稷孝通以廣陵王恭高祖猶子
又在茂親風有令望不言多載理必陽奉以為主天人
允叶世隆等應以為難孝通密黃天光察之廣陵王曰天
何言哉於是定冊即節閔帝也以首創大議拜銀青光祿
大夫散騎常侍兼中書舍人封藍田縣子孝通求以官贈
亡兄景懋又言已有侯爵請轉授兄息子舒節閔嘉之
感以侯爵既重不容轉授乃下詔贈景懋撫軍北
雍州刺史孝通尋遷中書令深為節閔所知重普泰二年
正月乙酉中書舍人元翮獻酒有帝因與元曄及孝通等

宴兼奏絃管命翮吹笛帝亦親以和之因使元曄等朝以
酒為韻孝通曰既逢堯舜君願上萬年壽帝曰卿平生好玄
默斷為萬國首帝曰卿所謂壽宣容徒然便命酌酒賜孝
通仍命更嘲不得中絕孝通即堅忠為韻帝曰卿不忘孝
臣之心嘲曰聖主臨萬機孝通既濟濟野苗又忞帝曰君臣
木方亦及昆蟲翌曰朝賢相推薦外兄裴伯茂性俊放過甚每
體魚水書軌一華戎孝通曰微臣信慶遲何以荅萬于
唯欽賞孝通每有著述共參異裴伯茂以裴宏放過甚每

【北史列傳二十四】 十二 ▼

引人物知名之士多見推薦外兄裴伯茂以裴宏放過甚每
時孝通內典機密外參朝政軍國動靜預以謀謀加以汲
州刺史劉誕尒朱天光自關中討之孝通以關中陷固秦
漢舊都須預謀鎮過以為後計縱河北失利猶足擄之節
閔深以為然問誰可任者孝通與賀拔岳同事天光又與
周文帝有舊二人趌先在關右因應推薦之乃超授岳岐
州刺史雍諸軍事關西大行臺雍州牧長安岳深相器重
傲也裝笑而不荅宏自若屬神武起兵河朔攻陷相
華泰雍諸詔書馳驛入關授岳等同鎮長安岳為左丞孝通
待以師友之禮與周文帝結為兄弟情寄特隆後天光敗
於韓陵節閔逐不得入關為齊神武所廢孝武帝即位後

神武方得志徵賀拔岳為莫州刺史岳憚欲單馬入朝孝
通乃謂岳曰高王以數十騎早破尒朱百萬之眾其雄誠
亦難敵然尒朱公兩兄太師領軍宿在其上侯深撲子鷯貫知
斛斯椿大野胡也杖吒呂延慶之徒於尒朱之世皆其夷
等韓陵之役此輩軍前後降附皆由事勢危迫非其本心在
於高王曹操之腹心之疾雖令孫騰在京師或據州鎮
除之又失人望留之肘腋以今觀之隙難未已吐萬奧
鉤陳必不能如建安之時明矣以今觀之平珍今方綏撫摹
二雖復退逸猶在开州高王之討先須平珍今方綏撫摹
雄安置內外何能去其巢穴與公事關中地也且六郡良
州孝

十三

家之子三輔禮義之人蹦幽井之驍騎勝汝潁之奇士皆
係仰於太公效其智力據華山以為城雄因黃河而為池塹
退守不失封泥進兵同於建水乃欲東手受制於人不亦
鄙乎言未卒岳執孝通手曰君言見也乃遂辭為啓而不
就徵太昌元年出為常山太守仍被留京師重除中書侍
郎永熙三年三月出為孝通與周文友密及檄置賀拔岳鎮關
及孝武西遷或稱孝通與周文友密及檄置賀拔岳之憂孝通神氣
中之計遂見拘執將赴晉陽及引見咸為之憂孝通神氣
從容辭理切正齊神武更相欽歡即日原免然猶致疑忌
不加位秩但引為坐客時訪文典大事而已齊神武議剛

復二殿表猶使為文賫與諸人同讀晉桐皆母勝盡禮孝
通獨捧于木拜額而言曰此乃諸侯之國去吾何遠恭而
非禮將為神笑拜者歎為興和二年卒於鄭魏前二年周
文帝追贈舊好奏贈車騎將軍儀同三司青州刺史諡恭神
武平初文贈鄭州刺史文集八十卷行於時
子道衡字玄卿六歲而孤專精好學年十歲講左傳見
著齊司州牧彭城王浟引為兵曹從事尚書左僕射楊愔
見而嗟賞授奉朝請吏部尚書隴西辛術與語歡曰鄭公
業不亡矣河東裴讞目之曰鼎遷河朔吾謂關西孔子罕
產相鄭之功作國僑讚頗有詞致見者奇之其後于名益
武武平初文贈鄭州刺史文集八十卷行於時

十四

遇其人今復遇薛若矣武成即位兼散騎常侍接對周使
二使武平初詔與諸儒修定五禮除尚書左外兵郎陳使
傅縡聘齊以道衡兼主客郎接對之縡贈詩五十韻道衡
和之南比稱美魏收曰傅縡所謂以蚓投魚耳待詔文林
館與范陽盧思道安平李德林齊名友善後以本官直中
書省尋拜中書侍郎仍參太子侍讀齊主之世漸見親
用頗獲侍中斛律孝卿參預政事道衡具陳備周之策孝卿
不能用及齊亡周武帝引為御史二命士後歸鄉里自州
主簿入為司祿上士隋文作相從元帥梁睿擊王謙陵
州刺史大定中授儀同守功州刺史文帝受禪坐事除名

河間王弘北征突厥引典軍書還除內史舍人共年兼散
騎常侍聘陳使主道衡因奏曰陛下比隆三代平一九州
宣容區區之陳公在天網之外勿以言辭相折江東雅好篇什陳
主尤愛彫蟲道衡每有所作南人無不吟誦焉及八年伐
陳拜淮南道行臺尚書吏部郎兼掌文翰王師臨江高熲
夜坐幕中謂曰今段定克江東以不君試言之道衡答曰
凡論大事成敗先須以至理斷之禹貢所載九州本是王
者封域郭璞有云江東偏王三百年還與中國合今數將
滿矣運數而言其必克一也有德者昌冊德者亡自古
興滅皆由此道主郭陵恭儉勤憂庶政叔寶峻宇彫牆
酗酒荒色其必克二也為國之體在於任寄彼之公卿備
員而已拔小人施文慶委以政事尚書令江總唯事詩酒
本非經略之才蕭摩訶任蠻奴是其大將一夫之用耳其
失彼其必克三也我有道而大彼無德而小量其甲士不過十萬
西自巫峽東極滄海分之則勢懸力弱聚之則守此而
失彼其必克四也席卷之勢其在不疑熲忻然曰君言成
敗理甚分明本以才學相期不意籌略乃爾還除吏部
郎後坐抽擢人物有言其黨蘇威往人有意故除名配防
嶺表晉王廣時在揚州陰令人諷道衡從揚州路將奏

留之道衡不樂王府用漢王諒之計遂出江陵道而去尋
詔徵還直內史省晉王廣見禮後
敕歲授內史侍郎加上儀同三司道衡每搆文必隱坐空
齋蹋壁而臥聞戶外有人便怒其沈思如此帝謂楊素牛弘曰道衡
作文書我意然誠之以迂誕後帝謂楊素專
老矣驅使勤勞宜使朱門陳戟於是進上開府賜物百段
高熲楊素雅相推重聲名籍甚一時仁壽中楊素專
掌朝政道衡既與素善上不欲道衡久知機密因出檢校
襄州總管道衡一旦見出不勝悲戀言之哽咽帝慘然改
容曰爾光陰晚暮侍奉誠勞朕夭爾之去令爾將攝
如斷一臂於是賚物三百段九環金帶并時服十
四慰勉道衡之在任清簡帝謂內史待郎虞世基曰道衡將至
史成除衡上表求致仕帝謂蘇威曰道衡致美先朝此魚藻之
當以秘書監待之道衡既至上高祖頌帝覽之不
悅顧謂蘇威曰道衡致美先朝此魚藻之義也於是拜司
隸大夫將置之罪威曰道衡作此頌不能用其黨素與相善
知必及禍勸之杜絕賓客道衡不悟司隸刺史房彥謙素與相善
新令久不能決道衡謂朝士曰向使高熲不死令當久行

有人奏之帝怒曰波憶頗乎付執法者推之道衡自以非
大過促憲司早解奏曰旦帝敕之敕家人具饌客來
候者及奏帝命自盡道衡殊不意未能引訣憲司重奏縊
而殺之妻子徙且末時年七十天下冤之有集七十卷行
於世有子五人收且末最知名雖出後族父孫清貞秋介不交
流俗涉歷經史初生即與孫為後養於孫宅至於成長殆不識本
開皇中為侍御史揚州總管司功參軍每以方直自處府
寮多不便更有才思雖不為大文所有詩詠大致清靡
友愛收初生即與孫為後養於孫宅至於成長殆不識本
生太常丞胡仲操曾在朝堂就孫借刀子割爪甲孫以仲
操非雅士竟不與之其不肯妄交清介獨行皆比類也道
衡兄溫字尼卿沈敏有器局博覽墳典尤善隸書仕周為
上黃郡守周平齊從燕郡太守以開惠稱宣政元年賜爵
齊安縣子卒於郡子邁嗣邁字弘仁性寡言長於詞辯開
皇初襲爵齊安子改封鐘山歷位太子舍人大業中為刑
部選部二侍郎道衡從父弟道實位禮部侍郎佐魏澹修魏
史知名於世從子及越王侗稱偽號
軍書羽檄皆出其手世充平以罪誅其文多行於世聰
弟和南青州刺史和子善

【北史列傳二十四】

〔十七〕

用

善字仲良少為司空府參軍事遷監池都將孝武西遷魏
改河東為泰州以善為別駕家素富僮僕數百人兄元
信伏氣襄後每食方丈坐客恆滿絲歌不絕而善獨茶已
華素愛樂閒靜大統三年齊神武敗於沙苑留善族見崇
禮守河東周文帝遣李弼圍之崇禮固守不下善密說崇
禮猶持疑不決會善從弟馥妹夫高子信為防城都督守
城南面遣馥來諭善云欲歸應接西軍善容圍門大
即令弟濟馥等斬關引弼軍入城時預
謀者並賞五等爵善以背逆歸順臣子常情豈容獨
俱叫封邑遂與弟慎並固辭不受周文嘉之以善為汾
陰令善幹用強明一郡稱最太守王羆美之令善兼領六
縣事尋為行臺郎中時欲廣置屯田以供軍費乃除司農
少卿領同州夏陽縣二十屯監又於夏陽諸山置鐵冶後
令善為監每月役八千人營造軍器善自督課兼加勸撫
甲兵精利而皆忘其苦萬為遷大丞相府從事中郎追論屯
田功賜爵龍門縣子遷黃門侍郎除河東郡守進驃騎大
將軍開府儀同三司賜姓宇文氏六官建拜工部中大夫
進義歸平縣公再遷內史大夫時晉公護執政儀同齊
軌語善云兵馬萬機須歸天子何因猶在權門善旦之護
乃殺軌善以善忠於己引為中外府司馬遷司會中大夫副

【北史列傳二十四】

〔十八〕

德

總六府事加授京兆尹仍行司會曾出為隆州刺史兼益州
總管府長史徵拜武威少府卒贈三州刺史帝以善善旨齊
軫事諡曰緣公子裹嗣官至高陽郡守
襲第慎字伯護少能屬文善草書與同郡裴叔逸裴訥
之柳蚪范陽盧柔隴西李璨並友善起家丞相府墨曹參
軍周文於行臺省置學取丞郎及府佐德行明敏者為先生
德行惇懿者侍讀書慎與李璨及隴西李伯良孫瑋河東裴舉
諸生課業周文雅好談論并簡名僧深識玄宗者二百人
於第內講說又命慎等十二人兼學佛義使內外俱通由
是四方覺為大秉學在學數年復以慎為宜都公侍讀累
遷禮部即中六官建拜膳部下大夫慎兄善及任工部並
居請顯時人榮之周孝閔帝踐阼除正下大夫慎封准南
縣子歷師氏御伯中大夫保定初出為湖州刺史界既雜
蠻黃悄以劫掠為務慎乃集諸豪帥具宣朝旨仍令首領
每月一朝或須言事者不限時御慎每見必殺勤誡及
賜酒食一年之間自然從化諸蠻乃相謂曰今始知刺
史真人父母也莫不欣悦自是稂頁而至者千餘戶蠻俗

昏要之後父母雖在即與別居慎謂守令曰牧守令長是
化人者也豈有其子娶妻便與父母離析非唯萌俗之失
亦是牧守之罪慎乃親自誘導示以孝慈并遣守令各喻
所部有數戶蠻別居數年遂還侍養又得果膳歸奉父
母慎以其從善之速具以狀聞有詔蠲其賦役於是風化
大行有同華俗尋為蕃部中大夫以疾去職卒於家有文
集頗為世所傳
薛慎具河東汾陰人也祖道顏魏河東郡守安邑侯之清
河廣平二郡守實紬閱墳籍好屬文起家奉朝請從軍孝
武西遷封邑陽縣子廢帝元年領著作郎紬國史尋拜
中書侍郎偹起居注遷中書令燕公于謹征江陵以實為
司錄軍中謀略寶並參之江陵平進爵為侯朝廷方改物
創制欲行周禮乃令實與小宗伯盧辯斟酌古今共詳定
之六官建換內史下大夫周孝閔帝踐阼進爵為侯轉御
正中大夫時前史中書監盧柔學業優深文勢華贍四實與
之方駕故世號曰盧薛焉及實進位驃騎大將軍開府儀
同三司出為淅州刺史卒於位吏人哀惜之贈虞州刺史
諡曰理所著文筆二十餘卷行於世又撰西京記三卷引
據該洽世稱其博閒焉實性至孝雖年齒已衰職務殷廣
至於溫清之禮朝夕無違當時以此稱之子明嗣大象末

【上欄】

薛憕同大將軍清水郡守

薛憕字景猷河東汾陰人也曾祖弘敞遭赫連之亂率宗
人避地襄陽憕早喪父家貧躬耕以養祖母有間則覽文
籍疎宕不拘時人未之奇也江表取人多以世族憕世無
貴仕解褐不過侍郎既羈旅不被擢用常歎曰能五十
年戴幘死一校尉低頭傾首俯仰而向人也嘗謂所親
志每在人閒軻陵架勝憕達奇乎使氣未嘗趨世禄之門左
中郎將京兆潛度謂曰君地非下身材不劣
憕曰世胄躡高位英俊沈下寮古人以為歎
息窮所未能也潛度奇之曰此年少實懷慨但不遇時耳

北史列傳二十四　　三十一

孝昌中校榮選洛陽先是憕從祖真度與族祖安都擁徐
兖歸魏其子懷嶲見憕甚相親善懷嶲亦未榮發立憕遂遑
河東止懷嶲時相要屈與之抗禮懷嶲每謂曰汝還鄉里
唯郡守元頵襄時南平懧亦不介意晉泰中拜
不營產業不肯取妻曰
給事中加伏波將軍及梁神武起兵乃東游陳梁閒謂
族人孝通曰高歡阻兵陵上喪亂方始關中形勝之地必
有霸王據之乃與孝通俱游長安俟真陳悅閒之召為行
臺郎除鎮遠將軍先兵校尉及悅害賀拔岳軍人咸相慶
慰憕獨謂所親曰悅才略本非輂害良將敗亡之事其則

【下欄】

不遠吾當今即為人所虜何慶之有乎長高以憕言為然
並有憂色尋而周文平悅引憕為記室參軍武帝西邊授
征虜將軍中散大夫封夏陽縣男文帝即位拜中書侍郎
加安東將軍進爵為子大統四年宣光殿初成憕為之
之頌文帝又造二欹器一為二仙人共持一鉢同處一鑑
而欹圜而歛方中有人三才之象也皆置清徽殿前形似
山而注乎器煙氣通發山中謂之仙人欹器二盤各處一
處一艦相去尺寸中有蓮下蓋器上以水注荷則出於蓮
鉢蓋有山山有香氣一仙人又持金錧以臨器上傾水灌
林鉢圜而林方中有

北史列傳二十二　　二十二

航而方滿而平溢則傾多各為頌大統初儀制多闕周文
令憕與盧辯檮等參定之以流離世故不聽音樂錐幽
室獨處常有威容後必事死子舒嗣官至禮部下大夫儀
同大將軍處聘陳使副

論曰薛辯以魏之初功業早樹門閥人爵無替榮名各端
雅道亦升葉世擅文宗令望攸歸豈徒然矣而連逢李叔卒
蹈誅戮痛平仲良任性繁刻並與諸博文擅彫龍以要
權寵易名為繆斯豈虛哉實懲勸與誄談博文擅彫龍以要
揮翰鳳池或著書麟閣咸居祿位各逞琳琅擬彼徐陳勛或

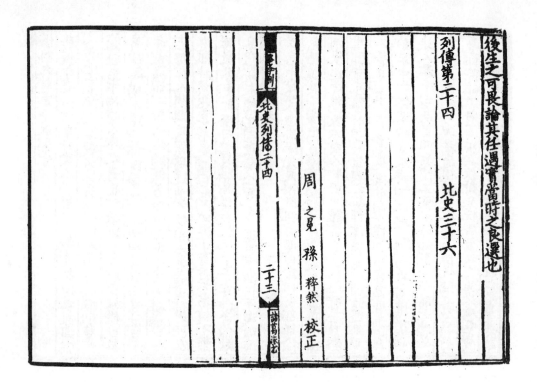

後生之可畏論其任遇實當時之良選也

周　　孫　　
之覓　　粹然　　校正

二十三

韓茂
皮豹子
封敕文
呂羅漢
孔伯恭
田益宗
孟表
奚康生
楊大眼
崔延伯
李叔仁

儁州事刀　北史列傳二十五　〔一〕

韓茂字元興安定安武人也父耆字黃頭苟永興中自
屈丐來降位常山太守假安武侯仍居常山之九門卒贈
涇州刺史諡曰成茂年十七膂力過人尤善騎射明元曾
親征丁零翟猛茂為中軍執幢時大風諸軍旌旗皆偃仆
茂於馬上持幢初不傾倒帝異而問之謂左右曰記之尋
徵詣行在所以為武賁郎將後從破統萬平赫連昌大破之
以功賜爵蒲陰子遷侍輦郎又從征涼當茂所
衝莫不應弦而殪拜內侍長進爵九門侯後從征蠕蠕頻

儁州李刀　北史列傳二十五　〔二〕

戰大捷與樂平王丕等伐和龍茂為前鋒都將戰功居多
遷司衛監錄前後功拜散騎常侍殿中尚書進爵安定公
從破薛永宗蓋吳轉都官尚書從車駕從南征拜徐州刺史
遷拜侍中尚書左僕射文成踐阼拜尚書令加侍中征南
大將軍茂沈毅篤實雖無文學每議論合理為將善於撫
御勇冠當世為朝廷所稱太安二年領太子少師卒贈涇
州刺史安定王諡曰桓長子備字延德賜爵襄爵安定公征
子庶子寧西將軍典游獵曹加散騎常侍襲爵安定公征
南大將軍寧西將軍諡曰簡備弟均字天德少善射
有將略初為中散賜爵范陽子遷金部尚書加散騎常侍
兄備卒無子均襲爵安定公征南大將軍歷定青冀三
剌史甚有聲名阿澤在定冀相三州界土曠人稀多有寇
盜乃置鎮以靜之以均在冀州劫盜止息除大將軍廣阿
鎮大將加都督三州諸軍事均清身率下禁斷姦邪於是
趙郡屬各西山丁零聚黨山澤以劫害為業者均皆議慰
追捕遠近震踢先是河外未賓人多去就故權立東青州
為招懷之本新附人咸受優復然舊人多往投焉
均表陳非便朝議謂能之後均所統劫盜頗起獻文詔議
之又以五州人戶殷多編籍不實詔均撿括出十餘萬戶
復授定州刺史百姓安之卒諡康公

皮豹子漁陽人也少有武略太常中為中散太武時為散
騎常侍賜爵新安矦又拜選部尚書後除開府儀同三司
進爵淮陽公鎮長安坐盜官財徙於統万真君三年宋將
裴方明等侵南秦王楊難當遂陷仇池仇池太武徵豹子復其
爵位桑拜使持節仇池鎮將督關中諸軍與建興公古弼
等分命諸將一道並進豹子至濁水擊禽崇之盡虜其衆己西懼
宋使其秦州刺史胡崇之至濁水漢中豹子進擊與建興公
不敢進豹子與司馬楚之至濁水擊禽崇之盡虜其衆己西懼
池平未幾諸氏復推楊文德為主以圍仇池古弼討平之
時豹子次下辯聞圍解欲還弼使謂豹子曰賊恥其負敗
必求報復不如陳兵以待之豹子以為然尋除都督秦雍
京師文德以行略得留出奔漢中宋以文德為武都王守
荊梁益五州諸軍事進號征西大將軍開府仇池鎮將持
節公如故宋復遣楊文德姜道盛寇濁水別遣將青陽顯
伯守本山以拒豹子濁水射殺道盛豹子至本山斬
顯伯桑怪其衆初南秦王楊難當歸命詔送楊氏子弟詣
京師文德招誘氐羌於是武都陰平五部氐人叛應文德詔
豹子討之文德阻兵固險以拒豹子及敌武都王保宗妻公主送
德葉城南走收其妻子眷屬及敌武都王保宗妻公主送
京師宋白水太守郭啟玄率衆救文德豹子大破之啟玄

文德走還漢中與安二年宋遣蕭道成等入漢中別令楊
文德楊頭等率氐羌圍武都王鎮豹子分兵千率安军騎二千以赴
兵益諸將表求助高平鎮將苟莫千率安军騎二千以赴
之道成乃退微豹子為尚書出為内都大官宋遣其將
殺孝祖脩兩當城於清東以逼南境天水公封敕文擊之
己既而班師先是河西諸胡亡匿避命豹子擊之追至城
不剋詔豹子與給事中周虬立鎖遣步卒
五千助戍兩當豹子大破之追至城下其免者千餘人而
還叟坐免官尋以前後戰功復擢為内都大官卒文成
惜之贈淮陽王謚曰襄子道明襲道明第八弟懷喜文成
以其名臣子擢為侍御中散遷侍御長孝文初吐谷渾拾
寅部落飢窘侵掠洮河詔假平西將軍廣川公與上黨王
長孫觀討拾寅又其父豹子首鎮仇池有威信拜使持
節侍中都督秦雍荊梁益五州諸軍事本將軍開府仇池
鎮將假公如故懷喜至申布恩東人大悦酉帥率戶歸
附置廣業固道二郡以居之徵為南部尚書賜爵南康矦
大和元年宋薿盧戍生楊文度軍於覆津文度將強大黑固
鼠鼠葉城南走進次濁水遂軍於覆津文度將強大黑固
守津道懷喜表求討大黑走之追齊攻拔薿盧城懷喜表求待
文度傳首京師詔慰勉之又詔於駱谷築城拔薿盧城斬

來年築城詔責之曰若不時築築之不成成而不固以軍
法繩之南天水人柳栭㨿嶮不順懷喜討滅之後為豫州
刺史詔讓其在州寬息必飲酒廢事威不禁下遣使就州
決以杖罰卒謚曰恭公子承宗襲
尉秦益二州刺史賜爵天水公鎮上邽詔敕文征吐谷渾
慕利延兄子拾歸於檀平眾少不制詔廣川公乙烏頭等
初為中散稍遷西部尚書出為使持節開府領護西東校
內侯父怪侍御史贈定州刺史章武侯謚曰隱敕文始光
封敕文代父位開府冀青二州刺史

信都敕力

二軍與敕文會隴右軍次武始拾歸夜遁敕文引軍入抱
罕虜拾歸妻子及其父戶分從千家於上邽留烏頭守抱
罕金城邊囮天水梁會謀還囮據上邽東城南城攻遍西城
敕文先已設備賊乃退囮復攻城氏羌一萬屯南嶺休
官署各及雜戶二萬餘人屯北嶺為囮等形援敕文設奇
兵大破之斬囮眾復推梁會為主安豐公間根率軍助敕
文敕文表求助未及報汲會俗謀逃遁先之敕文摧重
漸於東城之外幾斷賊走路夜半會乃飛梯騰漸而走敕
文先嚴兵於漸外拒闕從夜至旦敕文設奇
闕而況於人乃以白武幡宣告賊眾若能歸降原其生命
應時降者六百餘人會知人心沮壞於是分遣敕文縱騎

騰躡死者太半略陽王元達囮梁會之亂聚黨攻城招引
休官屠各之眾推天水休官王元興為秦地王敕文與臨
淮公莫員討破之天安元年卒長子萬謹讓爵於弟萬朝
時讓者唯萬謹及元氏侯趙郡惡子元伯讓讓其弟次興朝
廷義而許之

呂羅漢本東平壽張人也其先石勒時從居幽州祖顯字
字晞陽善書好施有文武才略位上黨太守有能名卒贈
豫州刺史野王侯謚曰敬羅漢仁厚篤慎弱冠以武幹知
名父溫之為秦州司馬羅漢隨侍隴右氏揚當寇上邽
鎮將元頭知羅漢善射共登西城樓令射難當隊將及
兵二十三人應弦而殪賊眾轉感羅漢曰今不出戰示敵
以弱意會太武賜難當璽書責其跋扈難當還仇池頭具

信都敕力

子明少好學性廉直鄉人有忿爭者皆就質焉慕容垂以
為河閒太守皇始初以郡降道武賜爵親貴男拜鉅鹿太
守清身奉公妻子不免飢寒百姓願壽以享長齡卒官父溫
克明緝我荒土人胥樂生願壽無疆之曰時惟府君父溫

以狀聞徵會為羽林郎上邽休官呂豐屠各王飛鹿等㨿嶮
為逆詔羅漢討㓕之後從征縣𪨗功遷羽林中郎幢將
賜爵烏程子及南安王余立羅漢猶典宿衛文成之立羅

漢有力焉加龍驤將軍仍幢將進爵野王侯拜司衛監邊
散騎常侍殿中尚書進爵山陽公後為鎮西將軍奏益二
州刺史時仇池氐羌反過駱谷鎮將孫觀掩擊其氐羌保元走登百頃請
退救詔書慰勉之淫州人張羌郎聚眾千人州軍討之不
受宋官爵鐵券略陽仇池氐羌叛逆其賊帥蛩與羅漢赴討所在
破之禽廉忻等羅漢往撫以威惠西戎懷德土境怗然皆
文下詔襃美之徵拜內都大官聽察多得其情卒官諡莊
〈徐州〉公長子興祖襲爵山陽公後倒降為侯
孔伯恭魏郡鄴人也父昭位侍中後賜爵濟陽男進
文初宋徐州刺史薛安都以彭城內附宋遣將軍張永沈攸
之等擊安都請援獻文進伯恭號鎮東將軍副尚書
尉元救之永與攸之棄船而走伯恭以書喻下邳宿豫城
內時攸之吳喜公等率眾水陸俱進攸之等既聞
五十餘里伯恭密造火車攻其營水軍焦墟曲去下邳
將戰引軍退保樊階城宋寧朔將軍陳顯達領眾渡湖清而
上以迎收之屯于睢清合口伯恭率眾度水大破顯達攸

之闕顯達軍敗順流退下伯恭從清西與攸之合戰大破
之吳喜公輕騎遁走伯恭追奔八十餘里軍資器械廣獲
萬計進攻宿豫宋咸將曾僧達遠棄城南走遂逐淮陽皇興二
年南討淮陽宋東武太守崔仲焚城南走淮陽皇興二
等以伯恭為散騎常侍彭城鎮將都督徐南北兗州諸軍
事假東海公卒贈鎮東大將軍東徐州刺史諡曰桓伯恭第伯
遂襲父爵曾郡公位東萊鎮將東徐州刺史坐事免官卒
于家
田益宗光城蠻也身長八尺雄果有將略貌狀與止有異
常蠻世為四山蠻帥受制於齊太和十七年遣使張超奉
〈淮州〉表歸魏十九年拜員外散騎常侍都督南司州刺史光城
縣伯食邑一千戶所統守宰任其銓置後以益宗既度
淮北不可仍為司州乃於新蔡立東豫州以益宗為刺史
尋改封安昌縣伯景明初梁師寇三關益宗遣光城太守
楊建寧之進至陰山關南據長風城逆擊大破之二十二年
梁建寧太守黃天賜築城赤亭復遣其將黃公賞屯於溠
城與長風相持益宗命安蠻太守梅景秀與與之搤角擊
討破之獲其二城上表陳攻取之術宣武納之遣鎮南將
軍元英攻義陽益宗遣其息曾生斷梁人糧運破梁戍主
趙文興倉米運舟焚燒湯盡時樂口已南郢豫二州諸縣

皆沒於梁唯有義陽郡已梁招益宗以車騎大將軍開府
儀同三司五千戶郡公當時安危往益宗去就而益宗守
節不移郡後克平郡公益宗也益宗年稍衰老聚斂無厭共
人患其侵擾乃遣諸子及孫競規賄貨部內苦之感言欲叛宣
武深亦應焉益宗乃爾入廣陵益宗之
桃符還啟益宗常侍如故帝慮其不受代遣後將軍李世
將軍濟州刺史宣旨慰喻庶以安之
暴攘殺梅伏生生為爾不已損卿誠效可令曾生與使赴關
當加任使曾生又未至延昌中詔以益宗為使持節鎮東
哲與桃符率眾襲之奄入廣陵益宗子魯生醫賢等奔於

【北史列傳二十五】【九】方什

關南招引梁兵光城已南皆為梁所保世哲擊破之復置
郡戍以益宗還授征南將軍金紫光祿大夫加散騎常侍
改封曲陽縣伯益宗生長邊地不願內榮雖位秩崇重猶
以為恨表陳桃符譎詐之狀乃詔曰既經大宥不容方更為
獄熙平初益宗又表乞東豫以招二子靈太后令答不許
卒贈東大將軍郢州刺史益宗長子隨四位弋陽東汝南二郡
夫卒贈東豫州刺史益宗諡曰莊少身篡簒位中散大
太守卒益宗兄與祖位江州刺史
孟表字武達濟北地人也自云本屬北地虓索里諸孟
青徐內屬後表因事南歸仕齊為馬頭太守太和十八年

表據郡歸魏除南兗州刺史領馬頭太守賜爵譙縣侯鎮
渦陽後齊遣其豫州刺史裴叔業攻圍六十餘日力屈守
盡唯以朽革及草木皮葉為糧麥撫循將士戮力固守會
鎮南將軍王蕭救之叔業乃退初有一南人自云姓邊字
叔珍攜妻息從壽春投表未及入關叔業姑兒規為內應所攜
妻子竝亦假妄於是表即推覈之人情乃安孝文嘉其誠封
汶陽縣伯歷濟州刺史散騎常侍光祿大夫瀛州刺史卒
贈兗州刺史河南陽翟人也本姓羑其先居代世為部落大
奚康生河南陽翟人也本姓羑其先居代世為部落大

【北史列傳二十五】【十】什

人祖眞末玄鎮將內外三都大官賜爵長進侯卒贈幽州
刺史諡曰簡康生少驍武彎弓十石矢異常箭為當時所
服太和初蠕蠕頻寇康生為前驅軍主壯氣有聞由是為
宗子隊主從駕征鍾離駕旋濟淮五將未度齊將擾濟斷
津路孝文募破中渚賊者以為直閤將軍康生應募綰栿
積柴衆因風放火燒其船艦依煙直過飛刀亂斫投河溺死
者甚衆胡及自號辛支王康生後以勳除太子三校西臺直
後吐京胡反假康生直閤將軍康生為軍主從章武王彬討之
分為五軍四軍俱敗康生獨全率精騎一千追胡至車
突谷詐為墜馬胡皆謂死爭欲取之康生騰騎舊矛殺傷

數十人射殺乎支齊置義陽招誘邊人康生復為統軍從
王蕭討之齊將張伏護自昇城樓言辭不遜蕭令康生射
之空樓射懸弄開即入應箭而斃彼人見箭皆以為狂弩
齊將裴叔業率眾圍渦陽欲解義陽之急詔遣高聰元衍
等援之遣康生領羽林千人給龍廄馬兩匹馳赴之破走其將
降遷康生頠軍主徐濟寇邊康生破禽之時梁聞康
桓和陳伯之以功除征虜將軍封安武縣男出為南青州
刺史後梁郁州遣軍主徐濟寇邊康生便集文武用之平射
生龍引強弓故特作大弓兩張長八尺把中圍尺有二寸
箭簳始如今之長笛送與康生康生便集文武用之平射
督臨川王蕭宏勳甲十万規寇徐州詔授康生武衛將軍
猶有餘力觀者以為絕倫弓即表送置之武庫後梁遣都
御史所劾削除官爵尋復之梁直閤將軍徐玄明戍郁州
一戰敗之還京召見宴會賞帛王匹賜驊騮御胡馬一匹
出為華州刺史頗有聲績轉涇州刺史以輒用官炭免為
殺其刺史張稷以城內附詔授康生武衛將軍
張并棗萛軍面敕曰果如朕心棄者早遂朕意未發
闐郁州刺史復叛及大舉征蜀假康生安西將軍邪州
竹至隴右宣武崩班師後除相州刺史在州以天旱令人
鞭石季龍畫像復就西門豹祠祈雨不擭令更取豹去未

幾二兄暴慢身亦遇疾巫以為季龍豹之崇徵拜光祿勳
領右衛將軍與元义同謀廢靈太后遷河南尹仍右衛領
左右與子難聖三人久宿禁內或迭出入义以康生子難
為二十年備身康生性麁武高下义言氣高下义以康生子難
通姻深相委託三人久宿禁內或迭出入义以稍懼之見于顏色
康生亦微懼不安正光二年二月明帝朝靈太后于西林
圍文武侍坐酒酣至康生乃為力士儛及於折旋
每顧視太后舉手蹈足瞋目顧眄為殺縛之勢太后解其
意而不敢言日暮太后欲攜帝宿康生曰至尊已將
朝訖嬪御在南何勞留宿康生於大殿下欲隨陛下
而去康生大呼万歲於後近侍皆唱万歲明帝引前入
閤左右競相排閡不得閤康生奪其子難千牛刀所真後
東西更復訪問誰舉臣冥敢應靈太后自起援帝臂下堂
元思輔乃得定明帝既上殿康生時有酒勢將出處分
為义所執鏁於門下至曉义奏康生如此事處斬刑難絞刑
剛並在內矯詔決之康生所訊其事处斬刑難絞刑
等十餘人就康生就康生斬刑難絞刑
康生忻子免死懷慨了不悲泣語其子云我不反死汝何
為哭也有司驅逼奔赴市時已昏闇行刑人注刀數下
不死於地刻截咸言稟义意旨過至吉凶常食典御妻混

與廣生同執刀入内亦就市絞刑康生又為將及臨州多
所殺戰而乃信向佛道每捨居宅立寺塔九歷四州皆有
建置死時年五十四子難年十八以剛强得傳百日竟
從安州後尚書盧同為行臺又令殺之康生於南山立佛
圖三層先死忽夢朋壞沙門有為解云擅越當不吉利無
人供養佛圖故難耳康生稱然竟及於禍靈太后反政贈
都督異瀛滄三州諸軍事驃騎大將軍司空冀州刺史諡
曰武貞又追封壽張縣侯子剛襲

揚大眼武都氏難當之孫也少驍捷跳走如飛然氣麁不
為宗親顧待不免飢寒太和中起家奉朝請時將南伐尚
書李沖典選征官大眼往求焉沖弗許大眼曰尚書不見
知聽下官出一技便出長繩三丈許繫髻而走繩直如矢
馬馳不及見者無不驚歎沖曰自千載以來未有逸材若
此者也遂用為軍主大眼顧謂同寮曰吾之今日所謂蛟
龍得水之秋自此一舉不復與諸君齊列矣未幾遷統軍
從駕征死葉穰鄧九江鍾離之間所經戰陣莫不勇冠
六軍宣武初裴叔業以壽春内附大眼與奚康生等率眾
先入以功封安成縣子除直閤將軍出為東荊州刺史時
蠻酋樊秀安等反詔大眼為別將隸都督李崇討平之大
眼功尤多妻潘氏善騎射自詔軍省大眼至攻戰遊獵之

際潘氏亦戎裝齊鑣並驅又至還營同坐幕下對諸佐吏言
笑自得大眼時指謂諸人曰此潘將軍也梁武遣其將張
惠紹撫率眾軍編櫓宿預又假大眼平東將軍為別將與
都督邢巒討破之遂與中山王英同圍鍾離大眼軍城東
守淮橋東西道屬水汎長大眼所綰軍鍾離待公孫祉
兩軍夜中爭橋奔退大眼不能禁相尋而走坐徙營州為
兵求平中追其前勳起為試守中山内史時高肇征蜀宣
武慮梁人侵軼乃徵大眼為太尉長史持節假平南將軍
東征別將都督元遙銜淮肥大眼至京師時人思其
雄勇喜於更見臺省門巷觀者如市後梁將康絢於浮山
堰淮規浸壽春明帝加大眼光祿大夫率諸軍鎮荊山復
其封邑後與蕭寶黃俱征淮堰不能克遂於堰上流鑿渠
決水而還加平東將軍大眼撫循士卒呼為兒子及見傷
痍為之流泣自為將帥恒身先兵士當其鋒者莫不摧拉
南賊忻遭督將皆懷畏懾時傳言淮泗荊沔之間童兒啼
者恐之云楊大眼至無不即止王肅弟之初歸國也謂
大眼曰在南聞君之名以為眼如車輪及見乃不異於人
大眼曰旗鼓相望瞋眸奮發足使君目不能視何必大如
車輪當世推其驍果以為關張弗之過也然征淮堰之役
喜怒無常捶撻過度軍士頗懷怨憾焉識者以為性移所致又

為荊州刺史常縛募人衣以青布而射之召諸蠻來指
示之曰鄉等若作賊吾政如此相殺也又此消郡當有武
害大眼搏而獲之斬其頭縣於穰市自是荊蠻相謂曰楊
公惡人常作我蠻形以射之又深山之武尚所不免遂不
敢復為寇盜在州二年卒大眼雖不學恒遣人讀書而坐
聽之皆口授之而竟不多識字也有
三子長甑生次領軍次征南皆潘氏所生
眼㣧營州潘在洛陽頗有失行及為中山大眼側生女夫
趙延寶吾之於大眼大眼怒幽潘而殺之後聚繼室元氏

大眼之死也甑生等聞印綬所在時元始懷孕自指其腹
謂甑生等曰開國當我兒襲之汝等渾子勿有所望甑生
等深以為恨及大眼喪將還京出於城東七里營軍而宿
後二更甑生等開大眼棺延寶怪而問焉征南射殺之元
怖走水征南又彎弓將射之甑生曰天下豈有害母之元
人乃止遂取大眼屍令人馬上抱之之左右扶挾以叛荊
畏甑生等曰博陵人也祖壽於彭城陷入江南延伯少以武
聞仕巫祖為緣淮遊軍帶濮戍主太和中入魏常為統帥
膽氣絕人兼有謀略屢立戰功稍遷征虜將軍荊州刺史賜
爵定陵男荊州土險蠻左為寇每有聚結延伯輒自討之

莫不摧殄由是獲土怙然無敢為惠永平中轉幽州刺史
梁遣左遊擊將軍趙祖悅率眾偷據硤石詔延伯為別將
與都督崔亮討之亮令延伯守下蔡延伯與別將伊瓮生
挾淮為營延伯遂取軍輪削銳其輻兩兩接對編竹
為絙貫連相屬並十餘道橫水為橋兩頭施大鹿盧出沒
不能赴救祖悅既斷祖悅走路舟舸不通由是梁軍
任情不可燒斫祖悅合軍威至
夫延伯與楊大眼等至自淮陽靈太后幸西林園引見謂
曰卿等志尚雄猛皆國之名將比平硤石公私慶快此乃
鄉等之功也但淮匪仍在宜須預謀故引卿等親共量算

各出一圖以為後計大眼對曰臣輒謂水陸二道一時俱
下佯無不剋延伯曰既對聖顏吾旨宜實水南水北各有
若給復一年專習水戰脫有不虞乃便可用靈太后曰卿
之所言深是宜要當救如請二年除并州刺史在州貪汙
聞於遠近還為金紫光祿大夫出為鎮南將軍行岐州
史假征西將軍賜驊騮馬一匹正光五年秋以往在揚州
建淮橋之勳封當利縣男改封新豐子時莫折念生兄天
生下隴東寇征西將軍西道都督行臺蕭寶夤進屯
黑水詔延伯為持節征西將軍西道都督行臺蕭寶夤

與延伯結壘馬鬼南北相去百餘步延伯曰今當仰為明
公參賊勇怯延伯選精兵數千下度黑水而進以向
賊營寶麾騎於水東尋原西北以示後繼於時賊眾大
盛水西一里營連接延伯徑至賊壘揚威脅之徐而還
退賊以延伯眾少開營競追眾奪後抽眾東度蹕寶麾黃親
觀之賊有虧損徐乃自度賊徒奮相率還營鎮慕黃大悅
謂寶曰此賊非老奴敵公但坐看後日延伯勤達等寇掠
如神須史濟盡徐乃自張也今年何患不制賊延伯見
寶曰延伯眾小開
黃為拒天生來眾來戰延伯身先士卒陷其前鋒於是

驍銳競進大破之俘斬十餘萬追奔及於小隴秦賊勁強
諸將所憚初議遣將減云非延伯無以定之果能克敵詔
授左衛將軍餘如故於時萬俟醜奴宿勤明達等寇掠涇
州先是盧祖遷伊甕生數將皆以元志前行之始同時發
雍從六陌道將取高平志敗仍傳涇部延伯既破秦賊乃
與寶黃率眾會於安定甲卒十二万鐵馬八千四軍威甚
盛時醜奴置營涇州西北七十里當原城時或輕騎暫求
挑戰大兵未交便示奔北延伯矜功負勝遂唱議先驅伐
木別造大排內為鋸柱教習強立負而趨走號為排城戰
王在外輜重居中自涇州緣原北上眾軍將出討賊未戰

之閒有賊數百騎詐持文書云是降簿乞緩師寶寅延伯
謂其事實炎遂未闢俄而宿勤明達率眾奄至乞
降的賊從西競下諸軍前後受敵延伯本輕騎延伯軍兼步卒兵力疲
挫便逐北徑造其壘賊本輕騎延伯上馬突陣賊復從涇州西
急賊乃閒得入排城延伯軍大敗死傷者將有二萬寶
進去賊彭阮谷柵七里結營延伯耻前挫辱不報賽黃獨
進襲賊大破之俄頃閒平其數柵賊皆逃迸兵人采掠
黃敏軍退保涇州延伯循繕器械購募戰士
散亂不整還來衝突遂大奔敗延伯中流矢見兵人為諸
辛死者万餘人延伯善將撫能得眾心與康生大眼為諸
將之冠延伯末路功名尤重時大寇未平而延伯死朝野

武烈

李叔仁隴西人也驍健有武力前後數從征討以功賜爵
獲城鄉男梁豫州刺史王超宗內侵叔仁時為兼統軍隸
楊州刺史薛真慶真遣叔仁討超大破之以功累遷
洛州刺史假撫軍將軍後以軍功封陳郡公又除光祿大
夫朔州刺史齊州儀州人劉執清河太守邵懷蒙眾反叔
夫大行臺詔叔仁為都督討平之除鎮西將軍金紫光祿
大夫轉車騎大將軍儀同三司邢果反於青州叔仁為大

都督出討於淮失利而還永安三年坐事除名尋復官爵
節閔帝初加散騎常侍開府後除涼州刺史遣使密通款
於東魏事覺見殺叔仁所用之綮長大異於常樂時人壯
之

論曰韓茂皮豹子封敕文吕羅漢孔伯恭之為將也皆以
沈勇篤實厚撫衆功成事立不徒然矣與夫苟要一戰
之利偉俊竊勝之名豈同年而語也田益宗蠻東荒帥翻
然效款終於懷金曳紫不其美歟孟表之致名位不徒然
也夫人主聞鞞鼓之響則思將帥之臣何則東平暴折
衝禦侮為國之所繫也羨康生等俱以熊武之姿舊征伐
之氣亦一時之驍猛壯士之功名乎

〈北史列傳二十五〉

〈十九〉

列傳第二十五　　　　　北史三十七

方治　周益　周之冕　孫 　校正

裴駿　從孫敬憲　莊伯
裴延儁　從弟瑤祖
裴佗　子讓之　孫矩　皇甫和
裴果
裴寬
裴俠　子祥
裴文舉
裴仁基

裴駿字神駒小名皮河東聞喜人也父雙碩位恆農太守
安邑子贈東雍州刺史聞喜侯駿幼而聰慧親表稱為神
駒因以為字弱冠通涉經史方擽有禮度鄉里宗敬焉蓋
吳作亂於關中汾陰人薛永宗聚眾應之來襲聞喜縣令
憂惶計無所出駿往見之便率屬鄉豪奔赴之賊退剌
史以狀聞會太武親討蓋吳引見駿駿陳便宜帝大悅
謂崔浩曰裴駿有當世才具可嘉補中書博士浩亦
深器駿貝為三河領袖轉中書侍郎宋使明僧暠來聘以
駿有才學假給事中散騎常侍於境上勞接卒贈秦州刺
史聞喜侯諡曰康子脩字元寄清辯好學歷位祕書中散
主客令粟遷中大夫兼祠部曹事職主禮樂每有獻議脩

〔儁州曰秦州　北史列傳二十六　〈一〉　義甯〕

鄭的故實咸有條貫卒諡曰恭伯宣武時追贈東秦州刺
史脩早孤居喪以孝聞二弟三妹並在幼弱撫養訓誨其
有義方次弟務早喪備哀傷之感於行路愛育孤姪以此
已子及將異居奴婢田宅悉推與之時人以此稱焉子詢
宇敬叔美儀貌多藝能音律博弈咸所開解位平昌太守
時太原長公主寡居多蒸淫私詢詢懼明帝仍認尚焉聚叔
增特除散騎常侍本邑中正關司徒引詢為之詢監起居事遷祕
景自陳情願此官詢遂讓焉時論善之尋監起居注時
書監出為郢州刺史詢以凡司成為邊捍遂表朴特為西郢州刺史朝議許
峴眾踰數萬足為邊捍遂表朴特為西郢州刺史朝議許
之梁將李國興冠邊朴特與郡曲為表裏聲援郢州獲全
朴特頗有力焉微為七兵尚書武泰中以本官兼侍中為
關中大使未及發於河陰遇害贈司空公諡曰貞列無子
脩弟宣字叔令通辯博物早有聲譽少孤事母兄以孝友
稱司空李沖有人倫鑒見而重之孝初徵為尚書主客
郎累遷大尉長史宣上言自選都以來凡戰陣之處及軍
罷兵還之道所有骸骨無人覆藏者請以來歲之初戰傷
行理埋掩并符出兵之鄉其家有死於戎役者皆使招魂復
魄祔葬先靈復其年租調身被傷痍漢者免其五兵若朝廷
之出為益州刺史宣至州綏撫甚得戎羌之心後齊獻更

〔儁州曰郢州　北史列傳二十六　〈一〉　義甯〕

置益州改宣所徙徑為南秦州宣家世以儒學為業常慕廉
退每歎曰以賈誼之才漢文之世而不歴公卿將非運也
乃謂親賓曰吾本無當世之志直隨牒至此祿厚養親効
不光國可以言歸矣因奉表求解宣武不許乃作懷田賦
以叙心焉宣素明陰陽之書自始惠便剋亡日果如其言
贈豫州刺史謚曰定尋改為穆子敬嗣

敬憲字孝廣少有志行學博才清撫訓諸弟專以讀誦為
業濟於榮利風氣俶遠郡徵功曹不就諸府辟命先進其
弟世子歎美之司州牧高陽王雍舉秀子射策高第除大

骨博士性和雅末嘗失色於人工隷草解音律五言之作
麗之美少有氣病年三十三卒人物甚悼之敬贈逸而有
仁義於鄉里孝昌中蜀賊陳雙熾所過殘暴至敬憲宅輒
相約束不得焚燒為物所伏如此永興三年贈中書侍郎

獨擅於時名聲其後進咸共宗慕之中山將之部朝賢
送於河梁賦詩言別皆以敬憲為最其文不能贍逸而有
敬憲弟莊伯字孝夏亦有文才器度閑雅喜愠不形於色
博識多聞善以約言辯物司空任城王澄辟為行參軍甚
加知賞年二十一上神龜頌時人異之文筆與敬憲相亞
臨淮王彧北討引為記室參軍委以章奏之事及聞敬憲
謚曰文

寢疾求假不許遂徑自還徑而不問扶兄病晝夜不
離方側形容憔悴因葬敬憲遇病卒年二十八兄第
才學知名同年俱喪世所嗟惜之永安三年贈通直散騎
侍郎謚曰獻兄弟竝無子所著詞藻莫為集錄莊伯獻
伯廷尉卿酒州刺史少以學尚風流有名京洛為政嚴酷
不得吏人之和但以清白流譽卒於殿中尚書

駿從弟安祖少聰慧年八九歲就師講詩至鹿鳴篇語諸
兄云鹿得食相呼而況人平自此未曾獨食弱冠州辟主
簿人有兄弟爭財詣州相訟安祖召其兄第以禮義責讓
之此人兄弟明日相率謝罪州內欽服之後有人勸其仕

進安祖曰高尚之事非敢庶幾但京師遼遠實憚於棲眉
耳於是閉居養志不出城邑嘗天熱舍於樹下有鷙鳥逐
雉雉急投之遂觸樹而死安祖愍之乃取置陰地徐徐護
視良久得蘇乃放之後夜忽夢一丈夫衣冠甚偉著繡
衣曲領向安祖再拜安祖怪問之此人云感君前日見放
故來謝德聞者異焉後孝文幸長安至河東存訪故老
祖朝於蒲坂帝與語甚悅仍拜安邑令以老病固辭詔給
一時俸以供湯藥焉年八十三卒於家

裴延儁字平子河東聞喜人也魏冀州刺史徽之八世孫
也曾祖萬頵諱議參軍并州別駕祖雙彪河東太守贈雍州

刺史諡曰順父曰山松州主簿行平陽郡事平蜀賊丁虫
功贈東雍州刺史延雋少孤事母以孝聞涉獵墳史頗
有才筆舉秀才及射策高第除著作佐郎累遷太子洗馬又
領本邑中正及太子恂廢以宮官例免宣武即位為中書
侍郎時典章釋典不事墳籍延雋著一堂之論太傳清
河王懌時典眾議讀而笑曰子故欲速行僕射也明帝時
有故庶陵諸場廣袤三十里皆嚴毀多時莫能修復時水
旱不調延雋乃表求營造逐躬自履行相度形勢隨力分

北史列傳二十六 ▲▲ 五 ▼▼

累遷幽州刺史范陽郡有舊督亢渠徑五十里漁陽燕郡
智未幾而就溉田百萬餘畝為利十倍百姓賴之又命主
簿酈惲偕起學校禮教大行人歌謠之在州五年考績為
天下最拜太常卿歷七兵殿中二尚書散騎常侍中書令
御史中尉又以本官兼待中吏部尚書延雋在臺閣守職
而已不能有所裁斷也莊帝初於河陰遇害贈儀同
三司都督雍州刺史子元直敬獻並有學尚與父同時遇
害元直贈光州刺史敬獻妻丞相高陽王雍外孫超贈尚
書僕射延雋從叔受醜桃弓並見稱於鄉里子凤字賈典
沈雅有知人鑒每歎美凤以遠大許之位河北太守以忠恕
慇有知人鑒議望甚惇孝文見而異之位河北太守以忠城王

接下百姓感而懷之卒於郡三子範昇之皆孝友字道微性
強正有學业卒於延尉卿鑒居官清苦時論稱之贈東雍
州刺史子澤頗有文學齊孝昭初為齊帥奏金玉又孝昭
魏收議為恭烈皇帝澤正色抗論曰魏收死後亦不肯為
恭烈之諡何容以擬大行且比皇太后不豫先帝殯寢失
常聖躬損今者易名必須加孝遂改為孝昭因此忤旨漏
泄兔後為散騎侍郎尋歷位中書侍郎兼給事黃門侍郎以
出為廣州司馬尋為誅毀大臣決杖六十竟頭兼詠石榴
詩微以託意有人以奏武成武成決杖六十竟頭後復引
主即位後為清河郡守與祖珽有舊珽秉除尚書左丞後

北史傳二十六 ▲▲ 六 ▼▼

為兼黃門勤政疾其祖珽之黨與崔秀尉等同見誅澤本
勁直無所回避及被出還和光然好戲笑無規撈
故頻敗妻鉅鹿魏氏恩好甚隆不能斷相離澤每從駕其
妻不宿亦至性強立時人以為健婦大半延雋從弟良
字元寶稍遷尚書左丞為功郎中時汾州吐京胡薛羽等作逆
以良兼尚書行臺時有五城郡山胡劉蠡升
都賀悅回成等以妖妄感眾假稱帝號服素衣持白傘白
幡率諸逆眾於雲臺郊抗王師良大破之又山胡劉蠡升
自云聖術胡人信之威相影附旬日之間逆徒還振以良
為汾州刺史加輔國將軍行臺如故良以城人飢窘君夜率

眾奔西河汾州之居西河自良始也　孝靜初為衛大將軍
大府卿卒於官贈吏部尚書諡曰貞又重贈侍中尚書僕
射子叔祖粗涉文學居官其著聲績從終司空右長史良
從父兄子慶孫字紹遠少孤性倜儻重然諾正光末汾州
吐京群胡薛悉公馬牒騰並自立為王眾至數萬詔慶孫
為募人別將招率鄉豪以討之慶孫母摧其鋒進軍從叔
至雲臺郊大戰郊西賊眾大潰朝廷以此地被山帶河
鳩集北連矞升南通絳蜀徒轉盛以慶孫為別將復軹
關入討深入二百餘里至陽胡城朝廷遂立邵郡因以慶孫為太守慶孫移安
衿要之所明帝末

緝之咸來歸業尔朱榮之死也世隆擁眾比度詔慶孫為
大都督與行臺源子恭率眾追擊慶孫與世隆密通事浅
追還河內斬之慶孫往俠有氣鄉曲壯士及好事者多相
依附撫養咸有恩紀在郡毎逢歲飢四方遊客恒有百
慶孫自以家粮贍之雖屢罄竭愛好交流與諸才學之
士咸相交結輕財重義坐客恒滿是以為時所稱延儁從
祖弟仲規少好經史頗有志節咸陽王禧為司州牧請為
主簿仍表行建興郡事車駕自代還洛次於郡境仲規備
供帳朝於路側詔仲規曰識郡望重卿何能自致此也仲
規曰陛下棄彼玄壤來宅紫縣臣方躍馬吳會翼功銘帝

籍宣二郡而已孝文笑曰冀卿必副此言駕還見咸陽王
曰昨得汝南主為南道主人六軍賈贍元弟之寄庶所
望除司徒主簿仲規父在鄉疾病棄官奔赴以違制免父
之中山王英徵陽引為統軍奏復本資於陣戰没贈河
東太守諡曰貞無子弟叔義以第二子伯茂後之伯茂少
有風望涉學洗覃書文藻富贍褐奉朝請大將軍京兆王繼
西討引為鎧曹參軍南征絳蜀陳雙熾為行臺長孫稚承
行臺郎中承業還京師留伯茂仍知行臺事以平共薛鳳賢
等賞平陽伯冊選散騎常侍典起居注太昌初以為中書
郎永熙中孝武帝兄子廣平王贊感選寶業以伯茂為文

學後加中軍大將軍伯茂好飲酒頗步踈傲不從官曹
為謔情賦天平初遷鄴又為遷都賦二年因內宴伯茂慢
殿中尚書章武王景哲景哲遂申啟稱伯茂每醉
與監同行以熟擊案傍汙冠服禁庭之內令人挈衣詔付
所司後竟無坐伯茂了無賑怖殆同行路世以此賤薄之與兄景
融覓署伯茂了無賑怖伯茂末年劇飲不已乃至傷性多有怨
十九知舊歎惜焉伯茂與兄景融別居景
失未亡前數日忽云吾得密信將被收掩乃與妻方知其病卒後西
逃避後因顧指壁中言有官人追逐其妻方知其病卒後
殯於家園友人常景本渾王元景盧元明魏季景李騫等

十許人於墓傍置酒設祭哀哭涕泣一飲一醉曰裴中書
魂而有靈知吾曹也乃各賦詩一篇李騫以魏收亦與之
友寄以示收收時在晉陽乃同其作論叙伯茂性侮傲謂收重贈詩云
臨風想玄度對酒思公榮時人以伯茂謂收重贈詩云
得事實贈散騎常侍衞將軍度支尚書雍州刺史重贈吏
部尚書諡曰文伯茂曾撰晉書竟未能成無子兄景融
東泰州刺史諡曰文宣子景融字孔明篤學好屬文舉秀才
第二子孝才繼燕武平末位中書舍人叔義亦有學行累
尉策高第除太學博士稍遷諫議大夫領著作元象中儀

■北史列傳二十六　【九】▼

同高岳以為錄事參軍弟景龍景顏被劾廷尉獄景融
選吏部擬郡為御史中尉崔遲所彈云其食榮昧進途坐
免官病卒景融甲退廉謹無競於時雖才不稱學而緝綴
無倦文詞氾濫理會處所作文章別有集錄景顏頗有
學尚中府長史時帝以軍與中書侍郎崔昂清貧欲以幹
病死獄中延儁族兄事字外興以操尚貞立被孝文所劾
為比中府長史時野王縣事畫帶溫縣人榮之卒於平
禄優之乃以其帶洛州刺史子子袖入關西延儁族人珍
秦郡太守贈洛州刺史子瓘字珍
和中析屬河北郡少孤貧清苦自立為汝南王悅郎

中令孝靜初卒於雍州刺史延儁從父兄宣明位華州刺
史有惠政諡曰簡二子景鸞景鴻並有逸才河東呼景鸞
為驥子景鴻為龍文景鸞位華州刺史子文端齊行臺郎
四子願安志弘振景鴻齊和夷郡守子叔卿博行
時人號曰裴氏子隋因立令子神舉神符而神舉最知名
晉亂避地涼州符堅平河西東歸因居解縣世以學顯
裴佗字元化河東聞喜人也六世祖詵仕晉位太常太
守為政有方惠其著教吏姦人莫不改貫所得俸禄分

■北史列傳二十六　【十】▼　佗字元化

五舉秀才再舉孝廉時人美之父景惠州別駕佗容貌魁
偉隤然有器望舉秀才以高第除中書博士累遷趙郡太
守未能降款佗至州單使宣慰示以禍福敬宗聞風歸附
盤石田敬宗等部落萬餘家特衆阻險不賓王命前後收
恤貧窮轉前將軍荊州刺史郡人戀仰傾境餞送鑾酉田
於是合境清晏繼貧至者千餘家後加中軍將軍以老乞
還卒遺令不聽請贈諡諸子皆遵行之佗性剛直不事
不好與俗人交游其投分者必當時名勝蓋寒不衣裘其
家產宅不過三十步又無田園暑不張蓋清白任真不事
俊若此子讓之
讓之字士禮年十六喪父殆不勝哀其母辛氏泣撫之曰
棄我滅性得為孝子平由是自勉辛氏高明婦人又閑禮

裴文列傳二十六

慶未喪諸子多幼弱廣延師友或親自教授内外親屬有
吉凶禮制多取則焉讓之少好學有文情清明俊辯早得
聲譽魏天平中舉秀才對策高第累遷屯田主客郎中省
中語曰能賦詩裴讓之為太原公開府記室與楊愔友善
相遇則清談竟日愔每云此人風流警拔裴文季為不亡
矣梁使至常令讓之攝主客郎第二弟諏之何在荅曰昔吳蜀二國諸
愚夫不為伏願明公以誠信待物若以不信虜物物亦安
葛兄弟各得盡心況讓之老母在此君臣分定失忠與孝
五人皆能得雋愔曰我與賢兄弟周旋欲以
能自信以此定霸猶却行而求道耳神武善其言兄弟俱

北史列傳二十六　十一

釋歷文襄大將軍主簿兼中書舍人後兼散騎常侍聘梁
文襄嘗入朝讓之導引容儀醖藉文襄目之曰士禮佳舍
人也遷長兼中書侍郎領舍人齊受禪靜帝遜居别宮與
諸臣别讓之流涕歔欷以參掌儀注封寧都縣男帝欲以
為黃門侍郎或言其體重不堪趨侍乃除清河太守至郡
未幾楊愔謂讓云安敦更敏迹盜賊清靖期月之間善政適有
清河有二豪吏田轉貴孫舍興父吏舒猾多有侵削因事
人從清河采云安效叔之諸弟曰我與賢兄弟周旋欲以
遂務人取財計贓依律不至死讓之以其亂法殺之時清
河王岳為司州牧遣部從事案之侍中高德政舊與讓之

不恊密言奏當陛下受禪之時讓之兄讓魏朝嗚咽流涕
此為内官情非所願既而楊愔請救之云罪不合死文宣
大怒謂曰欲得與裴讓之同家邪於是無敢言者事奏
竟賜死於家讓之次弟諏之字士正少好儒學釋褐太學
博士嘗從常景借書百卷十許日便返景謂其不能讀每
卷策問隨答無遺景歡愕曰應奉五行俱下禰衡一覽便記
今復見之於裴生矣楊愔闈門改葬託諏之頓作十餘墓
誌文皆可觀讓之及皇甫和弟亮並知名於洛下
時人語曰諏和不如虎司空高乾致書曰相屈為記室
户曹參軍諏之復書不受署著沛王開大司馬府辟為記室

北史列傳二十六　十二

遷鄴後諏之留在河南西魏領軍獨孤信入據金墉以諏
之為開府屬號曰洛陽遺彦信敗諏之居南山洛州刺史
王元軌召為大行臺郎中從事西師忽至尋退遂適西師入關周文
帝以為大行臺倉曹郎中徐州刺史次諏之字士平河東
七歲便勤學早知名累遷司徒主簿揚愔每稱歎曰河東
士族京官不少唯此家兄弟全無鄉音諏之雖年少不妄
交游唯與隴西辛術趙郡李繪頓立李構清河崔贍為忘
年友昭帝梓宮將還鄴轉儀曹郎尤悉歷代故事儀注喪
禮皆能裁正為許昌太守客旅過郡皆出私財供給人間
無所預代下日為吏人所懷任周卒伊川太守次讓之字

士令少有風格邢邵每云我裴四武成為開府辟為參軍
掌書記次訥之守士言純謹有局量弱冠為平原公開府
墨曹參軍掌書記從至并州其母在鄴忽得心痛訥之是日不
勝思慕心亦驚痛乃請急而還當時以為孝感文宣踐
幸晉陽皇太子舍人奏中書舍人與弱交好亦知之坐免官
管記轉太子監國稱訥之與杜臺卿並為孝徵領東宮
二子有怨言謗訕時政并稱訥之與弱被其家客誣
卒天統中追贈平州刺史長子曰樊出後讓之次子矩最
知名

矩字弘大繼祿而孤及長好學頗愛文藻有智數世父讓
之謂曰觀汝神識足成才士欲求官達當資幹世之務矩
由是始留情世事仕齊為高平王文學齊亡不得調隋文
帝為安州摠管補記室甚親敬之以母憂去職及帝作相
遣使馳召之參相府記室既破丹陽晉王廣令矩與高熲收陳
圖籍明年奉詔巡撫嶺南未行至南康得兵
數千人時俚帥王仲宣逼廣州遣其部將周師舉圍東衡
州矩與大將軍鹿願赴之賊立九柵屯大庾嶺又擊敗其眾
矩進擊破之賊懼釋東衡州擾原長嶺又擊敗其眾遂斬師

舉進軍自南海援廣州仲宣懼而潰矩所綏集者二十
餘州又承制署渠帥為刺史縣令及還上大悅命升殿勞
苦之謂高熲揚素曰韋洸將二萬兵不能早度嶺朕亦何憂以
兵少裴矩以三千弊卒徑至南海有臣若此朕亦何憂其
功拜開府賜爵聞喜縣公賚物二千段除戶部
史侍郎時突厥強盛都藍可汗妻大義公主即宇文氏女
由是數為邊患後因公主與從胡私通長孫晟先發其事
矩請出使說都藍與之共圖雍虞閭亭郭昭太平公史萬歲為
後都藍與染利可汗搆難屢犯亭郭昭太平公史萬歲為
行軍摠管出定襄道以矩為行軍長史破達頭可汗於塞
外萬歲被誅功竟不錄上以矩為啟人可汗初附令矩撫慰之
還為尚書左丞其年文獻皇后崩太常舊無儀注矩與牛
弘李百藥等捃摭舊禮參定轉吏部侍郎名為稱職煬帝即
位譽建東都矩職修府省九旬就時西域諸蕃多至張
掖與中國交市帝令矩掌其事矩知帝方勤遠略諸胡至
者矩誘令言其國俗山川險易撰西域圖記三卷入朝奏
之其序曰臣聞禹定九州導河不踰積石秦兼六國設防
止於臨洮故知西胡雜種僻居蔥嶺之外賤禮義之所不及書典
之所罕傳自漢氏興基開拓河右始稱名號者有四十六
國其後分立乃五十五王仍置校尉都護以存招撫然叛

服不恒屢經征戰後漢之世頻嚴此官雖大宛以來罕知
戶數而諸國山川未有名目至如姓氏風土服章物產全
無纂錄世所弗聞復以春秋遞謝年代久遠兼并許討互
有興亡或地是故邦殷從今號或人非舊類同韞音名兼
復部人交錯封疆移徙音殊事難竊驗于闐之比蔥
嶺以東考于前史三十餘國其後更相屠滅僅有十存自
或有所疑即詳眾口依其本國服飾儀形王及庶人各顯
通無遠不至臣既因撫納監知關市尋討書籍訪未胡人
隔華夷率土黔黎莫不慕化風行所及曰入以來職貢皆
餘淪沒埽地俱盡空有丘墟不可記識皇上應天育物無
容止即刪青摸寫為西域圖記共成三卷合四十五國仍
別造地圖窮其要害從西海以去北海之南縱橫所亘將
二萬里諒申軍萬大賈周游經涉諸國之事用不編知
復有幽荒遠地卒訪難曉不可憑虛是以致闕而二漢相
蹤西域咸為傳記地居小者多亦不載發自燉煌至于西海凡
者所編皆餘千戶剌宷西海多產珍異見山居之屬非有
國名及部落小者多亦不載發自燉煌至于西海凡
道各有襟帶北道從伊吾經蒲類海鐵勒部突厥可汗庭
慶北流河水至拂菻國達于西海其中道從高昌焉耆者
茲疎勒度葱嶺又經鏺汗蘇勒沙那國康國曹國何國大

小安摐國至波斯達于西海其南道從鄯善于闐來俱
波喝盤陀度葱嶺又經護密吐火羅挹怛忛延漕國至北
婆羅門達于西海其三道諸國亦各有路南北交通其
東安國南婆羅門國等隨其所往諸處得達矣故知伊吾
高昌鄯善並西域之門戶也總湊燉煌是其咽喉之地以
國家威德將士驍雄汎濫吐谷渾揚旌崑崙之國為其擁過
友掌何往不至但突厥吐谷渾分領羌胡之國為其擁塞
故朝貢不通今並因商人密送誠款引領翹首願為臣妾
聖情含養澤及普天服之撫之務在安輯故皇華遠達使
動兵含番既從突厥可滅混一戎夏其在茲乎不有所

記無以表威化之遠也帝大悅賜物五百段每日引矩至
御坐親問西方之事矩盛言胡中多諸寶物吐谷渾易可
并吞帝由是甘心將通西域四夷經略咸以委之後遂黃
門侍郎復令往張掖引致西蕃至者十餘國大業三年帝
有事恒嶽咸來助祭帝將巡河右復令矩往敦煌矩遣
使說高昌王麴伯雅及伊吾吐屯設等啗以厚利導之使
入朝及帝西巡次燕支山高昌王伊吾設等及西蕃胡二
十七國謁於道左皆令佩金玉被錦罽焚香奏樂歌儛喧
噪復令張掖武威士女盛飾縱觀騎乘填咽周旦數十里以示
中國之盛帝見而大悅竟破吐谷渾拓地數千里並遣兵

戎之每歲委輸巨億萬計諸蕃慴懼朝貢相續帝謂矩有
綏懷之略進位銀青光祿大夫其年冬至東都矩以蠻夷
朝貢者多諷帝令都下大戲徵四方奇伎異藝陳於端門
街衣錦綺珥金翠者以十萬數又勒百官及百姓士女列
坐棚閣而縱觀之皆被服鮮麗終月而罷又令三市店肆
皆設帷帳盛酒食遣掌蕃率蠻夷與人貿易所至之處悉令
邀延就坐醉飽而散夷人嗟歎謂中國為神仙帝稱矩至
誠謂宇文述牛弘曰裴矩大識朕意凡所陳奏皆朕之成算未發
矩輒以聞自非奉國盡心孰能若是帝遣將軍薛世雄城伊吾
令矩共往經略矩諷諭西域諸國曰天子為蕃人交易縣
遠所以城耳咸以為然不復來競及還賜錢四十萬又
白狀令及開府圓潛攻虜羅後虜羅為射圓所追竟隨使
若入朝帝大悅賜矩貂裘及西域珍器從帝巡塞北幸啟
人帳時高麗遣使先通于突厥啟人不敢隱引之見帝矩
因奏曰高麗地本孤竹國周代以之封箕子漢世分為三
郡晉氏亦統遼東今乃不臣別為外域故先帝欲征之久
矣但以楊諒不肖師出無功當陛下時安得不取使此冠
帶之境仍為蠻貊之鄉乎今其使朝於突厥親見啟人合
國從化必懼皇靈之遠暢後服之先亡脅令入朝當可
致也帝曰如何矩曰請面詔其使放還本國遣語其王令

速朝覲不然者當率突厥即日誅之帝納焉高元不用命
始建征遼之策王師臨遼以本官領武賁郎將明年復從
至遼東兵部侍郎斛斯政亡入高麗帝令矩兼掌兵事以
前後戰遼功進位右光祿大夫時皇綱不振用事者多左
翊衛大將軍宇文述內史侍郎虞世基等用事文武多以
賄聞唯矩守常無贓穢之響是以時稱為清白
達度設寇誆詔矩安集隴右頻有虜獲部落致富還而奏
之後從至懷遠鎮詔護北蕃矩以始畢部眾漸
盛獻策分其勢將以宗女嫁其弟叱吉設拜為南面可汗
叱吉不敢受始畢聞而漸怨矩又曰突厥本淳易可離間
由其內多有群胡盡皆桀黠教導之耳臣聞史蜀胡悉尤
多奸計幸於始畢請誘殺之帝曰善矩因遣人告胡悉曰
天子大出珍物今在馬邑欲共蕃內多作交關若前來者
即得好物胡悉信之不告始畢盡驅六畜星馳爭進冀先
互市矩伏兵馬邑誘而斬之詔報始畢曰史蜀胡悉
忽領部落走來至此云背可汗請我容納今已斬之故令
往報始畢亦知其狀由是不朝十一年帝比巡狩始畢率
騎數十萬圍帝於雁門詔矩與虞世基宿朝堂
及團解從至東都屬射圓可汗遣其猶子率西蕃諸胡朝

貢詔矩宴接之彝從幸江都宮時四方盜賊蜂起郡縣上
奏者不可勝計矩言之帝怒遣矩詣京師接蕃客以疾不
行及義兵入關帝遣虞世基問至矩方略矩接蕃客旱還俄而驍
變京畿不靜遙為處分恐失事機唯願鑾輿早還俄而驍
儒大將軍屈突通敗問至矩以聞帝失色矩素勤謹未嘗
忤物又見天下方亂恐為身禍至矩驍果數有逃散帝憂之以問
矩矩曰今車駕留此已經二年驍果之徒盡無家口人無
雖斯役皆得其歡心時從駕驍果數有逃散帝憂之以問
四合則不能久安臣請聽兵士於此納室帝大喜曰公定
多智此奇計也因令矩撿校為將士等聚妻矩召江都境
内寡婦及未嫁女皆集宮監又召諸將帥及兵等恣其所
取因聽自首先有姦通婦女及尼女官等並即配之由是
驍果等悅咸相謂曰裴公之惠也宇文化及反矩晨起將
朝至坊門遇逆黨數人控矩馬詣子盡景所賊皆曰不關裴
黃門飲而化及從百餘騎至矩迎拜化及及慰諭之令參
定儀注推秦王子浩為帝以矩為侍內隨化所獲以矩
及帝道宣撫大使及宇文氏敗為尚書轉尚書右僕射加光祿大夫封蔡國公為
河比道宣撫大使及宇文氏敗以矩為尚書右僕射轉尚書右僕射加光祿大夫封蔡國公為
舊臣遇之甚厚復以為吏部尚書右僕射獲以矩隨建德起
自臺並未有節文矩為之制定朝儀旬月之間憲章頗擬

於王者建德大悅及建德敗時矩與其將曹旦等於洺州
留守矩歸順旦長史李公淹及大唐使人魏徵等說旦及孫善行
令矩歸順旦等從之乃令矩與徵公淹領旦及八璽奉山
東之地歸降授左庶子轉書民事戶部尚書讓之第六弟
言者謁之上書正諫言甚切直文宣將殺之曰臨頸空有
之辭色不變帝曰癡漢何敢如此揚惜曰望陛下放以取
後世名帝投刀歎曰小子望我殺爾以取後世名我終不
成爾名遣人送出齊亡卒於虛關令
皇甫和者字長諧安定朝那人其先因官寓居漢中祖澄

北史列傳二十六

南齊秦梁二州刺史父徽字子玄梁安定略陽二郡守魏
正始二年隨其妻父夏侯道遷入魏道遷別上勳書欲以
徽為元謀徽曰創謀之始本不關預雖貪榮賞內媿於心
遂拒而不許梁州刺史羊靈祐重其敢實表為征虜府豆
馬卒和十一而孤母夏侯氏才明有禮則親授以經書及
長深沈有雅量尤明禮儀宗親吉凶多相諮訪至於齊陰
太子舍人率性任真不樂劇職除司徒東閣祭酒烏遠
弟亮字君翼九歲喪父哀毀有若成人齊神武起義為大
行臺郎中亮率性任真不樂劇職除司徒東閣祭酒烏遠
鄉里啟乞梁州襄中即本郡也後降梁以母兄在比

【上欄】

梁武不奪也至鄴無復官情遂入白鹿山恣泉石之賞縱
酒賦詩超然自樂復為尚書殿中郎攝儀曹事以參禪
代儀注封愉中男亮性朴純厚終無片言矯飾屬有敕下司
常令餘司攝焉性朴純厚終無片言矯飾屬有敕下司
各列勤憒亮三日不上首文宣親詰其故亮曰一
日醉一日病三日不上首文宣親詰其故亮曰一雨一
居宅湾下標牓賣者或開其故宅每莅三十而已雨一
水淹不浅雨即流入牀下由此不稱免官終不售其薄實如此以
兼散騎常侍聘陳使主以不稱免官終不售其薄實太守病不
之官卒於鄴贈驃騎大將軍安州刺史

裴果字戎昭河東聞喜人也祖思賢魏青州刺史父遵齊
州刺史果少慷慨有志略魏太昌中為陽平郡丞周文帝
曾使弁州與果遇果知非常久密託附焉永安末盜賊蜂
起果從軍征討兼黃驄馬衣青袍每先登陷陣時人號為
黃驄年少永熙中授河北郡守及齊神武敗於沙苑果乃
率其宗黨歸關周文嘉之賜田宅奴婢牛馬什物等從戰
河橋解王壁圍周文推鋒奮擊所向披靡大統九年又從戰
山於周文前挺身陷陳當東魏都督賀婁子幹為邏前勇冠當
時衆人莫不歎服此周文愈親待之補帳內都督遷師
都督平東將軍後從開府楊忠平隨安陸以功加大都督

【下欄】

除正平郡守正平果本郡也以威猛為政百姓畏之盜賊
亦為之屏息遷司農卿又從大將軍尉遲迥伐蜀果率所
部為前軍開閣破李慶堡降楊乾運有功廢帝三年
授龍州刺史封冠軍縣侯俄而寇州人張道洛拓驅率百姓
圍逼龍州城時糧仗皆闕兵士之間方略以拒之賊便
退走於是出兵追擊累戰破之旬日之間州境清晏轉陵
州刺史周孝閔帝踐阼除隆州刺史果性嚴猛能
開府儀同三司進爵為公歷冒滯牧數州號稱職卒於位贈
斷決抑挫豪右申理屈滯歷牧數州號稱職卒於位贈
本官加絳晉建州刺史諡曰質子孝仁嗣孝仁幼聰敏涉

獵經史有譽於時起家令人上士累遷長蠲鎮將扞禦齊
人甚有威邊之略歷建謙皂三州刺史
裴寬字長寬河東聞喜人也祖德歡魏中書侍郎河內郡
守父靜庸銀青光祿大夫贈汾州刺史寬儀貌環偉傳涉
羣書談其從弟文直曰裴長寬所稱親殁撫諸弟以篤友聞鄭孝
穆嘗謂其從子汝可與之游歟理無東面以觀臣節乃將家
吾愛之重之汝可與之游歟理無東面以觀臣節乃將家
郎釋褐員外散騎侍郎及孝武西遷寬謂其諸弟曰裴長寬
逆順大義昭然今天子西幸理無東面以觀臣節乃將家
屬避難於大石嶺獨孤信鎮洛陽始出見焉時汾州刺史

韋子粲降於東魏子粲兄弟在關中者咸已從坐其季弟
子奕先在洛篒急乃投寬開懷納之遇有大赦或傳子
奕合兄因爾遂出子奕辛以伏法獨孤信知而責之寬曰
竊來見因義無執送今旦獲罪是所甘心以經赦宥遂得
不坐大統五年授都督同軌防長史加征虜將軍十三年
從防王韋法保向潁川解侯景圍景密謀南叛偽親狎於
法保寬謂法保曰侯景猾獪必不肯入關雖託款於公恐
未可信若伏兵以斬之亦一時之功也如曰不然便須深
加嚴警不得信其詐誘自貽後悔法保納之然不能圖景
但固而已十四年與東魏將彭樂戰於新城因傷

被禽至河陰見齊文襄寬舉止詳雅善於占對文襄甚賞
異之解鏁付館厚加禮遇寬乃裁所臥氈夜縫而出因得
遁還見於周文帝帝頗謂諸公曰被堅執銳或有其父疾
風勁草歲寒方驗裝長寬為高澄如此手書署寬名下授持節
我雖古之竹帛所載何以加之乃乎書署寬名下授持節
師都督封夏陽縣男即除孔城城主十六年遷河南郡守
仍鎮孔城廢帝元年進使持節車騎大將軍儀同三司散
騎常侍周孝閔帝踐阼進爵為子寬在孔城十三年與齊
洛州刺史獨孤永業相對永業有計謀多譎詐或聲言春
發秋乃出兵或掩蔽消息倏忽而至寬每揣知其情出兵

邀殺子無不剋之天和三年除溫州刺史初陳氏與周通和
每脩聘好自華皎附後乃圖寇掠洶州既接敵境於是以
寬為洶州刺史陳將程靈洗攻之圍城陷陳人乃執寬
至揚州尋被送潁外經載復還建鄴遂卒於江左子義
宣後從御正杜杲使於陳始得將柩還隋開皇元年文
帝詔贈鄴二州刺史義宣位司金二命士合江令寬第
漢字仲宵操尚弘雅聰敏好學普員人作百字詩一覽便
誦魏李武初解褐薄葛尺牘之便漢領軍識明聰斷割
士曹行參軍轉墨曹漢善尺牘尤便薄漢武成中為司車路
如流相府為之語曰下粲爛有裴漢武成中為司車路

下大夫與工部郭彥大府高賓等參議掊令每軟量時事
必有條理天和五年加車騎大將軍儀同三司漢少有宿
疾怕帶虛羸劇職煩官非其好也時晉公護擅權搢紳等
多諂附之以圖仕進漢直道自守故八年不徙職性不飲
酒而雅好賓游每良辰美景必招引時彥宴賞留連以
篇什當時人物以此重之自頁沒後情爛絕游從不聽琴
瑟歲時伏臘哀慟而已撫養兄子情甚篤至借人異書
必躬自錄本至于疾疹彌年亦未嘗釋卷卒贈晉州刺史
子鏡人少聰敏涉獵經史為大將軍記室參軍東
運蒼官府都上士仕隋位兵曹郎漢弟尼字景尼性弘雅

有器局位御正下大夫卒贈隨州刺史子之隱趙王招府
記室參軍之隱弟師人好學有識度員稱於時起家泰王
贊府記室參軍仍兼侍讀寬族弟鴻少恭謹有幹略歷官
內外周天和初拜鄖州刺史轉襄州總管府長史賜爵高
邑縣侯從德公直南征軍敗遂沒尋卒於陳朝廷哀之贈
豐貲遂三州刺史

裴俠字嵩和河東解人也祖欣興秀才拜議郎父欣西
河郡守贈晉州刺史俠年七歲猶不能言後於洛城見群
烏蔽天從西來舉手指之而言遂志識聰慧有異常童年
十三遭父憂哀毀有若成人將擇葬地而行空中有人曰

童子何悲葬於桑東封公俠俠懼以告其母母曰神也吾
聞鬼神福善爾家未嘗有惡當以吾祥告汝耳時俠宅側
有大桑林因葬焉俠州辟主簿舉秀才魏正光中解巾奉朝
請稍遷義陽郡守元顥入洛使執其使楚其與齊神武有陳徵
嘉之授東郡太守帶防城別將及孝武與齊神武有隙徵
兵俠率所部赴洛陽武衛將軍王思政謂曰當今權臣擅
命王室日卑若何俠曰于文泰為三軍所推居百二之地
所謂已操戈矛子寧肯授人以柄雖欲撫之恐是擄於蔡製
也思政曰李何俠曰圖歡有立至之憂西猶有將來之慮
且至關右曰慎一日徐思其宜耳思政然之乃進俠於帝

授左中郎將及帝西遷俠將行而妻子猶在東郡滎陽鄭
偉謂俠曰天下方亂未知烏之所集何如東就妻子徐擇
木焉俠曰既食人祿寧以妻子易圖也遂從入關賜爵清
河縣伯除丞相府士曹參軍大統三年領鄉兵從戰沙苑
先鋒陷陣俠本名恊至是周文帝嘉其勇決乃曰仁者必
勇因命名俠焉以功進爵為侯王思政鎮弘農以俠為長
史兼領陽神武以書招思政思政令俠草報書甚壯烈周文善
之曰雖曹仲連無以加也除河北郡守俠躬履儉素愛人
如子所食唯菽麥鹽菜而已更不取人先是郡守舊制有

漁獵夫三十人以供郡守俠曰以口腹役人吾所不為也
乃悉罷之又有丁三十人供郡守役俠亦不以入私並收
庸為市官馬羸時既積馬遂令瑩主職之曰一無所取人
歌曰肥鮮不食丁庸不取裴公貞惠為世規矩俠嘗與諸
牧守俱謁周文周文命俠別立謂牧守曰裴俠清慎奉
公為天下之最令眾中有如俠者可與之俱立衆皆默然
無敢應者周文乃厚賜俠朝野服焉號為獨立使君又撰
九世伯祖貞侯潛傳述裴氏清苦若此竟欲何為俠曰夫
室中知名者咸付一通從弟伯鳳世彥時並為丞相府佐
笑曰人生仕進須身並裕清苦若此竟欲何為俠曰夫
清者拄職之本儉者持身之基況我大宗世濟其美故能

固其窮困非慕名也志在自脩懼辱先也翻被嗤笑知復
存見稱於朝廷沒流芳於典策今吾幸以凡庸濫蒙珠遇
何言伯鳳等憩而退再遷鄜州刺史加儀同三司梁竟陵
守孫昌鄜城守張建竝以郡來附俠見之密謂人曰高目
動言肆輕於主就者也建神情審定當無異心乃馳啓其
狀周文曰裴俠竝有鑒深得之矣遣大都督貴鎮竟陵而
鄴城竟不遣監統及柳仲禮軍至高還以鄜叛卒如俠言
尋轉大將軍加驃騎大將軍開府儀同三司進爵爲公遷
司部中大夫時有姦吏主守倉儲積年隱沒至千萬者及

俠在官勵精發摘數旬之內姦盜略盡轉工部中大夫有
聞之許其自言其目首貴自言隱費錢五百萬俠嘗遇疾沈頓士
大司空堂錢物典本貴乃於府中悲江或問其故對曰所
掌官物多有費用裴公清嚴有名懼遺罪責所以泣耳因
此而瘝晉公護聞之曰裴俠危篤若此而不廢憂公因聞
友爲愛之勿聞五穀便即驚起其勤恪也又司空許國公宇
鼓聲疾病盜愆此豈非天祐其貧苦乃爲起宅并賜良田十
文貴小司空比海公申徵竝來候疾所居第屋不免霜十
露貴等遷言之於帝帝矜其貧苦乃爲起宅立於位贈太
頃奴隸耕未糧粟莫不備足搢紳咸以爲榮卒於位贈太

子少師蒲州刺史諡曰貞河北郡前功曹張回及吏人等
感俠遺愛乃作頌紀其清德焉子祥性忠謹有理劇才少
爲城郡令清不及俠斷決過之後除長安令爲權貴所憚
遷司倉下大夫俠之終也以毀卒祥弟蕭

屬隋文帝爲丞相蕭聞之甚不悅由是廢于
家開皇五年授膳部侍郎歷朔州總管長史貝州長史俱
未乾而一朝遷革豈皇太子勇蜀王秀左僕射高熲俱廢
有能名仁壽中蕭見皇太子勇蜀王秀左僕射高熲俱廢
黙遣使上書言高熲天挺良才元勳佐命願錄其大功志
其小過二庶人得罪已久寧無革心願各封小國觀其所
爲若得遷善喜漸更增益不悛聚削書奏上謂楊
素曰蕭得遷善我家事如此亦至誠也於是徵蕭入朝皇太子
欲令蕭與漢東海王耳太子甚不悅至京見上謂楊
聞之謂左庶子張衡曰使勇自新欲何爲也衡曰觀其意
自勇以下竝皆同母非爲愛憎帝廢立因言男不可復
令章殿上誑曰貴爲天子富有四海後宮寵幸不過數人
收之意既已罷遣之未幾上崩賜帝嗣位不得調者久之
蕭亦杜門不出後執政者以嶺表遐遠希旨授蕭永平郡

丞其得夷人心歲餘卒夷獠思之為立廟於郪江之浦有

子尚賢

裴文舉字道裕河東聞喜人也祖秀業魏天水郡守贈平
州刺史父遜性方嚴為州里所推挹大統三年東魏來寇
遂乃糾合鄉人分據險要以自固及季弼略地東境遜為
之鄉導多所降下周文帝嘉之特賞衣物封澄城縣子卒
於正平郡守贈儀同三司定州刺史文舉少忠謹涉獵經
史大統十年起家奉朝請時周文帝諸子幼盛簡寶交

文舉又選與諸公子游雅相欽敬未嘗戲狎遷著作郎中
外府參軍恭帝二年賜姓賀蘭氏周孝閔帝踐阼襲爵澄

城縣子齊公憲初開幕府以文舉為司錄及憲出鎮劒南
復以文舉為揔管府中郎武成二年就加使持節車騎大
將軍儀同三司蜀土沃饒商販百倍或有勸文舉以利者
文舉苦之曰利之為貴莫若安身身安則道隆非貨之謂
是以不為非利也憲善其貧寠每欲資給之文舉恆自
謙遜辭多受少保定三年遷絳州刺史在正平也以
廉約自守每行春省俗單車而已及文舉臨州一遵其法
百姓美而化之揔管韋孝寬特相欽重每與談論不覺膝
前於席天和初進驃騎大將軍開府儀同三司尋為孝寬
柱國府司馬六年入為司憲中大夫進爵為伯轉軍司馬

文舉少喪父其兄又在山東唯與弟璣幼相訓養友愛甚
篤璣又早亡文舉撫視遺孤逾於己子時人以此稱之初
文舉叔父和為曲沃令終於聞喜川而叔母韋氏卒於本
正平縣屬東西分隔韋氏墳隴遂在齊境及文舉在本州
每加賞募旁人感其孝義遂相要結以韋櫬西歸竟得合
葬仁基六年除南青州刺史宣政元年卒於位子曾嗣位至天

裴仁基字德本河東人也祖伯鳳周汾州刺史父定仁儀
都督子神安邑通守有子知禮

拜儀同賜物千段以本官領漢王諒府親信諒反仁基苦
加授金紫光祿大夫斬獲寇掠鞍馬拜左光祿大夫從征
叛蠻向思多於黔安以功進銀青光祿大夫擊破吐谷渾
諫見囚諒敗超拜護軍後改授武賁郎將從軍李景討
資即用分賞監軍蕭懷靜止之乘其衆歸密又
捕大使據武牢拒密仁基見強寇在刑士卒勞弊所得軍
高麗進位光祿大夫本李密攻洛口帝令仁基為河南道討
陰持仁基短欲有奏劾仁基懼靜殺懷靜以其衆歸密甚
以為河東郡公其子行儼驍勇善戰諸偃師求決戰密與諸
相委暱王世充以東都食盡采衆詣師求決戰密與諸
將計仁基曰世充盡銳而至洛下必虛可分兵守其要路

令不得東簡精兵三萬傍河西出以遏東都世充卻還我
且按甲世充重出我又遏之如此則我有餘力彼勞奔命
兵法所謂彼出我歸彼歸我出數戰以疲之多方以誤之
者也密曰公知其一不知其二也食盡求鬭以東都兵馬有三不可當舉
械精一也逮計而來二也食盡求鬭不得欲走無路不過十日世充之首可懸
觀其奐彼求鬭而不得欲走無路不過十日世充之首可懸
於麾下單雄信等諸將輕世充皆請戰仁基苦爭不得密
難違諸將言戰遂大敗仁基為世充所虜世充以仁基父
子並驍勇深禮之以兄妻行儼及僭號署仁基為禮
部尚書行儼為左輔大將軍行儼每戰所當皆披靡號萬
人敵世充憚其威名頗加猜防仁基知之甚不自安遂與
世充所署尚書左丞宇文儒童尚食直長陳謙祕書丞崔
德本等謀令陳謙於上食之際持匕首劫世充行儼以兵
應之事定然後輔越王侗事臨發將軍張童兒告之俱為
世充所殺

論曰裴駿雅業有古人風器行仍世所以布於列位不替其美
延儁傅器能位望有可稱乎伯茂才名亦時之良也元化以
文學傳業足稱乎矩學涉經史頗有幹局至於恪勤匪懈夙
夜在公求之古人殆未之有與聞政事多歷歲年雖勳烈无

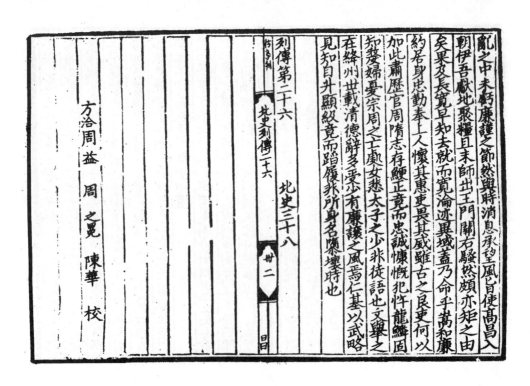

配之中未嘗虧廉謹之節然與時消息承望風旨使高昌入
朝伊吾獻地聚糧且末師出玉門關右騷然頗亦矩之由
矣果及長寬卓知而寬淪迹異域蓋乃命平萬知廉
加此肅歷官周隋志存鯁正竟而忠誠慷慨犯忤龍鱗固
知發婦曼宗周之亡廢女悲太子之少非徒語也文舉之
在絳州世載清德辭多衆有廉讓之風焉仁基以武略
見知自升顯級竟而蹈履非所身名陳壞時也

方洛周　益周
之覓　陳華
校

薛安都
劉休賓
房法壽　曾孫豹　玄孫景謨
畢眾敬　族子祖暉
羊祉子深　孫肅

薛安都字休達河東汾陰人也父廣晉上黨太守安都少
驍勇善騎射頗結輕俠諸兄患之安都乃求以一身分出
不取片資兄許之居於別廬遠近交遊者爭有送遺馬牛
衣服什物充其庭真君五年與東雍州刺史沮渠康謀
逆事發奔在南以武力見叙遇宋孝武起江州遂以為將和
平六年宋湘東王殺其主子業而自立是為明帝羣情不
恊共立子業弟晉安都與沈文秀崔道固常珍
奇等興兵應之宋明帝遣將張永討安都遣便降魏
請兵救援道次為質獻文乃遣鎮東大將軍尉
元等既入彭城安都鎮南大將軍徐州刺史賜爵河東公元
等趙之拜安都第四子道次為質祖隆元知之遂不果發安都
因重賈元等委罪於女壻裴祖隆乃殺祖隆姪羣從並
謀皇興二年與畢眾敬朝于京師其見禮重子姪羣從並
徼上客皆封侯至於門生無不收叙又為起第宅館宇甚崇

麗資給甚厚卒贈黃鉞秦州刺史河東王諡曰康子道
標襲爵位平州刺史政有聲稱歷相秦二州刺史卒道異
弟道異亦以勳為第一客早卒贈秦州刺史安邑侯道異
弟道次既質京師賜爵臨晉縣伯轉豫州刺史景
都從祖弟真度初亦與安都南奔及從安都來降為上客
明初賜爵河北侯出為平州刺史假陽平公後降為
太和初賜爵河北侯出為平州刺史運後真度每獻勤先取樊鄧
歷攻荊州東荊州刺史初遷洛後真度每獻勤先取樊鄧
後攻南陽故大為市所賞段封臨晉縣伯
明初豫州大饑真度表輒日別出倉米五十斛為粥救其
甚者詔曰真度所表其有憂濟百姓之意宜在拯卹歷華
荊二州刺史入為大司農卿正始初除揚州刺史還朝除
金紫光祿大夫加散騎常侍改封敷西卒贈左光祿大夫
諡曰莊有子十二人嫡子懷徹龍封初真度有女妓數十
人每集賓客輒命之絲竹歌舞不輟於前盡聲色之適庶
長子懷吉居喪過周以父妓十餘人并樂器歡之宣武納
懷吉懷吉好勇有膂力雖不善書亦解通時事兼為之彌縫
刺史懷吉本不屬清節及為汾州偏有聚斂
庶餼誘勝己共為婚姻多攜親戚悉令同行自以支
恣其取受而將勞賓客曲盡物情送去迎來不避寒熱性
少言每有接對但嘿然而返既指授先期明人馬之數左

右密已記錄俄而酒饌相繼至遠于將別贈以錢
縑下及廝僕咸過本埋真度諸子既多其毋非一同產相
朋因有慚愛與和中遂致訴列云以毒藥相害顯在公府
發揚虓豎時人恥焉

劉休賓字處幹本平原人也祖昶從慕容南度河家于此
海都昌縣父奉伯宋北海太守休賓少好學有文才仕宋
為兗州刺史聚崔邪利　生子文曄娶崔氏先歸鄴在冀郡
邪利之降文曄毋子與俱入魏及慕容白曜軍至休賓不
降白曜請崔氏與文曄至以報休賓待歷城降當即歸順密遣
子迴視城下休賓容白曜許待歷城降當即歸順密遣主

〈三〉

簿尹文達向歷城觀覘軍形勢文達詣白曜詐祇悵白曜
令文達往升城見其妻子文達哭泣以爪瓃泣復遣文達與白
復誓白曜暴遣遣蒨約而還見休賓撫爪瓃泣復遣文達回
曜期白曜喜以酒灌地啟告山河哲不貳休賓聞慰固執不可遂
休賓可早決計休賓畏告兒子聞赤彪夜至梁鄒南門告城
差本契白曜暴遣遣僕射許降何得無信於其城內
上人曰休賓遣文達煩造箸佐即許赤彪夜至梁鄒南門告城
遂相維持欲降不得歷城降休賓乃出請命及立平齊郡
乃以梁鄒人為懷寧令延興二年卒文曄有
志高綜覽羣書輕財重義太和中坐從兄聞慰南叛被徙

比達孝文特聽還代帝曾幸方山文曄太元申父功厚
賞毋於是賜爵都昌子深見待遇拜協律中即卒於高陽
太守贈兗州刺史諡曰貞休賓叔父旋之其妻許氏生二
子法鳳法武而旋之早卒東陽平許氏攜二子入魏孤貧
不自立毋子並出家為尼僧既而反俗俱奔江南法武後
改名峻字孝標南史有傳

旁法壽小名烏頭清河東武城人也曾祖諱仕燕位大尉
緣隨慕容氏還于鄴之孫因家之遂為東清河鎮幕人法
壽幼孤少好射獵輕率勇果結諸羣小劫盜宗族患之
弱冠州迎主簿後以母老不復應州郡命常盜殺猪羊以
供毋招集壯士恆有數百仕宋為魏郡太守法壽從祖弟
崇吉毋妻為慕容白曜所獲記法壽為平遠將軍與韓麒
款於白曜詔以法壽為平遠將軍與崔道固劉休賓俱至京
師以法壽為上客崇吉為次客崔劉為下客法壽供給亞
史及歷城梁鄒降崇吉因降而例降為伯歷齊郡
施親雀賓容率同飢飽坎壞常不豐足畢衆敬性愛酒好
通愛卒贈青州刺史諡敬侯子伯祖龔倒降為伯歷齊郡
丙後卒於幽州輔國府長史兒官卒子冀大城成主帝宗
充後卒於幽州輔國府長史兒官卒子冀大城成主帝宗不

〈四〉

翼子豹字仲幹體貌魁岸美音儀年十七州辟主簿王思
政入據潁川慕容紹宗出討豹為紹宗開府主簿兼行臺
郎中紹宗自云有水厄兆遂於戰艦中浴并自投於水異以
獸當之豹自紹宗曰夫命也在天豈人理所能延保公若
實有水厄兆豹所能却若其實無何襪之有令三軍之
事在於明公唯應遠達命佳理以保元吉方乃東船入水云
以防災耳未幾而紹宗上指麾以保萬全也紹宗笑曰不能免俗
為復彌日未幾而紹宗遇溺時論以為知微清河中除謁
通以為政化所致豹罷歸後井味復鹹滅遂還本鄉立
國自養頻被徵命固辭以疾每牧守初臨必遣致禮官佐
邑宰皆投刺申敬終於家無子以兄子彥詢嗣彥詢明
辨有學識位殿中侍御史千乘益都二縣令有惠政熊字
子威性至孝聰朗有節槩州辟主簿行清河廣川二郡事
七子長子彥詢最知名以魏勳門嫡孫賜爵求始縣子特
為叔豹所愛重兩卒彥詢少時為監館審接陳使江惣及陳滅
殷當家之賓初彥詢少時為監館審接陳使江惣及陳滅

北史列傳三十七 〈五〉

為主簿時禁網疎闊州郡之職充多縱弛及彥謙在職清
詞辯風槩高人十八屬齊廣寧王孝珩為齊州刺史辟
後受學于博士尹琳手不釋卷遂通涉五經解文雅有
珍果弗敢先嘗過蒸甞之戚必蔬食終禮宗從取則焉其
繼母憂几飲不入口者五日事伯父貞哀之撫養甚厚後丁
後叔父貞事所繼有踰本生子貞為宗黨所異十五出
每奇父之親教讀書年十七歲誦數萬言為宗黨所異天性穎悟
識父為母兄鞠養長兄彥詢雅有清鑒以彥謙天性穎悟
將命得申言款彥詢所贈惣詩令見載惣集彥詢早孤不
惣入關見彥詢弟彥謙曰公是監館弟邪因愴然曰昔因
蘭守法州境蕭然莫不敬憚及周師入鄴齊王東奔以彥
謙為齊州中從事彥謙痛本朝傾覆將紏忠義潛謀匡
輔事不果而止齊亡歸于家周武帝遣柱國辛遵為齊州
剌史為賊帥輔彥所劫彥謙以書諭之無辭懦送遣
還州諸職竝各歸首及隋文受禪之後遂優游鄉曲誓無
仕心開皇七年刺史韋藝固薦之不得已而應命吏部尚
書盧愷一見曰重之擢授承奉郎俄遷汴州司馬彥平
奉詔安撫泉括等十州以衙命稱旨賜物百段米百石衣
一襲奴婢七口遷秦州總管錄事參軍因朝集時左僕射
高潁定考課彥謙謂潁曰書稱三載考績熙陟幽明唐虞

北史列傳三十七 〈六〉

以降代有其法雖階合理褒貶無術便是進必得賢退皆不肖如或舛謬法乃虛設比見諸州考校競見不同進退多少參差不類況復愛憎肆意致乖平坦清介孤直未必高第甲科諂巧官翻居上等身經驅使者多以偽混淆是非務臺貴既不精練斟酌取捨曾之少多莫顧善惡之眾寡欲求允當人數半省者皆為不知被退又四方縣遠可詳悉唯進量人數半破有無由明公鑒達幽微平心遇物今所考校必無阿枉脫其道前件數事未審何以裁之唯願遠布耳目精加采訪褒貶能詞氣

俛然觀者屬目頰為之動容深見嗟賞因歷開河西隴右不如獨共秦州考使語後數日頰謂諸州揔管剌史曰與公言郡州司馬更人競哭相謂郡州父無剌史州務皆歸彥謙所節使者巡行州縣察長更能不以彥謙為天下第一超授滿遷長為縣令甚有惠化百姓號為慈父仁壽中帝令持名有異政內史侍郎薛道衡一代文宗位望清顯所與交結皆海內名賢重彥謙為人深加友敬及為襄州揔管辭翰往來交錯道路煬帝嗣位道衡轉牧番州路經彥謙所

〈七〉

留連數日贈而別黃門侍郎張衡亦與彥謙相善于時帝營東都窮極侈麗天下失望及漢王構逆羅罪者多彥謙兄衡當塗而不能匡救書諭之曰稱開皇者所以勸善刑者所以懲惡故貴賤之人有善必賞寧高之戚犯惡必刑未有罰則親賞則疏賤者北國國家祗承靈帝作人父毋刑賞夜畏天之威以此而論雖州國有殊文王云認命不通慮宗居微其兵眾衆非為干祧則當原其本人慎法乎一也至如并州賢逆須甄明若揚諒故文王情議其刑罰工副聖主友于之意下瞭愚人疑惑之心若審知外內無填嗣屍繁統而好亂樂禍妄有覬覦則賞蔡之誅當在於諒同惡相濟典所逃罪裏縣好我國國有常刑遂便籍沒流後恐為寬盪恢恢天網豈其然乎罪疑從輕漢文稱善昔叔向賞羊舌之死晉國所希釋之斷犯蹕之私不容輕重且聖人大寶曰神器荀非李老孔丘五之才智斯義安在昔叔向賞善羊舌不愛君遵君非君故里尤項籍之驕勇伊呂霍光之權勢承母弟之基不吕望孫武之兵術吳芽連盤石況乎蕞爾一隅蜂屯蟻聚楊應歷運之光終無帝主之位而欲惠陵讖甸覬幸并均王者我開諒之高鄙華少之山愿

〈八〉

關以降書契云及帝皇之跡可得而詳目非積德累仁豈
功厚利執能道冷遄顯義感靈祇是以古之哲王眛旦丕
顯後冰在念御朽競懷速叔世驕荒曾無戒懼肆於人工
騁嗜奔欲不可具載請略陳之襄者希陳二國竝吞大位
自謂與天地合德日月齊明閈念憂虞不恤刑政近臣懷
閈塞稱善而隱惡吏官曲筆掩瑕而錄美是以人庶呼嗟終
多賦役煩於視聽卿虛譽目數陳於鄭有子產齊有晏嬰楚有叔敖
晉有士會凡此小國尚足名臣齊家外同內忌設有正直之士
執政壅蔽懷私殉軀志國憂家外同內忌設有正直之士
敬上玄惠憐冤寡委任方直矢遠浮華甲葉為心惻隱是
天高聽早監其淫僻故擾收神器歸我大隋向使二國祇
力豈繫文華唯須正貞戴碴乎不動轡棟之廟至如骨
務河湖強富江陰隔各保其柴人不思亂泰生廟籌露近
之在身所謂棟梁之村也鄰陳不住骨鯁信近讜諫
可動也然而竊臥積薪宴安鴆毒遂使未泰生廟籌露近
于殷駿命不易方機之軍何者不須熟慮哉伏惟皇帝鑒
衣甲影撫心何嘆及矣故詩云殷之未喪節艽配帝目鑒
務上玄惠憐隰富江陰隔各保其紫人

雲就日仁孝鳳彰錫社分珪大成規矩文軌統淮海盛德
日新嘗璧之符退迴貪屬續曆用爾寬仁巳布率土蒼生
翹足而喜并州之亂變起倉卒職由楊諒感鏈誤人非人
非有構怨本朝東德從賦者也而有司將師稱其顆反非
止謔陷良善亦恐大誅足下宿當蜚司早預心腹反而
自藩邸桂石見亦知方當善謗立當世之大誠作貽厥謀謀
範其容曲順人王以愛順刑文使脅從之徒橫貽罪謗泰山
獨何人既屬明時須存善名立當世之大誡作貽厥謀彼
蒙蒞遇輒寫微誠野人懷贄不知忌諱得書歎息而不
敢奏聞彥謙知王綱不振遂去官隱居蒙山
之下以求其志會晉王司諫官盛選天下知名之士朝廷以
彥謙公方宿著時望所歸徵授司隸刺史彥謙亦慨然有
澄清天下之志凡所薦舉皆人倫表式其有彈射當之者
身無謙怨言司隸諫官旣劉炫後上書以為直刺史憚之
曾典然言司隸諫官旣劉炫後上訴以為直刺史憚之
皆為之拜唯彥謙執志守常頗為執政者所媢出為澄陽令恤親
恨大業九年從駕至遼東進拜監察御史其後隋政漸亂莫
不以官守謙身徇道以貞正所得俸祿皆以周恤親
於官守謙若家每子姪定省常為講說勗勉之晝夜不倦
家有舊業資產素毅文前後居官所得俸祿皆以周恤親
友家無餘財車服器用務存素儉自少及長一言一行未
于殷駿命不易方機之軍

（上半葉，十一）

曰人皆因私雖致靈罩室怡然自得嘗從容獨笑顧謂其子玄齡

文筆愜愀閑雅有古人之深致又善草隸子孫在於清白耳所有

者皆質觀之大原王邵北海高構脩縣人李綱中山即茂

穎河東柳或辭孺皆一時知名雅潛之士舟謙迤與為友

雖冠蓋成列而門無雜賓體資文雅深達政務有識者咸

以遠大許之初皇太子禮威在朝惟行苛酷之政未剋

納諫諍太子里弱諸王擅威趙郡李少通初謂不然及仁壽大業

太之體天下雖安危危亂少通⋯⋯

北史列傳二十三

之際其言皆驗貞觀以子玄齡署勳庸贈徐州都督臨

淄縣公諡曰定伯祖幼懃安豐新蔡二郡太守必事奉

官居家忽閉門有笑聲出無所見還至庭中為家羣犬所

辛

景伯字良暉法壽族子也祖元慶仕宋歷七郡太守後為

沈文秀青州建威府司馬宋明帝之殺廢帝子業父子弟

子勳起兵文秀後歸司馬元慶不同為文秀所書父受親

獻文時三郡平隨倒內桃為平齊人以父非命疏服終身

景伯生於桑乾少喪父以孝聞家貧備書自給養母甚謹

尚書盧陽烏稱之於李沖沖時典選拔為奉朝請景遠齊

（下半葉，十二）

州輔國長史會刺史亡敕行州事政存寬簡百姓安之後

除清河太守郡人劉簡武曾失禮於景伯聞其臨郡闔家

逃亡景伯切屬縣追捕禽之即署其子為西曹掾令喻

山賊賊以景伯督將代不念舊惡一時俱下論者稱為舊制守

復加二載後為司空長史以母疾去官景伯性復淳和涉

六年為限限涌將⋯⋯三百餘人表訴乞留

獵經史諸單宗之如事嚴親及弟景先亡哭絕春年哭

懿壑之容有如苦重其次弟景先禮房家兄弟廷尉卿

臨亦不內寢鄉里為之語曰有義有禮景伯有士大夫之行

崔光詔好標榜鄉人物無所推尚每云景伯有士大夫之行

北史列傳二十七

業及母亡景伯居喪不食鹽菜因此遂為水病積年不愈

卒於家贈左將軍齊州刺史位終左長史

與從父兄逸祐並有名文烈性溫柔未嘗嗔怒為吏部郎

從師其母自授毛詩曲禮年十二諸其母曰豈可使見

考功即弢著能名稱於時景先字光胄幼孤貧無資

時經霖雨絕糧遺婢提樶米因尒逃竄三四日方還文烈

謂曰興家無食汝何劇求竟無⋯⋯徒左

賛以供景先也請自求衣飲後就學暮夜誦經絕苦讀乃

從之遂得一羊裘忻然自見畫則樵蘇夜誦絕苦請乃

太和中倒得還鄉解褐太學博士時太常劉芳侍中崔光

當世儒宗歎其精博奏兼著作佐郎修國史侍中穆紹文
然景先撰宣武起居注累遷步兵校尉領尚書郎齊州中
正所歷皆有當官稱景先沈敏方正事兄恭謹出告反面
晨昏參省侍立移時兄亦忘其疲兄嘗寢疾景先
侍湯藥衣冠不解形容毀瘁親友見者莫不哀之卒贈
洛州刺史諡曰文景先作五經疑問百餘篇其語典諸符
與頻歲凶儉分贍宗親文於通儻以飼餓者存濟甚衆
聖郎王神貴益之名為辯疑合成十卷問百餘篇其語典
定未太子家令後隸親收俯史景遠字叔遷重默諾好施武
時奏上之帝親自鈔

原劉郁行經齊兗之境忽遇劫賊已殺十餘人次至郁呼
曰與君鄉近何忍見殺賊曰若言鄉里親親是誰郁曰齊
州主簿房陽是我姨兄陽是景遠小字賊曰我食其粥得
活何得殺其親遂還衣物蒙活者二十餘人景遠好養孤
不為章句天性小急不類家風然其名義甚篤為耶武府功曹
恩訓甚篤益州刺史傅豎眼慕其卒于家子敬道求史傳
參軍以母老不應豎眼頗恨之
府參軍
軍衆敬小名奈東平須昌人也少好弓馬射獵交結輕果
常於疆境遊掠為業仕宋位太山太守湘東王彧殺其主

子業而自立是為明帝遣衆敬詣兗州募人到彭城刺史
辭安都召與密謀云晉安有上流之名且彭城第三子當
共鄉西從晉安衆敬從之東平太守申纂據無鹽城不與
之同及宋明平子勛授衆敬發興行服襲纂所為弟衆敬為辭
令其母骸首散落衆敬發墓所有墓父金剛纂
安都長史宋道人密至齊陰誘衆敬公墓以相報告及安都
遣表謝宋宋明授衆敬兗州刺史衆敬父還在彭城
恐交致禍日夜啼泣遣請衆敬猶未從之衆敬先已
拾之衆敬拔刀破柱曰皓首之年唯有此子今不願質何
以城入魏衆敬不同其謀子元寶以元寶有佗衆敬獨不
戲曰不食皇興初就拜散騎常侍兗州刺史賜爵東平公
與中書侍郎李璨對為剌史兗州刺史賜爵東平公
無殺纂意而城中火起纂為衆敬所殺申纂
纂乃與白曜書并表朝廷燒死衆敬聞纂宛乃悅二年
師衆敬善自奉養食膳豐華必致佗方遠味年七十甚
壃皓白而氣力未衰跨鞍馳騁有若少壯篤於姻類遂有
國士之風張謨之躬視有若至親和中孝文寶
禮舊老衆敬與高允引至方山雖文武資俏好尚不同然

亦與免並相愛敬接膝談款有若平生後以爲老气還桑
梓朝廷許之衆敬臨還獻眞珠璫四具銀裝劍一口刺彪
孑一枚仙人文綾一百疋文明太后與帝見於皇信堂
賜以酒饌車馬絹等勞道之卒於兗州子元賓少豪俠有
氏幹涉獵書史與父同建勳誠至京師俱爲上賓賜爵須
昌侯後拜兗州刺史假彭城公父子相代爲本州當世榮
之時衆敬以老還鄉常呼元賓爲便君每元賓聽政時乘
喜見顏色衆敬善撫人物百姓愛樂之以父愛解任畏中遙授
板興出至元賓所先遣左右敕不聽起其斷決忻忻然
劉氏有四子祖朽祖琚祖晖祖旋賜妻元氏生二子後賜之
祖晖祖朽最長祖晖次祖琚故事前妻雖先有子後賜之
妻子皆承嫡所以劉氏先亡祖晖不服重元氏後卒祖朽
等三年終禮祖朽早卒子義允襲祖爵東平公倒降爲侯
年子僧安襲祖父爵須昌侯倒降爲伯以本州中正爲統
諫善與人交襲父爵須昌侯倒降爲伯以本州中正爲文
軍謙邢巒討梁師以功封南城縣男歷散騎侍郎中書侍
郎神龜末除東豫州刺史祖朽善撫邊清平有信百姓稱
之後卒瀛州刺史卒贈吏部尚書兗州刺史無子以弟祖

歸子義暢爲後襲爵爲義暢傾巧無干業善通時要位中書
侍郎封兗州大中正伏法祖琚以兄祖
朽別封南城以須昌伯回授之位東平太守卒於本州別
駕祖晖早有事幹爲齊州刺史以全守勳封新昌縣子逢
蕭賾賈退貶祖晖後拔城東趣華陰坐免官尋行齊州事
建義中詔復州爵懃弟義懃
爵齊受禪倒降義懃弟義雲
義雲字字陵兒少鹿鼬俠家在兗州比境常劫掠行旅所
患之晚方折節從官累遷尚書都官郎中性嚴酷事多幹
了齊文襄作相以爲稱職令晉勾僞官專以車輻考掠所
獲甚多然大起怨謗賓爲司州吏所訟云其有所滅藏並
而斷之因此軱情討軱威名曰衆人怨望並無所聞乃拘吏數
彈射不進軱觀累遷御史中丞繩糾更切案豪橫不平煩
被怨訟前爲汲郡太守程崇啓列義雲從父兄僧明負官
債先住京義長史不受其屬立限初徵申此映嫌數道御
史過郡訪察欲相推繩又坐私藏工匠家有十餘機織錦
幷造金銀器物乃被禁止罷見釋以爲司徒左長史皇姊祖
載日內外百官赴第甲省義雲稱天保元年四月竇氏皇姊祖
左丞司馬子瑞奏彈義雲稱天保元年四月竇氏皇姊祖
郎神龜末除遣御史投名鳥遂不赴

文義雲啓云喪婦孤貧後娶季世安女為妻世安父雖父
服未終其女為祖已就平吉特乞閽迎不敢備禮及義雲
成昏之夕眾禮備設剋日拜閽鳴騶清路盛列羽儀兼差
臺吏二十人責其鮮服侍從車直亦是苟求成昏誣罔干上
義雲貲產宅宇足稱豪室忽通孤貧亦為矯詐又駕晉
陽都署判拜起居表四品以下五品以上令預前一日赴
南都署表三品以上臨日遂稱私忌不來於是詔付廷尉科罪尋
表就家先署臨日遂稱私忌不來於是詔付廷尉科罪尋
至除免子瑞從兄消難為比豫州刺史義雲遣御史張子
義雲訟州采風聞先糾其典籤家客等消難尫懼遂叛入周
時論歸罪義雲其規報子瑞聲望大損乾明初子瑞遷御史中
常預從此後集見稍踈事亦上聞爾前譖賞義雲
丞郎子默正被任用義雲之姑即子默祖母遂除慶支尚
書攝左丞子默誅後左丞便解孝昭趙晉陽高元海留鄴
義雲深相依附知其信向釋氏常隨之聽講為此款密無
所不至及孝昭大漸顧命武成高歸彥至都武成與元海等猶疑
惑元海道懷車迎義雲北宮參審遂與元海勸進仍
也幸晉陽參預時政尋除兗州刺史給後部鼓吹即本州
從幸晉陽自得意望銓衡之舉見諸人自陳逆許引接又言

離別暫時非久在州先有鏡吹至於梭部行游兩部並用
猶作書與元海論叙時事元海入內不覺遺落給事中季
孝貞得而奏之為此元海漸踈孝貞因是兼中書侍郎專以自防實無
歸彥起逆義雲在州私集人馬并聚甲仗將以自防實無
他意猶為人密啓及歸彥被擒又列其朋黨專擅豪縱頗
以施惠為心累世本州刺史宅宏壯未幾而成閭門穢雜
武成起第宅富於財士之宦達者多有
拯濟及貴恣情驕佚後營造第一無所酌然酷暴殘忍非
聲編朝野為郎時與左丞游道因公事忿競游道廷辱
之云雄狐之詩千載為汝義雲一無所酌然酷暴殘忍非
人理所及為家尤甚子姓僕隸悁瘝嬴憊有孽子善昭
性至凶頑與義雲侍婢姦通接掠無數為其著籠頭繫之
庭樹食以芻秣十餘日乃釋之夜中義雲被賊害即善昭
所佩刀也遺之於平新納少妾范陽盧氏有巴貌子暢佩刀
善昭怖便走出投平新納少妾范陽盧氏有巴貌子暢佩刀
就宅推之令前義雲聚舍人是蘭子暢
盧妾人所為將加拷掠盧具列善昭云小乃收捕繫之臨漳
獄將斬之邢邵上言此乃大逆歸位建寧太守子義遠位平原太
斬之於獄棄尸漳水祖歸位建寧太守子義遠位平原太
守義遠弟義顯義攄性並豪率天平以後梁使人還往經

歷兗城前後州將以義攜兄弟善營產業歷諸職物鮮華常兼
州刺史接宴賓客衆愛弟兄歸魏以勳為第一客賜爵鉅平二
侯卒贈徐州刺史諡曰康子聞戮字子安有器幹魏辭例
降為伯延昌初景遷清河內史固以疾辭後試守廣平內
史正光初相州刺史中山王熙起兵謀誅元乂甚有政績斬其
使敗奔還京師被劾遇赦免卒贈散騎常侍兗州刺史伯
騎常侍東道行臺慰勞安樂王鑒軍司馬攻元法
如故諡曰恭子祖身字脩賢泝獵書傳風度閒雅為時所
僧敗奔還京師被劾遇赦免卒贈都督安樂王鑒軍司馬攻元法

〈十九〉

知以侍御史為元法僧監軍法僧及被遣南入後遠歷中
書侍郎襲爵鉅伯卒贈尚書右僕射兗州刺史祖彥弟
祖晢秘書郎諸早當朝不之榮貴俱惇薄不脩為時所鄙
申纂者本魏郡人申鍾貴孫也皇始初道武平中山纂舉
室南奔家于濟陰及在無鹽仕宋為兗州刺史既敗子景
義入魏
羊祉字靈祐太山鉅平人晉大僕卿琇之六世孫也父規
之宋任城令太武討之鄒山規之與魯郡太守崔邪利
及其屬縣徐遵愛猛之等俱降賜爵鉅平子拜鴈門太守
祉性剛愊好刑名為司空太令輔國長史襲爵鉅平子懷益
義入魏

公貪私譽居宅有司按之抵死孝文特恕遠徙後遠景明
初為將作都將加左將軍四年持節為梁州軍司討叛
氐正始二年王師伐蜀以祉假節龍驤將軍益州刺史出
翊關而還又以本將軍秦梁二州刺史加征虜將軍天
性酷忍又不清潔坐掠人為奴婢為御史中尉王顯所彈
免高肇執政祉復被起為光祿大夫假平南將軍持節領
步騎三万先驅趣涪祉未至宣武崩師夜中引還暴自路側
昭所劾會赦免後加平北將軍乃拜而贈安東將軍兗
州刺史太常少卿元端博士劉臺龍議諡曰祉志存埋輪

〈二十〉

不避強禦及贊戎律熊武斯裁仗節撫藩實識德化沾
殊類纔負懷仁謹依諡法布德行剛曰景宜諡為景侍中
侯剛給事黃門侍郎元纂等駁曰目間唯名與器弗可妄
假定諡準行必當其迹接祉志性急酷所在威布德寡
聞暴聲屢發而禮官虛諡迹非直失於一人實毀朝
則請還付外詳行必當其迹更量虛實靈太后令曰依駁更議元端
臺龍上言竊惟諡者行之迹迹苟有迹然後尚書銓衡是
司轝品庶物若狀與迹乖應抑而不受錄有其實狀稱
寺依諡法准狀科上豈有捨其行迹近外有所求去狀稱
將何所準檢祉以母老辭藩乃降手詔云卿綏撫有年聲

實累著安邊寧境實稱朝望及其沒也又加顯贈言祉誠
恭倫望然亦為德焉君子使人作牧岷區字萌之績驃聞詔冊襃美無
剛而能刻然亦為德焉謹依謚法布德有數德優劣不同為
允司徒右長史張烈主簿李璝勑稱校社歷官累朝當官
允稱委捍西南邊嶠靖遏淮行易名竝誠攸在竊謂無勷
體例尚書李詔又述奏以為剛斷時有檢覆毎令出使然好
慕刑名顧為深文所經之劇人號天狗下及出將臨州竝
無恩潤兵人患其嚴堂子深

深字文泉早有風尚學涉經史兼長几筭少與隴西李神
儁同志相友自司空記室參軍再遷尚書駕部郎中于時
沙汰郎官務精才實深以才堪見留在公明斷尚書僕射
崔亮吏部尚書甄琛咸敬重之明帝行釋奠之禮講孝經
深儕輩中獨蒙引聽時論美之正光末諸州北海王顥為
率羌胡反叛高平賊宿勤明達寇圍夏州司仍領郎中金雀等
都督行臺討之以深為行臺右丞圖華州王平薛鳳賢等
京頃之遷尚書左丞蕭寶寅反攻圍長孫稚敗還
會潼關規模進止事平以功賜爵新泰男靈太后曾幸芒

山集僧尼齋會公卿盡在坐太后引見深欣然學問之顧
謂左右曰羊深真忠臣也舉坐傾心莊帝踐阼除太府卿
又為二衮行臺深刺分軍國損益隨機亦有時譽初尒朱
榮殺害朝士深第七弟侃為太山太守性麤險遂率鄉人
外招梁寇深在彭城忽得侃書招深同逆深慨然流涕斬
使人并書表聞莊帝乃下詔襃其忠烈令還朝受勑乃歸
京師顥除名久之除金紫光祿大夫元顥入洛以深兼黃門
待郎顥平免官普泰初為散騎常侍衛將軍右光祿大夫
監起居注自天下多事東西二省官員委積閒帝敕選
與常侍盧道虔元晏元法壽選人補定員朝請以上各

有沙汰壽兼待中節閔帝甚親待之時膠序廢替名教
遟深乃上疏請脩立國學廣延冑子帝善之孝武初除中
書令永熙三年以深兼御史中尉東道軍司及帝入關深
與樊子鵠不從齊神武起兵於兗州子鵠署深為齊州刺
史天平二年正月東魏軍討破之斬於陣
朝議以蕭武定末儀同開府東閤祭酒以學尚知名乾明初
為冀州中從事趙郡王為巡省大使蕭以遟緩不任職解
郡守祉弟靈引無罪尋復之武平中文文林館撰書尋御史固辭
深子蕭武定末儀同開府東閤祭酒以學尚知名乾明初
彪顧衛之又為三公郎坐兄祉事知而不糾彪劾奏免官

甚為尚書令高肇所昵京兆王愉與肇深相嫌忌及愉出
鎮冀州肇與靈引為愉長史靈引以相開伺靈引私恃肇勢每
折於愉及愉作逆先斬靈引於門時論云非直愉自不臣
抑亦由肇及靈引所致事平贈平東將軍兗州刺史諡曰
威

子敦字元禮性尚閑素學涉書史以父死王事除給事中
出為本州別駕公平正直見非法毫無犯雅性清儉屬歲
廣平太守甚有能名發蹟踴秋毫無犯雅性清儉屬家人
饑家觀未至使人外尋陂澤採藕根食之遇有疾苦家人
解衣質米以供之然政尚威嚴朝廷以其清白賜穀一千
斛絹一百匹卒官吏人奔哭莫不悲慟贈衛大將軍吏部
尚書兗州刺史諡曰貞武定初祖神武以敦及中山太守
蘇淑在官奉法清約自居名宜見追襄乃上言請加旌錄詔
各賜帛二百匹粟五百斛下郡國咸使聞知靈引弟瑩字
靈珍兗州別駕從事子烈

烈字信卿少通敏頗自脩立兄偃為太山太守牒郡起兵
以玄學知其謀深懼家禍與從兄廣平太守敬馳赴洛
外叛烈潛知兄偃為人風好讀書能言名理
陽告難朝廷將加厚賞烈告人云譬如斬手全軀所存者
大故爾豈有幸從兄之敗以為已利平卒無所受天保中

累遷尚書祠部左右戶郎中在官咸為稱職除陽平太守
有能名時頻有災蝗犬牙不入陽平境為稱敕書襃美焉遷光
祿少卿兗州大中正天平初除義州刺史以老還鄉卒于
家烈家傳素業閨門脩飭為世所稱一門女不再醮魏太
和中於兗州造一尼寺女寡居無子者並出家畢魁被誅
門閭累世本州刺史鄉皆我家故吏烈云自畢魁被誅存
戒行烈天統中與尚書畢義雲爭一婢我家故吏云之帷薄
言宣若我之漢河南尹晉朝太傅名德學行百世傳美且
以還寂無人物近日刺史皆疆場之上彼此而得何以為
男清女貞足以相冠自外多可稱也蓋識義者之

烈弟脩有才幹卒於尚書左丞子玄武平末將作丞隋
開皇中戶部侍郎卒於隴西郡贊務

論曰薛安都一武夫耳雖輕於去就貴啟戎車南事署圖
而竟克昌嚴後景伯兄弟儒素委質啟名重東南法壽圖
落不羈克昌厥後景伯兄弟儒素委質啟名重東南法壽圖
誠榮曜朝國人位近列無之於時羊祉剛酷之風得死為
幸深以才幹從事聲迹可稱敦烈持己所遵殆時彥也

列傳第二十七　　　北史三十九

方洛　周益　周之覥　　陳莘校正

韓麒麟

程駿

李彪　孫昶

高道悅

甄琛

高聰

韓麒麟昌黎棘城人自云漢大司馬增之後也父瑚秀容
平原二郡太守麒麟幼而好學美姿容善騎射慕容國
為東曹主書文成即位賜爵漁陽男父上在喪有禮後參
征南慕容白曜軍事進攻升城師人多傷及城潰白曜將
坑之麒麟諫曰今方圖進趣宜示寬厚勸京敵在前而便坑
其衆恐三齊未易圖也白曜從之皆令復業齊人大悅後
白曜表麒麟與房法壽對為冀州刺史白曜攻東陽麒麟
上義租六十万斛并攻戰器械於是軍須無之及白曜被
誅其從事劉普慶說麒麟曰人不犯法何所戮乎若必須斬
於刑罰從事劉普慶說麒麟曰明公杖鉞方夏無所斬戮
何以示威當以卿應之普慶慚而退麒麟以新附之人未階
威名當以卿應之普慶慚而退麒麟以新附之人未階
臺官士人沈柳乃表請守宰有闕宜推用豪望增置吏員

北史列傳二十八　〈一〉　南內

廣延賢哲則華族蒙榮良才獲叙懷德安土庶或在兹朝
議從之太和十一年京都大饑麒麟表陳時務曰古先哲
王經國立政積儲九稔謂之太平故躬籍千畝以率百姓
用能衣食滋茂禮教興行逮於中代亦崇斯業入粟者與
斬敵同爵力田者與孝悌均賞頃年山東遭水旱之所
先今京師人庶不田者多游食之口三分居二蓋一夫不
耕或受其饑況於今者動以万計故頃年山東遭水而平
有餒終今秋都遇旱穀價踊貴由農人不勸素無
積故也伏惟陛下天縱欽明道高五上垂覆載之澤下
有凍餒之人皆由有司不為其制長吏不恤其本自承平
日久荒穀常盤於府庫寶貨盈於市里衣食之物皆廢
於路饑寒之本宴於斯愚謂凡珍玩之物皆宜禁斷吉
凶之禮備為格式令貴賤有別人歸朴素制天下男女計
口受田宰司四時巡行臺使歲一案檢勤相勸課嚴加賞
罰數年之中必有盈贍雖遇凶災免於流亡矣往年校比
戶貫租賦輕少目所統鄉州租粟綿可給體略無入倉雖
於人為利而不可長久脫有戎役或遭天災恐供給之方
無所取濟請減絹布增益穀租年豐多積歲儉出振所謂
私人之穀寄積於官官有宿積則人無荒年矣卒官遺敕

北史列傳二十八　〈二〉　南內

其子殯以素棺事從儉約麒麟立性恭慎悍置律令於坐
傍臨終之日唯有俸絹數十疋其清貧如此贈散騎常侍
燕郡公諡曰康長子子與先卒
散卒則漁陽太守子子與宗字茂先好學有文才位秘書中
清河王懌郎中令初子子熙父以爵讓第顯宗不受子熙讓
弟仲穆兄亦不襲及顯宗卒子熙別蒙賜爵乃以先爵讓
父素懷陽如此母亡居喪有禮子熙為懌所養遇
遂闕位待其甲冑復引用及元乂害懌又不得葬誓以
為之憂悴舜居田野毎言王若不得復封以禮還葬誓
終身不仕後靈太后反政以又為尚書復令解其領軍子熙

〈三〉

與懌中人夫劉定與學宮令傳靈柟賓客張子恂伏闕上
書理懌之冤極言元乂劉騰誣調書奏靈太后義之乃引
子熙為中書舍人後遂削騰棺賜又死尋脩國史建義初
兼黃門尋為正子熙自守不交人事又少孤為叔顯
宗所撫養及顯宗子伯華又幼子熙愛友等於同
生長猶共居車馬資財隨其費用未嘗見於言色又上書
求折階與伯華於是除伯華東太原太守及伯華在郡為
刺史元弼所辱子熙乃泣訴朝廷明帝詔遣案檢遂大
見言讓尒朱榮之禽舊榮送至京師莊帝欲面數之尒
以為榮既元兇自知必死恐或不遜無寗見之尒朱榮聞

〈二〉

而大怒請罪子熙莊帝怒而不責及尒朱起逆詔子熙慰
勞榮詐降子熙信之還至樂陵果復反子熙坐付廷尉
論以大辟恕死免官莘武初領著作以奉冊勳封歷城縣
子天平初為侍讀除國子祭酒子熙儉素每好退靜
妻姑之女也生二子子熙尚未婚娶逡巡與嫂婍李氏為
論者高之元象中加衛大將軍先是子熙與弟婍王氏為
今其陳請者子熙曰朝廷自不與祭酒并關何子熙事
遷鄴之始司立給兵刀時以祭酒閑務止給二人或有
而生三子王李不穆子熙乃告言子熙不能導蒙遂至于
遺戒不求贈諡其子熙因此悲恨遂以發疾卒

〈四〉

大將軍儀同三司幽州刺史與宗弟顯宗字茂親剛直能
面折廷諍亦有才學沙門法撫三齊稱其聰悟嘗與顯宗
校試抄百餘人名各讀一徧隨即覆呼法撫猶有一二舛
誤顯宗了無誤錯法撫歎曰貧道生平以來唯服郎耳太
和初舉秀才對策甲科除著作佐郎後兼中書侍郎既定
還都顯宗上書曰竊聞輿駕今夏若不巡三齊當幸中
山竊以為非計也何者當今徭役宜早息分析之歡比都
費則徭役可簡并功則洛京易就願早遷北京以省諸州
供帳之費就遷者賜之如歸二曰自古聖帝必以儉約為美亂
以時就遷者賜尒如歸二曰自古聖帝必以儉約為美亂

主必以耆俊貽惠仰惟先朝皆單宮室而致力於經略故
能基宇開廣業祚隆泰洛陽基趾魏明所營取機前代
伏惟陛下損之又損之頃來比都富室競以第宅相尚今
溝洫使寺署有別士庶異居有檢無得踰制端廣衢路通利
因遷駕還洛陽輦將數千騎目甚為陛下不取也夫千金
之子猶坐不垂堂況異居永垂百世不刊之範三曰竊惟
聞興駕還洛陽輦將數千騎且甚為陛下不取也夫千金
恐衝蹕之失況履涉山河而不加三思哉四曰竊惟陛下
耳聽法音目覩墳典口對百辟心庶萬機晝食夜分
而寢加以孝思之至與時而深文章之業日成篇卷雖叡

〈五〉

明所用未足為煩然非所以嗇神養性熙無疆之祚莊周
有言所不安也智無崖以盡神養性之形役無崖之智殆矣此
愚目所不安也智無崖以盡神約之顯宗又上言前代取士必先
正名故有賢良方正之稱今州郡貢察徒有秀孝之名而
無秀孝之實而朝廷但檢其門望不復彈坐如此則可令
別貢門望以敘士人何假冒秀孝之名也夫門望者是其
父祖之遺烈亦何益於皇家益於時者賢才而已苟有其
才雖屠釣奴虜之賤聖皇不恥以為臣苟非其才雖三后
之胤自墜於皁隷矣議者或云今世無周邵便廢宰相而
於門此亦失矣豈可以世無周邵便廢宰相而不置哉但

宜敕一百官以惠元元之命又曰昔周王為犬戎所逐東
遷河洛鎬京猶稱宗周以存本也光武雖曰中興是以草
創西京尚置京兆尹亦不廢舊陛下光隆先業遷宅中土
稽古復禮於斯為盛按春秋之義有宗廟謂之都無謂之
邑此不刊之典也況代都宗廟在焉山陵託焉所謂王業所
基聖躬所載其為神鄉福地寔亦遠矣一如故事崇本重舊
京宜建畿置尹如故其況代宗本重舊然官位相從不依族
之制君人以官位相從不依族類然官位非常有朝榮而
夕悴則衣冠淪於廝賤豎子之邑藏獲顯於膴腴之里物之顛
倒或至於斯古之聖王必令四人異居者欲其業定而志

〈六〉 廣后

專業定則不淫志專則不渝故耳目所賢不習而就父兄
之教不肅而成仰惟太祖道武皇帝創基撥亂日不暇給
然猶分別士庶不令雜居屠沽各有所處但不設科
禁賈賣任情販賣易賤錯居渾雜假令一處彈筝吹笛緩
舞長歌一處嚴師苦訓誦詩講禮宣令童戲任意所從其
則百年難成令士人兒童效伎作雜居則風俗難改朝廷每選舉
人同劇則禮教易興與伎作雜居則風俗難改朝廷每選舉
士人不宜異劇之明驗也故孔父云里仁之美孟母弘三
徒之訓賢聖明誨若此此則伎作不可雜居

人士則校其一婚一官以為升降何其密也至於伎作官
塗得與身俱沒何接開逢覺何其略也今稽古建極光宅中
區凡所從徙皆是公地分別伎作有淮北欲擅中華之稱且以
招盛遠人故僑置中州郡縣自皇風南被仍而不改凡有
譬名其數甚衆非所以疆域物土必也正名之謂也愚以
為郡縣昔以戶少并省令人口既多亦可復舊君人者以天
下為家不得有所私也故倉庫諸貯以俟水旱之災供軍
國之用至於有功德者然後加賜爰及末代乃寵之所隆

賜賚無限自以來亦為太過在朝諸賢受祿不輕土木
被綺羅僕妾餘戲梁肉而復厚費晏遊以千討若分賜驛
賞膽清寔多如不懌華山昌原愍不繼富之謂也又詔諸宿
衛內直者令武官習弓矢文官諷書傳無益事實如此之類一旦
之具以成褻狎之容徒撰朝儀制及程靈虬日顯宗謂顯宗曰
古人班馬之文朕自委悉中省之品卿等所闕若欲取況
是司卿善之帝喜善之帝曰顯宗及程靈虬曰卿等應
推崔孝伯又謂顯宗才能可居中第謂程靈淺比於
鄉與顯宗復有差降可居下上顯宗曰臣才第短

崔光實為隆滯然目篇謂陛下貴古而賤今昔楊雄著太
玄經當時不免覆醬瓿之譚二百年外則越諸子今目所撰
雖未足光述帝載然萬祀之後仰觀祖宗徽於虞舜之功上觀
陛下明明之德亦何謝欽明於唐典魏書之功上觀
使朕無愧於虞舜卿復何如堯曰帝跋舜
公卿寧非二八之儔帝曰卿為著作僅奉職未是良史
也顯宗曰臣仰遭明時直筆無懼又不受金安定朝儀美食此
也於遼固以近代已來高甲出身恒有常分朕意所為可復
使於遼外郎崔逸等不受金安定朝儀帝曰
詔諸官曰近代已來高甲出身恒有常分朕意所為可復
以為不可校量之李沖曰未審上古已來置官列位為

欲為高梁兒弟為欲益政贊時帝曰俱然為人沖曰若欲

為人陛下今日何為專崇門品有援才之詔帝曰哥有

珠人之技不患不知然君子之門假使無當世之用者要

自德行純篤朕是以用之沖曰傅敬呂望豈可以問見事

帝曰如此齊世若希曠代有一兩耳沖謂諸卿士曰適欲

請救諸賢祕書令李彪曰師旅寡少未足為援意有所懷

敢不盡言於聖日陛下若專以地望不審魯之三卿孰若

國之興否指此一選且以國事論之不審中祕監令之子

必為祕書郎頃來為監令者顯宗進曰陛下光宅洛邑百禮惟新

當世膏腴為監令者顯宗曰陛下以物不可類不應以貴

承貴以賤襲賤帝曰若有高明卓爾才具雋出者朕亦不

拘此例後貴為本州中正二十一年車駕南征之顯宗亦不

軍府長史統軍次赭陽齊主成公期遣其軍主胡松高

法援等并引鑾賊來擊軍營顯宗拒戰斬法首顯宗至

新野二三驢馬數百皆為露布也帝曰顯宗何不作

獲賊威靈得摧醒廣兵為力弱禽斬不多脫復高曳長縑

虛張功捷尤而效之其罪彌甚所以斂毫帛解上而已

帝笑曰卿此勳誠合茅社須赭陽平定檢審相酬新野

平以顯宗為鎮南廣陽王嘉諮議參軍顯宗表頗自矜

伐訴前勳詔曰顯宗進退無檢虧我清風付尚書推列

以聞兼尚書張彝奏免顯宗官詔以白衣守諮議展其坐

劾顯宗既失意遇信向洛乃為五言詩贈御史中尉李彪

以申憤結二十三年卒顯宗撰馮氏燕志孝友傳各十卷

景明初追贈赭陽勳賜爵章式男子伯華襲

程駿字駟騮本廣平曲安人也六世祖良晉居喪以孝稱

事流涼州祖父肇呂光部尚書駿少孤貧居喪以孝稱

師事劉延明性機敏好學晝夜無倦延明謂門人曰舉一

隅而以三隅反者此子亞之也駿曰延明門合名教之儒

老子乘一則煩偽生柔性則本之旨若斯者可謂至順矣夫

老子著一之言莊生申性本之旨若斯者可謂至順矣夫

咸謂老莊其言虛誕不切實要不可以經世文成

若老成美哉由是聲譽益播泪渠牧犍擢為東宮侍講太

延五年涼州平遷于京師為司徒崔浩所知文成踐作為

著作郎皇興中除高密太守尚書李敷奏從之獻文顧謂羣

直筆請留之書奏從之獻文引駿論易老義顧謂羣

目曰朕與此人言意甚開暢問駿年對曰六十一帝曰昔

望陛下尊過西伯觀天假餘年竭六韜之效延與求高麗

太公老而遭文王卿今遇朕豈非早也駿曰昔呂

王璉求納女於掖庭假璉散騎常侍賜爵安豐男持節如
高麗迎女駿至平壤城或勸璉曰魏昔與燕婚既而伐之
由行人具其夷嶮故也今若送女恐不異於馮氏璉遂謬
言女喪駿與璉往復經年責璉以義方璉不勝其忿遂斷
駿從者酒食欲過歷之憚而不敢害會獻文崩乃還祕
書令初遷神主于太廟有司奏舊事廟中執事官例皆拜
爵令宜依舊詔百寮評議羣臣咸以為宜依舊詔拜祕
雖復帝王制作弗相沿襲然一時恩澤且足為長世之軌
以漢祖有約非功不侯未見預事於宗廟而獲賞於疆土
為不可表曰臣聞名器為帝王所寶貴山河為區夏之重是

平書奏從之文明太后謂羣臣曰言事固當正直準古
典安可依附暫時攜事乎賜駿衣一襲帛二百匹又詔曰
駿歷官清慎言事每惆悢無挾貧之賓室有懷道之士可
賜帛六百匹旌其儉德駿恭慎
太和九年正月病篤遺命曰吾存尚儉薄沒為奢厚
哉苜王孫祼葬有感而然士安蘧篨可矯屬可斂以時疾
服明器從古初駿病甚孝文明太后遣使者更問其疾
敕侍御師徐謇診視賜以湯藥臨終詔以小子公稱為中
散從子靈虬為著作佐郎及卒孝文明太后傷惜之賜
東園祕器朝服一襲帛三百匹贈兗州刺史曲安侯諡曰

憲所作文章自有集錄
李彪字道固頓丘衛國人也彪文賜名焉家寒微少孤貧
有大志好學不倦初受業於長樂監伯陽伯陽稱美之晚
與漁陽高悅北平陽尼等將隱名山不果而罷悅兄閭博
學高才家富典籍彪遂於悅家手抄口誦不暇寢食既而
遠鄉里平原王陸叡年將弱冠雅有志業聚東徐州刺史
博陵崔鑒女路由其相聞彪名而詣之儁師友之
禮之甚厚彪深宗附之孝文初為中書教學博士後假散
騎常侍衛國子使於齊祕書丞奏著作軍自成帝已來

至於太和崔浩高允著述國書編年序錄為春秋體遺落
時事彪與祕書令高祐始奏從遷固體創為記傳表志之
目為彪又表上封事七條曰古先哲王之為制也自天子
以至公卿下又抱關擊柝其營宮室車服各有著品小不得
偕大賤不得蹄蹈擊柝其營宮室車服各有著品小不得
競情無常守大為消功之物定令時浮華相
消功者錦繡彫文是也費力者廣宅高宇壯制麗飾是也
其彷男業害女工者可勝言哉漢文時賈誼上疏云今
王政可為長太息者六此即是其一也夫上之所好下必
從之故越王好勇而士多輕死楚王好瘠而國有飢人今

二聖躬行儉素詔令殺勸而百姓之奉猶未革者豈非足
之人易變如彼大魏化如此此蓋朝制不宣人未
見德使之然其等制使貴不過賤甲不僭高不可以稱其後意
人宜為其等制使貴不過賤自百官以下至於庶
用達經典其三曰易稱主器者莫若長子傳曰太子奉家
嫡之萊盛然則祭無所饗家嫡廢則神器無
所傳聖賢知其如此故祭無主則宗廟以為長世之法昔姬王得斯
道也故恢崇儒術以訓世嫡於是乎習成肆德用大
協於黎蒸是以統黎元載祀八百建蘋氏之君於是習成兇德肆坐以臨黙首
弗以義方教厭家子家子於是習成兇德肆坐以臨黙首

〈十三〉

是以饗年不求二世而亡土之興興道在於師傅故禮云
家子生因興以禮使士負之有司齊蕭端冕見于南郊明
家之重見乎天也過關則下過廟則趨明孝敬之道也
然古之太子自為赤子而教固以行矣此則遠世之鏡也
高宗支成皇帝慨少時師不勤教宣謂蠻曰曰朕始學之
日年尚幼沖情未能專既臨萬機不違溫者今而思之
非唯子之咎抑亦師傅之不勤尚書李訢免冠而謝此則
近日之可鑒也伏惟太皇太后襄贊高宗訓成顯祖使巍
魏之功巍乎前王陛下勿蒙鞠誨聖敬日躋及儲宮誕育
復親撫誥曰少月課其神慮令誠宜準古立師傅以詔

〈十四〉

導太子詔導正則太子正則皇家慶皇家慶則人
事幸甚矣其三曰記云國無三年之儲謂國非其國光武
以一甿不實罪及牧守人之慶世重穀殺勤如彼明君
之恤人勸農相切此頌年山東饑去歲京師
先多積穀則就農相給之宜有驅瞥老弱餒則加又於國體實有虛損君
況古誠可懼也目以為宜折州郡常調九分之二京都度
支歲用之餘各立官司豐羅積於名時儉則加私之二
羅之於人如此人必事田以貿官絹又務斯財以取官粟
年登則常積歲凶則直給又別立農官取州郡戶十分之
一以為屯人相水陸之宜料頃畝之數以賦瞻雜物餘財
市牛科給令其肆力一夫之田以責六斛甄其正課并
征戍雜役行此二事數年之中則穀積而人足雖災不害
且又聞前代明王晉務懷遠人禮賢引滯故漢高過趙求
樂毅之胄昔武廓定雄吳蜀之產曰謂於河表七州人
中擇其門才引起闕依中州官比隨能序之一可以廣
聖朝均新舊之義二可以懷江漢歸道之情其四曰漢
制舊斷獄報重盡季冬至孝章時改盡十月以育三微後
歲皇論者以不十月斷獄陰氣微陽氣洩以故致旱重下公
卿尚書陳寵曰冬至陽氣始萌故十一月有射干芸荔加之

15-587

應周以為春十二

月陽氣己至盛夏以震雖乳殺以為春十三

統之月斷獄流血不稽天意也章善其言卒以十月

斷獄報重常季冬行斷絞或闕然今宣所謂助

微覽宥之情每過於昔遵之典憲猶採漢制天下

陽發生垂之初秋盡於孟冬之月誠宜遠稽周典近

獄起恊幽顯仁垂於昆矣其五曰古者大目有坐不廉而

則道恊怒乃曰蓋蓋不飾此君之所以禮貴目不

明言其過也目有大譴則曰冠緌纓盤水加劍造室而請

〖北史列傳二十八〗 十五

死此目之所以知罪而不敢逃刑也聖朝賓遇大目禮崇

古典自太和降有負罪當陷大辟者多得歸第自盡遇之

日深垂隱愍言發懷涙百官莫不見四海莫不聞誠目以

感將死之心慰戚屬之情然恩發於東未著永制此愚以

所以敢陳末見昔漢文人有告丞相勃謀反者逮繫長

安獄頓辱之與皂隸同賈誼乃上書極陳君目之義不宜

如是夫貴目者天子為之改容而體貌之更人為其俯伏

之司寇搒笞之小吏詈罵之殆非所以令眾庶見也及將

而敬貴之其有罪過發可也賜之死可也若束縛之輸

刑也目則北面再拜跪而自裁天子曰子大夫自有過耳

再遇子有禮矣上不使人抑刑之也文深納其言是

後大目自殺不受刑至孝武時稍復下獄良由孝

文行之當時不為永制故令天下有若漢武之時

安可陳覽言於朝且恐万世之後繼體之主若漢武之

事焉得行恩意當時不著長世之制平其六曰孝經稱父之

之道天性蓋明一體而同氣而不可離者也及其有

罪不相及者乃君上之厚恩也而無愧恧之人父兄繫獄子

弟無慘傷之容乎君子第即刑父兄無慘恧之色宴安樂位游

從自若車馬仍華衣冠猶飾寧是同體共氣分憂均戚之

理也臣愚以為父兄有犯宜令子弟素服肉袒詣闕請罪

十六

子弟有坐亦令父兄露板引各乞解所司若職任必要不

宜許者亦宜勉留之如此足以敦厲風俗使人知所耻矣

其七曰禮云目有大喪君三年不呼其門此運人緣情制

禮以終君之情也周季陵夷喪禮稍亡漢初軍旅屢興未能遵古

素冠作刺速乎虛秦始皆泯矣漢初軍旅屢興未能遵古

至宣帝時人當從軍屯者遭大父母父母死未聞有重

弗僚役其朝臣喪制未有定聞至後漢元初中大臣有重

憂始得去官終服暨魏武孫劉之世日尋干戈前世禮制

復廢不行晉時鴻臚鄭默喪親固請終服武帝感其孝誠

遂著令以為常聖魏之初撥亂及正未遑建終喪之制今

四方無虞百姓安逸誠是孝慈道洽禮教興行之日也然
愚目所懷有未盡狀見朝目丁大憂者假滿赴職衣錦
乘軒從郊廟之祝鳴玉垂綬同節慶之醮傷人子之道虧
天地之經愚謂如有遭父母喪者皆得終服若無其人有
曠官者則優旨慰喻起令視事但綜理所司出納敷奏而
已國之吉慶〇令〇無須其軍戎之警豈施行彪稍見禮遇而
雖宿非清第代關資然識性歐聰與博墳籍剛辯之才
頗堪時用兼優華瞻宣朝美若不賞庸敘績則於禮
將勤能特遷祕書令以參議律令之勤賜帛五百四馬一

軒

四牛二頭其年加貞外散騎常侍使於齊齊道其主客郎
劉繪接對并設讌樂彪辭樂及坐虎曰向辭樂者娜或未
相體我皇孝性自天追慕罔極故有今者要除之議去三
月每朝目始除縗裳猶以素服從事裴禮謝在此固應具
頗悔朝卿無怪繪閒若欲遵古何不
高宗三年孝文踰月令聖上追鞠育之深恩感慈訓之厚
德報於毅漢之閒可謂失禮故割至慕術從羣議服變不
終三年彪曰方機不可久曠故割至慕術從羣議服變不
奧三年彪曰聖朝自為曠代之制何關許人繪言百官總已聽
八虎曰聖朝自為曠代之制何關許人繪言百官總已聽

於冢宰萬機何慮於曠彪曰五帝之目目不昔君故君親
攬其事三王君臣智等故共理機務王上親攬蓋遠軒
唐虞將還齊王親謂彪曰卿前使還目使遠日賦阮詩云長
閒暇後歲復來游果如今日卿此言似成長關關阮詩以送
請重賦阮詩曰宴行濟都中一去永矣我齊王惘然曰清
都介一去何事觀卿此言似成長彪詩以送別其見重如
此彪前後六度銜命南人奇其譽目直是我國
遂親至琅邪城登山臨水命羣目賦詩彪詩以送別重如
右郎彪既為孝文所寵容謂羣臣曰吾之有李生猶漢
之有汲黯後除散騎常侍領御史中尉解著作事帝宴華
臣於流化池謂僕射李沖曰崔光之傳李彪直是我國
得賢之基彙駕南代彪兼度支尚書與僕射李沖任城王
澄等參理留臺事彪性剛豪與沖等意議邦異遂形於
聲色殊無降下之心沖積其前後瞋望乃於高書省東
彪上表曰案目昔於凡品特以千校等望清華司東
觀綵繆恩春繩直憲臺加金璫右珥蟬冕東省其感恩遇
坐與禁省目取官材輒駕乘黃無所懼懂肆志傲然眾聲
卹忠以報德而稿名忝職身為運傲於勢高公行僭逸
視聽此而可忍誰不可懷目今請以見事免彪所著兼職付
人虎曰聖朝自為曠代之制何關許人繪言百官總已聽

廷尉獄沖又表曰目與彧相識以來重三十載彧始南使
時見其色屬辭辯目之愚識謂是拔萃之一人及彧官位
升達豪言宴閒彧平章古今商略人物與言於侍筵之
次密論於衆英之中賞忠識正發言懇惻惟直見語辭無
其所彈劾應弦而倒赫赫之威振於下國蕭蕭之褥著自
隱避目雖下愚軏亦欽其正直及其始君司直執志徑行
京師天下改目貪暴檢手然時有私於目六其威暴者目
以直繩之官人所忌疾風謗之際易生苦謠心不承信往
等集闔廷尉所閒囚徒時有人訴枉者二公及臣少欲聽卿
年以河陽事嘗與彧在領軍府共太尉司空及領軍諸
採語理未盡彧便振怒東生攘袂揮赫曰稱賊奴叱吒左
右高聲大呼曰南臺中取我木手去搭奴肋折雖有此言
終竟不取即言南臺所閒唯恐枉活終無枉死時諸人以
所枉至重有百實者多又心難彧遂各嘿爾因緣此事目
遂心疑彧有溫矣知其威虐猶謂益多禎少敢不以申徹實失
爲目知無不聞之義及去年大駕南行以來彧兼尚書日夕
共事始乃知其言與行乖是已非人專恣無忌尊身恣物
臣與往城早躬曲己其所欲者無不屈從從事求實悉有
成驗如目列得實且敢投骸於有比以除姦矯之亂政如
目列無證瓦放目於四裔以息青蠅之白黑帝在懸瓠覽

表戴愕曰何意留京如此也有司奏彧大辟帝怒之除名
而已彧尋歸本鄉帝北幸鄴彧野服稱草茅目拜迎鄴南
帝曰彧以卿爲已死彧對曰子在回何敢死帝怡因謂曰
朕期卿每以卿爲忘志感寒心卿應報國盡心爲用近見
彈文殊乖所望目目罪既如此宜伏諸地見卿與卿爲卿自取彧
曰目悵由己至於身招實非陛下橫與卿事爲卿又非卿之
無辜濫目目貞松爲忘志感寒卿與卿爲卿自取彧
清塵但伏承聖躬不諱目不謹目不得帝與弁之言將後
來帝曰朕欲用卿憶李射不得帝事納家非非謝罪而
採用曾留臺表至言彧與御史賈尚往往躬庶人慟事理有
誣抑奏請牧彧目自言事枉帝明彧無此遣左右慰勉
之聽以牛車散載送之洛陽會赦得免彧戮作彧自
於王肅又與郭祚崔亮劉芳魏碟邢巒等詩書往來迭相
稱重因論求復爲職偹史之事肅等許爲左右彧乃表
曰惟我皇魏之奄有中華也歲越百齡年幾十紀史官敘
錄未充其盛加以東觀中圮冊勳有闕美隨日落善因月
稀故諸曰一日不書百事荒燕至于太和之十一年先帝
先后召名儒博達之士以充麟閣之選于時志目衆短采
目片志令目出納授目丞職猥屬折事無所與謀高祖時
詔目曰平介雅志正在筆端書而不法後世何觀目華以

周旋不敢失墜伏惟孝文皇帝承天地之寶宗祖宗之業
景功未就奄焉崩殂凡百為萌若無天地賴陛下體明
叙之貞應保合之量恢大明以燭物履靜恭以和邦天濟其
氣地樂其靜可謂重明疊聖元首康哉記曰文王基之周公成
繼其行善歌者可不光昭哉合德二儀者先皇之懿美洞鑒準之前代其德廉之
然先皇之戊勳聖達今王之懿美洞鑒準之前代其德廉之
悔也時哉時哉
齊明日月者先皇之洞照也慮周四時者先皇之達功也

黃列傳二十八 〈二十一〉 丁

是愒和者先皇之鑒思同書軌者先皇之遠也守在四
令契覬神者先皇之玄燭也遷都改邑者先皇之達變也
夷者先皇之略也海外有截者先皇之威也禮由岐陽者先皇
先皇之義也張樂岱郊者先皇之仁也變聲幽漢者先皇
之智也燠代南荊者先皇之丕也升中告成者先皇有大功
物成務者先皇社者先皇之貞也觀乎人文者先皇之東也先皇有大功
也親度宗社者先皇之敬也裒實無關者先皇之蕭開
新者先皇之志也辛慈道洽者先皇之東也先皇有大功
二十加以謙尊而光為而弗有者可謂四三皇而六五帝
則與日月齊其明小則與四時並其茂故能聲流無窮義
矣誠宜功書於竹素聲播於金目編謂史官之達者大
昭來者斋是以金石可滅而風流不泯者其唯載籍乎諡曰

相間有相將門有將斯不唯其性蓋言習之所得也竊謂
天文之官太史之職如有其人宜其世矣是以談遷世事
而功立彫蟲固世事而名成此乃前鑒之著龜
也然前代史官在家書則志近侔晉之世不能容善是以
平子去史而成賦伯喈違閣而見殺後鏡之著龜
王隱為著作虞預所毀閣而志近侔晉之世有佐即
文籍綴集成晉書存一代之事司馬紹數尚書紿繪則觀
而已國之大籍於私家末世之弊乃至如此此史官之
不遇時也今大魏典墳弗恢者其有必也而故著作漁陽傳
毅令僉休矣而典墳弗恢者其有必也而故著作漁陽傳

黃列傳卅八 〈卅二〉

毗比平陽呂河間邢產廣平宋弁昌黎韓顯宗並义文才
見舉蔚注述是同並登年不末弗終茂績前著作程靈虯同
時應舉共掌此務今徙他職官非所司唯著作崔光一人
雖不移任然侍官兩兼故載述致闕臣聞在蜀日當世有美
大業雅頌垂薦起於德美昔史談孔明子遷日當世有美
而不書汝之罪也是以父而見羨孔明在蜀不以史官留
意是以父而受譏書梅無曠庶官詩有職思其憂臣雖今
非所同然昔朱斯任故不以草茅自疎敢言及於此語耳
惠為之者不必知知之者不得為臣誠不知強欲為知耳
竊尋先朝賜臣名彫者遠則擬漢史之叔皮近則準晉史

之統推名求義欲罷不能今求都下乞一靜勳綜理國
籍以終前志官給事力以充所須雖不能光啟大錄庶不
為飽食終日耳近則朞月可就遠則三年有成正本蘊之
麟閣副【貳藏】之名山時司空北海王詳尚書令王肅許之
蕭以其無祿頗相販飼遂在祕書省同王隱故事白衣修
史宜武親政崔光表曰臣昔為彫所致興之同業收起還綜
志力貞考而彌屬史才日新若克復舊職重功不始必能昭
厭事老而彌篤述

明春秋闋成皇籍既先帝厚表宿歷高班織昭微殺進從
源洗愚謂且申以常伯正縮著作宜武不許詔彫兼通直

【北史列傳六十八】　廿三　

散騎常侍行汾州軍非彫好此固請不行卒於洛陽效彫
為中尉竣為嚴酷以效款難得乃為木手擊其寶服氣絕
而復蘇者時有焉文尉喻汾州叛胡得其兄延首輒面殺
之及彫病體上往往劇潰肩毒備極贈汾州刺史諡曰剛
憲與宋弁結管鮑交并為大中正與孝文私議猶以寒地
述春秋三傳合成十卷其餘省詩頌賦誄章表別有集彫
之功
雖與宋弁結管鮑交亦知之不以為恨升卒彫求官祿
無已為之哀誄備盡辛酸郭祚為吏部彫為子志求官祚
以舊第彫勳之殊不欲微相優假彫亦知之以位經常伯又兼尚書增祚應又貴游拔

之深用忿怨形於言色時論以此非祚祚每曰爾與義和
至友宣能競爾而怨我乎任城王澄姐彫先亦不穆及為
雍州彫詣澄為志求其府察釋然為啟得為刺曹行參
軍時稱澄之美志字鴻道博學有才幹年十餘便能屬文
彫奇之謂崔鴻曰子宜與鴻道為二鴻於洛陽鴻遂與交
款往來彫有女幼而聰令每曹彫每咏經讀經誦傳
嘗籍謂所親曰此當與我家卿妹書誦授史始彫奇志
聞其名召為

【北史列傳二十八】　二十四　

及婕妤特加罷愛公私坐集必自稱咏由是孝文所貴及
彫亡後婕妤果入掖廷後宮咸師宗之宣武崩後為比立
至通習經義法講說諸僧歎重之志歷官所在著績桓叔
興外叛南荊荒毀領軍元文舉其子任撫尊權為南荊州
剌史建義初叛入梁志弟文游有才行隨兄志在南荊州屬
介朱之亂與奔江左子昶
昶小名那性峻急不雜交游幼年已解屬文有聲洛下時
洛陽初置明堂昶年十數歲為明堂賦雖優洽未足才制
可觀見者咸曰有家風也初謁周文周文深奇之厚加資
給令入太學周文每見學生必問才行於昶神情清悟
應對明辨周文許之昶雖年少通特加接待公私之軍咸取
為司馬周文許之昶

決萬又兼二千石郎中典儀注累遷都官郎中相州大中
正昶雖處劇郎官周文恒欲以書記委之於是以為丞相府
記室參軍依郎修國史轉大行臺郎中中書侍郎又轉
黃門侍郎封臨黃縣伯當謂曰卿祖昔在中朝為御史
尉卿操尚貞固理應不墜家風但孤以卿乃奏昶為
御史中尉賜姓宇文氏六官建拜內史下大夫進爵為侯
明帝初行御史伯中大夫武成元年除中大夫時以近侍
進驃騎大將軍開府儀同三司轉御史中都公陸逞臨淄
憎所在故未即授御史耳然此職父曠無以易卿乃奏昶為

【北史列傳十八】　　　　　　　　　　　　　　　【三十五】　公

清要盛選國華乃以昶及安昌公元則中都公陸逞臨淄
進驃騎大將軍開府儀同三司轉御史中都公陸逞臨淄
公唐理等並為納言尋進爵為公五年出為昌州刺史昶在
州遇疾求入朝詔許之未至京卒贈相瀛二州刺史昶周
文世已當樞要以兵馬分專以委之詔冊文章皆昶所作
也及晉公護執政所作文筆了無臺草唯留心
政事而已又以父在江南身寓關右自少及終不飲酒聽
樂時論以此稱焉子丹嗣
高道悅字文欣遼東新昌人也曾祖董馮跋散騎常侍新
昌侯建德馮弘建德令太武東討率部歸命授建忠將軍
齊郡建德二郡太守賜爵肥如子父玄起武邑太守遂居

高道悅字文欣遼東新昌人也曾祖董馮跋散騎常侍新

【北史列傳二十八】　　　　　　　　　　　　　　　【二十六】　公

勃海蓨縣道悅少為中書學生御史主文中散後為諫議
大夫正色當官不憚強禦車駕南征微茫然及期秋季
闕集洛陽道悅以使者書侍御史辭聰侍御史主文中散
元志等稽違期會奏與其罪充奏兼左僕射吏部尚書任
城王澄位總朝右任屬惟機兵使曾否奏兼左僕射吏部
水公孫良職館轄家官莫樂請以見事免澄良等所居
官時道悅兄觀著為外兵郎中澄奏道悅有黨兄之資性忠篤粟
詔貢然以事經恩宥不論詔曰道悅即王公憚其風
鯁朕寔嘉其一至舊諤之誠何愧黯鮑也其以為王爵下
操真亮著法樹平肅之規劇諫著必犯之危古今共慎於是帝遂從之路轉道悅
大夫諫議如故車駕幸鄴又兼御史中尉留守洛京時宮
關初基廟庫未構車駕將水路幸鄴已詔都水回營構之
材以造舟機道悅表諫以為關居宇之功作游嬉之用損
耗殊倍又深薄之危古今共慎於是帝遂從之路轉道悅
太子中庶子正色立朝懔然難犯宮官上下咸畏憚之太
和二十年秋車駕幸鄴前後規諫遂於禁中岳詔太子恂
還代忿道悅切諫其妻子人尉其恂入居金墉而恂謀
事中關顯族亦以忠厚見稱卒於右軍將軍顯族弟敬猷有
驃騎常侍幽州刺史升遷王人尉其妻子詔又詔使者監護喪
昌侯建德馮弘建德令太武東討率部歸命授建忠將軍

風度蕭寶黃西征引為驃騎司馬及寶黃謀逆敬猷與行
臺郎中封偉長等潛圖義舉謀洩見殺寶黃贈滄州刺史聽一
子出身中偉伯兄萬字崚崘崙義舉太守
坐顗貲將刑於市遇赦免時後為涼州刺史專事貪暴未判遇赦復多
納金寶除司空長史後為錄尚書事雙多
貨高肇復起為幽州刺史以貪穢被劾罪未判遇赦復任
未幾而卒雙弟觀尚書左外兵郎中城陽王纘司馬南征
貓陽先驅而殺諡曰閔
琛少敏悟閩門之內兄弟戲狎不以禮法自居學覽經史

【北史列傳二十八】 【二十七】 公

甄琛字思伯中山毋極人漢太保邸之後也父凝州王簿
稱有刀筆而形貌短陋鈔風儀舉秀才入都積歲頗以奕
碁棄日至乃通夜不止手下蒼頭常令執燭或時睡頓大
加其杖如此非一奴後不勝楚痛乃曰郎君辭父母仕官
若為讀書執燭不敢辭罪乃以圍碁日夜不息宣是向京
之意而賜加杖罰不亦非理琛悵然慚遂從許赤彪假
書研智聞見亦為萃文知賞宣武踐作以琛為中書博士遷諫議大夫時有
所陳亦為萃文今稱山林藪澤有能取蔬食禽獸者皆野
中尉琛表曰月令今稱相侵奪者罪之無赦此明導人而弗禁通
慶殺道之其尖相濟也周禮雖有川澤之禁正所以防其殘盡必
有無以相濟也周禮雖有川澤之禁正所以防其殘盡必

今取之有時斯所謂鄭護在公更所以為人守之耳今者
天為黔首生國國為黔首護假攫其利猶是富專已斷
不交四體也且天下夫婦歲募粟帛四海之有備奉一
軍國之資取給有姓天子亦何患乎貧彼遠大惜
上古愛人之近時讀中葉天子亦何黑平貧彼遠大觀
此近狹令偽弊相承仍崇門廛税大魏宏博唯受穀帛
之輸是使遠方聞者莫不歌德謳捕出內之各有司之福
施惠之難人君之禍夫小府藏物猶以不施而為災況
府外之利而各之於黔首頷弛驅禁便沛然遠及依周
禮置川衢之法使之監導而已詔付八坐議可否以聞彭

【北史列傳六十八】 【廿八】

城王勰兼尚書邢巒等奏琛之所列但恐坐談則理高行
之則事關是用迴未謂為可竊推大道既徃恩重生焉
下奉上施甲理睦恂恂恐財不瞻國澤不厚人故多方以
達其情立法必行其志至乃取貨山澤輕在人之貢立稅
關市之設天地之儲牧此與彼非利已也回彼就此非主也
此泉池不專大官之御歙此四帛豈為後宮之資既潤不
所集市天地之產惠天地之人藉造物之富販造物之貧
在已彼出入之閒事不如法此乃將焉所名然自行以來典司多
慮殺道之將焉所名然自行以來之者無方非興之者有諠
至便朝廷識者聽營其開令而罷之懼失前宜依前式

詔曰司鹽之稅乃自古通典然迤制利人亦世或不同頊
琛之表是所謂助政毗俗者也可從其前計尚書嚴為禁
豪強之制也詔琛參八坐議事尋正中尉遷侍中領中尉
脩俛昌畏不能繩糾費游凡所劾者率多下更於時趙
琛昌託脩中達至脩攻琛父疑為中散大夫弟僧林為本州
別駕皆詣尚書元叉邪綜窮其阿附之狀琛冒
朋黨被召詣尚書兼尚書元叉露明當收考今日乃舉其罪
耐鞭扙有識以此非之脩死之明日琛與黃門郎李憑以
及監決諸采集戀乃晚至琛謂戀何廟妓來令晚始領

拜官諸實乘集乃戀至晚琛謂戀何廟妓來令晚始領
難以言戲戀戀色衒怨及此大相推窮司徒錄尚書事北
海王詳等奏曰謹案侍中領御史中尉甄琛身居直法糾
繩是司風邪響獨昌劾糾趙脩侵公害私朝野切齒
而琛曾不陳奏方更往來中外影響致其談與令布衣之
父超登正四之官七品之弟越陛三階之祿齕先皇之選之
典塵聖明之官人又與黃門郎李憑相為表裏憑兄叔封
知而不言及脩寡歎已力仰欺朝廷俯閡百司其為鄙詐
排之竊天之功以為已有除其父中散寡為叩越雖
於姦甚矣謹依律科從請以職除其父中散寡為叩越雖
皇族帝孫未有此倒既得不以倫請下收奪李憑朋附趙

BOTTOM PANEL:

脩是親是使緇黑皇風塵鄙正化此而不糾將何必蕭整
阿諫奏厲忠謇請免所居官以蕭風軌奏可琛遂免歸本
郡左右相連綦籍者二十餘人始以父母老常求解官扶
侍故孝文時琛兼主客郎迎送齊使彭城劉績琛欽
養數年遭毋憂毋鉅鹿曹氏有孝性夫民去家路踰百里
每得魚肉菜果珍美口實者必今僮僕走奉其毋乃後食
為琛母服未闋復喪父琛於塋成木茂與弟僧林
誓以同居齕專事產業起求親農圃時以鷹犬馳逐自娛
水土鄉老哀之咸助加力十餘年中墳成木茂松栢隆冬繁盛
朝廷有大事猶上表陳情久之復除散騎常侍領給事黃
門侍郎定州大中正大見親寵委以門下庶事出參尚書

其器貌常歎詠之績子昕為胸山戍主昕死家屬入洛有
女年未二十琛乃納昕女為婚日詔給廚費琛表曰國家居
宣武時調戲以琛兼王客郎中正如故琛表曰國家所好悅
代寡多盜竊世祖太武皇帝親自發慎廣置王司里尋皆
以下令長及五等散男有經略者乃得為之又多置吏
士為其羽翼禁而重之始得禁止今遷都已來天下轉廣
四遠赴會事過代都寇盜公行劫害不絕此由諸坊混雜
輦此不精主司闇弱不堪撿緊故也今擇尹既非南金里尉

鉛刀而割欲望清蕭都邑不可得也里正乃流外四品職
輕任碎多是下才人懷苟且不能督察故使盜得容姦百
賊失理邊外小縣所領不過百戶而令長皆以將軍居之
京邑諸坊大者或千戶五百戶其中皆王公卿尹貴勢姻之
戚豪猾僕隸陰蓋姦徒高門遂宇不可千問比之邊縣難
易不同今難彼易此寔為未愜王者立法隨時從宜先朝
兼況煩劇要務不得簡能下領里尉之任各食其祿高者
下幹用貞濟者以本官俸恤領里尉請取武官中八品將軍以
領六部尉中書領經途尉下者領里正不尒請少高里尉

之品選下品中應遷者進而為之則督責有所肇穀可清
詔曰里正可進至動品經途從九品六部尉正九品諸職
中簡取何必須武人也琛又奏以羽林為游軍於諸坊巷
司察盜賊於是京邑清靜後甘踵焉轉太子少保黃門如
故及高肇死琛以黨不宜復參朝政出為營州刺史遷涼
州刺史猶以高氏之眤不欲屈下在東宮崔光為少傅目為
未幾除定州刺史固辭曰陛下在省為僕射死贈車騎將軍
少保令光為軍騎大將軍儀同三司開國公故僕射游肇
時為傅中興目官階相似肇在省為僕射死贈車騎將軍
儀同三司冀州刺史目令通為征北將軍定州刺史生師

保不如死游肇詔書慰道之琛既至鄉灸歛歛書游大為稱
滿政體嚴細甚無聲譽崔光辭司徒之授也琛與光書外相
柳揚內實附會光亦揣其意復書以悅之徵為車騎將軍
詔給東園祕器贈司徒公尚書左僕射加後部鼓吹太常
特進又拜侍中以其衰老詔賜御府杖朝直杖以出入卒
議諡文穆吏部郎袁翻奏曰案禮諡者行之述也號者功
之表也車服位之章也大行受大名細行受細名
言大鴻臚移本郡大中正條其行迹功過丞中正移言公

行生於已名生於人故棺然後諡定諡定然後常存也
所以將來勸戒使身雖死名常存也及亡者屬所即
府下太常部博士評議為諡列上諡不應法者博士坐如
選舉不以實論若行狀失實中正坐如博士自古帝王莫
不殺勤重慎以實論為諡貶之行狀皆出自其家任
其狀也則周孔聯鏈伊顏接社論其諡也雖窮文盡武無
其目子自言君父之行無後是非之寔也今之行狀皆出自其家任
父人之意目子所求便為議上都不便其行狀又先問其
或加馬然也則周孔聯鏈伊顏接社論其諡也雖窮文盡武無
家人之意目子所求便為議上都不便其行狀又先問其
非致号諡之加與況階莫異專以極美為稱無後貶之
名禮當少夫一至於此寔案司徒行狀至褒與聖人齊踪

鴻名共賢比跡文穆之論何足加焉但比來贈諡於例
普重如甄之論公自今以後論謚謂宜依論法慈惠愛人曰孝宜
諡曰孝穆公自今以後明勒太常司徒有行狀如此言辭
流宕無復節限者悉請裁之後明勒太常司徒有行狀如此言辭
曾付注司科罪認從之琛祖載明帝親送輿就輿弔服哭
之遺舍人慰其諸子琛性輕簡好嘲謔故少風望然明解
義而加禮焉所著文章鄙碎無大體時有理語碌四聲姓
有幹具在官清白自孝文宣武咸知待明帝以師傅之
族廢興會通緇素三論及家誨二十篇篤學文一卷頗行
於世琛長子恂字道正位祕書郎性懱薄多與諸勳交通

隋琛在京以酒色夜宿洛水亭舍毆擊主人為司州所劾
淹在州獄琛大以慚慨廣平王懷為牧與琛先不協欲具
案篤推琛託左右以聞宣武敕懷寬放懷固執之父乃特
旨出侃自此沈廢卒家僮弟楷字德方粗有文學頗更
事琛啟除祕書郎宣武崩未葬曹郎有嘗官之猜明帝
欲戲免官後稍遷尚書儀曹郎委以州任尋屬鮮
在鄉定州剌史廣陽王深召揩兼長史以州西人城屬
于脩禮毛並賢等辛比鎮流人反於州城內先右
村掠野引向州城城內先右燕恒雲三州避難戶脩禮
等聲云欲將此輩共為舉動稍見人情不安慮有編文乃

走收三州人中魁健豪者殺之以威外賊賊及剌史元同大

郡督揚津等至楷乃還家脩禮等恐揩屠害比人遂拯
其父墓載指巡城示相報復辛莊時徵為中書侍郎後齊
文襄取為儀同府諮議參軍卒贈驃騎將軍祕書監徐州
剌史琛從父弟密字叔雍清謹少嗜慾頗涉書史疾世俗
貪競敗沒窗嘗為鳳賦以見意後為中山王英軍事英
鍾離敗退鄉人蘇良沒於賊中密盡私財以贖之良歸傾
資報密密一皆不受曰濟君之日本不求貲直相贖之意
及為榮攝河北詔密為相州行臺援守鄴城莊帝以密
金鄴勳賞安市縣子孝靜初為衛尉卿在官有平直之譽

字崇仁有器業不應州郡之命子宣軌性通率輕財好施厲
至東郡逃走於是除名乃卒天平初贈定州剌史纂叔感
諡曰靖琛同郡張纂字伯業祖珍字文表祖容寶慶支尚
雅有氣尚交結勝流為樂陵太守在郡多所受納聞御史
書道武平中山入魏琛字伯業於涼州剌史論曰穆纂頗涉經史
出為比徐州剌史卒官贈驃騎將軍儀同三司瀛州剌史
纂從爭元寶位奉朝請及外生高昂貴達備瀛州剌史
高聰字僧智本勃海人世曾祖軌隨慕容德徙青州因居
城與剌史李神有圉守劾以功賜爵中山公後坐事死郡
累遷相州撫軍府司馬宣軌之命子宣軌中山

北海之劇縣父法昂少隨其舅宋車騎將軍王玄謨征伐
以功至員外郎早卒聰生而喪母王撫育之大軍攻
兗東陽聰從平城與毌祖母王依中兵之著困無所不為
族祖允視之若孫大加眄給少游為雲中兵參軍頗有文才尤嘉
之數稱其美言之若孫大加眄廷由是知賞中書侍□轉侍
許孝文銳意南討事訪王蕭以軍事聰託蕭節度同援渦陽自
郎為高陽王雍傳稍為孝文知賞少游獵經史顧有文十九嘉
騎常侍使於齊後兼太子左率聰微習弓馬乃以將涉獵
瀛州刺史王質獲白兔將獻託聰為表帝見表顧王蕭曰
踈伕少威重及與賊交望風退敗孝文恕死徙平州行雇
宣武親政除給事黃門侍郎後加散騎常侍及至鄴還於
帝悟曰必應然也宣武初聰後驕還京師說高肇廢大輔
在下耶得有此十令朕不知蕭曰比高聰比從或其所制裴
迹必宜表述請勤銘射宮泉彰聖蓺遂引銘射文出入同
詞通脩璧拜聰深明附及詔追贈脩父聰為碑
河內懷界帝射矢一里五十餘步待中高顯等奏成其奇
戴觀視碑石聰毋見脩迎送盡禮聰又為脩作表陳當時
便宜敦其自安之術由是送相親狎脩死甄琛李憲皆被
顙落聰深用危懼而先以踈宗之情由事高肇竟獲自免

肇之力也脩之任勢聰傾身之及死言必毀惡范皓之
寵聰又媚附每相招命稱皓才識非脩之儔乃因皓啟請
田宅皆被遂許及皓殺罪戮之晚也其薄也
義皆如此侍中高顯為護軍聰代其任顯之側身
構陷而求之聰君兼十餘旬出入機要即其無遠慮藉聰
因構耽於聲色兼納之音聞於退邇中書死知肇微恨
遂面陳聰罪出為并州刺史聰喜於去就知肇之側身
承權眈於聲色遂待之如舊聰在并州數歲多不率法又與太原
太守王椿有陳再為大使御史舉奏肇毋以宗私相援事
得寢縱宣武末拜散騎常侍正比將軍明帝踐作以其素
附高肇出為幽州刺史尋以高肇之黨與王世義為高緯李
憲崔楷蘭氣之為中尉元匡所彈靈太后並特原之聰遂
發于家斷絕人事唯脩營圖果世稱高聰黎以為珍異又
唯以聲色自娛後拜光祿大夫卒靈太后聞其亡嗟慨良
久贈青州刺史聰諡曰獻聰有妓十餘人有子無子皆注籍
為妾以悅其情及病欲不適他人並令燒指吞炭出家為
尼聰所作文筆二十卷長子雲字彥鴻位輔國將軍中散
大夫河陰遇害贈兗州刺史
論曰韓麒麟由才器識用遂見紀於齊士顯宗以文學自
立而時務屢陳至於實錄之功未之聞也子熙清尚自守

惜乎

高聰才尚見知名位顯著而異軌同奔咸經於危覆之轍

可悲乎甄琛以學尚刀筆早樹聲名受遇三朝終至雲重

九十尨之謂也高道悅養直之風見憚於世醜正貽禍有

直繩在手廣氣明目持堅無術末路蹉跎行百里者半於

見擢明世輶軒騁聲駁江南執筆立言遂為良史逮於

荣溺其說程駿才業見知蓋當時之良策兼李彪生自微族

楊播　子侃　播弟椿　椿子昱　椿弟津
津子逖　逖弟謐　謐弟愔　愔弟順
楊敷　子素　父寬　寬子文恩　紀
約従叔异　約弟約

楊播字延慶弘農華陰人也高祖結仕慕容氏位中山相
曾祖珍道武時歸國位上谷太守祖真河內清河二郡太
守父懿贈弘農公諡曰簡播本字元休孝文賜改焉
徵為選部給事中有公平稱播少脩飾奉養盡禮擢為中散
母王氏文明太后之外姑播本官加弘農公論曰關飾奉養盡禮擢為中散
累遷衛尉少卿與陽平王蹟等出漢北擊蠕蠕大致克獲

【北史列傳二十九】　一

遷武衛將軍復征蠕蠕至居然山而還及車駕南討假前
將軍從至鍾離師迴詔播為圓陣禦之相拒再宿軍人食
盡賊圍更急播乃領精騎三百歷其船大呼曰我今欲度
能戰者出遂擁城進擊賊敗動賜爵華陰子後從駕討破
崔慧景蕭衍於鄧城進號平東將軍時車駕耀威城洒水
上已設宴帝與中軍彭城王勰賭射左衛元遙在勰朋內
而播居帝遇射侯正中籌限已滿帝曰左衛籌足右衛
不得不解對曰仰恃聖恩庶幾心爭於是蕭前中正帝笑曰
雖養由之妙何複過是遂舉卮以賜播曰古人酒以養病後為
朕今賞卿之能可謂古今殊也除太府卿進爵為伯後為

華州刺史至州借人田為御史王基所劾除官爵卒子家
子侃等停柩不葬被訴積年至熙平中乃贈鎮西將軍雍
州刺史并復其爵諡曰壯
侃字士業頗愛文豪書尤好計畫時播一門貴滿朝廷子姪
早通而侃獨不交遊公卿有識者親朋勸勉其出仕侃曰
苟有良田何憂晚歲但恨無才具耳年三十一襲爵華陰
規相掩襲密疑覺遂遷後云魏始於馬頭置戍如聞復
勤勞士慮壽春人李氏花袁建等為重泄豫州刺史裴遂
伯揚州刺史長孫稚請為錄事參軍令為內應遂裴遂
欲脩曰捺舊城若耳便稍相侵逼此亦須營歐陽設交境

【北史列傳二十九】　二

之備今板卒已集唯聽信還佐寮咸欲以實苍之云無備
兵想別有意何為妄搆承業曰夕鈔掠遂後竟襲壽春入
言得無有別圖也承業乃云錄事可造後移報曰彼之資糧
無人也遂得移檄謂已覺便散兵花苍等以期契不會遂相
告發伏辜者十數家承業曰承業行臺左永雍州刺史
於粲獄梁城日夕鈔掠家竟襲壽春入羅城而退遂列營
蕭寶夤攻梁城反承業討之除侃為統軍後雍州刺史
農侃白承業曰今賊守潼關全據形勝須北取蒲坂飛棹
西岸置兵死地人有鬪心華州之圍可不戰而解潼關之

賊必望風潰散諸處既平長安自克愚計可錄請為明公
前驅承業從之令其子子產率領騎與儁於恆農北度便
據石錐壁乃班告曰今且傳軍於此以待步卒兼觀人情
向背若送降名者亦詐烽即是不降之村理須殄戮人遂傳相
以明降賞其無應烽者各自還村候臺軍舉三烽火各亦應之
告報寶柔降者亦詐烽一宿之間火先遍數百處亦應人情
除岐州刺史屬元顥內逼詔行北中郎將孝莊俄有力焉建義初
城之寇不測所以各自散歸長安平儁頗有力焉建義初
若隨朕行所畀奧大卿可還洛寄之後圖儁曰寧可以臣
儁手曰朕傅卿蕃寄任此者正為今日但卿尊畢百口
侍郎敕西縣公及車駕南還顥令梁將陳慶之守河中城
自撥南岸有夏州義士為顥守河中諸乃密信通款求破
橋立劾朱榮赴之及橋破應接不果比為顥覺者榮將為
還計欲更圖後舉儁曰若今即還大功榮從之於是儁朱
村唯多縛筏開以舟楫沿河廣布令數百里中皆為攻勢
兆等於馬渚諸軍揚聲渡南度顥便至馬入都儁解尚書正
顥知防何處一旦得度必立大功榮大笑從之於是儁朱
黃門以濟河功進爵濟北郡公復除其長子師仲為祕書
郎時所用錢人多私鑄稍就薄小乃至風飄水浮米斗幾

微族頗廢君臣之義固求陪從除度支尚書兼給事黃門

〈三〉

余志道

直一千儁奏聽人與官並鑄五銖使人樂為而俗弊得改
莊帝從之後除侍中加衞將軍右光祿大夫莊帝將圖尒
朱榮儁與內弟李晞侍中李彧等感預其謀朱
朱兆入洛儁時休沐遂竄歸華陰晉泰初天光在關西遣
儁子婦父辛纂遠招慰之立盟許恕其罪儁從兄昱恐為
家禍令儁出應假其食言不過一人身沒異全百口恐其
之為天光所害言太昌初贈車騎將軍儀同三司幽州刺史
子純陷龕龍播第椿

椿字延壽本字仲考壽文賜改為性寬謹為內給事與兄
播並侍禁闥後為中部法曹新訟公正孝文嘉之及文明
太后崩孝文五日不食椿諫曰聖人之禮毀不滅性縱陛
下欲自賢於萬代若宗廟何帝感其言乃一進粥轉授
宮輿曹少卿加給事中出為豫州刺史再遷梁州刺史初
武興王楊集始降於齊自漢中而比規復舊土椿貼書集
始開以利害始執書對使者曰楊使君此書除我心腹
疾遂來降尋以母老解還後兼大僕卿秦州羌呂句涇
州屠各陳瞻等及詔椿為別將練安西將軍元麗討之或
守峽自固或謀伏兵斷其出入侍穉盡攻之或云斬山未
縱必侵掠賊必謂見巇不前心輕我軍然後掩其不備可
勿更侵掠賊必謂見巇不前心輕我軍然後掩其不備可

太右崩孝文五日不食椿諫曰聖人之禮毀不滅性縱陛

〈四〉

余志道

一舉而平乃緩師賊果出掠仍以軍中羸馬餌之街夜
襲斬瞻傳首入正太僕律一鎮太和末叛走唯有一千餘家太中
居於高平薄骨律二鎮將即首擊求從置淮北防其後叛詔椿
大夫王通高平鎮將即首擊求從置淮北防其後叛詔椿
從焉椿上書以為夷不謀夏不亂華是以先朝居之荒
服之間正欲悅近求遠今新附者衆若徙舊者見之必
不安愚謂不可時八坐不從遂疾疫濟州綠河居之及異州
元愉之難果恭淳河赴賊前為太僕卿招引百姓盜種牧田
刺史在州為廷尉奏椿劫在鈔掠如椿所策後除朔州
三百四十項依律處刑五歲尚書邢巒據正始別格奏罪

應除名注籍溢門同籍合門不仕宣武以新律既班不宜
雜用舊制詔依議論後除定州刺史自道武平中山
多置軍府以相威攝凡有八軍軍各配兵五十食祿主帥
軍各四十六人自中原稍定八軍之兵漸割南戍一軍兵
纔千餘然主帥如故費祿不少椿表罷四軍減其主帥
八十四人椿在州因脩黑山道餘功伐木秋造佛寺役安
為御史所劾除以本官加侍中兼尚書右僕射進號車騎大將軍
儀同三司尋以本官加侍中兼尚書右僕射進號
關西諸將遇暴疾頻啟乞解詔許之以蕭寶夤竇實副為不
行臺椿還鄉里遇子昱將遠京師使陳寶夤竇實副為刺史

佞常憂恐有異心乃還面啟明帝及靈太后立不納及寶
黃邁害御史中尉酈道元猶上表自理稱為椿父所謗
建義元年為司徒永安初加侍中給後部鼓吹
元顥入洛椿子昱為顥禽又椿第順順子仲宣兄子保第
子遹遊從駕河內為顥嫌疑以椿家避禍椿曰吾內外百
及加罪時人助其憂或勸椿攜家避禍椿曰吾內外百口
何慮逃竄正當坐任耳莊帝還宮椿老詔
聽服侍中服賜朝服一襲八尺牀帳几杖不朝乘安車駕
駟馬給扶傳詔二人仰所在郡縣四時以禮存問安老
奉辭於華林園帝下御座執手流淚曰公先帝舊臣實為

元老但高尚其志決意不留既難相違深用懷切椿亦歔
敕欲拜帝親執不聽賜以絹布給羽林衞送臺公百寮餞
於城西張方橋行路觀者莫不稱歎椿臨行誡子孫曰我
家入親姻之始即為上客自爾至今二千五百方伯不絕祿邱
甚多於親姻朋友無慙焉國家初定天下昏姻務厚加贈襚來往
酒肉飲食故六姻朋友無慙焉國家初定天下好服綠色必以
雖不記上谷翁時事然記清河翁時服飾恒見翁著布衣
享帶常自約敕諸父曰汝等雖富貴於今日者慎勿
聽輿勢家作昏姻至汝兄弟不能遵奉今汝等服飾漸華
積金一斤綵帛百匹巳上用為富也不聽輿生求利又不

15-602

好吾是以知恭儉之德漸不如上也又弖吾兄弟若在家必
同盤而食若有近行不至必待其還亦有過中不食忍飢
相待吾兄弟八人今存者有三是故不忍別食也吾兄第
吾兄弟不異居異財汝等眼見非為虛假如聞汝等後世
時有別齋獨食者此又不如吾等一世也吾今日不為貴
賤然君住舍宅不作牡臀華飾者正慮汝等後不賢不
能保守之將為勢家所奪比部時朝法嚴急太和初吾兄
右于時口秩貴諸內官十日仰密得一事不列為貴兄
第三人並居內職兄在高祖左右吾與津在文明太后左
諸人多有依敕密列者亦有太后高祖中間傳言構閒者

又列人事亦何容易縱被嗔責不聞人語正恐不審
一人罪過時大被嫌賣苦曰臣等非不聞人語正恐不審
仰誤聖聽以是不敢言於後終以不言蒙責及二聖間言
語終不敢輒尒傳通太和二十一年吾從濟州來朝在清
徽堂豫宴高祖謂諸貴曰此京之日太后戳明吾每在
左右因此有是非言和朕母子者唯楊播兄第遂舉爵賜
兄及我酒汝等脫若萬一蒙明主知遇宜深慎言語不可
輕論人惡也吾自惟文武才藝門望姻援不勝他人一旦
位登侍中尚書四歷九卿十為剌史光祿大夫儀同開府

司徒太保津今復為司空者正由忠謹慎口不嘗論人之
過無貴無賤待之以禮以是故至此耳聞汝等學時俗人
乃有坐待客者有驅馳勢門者有輕論人惡者及見貴勝
則敬重之見貧賤則慢易之此人行之大失立身之大病
也汝家仕皇魏以來高祖以下乃有七郡太守三十二州
刺史內外顯職時流少比汝寺若能存禮節不為奢淫儉
慢假不勝人足免尤誚汝等若能家家椿遷華陰
氣力尚堪朝觀天子所以致孜求退者正欲使汝等知天
下滿足之義為一門法耳非是苟求千載之名汝等能記
吾言吾百年後終無恨矣

害時人莫不怨痛之太昌初贈太師丞相都督異州刺史
子昱
昱字元略起家廣平王懷左常侍懷好武事數遊獵昱每
規諫正始中以京兆廣平二王國臣多縱恣詔御史中尉
崔亮窮案之伏法都市都者三十餘人不死者悉除名唯昱
與博陵崔楷以忠諫免後除太學博士貟外散騎郎初
尚書令王蕭除揚州剌史出頒洛陽東亭後廣陽王嘉
比海王詳等與播論議競理不為屈比海王顧昱曰尊
伯性剛不伏理大不如尊伯也昱對曰昱父道隆則從
其隆道洿則從其洿伯父剛則不吐柔亦不茹一坐歎其

能言蕭曰非此郎何得申二八父之美延昌三年以本官帶

唐寧事丞時明帝在懷抱中至於出入左右孔毋而已不令
宮寮闍知昱諫曰陛下不以臣等凡淺備位宮臣太子動
止宜令翼從自比以來輙介出入至臺無二傳導引之美進
關臺中書舍人金靈太后嘗謂昱曰親姻在外不攝人心卿有
所聞慎勿詳隱昱奏楊州刺史本州秩五車載貨恆州刺史
楊鈞造銀食器十具竝銅領軍元又靈太后令召又夫妻

涊而責之又深恨昱昱第六叔奇妻武昌王和之妹和即
之從祖父舒早喪有一男六女及終喪元氏請別昏者昱
父椿集親姻泣謂曰我弟不幸早終今男未婚女未嫁何
便求別居不聽遂懷慚懟神龜二年瀛州人劉宣明父椿謀反事
又之構成其事乃逼夜圍昱宅
覽逃窟又使和及元氏訟告昱藏宣明云元氏構陷寡之端言至哀
收之竝無所獲太后閭狀昱具對元氏還免昱縛而又相左右且
切太后乃解昱縛昱處死刑而又出昱為濟陰內
免官元氏卒亦不坐及之廢太后也乃出昱為濟陰內
史中山王熙起兵於鄴昱遣黃門盧同詣鄴刑鄴昱黨

與同希父旨就郡鎮昱赴鄴凶訊百日乃還任孝昌初除
中書侍郎遷給事黃門侍郎後賊圍鄴州詔昱兼侍中持
節催西北道大都督北海王顥仍隨軍監察鄴州圍解昱義
州蜀賊映龍等神達知州內虛謀欲改刺史怀義而
顥軍稽綏逆免昱官昱除涇州刺史未幾昱父椿為雍州
刺史昱等俱進於陣斬神達諸賊迸散詔以昱受旨催督而
顥除吏部郎中及蕭寶寅等敗於關中昱父椿兼七兵尚
書昱持節假撫軍都督防守雍州昱遇賊失利而返後除鎮
徵昱除員外即中大軍自然冠散此軍雖往有何益也遂典
曰君長安不守大軍自然冠散此軍雖往有何益也遂典
懼而請援一日一夜昱後九通即中及蕭寶寅等敗於關中昱
州將軍假車騎將軍東南道都督又加散騎常侍於後太

東將軍假車騎將軍東南道都督又加散騎常侍於後太
山守昱曰昔叔向不以鮒也見廢時為徐州行臺府州咸欲禁
深昱曰昔叔向不以鮒也見廢時為徐州行臺府州咸欲禁
不許昱顥會濟陰王暉業東虛徑進城陷大深除昱南道大都督鎮
滎陽顥會濟陰王暉業東虛徑進城陷大深除昱南道大都督鎮
門摟上顥至軹昱下責曰卿今死甘心不各曰不望生
向所以不不樓正應亂兵耳但恨八十老父無人供養乞
小第一命便是死不朽也顥將陳慶之胡光等伏顥帳前
曰陛下一命便是死不朽也顥將陳慶之胡光等伏顥帳前
楊昱以快意顥曰我在江東聞梁主言初下都表昱即為吳
曰陛下度江三千里無遺鏃費昨日殺傷五百餘人來乞

郡不降轍其忠節奈何殺显於是斬显下統帥三十七人
皆令蜀兵刺腹取心食之莘莊遠復前官兮朱兆入洛显還京師後歸
為東道行臺拒兮朱仲遠會兮朱兆入洛显還京師後
鄉里亦為天光所害太昌初贈司空公定州刺史子孝邕
貿尒郎奔免護變中潜結渠率謀報兮朱氏微服入洛為
兮朱世隆所殺楮弟穎字惠哲本州別駕穎弟順字延和
寬裕謹厚豫立莊帝功封三門縣伯位正平太守爵錦儀
遇害雍州刺史辯宇爵儀
位東雍州刺史辯宇罷州還
與伯在郡有能名選京兄弟與父同遇害太昌初辯贈儀
長伯在郡有能名選京兄弟與父同遇害太昌初辯贈儀

【十一】

回三司恒州刺史仲宣贈尚書右僕射青州刺史仲宣子
玄就幼而儁捷收時年九歲牽挽兵人曰欲害諸尊乙
先就死兵以刀斫斷其臂猶請死不止遂先殺之永熙初
贈涇陰太守順弟津

十一除侍御中散時孝文幼沖太后臨朝津曾入侍
津字羅漢本字延祚孝文賜改為少端謹以器度見稱年
郎中津以身在禁密不外交遊至宗族姻表罕相參候司
不見閒其故其以貿言遂以敬慎見知賜練百匹還將
左右忽欬逆失聲逸吐血數升藏之衣袖太后聞聲閱而
徒馮誕與津少結交友而津見其貴寵每恆退避及相招

命多辭疾不徃誑以悵而津逾遠焉人或謂之曰吾司徒
君之少舊何自外也津曰為執家所厚復何容恂但全吾
今日亦足矣轉振威將軍臨曹奏事令孝文南征以津
為都督征南府長史後遷長水校尉仍直閤景明中宣武
遊於北芒津時陪從太尉咸陽王禧謀反帝馳入宣武
直閤中有同禧謀皆在從限及禧平帝顧謂朝臣曰直閤
半為逆黨非至忠者安能不豫此謀因拜津左右中郎將
還驍騎將軍仍直閤出除岐州刺史津到州以狀白津乃下教
倦有武功人齎絹三四去城十里為賊所劫時有使者馳
駟而至被劫人因以告之使者到州以狀白津乃下教
云有人著某色衣乘某色馬往城東十里被殺不知姓名
若有家人可速收視有一老母行哭而出云是巳子於是
遣騎追收并絹俱獲自是闔境畏服至於守令寮佐有滿
貨者未曾公言其罪常以私書切責之於是貪屬感厲莫
有犯法者以母憂去職延昌末起為華州刺史與兄播前
後牧本州當世榮之津之先受調絹度尺特長在事因緣
相進退百姓苦之津乃令依公尺度但無酒以示其耻於是
杯酒而出其所輸少劣者為受之但無酒以示其耻於是
競相勸厲官調更勝孝昌中比鎮擾亂復遷遷青京加津
安北將軍北道大都督尋轉左衛加撫軍將軍津始受台命

【十二】

〈北史列傳二十九〉　〈十三〉

出據靈丘而賊帥鮮于脩禮起於博陵定州危急遂回師
南趙郡軍至城下營壘未立而州軍新敗津以賊既乘勝士
衆勞疲復柵壘未安不可擬敵欲移軍入城以賊夜至見柵
元固稱賊既逼城不可示弱乃開門不内津揮刃欲斬門
者軍乃得入賊果夜至見柵空而去其後賊攻州城東南
人心少安尋除定州刺史閑小城東門城中驍擾津開門出戰賊退
已羅城刺史閑又兼吏部尚書津軍至道行臺初津
時賊帥鮮于脩禮杜洛周殘掠州境孤城獨立在兩寇之
兄椿得罪此州由鉅鹿人趙略投書所致及津至道稱之
逃走津乃下教尉喻令其還業於是闔州愧服遠近稱之
聞津脩理戰具更營雉堞又於城中去城十步掘地至泉
廣作地道潛兵更置爐鑄鐵持以灌賊賊遂相告曰不
畏利槊敗城唯晉楊公鐵星津與賊帥毛普賢書曰不
并授鐵券許之爵位今圖賊帥元洪業等感慨舊書
云欲殺並賞又云賊欲圍城正為取比人城中所有比人
必須盡殺津以城防禁而已將吏無不感其仁恕朝廷初送
殺但收内子城防禁而已鐵券二十枚委津分給津隨賊中首領閑行送之脩禮普
賢頗亦由此而死既而杜洛周圍州城津盡力捍守詔加
衞將軍將士有功者仕津料賞兵人給復八年葛榮以司

〈北史列傳二十九〉　〈十四〉

徒說津大怒斬其使以絕之自愛攻圍經歷三稔朝廷
不能拯乃遣長子道突圍出詣諸軍令其討
賊遁日夜泣訴阿那瓌遣其從祖率精騎南出前
鋒已達廣昌賊防塞隘口蠕蠕遂還津長史李裔引賊入
津苦戰不敵遂見執津與喬所拘執送洛周弗之責
及葛榮併洛周復為榮所拘榮破始得還洛永安二年兼
吏部尚書元顥内逼莊帝親出討以津為中軍大都督
兼領軍將軍未行顥又及顥敗津乃入宿殿中場酒宮掖
以天義責之辭淚俱發喬大慰典津衣服置地牢下數日將
熹之諸賊還相諫止遂得免害津曾與喬相見對諸賊師
遣第二子逸封閉府庫各令防守及帝入也津迎於芒
流涕謝罪帝深嘉慰之尋以津為司空加侍中兼并州刺史委
使津以本官為兼尚書令北道大行臺都督并州刺史委
以討胡經略津馳至鄴將欲盜口而入遇尒朱兆等已克
洛相州刺史李神等議欲與津舉城通款津不從以子逸
既為尒朱榮所圖方略津神等議欲與津舉城通款津不從
沛津規欲東轉更為方略乃平輕騎望於澤州度河而
朱仲遠已陷東郡所圖不果遂還京師普泰元年亦遇害
於洛太昌初贈大將軍太傅都督雍州刺史諡曰孝穆將
弃并本鄉詔大鴻臚持節監護喪事長子逸

遘字山才其家貴顯諸子弱冠廉王尉而遘性靜退年
近三十方為鎮西府主簿累遷尚書左丞金紫光祿大夫
亦被害於洛第逸字遵道有當世才起家員外散騎侍郎
謚曰恭定遘第逸字遵道有當世才起家員外散騎侍郎
以功賜爵華陰男建義初莊帝猶在河陽逸獨詣帝特
除給事黃門侍郎領中書舍人及朝士溫禍帝益憂怖詔
逸晝夜陪侍常寢御林前帝曾夜中謂逸曰昨來舉目唯
見異人賴卿差以自慰冉遷南秦州刺史加散騎常侍時
年二十九時方伯之少未有先之者仍以路阻不行政光
州刺史時災儉連歲逸欲以倉粟振給而所司懼罪不敢

遂出粟於後申表右僕射元羅以下謂公儲難關並執不
許尚書令臨淮王彧以為宜貸二方詔聽貸五萬逸既出
粟之後其老小殘疾不能自存活者又於州門造粥飼之
將死而得濟者以万數帝聞而善之逸為政愛人尤惜豪
猶廣設耳目善惡畢聞其下邑皆自持糧人或為
設食者雖在闇室終不敢進感言楊使君有千里眼那可
欺之在州政績尤美及其家禍爾朱仲遠遣使於州害之
更人如喪親戚城邑村落營壘皆悽一月之中所在不絕太
昌初贈都督豫郢二州刺史謚曰貞逸第諡宇遵和歷貞

外散騎常侍以功賜爵恒農伯遷鎮軍將軍金紫光祿大夫
衛將軍在晉陽為爾朱所害太昌初贈驃騎將軍兗州
刺史謚第怛軍列于後津弟瞱字延李弘厚頗有文學位
同三司雍州刺史加散騎常侍安南將軍莊帝初遇害河陰贈儀
武衛將軍播家世純厚並敦義讓昆弟叕相重有如
未曾入內有一美味不集不食播年過六十並登台鼎
父子播性剛毅椿津恭謙兄弟旦則聚於廳堂終日相對
寢息之所時就休偃還共談笑椿年老曾他処醉歸津扶
侍還室仍假寢閤前承候椿下婬羅列附下椿不命坐津不敢坐椿
而津嘗典家昆子婬羅列附下椿不命坐津不敢坐椿

每近出或日斜不至津不先飯椿還然後共食食則津親
授匙箸味皆先嘗椿命食然後食津為司空於時府主簿
自引賓佐人有就津求官者津曰此事須家兄裁之何為
見問初津為雍州椿在京宅每得所寄物對之下泣兄弟
之若或未寄不先入口椿每四時嘉味輒對之下泣兒弟並
皆有孫唯椿有曾孫年十五六矣椿常欲為之早取見
玄孫自昱已下率多學尚時人莫不欽焉一家之內男女
百口總服同爨庭無間言魏世以來唯有盧陽烏家兄弟及
播昆季當世莫達焉爾朱世隆等將害椿家誣其為逆奏
請收之節閔不許世隆後苦執不得已乃下詔世隆遂遣

步騎夜圍其宅天光亦同日收椿於華陰東西兩處無少
長皆過禍藉沒其家節閔悅悵父之
惜字遵彥小名藥王兒童時口若不能言而風度深敏出
入門閨未嘗戲弄六歲學史書十一受詩易好左氏春秋
幼喪母曾詣舅源子恭子恭與之飲問讀何書曰誦詩子
恭曰誦至何篇對曰誦至章甫盛氣嗟隆盛氣從今已後
為之罷酒子恭恭謂津曰常謂藥王不甚慧從今已後
更欲刮目視之惜一門四世同居躬
坐其季父曄適入學館見之大用嗟異顧謂賓客曰此兒
三十餘人學庭前有奈樹實落地群兒競采之惜獨
惜裕有我家風宅內有茂竹遂為惜於林邊別葺一室命
獨處其中常銅盤具盛饌以飯之因以督屬諸子曰汝曹
但如遵彥謹慎目得竹林別室銅鐶童肉之食惜從父兄
黃門侍郎曇將持相器重各謂人曰此見我
家龍文更十歲後當求之千里外昱音與十餘人賦詩惜
一覽便誦無所遺失及長能清言美音制風神俊悟谷止
可觀人士見之莫不敬異又好山水遂入晉陽西縣雍蕘山讀
隨父之并州性既惜默又好山水惜亦隨父之職以軍功除羽林
書孝昌初津為定州刺史惜從父陷全家被囚繫未
監賜爵魏昌男不拜及中山為杜洛周陷全家被囚繫未

幾洛周滅又沒葛榮榮欲以女妻之又逼以偽職惜乃託
疾密含牛血數合於眾中吐之仍陽喑不語榮以故未夷志
乃止永安初還洛拜通直散騎侍郎年十八元顥入洛時
惜從父兄佩為北中郎將鎮河梁惜適至佩處屬兼與
失守夜兄至河佩雖奉車迎而潛南奔惜固諫止之
遂相與屢從達建州除通直散騎常侍惜以世故未夷志
在潛退乃謝病與友人中直侍郎河間邢邵隱於嵩山及
莊帝誅介朱榮其從兄佩隨之住有邢邵人楊寬等從
州刺史比道大行臺惜時適欲遠都行達邯
出藩惜請津納之俄而孝莊幽崩惜時適欲遠都行達邯

鄲過楊寬家為寬所執至相州見刺史劉誕以惜名家盛
德甚相哀念付長史慕容白澤禁止焉遣陽主華榮貴防
禁送都至安陽亭惜謂榮貴曰僕百世忠臣輸誠魏室家
亡國破一至於此雖曰四虜復何面目見君父之讎得自
縊於一繩傳首而去君之惠也榮貴深相矜感遂與俱逃
惜乃投高昂兄弟昂既潛竄果戮罵齊神武至信都遂投刺
神武便蒙引見賛揚潛贊甲運陳訴家禍言辭哀壯淚涕橫集
轅門便蒙引見贊揚潛運陳訴家禍言辭哀壯淚涕橫集
前叩頭請罪惜謂曰人不識恩義蓋亦常理我不恨卿於馬
假驚怖時鄴未下神武命惜作祭天文燎畢而城陷由是
監賜爵魏昌男不拜

轉大行臺右丞于時霸圖草創軍國務廣文檄教令皆自
愔及崔㥄出遭雁家難常以喪禮自居不食唯蔬菜而已
衰癈立神武愔之常相開慰及韓陵之戰愔每陣先登
朋僚感共怪歎曰楊氏儒生今遂為武士仁者必勇定非
虛論頌之表請解職葬一門之內贈太師太傅丞相大
將軍者二人太尉錄尚書及尚書令者三人僕射尚書者
五人刺史太守者二十餘人追榮之盛古今未之有也及
喪柩進發吉凶儀衛旦二十餘里會葬者萬人是日隆
冬盛寒風雪嚴厚愔跣步號哭自見者無不哀尋徵赴晉
陽仍居本職愔從兄幼卿為歧州刺史以直言忤旨見誅

愔聞之悲慟因哀發疾後取急就鴈門溫湯療疾郭秀
素害其能因致書恐之曰高王欲送卿於帝所仍勸其逃
亡愔遂棄衣冠於水濱若自沈者變易名姓自稱劉士安
入嵩高山與沙門曇謨徵等屏居削跡又潛之光州因東
田橫島以講誦為業海隅之士謂之劉先生太守王元景
陰佑之神武知愔存遣其從兄寶猗賚書慰喻仍遣光州
刺史奚思業令搜訪以禮發遣愔見之悅除太原公開
府司馬轉長史復授大行臺右丞封華陰縣侯遷給事黃
門侍郎妻以庶女又兼散騎常侍為聘梁使主至碻磝州
內有愔家舊佛寺精廬禮拜見太傅容像悲感慟哭歐血

散升遷發病不成行輿疾還鄴父之以本官兼尚書吏部
郎中武定末以望實之美超拜吏部尚書加侍中衛將軍
待學優贍如故天保初以本官領太子少傅別封陽夏縣
男又詔監太史遷尚書右僕射儀同三司尚書令又拜特
也會有雜集其舍又拜開府儀同三司尚書石僕射改
封華山郡公九年從尚書令又拜特進驃騎大將軍十年
封開府封王文宣之山陵百寮莫有下淚愔悲不自勝激揚謇
業任遇益隆朝野國命一人而已推誠體道時無異議乾
明元年二月為孝昭帝所誅時年五十天統末追贈司空
公愔貴公子早著聲譽風表鑒裁為朝野所稱家門遘禍

唯有一第一妹及兄孫女數人撫養孤幼慈旨溫顏感出
仁厚重分義輕貨財前後賜與多散之親族之惠從姪十
數人並待而火頻遭迍邅冒履艱危一食之惠酬答必
重性命之讎捨而不問典選二十餘年獎擢人倫以資士
住然取其大者愔以言貌時致謗言用人似資士市
瓜取或以單辭稱名無有誤者後有選人魯漫漢自言猥
所召或以公恃大薄姓或以言貌不以為意其聞不忘每有
言猥賊獨見不見識愔曰卿前在元子思坊騎禿尾草驢經
見我不下以方麴鄣面我何不識卿漫漢驚服愔之曰
名以定體漫漢果自不虛又令吏唱人名誤以盧士琛為

王潘王琮自言惜同盧郎潤朗所以比王自高公主後妻
袍金鎮天帶遇李庶顏以為恥謂曰我此衣服都是
內藏既見子將不能無愧及居端揆經綜機衡千端萬緒
神無滯用自天保五年已後一人喪德維持匡救實有輯
神母天子臨軒公卿拜搜號發令宣揚詔冊惜辭氣溫
為每天子臨軒公卿拜搜號發令宣揚詔冊惜辭氣溫
辯神儀秀發百察觀聽莫不悚動首居大位閫絕私交輕
質財重亡義前後賞賜未嘗架遠之中唯
有責數十卷太保平原王陸之與惜隣宅嘗見其閫分有
富阜數人謂左右曰我閫前幸無此物性周密畏慎若
不足每閫後命悚然變色文宣大漸以常山長廣二王位
地親通深以後事為念惜與尚書左僕射平秦王歸彥侍
中燕子獻黃門傳郎娜子默愛遺詔輔政立以二王威望
先重感有猜忌之心初在晉陽以大行在賓天子諒闇在
常山王在東館欲奏之事皆先諮決二旬而止仍欲以
又俱從至鄴計欲立長廣鎮晉陽親政復生疑貳兩王
太后又自天保八年已來靈貴多濫至真惜自表解其
閫封王諡叩依靜業恩者日從黙免由是雙失寵先
歸心二叔高歸彥初雖同德後尋及動以跡忌之徒盡告
兩王可朱渾天和又每云若不諜二王少主無自安之理

宋欽道面奏帝編二叔威權既重宜速去之帝不許曰可
與公共詳其事議出二王為刺史以帝仁慈恐不
可所奏乃通啟皇太后具述安危有宮人李昌儀者比豫
州刺史高仲密之妻坐神害事入宮太后與昌儀宗情甚
相眤愛太后以奏以長廣王為大司馬并州刺史常山
王為太師錄尚書事及二王拜職省大會百察惜
至誠體國豈有常山拜後室仍與帝一勤貴數
等竝將同趙子默出之云此事不可重不可輕脫有此慮長
廣曰伏家僮數十人於錄尚書後室仍與帝一勤貴數
我一曰捉酒二曰捉酒三曰何不抵爾董即捉及宴如之
相知并與諸勤胃約行酒至惜等我各勤雙盃彼必致辭
惜大言曰捉酒二曰捉酒三曰何不抵爾董即捉及宴如之
國禾廳及此常山王欲緩之長廣王曰不可於是惜及天
和欽道皆執而被拳杜亂歐擊頭面血流各十人持之使驂及天
延康買執子默於尚藥局子默仁斛瘥金攛惜門成休密
雲龍門見都督叱利騷招之不進使驂殺之開府成休密
豈非命也二叔率高歸彥賀拔仁斛攛金攛惜於御前長廣王及歸彥在
柘門歸彥喻之乃得入送惜等於御前長廣王及歸彥在
朱華門外太皇太后臨昭陽殿太后及帝側立常山王以

埤叩頭進而言曰臣與陛下骨肉相連楊遵彥等欲擅朝權威福自已自王公以還皆重足屏氣共相脣齒以成亂階若不早圖必為宗社之害臣與湛等為國事重賀拔仁斛律金等惜獻皇帝業共執遵彥等領入宮未敢刑戮專輒之失罪合万死帝時嘿然領軍劉桃枝之徒陛衛叩刀仰視帝不睨之太皇太后令却仗不肯又厲聲曰奴輩即今頭落乃却因問楊郎何在賀拔仁曰一目已出太皇太后愴然曰楊郎何所能留使不好邪乃讓帝曰此等懷逆欲殺我二兒次及我耳何縱之帝猶不能言太皇太后怒且悲王公皆泣太皇太后曰豈可使我母子受漢老嫗斟

酌太后拜謝常山王叩頭不止太皇太后謂帝何不安慰爾叔帝乃曰天子亦不敢與叔惜豈敢惜此漢輩但願乞兒性命兒自下殿去此等任叔父處分遂皆斬之長廣王以子默昔讒已作詔書故先拔其舌截其手太皇太后臨愔喪哭曰楊郎忠而獲罪以御金為之一眼親內之曰以表我意常山王亦悔殺之先是童謠曰白羊頭尾禿羖羅頭生角又曰羊羊喫野草不喫野草遠我道不遠打尔腦又曰阿麼姑禍也道人姑夫死也羊為愔也角文為用刀道人謂廢帝小名太原公主嘗作尼故曰阿麼姑愔子獻天和皆尚帝姑故曰道人姑夫云於是乃以天子之命下

詔罪之罪止一身家口不問尋復簿錄五家王晞固諫乃各沒一房孩幼盡死兄弟皆除名遵彥死仍以中書令趙彥深代揔機務鴻臚少卿陽休之私謂人曰將涉千里殺騏驎而策蹇驢可悲之甚愔所著詩賦表奏書論甚多誅後散失門生鳩集所得者万餘言

燕子獻字季則廣漢下洛人少時相者謂曰使役在朝大富貴在齊趙後遇周文於關中創業用為典籤將命使於蠕蠕子獻欲驗相者之言來歸神武見之大悅神武舊養韓長鸞姑為女是為陽翟公主遂以嫁之甚被待遇文宣時官至侍中濟南即位委任彌重除尚書右僕射子獻素

多力頭少髮當狼狽之際排衆走出省門斛律光逐而禽之子獻嘆曰丈夫為計遲遂至此天統五年追贈司空天和事見兄元傳

鄭頤字子默彭城人高祖據魏彭城太守自榮陽徙焉頤聰敏頗涉文義而邪險不良初為太原公東閤祭酒天保世稍遷中書侍郎與宋欽道特相友愛欽道每師事之楊愔始輕宋鄭不為之禮俄而自結人主稍不可制欽道舊與濟南款狎共相引致無所不言乾明初拜散騎常侍兼中書侍郎二人權將楊愔相埒愔見害之時邢子才流涕曰楊令君雖其人死日恨不得一佳伴頤後與愔同詔追

贈殿中尚書廣州刺史顥有文學武平末
兼左右郎中待詔文林館
楊敷字文衍播族孫也高祖暉洛州刺史
書比道行臺恂州開太守祖釣鎮將贈恂
簡曾祖恩河開太守祖釣鎮將贈侍中司空華州刺
夫以別將從廣陽王深征葛榮遇害之魏建義初贈中尚書華州刺
貞縣伯諡曰恭公暄字景慕之性通朗瓔識有斡用位七兵尚
史敷少有志操重然諾人景慕之性通朗瓔識有學位謙議大
為侯至和中為汾州刺史進爵為公齊將段孝先華聚來

寇城陷見禽齊人方任用之數不為屈遂以憂憤卒於鄴
子素
素字處道少落拓有大志不拘小節世人多未之知唯從
祖瓚深異之每謂子孫曰處道逸羣絕倫非常之器非汝
曹所逮後與安定牛弘同志好學研精不倦多所通涉善
屬文工草隷書留意風角好英傑之表周武帝時為
宰宇文護引為中外記室輔禮曹加大都督周武帝親揽
萬機素以其父陷齊未歸上表申理至於再三
帝晤其言贈敷使持節大將軍諡廣後三州刺史諡曰忠

壯拜素車騎大將軍儀同三司漸見禮遇常今為詔下筆
立成詞義我兼美帝嘉之謂曰善相自勉勿憂不富貴素應
聲曰臣但恐富貴來逼臣臣無心圖富貴之役素
請率麾下先驅帝從之賜以竹策曰朕方欲大相驅策故
用此物賜卿從齊王憲與齊人戰於河陰以功封清河縣
子授司城大夫復從憲平齊加上開府改封成安縣公尋
至嚶懷宵遁素邀擊破之敗走加司東楚州事封弟慎為義安侯
軌破陳將樊毅築城泗口素軍走之夷毅新築城官帝即位賞

父爵臨貞縣公以弟約為安成公尋從孝寬綏南及
隋文帝為丞相素深自結納帝甚器之以為汴州刺史至
洛陽會尉遲迥作亂滎州刺史宇文胄據武牢應迥素未
得進帝拜素大將軍擊胄破之遷徐州總管位柱國封清
河郡公以弟岳為臨貞公及隋受禪加上柱國拜御史大
夫其妻鄭氏性妬悍素忿之曰我若作天子卿定不堪為
皇后鄭氏奏之由是坐免上方圖江表先是素數進取陳
計未幾拜信州總管賜錢百萬錦千段馬二百四匹遷之素
居永安造大艦名曰五牙上起樓五層高百餘尺左右前
後置六拍竿並高百五十尺容戰士八百人旗幟加於上

次曰黃龍置兵百餘人自餘平乘舴艋等各有差及大舉
伐陳以素為行軍元帥引舟師趣三硤至流頭灘陳將戚
欣以青龍百餘艘屯兵守狼尾灘以遏軍路其地嶮峭諸
將惠之素曰勝負大計在此一舉若晝日下船則彼見我
迅激制不由人則吾失其便乃以夜掩之素親率黃龍數
衡枚而下遣開府王長襲從南岸擊欣別柵令大將軍劉
仁恩趣白沙北明而至擊之欣敗虜其眾勞之還遣之
素坐平乘大船容貌雄偉陳人望之懼曰清河公即江神
也陳南康內史呂仲肅屯岐亭正據江峽於北岸繫鐵
鎖三條橫截上流以遏戰船素與仁恩登陸俱發先攻
其柵仲肅軍夜潰素徐去其鎖仲肅復據荊州之延洲素
遣巴蜒卒數千乘五牙四艘以橋竿碎賊十餘艦遂大破
之仲肅僅以身免陳叔慎請降素下至漢口與秦孝王會乃遠
刺史岳陽王陳紀鎮公安皆懼而走陳主遣其信州刺史顧覺見鎮安蜀城荊
州刺史陳紀鎮公安皆懼而走之仲蕭僅以身免陳叔慎請降素下至湘州
拜荊州揔管進爵郢國公員食長壽縣千戶以其子玄感
為儀同三司玄獎為清河郡公賜物方段粟方右加之金
寶又賜陳主妹妓十四人素言於上曰里名勝母曾子
不入逆人王誼前封郢邑不願與同於其段封越國公尋

拜納言轉內史令俄加江南人李稜等為亂以素為行軍
揔管討之帝命平之曰男子悉斬女婦賞征人在陳免者
從晚晚朱莫問自拔南徐州刺史以盛兵據京口素舟師
入自揚子津進擊破之晉陵顧世興與其都督
鮑遷等復來拒戰素逆擊破之執遷虜三千餘人進擊無
錫賊帥葉略又平之吳郡沈玄憎等以兵圍蘇州刺
史皇甫績頻戰不利素率眾援之玄憎迫走投南沙賊
帥沈孟孫素擊孟孫大破之禽孟孫玄憎黝歙歐賊
帥沈雪寧能據柵自固又攻拔之江浙賊高智慧號東
揚州刺史吳州揔管五原公元契鎮會稽以其兵盛而降

之智慧盡屠其眾契自殺智慧有船艦千餘艘比據要害
兵甚勁素擊之自旦至申苦戰破之智慧逃入海素入海
餘姚汎海趣永嘉智慧來拒戰素擊走賊帥汪文進自稱
天子據東陽賊帥沈孝徹於是步道向天台指臨海郡逐
之又破永嘉賊帥沈孝徹進守閩越上以素久勞於外詔
令馳傳入朝加子玄感上開府賜綵八千段素以餘寇未
殄悲憤後患又自請行詔以素為元帥復東傳至會稽先
是泉州人王國慶南安豪族也殺刺史劉弘據州為亂自
以海路艱阻非北人所習不設備伍素汎海奄至國慶遑

莒水為上命號曰進旗中兩漈先有五六百家
人說國慶令斬智慧以自效國慶乃斬智慧於泉州自餘
黨皆委棄陷江南大安上遣左僕射蘇威乃密令
勢比到萊州聞者旦至拜素子玄奘儀同賜黃金四十斤
加銀餅賞叉金錢絹練三千叚馬二百四羊三千口田百頃
宅一區代蘇威為尚書左僕射與高熲專掌朝政素性疎
而辯高下在心自餘朝臣之內頗推高熲敬牛弘厚接辞道衡
視蘇威蔑如也

頗至永推誠體國虞物平當有寧相識度不如熲遠矣
令素監營仁壽宮素遂夷山堙谷督役嚴急作者多死營
側時聞鬼哭及宮成上令高熲前視獨孤皇后稱頗傷綺麗大損
人丁帝不悅素懼即於此門啓獨孤皇后曰帝王法有離
宮別館令天下太平造一宮何足損費以素為自固之道於是
乃解於是賜錢百万綿絹三千叚開皇十八年突厥達頭
可汗犯塞以素為靈州道行軍揔管出塞討之賜物二千
段黃金百斤先是諸將與虜戰每慮胡騎奔突皆為方陣步
騎相參與鹿角為方陣騎在內素曰此乃自固之道非
悉除舊法令諸軍為騎陣達頭聞之大喜以為天賜下馬
仰天而拜率精騎十餘万至素奮擊大破達頭被重創而

遁衆號哭而去復詔賜縑二万匹及馬牛羊帝加子玄獎
位大將軍玄獎玄縱善騎射上儀同素多權略常典宿衛
虜寇候無方然我嚴整有犯令者立斬無所寬貸每
將臨寇必求人過失而斬之多者百餘人少不下數十流
血盈前言笑自若及對陣先令一二百人赴敵陷陣則已
如不能陷而還者無問多少悉斬之又令二百人復進還如
向法將士股慄有必死心由是戰無不勝稱為名將素時
貴倖言無不從其從素征伐者微功必錄至於他將雖大
功多為文吏所譴卻故素雖嚴忽士亦以此願從素及為
晉王廣為靈朔道行軍元帥素為長史王甫斬文素及為

太子素之謀也仁壽初代高熲為尚書左僕射賜良馬十
四匹馬二百四奴婢百口其羊以素為行軍元帥出靈申
擊突厥連破之突厥走追至夜及之將復戰恐賊逸
其騎稍後素親將兩騎并降突厥二人夜擊大破之自是
覺也悵其頓舍未定趣後騎捷擊大破之虜遂亡走之
賞物二万段及戲皇后崩山陵制度多出於素上善之下
詔曰君為元首臣則股肱義同一體上桂國尚
書左僕射仁壽宮大監越國公素志度恢弘機
佐時之略包經國之才王業初基霸圖肇建榮名盛業懋

服出師禽翦凶剋平斃克鄭頻承廟算楊於江麦每稟戎
律長驅塞垣而吳越蕭清比臨而獨檢摧服自居端
搜案索賾機衡當朝正色直言無隱論文則詞藻從橫語武
則權奇開出既文且武唯朕所命任使之勠風夜無息獻
皇右奄離六宮遠日云及坠兆安厤委素經紀狄葬軍依
禮唯上泉石至如吉凶不由於素義存奉上情深體國欲
使幽明俱泰求保無窮以為陰陽之書聖人所作禍福之
理特須審慎乃遍歷山陵原素此心軍極誠孝旹與平戎
遂得神皇福攘營建志圖元吉秋孜不已
定寇比其功業若不加獎賞何以申茲勸勵可別封一子

義康郡公邑萬戶子孫承龍襲不絕餘如故並賜田三
十頃絹萬匹米萬石金鉇一實以金銀鉇一實以珠並綾
歸五百段時素貴寵日隆其子弟約從父文思弟及姪父
昇並尚書列卿諸子無汗馬勞位柱國刺史家僮數千後
庭妓妾綺羅若干數第宅華侈制擬宮禁其有鮑弓者
廷故吏布列清顯其盛近古未聞煬帝初為太子忌蜀王
秀與素謀之構成其罪後竟廢黜朝臣有違忤者雖至誠
戚故吏姜謨王孝逸江南士人因高知慧沒為奴親
善蜀汝姜殷冑者王章謙近江南士人因高知慧沒為奴親
體國如賀若弼史萬歲本綱柳或等素皆陰中之若有功
會及親戚雖無才用必加進權朝廷靡然莫不畏附唯兵

部尚書柳述以帝壻之重數於上前面折素大理卿梁毗
抗表言素作威作福上漸踈忌之後因出敕曰僕射國之
宰輔不可躬親細務但三五日一度向省評論大事外示
優崇寔奪之權終仁壽之末不復通判省事上賜王公已
下射素前為第一上手以外國所獻金精盤價直巨萬以
賜之四年從幸仁壽宮宴賜重疊及上不豫素與兵部尚
書柳述黃門侍郎元巖等入居大寶殿事
慮上有不諱須預防擬乃手自為書封出問素素條錄事
狀以報太子宮人誤送於上上覽而大恚所寵陳貴人又
言太子無禮上遂發怒欲召庶人勇太子謀之素矯詔
追東宮兵士帖上臺宿衛門禁出入並取宇文述郭衍節
度又令張衡侍疾上以此日崩由是頗有異論會漢王諒
反素又以本官率蒲州道行軍討之素自渭口宵濟王師力拒

守素將輕騎五千襲之潛斷河橋又道王聃子并力拒
帝於是以素為并州道行軍摠管河北道安撫大使討諒
時晉絳呂三州並為諒城守素各以二十人廉之而去諒
道趣子開摧眾十餘萬築壘高壁布陣五十里
秀與素絕路屯拔高壁緣崖谷而進直
素令諸將以一戰破之諒所署介州刺史梁脩羅屯介休間直
指其譽諸將以兵臨之諒所署介州刺史梁脩羅屯介休間直

至懼棄城而走進至清源去并州三十里諒率其將王世
宗趙子開蕭摩訶等來拒戰又擊破之禽蕭摩訶退保并
州素進兵圍之諒窮而降餘黨悉平帝遣素弟脩武公約
齎手詔勞素素上表陳謝其月還京師從駕幸洛陽以素
領營東京大監以平諒功拜其子萬石仁行姪玄挺皆儀
同三司賚物五万段羅綺千匹諒之妓妾二十人大業元
年遷尚書令賜東京甲第一區物二千段尋拜太師餘官
如故前後賞錫不可勝計明年拜司徒改封楚公眞食二
千五百戶其年薨諡曰景武贈光祿大夫太尉公弘農
河東絳郡臨汾文城河內汲郡長平上黨西河十郡太守

給轀輬車班劍三十人前後部羽葆鼓吹粟麥五千石物
五千段鴻臚監護喪事帝又下詔立碑以彰盛美素嘗以
五言詩七百字贈番州刺史薛道衡詞氣穎拔風韻秀上
爲一時盛作未幾而卒道衡歎曰人之將死其言也善若
是乎集十卷素雖有建立策及平楊諒功然特爲帝猜忌
外示殊禮內情甚薄太史言楚分野有大喪因改封素於
楚寢疾之日帝每令名醫診候賜以上藥然密問醫人恒
恐不死素又自知名位已極不肯服藥亦不將慎每語弟
約曰我豈須更活邪素貪財貨營求產業東西京居宅侈
麗朝毀夕復營繕無已爰及諸方都會之處邸店水磑田

宅以千百數時議以此鄙之子玄感
玄感少時晚成人多謂之癡唯素每謂所親曰此兒不癡
也及長美鬚髯儀貌雄俊好讀書便騎射弱冠以父軍功
位柱國與其父俱爲第二品朝會則齊列後文帝命玄感
降一等玄感拜謝曰不意陛下寵臣之甚許以公庭獲展
私敬初拜郢州刺史到官潛布耳目察長吏能不纖介必
知吏人敬服皆稱其能後轉宋州刺史父憂去職歲餘拜
鴻臚卿襲爵楚公遷禮部尚書性雖驕倨而愛重文學四
海知名之士多趨其門後見朝綱漸紊帝又猜忌日甚內
不自安遂與諸弟潛謀廢帝立秦王浩及從征吐谷渾還

至達斗拔谷時從官狼狽玄感欲襲擊行宮其叔慎曰士
心尚一國未有釁不可圖也玄感乃止時帝好征伐玄感
欲立威名陰求將領以告兵部尚書段文振振以白帝帝
嘉之謂羣臣曰將門有將故不虛也於是賚物千段禮遇
益隆頗預朝政帝征遼東令玄感於黎陽督運遂與武賁
郎將王仲伯汲郡贊治趙懷義等謀不時進發帝遣使者
逼促玄感揚言曰水路多盜不可前後而發其弟武賁郎
將玄縱鷹揚郎將萬石竝從幸遼東玄感潛遣人召之時
來護兒以舟師自東萊將入海趣平壤城軍未發玄感無
以動衆乃遣家奴僞爲使從東方來謬稱護兒失軍期而反

玄感遂入黎陽縣閉城大募男夫於是取颿布為牟甲署
置官屬皆淮開皇之舊移書本郡以討護義為名令發兵會
於書所以東光縣尉元務本為黎州刺史趙懷義為懦州
刺史河內郡主簿唐禕為懷州刺史有衆旦一萬將襲洛
陽唐禕至河內馳往東都禕言之越王侗戶部尚書樊子蓋
等勒兵備禦河陽都尉每有哲衆拒之弘策敗致牛酒於
蓋令河南贊務裴弘策禦如市數日屯兵上春門衆至十餘万子
至是賣無所求也今者不顧破家滅族者為上柱國家累巨萬金
之急救黎元之命耳衆皆悅詣轅門請自効者日數千及
與樊子蓋書曰天建忠立義事有多途見機而作蓋非一

揆音伊予放太甲於桐宮霍光廢劉賀於昌邑此豈公庭
內不能二披陳高祖文皇帝謨庸天命造茲區宇柱琰
璣以豢七政握金鏡以取六龍無為而至化流垂拱而天
下乂令上竇朱寶曆冪固洪其自絕于天殄人敗德頻
年肆虐菁盜穢於具滋多所往怖管人力為之凋盡荒淫酒
色子女必被其侵就玩麤為大食獸毗離其每朋黨相剝員
賄公行納邪佞之言杜正直之口加以轉輸不息徭役無
期壬辛埴溝壑骸骨蔽原野蕃河之北則千里無烟淮江

之開則鞠為戎草玄感世荷國恩位居上將先公奉遺詔
目好子孫為我戰鬭弼之惡子孫為我屏黜之所以上稟先
旨下順人心廢此淫昏更立明哲今四海同心九有咸應
士卒用命如赴私讎人庶相趨義形公道太意人事較然
可知公獨守孤城勢何久願以黔黎在念杜稷人大呼曰
拘小禮自貽伊戚感誰謂國家一旦至此執筆潸然言無所
其遂進逼東都城刑部尚書衛玄率衆數萬拒玄感玄感
以步騎二萬度瀍澗挑戰玄感平衆自關中來援東都
盡沒後數日玄復與玄感戰兵始合玄感詐令人大呼揚
官軍已得玄矣玄軍稍怠玄感兵乘之大潰揚

八千人而去玄感驍勇多力每戰親運長矛身先士卒喑
鳴咤咤所當莫不震懾論者方之項羽又善撫馭士樂
死由是戰無不捷玄軍日麤糧又盡乃為東決戰陣於比
邙一日間戰十餘合玄挺中流矢而斃玄軍稍卻
樊子蓋復遣兵攻尚書省又殺數百人帝遣武賁郎將陳
稜攻元務本於黎陽武衛將軍屈突通屯河陽右翊衛大
將軍宇文述發兵繼進右驍衛大將軍來護兒復來赴援
玄感與前戶部尚書李子雄計曰屈突通曉兵事若度河
則勝負難決不如分兵拒之不能濟則樊徐失援玄度然
之將拒通子蓋知其謀數擊其營玄感不果進通遂濟河

軍於破陵玄感為兩軍西拒衛玄東拒屈突通于蓋復出
兵六戰玄感軍頻北復與子雄計子雄勸之直入關中
下此亦霸王之業會華陰諸楊請為鄉導玄感遂釋洛陽
西圖關中宣言已破東都取關西至閿鄉上盤豆布陣五十
里與官軍且戰一日三敗復陣於董杜原諸軍大敗
之玄感獨與十餘騎竄林木間將奔上洛追騎至玄感叱
曰事敗矣我不能受人戮辱汝可殺我積善兵行謂積善
不死為追兵所執與玄感首俱行在所磔於東都
市三日復臠而焚之餘黨悉平其弟玄獎茇為義陽太守將
歸玄感為郡丞周旋王所殺玄縱第方石自帝所逃歸至
高陽上傳舍監事許華與郡氏執之斬於涿郡方石弟仁
行官至朝議大夫斬於長安並具橐者預謀誅又有劉元
進亦舉兵應之元淑博陵人父世模初從高寶後以報歸
為橐氏詔可之元淑之亂有趙元
周授上開府寓居京兆之雲陽隋文帝踐阼怕與宿衛後

從晉王伐陳力戰而死朝廷以其身死王事以元淑襲父
本官賜物三千段元淑性踈誕不事產業家徒壁立後授
驃騎將軍將之官典以自給時長安富人宗連家累千金
住周為二原令有李女慧而有色連每求睥夫開元淑請
與相見連有風儀美談笑元淑亦慕之及至其家服玩君
庶擬於相連酒酣奏女樂元淑所納焉遂出連家為富人
勤元淑再三來宴樂更後於前因閒所須盡買與之元淑
致謝連復拜求以女妻之元淑許納為妻之次元淑
秦平楊諒以功進位柱國縣德州刺史撰川太守並有威
惠人人為司農鄉玄感有異志遂與結交後東之役領鎮軍

典宿衛如光祿大夫封萬國公明年帝復征高麗以元淑
鎮臨渝及玄感作亂其弟玄縱自帝所逃歸路經臨渝元
淑出其小妻魏氏見玄縱對宴極歡因與通謀井及玄縱
略遺及玄感敗人有告其事者帝以蜀吏元淑及魏氏
俱斬於涿郡籍沒其家元進餘杭人少好任俠為州里所
宗兩手各長尺餘臂垂遇膝膽略過人以蜀起於黎陽之役
自以眾至數萬將度江有郡米燮晉陵官皆宗亦樂
月眾至數萬共迎元進奉以為主橐吳郡米燮晉陵官
兵有眾七萬共迎射著一百官帝令將軍吐万緒光
崇俱為僕射著一百官帝令將軍吐万緒光祿大夫魚俱羅

討馬為緒所敗朱燦戰死俄而緒與羅並得罪江都郡丞
王世充發兵擊之有大流星隕於江都未及地而南逝磨
拂竹木皆有聲至吳郡而落于地元進惡之令掘地入二
丈得一石徑一丈餘數日失石所在世充度遇反風火轉元進眾
各持一石因風縱火世充大破之元進及崇俱為世充所殺坑
懼燒而退世充大破之元進及崇俱為世充所殺坑
其眾於黃亭澗死者三萬人其後董道沖沈法興與元進通
等並於黃亭此而起素母弟約

約字惠伯時嘗啟樹墜素友愛之凡有所為先壽於
如沈靜内多謀詐好學彊記素友愛之凡有所為先壽於
文帝受禪歷位長秋卿郎州刺史宗正大理二少卿時皇
太子無寵晉王廣規奪宗以素幸於上而雅信約乃用張
衡計遣宇文述大以金寶賂約因通王意說之曰夫守正
覆道固人臣之常致反經合義亦達者之令圖自古賢人
君子莫不與時消息以避禍惠公兄弟功名蓋世用事有
年朝臣為足下家所屈辱者可勝數哉又儲宮以所欲不
行每切齒於執政公雖自結於人主而欲危儲宮者亦多矣
主上一旦棄羣臣公所何以取庇今皇太子失愛於皇后
主上素有廢黜之心此公所知也今若請立晉王在賢兄

之口耳誠能因此時建大功王必鎮銘於骨髓斯則去累
卵之危成太山之安也約然之以白素素本凶險聞之大
喜乃撫掌曰吾智慧殊不及此因機會草自結託則匪
謂素曰今皇后之言上無不用宜因機會草自結託則匪
惟長保榮祿傳祚子孫矣晉王傾身禮士聲名日盛斯
卿儻有主上之風以約料之必能安天下此若遲疑一旦
有變令太子用事公為庶人雖欲安行其策太子東廔
晉王入東宮引約為左庶子封安行其策太子東廔
崩遣約入京易留守者益殺庶人勇然後陳兵發喪約奉
帝聞之曰兄之第果堪大任即位大將軍史令約有
學術兼達時務帝其任之後加右光祿大夫及帝在東都
〈四十〉 汪山
令約詣京師與王府行至華陰見其兄墓遂枉道拜墓
司所勦坐免官尋拜浙陽太守其兄子玄感時為禮部尚
書與約恩義甚篤既分雜形於顏色帝謂曰公比憂愛
得狀是徵入朝未幾卒以素子玄感後之
功由是徵入朝未幾卒以素子玄感後之
穆字紹叔並弟也仕魏華州別駕華末弟寬請以鄴城
縣伯讓穆認許之終于并州刺史贈開府儀同三司華州
刺史穆弟儉儉子嘉字孝安之後從破郡儀有干行位比雍州
刺史穆弟儉儉子嘉字孝安之後從破郡神武於沙苑封其陽縣侯位開
寬九慧夷復安之後從破郡神武於沙苑封其陽縣侯位開

府儀同三司華州刺史卒諡靜

子异字文殊美風儀有器局涉獵就學且誦□奇
之九歲丁父憂哀毀過禮殆將滅性及免喪之後絕慶弔
閉戶讀書數年之間博涉書記周閔帝時為寧都郡守
其有能名賜爵樂昌縣子後數歲拜宗正卿加上開府儀
作相行濟州軍及踐阼盛選綱紀以异方直拜益州摠管長史尋
遷西南道行臺兵部尚書歷宗正卿刑部尚書出為吳
州摠管甚有能名時晉王廣鎮揚州詔以异兼益州摠管一與王
相見評論得失規諫闕失於官子虔遜

北史列傳二十九

四十一

寬字蔑仁倫第也少有大志每與諸童遊處必擇高大
之物坐之見者咸異焉及長頗解屬文尚武藝志弱冠除
奉朝請父釣出鎮恒州随從展效乃授高闕戍主既而
蠕蠕亂其主阿那瓌奔魏魏帝詔釣送寬亦從行時比
邊賊起攻圍鎮城釣卒城人等推寬守禦尋而城陷時以
比支蠕蠕後討六鎮賊破寬始得還朝廣陽王深與寬素
相眤深狃法得罪寬被逮捕孝莊時為侍中興寬有舊藏
之於宅遇赦得免除正丞北海王顥少相器重時為大
行臺征葛榮欲啟寬為左丞寬解以孝莊厚恩未報義
不見利而動顥未之許顥妹婿李神軌謂顥曰四夫猶不

北史列傳二十九

四十二

可奪志況義士乎乃止孝莊踐阼累遷洛陽令以都督從
太宰上黨王元天穆討平邢杲師未還屬天穆入洛莊帝
出居河內天穆懼集諸將謀之寬勸天穆挺取成皋會兵
伊洛天穆然之乃趣成皋令寬與尒朱兆為後拒尋以寬
議不同乃回赴石濟寬夜行失道後期諸將拒去就者以衆
當為諸君明之言訖候騎曰寬至天穆撫髀而笑曰吾固
知其必來衆遂出帳迎握其手曰是所望也與天穆俱
莊勒兵守比門天穆駐馬圍外遣寬至城下說梁陳文不
顯勒兵守比門

威迹命逾逃黨臣之理何煩相見不寬答僕兄既力屈山
父之乃曰賢兄撫軍在顥欲相見不寬答僕兄既力屈山
莊從弟世澄等出據河橋還通京師進攝河南尹使持節大都督
其從弟世澄等出據河橋還通京師進攝河南尹使持節大都督
隨機捍禦世隆謂寬曰當忘太宰之深也使持節大都督
宰見愛以禮人臣之交耳今日之事君之節及尒朱兆
陷洛陽四執孝莊朋寬發憤盡禮梁武義之尋而禮送還至建鄴
聞莊帝弑朋寬發憤盡禮梁武義之尋而禮送還至
除給事黃門侍郎孝武與齊神武有隙遂召莫辭送還至
宿衛以寬為關內大都督尋摠禁旅從孝武入關兼吏部

尚書錄從駕勳進爵華山郡公大統初遷太子太傅五年
除驃騎大將軍開府儀同三司都督東雍州刺史即本州
也廢帝初為尚書左僕射將作大監坐事免周明帝初拜
大將軍從賀蘭祥討吐谷渾破之別封宜陽縣公除小冢
宰轉御正中大夫詔寬與麟趾殿學士參成其罪時論頗以此譏之保定
官之舉然與麟趾殿學士參定
籍寬性通敏有器幹頻牧歡州虢州楷清簡歷居臺閣有當
元年除緫管梁興等十九州諸軍事梁州刺史謚曰元子文恩
華陰虞丑潞五州刺史謚曰元子文恩

文恩字溫仁在周年十一拜車騎大將軍儀同三司散騎
常侍尋以功封新豐縣子天和初行武都太守十姓獠
反文恩討平之復行翼州事党項羌叛文恩討平之進
擊文恩討平之從晉州授上儀同三司改封承寧縣
河陰城文從武帝改授晉州授上儀同三司改封陳王攻晉
公壽叔仁又別從王誼破賊於鯉魚柵後累拒尉進迎於
在陳窩於大夫隋文帝述戲走其將李傳送解浪州圍破
武陟與行軍總管宇文述戲走其將李傳送解浪州圍破
果殺左旅大夫有功進授上大將軍改封洛川縣公尋
尉遲惇平鄴城皆有功進授上大將軍改封洛川縣公尋
拜隆州刺史開皇元年進爵正平郡公後為魏州刺史其甚

有慧政又去職吏人思之為立碑頌德轉冀州刺史煬帝
嗣位徵為戶部尚書轉納言改授右光祿大夫從幸江都
宮以足疾不堪趨奏復授戶部尚書位右光祿大夫從卒官
謚曰定初文恩當寵龔父爵自以非嫡遂讓第紀當世多之
紀字溫釓少剛正有器幹在周龍變齊爵華山郡公累遷安州
摠管長史將兵迎陳將王瑗於周龍變齊安與陳將周法遇
擊走之以功進開府入為虞部下大夫文帝為丞相遇
史宗正少卿從梁睿討王謙以功進其爵位拜熊州刺史改封
汾陰縣公從宗正卿兼給事黃門侍郎拜禮部尚書累遷
上明郡公除宗正卿兼給事黃門侍郎拜禮部尚書累遷
荊州緫管卒謚曰恭

論曰楊播兄弟俱以忠毅謹荷內外之任公卿牧守榮
茶德慎行為世師軌漢之陳紀門法所不過焉魏收來
赫累朝所謂門生故吏遍於天下而言色怕怕出於誠至
一門而已諸子秀立青紫盈庭積善之慶蓋有憑迄及逆
胡擅朝淫刑毒以期族而遇斯禍何報施之反哉惜雅
道風流早同標致公望人物所推夫奧亂崖之世當機衡
之重朝有善政是也及寄天下之命託六尺之孤旬未
幾身亡君辱進不能送往事居觀哉徇王退不能保身全
名辭寵招福朝廷之臂既已仗義幽怨猶搭忘之塗無容推

心受亂是知變通之術非所長也處道少而輕俠儻不
羈兼文武之資包英奇之略志懷遠大以功名自許屬隋
文帝將清六合委以腹心之奇掃祆祲於牛斗澄海波
摧驍猛於龍庭委蛇遠邁若其夷凶靜亂功已茂焉君
瞻其奇策高文足為一時之傑然以智詐自立不由仁義
嫡致國於傾危終使宗廟丘墟市朝霜露豈其禍敗之源
人神同疾之由也玄感宰相之子荷恩二世君之失德當鴟
腹心未議致身先圖問鼎假稱伊霍之重將肆恭阜之
寡力素之由也玄咸宰相之子荷恩二世君之失德當鴟
不亦其平約分外不溫柔內懷奸竽為蛇畫足終傾國本悍
無遺育不亦宜哉寬開關夷嶮竟以功名自卒文恩能以
爵讓其殆仁乎

列傳第二十九　　北史四十一

方治周益　周之亮　孫粹然　校正

王肅

劉芳　孫遜
　　　芳從子懋

常爽　孫景

王肅字恭懿琅邪臨沂人也父奐齊雍州刺史南史有傳
肅少聰辯涉獵經史頗有大志仕齊位祕書丞父奐及兄
第並為齊武帝所殺太和十七年肅自建鄴來奔孝文時
幸鄴聞其至虛襟待之引見問故肅辭義敏切辯而有禮
帝甚哀慟之遂語及為國之道蕭氏所陳說深會旨帝促席
核景不覺坐之疲也肅因言蕭氏危亡之兆可以乘機帝

〔北史列傳三十〕　〔一〕

於是圖南之規轉銳器重禮遇日有加焉親貴舊臣莫之
閒也或屏左右談說至夜分不罷肅亦盡忠輸誠無所隱
避自謂君臣之際猶孔明之遇玄德也尋除輔國大將軍
長史賜爵開陽伯肅固辭伯爵許之詔肅討蕭義陽聽招
慕壯勇以為爪牙其募士有功賞加等其從蕭行者六品
已下聽先擬用以後聞若投化人聽五品已下先即優授
肅至義陽頻破賊軍除持節都督豫州刺史揚州大中正
蕭至義陽頻有聲稱尋徵入朝帝手詔曰不見君子中心
如醉一日三歲我勞如何飾館華林拂席相待卿欲以何
日發汝墳也又詔曰肅丁荼蓼世志等位臂窮蹐踽再芳疏

縫不改有司依禮喻之庭裁練裨之制二十年七月帝以
父喪不兩輟膳百寮上闕關帝在崇虛樓道含人閒肅對曰
伏承陛下輟膳已經三日羣臣不敢自寧臣聞堯水湯旱
自然之數須聖人以濟世不由聖以致災是以國儲九年
以禦九年之變昨四郊之外已蒙澍洽唯京城之內微為
少澤然慈燾未闕一殤陛下輟膳三日臣庶惶惶無復情地
帝遣舍曰雖不食數朝猶自無感朕誠心未至之所致也
朕志確然死而後已是夜澍雨大降以破齋將裴叔業功
進號鎮南將軍加都督四州諸軍事封汝陽縣子肅頗表
固讓不許詔加鼓吹一部初齊之收蕭父奐也奐司馬黃

〔北史列傳三十〕　〔二〕

瑤起攻灭奐殺之二十二年平漢沔陽瑤起為輔國將軍特詔
以付肅使紓洩哀情肅為尚書令與咸陽
王禧等同為宰輔徵會駕魯限詔以肅為僕遂與禧參謀戚禧
鬱陽至京洛行途遇喪紀委綜有過舊威禧
兄弟並敬昵之一旦在巳之上每稱為和輯唯任城王澄以其起自羈
叔廣陵宗室尊宿歷任內外云何一朝令肅居其右也肅
遠一旦在巳之上每謂人曰朝廷以王澄以其起自羈
陳留長公主本劉昶子婦彭城公主也賜錢二十万帛三
聞恒降避之尋為澄所奏劾稱蕭謀叛事尋申經詔蕭尚
千疋肅奏書以顯能附由績著升明退閒於是子在自百

【上欄】

賽曠衆四絡千兹請依舊例考檢能否從之裴叔業以壽
春內附拜蕭使持節都督江西諸軍事與彭城王勰率步
騎十萬以赴之丞相豫州刺史蕭懿屯小峴交州刺史李叔
獻屯合肥將軍圖壽春蕭進師討擊大破之禽叔獻走蕭懿
還京師宣武臨東堂引見夢進位開府儀同三司封昌
國縣侯尋為散騎常侍都督淮南諸軍事揚州刺史蕭頻
在邊熱心撫接近歸懷附者若市感得其心清身好施
聞紀聲名絕世始廉約家無財然性微輕俶頗以功名自
許謹祗稱伐少所推下孝文每以此為舉景明二年薨於
壽春年三十八宣武為舉哀給東園祕器朝服一襲鉞三
十萬帛一千疋布五百疋蠟三百斤并閣其上運還近尊
道侍御史十人監護喪事又詔曰杜預之殁殁於首陽司
空本沖躩舟是託顒瞻斯所亦二代之九原也故揚州刺
史蕭忠義薨於二世英惠符於李杜平生本意願終京陵
既有宿心宜遂先志其令葬於沖預兩墳之閒使之神游
相得也贈侍中司空公有司奏以蕭建碑銘自晉氏喪亂禮樂崩
詔諡宣備明帝初詔為蕭開朴略未能淳也蕭明練
孝文雖蔑容重制度變之風俗其開自蕭開朴略未能淳也蕭明練
舊蕭事虛心受委朝儀國典咸自蕭出子遷護襲感受禪爵薨侄降紹弟
中青侍郎卒贈徐州刺史子遷護襲感受禪爵薨侄降紹弟

【下欄】

理孝靜初彿還朝位著作佐即紹蕭前妻謝生也蕭臨薨
謝姑攜文及紹至壽春宣武納其女為夫人明帝又納紹
女為嬪蕭弟康守文政涉獵書史微有兄風宣武初攜兄
子誦謝衍等入魏拜中書侍郎卒蕭州刺史贈征虜將軍
徐州刺史子誦謝衍字文舒之子學涉有文才神彩清
攜尚風流甚美歷位散騎常侍光祿大夫右將軍幽州刺史
長兼祕書監給事黃門侍郎明帝崩揚風神諫秀百案傾
於時大赦宣讀詔書言制抑揚頔遇言諫秀百案傾
不歉美孝莊初於河陰遇害贈尚書左僕射司空公諡曰
文宣子孝康宣讀即中孝康弟惆性清雅頗有文才壽
文襄王命康尚書讀詔書言制抑揚頔遇言諫秀百案傾
光祿大夫中外府祭酒誦誦第衍字文舒名行與諠並於誦位
常鄉出為散騎常侍西兗州刺史大中正慶支七兵二尚書太
名望不言令騎牛從軍久乃見釋還洛孝靜初位侍中卒
敕給東園祕器贈尚書令司徒公諡曰文獻衍衍所書其妻子飢寒為
有故人竺孀牛於西兗州為仲遠所害其妻子飢寒為
家業年好學歷仕人稱其敦厚尚書贈令朔字士游蕭次兄也風
神秀立好學歷仕有文才位中書侍郎頔銳於榮利結婚於元
又為濟州刺史清靜有政績入為散騎常侍金紫光祿大
夫領國子祭酒卒贈司空公徐州刺史子深武定中儀同

開府記室參軍

劉芳字伯支彭城叢亭里人漢楚元王交之後也六世祖
訥晉司隸校尉祖該宋青徐二州刺史父邕宋兗州長史
芳出後宋東平太守逃之遘之叔同劉義宣之事身死彭城坡
隨伯母房逃竄青州會赦免舅元慶為宋青州刺史沈文
秀建威府司馬為文秀所報芳母子入梁鄒城慕容白曜
南討青齊梁鄒降芳北徙為平齊人時年十六南部尚書
李敷妻司徒崔浩之弟女芳祖母浩之姑也芳至京師諸
南門崔耶芳流播拒不見之芳雖處窮窘之中而業尚貞
固聰敏過人篤志墳典晝夜劬書以自資給夜則誦經不
寢至有易衣併日之弊而澹然自守不悇意於榮利不戚
戚於貧賤乃著窮通論以自慰常為諸僧傭寫經論筆迹
稱善卷直一縑歲中能入百餘匹如此數年賴以頗振由
是與德學大僧多有還往時有南方沙門慧度以事被責
未幾暴亡芳因緣聞知文明太后召入禁中鞭之一百時
中官李豐主其始末知芳篤學有志行言之於太后微愧
於心會齊使劉纘至芳之族兄也擢芳兼主客郎與纘
相接拜中書博士後與崔光宋弁邢產等俱為中書侍郎
俄而詔芳與崔光等入授皇太子經遷太子庶子兼員外散騎
常侍從駕洛陽自在路及從京師恒侍坐講讀芳才思深

信州縣刊　北史列傳三十　【五】　宗

敏特精經義博聞強記兼覽蒼雅尤長音訓辨析無疑於
是禮遇日隆賞賚豐渥兼直常侍從駕南巡撰述行
事桑而除正王肅之來奔也孝文雅相器重朝野屬目芳
未又相見嘗宴臣於華林肅語次云古者唯婦人有笄芳
男子則無笄芳曰推經禮正文古者男子婦人俱有笄芳
曰喪服有笄而此推經禮正文古者男子冠而婦人笄時則
子不應有笄男子冠則變故奪其笄事也禮初遭喪男子冠婦人
婦之騷男子冠尊故奪其笄且言凶事互言此男子無笄
笄之不同也又冠尊故奪其笄初嗚咽縰笄總以茲而言男子
又禮內則稱子事父母雞初鳴櫛縰笄總以茲而言男子
有笄明矣高祖賞者之少蕭亦以芳言為然曰此非劉
石經也昔漢世造三字石經於太學學者文字不正多往
質焉芳音義明辯疑者皆往詢訪故時人號為劉石經酒
闌芳與蕭俱出蕭執芳手曰吾少來留意三禮在南諸儒
巫共討論皆謂此義如吾向言今聞往釋頓袪平生之惑
芳理義精贍類皆如是又遷國子祭酒以母憂去官帝
憶然悼懷悵文非屈宋理劇張賈既雅致便可付之集
為富博但文非屈宋理劇張賈既雅致便可付之集
為輔國將軍太尉長史從太尉咸陽王禧攻南陽帝征鄧
起詔以輔國將軍太尉長史從太尉咸陽王禧攻南陽帝征鄧
詔以芳經學精洽超遠國子祭酒以母憂去官帝

信州縣刊　北史列傳三十　【六】　宗

15-625

裴駿業入冠徐州疆場之人頗懷去就帝憂之以芳為散
騎常侍領國子祭酒徐州大中正行徐州事後兼侍中從征
馬圈芳於行宮及宣武即位芳手加斂襚兼撰
既平啓祖山陵練祭始末喪事皆芳撰定咸陽王禧等奉
申遺旨令芳入授宣武經及南徐州刺史沈陵外叛王禧
大水遣送方撫慰振恤之甚正侍中祭酒中正如故方表
曰夫為國者因不崇儒尊道學敷者先唐虞以徃
無摟隆周以降仕居武門蔡氏勸學篇云周之師氏居武
門左今之祭酒則周師氏洛陽記云國子學官與天子宮對
太學在開陽門外案學記云古之王者建國親人教學為

先鄭氏注內則設師保以教使國子學焉外則有大學庠
序之官由斯而言國學在內太學在外明矣臣謂今既從
縣秋湮皇居伊洛宮闕府寺會復故趾至於國學嘗且殊
構又云太初太和二十年發敕立四門博士於四門置學
錯校量舊事應在宮門之左至如太學基所見仍舊營
臣案自周巳上學唯以二或尚東或尚西或貴在國或貴
在郊表既周室東遷學蓋有六師氏居門內大學庠在
禮記云周人養庶老於虞庠虞庠在國之四郊禮又云天
子設四學當入學而貴仁帝入南學尚齒而貴
大戴保傅篇云帝入東學尚親而貴仁帝入南學尚齒而

貴信帝入西學尚賢而貴德帝入北學尚貴而尊爵帝入
太學承師而問道周之五學於此彌彰案卿注學記周則
六學所以然者注云內則設師保以教使國子學焉外則
有大學庠序之言此其證也漢魏曰降無復四郊謹尋先
旨宜在四門案王肅注云天子四郊有學去都五十里考
之鄭氏不云遠近今太學故坊并作四門寬曠四郊別置
遼闊檢督難周計太學坊猶為太曠如欲出除青州
集儒禮官議其定所從之遷中書令祭酒如故出除青州
刺史為政儒緩不能禁止姦盜然廉清寡欲挺然公私還

朝議定律令芳斟酌古今為大議之主其中損益多芳意
也宣武以朝儀多闕其一切諸議案秦芳悉正於其朝廷
吉凶大事皆就諮訪焉轉太常卿芳以所置五郊及日月
之位去城里數於禮有違又靈星周公之祀不應隸太常
乃上疏曰臣聞國之大事莫先郊祀郊祀之本寶在審位
臣學謝全經業乖通古豈可輕蔭瞽言妄陳管說謹見所
置壇祠遠近之宜考之典制或未允裹既曰職司請陳膚
淺孟春令云其數八又云迎春於東郊盧植云東郊八里
郊也賈逵云東郊木帝太昊八里許慎云東郊八里
鄭玄盖春令注云王居明堂禮曰王出十五里迎歲盖毅

禮也周禮近郊五十里鄭玄別注云東郊去都城八里高
誘云迎春氣於東方八里郊也王蕭云東郊八里因木數
也此皆同謂春郊八里之明據也盖夏令云其數七又云
迎夏於南郊盧植云南郊八里南郊之明據也王蕭云東
許慎云南郊七里南郊也鄭玄云南郊七里郊賈逵云南郊七里
南郊七里南郊之明據也鄭玄云南郊七里郊賈逵云中郊七里高誘云
此賈逵云中郊黄帝之位并南郊未地去都城五里此又云南郊
郊也鄭玄云中郊西南未地去都城五里此又云中郊五里
之審據也盖秋令云其數九又云以迎秋於西郊盧植云
西郊九里郊賈逵云西郊金帝少昊九里許慎云西郊九
里郊也鄭玄云西郊去都城九里此又高誘云西郊九里之郊
也王蕭云西郊九里因金數也此又西郊九里之郊
孟冬令云其數六又云迎冬於北郊盧植云北郊之審據也
玄云比郊六里去都城六里高誘云北郊六里許慎云北郊六里
此賈逵云比郊水數也此又比郊六里郊也鄭玄云北郊六里
嘉注云周禮王畿內千里二十分其一以為近郊宋氏含文
十里倍之為郊處欸東郊八里南郊七里西郊九里北郊六里
方數為郊處欸東郊八里南郊七里西郊九里北郊六里

中郊在西南未地五里祭祀志云建武二年正月初制郊
兆於雒陽城南七里依採元始中故事北郊在雒陽城比
四里此又漢世南比郊之明據也今故地祇準所行故事
里郊進車鄭玄所引殷周二代之據退達漢親所行故事
凡邑外曰郊今計四郊各今以郊門為限里數依上禮儀拜
日月皆於東西門外今計四郊各今以之位去城東西路各三十犦
云立高祺祠于城南不云里數故今乃舊靈星本非禮事
又未審禮又云祭日於壇祭月於坎今計立如上禮儀志
御史其令天下立靈星祠牲用大牢縣邑令長侍祠晉祠
兆自漢初祠于恒隷郡縣郊祀志云高祖五年制詔

縣之明據也周公廟祈以別在洛陽者盖緣斯旦剗成洛
邑故傳世洛陽棠祠不絕以彰厥庸夷齋顧亦世為洛
陽界內神祠今址移太常之禱請竊惟太常所司郊神祀自
部郡縣修理公私施之禱請竊惟太常所司郊神祀自
有常限無宣臨時斟酌以意若送亦妄管則不免注祀二
祠在太常在洛陽於國一也然貴在審本臣以備載謬忝
今職考括境籍博采衆議旣無異端謂粗可依據今玄冬
務除野罄人關邊易郊壇二三為便詔曰所上乃有明據
但先朝置立已久且可從舊先是辛文於代都詔中書監

高問太常少卿陸璲并公孫崇等十餘人修理金石及八
音之器後崇為太樂令乃上請尚書僕射高肇更其營理
宣武詔芳共主之芳表以禮樂事大不容輒決自非博延
公卿廣集儒彥討論得失研窮是非無以乖萬葉為不
朽之式被報聽許數旬之間煩三議于時朝士頗以崇
專綜既久不應垂謬各嘿然無發論者芳乃探引經誥搜
括舊文共相難質皆有明據以為盈縮有差不合典式崇
雖示相酬荅而不會制於是學者彌歸宗焉
詔委芳別更考制於是學者彌歸宗焉以社稷無樹又
上疏曰依合朔儀注曰有變以朱絲為繩以繞係社樹三
匝而今無樹又周禮大司徒職云設其社稷之壝而樹之
田主各以其社之所宜木鄭玄注云所宜木謂若松柏栗

也此其一證也又小司徒封人職云掌設王之社壝為畿
封而樹之鄭玄注云不言封者王主於社稷之社也此
其二證也又論語曰哀公問社於宰我宰我對曰夏后氏
以松殷人以柏周人以栗是乃土地之所宜也此其三證
也又白武通社稷所以有樹何也以表功也案此正解所
以有樹之義了不論
即便之文所以表功也案此正解所以有樹之義了不論
有之與無也此其四證也又五經通義云天子太社王社諸侯國社侯
亦有樹明矣又五經通義云天子太社王社諸侯

社制慶奈何曰社皆有垣無屋樹其中以木有木者土主
生萬物萬物莫善於木故樹木也此其五證也此以木有丁
寧備解有樹之意也此文五經要義云太社必樹之以木周禮
司徒職曰班社而樹之各以土地所生尚書逸篇曰太社
惟松東社惟柏南社惟梓西社惟栗北社惟槐此其六證
也此又太社及四方皆有樹也又見諸家禮圖社稷圖皆為
樹之擄猶未正所殖之木案論語稱社惟松柏殷人以
柏周人以栗便是世代不同而尚書逸篇則云太社惟松
如此便以一代之中而立社各異也愚以為殖以松何
以言之逸書云太社惟松乃社之正棷松不凋失禮惟稷無成
證稷乃社之細蓋亦不離松也宜武愈之芳沈雅方正棷
更教高經博多通孝文尤器敬之動相顧訪太子恂之在
東宮孝文欲為納芳女乃奉辭以年長非且帝歎其謙恂
每事詢仰芳撰鄭懿女對為左右孺子焉崔光於芳有中表之敬
婢之輿卿懿女所注周官儀禮音于寶所注周官音
王肅所注尚書音范曇蠻後漢書音各〔卷〕辯類三卷徐州人
昭所注國語音范曄後漢書音各〔卷〕范密所注穀梁音章
地錄二十卷急就篇續注音義證三卷毛詩箋音義證

書監讓芳宣武不許卒贈鎮東將軍徐州刺史諡文貞侯
長子憛字祖欣雅有父風頗好文翰歷徐州別駕兗州左
軍府長史司空諮議參軍屢為行臺出使所歷皆有當
之稱轉通直散騎常侍徐州大中正行鄴州事尋遷安南
將軍大司農卿卒贈徐州刺史諡曰簡弟欷以第三
子琰為後欷字景與好學強以詩賦授弟元吉稍遷光祿
大夫孝武帝初除散騎常侍遷驃騎大將軍國子祭酒孝

信州李刿 【北史列傳三十】 〈十三〉▼

河王懌嘗與其子姪交游靈太后臨朝又與大
武於顯陽殿講孝經欷為執經雖訓答論難未能精盡而
風采音制足有可觀尋兼都官尚書又兼殷中尚書與孝
武入關齊神武至洛責欷誅之子憛字昇少有風氣頗
涉文史閣位徐州開府從事中郎父欷之死懌率勒鄉部起
兗州與刺史樊子鵠抗禦王師每戰流涕突陣城陷見送
晉陽齊神武祚而赦之文襄為儀同開府以懌為屬本州
大中正轉中書舍人時與梁和通隣前後受敕對其使一
十六人為司徒左長史卒贈南青州刺史欷弟穊位金紫
光祿大夫子長少聰敏好弋獵騎射以行樂為軍愛交游善戲
逖字子長

讀齊文襄以為求安公浚開府行參軍逖遠離家鄉卷於
韃旅發憤自勵精讀書晉陽都會之所霸朝人士收集於
咸務於宴集逖在游之中卷不離手遇逢文籍所未見
者則終日諷誦或通夜不歸其好學如此亦留心文藻頗
工詩詠燕天保初行定陶縣令坐軒事免十餘年不得調
其姊為任氏婦沒入宮敕以賜魏收收所提攜後為開府
參軍及文宣崩文士立作挽歌揚遵彥擇之逖為員外郎盧思
道用八首逖用二首餘人多者不過三四中書郎虞慶

信州李刿 【北史列傳三十】 〈十四〉▼

逖曰盧八問訊劉二逖銜之乾明元年兼員外散騎常侍
使宋梁主蕭莊還兼三公郎中武成時和士開寵要逖附
之正授中書侍郎入典機密時李愍戲賦言天保中被譴
逖摘其文奏曰誣謗先朝大不敬武成怒大加鞭朴逖喜
復前憾曰高提兩下輒鞭一百何如叫劉二時尋兼散騎
常侍聘陳使主逖欲獨擅文藻不願與文士同行時黃門
侍郎王松年妹夫盧士游性沈密逖求以為副又逖姊婿
家者收時已放出逖因次欲嫁之士游不許逖珮事露亦
不過焉遷給事黃門侍郎修國史加散騎常侍議往後同
三司聘周使副二國始通禮儀兼文辭可觀其得名譽使還拜儀同
勘酌古今軍多合禮兼文辭可觀其得名譽使遠拜儀同
三司及武成崩和士開欲改元議者各異逖請為武平私

謂士開曰武平及為明輔遂作此以為公士開悅而從之
時士開為銀口所排婁定遠同輔政遂回附之便得西
貨來以飼定遠尓往遂不自安又陰結斛律明月胡
長仁以自固士開知之未甚信忽於明月門巷逢之彌以
為寶初遂客官未達時欲事祖珽琙未原謂人曰我言彭
城琙子應有氣俠唯將崔季舒詩示人殊乖氣望遂乃為
堅琙女遂成密好琙之將訴趙彥深和士開乃
謀遂乃告二人故二人得為之計琙被點令弟出其妻
是遂解士開所嫌尋出為仁州刺史琙乃要行臺尚書盧
潛陷遂許潛重遷滄曰如此事吾不為也更戒遂而謗之
府行參軍仕隋終於洛陽令芳從子㯹
㯹字仲華隷秦之（父承伯仕宋）並有名位㯹聰敏好學博
綜經史善草隷書識奇字宣武初人朝位當書外兵郎中
芳甚重之凡所撰朝廷軒儀皆與參量尚書博議㯹與㲄
中郎表翻常為議主達㳄政臺中疑軍咸所訪決尚書
李平與結莫逆交遷步兵校尉領郎中兼東宮中舍人轉
員外常侍鎮遠將軍考功郎中立考課之科明黜陟之
法其有條貫孝昭初大軍攻破石樓㯹為李平行臺郎中城

拔㯹頌有功太傅清河王㳄愛其風雅常目而送之曰劉
生堂堂搢紳領袖若天假之年必為魏朝宰輔詔㯹與諸
才學之士撰成儀令㳄為宰相積年禮㯹尤重大夏諸子師
之遷太尉司馬熙平二年冬暴疾卒家甚清貧士子徒
四壁而已太傅㳄及當時才儁莫不痛惜之贈持節將
軍南泰州刺史謚曰簡㯹詩誄賦頌及文筆見稱於時
又撰諸器物造作之始十五卷名曰物祖
常㳄字仕明河內溫人魏大常卿林六世孫也祖珍符璽
南安太守仕世亂遂客涼州父坦乞伏世鎮遠將軍大夏
鎮將顯美侯㳄少而聰敏嚴正有志節雖家人僮隷未嘗
見其寬誕之容篤志好學博聞強識明背維帳五經百家
多所研綜州郡禮命皆不就武成西征涼土㳄與兄士國
歸款軍門武成嘉之賜士國爵五品顯美男㳄為六品拜
宣威將軍是時戎車屢駕征伐為事貴游子弟未達學術
㳄置館温水之右教授門徒七百餘人京師學業翕然後
與㳄立訓甚有勸罰之科弟子之事若嚴君焉尚書左僕
射元贊平原太守司馬貴賓著作郎程靈蚪皆其㳄教所
就崔浩高允並稱㳄之嚴教獎勵有方允曰文翁柔勝先
生剛克立教雖殊成人一也其為通識歎服如此因教授
之暇㳄述六經略注以廣制作其有條貫其序曰傳稱立天

之道曰陰與陽立地之道曰柔與剛立人之道曰仁與義
然則仁義者人之性也經典者身之文也皆以陶鑄神情
怡悟耳目未有不由學而能成其器不由習而能利其業
是故季路勇士也服道以成忠烈之節審越庸夫也講藝
以全高尚之節蓋所由者習也所因者本也本立而道生
於禮也廣博易良而不奢者敎深於樂也潔靜
身者敎深於詩也溫柔敦厚而
愚者敎深於書也恭儉莊敬而不煩者敎深於
精微而不賊者敎深於易也屬辭比事而不亂者敎深於

比史列傳三十 〈十七〉 三十五

春秋也夫樂以和神詩以正言禮以明體書以廣聽春秋
以斷事五者蓋五常之道相須而備易之源故曰易不
可見則乾坤其幾乎息由是言之六經者先王之遺烈
聖人之盛事也安可不游心寓目習性文身哉因眼日
屬意藝林略撰所聞討論其本名曰六經略注以訓門徒
焉其略注行於世癸不事王侯獨守閒靜講肄經典二十
餘年時號為儒林先生年六十三卒於家子文通歷官至
鎮西司馬南天水太守西翼校尉文通子景
景宇永昌少聰敏初讀論語毛詩一受便覽及長有才思
雅好文章廷尉公孫良與為楊律博士奉文親得其名既

而用之寫門下錄事正始初招尚菁門下於金墉中書外
省考論律令敕景參議宣武季舅護軍將軍高顯卒其兄
右僕財肇託景文尚書邢巒幷州刺史高聰通直郎徐紇
各作碑銘竝以呈御帝悉付侍中崔光簡之光奏景為位
乃處諸人之下送以景文則石肇尚平陽
公主未幾主薨肇欲使公主家令居廬制服已付學官議
正始行尚書令訪景以婦人無專國之理家令不得
有純臣之義乃執議曰爽紀以五情輕重所
因亦緣情以制禮雖關盛衰事經今古而制作之本降
殺之宜其貴一焉是故臣之為君斬所以資敬而崇重焉君

比史列傳二十 〈十八〉 頁

母妻所以從服而制義然而諸侯大夫之為君者謂其有
地土有更焉無服文者言其非世爵也全姬降適雖加
爵命事非君邑理異列土何者諸王家開國備立臣吏生有
趨奉之勤死盡致喪之禮而公主家令唯有一人其承已
下命之蜀官既典接事之儀實關朝臣之體原夫公主之
貴所以立家令者蓋以主之內事脫關外理無自達必
也因人然則家令之職及典主家之事耳無關
君臣之理名義之分也由是推之家令不得為純臣公主
也不可為正君明矣且女人之為君男子之為臣古禮所不
載先朝所未議而四門博士裴道廣孫榮文等以公主為

之君以家令為之臣制服以斬衰緦彌甚又張虛景甚難
羈等不推君臣之分不宜致服之情猶同其議淮毋制齊
求之名實理未為允羈謂公王之爵既非食菜之君家令
之官又無純臣之事君附如毋則之愚見義開施若淮小君則
從之景奄帶門下積歲不至顯官而無重位乃託意以讚之
君平楊子雲等四賢皆有高才而無重位乃
景在樞管十有餘年為侍中崔光盧昶游肇元暉光所知
賞累遷射將軍給事中延昌初東宮建兼太子屯騎校
尉錄事皆如故受敕撰門下詔書凡四十卷尚書元羨出

為安西將軍雍州刺史請景為司馬以景階次不及除錄
事參軍裹威將軍帶長安令甚有惠政人吏稱之先是太
常劉芳與景等撰朝令未及班行別典儀注多所草創
成芳卒景纂成其事及宣武朋召景赴京還修儀注拜謁
者僕射加寧遠將軍又以本官兼中書舍人後授步兵校
尉仍舍人又敕撰太和之後朝儀已施行者凡五十餘卷
時靈太后詔依漢世陰鄧二后故事親奉廟祀輿帝交獻
景乃撰正以定儀注朝廷是之正光初除龍驤將軍中散
大夫舍人如故時明帝行講學之禮於國子寺徒僕光
執經敕景輿董紹張徹馮元興王延業鄭伯猷等俱為錄

之官又無純臣之事君附如毋則之愚見義開施若淮小君則

義事毋又行釋奠之禮並詔百官作釋奠詩以景作為美
是年九月蠕蠕主阿那環歸闕朝廷疑其位次高陽王雍
訪景景曰昔蠕蠕主阿那環來朝晉世熟老王公特進之下
今景為班宜在蕃王儀同三司之間之聞雍從之朝廷章而
不決則時訪景而行初平齊後光祿太夫高聰徙於北
京中書監高允為之聘妻給其資宅聰後為允立碑每云
吾以此文報德矣司徒崔光聞而觀之良久乃曰高氏
才藻先遺德頌司徒崔光聞而觀之良久乃曰高氏
光祿平日每矜其文自許報免之德今見常生此頌高氏
不得獨擅其美也侍中崔光安豐王延明議定服章
才藻先遺德頌司徒

敕景朱脩其事氣進兟冠軍將軍阿那環之還國也境上
遷延仍陳筆之遣尚書左丞元孚持節振恤阿那環執孚
過柔玄杏干漠北遣尚書令李崇御史中尉兼右僕射元
纂追討不及乃令景出塞經絳山臨瀚海宣敕勒眾而返
景經涉山水悵然懷古乃擬劉琨扶風歌十二首進驍征
虜將軍孝昌初給事黃門侍郎尋除左將軍太府少卿仍
舍人固辭少卿不拜改授散騎常侍將軍如故徐州刺史
元法僧叛入梁梁武遣其豫章王綜入據彭城時安豐
王延明為大都督大行臺率眾討之既而
王延明綜降附徐州清後遣景兼尚書持節馳與行臺郎中觀

機部分景經洛汭乃作銘焉是時尚書令蕭寶夤庚都督崔
延伯都督北海王顥都督車騎將軍元恒之等並各出討
詔景諸軍宜自勞問還以本將軍徐州刺史洛周反於
燕州仍以景兼尚書行臺與幽州都督平比將軍元譚
以禦之景表求勒幽州諸縣悉入古城山路有通賊皆從
權發兵夫隨宜置戍以防過又詔景別敕譚西至軍都關比從盧龍塞擁此
之三長皆是豪門多丁為之今求權發為兵不盡強壯
二崎以杜賊出入之路又詔景山中嶺路之處采令捍塞
景遣府錄事參軍裴智成發范陽三長之兵以守白嶺都

〈二十一〉

督元譚襲景備下口俄而安州石離兀城斛鹽三戍兵反
結洛周有眾二萬餘落自松岍赴賊譚勒別將崔仲哲等
截軍都關以待之仲哲戰沒洛周又自分應以腹背受敵
譚遂大敗諸軍夜散詔以景所部別將李琚為都督代譚
征下口降景為後將軍太保安北四州行
之權賊既南出御東鎮軍主孫念恒都督李琚為賊所攻劍城
臺賊光祿大夫行臺如故洛周還據上谷
授景平比將軍而死率鬲城人御之賊不敢過洛周遣其黨王曹
紀真馬叱斤等率眾劍南以掠人穀乃遇連兩賊眾疲勞

景與都督千榮刺史王延年置兵眾國還其走路大敗之
斬曹紀其洛周率眾南趨范陽景與延年及延年又溺者榮破之又道
別將重破之於州西彭眼泉禽斬之又溺死者榮破之又後
周南圍范陽城人翻降刺史延年及景送於洛周凡為洛
葛榮所吞景文榮榮得此還朝永安初以景為本官兼
慰京師顥入洛景乃名本位莊帝還宮解除中軍將正安
恐景與待中大司馬安豐王延明在管中元顥親賞乃安
是參議正先壬子曆至是賜爵高陽王通辰除中軍將正先
黃門侍郎又攝著作辭不就二年除中軍將內通莊帝比
周南圍范陽城人翻降刺史延年及景送於洛周凡為洛

信州刺史

〈二十二〉

子後以例追永熙二年臨議事景自少及老恒居事佳清
儉自守不營產業至於衣食取濟而已耽好經史愛觀文
詞若遇新異之書殷勤求訪或復質買不問價之貴賤
又黃門侍郎爵景文榮榮破景得還朝永安初

慰京師顥入洛景乃名本位莊帝還宮解除

衛將軍羊深羊祖義顯等各出鐵千文而為買馬馬天平初遷鄴詔
約可尚將軍何以自濟也吾恐摯太常方餘歲於相谷丑遂與
以得為期友刀整每謂曰卿清德自居不事家業家雖儉
畢義顯等各出鐵千文而為買馬馬天平初遷鄴詔
下三日尸四十萬狼狽就道收百官馬尚書永郎已下非
陪從若盡乘驢亦神武以景為收百官馬尚書永郎已下非
得達郡後除儀同三司仍本將軍武定六年以老疾去官

詔特給右光祿事力終其身八年薨景晏與人交絲如若

其游宴者皆服其深遠之度未曾見其忿若之心好飲

酒澹於榮利自得懷抱不事權門性和厚恭慎每讀書見

蕫強之事深味之危乃圖古昔可以鑒戒指事多象府青

述之曰周雅大夫鑒戒斯文乃惕武銘方冊仰瞻高天聽

重則身輕言故秉和體遜逯武高不敢不踹而懼

有朝隱大夫之賦文賜而理明仰瞻高天聽視諦俯測厚

信哉其辭人之賦文賜而戴之不私不畏誰其踐之不陷故

地岳峻川渟誰其戴之不私不畏人咸敬忌嗟乎唯地厚矣

善惡其微物固同異論元匪人咸敬忌嗟乎唯地厚矣

尚永競競浩浩名位軌識其親搏之弗得聆之無聞故有

戒於顯而患千微好爵是冒夆本是甚身隕於祿利言溺

於是乘或知足而不厭或知足而不厭辭是故位高而執逾

迫正立而邪逾欺安有位極而危不卒誰肯邪曲邪夫禍未加

悔多敗地厚禍其於夫天高夫遯於無階之天裁位之危

卷視免失之困機發而後思圖車覆而後改圖之無及故

誰肯黑足固機發而後思圖車覆而後改圖之無及故

深於不測之地餒厚而躬不競爵降而心知命為遯齡以

成攉術滷思濟原夫人關之度遯於無階守善位之危

樂天為大患以戕智而從時以懷愚而游世曲躬焉累足

焉苟行之書已決矢猶夜則思其計誦之口亦明矣故心

必賞其奕能不同而諛而弭謗訑於羣小無毀無譽而賠

信於上帝託身與金石俱固而立名於天壤相雖競無後

優游獨逝夫如是綺關金門可安其宅錦衣玉食可顧其

形柳下三黜不慍其色子文三陟不悟其情故見者

高可以持勢欲來高以榛榮見者

邈聲夫天子聲然後聲可立其直道可以流聲故去聲

固君假道之所全矣以君子鑒持道不可以守勢去勢以崇道何者攘道雖

而懷道鑒專道不可以守勢去勢以崇道何者攘道雖

高不得無克求聲雖道不得無悔然則聲奢業則宴後彫

功業進則身迹退如此則精靈遂憺自親情與道絕

事與義隨墮力欲役思以持勢乘勢以求津故利慾誘其性

禍難頥其身利慾交則幽顯以之鑿禍難構則智術無所

嘆若然者雖磕磕焉帝胄為得而亦珮皇庭焉維之

榮之故身未究而道未充而形成功未立而悔正之

術已生福祿未賽人事之幽靈固斯愚碩莘於時情忠介剖心於

亡之所倚其在遜順而已哉鳴呼鑒之寨係之所機伏之所係全

述數百篇見行於世刪正晉司空張華博物志及撰儒林

白日耿節沉骨於幽靈因斯愚碩莘於時情忠介剖心於

列傳第三十　　北史四十二

列女傳各數十篇云長子昶少學識有文才早卒昶第彪
之求士申司空行參軍
論曰人云才未半古功已過之王肅流寓之士見知一
面榮佳赫然寄同舊列雖器業自致抑亦逢時之所致焉
劉芳鴻然特立沈深好古博通洽識為世儒宗樹于流識
學見重於世不虛然也常爽以儒素著稱景以文義見宗
姜幼

方浴周益周　之覺　孫　粹然　校正

郭祚　孫晏之
張彝　曾孫乾威
　　邢巒　弟子昕　　　族孫巒
李崇　詔孫平　　平子將次

北史列傳三十一

〔一〕南

郭祚字季祐太原晉陽人魏車騎將軍淮弟亮之後也祖
逸本州別駕前後以二女妻司徒崔浩一女妻浩弟子
光祿大夫父洪之坐浩事誅祚亡竄得免少孤貧寠貌不
太守恬太武時浩親寵用事拜逸徐州刺史假榆次侯贈
之書記又太原太守王希彥逸妻之姪也共相關恤乃振
孝文初舉秀才對策上第拜中書博士轉中書侍郎甚
書左丞長兼給事黃門侍郎車駕幸長安行經渭橋過郭淮
貴之從南征及還正黃門侍郎清勤在公夙夜匪懈帝甚
朝問祚曰卿哲頎在一門祚對曰昔臣先人以通儒英博事魏
賢後哲頎在一門祚對曰昔臣先人以通儒英博事魏
文徽臣庶薄遺奉聖明自惟幸甚因敕以太牢祭淮廟令
祚自撰祭文以貴遷落之規賜爵東光子尋文冒辛華林
園因觀故景陽山祚曰山以仁靜水以智流願陛下修之

〔二〕南

帝曰魏明以奢失於前朕何為襲之於後祚曰高山仰止
帝曰得非景行之謂邊高常侍仍領黃門是時芋文銳
意典禮兼銓鏡九流又遷都草創征討不息內外規略號
為多事祚與黃門宋弁參謀帷幄隨其才用各有委寄祚
孝文舉賜祚及崔光曰郭祚憂勤庶事獨不欺我崔光
溫良博物朝之儒秀不勸此兩人當勸誰也其見知若此
初孝文以李彪為散騎常侍祚常侍祚曰朕昨誤
授一人官祚對曰豈六聖詔一行而有羞異帝曰伯石辭卿
曰應有讓因讓朕欲別授一官須更易虎有啓曰
子產所惡臣欲之已久不敢辭讓帝歡謂祚曰卿之忠諫
詔以姦辭使朕欲回不能復逐不換李彪李彪興南
討祚以兼侍中從拜尚書進爵為伯孝文崩咸陽王禧等
奏祚兼吏部尚書尋除長兼吏部尚書并州大中正宣武
若以姦更逃竄從其兄弟妻子復應徙之此則一人
之罪禍傾二室黑謂罪人既逃此徙妻子走者之身縣名
詔以姦更逃竄若永避不出兄弟代之出徙走者之身縣
永配姦貪不免途自塞詔從之尋正吏部祚持身勢清
重惜官位至於銓授假令得必排個久之然後下筆
筆即云此人便以貴矣由是事頗稽滯當時毋招怨謗然

所拔用者皆量其才稱職時又以此歸之出為使持節領比
將軍瀛州刺史尋及太極殿成祚朝於京師轉鎮東將軍青
州刺史祚逮歲不稔聞境鐵戟穀甚豐羨
津海留號為煩擾然士女懷其德澤人為侍中金紫光祿
大夫并州大中正遷尚書右僕射時議定新令祚與待
中黃門條議列正軍門御在朝堂至司馬門騶唱而入宮門至於
道及祚為僕射以為非盡敬之宜言於帝納之下詔御在
太極騶唱至止軍門御史中丞騶唱不入宮門自
此始也詔祚本官領太子少師祚曾從辛東宮明帝幼弱
祚持一黃祇出奉右趙桃弓與御史中尉王

〔此史列傳三十一〕

〔三〕

顯選相脣齒溪為帝所信作私事之埭人謗祚者號為桃
弓僕射黃祇少師祚奏曰謹案前後考格雖班天下如臣
愚短猶有未悟分須定職人遷轉吏狀起越階級者即須
又去年中以前一制不同奏曰皆從吏之體自依
王吏表考格被目但可正滿三周為限不得計殘年之勤
量折景明初一階五考尤得一階半正始中故尚書中山

年以上遷一階三年以上遷半階殘年悉除考在上下者
得況以前六年以上遷半階不滿者除其得況以後考在
上中者三年遷一階散官從盧昶所奏祚又奏言考察令
公清獨考者德續起倫而無負殿者為上一殿為上中二

守平堪任或人用小劣處瀆事并全無負殿之徒為休
何第景明三年以來至今十有一載準限以判三殿之後
年斷各自餘其善惡而為升降且負注之章數成殿為差

〔此史列傳三十一〕

〔四〕

此條以實行為最多及為殿未審取何行是貪行伺坐為
多矢結累品以後有幾等諸文案失衷應杖十者為一負
罪依律次過隨負記十年之中三經肆赦皆赦前之罪不問
輕重皆蒙有免或為御史所彈奏驗未周遇赦後任者未
審記殿得除以不詔曰獨著起倫及爭備募各皆謂文武
兼上之極言至於默陟之體自依舊來斷
具其積名累殿及中平得潯皆令在其中何容別疑此所
左通考者據摭多年之言至於默陟所
何足復請其據揻殿已記之殿固非免限遇赦免罪準其殿
者除之尋加散騎常侍時詔營明堂國學祚奏曰今云羅

15-637

西襄開納岷蜀戎旗東徇鎮鄯淮漢沔之閒復須防捍
徵兵發眾所在殺虜遺郊多聖烽驛未息不可於師旅之
際奧板築之功且狀云暨東作將始臣愚竊謂宜待豐
踴之年因子來之力可不時而就從之宣武末年每引祚
入東宮密宴賞賚多至百餘萬雜以錦繡過淮將灌揚徐祚表
曰蕭衍狂狡擅斷川瀆役苦人勞危亡已兆宜敕揚州選
風龍其深遷左僕射先是梁將康絢過淮揚徐祚表
一猛將遣當州之兵令赴浮山表襄夾攻朝議從之除使
持卽散騎常侍都督雍州剌史征西將軍太和以前朝法
危岐貴臣蹉跌便致誅夷李沖之用事也欽祚識幹薦為
左丞又兼黃門蔥便滿足每以孤門往經崔氏之禍常慮
危亡自陳挹辭名慾然發於誠至沖謂之曰人生有運
非可避也但當明曰當官何所顧畏自是積十數年位秩
隆重而進趣之心更復不息又以東宮師傅之資列尚
書志在封賞儀同之位尚書令任城王澄為之奏聞
及為征西雍州雖喜於撫尚以府號不優心望加大執政
苔顧怪之於時領軍于忠恃寵憍恣崔光之徒曲躬承接
忠心惡之乃遣子太尉從事中郎景恣說高陽王雍令出
為稱職每有斷決多為故事名器旣重時望亦深一朝咸

罪見書遠近莫不恍惜靈太后臨朝遣使弟慰問追復伯爵
正光中贈使持卽車騎將軍儀同三司雍州剌史諡文貞
公初孝文置中正從容謂祚曰并州中正卿家故應推
王瓊也祚退謂親容曰我寧求死見
然主上直信李沖吹噓之說耳祚死後三歲而于忠死見
驗初為彭城王景尚學忠和涉歷書傳曉星歷占候言事頗
事中郎公強當世善事權貴號曰郭尖位中書侍郎來
拜而卒景尚弟慶禮位通直郎慶禮子元貞武定末定州
驃騎府長史

張纂字慶賓清河東武城人也冒墾綦毋尅東年太守
歸親親賜爵平陸侯位青州剌史祖準之龍又為東青州剌
史人靈昌早卒纂性公強有風氣靡歷經史又為祖侯爵顕
盧陽烏李安人等結為親友往來朝會常相追隨陽烏為
主客令安人與纂並散令少而豪放出入殷庭以驄馬為
一無所顧邑文明太后尚恭謹因會次見其俯悔改善於督
集百餘卷督責之令其倩悔而猶無悛改善於督察每有所
延檢縣常充其選清慎嚴猛所至人皆畏伏傳類亦以此
高文遷黃門後從焉南征母憂解任壽君喪過禮送葬自平

城達家千里亦從不乘重馬顏貌瘦瘠當世稱之孝文幸
冀州遣使弟慰進爵以驃騎將軍起之還本位以榮定遠
都之勳進爵為侯轉太常少卿還散騎常侍兼侍中持節
巡察陝東河南十二州甚有聲稱便還以從征之勳遷尚
書坐臺元昭為兼殿中尚書宣武親政能六輔政除與兼尚書邢巒同趣
侍中尋正侍中宣武親政能六輔政除與兼尚書邢巒同趣
分非常懼出京奔走以事及照隴右彌其威壑一方蕭靜號為良牧
翠夜晴野詔言切言之桑除安西將軍秦州刺史桑務尚
典式考訪故事及照隴右彌其威壑一方蕭靜號為良牧
羽儀赫然可觀羌夏蠻伏憚其威整一方蕭靜號為良牧

其年冬太極初就數與郭祚等俱以勤舊被徵及還州進
號撫軍將軍桑表解州任詔不許桑數政隆石多所制立
宣布新風革其鄙俗仰之庶愛桑為國造佛寺名曰興皇
諸有罪黜者隨其輕重議之未之功無復鞭杖之罰時
陳留公主為寡南頗尚主之僕射高肇亦望尚
主之意不可諧怨諸桑擅立刑法勞役百姓詔遣直後進
貳與馳驛檢察貳興桑所親愛必欲致桑深罪桑清身華
法求其然過遂無所得見代還洛猶停燉數年因得痾風
手腳不便然志性不移善自將攝稍能朝拜父之除光祿
大夫加金章紫綬桑素好知己輕忽下流非其意者視之

黃爾雖珍羨家庭而志氣彌高上歷帝圖五卷起元庖犧
終於晉末凡十六代一百二十八帝歷三千二百七十年
雜事五百八十九宣武善之明帝初侍中崔光表桑及弟
詔為多而近來參差便成薯後計其階途雖應遷陟然恐
坐為多而近來參差便成薯後計其階途雖應遷陟然恐
班狀猶未賜喜衛之公叔引下同舉昔之士巧摧長伯
游古人所高當時見許斯義叓降臣位一階授彼況
自強人事歛賢愛獎又無忘公私法集衣冠從事延請道俗偕營
肅讓好善歛賢愛獎又無忘公私法集衣冠從事延請道俗偕營
級詔加征西將軍冀州大中正雖年向六十加之風疾而
微號華後頗侮其躁宗獲戚不甚存紀時有怨憾甚繁官
之間未能止足事表在秦州豫有關撥漢中之勳希加賞
報積年不已朝廷患之第二子仲瑀上封事求銓削選格
排抑武人不使預在清品由是眾口喧囂謗讟盈路立榜
大巷克期會集雲其家桑殊無畏避之意父子安然神
龜二年二月羽林武賁將幾千人相率至尚書省詰
責其長子尚書郎始均不獲以尾石擊打公門上下懾懼莫
敢討抑遂持火蒼燎道中新燉以杖石為兵器曰造其第
垣而走始均回救其父拜伏羣小以請父命羽林等就加
曳桑堂下捶棰秘意唱呼勢其下始均仲瑀當時踰北

15-639

啟擊生投之於烟火中及得尸骸不復可識唯以鬚中小
鈒鎧驗仲璃走先叢僅有餘命沙門寺
寺逵近聞見莫不惋駭驟乃卒官為收殮羽林凶強者八人
斷之不能終然誅臺啟即為大赦以安衆心有識者知國紀
之將隊奕嘗還所焚宅與妯始均東西分飲於小屋仲璃逐
以劍重遊居衆殺還五月得漸案始奔父喪詔賜以布島
靈太后以其衆榮為張羆歡食不御乃至首綾微有駷落涕漼種
侍臣百吾為集朝大臣特無矜憫數月猶復追言諸

合旋罷入冀州積三十年析別有數萬尸故孝文比校天
下人尸最為大州羆為黃門每傳坐以為言孝文謂之曰
終當以卿為刺史酬先世誠效羆追孝文往旨黑乞本州
朝議未許於二後靈太后云羆履乞冀州吾飲用之有人
違我此意若從其請或不至是悔之無及乃贈便持節攄
將軍冀州刺史諡文侯始均字子衡端潔好學才幹有美
於父改陳壽書為編年之體廣益異聞為三十卷又著
冠帶錄及諸詩賦數十篇班三失初大乘賊起於冀漲之
間遣都督元遙討平之多所殺戮積尸數萬始均以郎中
為行臺分軍士以首級為功令揀集人首數千
至於灰燼用息倖見者莫不傷心及始均之死也始末

在烟炭之間有焦爛之痛論者或亦椎咎各為贈樂陵太守
諡曰孝子嵩之襲祖爵武定中開府主簿羁受禪爵例降
嵩之弟晏之
晏之字熙德幼孤有至性為母鄭氏教誨動依禮典從兄
朱榮平元顥賜爵武城子累遷尚書二千石郎中高岳征
潁川復以晏之為都督中兵參軍兼記室安之文士兼有武幹
每與岳帷帳之謀又崔納晏之女為妃令起晉陽
嗟賞晏之後園陪讌坐客皆賦詩晏之詩云天下有道主
成禮晏之文宣嗟賞世則文宣賦詩呃曰得卿箴諷深以慰
明臣亶雖休勿休承貽世官未拜卒贈兗州刺史
懷行比徐州事卒即真為更人所愛御史崔子武賢察
州郡至比徐無所案劾唯得百姓所制清德頌數篇乃歎
日本求罪狀遂聞頌聲豈州牧之望乎隋開皇中累
還晉王屬王甚美其才與河內張衡俱見禮重晉邸稱為
二張焉及王為太子遷員外散騎侍郎太子内舍人煬帝
即位授内史舍人儀同三司又以藩邸之舊加開府尋拜
謁者大夫從幸江都以本官攝江都贊務稱為幹理乾威
乾威字元敬性聰敏沈邃慕書其世父嵩之謂人曰吾家
千里駒也仕齊伍太常丞仕周為宣納中士隋開皇中累
調者大夫從幸江都以本官攝江都贊務稱為幹理乾威

常在途見一遺囊恐其主求失因令在右負之而行後數
日物主來認悉以付之淮南太守楊綝與十餘人同來
謁見帝問乾威曰其首立者為誰乾威曰鄉為大夫而莫
淮南太守楊綝帝謂乾威曰鄉為誰者也就視而苦曰
見人何也乾威對曰臣兆年蓋慎楊綝皆慮不審所以不敢參
輕對石建數馬足蓋因上封事以諫帝不悅自
于時帝數幸百姓疲弊官有子爽仕至蘭陵令乾威弟乾雄亦有
此見踈未幾卒後為秦州摠管選為洪曹參軍王晉親笑因
徒乾雄誤不持狀口對百餘人皆盡事情同董莫不歡服

邢巒字洪賓河間鄚人魏太常貞之後也族五世祖跛石
勒頻徵不至跛曾高祖盖自旁宗之後入微後拜中書
郎改通直常侍使宋選以病歸鄉之後微之帝往憶
敬以千學知名太武時與范陽盧玄等同徵後拜中書侍
者有學義宜侍講東宮今安在司徒崔浩曰顗臥
邢穎長者也位州主簿少好學貞帙尋師守貧賾子偁遂
病在家帝遣太醫馳就孫卒贈定州刺史謚曰康子顗
年即跛父也位州主簿少好學貞帙尋師守貧賾子偁遂
傳覽書傳有文才幹略美鬚髯姿制甚偉累遷兼員外散
騎常侍使齊還再遷中書侍郎甚見顧遇嘗參坐席事文

因行藥至司空府南見霷宅謂霷曰朝行藥至此見鄉宅無
乃住東望德館有依然變對曰陛下移構中京方建無
窮之業臣意在與禹升降寧容不務求年之宅帝謂司空
穆亮僕射李沖曰巒之此言其意不小有司奏策秀孝詔
曰秀孝殊閤經異策邢巒擢對竒秀後兼黃門郎
守危邦固逆主權異策邢巒擢對竒秀後兼黃門郎
從征孝文閤經異策已崩想在不遠
所以緩攻者正待中書為露布耳尋除正黃門兼御史中
尉瀛州大中正遷散騎常侍兼尚書宣武時擢秀奏曰先皇
深觀古今諸奢侈服御尚質不貴彫鏤所珍在素才務

奇綵至乃以紙絹為帳展銅鐵為爵鐶訓朝廷以節儉示
百姓以奢黔達景明之初承升平之業四疆清晏遠近來
同於是董賈繼路商估交入諸所獻貿倍多於常雖加以
節約猶指萬計珍貨常有餘國用恒不足若不裁其分
限便忍無以支歲自今共為要者請皆不受詔加斟使
正尚書梁泰二州刺史於貝開地定境東西七百南北千
持節都督征梁漢諸軍事進徵攝得以便宜從事經至
漢中遺共討之賊皆款附乘勝追奔至關城之下詔拜纏
使持節梁秦二州刺史於貝開地定境東西七百南北千
里獲郡十四二部護軍及諸縣戍遂逼涪城蠻表曰楊州

成都相去萬里陸途既絕唯資水路水軍西上非周年不
達外無聲援一可圖也益州頃經劉李逆叛鄧元起攻
圍名鎮空竭無復囷廩之所特惟阻劍閣今既克南安已奪其
年末冷政務令之所任匪近非遠將重名皆是左右少
獲彼界內三分已一從南安向涪方軌任意前軍累破後
已三可圖也圖之所特惟阻劍閣今既克南安已奪其險
當無死魂四可圖也深藻何肯城中坐而受困五可圖
也臣聞乘機而動武之善經某有捨干戚而康時不征伐
而統一臣以不才屬當我寄上為國威煩有溥捷瞻望涪

益曰又可量正以兵少糧匱未宜前出今若不取後圖便
難賴率愚管必將珍克如其無功分受憲坐若朝廷未欲
經略臣便為無事之歸侍養微展為烏忿又表曰首鄧艾欲
鍾會率十八萬衆有平蜀所以然者開賞
力此況臣干絕古人何宜請一萬之衆而希平蜀所以敢
著正以獲主無慕義此往則易彼來則難任力而
行理有可克今王足前進已過涪城脫得自軍度劍閣以
是戒禽之物臣誠知征我尤事未易分彼軍度益州便
來議晙中曰所以勉強者既到此地而自退不守恐先
皇之恩遇負陛下之爵祿其少故投頻有陳請宜武不從

又王足於涪城輒遠遂不定蜀亦既克巴西遣軍主李仲
遷守之仲遷得梁州張法養女有美色甚惑之散費公
尊心酒已公事諮承無能見者亦惑之切閉門仲遷懷謀叛
城人斬其首以降梁將諫希遠巴西冢没武與氏楊集起
等反亦遣統軍傳豎眼以惠歲餘亦之初至漢中從谷風雅
接豪右以禮撫衆庶討平之亦之後頌因其去就誅滅百
姓籍為奴婢者二百餘曰兼商販聚斂清論鄙之徵授度
支尚書梁人侵軼徐兗朝廷以亦為使持節都督東
討諸軍事安東將軍尚書如故宣武遣亦於東堂曰東
將軍旋京末久滕下難違然東南之寄非將軍莫可自古

忠臣亦非無孝也亦曰顧陛下勿以東南為慮帝曰漢祖
有云金吾擊鄧吾豈其矣今將軍董我朕何慮武亦至乃
分遣將帥致討兗州恭平進圍宿豫平之帝賜亦璽書慰
勉之及梁將攻鍾離亦詔亦率衆會
亦以為梁離天嶮朝貴所不知如其無
也必無克强遣亦亦狀且俗語云耕田問奴織婢臣既謂
識略初待中盧昶顯亦不平求渠帝許之英果敗退時人伏其
史中尉崔亮昶之黨也昶暉令真紛亦事咸許言於宣武
以身為侍中亮奏亦在漢中掠良人為婢亦懼乃以漢中

所得巴西太守龐景仁女化生等二十餘口與嬰化生等
數人奇色也睥大悅乃昔昶為戀言云戀新有大功巳經
敕有不宜方為此徵帝納之高肇以戀有克敵効而為祖
等所排助戀申釋故得不坐豫州城人白早生殺刺史司
馬悅以城南入梁遣其將荀仁率眾入攄縣之功也宣武
東堂勞達縣曰何時平生走也何時平戀曰今王師若臨
士人必詡然歸順陛下不足為高帝笑曰卿言何其壯哉知卿親老
京師願陛下不度此年必傳首
頻勞於外然也孝不俱不得辭也於是戀率騎八百倍道

兼行五日次於鮑口擊賊大將胡孝智乘勝至縣瓢因即
度沒然而大兵繼至遂長圍之詔緯使持節假鎮南將
軍都督南討諸軍事中山王英南討三關亦次縣瓢以後
軍未至前寇稍名憚不敢進乃與戀分兵將掎角攻之梁
將齊苟仁等二十一人開門出降即斷早生等同惡數十
人豫州平翻振旅還京師宣武臨東堂勞之戀曰此陛
度略威靈英等存士之力伯讓功而弗崇竊自宿豫大捷
及平縣飙志稗奇正不復以貨賄為懷戎貧軍實綠毫無
犯還殺中尚書加撫軍將軍卒於官戀才兼文武朗野瞻

＜十五＞
童

望上下悼惜之贈車騎大將軍瀛州刺史初帝欲贈無州
黃門甄琛以戀前冒巳乃云瀛州戀之本郡人情所欲
乃從（之）又琛為詔乃云優贈車騎將軍瀛州刺史議者笑
珠湊薄謚曰文定子遜

史子祖徵開府祭酒父慶未經謀反伏法祖徵第祖勛頗
慨然以遜為長兼尚書郎中後位大司農卿與少卿元慶
哲至相訟遜銳於財利議者鄙之卒贈光祿勳瀛州刺
將而早身無軍功階級臣父唯為兹臣不為慈父靈太后
中正因謂靈太后曰陳功名之子必抱沈氏屈臣父靈太后
遜字子言貌雖陋短頗有風氣賀婁子幹後遠圖子博士本州

＜十六＞
童

寢有風尚仕齊卒於尚書郎祖勛弟祖後開府行參軍閑
臺中位尚書郎中纘第傳尚書郎中偉子昕
昕字子明幼孤見愛於祖母李氏好學卓有才情解褐遂
寇將軍東閤祭酒記室軍東部尚書奏神禮奏詔俶起
居注太昌初除中書侍郎加平東將軍光祿大夫時言曰
監常景典儀汪僎武帝行釋奠禮昕與校書郎裴伯茂等
俱為錄義永熙末昕入為侍讀與溫子昇魏季景魏收同
徵起都尋還鄉里既而復徵時梁使兼散騎常侍劉孝儀
遷鄴乃歸河間天平初與侍中從叔子才魏季景魏收同

＜十六＞
童

等來聘詔昕迎之境上⋯⋯司徒孫騰引為中郎尋
除遷直常侍加中軍將軍既以才藻兼長几案自孝昌之
後天下多務世人競以吏工取達文學大衰司州中從事
宋游道以明斷見知時與昕嘲謔達文襄王
學斗游道有輊色與和中以昕副本象使於梁昕從事同知文
物人謂之牛是行世談者謂之牛象關於江南齊文襄王
弟某字幼平美風儀傳涉經史諡曰文所著文章自為集錄位倉
將軍都官尚書冀州刺史諡曰釋老雅好文詠好作
猶授擬昕既為司徒右長史未奏遇疾卒十九悲之贈尚書左僕射瀛州刺史
州刺史為政清靜更人安之平贈尚書左僕射瀛州刺史

諡曰文員長裏為義讓初為南兗州倒得一子解褐乃格
其孤第三子演為朝請慎年甫十二而其子延已弱冠矣
後為倉州復豁孤兒昕為府主簿而其子延未從官世
人以此元子高頻有文學位兼通直散騎侍
祖祐子宗祐少有學尚名於時假員外分散騎侍
使於梁時年二十八後為中外府屬永分散騎侍
末以將命之勤除威將軍平原太守賜爵城平男子政清
刑嵩百姓安之卒于官享年神賢如字善屬文少時作
沫達賜為時所稱舉秀才除著作佐郎假常侍郡縣子使
於蕃遣仍世將命時人美之歷中書侍郎太子中庶子卒

朝廷嗟情焉贈平州刺史樂城子諡曰定祐從子神
虎著作郎敏之子也少為三禮鄭氏學明經有文思舉秀
才上第為中書議郎尚書殿中郎孝文因八事與語問朝
觀宴饗禮蟲以經對大合上旨帝朝書令王蕭多用新
儀蟲往往折以五經正禮為尚書令王蕭多用新正臺閣爾
然時應門人有害毋者八坐象輊之而溺其至宥其二
令不及子既迎近其至東鏡禽獸之不若而種祀不絕遺青
蟲駁奏云君親無將將而必誅謀逆者戰及莘親善親者二子
承傳非所以勸忠孝之道存三綱之義若聖教之容不加
娶戴使父子罪不相及惡止於其身者則宜投之四裔故敕

所在不聽配匹盤庚言無令易種新邑漢法五月食梟羹變
皆欲絕其類也奏入宣武從之後為光祿少卿毋在鄉遇
惠請假歸遇秋水暴長河梁破絕蟲得一小船而度船漏
滿不沒時人異之母喪哀毀過禮為時所稱幽贈幽州刺
史諡曰威蟲善與人交高允顏延之平立與親善所
作碑頌雜筆三十餘篇為長子藏
藏字子良幼孤早立操尚學有漢惠年二十一神龜中
舉秀才考上第為太學博士正光中議立明堂藏為裴頹
一室之議事雖不行當時稱其理博出為本州中從事雅
為鄉情所附永安初徵為金部郎中以疾不赴轉除庫部

太守時天下多事在職少能廉曰臧獨清慎奉法吏人愛
之隴西李延寔莊帝之舅必太傅出除青州啓臧爲屬領
樂安內史有惠政後除濮陽太守尋加安東將軍臧和雅
其工與裴敬憲爲友之風爲時人所愛敬曾爲特進甄琛行狀世稱
信厚有長者之其文章并叙作者氏族號曰文譜未就病卒時
通之撰克桑文章凡百餘篇贈平北將軍定州刺史諡曰
賢悼惜之其文筆凡百餘篇贈鎮北將軍定州刺史論曰
文子恕涉學有識悟齋武平末尚書屯田郎隋開皇中尚
蓍侍郎卒於沂州長史
臧第邵字子才小字吉少時有避遂不行名年五歲甞
部郎清河崔㥄見而奇之曰此子後當大成位望通顯十
歲便能屬文雅有才思聰明強記日誦萬餘言族兄嶐有
人倫鑒謂子弟曰宗室中有此兒非常人也少在洛陽會
天下無事與時名勝專以山水游宴爲娛不暇勤業嘗林
雨乃讀漢書五日略徧之後因飲謔倦方廣尋經史五
行俱下一覽便無所遺文章典麗旣贍且速年未二十名
動衣冠甞與右北平陽固河東裴伯茂從兄凱河南陸道
暉等至北海王昕舍宿飲相與賦詩凡數十首皆在主人
奴廚曰奴行諸人求詩不得邵皆爲誦之諸人方之王粲吏部尚書隴西
詩者奴還得本不誤一字諸人有不認

李神傳大相欽重引爲志年之交釋巾爲魏宣武挽郎除
奉朝請遷著作佐郎深爲所禮義新除遷尚書
令神雋與陳郡袁翻在席義公變邑孝昌初與黃門侍
諸賓神雋曰邢邵此表足使表公戀邑初與黃門侍
獨步當時每一文初出京師爲之紙貴讀誦俄徧遠近于
郎李琰之對典朝儀自孝明之後文雅太盛邵彫蟲之美
時表翻與邵泛陽祖瑩位望通顯文筆之美見稱先達以
藻思華贍深共忌嫉每一文初自洛中貴人拜職多憑邵爲謝章表
甞有一貴勝初授官大事實食翻與邵俱在坐翻意主人
託其爲讓表邀命邵作之翻甚不悅每告人云邢家小兒
常客作章表自買黃紙寫而送之邵恐爲翻所害乃辭以
疾罷尚書令元羅出鎮青州啓爲府司馬遂在青土終日
酣賞盡山泉之致求安初累遷中書侍郎所作詔誥文體宏
麗及介朱北入洛京師擾亂邵與弘農楊愔避地高山
普泰中兼給事黃門侍郎尋爲散騎常侍楊愔避地嵩山
直內省給御史令獄案尋除散騎常侍太昌初敕令可
不然後施行除衞將軍國子祭酒以親老還鄉詔所在特
給兵力五人并令歲一入朝以備顧問丁母憂哀毀過禮
後楊愔與魏元義及邵請置學奏曰二學兩盛自虞殷
所以宗配上帝以著莫大之嚴宣布十二以彰則天之軌

養臣黃馘以蘭也言青衿而數典敎用能軍國長父風徽
馬祖者也愛暨三秦改革其道防儒滅學以蔽黔黎故九
服分朋祚絕二代炎漢勃興更修儒術故西京有六學之
蘦柔都有三本之盛逮魏晉撥亂相因兵革之中學校
不絕仰惟高祖孝文皇帝聿自天道鏡今古列教序於
鄉閭敷詩書於郡國旦經始緒於東聖自天道鏡今古列教序於
郡弟追世宗統曆運之要少樓榭之飾加以風雨稍侵
早戎馬生郊雖建為山還停一貫而明堂禮樂之本乃煥
荊棘之林膠序德義之基荡盈牧暨之跡城陷壘固之重
關雕石之工墉構顯至之要少樓榭之飾加以風雨稍侵

新致靡隆菲所謂追隆堂構儀刑萬國者也伏聞朝議以
高祖大遷遷愈道俾姬文擬祀明堂式配上帝今若基字
不惰仍同立畎即使高皇神草關孫國陽宗事之典可授
無貴此臣子所以雖密德兆所以佇望也臣又閒官方授
能所以任事矣有學官之名而無教授之實何
下絕尸素之謗今國子雖有學官之名而無教授之實何
皇兗絲蠶焉其比斗哉昔劉向有言王者宜興辟雍陳
奉兗絲蠶焉南鄰其比斗哉昔劉向有言王者宜興辟雍陳
禮樂以風天下夫禮樂所以養人刑法所以殺人而有司
勤勤請定刑法至於禮樂則曰未敢是殺人而不敢於
養人也臣以為當今四海清平九服晏寧經國要重理應

先蘦脫復會延則劉向之言徵矣但事不兩興須有進退
以臣愚晉官罷尚方彫靡之作頗省永寧土木之功并減
瑤光材瓦之力兼分石窟鵾珠之勞及諸事役非世者者
三時農隙悋比數修使辟雍禪尉爾而復興諷誦之音
焕然而更作美棚高墉嚴莊非外槐宮棘寺顯罷於中更
明古今重遷鄉夏可致之於下國豈不休歟學有司
饗大禮為國之本比以戎馬在郊書令可加侍中于時與梁相知妙
當敎有司別議經緯收及徒子子明被徵入朝當時文人皆邵
簡聘使為國之本比以戎馬在郊書令可加侍中于時與梁晏學
之於上序游夏之本比以戎馬在郊書令可得

賓司邢子才故應是比間第一于士何為不作聘使苔云
伯猷謹軍猶得將命國子祭酒何為不可邵旣不行復論
子士文解實無所愧但官位已高恐非復行限南人曰鄭
還故郡武帝在京輔政徵之在第為賓客降給事黃門侍
郎與溫子昇對為侍讀宣武崔暹每
勸禮接名賢詢訪得失以邵舊鄙修進無學術言論之
親重之多別引見邵舊鄙修進無學術言論之
無所知解宣還以邵言告進井道此漢不可親近遂六遷
衡之邵奏魏帝敎用妻見李伯倫為司徒祭酒詔書已

出運即啓宣武執其事擅伯倫官專寢郎由是被踢其
後除驃騎西兗州刺史在州有善政枹鼓不鳴吏人畏伏
宇令長短無不知之定陶縣去州五十里縣令妻日暮取
人十酒東脯邵過夜攝令未明而去責其取受鄰州不識
其所以往往都不營生產唯南兗薙粟就瀁陽食之邵善
脩觀宇頗爲壯麗甞爲之名題有清風觀明月樓而不擾
老及媼媼皆遠相攀追號泣不絕至都除中書令吏人舊格制
生兩男者甞羊五口不然則絹十四僕射崔運奏絕之邵
公私唯使兵力吏民爲立祠弁勒碑頌德及代吏人父
云此格不宜輒斷句踐以區區之越賞法生三男者給乳

〈北史列傳壬〉 〈二十三〉

毋況以天下之大而絕此條舜藏金於山不以爲之今藏
之於民復何所損又淮舊訊凶取占然後送付廷尉邵
以爲不可乃立議曰設官分職各有司存丞相不閒關人
寘官弓招不進宣使尸祝兼刀匕之役家長侵雞犬之功
詔立從之自除太常卿兼中書監福國子祭酒是時朝臣
多守一職帶領二官甚少邵頗居三職頭是文學之首當
世榮之幸晉陽路中頗有甘露崩洌禮多見訊訪敕撰哀策後
役持進率邵率情簡素內行修謹兄弟親姻之閒稱爲難
書符令邵爲之序及文宣崩洌禮多見訊訪敕撰哀策後
睦博覽墳籍無不通曉晚年尤以五經章句爲意能窮其指

要吉凶禮儀公私諮稟累旬方去或爲世指南每公卿會議
事關典故邵援筆立成證引該洽帝命朝章取定俄頃論詞
致家遠獨步當時與濟陰溫子昇爲文士之冠世論謂之
溫邢鉅鹿魏收雖天才艷發而年事在二人之後故子昇
死後方稱邢魏邢魏爭聲兼重不以才位懷物脫略簡易
不脩威儀車服器用充事而已有齋不居坐臥恆在一小
屋案餌之屬或置之梁上賓至下而共啜天姿質素特安
異同士無賢愚皆能傾接對客或解衣覓虱且與劇談有
死讀不可徧爲校此日思誤書更是一適妻第至
書甚多而不甚儷校見人校書曰何愚之甚乎至

〈北史列傳三十一〉 〈二十四〉

李節才學之士謂子才曰世間人多不聰明思誤書何由
能得子才曰若思不能得便不勞讀書與婦其跛未嘗內
宿自云嘗晝入內閤爲狗所吠言畢撫掌大笑性好奬
賞又不能關中公事歸休怕須賓客自伴事實大笑性好奬
孤子如慈愛特深在兗州有都信云恕疾便真食之廢寢食
顏色貶損及至人士爲之傷心痛悼雖甚竟不哭賓客
有也有集三十卷見行於世邵世兒大寶有文情孳子大
韋慰拔溪而已其高情逹識閒遣滯累東門吳以還所未
德大道略不識字焉

李崇字繼長小名繼伯頹立人也文成元皇后第二兄誕

之子年十四召拜主文中散龍驤將軍陳留八鎮西大將軍孝
文初為荊州刺史鎮上洛敕發秦陝二州兵送崇至理崇
辭曰邊人失和本処刺史奉詔代之但須一宣詔旨而已
不勞發其自防使人懷懼孝文從之乃輕將數十騎馳到
上洛宣詔綏尉人即帖然邊戍掠得齊人者悉令還之南
人感德仍送荊州口二百許人兩境交和無復烽燧之警
在州四年其有稱績乃選京師賞賜隆厚除兗州刺史兗
舊多劫盜崇乃村閭設置一樓樓縣一鼓盜發之處雙槌
擊四面諸村閭設皆守要路置一樓樓縣始發便亦擊鼓一鼓聲布百里其中險
更來有伏人盜竊始發便以飛馳傳告諸州置樓縣

也後例降為侯改授安東將軍車騎南征詔崇副驃騎大
將軍元麗都督左翼諸軍事徐州降人郭陸聚黨作
逆人多應之崇遣高平莫州詐稱犯罪逃亡歸陸陸納
之以為謀主數月異州斬陸送之賊槌潰散亡為河南尹
後軍駕南討漢陽崇行梁州刺史氐楊靈珍邊蠻羅與
將軍王禎都督左翼諸軍事與靈珍相結詔崇為便持節都
督諸軍事率眾討之崇與楊靈珍戰於龍門躬率
子雙領步騎萬餘拒崇崇破武興與齊梁州刺史
龍驤將軍氐皆東靈珍敗崇大半崇進據赤土靈珍以
又遣從弟建率五千人屯龍門躬率精勇一万據赤土靈
門之北數十里中伐樹塞路驚峽之口積大木聚礧石臨

崖下之以拒官軍崇乃命統軍慕容拒率眾五千從他路
夜襲龍門破之崇自攻靈珍靈珍戰敗走俘其妻子崇
多設疑兵襲克武興與齊梁州刺史陰廣宗遣參軍鄭猷王
思考率眾援靈珍崇大破之并斬婆羅首殺千餘人俘獲
獸畜數眼掠靈珍走并妻女在南陽覽表大悅曰便朕無西
顧之憂者崇也拜梁州刺史手詔曰便可善思經畧白
水崇擊破之靈珍遠遁宣初徵為右衛將軍兼七兵尚
書轉左衛將軍相州大中正曹陽璧諸軍事
眾反叛諸軍崇應之圍逼湖陽游擊將軍李暉光鎮北城

盡力捍禦賊勢甚盛詔以崇為使持節都督征蠻諸軍事
以討之頹屢數万屯據形要以拒官軍崇東戰破之斬北
之諸將擊之不利乃以崇為鎮南將軍都督征蠻諸軍事
縣伯東荊州蠻樊安聚眾於龍山僭稱大號梁武遣兵應
蠻澤桃乃餘子於幽并諸蠻宣武追賞平氏之功封魏昌
討西荊諸蠻采降尋兼侍中東道大使黜陟能否著賞蜀
步騎討之崇之諸將力遣諸將攻擊曼戰克捷主禽樊安進
之稱伯一奉敕左衛右疾常侍征南將軍揚州刺史詔曰
行姦詐或生詭劫宜遣銳兵備其不意崇可都督淮南諸
箕非一奮救在擊右疾均勢公胸山蟻寇久結未殄賊

【北史列傳三十一】

【二十七】 丁

軍事坐敷威重遼運聲算延昌初加待中車騎將軍都督
江西諸軍事先其壽春縣有子三歲遇賊亡失數
年不知所在後見在同縣趙本伯泰以狀告各言己子
近有鄰證郡縣不能斷崇令二父與見各在別處禁經數
旬然後遣人告之曰君兒遇患不可出奔哀也苟泰聞
即號咷悲不自勝奉伯咨嗟而已殊無痛意崇密知之乃
以見泰詰奉伯詐狀奉伯欸引云二父亡一子故妄認之乃
為人所殺慶賓懼後役追責規絕名貫乃認城外死尸詐稱其弟
又定州流人解慶賓兄弟坐事俱徙揚州弟思安背役亡
歸慶賓後役追責規絕名貫乃認城外死尸詐稱其弟
思安見被殺害有女巫陽氏
自云見鬼詣思安被殺害之苦飢渴之意慶賓又詐認同軍
兵蘇顯甫李蓋等所殺經州訟之二人不勝楚毒各自款
引微將決竟崇疑而停之密遣二人非州內所識者偽從
外來詣慶賓云僕住在此州比有一人見過寄宿中
夜共語疑其有異便即詰問乃云是揚州人姓解字思安
時欲送官苦見求及稱有兄慶賓今住揚州相國城內
姓解字慶賓即我邊兒若往告之必望重相報
見在何處此人欵引更問蓋毒害
姓徐君脫矜愍為往報及望有所脫今但見指申此意君欲
今但見所欲脫苦見求及望有所脫今但見指申此意欲
色求其少傳此人其以報崇攝慶賓問之欵引更問蓋毒害
見其慶賓何以誣告賢弟若不信可見隨看之慶賓之伏引更問蓋毒害

【北史列傳三十一】

【二十八】 丁

乃以五百縑歎曰之間思安亦為人縛送崇案其色女巫陽氏之鞭
第一百姓崇斷獄精審皆此類也時有泉水涌於野鴨群飛入城與烏鵲爭巢山頂
壽春城中有魚數從地涌出野鴨群飛入城與烏鵲爭巢五
月大蘇兩未已乘船附於女墻城不沒者二版而已州府勸
崇棄外城保此山崇曰吾受國重恩寧蕃寧淮南萬里繫
千吾身一旦動腳百姓瓦解揚州之地恐非國物又
同死可乎假豫州刺史因乘大水謀欲為亂崇自脫走
憤慨義感黃河可楫千載但怨茲時此城時人規自脫恐必死此城崇固
以洪水為災諸罪解任詔曰夏雨沛濫斯乃人力何得以
此辭解令水涸路通公私復業便可繕甲積糧儲偹城雄
勞臨士庶務盡綏懷之略也崇又表解州不聽是時非崇
則淮南不守矣崇沈深有將略寬厚善御眾在州凡十年
常養壯士數千人寇賊侵邊所向無不摧破號為臥虎
之梁武深以為患乃募間諜有能間崇者厚賞待之宣武
郡公諸子皆為縣侯欲以襃崇表言其狀宣武優詔許之
重裘無以措謀乃搜崇車騎大將軍儀同三司萬戶
恩服宣武之賞賜珍異歲至五三親待無與為比梁武每數
書慰勉之能任崇也崇明踐陟孫賜衣為乃梁遣其游

繫將運祖悅糧據西硤石更築外城過從緩淮之人於
城內又遣二將昌義之王神念率水軍沂淮而上規取壽
春田道龍冠邊城路長平冠五門胡興茂冠開霍揚州諸
戌守被冠通崇分遣諸將與之相持密裝船艦二百餘艘
敕之水戰以待臺軍梁將司馬田休等冠建安崇遣統
軍李神擊之交之又命達城戌主邵申賢要其垂路破之於
濡水伊斷三千餘人靈太后璽書勞勉許昌縣令兼絆麻
詔遣鎮南將軍崔亮救硤石鎮東將軍蕭寶寅於梁堰上
流決淮東注朝廷以諸將不相赴乃以尚書李平兼右僕

射持節賈度之崇遣李神東闢艦百餘艘沿淮與李平崔
亮合攻硤石李神水軍剡甚東北外城祖悅力屈乃降朝
廷嘉之進號驃騎將軍儀同三司都督如故梁淮堰堰
未破水勢日增崇乃於硤石開編舩為橋北更立船樓
十各高三丈十步置一罐至兩岸番版裝它四箱解合賊
至舉用不戰解下又於樓船之北連覆大船東西竟水防
賊以梳又於八公山之東南更起一城以備大水州之
曰魏昌城崇夷解州前後更十餘如上孝明乃以元志代之
尋除中書監驃騎大將軍儀同如故出為使持節驃尚書令加
督四州諸軍事定州刺史徵拜尚書左僕射遷尚書令加

侍中崇在管和厚明於決斷然性好財賄販肆聚斂孳明
靈太后幸其左藏王公嬪主從者百餘人皆令任力負布
絹即以賜之多者過二百匹少者百餘唯長樂公主與章武王
融以所負多顯仆於地崇時人為之語
曰陳留章武傷折股貪人敗類穢我明王蠕蠕主阿那
瓌被逐出塞三千餘里不及賊而還崇而孝明目
陽殷戎服詔崇以本官都督北討諸軍事以討之崇辭於顯
瓌既塞韶志氣奮揚時年六十九齡力如少孝明
而壯之朝臣莫不稱善後地鎮人破落汗拔陵
請叛六鎮為州共編戶太后不許地鎮人破落汗拔陵

及所在嚮應征北將軍臨淮王或大敗於五原安北將軍
李叔仁尋敗於白道賊眾日甚詔引朔相令僕尚書侍中
蕭門於顯陽殿冠勢侵淫冠連恒朔金陵在彼風夜憂
慄諸人宜陳良策更部尚書元修義以為須得重真鎮壓
恒朔撫授師旅備衝金湯詔曰去歲阿那瓌叛逆達李崇
北征崇遂長驅塞北返旆榆關此一時之盛朕以李崇國
感之重曩識夹斷意欲還遣崇行揔督三軍揚旌朔諸
人謂可尔不僕射蕭寶夤等曰下此遣實合羣望於是
詔崇以本官加使持節開府北討大都督撫軍將軍廣
鎮軍將軍廣陽王深皆受崇節度又詔崇子光祿大夫神

軌假平北將軍隨崇北討崇至五原舊進大敗于白道之
北賊遂并力攻崇崇與廣陽王深力戰累破賊眾相持至
冬乃引還平城深表崇長史祖瑩詐增功級盜沒軍資崇
坐免官爵徵還以後事付深後徐州刺史元法僧以彭城
南叛時除安樂王鑒為徐州刺史諡曰武康後重贈太尉
馬芮歸乃詔復崇爵開府儀同三司相州刺史元法僧所敗單
長子世哲性輕率供奉豪侈經征伐頗有將用為三關
將軍司徒公儀同並如故孝昌元年薨於位贈太尉公餘如故
侍中將軍安豐王延明代之改除開府相州刺史
疾篤乃詔復崇爵為徐州大都督節慶諸軍事會崇
南叛時除安樂王鑒為徐州刺史諡曰武康後重贈太尉

別將討群蠻大破之還拜鴻臚少卿性傾巧善事人亦以
偵略自達高越劉騰之寵敵也甘與親善故世號為李錐
為相州刺史徵兼太常卿御史高道穆毀發其宅表其罪過
後除涇州刺史賜爵衛國子卒贈吏部尚書冀州刺史世
哲弟神軌小名青肫受父爵傳留佞累出征代頗求悅人
之氣孝昌中靈太后淫縱分遣服心媪姬出外陰求愆人
神軌為便者所寵過徵傾朝野時云見幸帷幄與鄭儼
為雙頰遷征東將軍武衛將軍給事黃門侍郎常領中書
舍人時相州刺史安樂王鑒據州及詔神軌與都督源子

太行之隘越長津之難辛勤備經達京闕富者猶損太
半貧者可以意知兼歷歲從我不進啟軌目景明以來差
得休息事農者未積一年之儲築室者裁有數間之廬更
不肆力事農人急其務寶宜安靜新人勤其國有
郡懷曰鄉復欲以更事自試也拜長樂太守政務清靜吏
人懷之徵行河南尹豪右懾惲之宣武即位除黃門郎
孝稱後以例降龍驤將軍庶子平請自効一
和初拜通直散騎侍郎彭文禮之甚重頗經大憂君喪以
平字雲定少有大度及沛洲獵犀書好禮易頗有文才太
刺史諡曰烈崇從弟平
營薨尋討平之後於河陰遇害建義初贈侍中司空公相州

就代人至洛始欲向盡賓產聲於遷移平居地十餘頃善
遷司徒左長史行尹如故尋正尹長史如故車騎將軍辛鄰
平上表諫以為蒿都劉構遷洛邑徙
郡懷曰鄉復欲以更事自試也拜長樂太守政務清靜吏

九載之糧家有水旱之備若乘之以饑饉則所救多矣不
從詔以本官行相州事帝幸鄴親幸第見其諸子奉正
刺史平勸課農桑修飾大學簡試通儒以充士選五郡
聰敏者以教之圖孔子及七十二第子於講堂親為立贊
前來臺使頗好侵漁平乃書豬武虎跋篲水於客館主頌
其下以示誡焉徵拜度支尚書領御史中尉冀州刺史京

北王愉反於信都以平為持節都督北討諸軍事行冀州
以討之宣武臨式乾殿勞遣曰何圖今日言及斯事
歔欷流涕平對曰愉天迷其心構此釁隙下不以臣不
武委以摠督之任如其稽顙軍門則送之大理若不俊待
發則鳴鼓舉鉦非平先為尚書令高肇侍
至冀州城南十六里大破逆飛遂北至城門遂圍城愉與
百餘騎突門走平遣大中正平
靈太數千斫平前盪天及平帳平堅臥不動伐而乃定
御史王顯所恨後顯代平為中尉平加散騎常侍顯刻平
異州平以本官領相州大中正平叔孫頭追之去信都八十里禽

北史列傳三十 〈三十三〉 山

在冀州隱括官口肇又扶成其狀奏除平名延昌初詔復
宜爵除定冀二州刺史前來良賊之訟多有積年不決平
奏不問真偽一以旦明年前為限於是諍訟止息武川鎮
人飢鎮將任款請貸未許擅開倉振恤有司繩以費散之
條免其官爵平無款款意在濟人心無不善帝美之遷中書
令尚書如故孝明初轉吏部尚書平高明強濟所在有聲
但以性卞急為累尚書平澄奏理平定冀之勳靈太祖
后乃封武邑郡公賜縑二千五百匹先是梁遣其將趙祖
悅遏書春鎮南僮晃攻之未剋又與本崇乖行臺節度諸軍
官使持節鎮軍大將軍兼尚書右僕射為行臺節度諸軍

東西州將一以稟之如有乖異以軍法從事詔平長子獎
以通直郎從於是率步騎二千赴晝夜兼嚴勦紫亮令水陸
兼備剋期齊舉崇亮憚之無敢乖互頻日交戰破賊軍安
南將軍催延伯立橋於下蔡以拒賊之援平乃部分攻之斬祖悅
義之等不得進救祖悅守死窮城平乃前孝明手賜縑布
及淮堰破太后大悅引羣臣入宣敕平以為不假兵力終自毀壞
堰淮水日為惠詔公卿議之平以為一口時南徐州表云梁
太后見於宣光殿賜以金裝刀仗
送首於洛以功遷尚書右僕射加散騎常侍平還京師靈
百段平遺令薄葬詔給東園祕器朝服一具衣一襲帛七

北史列傳三十 〈三十四〉 山

百匹靈太后為舉哀於東堂贈侍中驃騎大將軍儀同三
司冀州刺史諡文烈公平自在廟及至於端副風夜在公
孜孜匪懈凡剸機密十有餘年有獻替之稱所制文筆別
有集錄長子獎襲
獎字導穆容貌魁偉有當世干度位中書侍郎吏部郎中
以本官兼尚書出為相州刺史初元又擅朝獎為其親待
頻居顯職靈太后反政削除官爵莊初又為散騎常侍兼
南郡將前後所歷皆以明濟著稱元顯入洛顯以大傅尚
書右僕射衛勢徐州羽林及城人不承顯旨害將犬傳首洛
陽孝武帝初獎故吏宋游道上書理將犬詔贈冀州刺史子

攘龍攜字祖基少以方正見稱襲爵邑郡公齊天保初
降爵為縣侯位終太府卿贈吏部尚書攜早有名譽麻官
清顯常以雅道自居甚為名流所重吏部尚書子盂有父風位尚書
祠部郎中盂弟克通直散騎常侍授弟諧
諧字慶和幼有風采趙顥顧諧乃大勝於是以諧兼通直常侍聘焉梁武使朱異與
識陵不推李業諧口頻顧顧諧以崔陵為使主懷曰文采未與
平末魏吏部郎李業興兼通直常侍
果然龍父先爵彭城侯文辯為時所稱歷位中書
其父元忠曰必李諧也問之歸謂
朕今日遇卿敬卿壁常言比間都無人物比等何慮來謂
異曰過卿所談是時鄴下言風流者以諧及隴西李神儁
客昇言諧元明之美諧等見及出梁武目送之謂左右曰

范陽盧元明北海王元景弘農楊遵彥清河崔贍為首初
通梁國妙簡行人神儁位已高故諧以俊义
必盡一時之選無才地者不得與焉使每入鄴下為之
遇疾道還竟不行既南北通好務以俊义相衿儋命接客
頌勤貴勝子弟盛飾聚觀禮贈優渥龍門成市宴日齊文
襄使左右覘之觀梁武親與談說甚相愛重諧使還後遷祕
亦如梁使至親梁武親與談說甚相愛重諧使還後遷祕

書臨卒於大司農諧為人短小六指因瘦而瘠頤因骹而
緩步因蹇而徐言人言李諧善用三短文集十餘卷諧長
子岳字祖仁官中散大夫性純至居家甚無禮梁客風歷位尚
追思二親言則流涕岳第麻方雅好學甚有家風歷位尚
諧郎司徒掾以清辯知名常攜賓客接對梁客徐陵
深歎美焉麻生而天閣崔諧調之曰教弟種麻以錐編剝
作孔揪以馬尾麻曰先以此方回抱貴族薪首有勃欻後
樹嬰世傳諧門有慈疾以呼池為回抱田故麻言及之邢子
才在傍大笑徐臨漳令魏書之出麻與盧麻言又書王瓊不善事以
其不平魏收書王慧龍自云太原人又書王瓊不善事以

盧同附盧玄傳李平為陳留人云其家貧賤故姕等謹訟
語楊愔云魏收合誅憎黨助魏故遂白齊文宣麻等謹訟
鞭枚二百麻死於臨漳獄中麻兄岳痛之終身不歷臨
漳縣門麻妻元羅女也麻亡後岳使妻伴之寢宿積五年
元氏更適趙起舍豐麻謂已曰我薄福託劉氏為女明旦
當出彼家甚貧恐不能見養夫妻舊因故來相見告君宜
乞取我劉家於是起亦善為起罷問
應麻曰君似怛趙公意我目說之於是起亦善為起罷問
鬻言之符合逹持鐵帛躬往求劉氏如所夢得之養女長
而嫁焉麻第蔚少清秀有襟期倫理沖觀史傳兼屬文詞

昆季並尚風流各裾廣袖從容甚美然頗涉踈放唯尚書左
自持以幹理其有時譽坐兄庶事徙平州後還位尚書左
中兵郎中仍聘陳使副江南以其父冒經將命甚重焉選
坐將人慶江南除名後卒於祕書丞士友悼惜之蔚弟
若聰敏頗傳家業風采詞令有聲鄴下坐兄庶事徙臨海
乾明初追還後兼散騎常侍大被親狎加儀同三司若性
溫裕善諷數奉旨詠詩并使說外聞世事可笑樂者凡
所詁談每多會旨實在省中趣而前却對答咨學奏事云
和士開聞而奏之帝每朝
賜羊車上殿金貂使人奉啓若為舍人誤奏云在闕下詔

三十七

命出羊車若重恩知金不至矯言羊車鹿車何所迎帝闕
亦咲而不責又帝於後園講武令若為吳將皇后皆出引
若忌桑乃密搆其短坐免官情幼而儁爽有逸才位高陽
等忌桑乃密搆其短坐免官情幼而儁爽有逸才位高陽
於秦王府諮議參軍事有世務之長孝文經綸之始獨在
王雄友凡所交游皆倍年儁秀卒贈洛州刺史諡曰文
論曰郭祚才幹敏贍有世務之長孝文經綸之始獨

務之地居官任事可稱述焉張熟風力審塞有王臣之氣
俱逢世亂悲哉晏之乾威可謂亡焉不絕邪繼以文武于
衝命擁旄風聲克舉俱魏氏勳能之臣平遭罹有命二子

榮當重國之任內參機按外寄藩方之路歟子才
少有盛名戲動京洛文宗學府獨秀當年舉必佳真情無
飾智踈通簡易宰見其人足為一代之模楷也及明權懷
之譽言執後景之姦使昔人稱孟軻為勇於文辭則見之
唯李崇田英毅然秀立任當將相望于高朝野平必高
明幹略効智於時出入當官功名克著贊務之村也諧風
流文辯並人望子

列傳第二十一　　北史四十三

三十八

崔光　子劼　弟子鴻
崔亮　從弟光韶　弟子勵　叔祖道固

崔光清河人本名孝伯字長仁孝文賜名焉祖曠從慕容
德南度河居青州之時水慕容氏滅仕宋為樂陵太守於
河南立冀州置郡縣即為東清河郡人縣分易更為南平
原貝丘人也六父靈延宋長廣太守與宋冀州刺史崔道固
共拒魏重慕容白曜三齊平光年十七隨父徙代家貧
好學晝耕夜誦傭書以養父母太和六年拜中書博士著
作郎與秘書丞李彪參撰國書再遷給事黃門侍郎甚為

〈一〉　北史列傳三十二

孝文所知待常曰孝伯才浩浩如黃河東注固今日之文
宗也以參贊遷都賜爵朝陽子拜散騎常侍著作如故
兼太子少傅又以本官兼侍中使持節為陝西大使巡方
省察所經述敘古事因賦詩三十八篇還仍兼侍中以謀
謨之功進爵為伯光少有大度喜怒不見於色有毀惡之
者必善言以報雖見誣謗終不自申曲直皇興初有同郡
二人竝被掠為奴婢後詣光求哀光乃以二口贖兄弟孝文
政聞而嘉之雖劇職近不未曾留心文案唯從容論議參天
閭而已尋文母對董臣曰以崔光之高才大量君無意外
谷讁二十年後當作司空其見重如是宣武即位正除侍

中初光與李彪共撰國書太和之末彪解著作專以史事
任光尋彪以罪廢宣武居諒闇彪上表求成魏書詔許之
彪遂以白衣於秘書省著述光雖領史官以彪意在專功
表解侍中著作以讓彪宣武不許遷太常卿領齊州大中
正正始元年夏召著作以讓彪雖上表曰臣謹案漢書五
郎趙邑以聞光表曰臣謹案漢書五行志宣帝黃龍元
年未央殿路軫中雌雞化為雄毛變而不鳴不將無距元
帝初元中丞相府史家雌雞伏子漸化為雄冠距鳴將永
光中有獻雄雞生角劉向以為雞者小畜主司時起居小
臣執事為政之象也言小臣將乘君之威以害政事猶石

〈二〉　北史列傳三十二

顯也竟寧元年石顯伏辜此其效也靈帝光和元年南宮
寺雌雞欲化為雄一身皆似雄但頭冠未變詔以問議
郎蔡邕邕對曰頭為元首人君之象今雞一身已變未至
於頭而上知之是將有君之象也今之雌雞化為雄者
其事而不遂成之象也若政無所改頭冠或成為患茲大
者上不改政遂至天下大亂今之雞狀不同其應頗相類
是後張角作亂稱黃巾賊遂破壞四方疲於賦役人多叛
矣向邕並博達之士考物驗事信而有徵誠可畏也臣以
蒼言推之趙足毅多亦舉下相翦助之象雖爾而未大脚羽
凶微易制御也臣聞災異之象皆所以示吉

凶明君觀之而懼乃能招福闇主視之彌慢所用致禍詐
言春秋奏事漢之事多矣夫此皆陛下所觀者今或有自賤而
黃闥預政事殆亦前代君多之匹比者南境死亡千計白
骨橫野存有酷恨之痛殁爲怨傷之魂義陽也師盛夏未
反荊蠻狄猶征人海次東州輻輸多往無還百姓困窮而
誼哭歎谷國重我戰用兵猶火內外怨幣易以亂離
繼以須北方霜降婦婦事韋丰悴莫甚於今此亦賣
父母所宜矜恤國重我戰用兵猶火內外怨幣易以爲人
陛下縱欲忽天下豈不仰念太祖取之意禮亂左右節其
勞也誠願陛下留聰明之鑒警天地之意難先帝經營動

〈比史列傳三十二〉 〈三〉 君凡

越往者鄧通董賢之盛之正所以害之又躬饗如平
光示或闕時應親享郊廟延敬諸父廟加休息
重示慈督撫援貧撫熙貴山池減撒聲飲置存政道夜以
安身博采勿莪進賢黜後則兆庶幸其妖弭慶進禎集
光逾重二年八月光表曰去二十八日有物出于太極之
光覽之大悅後數日而茹聘等立以罪失伏法於是禮之
西序敕以示臣案其形即茹子所謂蒸成菌者也又云
朝困不終晦湖雍門周所稱麾蕭芊而伐朝困指言蒸黍
樹長非有根種未曉勿霤彫須速易不延旬月無擬蕭芊
又多生墟落穢濕之地甲起殿堂高華之所今極宇榮麗

〈比史列傳三十二〉 〈四〉 君凡

壇象工密蕃莉弗加沾濡不及而茲菌欻構厥狀扶踈誠
異足夫野木生朝野馬入廟古人以爲敗亡之家然惟
災修德咸致休慶所謂家利而怪先國興而妖豫是故蔡
穀拱庭大戊昌雉雊鼎武丁用熙自比鶡巢于廟
殷桑服鳴於呂寤菌雜集鼎武子廟養
誠且東南未靜其革不息郊甸之內大旱時人勞物悴
莫此之甚承夫子育者所宜矜恤願陛下追殺二宗感
變之意惻躬發誠惟新聖道節夜飲之忻強朝御之膳養
方富之年除中書舍人永平元年秋將誅元愉安李氏達官無
四年除中書舍人永平元年秋將誅元愉安李氏達官無
敢言者救光爲詔光逡巡不作表曰伏聞當刑元愉姬妾李
加之屠割妖惑何忍誠合此罪但外人竊六李今懷姓倒
待分娩且臣案諸蠧典兼榷近事戮至剔胎謂之虐刑桀
紂之主乃行斯事君舉必書義無隱諱罪告而乖法何以示
後陛下春秋已長未有儲宮胤至有天失臣之愚
識知無不言乞賜哀矜以俟育孕帝納之延昌元年遷中
書監待中如故二年宣武幸東宮召光與黃門甄琛廣陽
王深等並賜坐詔光曰卿朕之舊自可爲太子師
傅光起拜固辭詔不許即令明帝出爲從者十餘人敕以
光爲傅之意令明帝拜光光又拜辭不當受太子拜復以

竊許明帝遂南面再拜稽首請從太子拜於是宮
臣毋拜光北面立不敢荅拜唯西面拜而已賜光
繡朱一百四璪深各有差尋授太子少傅遷右光祿大夫
侍中監如故四年正月宣武夜崩光與侍中領軍將于
忠迎明帝於東宮安撫內外光有力焉帝崩後二日廣平
王懷扶疾入臨光以母第之親徑至太極西廡靈慟禁内呼
侍中黃門領軍二衞云身欲上殿哭大行又須入見主上
諸人皆憚光嘿然相視無敢荅對者光獨攘袂振杖引漢光武
莫不栅善壯光理義有據懷犚俱止云古事哉
初朝太尉趙甚橫劍當階下親王故事辭巴其厲聞者

我我不敢不服於是遂邊頻直左右致謝初永平四年以
黃門郎孫惠蔚代光領著作惠蔚首尾五歲無所厝懷至
是尚書令任城王澄表光宜還史任於是詔光還領著作
遷特進以奉迎明帝功封博平縣公領國子祭酒乘步
挽於雲龍門出入尋遷車騎大將軍儀同三司靈太后臨
朝後光累表遜位于忠擅權光侯附之及忠補被踈黜光
奏追千忠及光封邑太師高陽王雍等奏
开送章綬冠服茅土表至十餘上靈太后優荅不許有司
摹光授明帝經初光熙平元年二月更封光平縣
侯以朝陽伯轉授第二子劢其月敕賜羊車一乘時靈太

后臨朝每於後園親執弓矢光乃表上中古婦人文章圖
以致諫是秋靈太后頻幸王公第宅光表諫曰禮記云諸
侯非問疾弔喪入諸臣之家謂之君臣為謔不言王后夫
人明無適臣家之義夫人父母在有時歸寧父沒使卿大
夫聘於士大夫陳宋齊之女並為周王后以禮自抑
制深於士大夫猶御武惟以接羣臣示男女之別國之大節也
伯姬待姆安就父燧樊姜命忽赴洪流傳皆綴集以垂
載馳竹竿所作也漢上官皇后廢昌邑霍光外祖也

來訓昨軒駕頻出幸馮翊君任城王第雖中秋餘熱尚
蒸衡蓋往豪聖躬煩倦左右僕妾輿過千百扶跋涉祖
鈴在身昔人稱聖下其樂臣等至若或其事也但帝族方
術勳貴増邊祇請遂多將成彝式陛下遵酌前王貽厥後
息游辛則幸工屬朝合生仰悅矣神龜元年光表曰尋石
矩天下為公億兆已任專經戎亂猶未大崩侵如聞往
者刺史臨州多構圖寺鳩斂爭私顯隱漸加剝撤由是經石
減文字增訛今求遣國子博士一人堪任幹事者專主周
視驅馳林田牧制其踐穢料閱碑牒所失次弟量補綴詔
曰此乃學者之根原不朽之永格便可一依公表光乃令

國子博士李郁與助教韓固蔡等勘校石經其殘缺
計料石功并字多少欲補修之後靈太后廢還裒二年八
月靈太后幸永寧寺躬登九層佛圖靈太后表諫曰伏見親昇
上級行躡躇表剎之下祗心圖構誠為福善聖躬登之九月
踐阼臣庶惶懼謂未可也九月靈太后祭酒領著作如故光
表諫不從正光元年冬賜衣服二年春明帝親釋
奠國學光執經南面百寮陪列司徒京兆王繼頌上表以
位讓光四月以光為司徒侍中國子祭酒領著作如故光
固辭歷年終不肯受八月獲禿鶖鳥在京師解云禿鶖也貪惡之鳥野
光表曰此即詩所謂有禿在梁解云禿鶖也貪惡之鳥野

澤所首不應入於殿廷昔魏氏黃初中有鶌鶌集于靈芝
池文帝下詔以曹恭公遠君子近小人傳求賢俊太尉華
歆由此遜位而讓管寧寧者也臣聞野物入舍古人以為至
善是以張斂惡鵬賈誼忌服鵬勸勒集于靈芝而去前王猶為至
誠況今親入宮禁為人所狎養方被畜養安然不以為懼準
諸往義信有殊矣寇盜未弭戎馬在郊必貴養鷹為之家
啄一食之費貪過斤溢今看貪魚肉叔麥稻梁時或食
時有萊色陛下為人父母撫之如傷豈可棄之養鷹之異心
於醜形惡聲哉況衛侯好鶴曹伯愛鷹身死國滅可為寒心
顧遠師殷宗近法魏祖修德進軒消災集慶放無用之物

委之川澤取樂琴書頤養神性明帝覽表大悅即葉之池
澤冬詔光與安豐王延明議定服章三年六月詔光乘步
挽至東西上閤九月進位太保光又固辭光年老多務多病
疾稍增而自強不已嘗在著作疾篤不歸四年十月帝親
臨光疾詔斷賓客中使相望著作郎諸游眺拜長子
勱為齊州刺史十一月疾甚敕子姪等曰吾荷先帝厚恩
位至於此史功不成殁有遺恨汝等速可送我還宅冀中使
雖微神明不亂至第而薨年七十三明帝聞而悲泣中
相尋詔給東園溫明祕器朝服一襲錢六十萬布

一千四蠟四百斤大鴻臚監護喪事車駕親臨撫屍慟哭
之劇未買不改容悽悼賵太傅領尚書令驃騎大將軍開
府冀州刺史侍中如故敕加後部鼓吹班劍依太保廣
陽王故事謚文宣明帝祖喪蕤賓門外望哀感儒者榮
之初光太和中依宮商角徵羽本音而為五韻詩以贈李
彪彪為卷十二次詩以報光光又為百三郡國詩以谷之國
別為卷篇為百三卷詩以報光寬和慈善不忤於物進退沈浮自
得而已常慕胡廣黃瓊為人故為氣概者所不重始領軍
于忠以光舊慕德之元義於光亦深宗敬及郭祚裴植見
殺清河王懌遇禍光隨時俯仰竟不匡救於是天下譏之

自從貴達宰所申薦冒啟曰 女壻彭城劉敬徽云敬徽為
荊州五隴戍王女隨夫行常慮寇抄南北 分張乞為徐州
長兼別駕戢集京師明帝許之時人比之張馬先 初為黃
門則讓宋弁為中書監讓汝南王悅為太常讓劉芳為少
曾讓元暉穆紹甄琛為國子祭酒讓清河王懌任城王澄
為車騎儀同讓江陽王繼又讓靈太后父胡國珍皆顧望
時情讓儀同以為矯飾崇信佛法禮拜讀老而逾其終日
怕怕未嘗忘 有父之乃去道俗讀誦詩頌者數百人每
分於懷抱臂上 下省坐讀經常有鴝飛集勝前遂
為沙門朝貴請講維摩 十地經聽者常數百人即為二經

【北史列傳三十二】

義疏三十餘卷 識者知其踈略凡所為詩賦銘贊誄頌表
啟數百篇五十餘卷別有集先子勵字彥德哭孝子德最
有父鳳鑒秀才中軍彭城王多軍祕書郎中以父光為著
作固辭不拜除中書侍郎俄領軍將軍元义為明堂大將
以勵為長史與领兄鴻俱有名於世父光疾甚拜征虜將
軍燕州刺史侍父疾衣不解帶及卒毀孝明每加存尉卒於
本鄉道王書張文伯宣予孝昌元年除大尉長史勵弟勘
爵建義初遇害河陰贈侍中衛將軍青州刺史勵弟勳
勘字彥玄少清虚寡欲好學有家風魏末累遷中書侍郎
興和三年 兼通直散騎常侍便子梁天保初以議禪代除

給事黃門侍郎加國子祭酒 直內省典機密清慎勤懃甚
為齊文宣所知拜南青州刺史有政績入為祕書監齊州
大中正遷并省度支尚書俄授京省事轉五兵尚書監國
史臺閣之中見稱簡正武成之將禪後主先以勘為尚
以勳為不可由是出為南兖州刺史令加開府待詔文林
館監修撰新書典知圖籍侍詔文登縣幹尋除中書令初和
書儀回三司食文貝之胄左僕射加開府待詔文林
七開置朝曲求物饗諸公因此頗為子弟干祿世同之胄
多勵京官加二子拱橋班為外住第弟之從容謂勘曰
拱幸得不几何不在省府中清華之所而乃此分藩勘曰
州事

【北史列傳三十二】

立身來耻以言自達今君進見與身何異平無所求聞者
莫不歎服勘常恨魏收書欲更作編年史紀而己思竟不能
就尤弟敬友本州從事頗有受納御史案之乃與守俱
逃後除梁郡太守會遭所生憂終身不拜敬友精心佛道書首
誦經喪之後遂萊菜終身蔬食弟勵心修身厲節自京明
巳降頻歲穢藏不登飢寒請丐者皆取足而去又置逆旅張
然山南大路之北設食以供行者卒千家弟子鴻
鴻字彥懃少好讀書博綜經史稍遷尚書都兵郎中郎太

【十】

師彭城王勰為少傅嘗于閑處張士儒學于明者三十人議定律
令於尚書上省鴻與光俱在其中 時論榮之後為三公郎

昌

中加員外散騎常侍延昌二年將大夫百寮鴻以考令於
體例不通乃建議曰竊惟昔者為官求才使人以器黜陟
幽明揚清激濁故績效能官子必稱位者朝昇之進豈拘
一階半級著哉漢以降太和以前皆位兼試平稱允當拘
進若披卷則見朝貴皆然故能時收多士
之譽國號體貴員之美鴻歲見景明則必來考格三年成一考一
才史如斑馬文章如張蔡得一分一寸必為常流所攀選
上中才與貴賤內外萬有餘人自非犯罪不問賢愚莫不
考轉一階貴賤比肩同轉雖有善政如蕭穎儒學如鄭

曹示柳為一既不冒甄別琴瑟不調改而更張雖明旨已
行猶宣消息武帝不從三年鴻以父憂解任其露降其廬
前樹十一月宣武帝以本官徵鴻四年復有其露降其景光
宅之庭樹後進中散大夫高陽王友仍領郎中正光元年
加前將軍情孝文會非我世詔鴻以本官修緝國史
以待後人臨覺言鴻於孝明五年詔鴻以本官修緝國史
芳正關略鴻多每云此史會起居注光撰魏史徒有卷目初未
孝昌初拜給事黃門侍郎尋加散騎常侍齊州大中正鴻
在史甫爾未有所就壽卒贈鎮東將軍度支尚書青州刺
史鴻弱冠便有著述志見晉魏前史皆成一家無所措意

以劉元海石勒慕容儁符健慕容德赫連屈
子張軌李雄呂光乞伏國仁禿髮烏孤李暠沮渠蒙遜馮
跋等並因世故跨僭楷一方各有國書未有統一鴻乃撰為
十六國春秋勒成百卷因其舊記時有增損褒貶鴻二
世仕江左故不錄僭晉劉蕭之書又恐識者責之鴻曰聞卿
行於外宣武聞其撰録色詔鴻曰聞卿所撰書可隨成便可送
定諸史書若有條貫便至朕當於機事之暇覽
之鴻以其書有與國初相涉言多失體且既托始於寔
後典起居乃志載其表曰聞魏帝之興也雖誕應圖籙
欽必有驅除蓋所以弱彼慇政成此樂推故戰國紛紜年
過十紀而漢祖夷殘羣豪歷文景之懷柔

夏世宗之舊揚威武始得涼朔同文軌越
感漢德之盛痛諸史放絕乃銛括舊書著成太史所謂緝
兹人事光彼天時之義也昔晉惠不競華我亂起三帝受
制於姦臣二皇安駕於非所五郡蕭條綠爐威起
為長蛇豕海縮成殊域中原無主八十餘年遺晉僻秉黃
略孤微人殘兵董廉所歸德外偽紛綸德政德
抗諸僞并異人之懷寶之士經貢而至者日月相尋太祖
道武皇帝以神武之姿接金行之運應天順人龍飛受命
太宗必世重光業隆弘默世祖雄于叡略闡曜威靈農戰

兼修墇清氣穢歲垂四紀而雲宇一同百姓始得陶然而蘇

自獻於莊舜之代自晉永寧以後雖所在稱兵競自尊樹

而能建邦命氏成為戰國者十有六家善惡興滅之形用

兵乘會之道亦足以垂之將來昭明勸戒但諸史殘缺體

例全虧編錄紛謬繁略失所宜審正同異定為一書誠知

敏謝欠南才非束祚然國志考之美繇亦屬一書庶幾始

自景明之初搜集諸國舊史屬遷京甫爾率多分散求諸

公私馳驅數歲又臣家資祿微唯任孤力至於書寫所資

每不周接暨正始元年寫乃向備謹於吏案之暇草搆此

書區分時事各繫本錄稽以長歷考諸舊刊正差謬定

為寶錄軮大略著春秋百篇至三年之末草成九十五

卷唯常璩所撰蜀李雄父子據蜀時書尋訪不獲所以未及

善戍輙筆私求七載丁今此書本江南撰錄恐中國所無

非臣私力所能終得其起兵僭號事之始末乃亦頗有但

不得此書懼簡略不成又思陳壽乞敕緣邊求採但

無因旨敕臣輒敢騎常侍大常少卿荊州大中正趙邕忽

宣明旨敕臣送呈不悟九皋微志乃得上聞奉敕惶懼忽

懷兼慕至今謹以所記者附臣愚志又別作序例一卷

年志一卷仰表皇朝統括大義附明愚臣委臣著錄微體徒稿

慕古人立言美意文致踈鄙無一可觀闡御之日伏深慙

怪馮熙如此自正光以前不敢顯行其書自後以其伯光

普重當朝知時人未能發明其事乃頗傳讀然鴻經綜既

廣多有違謬至道武天興二年姚興始於廣固改號鴻以為

元年太常二年姚泓敗於長安而鴻亦以為滅在元年如

改在元年明元永興二年慕容超禽於廣固乃奏其父書

此之失多不考正子子元祕郎後永安中乃書鴻如

稱臣七考散騎常侍黃門侍郎前將軍郡大中正鴻正

西蜀之末任蜀記言撰續餘暇刊著趙燕秦夏西涼乞伏

始之末蜀記記言探緝餘暇刊著趙燕秦夏西涼乞伏

有子雄遺載為之矯序惡蔽評論先朝之日草搆悉了伏

信州別駕力

札史列傳三十二

贖訪始得討論適訖而先臣棄世凡十六國名為春秋一

百二卷近代之事最為備采未嘗不敢宣流今繕寫

一本敢以仰呈乞藏祕閣以廣異家子元後謙及事發逃

會赦免其後祖弟長文字景翰少亦

徙於代都聰敏有學識永安中累遷平州刺史以老還家

軍讀佛經不闕世事卒贈齊州刺史諡曰奐子枌字德林

徐州征東府長史文從第文序有幹用為東郡太

賜爵平原伯拜潁川太守頗有政績永熙初除東郡

守元顥寇過郡界犀拒不從命藥郡走還鄉里莊還營

史二年為城人王早蘭賓等所害後贈驃騎將軍吏部尚

書齊州刺史李子平龍驤討蒬受裸例降光族弟榮字隆祖
涉歷經史州辟主簿子鏵有文才位中散大夫鏵弟觀羽
林監

崔宏字子敬儒清河東武城人魏中尉琰之後也高祖瑜為
慕容垂車騎屬曾祖輯南徙青州因仕宋為太山太守祖
佩之清河太守父元孫尚書郎曜毋房攜亮毋叔祖異
明帝使元孫討之之為文秀所害書郎青州刺史沈文秀乾為平
州刺史元道固於歷城及慕容白曜平三軍內快秦乾為平
齊人時年十歲常俠季父幼孫居貧備書自業時隴西季
沖當朝任事亮族兄先往依之謂亮曰安能人事筆硯而

不往託李氏也彼家競書因可得學亮曰梁妹飢寒豈容
獨飽自可觀書於市安能看人眉睫乎光言之於沖沖召
亮與語因謂曰比見卿先人相命論使人會中無復休迫
亮即命為誦之泙淡交零聲顏
之念今遂亡本鄉能記之不亮即為誦其兄子者曰大與
不異沖其奇之迎為館客沖謂其兄子者曰小崔生峭整
篤雅汝且友之小崔生峭整清徹汝且敬之三人終將大
至沖薦之為中書博士轉議郎尋遷尚書二十石尋大在
亮欲劍違舊制送置百官謂臺臣曰與朕舉一吏部郎必
洛欲劍違舊制送置百官謂臺臣曰與朕舉一吏部郎之不
使于絢委兼允者給卿三日假又一日孝文曰朕已得之
煩卿輩也驛徵允兼吏部郎俄為太子中舍人遷中書侍

郎兼尚書左丞亮雖歷顯任其妻不免親事春徹孝文閧
之嘉其清貧詔兆野王令孝明親政遷給事黃門侍郎仍
兼吏部郎領青州大中正亮自金選事垂將十年廉慎明
決為尚書郎祚所委每大小选事不辨桑楺郎中選事尋敬省
常侍仍為黃門遷慶支尚書領御史中尉自遷都之後經
略四方文營沭蔡三渠以通邊運公私賴焉侍中廣平王懷
計又議俻沐蔡洛邑因其廣亮在每支別立條格藏省億
以母年之親左右不遵憲法亮惟悸懷性不通賓
各者以之後因晏集懷恪欲安亮先乃乃正已邑責
之即起於孝明前脫冠請罪遂拜辭欲出孝明曰廣平應
頣向來文醉卿之所悉何乃如此也遂詔亮復坐令懷謝
亮拜謝而已無以上對轉都官尚書文轉七兵領廷尉卿
加散騎常侍徐州刺史元昞撫百姓恾然除安西將軍雍
為亮外雖方正內亦承候時情官傳左右那神安敗後因兼黃中孝
明識遇以孝託亮引為御史及神安敗後因兼黃中孝

至勤昞飒以大辟勞賚絹惠百姓恾然除安西將軍雍
剌史城北渭水淺不通船行人艱阻亮謂帝佐曰昔杜預頓
乃造河梁況此有異長河且親晉之日亦自有橋吾今決
欲營之咸曰水淺不可為浮橋汎長無恃又不可施杜悲

難成立莫日秦居咸陽橫慶渭以像閣道此即以柱
為橋令唯應長柱不可得耳會天大雨山水暴至浮巨長
木數百根籍此以為用橋遂成之至今猶名崔公
橋亮性公清敏于斷決所在立號稱職三輔服其德政孝
明嘉之詔賜亮初出世為定州刺史諸軍橋王蕭寶寅鎮東將軍章武
吏部事舉明起于斷後納其女為九嬪徵為太常卿攝
賜我服雜物亮假鎮南將軍即督諸軍以討之靈太后復
等賜我服雜物亮至硤石祖悅出城逆戰大破之靈太后勞遣亮之
王融安南將軍竝封梁左游擊將軍趙祖悅復
於城外置二柵欲拒軍亮炎擊破之英與李崇為水陸之

期日進攻而崇不至及李平至崇乃進軍共平硤乃靈
太后賜亮璽書曰硤石既平大勢全舉進壘孤危自將奔
遍若亮乃敢游魂此當易以立計禽斬蟻徒應在旦夕又將軍
推轂所馮親對其事熟分經略宜共協齎必令得埽蕩之
理熟並披遺爐也隨便宇禦及分慶掠截其咽喉防塞之
路期之全獲無幾進號若崇威降首前自加彌宥以亡為
本任之雅弄以功進號若景平卲將軍本平部分諸軍將平亮
輕還京夫乘勝之機關水陸之會全勳隨表而發平表亮
秦進以討堰職其達平節度以疾請還隨表而發平表亮
令日亮表自謝自擅違我經略雖有小捷堂免大咎但吾攝

業空辦氏姓高下至於取士之途不薄沙汰之理未精而
男屬當銓衡宜須段易調如何及為停年格以限之天
下士子誰復修厲武競苦書曰汝所言乃有深致善
而居帝難之任常思同升舉直以報明主之恩盡忠竭力
不為貽厥之累昨為此格有由而然今已為汝所怪平載
之後誰知我哉可靜念吾言當其宜顧知之矣但古今不同宜須
郎郎三為尚書銓衡所宜顧知之矣但古今不同宜須
異何者昔有中正品卲其于第上之尚書卲擇狀量重授
職此乃與天下羣賢共爵人也吾謂當卲之時無遺才無

御萬機庶哉惡殺可特聽以功補過及平至亮與爭功於
禁中形於聲色尋除殿中尚書還時更部尚書貧人選官貫既少應選者
張彝之後靈太后令武官得依資入選部尚書擢為少應選者
多前尚書郎捕常擇人百姓之為怨亮乃奏為格制不
問士之賢愚專以停解日月為斷雖復官須此人停日後
士兩漢由州郡薦才觀晉因循置中正謫鄉
其能甚外甥司空諮議劉景安書規亮曰殷周
若終於不得廝十收六七而朝廷立中正不考人才行
取其理慙李廉唯論章句不及治道立中正不考人才行

濫舉矣而汝猶云十收六七況今日之選專歸尚書以一
人之鑑昭察天下劉殺所云一吏部兩郎中而欲窮鏡人
物何異以管窺天而求其博哉今勖人甚多又羽林入選
武夫崛起不解書計惟可彊弩前驅指跳捕蟲而已勿令
垂組乘軒求其尊辭之效未曾操刀而使專割又武人至
多官員至少不可周溥設令十人共一官猶無官可授況
一人望一官何由可不然哉吾近面親不宜使武人入選
請賜其爵厚祿旣不見從是以權立此格限以停年耳
昔子產鑄刑書以救敝叔向譏之以正法何異汝以古禮
難權宜哉仲尼云德我者春秋罪我者亦春秋吾之此指
其由是也但令當來君子知吾意焉後甄琛修義城陽
王徽相繼為吏部尚書利其便己踵而行之自是賢愚同
貫淹滯無別魏之失才從亮始也歷侍中太常卿左光祿
大夫尚書右僕射時劉騰擅權其託妻劉氏傾身事之故
頻年之中名位隆赫有識者譏之轉尚書僕射加散騎常
侍頎發於背明帝遣舍人門疾亮為大將軍儀三司諡曰烈
尋辛詔給東園秘器賵車贈大將軍儀三司諡曰烈
亮在雍州讀杜預傳見其為濟時用嘉其有濟時用教
為碌及為僕射奏於張方橋東埭穀水造碾磨數十區其
利十倍國用便之亮有三子士安士和士泰立強幹善於

當世士安歷尚書比部郎卒於諫議大夫贈左將軍光州
刺史無子弟士和以子乾章繼乾章定中尚書都兵郎
中士和初為司空主簿蕭寶夤在關中高選僚佐以為
都督府長史時莫折念生遣使詐降寶夤表士和兼慶文
尚書為隨石行臺令入秦撫慰為念生所害士泰歷絳文
義士遇害於龍驤將軍征豫別將軍平以功賜爵五等男建
中司空從事中郎諫議大夫司空司馬明帝末荊蠻侵斥
以士泰為都督青州刺史諡曰文肅子肇師襲
爵肇師少時跋放長遂竊節更成謹厚洗獵經史頗有文
思天平初以通直散騎侍郎為慰勞青州使至州界為
土賊崔迦葉等拘欲過豳同事肇師執志不動喻以禍福
賊遂捨之仍巡慰青部而還肇師以從弟乾玄同居事伯
母其謹齊文襄甚善肇師師故曰崔鴻別族乃
國春秋述諸偽而不及江東左右曰肇師與鴻別族乃
止天保初以參定渾代禮儀封襄城縣男仍兼中書侍郎
卒始斲下有薛生者能相人言趙彥深當大貴肇師因問
已荅曰公門望雖高爵位不及趙彥終如其言亮弟敬默奉
朝請卒於征虜長史贈南陽太守子思韶從亮征硪石以
軍功賜爵武城子為冀州別駕敬默弟敬遠以其賤出殊
不經紀論者譏焉

光韶亮從父第也父幼孫太原太守光韶事親以孝悌初
除奉朝請光韶與第光伯辭生操業相伴特相友愛遂經
吏部尚書李沖讓官於光伯辭色顯至沖為表聞孝文嘉
而許之太和二十年以光韶為司空行參軍復請讓從叔
和曰臣誠賤貧未登讓品屬逢皇朝恥無謙德和亦謙退
辭而不當孝文善之遂以和為廣陵王國常侍尋敕光韶
祕書郎掌校華林御書界遷青州中從事後為司空騎兵
參軍文兼司徒出為瀛州平東府司馬刺史高植甚
知之政事多委訪焉遷青州輔國府司馬府長史府解敕知州事
光韶清直明斷吏人畏愛之入為司空從事中郎以母老

解官歸養賦詩展意朝士屬和者數十人久之徵為司徒
諮議固辭不拜光韶溫嚴聲顏抗烈與人平談常老震屬
傷愛不自安州人乞光韶為其史以鎮之時陽平路回屬
居齊王暨朱潛相影響引賊入郭光韶臨機處分在難確
至於兄第議論外聞謂為忿怒然孔懷雍睦人少逮之孝
莊初河間邢果琴河北流人十餘万眾攻逼州郡刺史元
然賊退之後刺史表光韶忠毅朝廷嘉之發便慰勞畢屬
東道軍司及元顥所從在坐之人莫不失色光韶獨抗廣陵王
元顥受制梁國稱兵本朝亂居賊子曠代少時何但大王

家事所目切國等所何朝眷未敢仰從長史崔景茂前瀛州
刺史張烈前郢州刺史房叔祖徵士張僧皓咸云軍司議
是欣乃斬顯前郢律尋徵輔國將軍再遷廷尉卿祕書監祖瑩書令
以賦罪被劾光韶必欲致之重法太尉城陽王徵當時皆為
臨淮王或更部尚書李神儁待中本國大中正望當時皆為
及為罪人言爭其就意不回如此永安攝亂遂還鄉里光
韶博學強辨於朝野先好理論至於人倫名教得失之間榷而論
之不以一毫假物家定於財而性儉吝多衣馬敝覆食味麤
薄始光韶在都同里人王蔓於夜遇盜害其二子莊詔

黃門高道穆令加搜捕一坊之內家別搜索至光韶宅綾
絹錢布匱篋充積議者譏其家資產皆光伯所營
光伯亡采林貲河間邢子才曾貸錢數万後送還之光
韶曰此乃死人物不知也竟不納刺史元弼前事其光
部之繼室見弟相貲僕不法光韶以親情咆相非責弼
之時耿翔反於州界弼諮光韶子通與賊連結凶其合家
老掠非理而光韶與之辨爭詞色不屈曾掠子謂為東道
大使知其見枉理出之時人勸令詣獄陳謝光韶曰羊吉
大夫已有成事何煩往也子嗚亦歎尚書侯深代
下疑懼謀為不軌夜劫光韶以兵脅之責以謀略光韶曰

凡起兵須有名義使君今日舉動直是作賊耳知復何計
深雖恨之敬而不敢害尋除征東將軍金紫光祿大夫不
起光韶以世道屯邅朝廷屢發開門部埽言固斷絕誠子
孫曰吾自謂立身無愆古烈但以祿命有限無容希世取
進在官以來不冒一級官雖不達經三要而吾平生素
志如有神靈不享汝祀吾兄弟自幼及老衣服飲食未嘗
之兄弟各不同生合葬非古言也吾自幼及老之後不須合而汝
業足以遺汝官閥亦何足言也吾既運薄便經三婁且吾平生
一片不同至於見女官婚榮利之事未聾不先以推弟弟

項橫禍權作松襯亦可為吾作松棺使吾見之平年七十
一耆靜初待中賈思同申啟稱述光韶詔贈散騎常侍驃
騎將軍青州刺史光韶弟光伯為青州別駕後以疾弟休
臨州申牒求解尚書奏秦禮始封之君不臣諸父見弟之
君之子昆弟不臣諸父封始封之君
即是世繼之祖尚不檢光伯請解翠禮不悉謂宜許遂
更之節執勞稱名著平檢比海太守有司以其更滿依例奏
靈太后令從之尋除海沂清風遠著兼其光韶復能辭
明帝詔曰光伯自滄海沂清風遠著兼其兄光韶復能歷
榮侍養兄弟忠孝宜有甄錄可更申三年以廣風化後歷

太傅掾議參軍節閔帝時崔祖螭張僧皓起逆攻東陽旬
日閒衆十餘萬剌史東萊王貴平欲令光伯出城慰勞兄
光韶爭之曰以下官觀之非可慰喻止也貴平過之不得
已光伯遂出城未及曉喻為飛矢所中卒贈青州剌史子
道武定末殺州別駕僑之弟道固
道固字季堅其母里賤為從事道固令其南仕時宋孝武
謂彼之曰此見姿識或能與人閒乃遊等何以輕侮之彼
等遇之彌薄輯乃資給道固令其南仕時宋孝武為徐兗
二州剌史以道固為從事道固美形貌善舉止習武事孝
武嘉之會青州剌史新除過彭城孝武謂曰崔道固人身
如此宜可為寒士而世人以其偏庶侮之可為歎息剌史
至州群為主簿後為宋諸王參軍被遣青州募人長史以
下並詣道固諸兄等為宋諸王參軍道
因駕起接取其母以為母謂道固母曰家無人力老親自致酒灸於客前道
其兄駕諸客皆歎美其母母謂道固諸兄後為冀州剌史
宜各拜諸客曰我賤不足以報賓客汝
業第子勤敗乃歸乃為南冀州剌史清河公宋
鎮歷城宋明帝立徐州剌史薛安都與道固等立義貴帝子
明帝遣說道固以為南冀州剌史後歸宋皇興初獻文詔征
南大將軍慕容白曜討道固道固面縛請罪白曜送赴都

詔恕其死乃徙齊土望共道固守城者數百家於桑乾立
平齊郡於平城西北新城以道固為太守賜爵臨淄子
尋徙居京城西南二百餘里舊除館之西延興中卒子景
徽龍裒爵初道固之在客邸與薛安都時安都志已棄朽於公
集相見本既同由武達頌結棄敬隣館時以公
固踈略而眾敬每盡毅勤道固調劉休賓房法壽曰古人
云祚我族類其心必異安都視人殊自蕭賓龍蕭道固見
景徽字文徽平於平州刺史元妻房氏生子伯驥後薄房氏
目連子僧祐僧深坐兒僧祐僧謐與沙門法秀謀反徙薄骨律
鎮後位南青州刺史元妻房氏生子伯驥後薄房氏

納平原社氏與俱徙生四子伯鳳祖龍祖虯僧深得
還之後絕房氏遂與社氏及四子寓青州伯驥與母
房居冀州雖往來人而心存母氏孝慈之道頗阻一門
僧深嫡庶並立以刀劍自衛若然儺焉祖龍踈與兄伯
驥訟嫡庶並立以刀劍自埋若然儺焉祖龍小字社客普泰
初友介朱仲遠討斬之祖虯少好學不馳其母李子春思董
位平昌太守家巨富而性吝埋錢數百斛
惜錢不賈子軌字啟則盜錢百萬背和亡走後至儀同開
府鎧曹參軍坐貪偽賜死晉陽
論曰崔光風素虛遠學業深長孝文歸其才博許其大全

明主固知臣也歷事二朝師訓少主不出宮省坐致台傅
斯亦近世之所希有但顧懷大雅託迹中庸其於容身之
譏斯乃胡顏所不免也鴻博綜古今立言為事亦才志之
士乎崔亮既明達從事動有名迹於斷年之選失之逾遠
赦獎未聞終為國盡無苟而已其若夫辛光韶居雅伐正
有國士之風矣

列傳第三十二　　北史四十四

方滄　周益　周
　　　　之鼎　孫粹然
　　　　　　　　校正

朱元旭

裴叔業河東聞喜人魏冀州刺史徽之後也五世祖苟晉
秦州刺史祖邕自河東若于襄陽父順宗兄叔寶仕宋齊
並有名位叔業少有氣幹頗以將略自許遠為寧蠻長史
為羽林監齊高帝驃騎行參軍受命明帝輔政為心腹使
廣平太守叔業早與齊明帝共事明帝輔政累遷黃門侍郎
領軍奄顏諸蕃顧盡心用命及即位以為給事黃門侍郎
封武昌縣伯父儀服誠為美麗但恨不書游耳叔業盛飾左右齊帝崩酥帝
入淮帝令郎中裴叔業往與之語叔業盛飾左右齊帝既以誇
之華曰伯父南

【北史列傳三十三】　二

即位誅大臣都下騷有變發叔業貲壽春城比望肥水謂
部下曰卿等欲富貴乎我言富貴亦可辦耳未幾見徙南
兗州刺史會陳顯達圍建鄴叔業遺司馬李元護之及
顯達敗而還叔業慮內難未已不願為南兗州齊魏主壁
臣叔法珍王喧之等疑其有異去來者叔業比入叔
業兄子植颺瑜發泰等棄母妻壽陽法珍等以其既在壇場
且欲羈縻之百齊主遣中書舍人裴穆慰誘之許不須回
叔業雖得偉而憂懼不已時梁武帝為雍州刺史叔業
換親人馬文範以自安之計訪之梁武帝曰雍州若能堅
遣親人馬文範當勗力自保若不介回面向比不失河南公梁
據襄陽輒

武報曰唯應送家還都以安慰之自然無患若意外相過
當勒馬二百直出橫江以斷其後則天下事一舉可定若
欲北向彼必遣人相代以河北一地相勳河南公聲復可
得如此則南歸望絕矣叔業沈疑未決遣信詣豫州刺史
薛真度訪入比之宜真度蒼書盛陳朝廷風化叔業乃遣
子芬之及兄女夫韋伯昕奉表內附景明元年正月宣武
詔授叔業停持節散騎常侍都督豫州刺史征南將軍封
蘭陵郡公又賜叔業璽書龍城王懿尚書令王肅赴接
叔業薨書道歆城王懿尚書令王肅赴接
軍未庭至淮叔業病卒李元護席法友等推叔業兄子植監
州事詔贈叔業驃騎大將軍開府儀同三司諡忠武公給

〈三〉

東園溫明祕器子偘之字文德仕齊隨郡王左常侍先卒
子謓封譚薨險好殺所乘牛馬為小嬈逸手自殺之然
孝事諸叔盡於子道國祿盡入每以分贍世以此稱之位
輔國將軍中散大夫卒贈南豫州刺史諡曰敬子測字伯
源龐歷通直散騎侍郎天平中走於關中僑之穿孚之字
文馥長者好妣愛諸弟仕爵位羽林監入魏以父勳封
上蔡伯為東秦州刺史在州有清靜稱後從封山荏縣封
岐州刺史為隴賊所圍城陷賊以送上邦為莫折念生所
害贈青州刺史芬之弟謓之字幼堪重性輕率好琴書其內
弟柳諧善鼓琴芬之師而微不及也波陽太守叔業長

兄子彥先少有志尚叔業以壽春入魏彥先封雍立縣子
位勳海相卒諡曰惠恭彥先子約字元儁性頗剛鯁後龍驤
將軍兗州大乘賊起敕為別將行勳海郡事攻城時見害長子
英起武定末洛州刺史英起年戰起卒於楊王府中兵參
軍曾湣鴻臚少卿芬先年絢楊州中從事時城南人數千家沈舟
南走高原謂崇芬還北波渡別駕絢率子十四人於
城則鴻臚少卿崇芬先年絢楊州中從事時城南人數千家沈舟
梁眾勳水軍討之眾見獲投水而死植字文遠叔業兄
叔寶子也少而好學覽綜經史尤長釋典善談理義隨叔
業在壽春叔業卒席法友推植監州祕叔業

〈四〉

喪聞教命敕分旨出於植於是開門納魏軍詔以植為充
州刺史崇義縣侯後以長子昕南叛有司
奏之大辟詔特赦其罪以表勳誠年除授楊州大中正出
為瀛州刺史再遷慶支尚書加金紫光祿大夫植性非柱
石所為瀛然公私集論自言入門不後王肅嘗謂人曰非我
深以為恢然公私集論自言入門不後王肅嘗謂人曰非我
不高及為尚書志意頗滿欲以政事為己任謂朝廷之
須尚書面有譏毀又表毀征南將軍田益宗言華夷異類
對飛官亦須我辭飛激揚見於言色及入參議論時
不應在百世衣冠之上率多侵侮皆此類也侍中于忠黃

門元昭覽之切齒痛而不忍章伯昕所害植欲謀殺融尚書
又奏羊祉吉植姑子皇甫仲達云受詐挾詔
合部曲欲圖領軍于忠專權既構成其禍又矯詔
殺之輒野稱寬臨終神志自若遺令子弟介事後不得徂洛
騄段被以法服終身見喪傳等同時見害後祚加贈而植追
祚郡水使者章傳乃改葬勸海刀沖上疏訟之於是贈尚書
射揚州刺史乃尋坐沙門禮葬于萬禹之陰初植與僕射郭
諸子此如嚴君故長成後兆衣幗不見小有罪過必東帶伏
門經五三曰乃引見之督以嚴訓唯少子衍得以常服兒
之旦夕溫清植在瀛州也其母年踰七十以身為輝自適
三寶布衣麻裝手執箕帚於沙門寺掃酒植弟瑜繁衍近
亦奴僕之服汲涕而從俗諸子各以布帛數百贈
免其母於是世家為比丘入嵩高積歲乃邊家植既長嬌
毋又年老其在州歡歲以妻子自隨雖自州送祿奉身之
贈諸弟而多別本財同名異縣［門］歲管墓亦染江南之
俗此論者譏為植弟瑜壯異有謀略在齊以軍功位驍騎
將軍入親為南司州刺史封義陽縣伯詔价未至為賊所
殺進爵為侯宣武以賜勳效求立而卒其子林封城平縣伯炳
明帝初炳行賞於軺軍乃封城平縣伯炳字休死小字黃

頭頗有文學善事權門領軍元义納其金帛除鎮遠將軍
散騎常侍揚州大中正進爵為侯改封高城尋兼尚書右
丞出為東郡太守大中正進爵為城人所害贈散騎常侍青州刺史諡
曰闡驤弟瑜字文琬封下密縣子武守衆陽郡守坐貪暴
人免官後從封淮津子卒於勃海太守贈豫州刺史諡曰
定瑜弟棻字文亮封舒縣子沉重善風儀頗以驕恣為笑
歷正平恆農二郡太守高陽王雍曾以軍國抑揚州雅時為州
其棻為恨後因九日馬射戲內太守肯趙京師雍時為州
牧棻備謁雍含怒待之棻神情閑邁棻目而不
覓解及坐定謂棻曰可更為一行棻便出佛為行從容而
出坐事免後宣武聞棻善騙置欲觀其風度令傳詔就
家喚召之源吏間使者相謂合家惟惟不測所以棻恬
然神色不變帝異之時僕射高肇以外戚之貴勢傾一
時朝士見者咸望塵拜謁棻侯肇唯長揖而巳及達家人
尤責之棻曰何可自同凡俗也寶詣清河王懌下車始
進便歡晉蠡兩棻容止舒雅不以汙濡改節棻乃令人持蓋
覆之歎謂左右曰何代無奇人性好釋學一親異講座雖
持義未精而風韻可重但不涉經史終為知音所輕後為
揚州大中正中書令明帝釋奠以棻為待講輒金紫光大
夫元顯入洛以棻為西兗州刺史尋為濮陽太守崔巨倫

所逐棄州入出高山即閼帝初後為中書令後正月晦帝
出臨洛濱蔡起御前再拜上壽酒帝曰昔北海入朝覽籍
神器南目卿戒以酒何暴往情蔡曰北海入朝覽籍
志在沈湎故諫其所失陛下齊聖溫克臣敢獻微誠帝曰
甚愧來暑仍為命酌的卿曰僕往情蔡曰北海入朝
攝胡床舉盃曰僕自致禮海神卒不肯拜時青
圖時元旱土人勤令禱於海神蔡悼違衆人乃為祈請道
視三公四嶽貴諫矣有方伯致禮海神卒不肯拜時青
州叛城叡翔寇亂三齊蔡唯高譚虛論不事防禦之術翔
蔡於其未備捣襲襲州城左右曰蔡云旦有此理左右

又言巳父州門蔡乃徐三歌王可引一聽事自餘部散且
付城人不達時緩如此尋為翔害遂貢於梁子含字文君
貞分散騎侍郎蔡弟衍字文舒聖識優於諸兄卞亦過之
事親以孝聞兼有將略仕歷位隆平太守歸授通直郎
行堅辭朝命上表請隱尚高韶從之宣武末稍以出山千
祿魏事後昌初梁初將曹敬宗寇荊州團解除己別
將與悍晝太守王熊教荊州衍大破之荊州詔衍為別
百姓人吏追思之孝昌初梁將曹敬宗寇荊州圍解除
都督鎮鄣鄄西之武城封安陽縣子時相州刺史安樂王鑒宗

驅驛苦譖乃詔衍與都督源子邕李神軌等討鑒平之除
相州刺史北道大都督進封臨汝縣公詔衍與子邕北討
葛榮軍敗見害衍贈車騎大將軍司空相州刺史子黃夔叔
業之歸魏又有丹挺柳玄達章伯昕皇甫光梁人焉慶玄達
闍慶航柳僧習比玄達挺天水巽入仕齊祐崔高容
涉經仕齊諸王參軍與叔業姻婭周旋叔業獻款玄達
守與叡業發謀誅誠歷南司州刺史柳慶任陳郡太
賛成其計入魏除司徒軍封南頓縣子卒改封夏
陽縣子絳襲緒弟遠字季靈性懃狡無拘撿時人或謂之
柳瀆好彈琴耽酒時有文詠章武初除儀同開府參軍事
故情琴酒之間每出行返家人或朋消息杳云無所聞繼
闍亦不解後客遊幸玄瀹弟玄瑜位隆平太守卒子諧顏
有文學善敷奏以新聲手勢京師之子翁然從學除著作
佐郎於河陰遇害章伯昕京兆杜陵人學尚有壯氣夫以
才智優然裴植常輕之植常章伯昕怒尚有壯氣男歷南
陽太守植後拜員外散騎常侍加中壘將軍告裴植為崇
業以其有大志故達言事免後百餘日竟慮怒皇甫光見植為崇
謀為發熙植坐死後百餘日竟慮怒皇甫光安定人美鬚
髯善言咲入魏卒於勃海太守兄椿鱗薛安都於彭城內
口云我死不獨見由何以見皇甫光安定人美鬚

附除岐州刺史椿齡子璋鄉郡相璋位吏部郎性貪
禁多所受納鄴陽賣彈官皆有定價後以丞相高陽王雍之
婿為豫州刺史為政殘暴百姓患之卒於安南將軍光祿
大夫贈尚書左僕射子長鄉太尉司馬梁祐北地人叔業
從姑子也好學便弓馬隨叔業征伐身率下甚有聲冊歷太
初賜蔣山桑子出為地太守清身率下甚有聲冊歷太
中大夫從容風雅好為談詠常與朝廷名賢泛舟洛水以
詩酒自娛還光祿大夫端然養志子麻權門卒於京兆內
史崔高容清河人博學善文辭美風彩景明初位散騎侍
郎出為楊州開府掾帶陳留太守卒官閻慶庵天水人傅
識治閒善於談論聽其言說不覺忘疲卒於敷城太守柳
僧習見其子虬傳

【柳虬傳】

夏侯道遷譙國人也少有志操年十七父母為結婚韋氏
道還云欲懷四方之志不願取婦家人咸謂戲言及婚求
兔不知所在訪問乃云逃入益州後隨裴叔業於壽春為
南譙太守二家雖為姻好親情不愜遂單騎歸拜驍騎
將軍隨王蕭至壽春亮走乃南叛會梁以莊立黑
為征虜將軍梁秦二州刺史鎮南鄭黑請道還為長史
漢中郡會黑死而道還陰圖歸順先是仇池鎮將楊靈珍
反叛南奔梁以靈珍為征虜將軍假武都王戍漢中道

遷乃擊靈珍斬其父子送首於京師江悅之等推道遷為
梁秦二州刺史道還遣表歸闕詔曹書慰勉授持節散騎
常侍平南將軍豫州刺史封豐縣侯遣尚書郎裴叔業公爵
度道還表求平南常侍而辭豫州豐縣侯之酷申控無所致此猖
為倒宣武不許道還以賞報為微遂巡不拜尋改封濮陽縣侯
兔冠徒跣詣武許之除南兗州大中正不拜尋改封濮陽縣侯
狂是改之來希酬武曰比在壽春遭韋纘之山一簀之功
何足謝此道還以賞報為微遂巡不拜
歲餘頻表解州宣武許之
學不深治而歷覽書史閑習又贖好言實務口實之
蓋閭不畢有於京城西水次市地大起園池殖列蔬果延
致秀彥時往遊適妓妾十餘常自娛樂國秩歲入三千餘
四專供酒饌不營家產每多誦孔融語曰坐上客恒滿鐏中
酒不空餘非吾事也識者多之歷華瀛二州刺史諡以被漢中歸清
嚴善林盜賊卒贈雍州刺史益明侯初道還以被漢中歸清
誠本由王顒興之計求分封太庐大奇之議欲更以三百戶封
右臨朝道還重求分邑封太庐唯有子敷人長子夫字元
頴興會卒遠寢道還不聽正室唯有子敷人長子夫字元
廷尉鎮遠將軍南兗州大中正性好酒居喪不戚醉酗元
肥鮮不離於口泊胃飲噉多所費用父時田園貨賣略盡

人間債猶數千餘匹穀食至常不足弟妹不免飢寒初道
遷知史好酒不欲傳授國封史未亡前忽夢見征虜將軍
房世寶至其家聽事與其父坐屏人密言史心驚懼謂人
曰世寶爲官少間必擊我也尋有人至云官呼郎隨召即
去遣左右杖之二百不勝楚痛大叫良久乃悟流汗徹於
寢具至明前京城太守趙卓詣之見其衣濕謂史曰卿昨
夜當大飲溺衣如此史乃具陳所夢先是旬餘秘書監鄭
道昭暴病卒史聞謂卓曰人生何常唯當縱飲於是昏酣
遂甚夢後二日不能言針之乃得語而猶虛劣惙而心悶
而死洗浴者視其尸體大有杖處青赤隱起二百下許贈

鉅鹿太守 初史與南人辛諶庾導江文遥等終日遊聚酣
飲之際恒相謂曰人生局促何殊朝露坐上相看先後間
耳脫有先亡者於良辰美景靈前飲宴儻或有知庶共歆
饗及史亡後三月上巳諸人相率至史靈前仍共酌飲時
日晚天陰室中微闇咸見史在坐衣服形容不異平昔時
執盃酒似若獻酬但無語耳夫家客雍僧明心有畏恐披
簾欲出便即僵仆狀若被毆史從兄欣宗云今是節日諸
人憶弟疇昔之言故來共飲僧明何罪而被嗔責僧明便
悟而欣宗鬼語如史平生并怒家人皆得其罪又發陰私
竊盜咸有次緒史妻裴植之女也與道遷諸妾不睦訟鬩

徹于公庭子籍年十餘歲襲祖封已數年而史弟晳等言
其眇目癎疾不任承繼自以與史同廡已應紹襲尚書奏
籍承封道遷兄子抱史位咸陽太守道遷之謀又襄陽羅
道珍北海王安世潁川辛諶漢中姜永等皆參其勳未道
珍爲齊州東平原相有能名安世符堅丞相王猛玄孫也
歷涉書傳位北華州刺史諶魏衛尉辛毗後也有文學仕
濮陽上黨二郡太守永善彈琴有文學位漢中太守永弟
漾亦善士性至孝時潁川庾道者亦與道遷俱入國雖不
參勳謀亦爲奇士歷覽史傳善草隸書輕財重義仕梁右
中郎將及至洛陽環堵弊廬多與雋秀交舊積二十餘歲

殊無宦情後爲饒安縣令罷卒
李元護遼東襄平人晉司徒胤之八世孫也胤子順璠及
孫沉志皆有名官沉孫根仕慕容寶爲中書監根子後智
等隨慕容德南渡河居青州數世無名三齊豪門多輕之
元護以魏平齊後隨父懷慶南奔身長八尺美鬚髯少有
武力仕齊位馬頭太守雖以將用自達然亦頗覽文史習
於簡牘後爲裴叔業司馬帶汝陰太守叔業歸順元護贊
同其謀叔業疾病元護督率上下以俟援軍壽春尅定元
護頗有力焉景明初以元護爲齊州刺史廣饒縣伯尋以
州人聊世明圖爲不軌元護誅戮所加微爲濫酷州内飢

倚勢請振貸頗其賦役但多有
故不得為良刺史也三年卒病前月餘京師無故傳其凶
閭又城外送客專柱奇人書曰李齊州死綱佐饒別者見
骨稱消頻長二尺一時落俊賜青州刺史元護為州經
拜請蒙流省故宅鄉邑賜十餘聲邑自縱情欲既其支
吾嘗以方伯簿為子會頑駿好酒其妻南陽太守清河房伯
好設儀衛降哭泣盡良觀有改容亡家人導其誠子會馨
正始中降爵為子會頑駿好酒其妻南陽太守清河房伯
王女也其有深色色會不吝之房乃通其弟機因會醉殺之
驅元護弟靜性貪忍兄亡未斂便剝奴服玩及餘物歷齊
子景官龍為機與房遂如夫婦積十餘年房氏色襄乃更婚
席法友安定人也祖父南奔法友仕遇以資力自効任安
尅定法友有力為歷華升二州刺史後為別將出淮南欲
州刺史苟信縣伯叔業卒後法友與裴植追成業志淮南
豈新蔡二郡太守建安戎王後與裴叔業同謀歸魏拜豫
解胸山之圍法友始渡淮而胸山敗没遂傳十年恃靜州
安京覺世利宣武末除濟州刺史廉和署稱叔業代封東氏
後卒裕光祿大夫贈泰州刺史諡襄侯子景通龔善妻兄

又兼賂京邑又父繼為司空引景通為掾卒贈衛尉少卿子圈
龔走關西
王世弼京兆霸城人也姚泓之滅其祖父南遷世弼為長
七尺八寸魁岸有壯氣善草書好讀墳典仕弼為軍主
助戍壽春遂與裴叔業同謀歸誠隸書封慎縣
伯後除東泰州刺史仕於刑為人所怨有受納之響為
御史中尉李平所彈會赦免後為河北太守有清
中山謂曰二州刺史嘗恨伯世弼曰儀同二曾過中
起盾鄧隰平北為郡始往下官卒贈豫州刺史諡曰秉長
山謂盾隰平北為郡始往下官卒贈豫州刺史諡曰秉長
子會汝陽太守次子由字茂道好學有文才尤善草隸書
性方厚有名士風又工篆書為時人所服位東萊太守罷
郡寓居潁川天平初元洪威構逆大軍攻討為亂兵所害
名流悼惜之
江悅之字彥和濟陽考城人也七世祖續晉散騎常侍避
亂石之亂南渡祖與之父範之並為宋武所誅悅之少孤
仕宋歷諸王家軍好女書有將略善待士有將略善待士有
任宋歷諸王家軍好女書有將略善待士少孤
連功進號冠軍將軍部曲稱眾千有餘人
破氏眾還復白馬梁秦二州刺史莊丘黑死夏侯道遷與

悅之及龍驤將軍主李忻榮張元亮等天與謀以梁州內附梁華陽太守尹天寶率眾向州城遂圍南鄭悅之晝夜督戰奇武興軍至天寶敗道遷克全勳款悅之天寶有力焉與道遷俱至洛陽尋卒贈梁州刺史追封安平縣子諡曰莊悅之二子文遙文遙少有大度輕財好士多歸之道遷之圖楊靈珍文遙奮劍請行遂手斬靈珍襲刺史善於綏納甚得物情時杜洛周葛榮等相繼叛逆幽

北史列傳三十三 〈十五〉 江

父封拜咸陽太守勳於禮接終日坐聽事姓名軒猾吏民無不知兆郡中震肅軒劾息止政為用卒官長史許思祖等以文遙有恩頒弄扑密問於是人所疾苦大盜諸郡之最後為安州遺愛復權其子東行州事乃遣使奏表莊帝嘉燕巳南恐沒唯文遙介在群賊之外孤城獨守九壘荒餘且耕且戰百姓感樂為用之除果通直散騎侍郎行安州事既而賊勢轉盛救援不接東乃攜諸弟并率城人東舞高麗天平中詔高麗送東等元象中乃得還朝文遠善騎射勇於攻戰以軍功位中散大夫龍驤將軍

淳于誕字靈遠其先太山博人也後世居蜀漢或家安國之桓陵縣父興宗齊南安太守誕年十二隨父向揚州父於路為群盜所害誕雖幼而哀感傾資結客旬朔之

內遂得復離州里之間無不稱歎景明中自漢歸魏陳伐蜀計宣武嘉納之延昌末王旅大舉除驍騎將軍都督別部司馬領鄉導統軍誕不顧先塋榮爵乃固讓實官上表戎號及奉辭之日詔諡為西南道軍司馬與行臺羽林監正光中秦隴反叛詔諡為蜀西南道軍司馬與行臺蜀人大震蜀宣武誕之日即東而還後以客例起家羽林參軍經略時梁益州刺史蕭深藻遣將樊文熾蕭世澄等共率眾叛略時梁益州刺史蕭誕勒兵馳赴大敗之禽世澄等十八人文熾先走獲免壽昌于運以誕行華陽郡帶白馬戍後卒於東梁州刺史贈益州刺史諡曰莊

北史列傳三十三 〈十六〉 吳柵

沈文秀字仲遠吳興武康人也父慶之南史有傳文秀仕宋位青州刺史和平六年宋明帝殺其主子業文秀與諸州推立子業弟子勳敬皇興初文秀復與諸弟支素來諭之州降魏宋遣其弟文秀復歸宋為刺史如故後暴容曰白曜長驅至東陽文秀始欲降以軍人掠遂有悔心乃嬰城固守白曜歷城下降僭然坐於齊內亂兵入始剋文秀取所持節衣幘儼然送于白曜左右令拜文秀何柱文秀厲聲曰身是魏朝就而裸之因至櫚挺後還其衣曰吾二國大臣無相拜禮白曜笑而禮之司馬沈為之設饌與長史房天樂司馬沈當高等鎮送京師面縛數

罪宥死待爲下客給以龕米蔬食獻文重其節義稍亦嘉
禮之拜外都下大夫太和三年遷外都大官孝文嘉其忠
於其國賜絹綵二百四後爲南征都將臨發賜以戎服除
懷州刺史假羨郡公卒清貧而政寬不能禁止盜賊大興
水田於公私頗有利益卒宣武時卒於下邳太守房天樂
坐擄連口退敗有司劾之死刑孝文詔保冲後爲徐州補軍長史
特原命配洛陽作部終身宣武帝保冲文秀之子可
委之卒于京師弟子嘉慶演陽太守

張讜字熙言清河東武城人也六世祖弘晉長秋卿父華
慕容超左僕射讜仕宋位東徐州刺史及平徐充讜乃歸
順於尉元亦表授東徐州刺史道中書侍郎高閭與讜對
爲刺史後至京師禮遇亞於薛野踟賜爵平陸侯讜性開通
篤於接恤靑齊之士雖跋扈姻戚相視李敷訢等
龐要藝家亦推懷陳款無所顧避畢衆敬等比敬重之高
允之徒亦相器待卒贈靑州刺史謚康侯子敬伯求致父
喪出苑及冀州清河積墓父不欲奔赴而覩南叛爲徐
四子敬叔先在徐州初聞父喪不欲奔赴而覩南叛爲徐
州所勒送至乃自理後得龍父喪爵敬伯自以隨父歸國
賜爵昌安侯出爲樂陵太守敬叔武邑太守父爰得葬舊

墓衆屬清河初讜兄弟十八兄忠字熙順在南爲合鄉令
歸降賜爵新昌侯卒於新興太守贈冀州刺史讜妻皇甫
氏被掠賜中官爲婢皇甫遂詐瘨不能疏沐後讜爲宋冀
州長史因貨千餘匹購求皇甫文成曰南人可好能重室家之義
之時皇甫年垂六十矣文成詔曰讜入魏讜谷諸妾
此老母後何所任乃能如此致費也皇甫氏歸讜谷諸妾
境上奉迎數年卒後十年而讜入魏讜款年出爲東河間太守
自梁漢同夏侯道遷歸款爲客積年出爲東河間太守
卒

李苗字子宣梓潼涪人也父膺梁太僕卿苗出後叔父畎
畎爲梁州刺史大著威名王足之伐蜀梁武命畎拒足於
涪許其益州及足退梁武授畎畎怒將有異圖軍敗
被害苗年十五有報雪志延昌中歸魏仍陳圖蜀計將軍
高肇西代詔假苗龍驤將軍鄉導次晉壽宣武晏駕班師
後以客例除員外散騎侍郎苗有文武才幹以大功不就
家耻未雲常懷慷慨乃上書陳平定江南之計其文理甚
切於時明帝幼冲無遠略之意竟不能納正光末三秦反
叛侵及三輔時承平既父人不習戰苗以龐兵強悍且群
聚無資乃上書以爲食少兵精利於速戰糧多卒衆事宜
持文守隴賊猖狂非有素蓄雖據兩城本無德義其勢在

於眾攻日有降納逆者則人情離阻坐令崩潰夫飆至風起
逆者求萬一之功高壘深壁勿戰今且宜勤
大將深溝高壘甄守勿戰別命偏師精卒半出麦積崖
將淳子誕出梁益隸行臺魏子建以苗為郎中仍領
統軍深見知待孝昌中兼尚書左丞為西北道行臺奧大
都督宗正珍孫討沙緒蜀賊平之及殺尒朱榮尒弟世隆
擁部曲還逼都邑尋莊王大夏門集臺百寮計無
加出苗獨舊衣起曰今朝廷有不測之危正是忠臣烈士
効節之時請以一旅之眾為陛下徑斷河梁庭帝壯而許

州芋

◀ 北史列傳二十三 ▶

◀ 十九 ▶

苗乃募人於馬渚上流以師夜下去橋數里放火燒舡
俄然橋絕賊沒水死者甚眾官軍不至賊乃涉水與苗死
關眾寡不敵苗浮河而沒帝聞哀傷久之贈都督梁州刺
史車騎大將軍儀同三司河陽縣侯謚忠烈苗少有節操
忘尚功名每讀蜀書見魏延請出長安諸葛不許歎息謂
甚無奇計及臨覽周瑜傳未曾不嗟谷絕倒太保城陽王徽
司徒臨淮王或並重之二王頗或不穆苗每諫息謂
隆極猜忌彌其苗謂曰城陽王徽蜂目豺聲倒行逆鼓勢
忘尚功名每讀蜀書見魏延請出長安諸葛不許歎息謂
及帝幽崩世隆入洛主者追苗贈封以曰世隆世隆曰吾
琴善屬文詠工尺牘之敏當世之日朝野悲壯之

賴苗京師獲全天下之善一也不宜追之子雲龍襲爵
劉藻字彥先廣平易陽人也六世祖邈從晉元帝南渡父
宗之宋盧江太守藻涉獵群籍美談咲善與父交飲酒至
一石不亂大安中與姊夫李彧俱求歸魏賜爵易陽子擢
拜南部主書號為稱職時地諸羌特險作亂前後守
不能制藻之以藻為北地太守藻推誠布信諸羌咸
來歸款朝廷嘉之以藻為雍州三百人表乞藻為驃
奴戍主詔曰選曹已用人藻有惠政自宜他敘在任八年
還雍城鎮將太和中改藻為岐州以藻為岐州刺史轉秦

州芋

◀ 北史列傳三十三 ▶

◀ 二十 ▶

州刺史奏人恃險率多麤暴或拒課輸或害吏長自前守
宰昏皆遙領不入郡懸藻開示恩信誅戮豪氏憚之守
宰於是始得居其舊所遇軍駕南伐以藻為東道都督
人紛擾詔藻還州人情乃定仍與安南元英征漢中破賊
軍長驅至南鄭壹平梁州奉詔還軍乃不克果後軍為帝
伐以藻為征虜將軍督統軍四軍為東道別將辭
於洛水之南孝文曰與卿石頭相見藻對曰臣雖才非古
人庶亦不留賊虜而陛下頼苗數醼曲阿之酒以待百官辭
大咲曰今未至曲阿且以河東數石賜卿後與高聰等戰
敗俱徙平州景明初宣武追錄舊功拜藻為大尉司馬卒

子紹珍無他才用善附會好飲酒結託劉騰為其閹郎
中令龍襄子爵永安中歷河北黎陽二郡太守所在無政績
天平中坐子洪業入關中率衆侵擾伏法

傳永字脩期清河人也幼隨叔父洪仲與張孚曰青州入
親壽後南奔有彙墓與過人能手執筆檄到立酬聘年
局參軍與道固俱降以為平齊百姓父母並羞飢寒十數
二十餘百友人與之書而不能荅讀書涉獵史兼有才幹年
不為報永乃發憤讀書數力備正得以存立晚為奉禮郎
年頹其强炎人事戮力備正得以存立晚除中書博士長
安拜文明太后父燕宣王廟賜爵且立男除中書博士

蕭文為豫州又以永為王蕭平南長史咸陽王禧應蕭難
心事之情義至穆齊將粜康祖趙公政侵豫州之太舍口
武有餘矢蕭以永宿士禮之其厚永亦以蕭為帝春過人
信言於莩文曰已選傳脩期為其長史雖威儀不足而文
於渡淮之所以火記其淺處永既設伏處客人以紈盛
趣令永擊之永量吳楚兵好以斫營為事父令急夜來必
祖公政等果親率領求所營東西二伏俠擊永所置父等軍
深溺死斬首者數十級生禽公政康祖人馬隆淮曉而獲

其尸斬首并公政送京師時裴叔業率王茂先李欽等東
侵楚王戍蕭後令永將伏兵擊其後軍破之獲叔業傘扇
鼓幕甲伏萬餘兩之中遂獻捷帝嘉之遣謁者就豫
州策拜永安遠將軍鎮南府長史汝南太守員外縣男又
每策曰上馬能擊賊下馬作露布唯傳脩期耳裴叔業又
圍渦陽時帝在豫州遣永為統軍與高聰劉藻成道德往
敗聰等棄甲奔懸瓠永獨收散卒徐還賊道至文設伏擊
莫閒等救之永免官爵而已不經句認永為汝陰鎮
將帶汝陰大守景明初裴叔業將以壽春歸魏密通於永
之挫其銳漢杕邊爲大守景明初裴叔業將以壽春歸魏
及將迎納詔永為統軍領汝陰三千人先援之永至懸令
永引軍入城永在後成康生大眼二人並賞列土永唯清河
男齊將陳伯之遍壽春沿淮為冠時司徒彭城王勰廣陵
春同日而永在後成康生大眼二人並賞列土永唯清河
以為憂詔遣永為統軍領汝陰三千人先援之永至懸令
永以九江初附人情未洽兼臺援不至深
援之意遂孤軍城外與勵并勢以擊伯之頻有剋捷中山
王英之征義陽永為安期將軍當長圍過其南門齊
將馬仙琕連營稍進規解城圍永乃分兵付長史賈思祖
令守營琕理百將馬步千人南逆仙琕職俯射永洞其左股

永出前後遂大破之仙理燒營卷甲而遁英曰公傷矣
且還營永曰晉漢祖捫足不欲人知下官雖國家一帥奈
何伸勇有傷將之名遂與諸軍追之極夜而返時年七十
餘矣三軍莫不壯之義陽既平英使司馬陸希道為露布
意謂不可令永改之永亦不增文采真與之改陳列軍儀
非所樂時英東征鐘離表還京除太中大夫後除恒農太守
勅置形要而英竟何人哉吾獨自首見拘此郡然然御
每言曰馬援荊常譏言老每自稱六十九還京拜
十猶能馳射盤馬奮荊常譏言老

光祿大夫卒贈鄴州刺史永賞爵比干於平坦處舊壘躍
馬轢族瞻望有終焉之志遠慕杜預近好李沖王肅欽許
附墓遂買左右地數頃遣勑子叔偉此吾宅也永妻
賈氏曰本鄉至代都娶妾馮氏生叔偉又數女賈後歸
平城無男唯一女馮特子事賈無禮叔偉亦奉賣不順賈
不怨之馮先永卒叔偉補父命歛葬开比干賈疑叔偉將以
馮合葬开遂求歸葬永於所封貝丘縣事經司徒胡國
珍感其所慕許叔偉葬永於永昔營宅兆兆开母於舊鄉賈於此強
乃葬开於東清河又永宗親不能抑荊死已數十年矣柩為義賣
挑之與永同勦永宗親不能抑荊死已數十年矣柩為義賣

根所遶東去地尺餘其為固以斧斫出之於坎時人咸
怪馴見者必為得永武而不得永文
角馴見者必為得永武而不得永文
傅豎眼本清河人也七世祖伷伷子遵石季龍大常祖父
融南徙度河家于盤陽為鄉閭所重性豪俠有三子靈慶
靈根靈越並有才力融以負貴謂人曰何由得人乘有一
曰吾昨夜夢有一駿馬無堪乘者人曰一時之雄嘗謂人
唯有傳靈根堪乘此乃又有數弧一張亦無人堪引人曰
人曰唯傳靈慶可彎此弧武書人皆讀不能解人
曰唯有傳靈越能解此文融謂其三子文武才幹以駕馭

〔二十四〕

當世常從容謂鄉人曰汝聞之不萬虫之子有二靈此圖
讖文也好事者然之故豪勇士多相歸附宋將蕭斌王玄
謀寇碻磝時融死玄謀強引靈慶為軍主將玫城玫軍
為城內所燒靈慶懼軍法詐
壯士數十騎逍遙斌玄謀命追之左右諫曰靈慶兄弟並
有雄才兼其部曲多是壯勇如彭超引生之徒皆一當數
十人援不虛發不可過也玄謀乃止靈慶至家遂乾愛誘
匯山澤閒時靈慶從叔乾愛為斌法曹參軍斌遣壯士執靈慶殺之
呼之以腰刀為信令壯士執靈慶殺之
圖靈慶既至斌所遣壯士執靈慶殺之靈慶將死與母崔

氏訣言法曹殺人不可忘也靈根頓靈越奔河北靈越至京
師因說燕公慕化青州可平文成大悅拜靈越青州刺史
貝丘子頼燕羊蘭城靈根為臨齊副將鎮明清蜀靈越比
之後為冀州中從事乾密為榮陵太守樂陵與羊蘭舊兵越叔父
父琰為冀州遇赦免宋恐靈越往還邊擾三齊乃以靈越比
越與母分離思其母與羊蘭舊兵相對靈根南走靈越與羊蘭舊兵相望
相對命靈越道其母與羊蘭舊兵詐為夫婦投化以招之靈
斬殺之乾凌出郡迎之得免靈越問狀靈越殊不應所常
乾愛出遣靈根迎之得兄靈越期不得俱渡臨齊靈越代所常
乾愛不以乾愛出惡物左右出匣中烏皮袴褶令靈越殊不應

服靈越言不須乾愛云汝可着體上衣服見此垣公也時垣
護之為刺史靈越舊姓言垣公垣公著此當見南方國王
堂坦公也竟不肯著及至冊楊宋壽武見而禮之拜兗州
太原公也後拳兵同親武子勛以靈越軍衆散云為明帝
軍食乃為作之下以毒藥飯還而率後數年靈越為前
萊食乃為作之下以毒藥飯還而率後數年靈越為前
軍將軍子勛敗靈越也波得賊何不即殺黃之軍人所
擒膺聲曰我傳靈越也波得賊何不即殺黃之生送詣宋
輔國司馬劉勔勔躬自慰勞靈越曰人生歸於死實無面

求活勔壯其意送詣建康宋明帝欲加原宥靈越辭對如
一乃殺之堅眼即靈越子也沉毅壯烈少有父風入魏鎮
南王蕭見而異之且哥其父節倾身禮敬表為參軍以軍
功累遷益州刺史高肇伐蜀假堅眼征虜將軍持節領步
兵三萬先討巴比所至剋捷賢眼性既清素不營產業衣
食之外俸祿粟帛皆以賜東首援臨士卒撫蜀人以威德
化恩為魏初剌益近雜東相泣款謁仰其政
送還本檢勒部下守宰需嘉之明帝初援雜東相泣款謁仰其政
僧代之魏益州人追隨戀泣者數百里衆將趙祖悅過壽春

鎮南州軍崔亮討之以堅眼為持節鎮南軍司沔僧既至
大夾入和梁遣其衡州刺史張齊因人心怨入寇益州刺史
城朝廷以西南為愛乃驛徵堅眼於淮南以為益州刺史
奉加散騎常侍西征都督率步騎三千以討齊齊給銅印千
餘須加假職者聽六品已下板之堅眼既出梁州梁軍所
在拒塞堅眼三日中轉戰二百餘里甲不出身頻致九捷
蜀人聞堅眼復為剌史人人喜悅迎於路者曰有百數堅
眼至州且水已東人皆寧業張齊仍咀白水屯寇臨郡聖
眼分遣諸將水陸討之大破其軍齊被重創奔還小劒

大劒賊亦擒城西走益州平靈越大右圍書慰勞賜驄驎馬

一四寶劍一口後轉岐州刺史仍轉梁州刺史梁州人既

得瞖眼為牧人咸自賀而瞖眼至州遇惠不堪綜理其子

敬紹嶺暴不仁聚貨耽色甚為人害遠近怨訟尋假鎮南

將軍都督梁西益巴三州諸軍事梁遣其地梁州長史錫

休儒等十軍率眾三萬人寇直城瞖眼遣司空六相州刺

又見天下多事陰懷異圖欲杜絕四方擅樓南鄭令赴擊

大破之敬紹頗覽書傳微有膽力而奢淫倨儻輕泉赴擊

中贈吏部尚書左僕射武帝初贈司空六相州刺

事泄在城兵敗敬紹曰瞖眼而殺之瞖眼忘發疾卒永安

兄唐崐崘肩擾敬紹圍城敬紹為內應圍城既合

【廿七】

北史列傳三十三

史長子敬和大清中並好酒薄行傾側勢家敬和孝莊時

以其父遺惠於益州後為益州刺史至州聚斂無已好

酒嗜色遠近失望仍為梁將樊文熾攻圍城降送於江南

後以齊神武威德日廣令敬和還北以甲和通之意除北

徐州刺史復以耽酒為土賊掩龔葉城走遂廢棄卒於

家

張烈字徽之清河東武城人也孝文帝賜名曰烈仍以本

名為字為高祖怖為慕容媛當書名射冑祖帕散騎常

侍隨慕安德南度因君齋郡之臨淄縣烈少孤貧涉獵經

史有氣槩時青州有崔徽伯方徽叔與烈並有令譽時人

號三徽孝文時人官代都屢待御史中散遷洛為太子

步兵校尉齊將陳顯達謀將入冠時順陽太守王青石世

官江南荊州刺史廣陽王繼慮其有異表請代之詔詔臣

各舉所知至有申薦者帝曰太子步兵張烈毋論軍國事

時有會人意處朕欲用之如何彭城王勰稱讚之遂除順

陽太守烈到郡二日便為齊將崔慧景攻圍之七十餘日

烈撫厲將士甚得軍人之和會車駕南討慧景道走帝親

勞之曰卿果能不負所奇烈謝曰非臣能下負陛下能下負臣

困然犬牛自是陛下不負臣臣不下負陛下帝善其對

宣武即位追錄先動封清河縣子尋以母老歸養積十餘

【廿八】

年頻遇凶儉烈為粥以食飢人家素殷富又父江陽王繼貿為青

州刺史及又窴權烈以政事之懷遂相諮附歷給事黃門

侍郎光祿大夫當權烈託故義之黨出為青州刺史時議

者以烈家產畜殖家僮甚多其有異恐不宜出為本州

改瀛州刺史及所歷為政清靜更人安之後因辭老還鄉里為弟

居怡然為親類所禀其臨終勑子姪先為家誡千餘言并自叙

志行又所歷奉行為質憚學有才藝位諫議大夫烈弟僧

而已其子質貴行於談說有名於當世以諫議大夫

皓字山容歷涉墓賈六於談說有名於當世以諫議大夫

國子博士散騎侍郎截血不起世號徵君焉好營産業
徵不已藏物巨萬他貧稱是兄弟自供儉約車馬瘦弊故
服布裳飾裝業紈綺僧皓尤好浦弈戲不擇人是以獲譏
於世節閔帝時權祖母舉丘改東陽城僧皓與同舉事敗
死於獄中

李叔彪勃海蓨人也從祖金神廟中與高允俱徵位征南
從事中郎叔彪好學博聞有識慶為鄉間所稱太和中拜
中書博士與清河崔亮河間邢巒並相親友三遷國子博
士本國中正攝樂陵守正性清真甚有公平之稱歷中書
侍郎太尉高陽王雍以其器操重之尋除假節行華州事
為吏人所稱卒贈南青州刺史諡曰穆叔彪子述字道與
有學識州舉秀才拜太常博士使詣長安冊祭漢宣王廟
選除儀曹郎賜爵臨晉縣男稍遷平太守卒子彖字孟則
路特慶字伯瑞陽平清泉人也祖綽陽平太守特慶有幹
用與廣平宋翻俱知名於時退妻無子終竟不娶論者非之
兼散騎常侍使至梁贈驃騎大將軍儀同三司冀州刺史
清簡有風跡卒
慶以從兄文舉俱有才望同推讓之尋文遂並拜焉累遷
州河間王深長史深貪暴贓慶每進善言卒贈左將

軍安州刺史諡曰襄子祖壁給事中特慶弟仲信思念並
有令名官位
房亮字景高清河人也父法延熊郡太守亮好學有節操
太和中舉秀才為奉朝請後兼員外常侍使高麗高襄王
託疾不拜以亮辱命坐白衣守郎中歷清比平原二郡太
守以清嚴稱後為東荊州刺史卒贈滄州刺史弟
朝請議者稱之卒於光祿大夫贈撫軍將軍貳州刺史弟
諧恍等並歷位清顯
曹世表字景昇親大司馬休九世孫也祖謨父慶並有學
守世表性雅正工尺牘沐獵群書為司徒記室與武威賈
思伯范陽盧同隴西辛雄並相友善侍中崔光鄉里貴達
每稱美之延昌中清河太守臨官省約百姓安之孝昌
中為尚書左丞出行東豫州刺史遷東南道行臺尚書
州刺史
潘永基字紹業長樂廣宗人也父靈乾中書侍郎永基性
通率輕財好施為長樂太守時昌樂玟信都永基與刺史
元孚同心防捍力窮城陷葛榮欲害孚永基請以身代孚死
永安二年除頼川太守遷東徐州刺史永熙中為軍騎將
軍左光祿大夫尋加衛大將軍後除東徐州刺史前後在

州為吏人所愛卒贈尚書右僕射司徒公冀州刺史子子

義子智子義學涉有父風仕衛至尚書右丞

朱元旭字君昇本樂陵人也頗涉子史開解几案術遷尚

書慶支郎中神龜末以郎選不精大加沙汰元旭與隴西

辛雄范陽祖瑩太山羊深西平淳于恭並以才用見留尋

兼尚書右丞仍郎中本州中正時關西都督蕭寶寅反既

所統十萬食唯一月明帝大怒詔開所由錄令已下皆推

得釋後遷衛將軍左光祿大夫天平中復拜尚書左丞既

罪元旭人見御坐前欲指校計實寅立張乃踰一年事乃

無風操悅仰隨俗性多機數自容而已於時朝廷分汲郡

河內二界扶風之地立義州置關西歸款戶除元旭義州

刺史卒官

論曰壽春形勝南鄭要崤乃建鄰之离脾戍都之喉噎裴

叔業真侯道遅體運知機飜然鵲起舉地而來功識兩戍

其以大啟芽賦兼列斌起地布求功名有志

大斯所以顛覆也衍才行將略不怕其終惜哉李席王江

雖復因人成事亦為果決之士淳于誕好立功名乃卒免

不遂也文秀不回有死節之氣并直身蒙嘉禮遂乃馬監

刑戮在我欲其驚以忠義可不勉也張謹觀機失德器小志

流離亦仁智矣李苗以文武幹局沉殺過人臨難慨然奮

北史列傳三十三

〈卅三〉

斯大節蹈忠覆義没而已仁必有勇甘斯人之謂乎劉

藻傳求腎眼文武器幹和名於時暨眼加以撫導逆俗風

化尤美方之二子固已優乎抑又魏世民技張列早有氣

尚名華見知趣捨沉浮俱至顯達雅道正路其弟兩譜本

路器尚所及俱可觀者象風彩詞涉亦當年之俊義房亮

曹世表潘永基朱元旭蓋革從官咸享名榮各有由也

列傳卷第三十三

北史四十五

〈卅三〉

方洽　周益　周之晃　孫粹然　校正

孫紹　張普惠
成淹
范紹
劉桃符
鹿悆
張燿
劉道斌
董紹
馮元興

孫紹字世慶昌黎人也少好學通涉經史初為校書郎稍遷給事中後為門下錄事好言得失與常景共修律令延昌中紹表曰臣聞建國有計雖危必安施化能和雖寡必盛政乘人理雖合必離作用失機成必敗此乃古今同然百王之定法也今二號京門了無嚴防南北二中後關固守長安鄴城股肱之寄擁城上黨腹背所馬四軍五校之軌須護分事之式徵兵諸粟之要舟車水陸之資山河要害之權綜為去來之用持平赴救之方節用應時之特宜脩置以固堂堂之基持盈之體何得忽且法開清

濁而清濁不平申滯望而卑寒亦免士庶同悲兵徒懷怨中正責望於下里主案舞筆於上臺貪偽混清知而不糾得者不欣失者倍怨門齊身等涇奄殊類應同役而苦樂異其人居職不以為榮心不忘亂故有競棄本生飄藏他土或詭名託養散沒人間或土命山藪漁獵為命或投校強豪窺人之子弟隨榮浮游南北東西諸州應留之徒避寒歸暖職人之計事實關內居莫定開卷任意服適如此之徒不可勝數之方不復為用百工羊棄其業決須精校令強敵窺時邊藜伺隙內責辦無日流浪之徒決須精校令強敵窺時邊藜伺隙內

人不平久成懷怨戰國之教籍謂危笑必造禍源者比邊鎮戍之人也若夫一統之年持平用之者大道之計也亂雖之期縱橫作之者行權之載也故道不可父須文質換情權不可恃隨浮隆以牧物之質形自安浮隆其境人物不失其地又先帝時律令立議律舞施行令獨獲衰權契亦溝然則王者討法之趣化物之規圖方務得不出十餘年矣臣以牧之身分劇百撓之儀安置九服之節乃是有為之樞機世法之大本也然脩之人亦皆博古依古撰置大體可觀比之前令精義稍有令之但主議之家大用古制若令依古高祖之法復須升降在但主議之家大用古制若令依古高祖之法復須升降

誰敢措意有是非哉以是爭故父發不理然則莫大之痛深於終身
可偏用今律班令止於事甚滯君令不班是無典法臣下
執事何依而行臣等修律非無勤止置下之日臣乃無兼
是謂農夫盡力他食其秋功名之所實懷於悒正光初兼
中書侍郎紹性抗直每上封事常至懇切不憚犯世元善彈箏天
性踈脫言下高下時人輕之不見採覽紹於眾中引吏部郎中辛雄於眾外籍
早卒紹後聞笙聲之遷右將軍太府少卿
乃少太后笑之遷右將軍太中大夫紹曰卿年稍老矣紹曰臣年雖老臣東
曾因朝見靈太后謂曰卿年稍老矣紹曰臣年雖老臣東
被禾開守門候曰紹於眾中引吏部郎中辛雄於眾外籍

謂曰此中諸人壽當死盡唯吾與卿猶享富貴未幾有河
陰之難紹菩推祿命事驗甚多知者異之永安中拜太府
卿以前參議正光壬子曆賜爵新昌子後卒於右光祿大
夫贈尚書左僕射諡曰宣子伯元龍襲爵
張普惠字洪賑常山九門人也身長八尺容見魁偉精於
三禮兼善春秋百家之說太和十九年為主書帶制局監
頗為孝文所知轉尚書郎令史任城王澄重其學業為其
聲價澄為雍州刺史辟為府錄事參軍從行馮翊郡
軍澄功衰在身欲七月七日集文武比園馬射普薰奏記
於澄曰篇聞三殺九親別踈昵之叙五服六術等衰麻之

心皆因事飾情不易之道者也然則莫大之痛深於終身
之外書冀之哀除於喪紀之內外者不可無節故斷之以
三年之制者不可遂除故敢之以月日況禮大練之日鼓素
以制也蓋推以即吉也小功以上非虞祔練除不沐浴此拘之
不祭又何助於人祭不與宴食與奠非禮也注云謂服
可以與於饋奠莫之事乎曰既葬適人人食之其黨也食之
志哀疾惡焉謂除喪之始不與饋奠小功之內其可觀射乎
雜記云大功以下既葬適人人食之其黨也食之非其黨
不食食猶擇人於馬射為或非且伏見明教立射會之限
之情忍非所以昭令德視子孫者也案射儀射者以禮樂
為本志而從事不可謂禮鐘鼓設不可謂樂捨此二事
何用射為又七月之戲令制無之班勞所施慮達事體府
庫空虛宜待新調乞至九月備飾盡行然後奏狸章
宣襄相之命聲軒縣建雲梐神人忻暢於斯時也澄意納
其言託辭曰罷乃荅曰今雖非公制而此州承前已有斯
武且慕文習武人之常藝吾且可於常藝之閒要須令制平
將以二七令辰集城中文武肄武藝於比園行揖讓於中

禮兄弟內除明衰巳殺小功客至王不絕樂聽樂則可觀
武宣傷直自事緣須罷先以令傳方獲此來意澄
轉揚州啟普惠以羽林監領鎮南大將軍開府主簿普惠
既為澄知驛佐一藩其有聲譽還朝仍羽林監澄訪遣大妃
愛臣蔡為立碑頌題碑欲云兼王元妃之碑澄葬以
普惠奏曰謹尋我小君文姜又曰棽歸夫人成風之秘皆以
姓故經書載我小君文姜又曰棽歸夫人成風之秘皆以
諡配姓古者婦人從夫諡今烈懿太妃德冠一世故特蒙
無聲子仲子之嫌籍謂不假元字以別名位且以氏配姓
愚以為在生之稱故春秋夫人姜氏至自齊既葬以諡配
元妃者欲下與繼室聲子相對今烈懿太妃德冠一世故更
從之後為步兵校尉以本官領河南尹丞宣武崩坐顯甄
襲錫乃萬代之高事當容於定名之重而不稱烈懿乎澄
楷等飲酒游從免官故事免官者三載之後復敘
若干優權授不拘此限熙平中更將軍司空參軍朝議以
不降附為榮時任城王澄為所生祖母服朞與三年詔慕寮會
文學依才優之例敕除寧遠將軍司空表議記室出普惠議以
陵王恭北海王顥疑為所生祖母服朞與三年詔慕寮會
議普惠議曰謹案一王祖母皆受命先朝為一國太妃可
謂受命於天子為始封之母矣喪服慈母如母在三年章

傳曰貴父之命也鄭注云大夫之妾子父往為母大功則士
之妾子為母朞父卒則皆得伸此大夫命其妾子以為母
所慈猶曰貴父之命為之三年況天子命其子為母練冠之與大功乎
其所生母為國太妃及自同公子為母姑親服若嘗醬衛列
傳曰始封之君不臣諸父昆弟則當服其親服
國相為服朞利無疑矣何以明之母為姑姊妹女子
子嫁於國君者傳曰何以大功明之母之親
圖君若傳曰何以尊同也尊同則得服其
服諸侯父子不得禰先君然則遠準公子遠厭
列有四品君大夫以尊降公子大夫之子以厭降名例不
降有四品君大夫以尊降公子大夫之子以厭降名例不
陵北海論封君則封君之子語妃則命妃之孫椒方之皇姑
既受命先帝光昭一國二王胙土苴社顯錫大邦含尊同
之高據附不禰之公子雖許蒹失位亦不是過服間曰有
從輕而重公子之妻為其皇姑雖厭妻猶揆申況廣
同何可亂也禮大夫之妾子以父命慈巳申其三年太妃
遠別先皇更以先后之正統厭其所生之祖嬪之慈母不亦
不以逵乎今餞許其申服而復限以朞比之祖嫡方之皇姑
長子君服斬衰則小君之祖父卒然後為祖後有服斬今祖乃
樂懿經曰今飫許其祖父母妻長子傳曰何以朞父母
獻文皇帝諸侯不得祖之母為太妃蓋二王三年之誠議

者近皆正經以附非類差之毫毛所失或遠且天子尊則
配天莫非臣妾何為命之為國母而不聽子服其親乎記
曰從服者所從亡不以親服既亡則已又曰不為君母之黨服則
之黨服今所從亡不以親服其所生則當從其母
何所施若所從亡不以諸王子之諸王自同國別置臣
不須以國食一方得不以言也今之諸侯便同大夫者則富今之議皆
議者亦有同異不以國子博士李郁於議得罷之後書難同三年當臣
惠據禮還若鄭重三及郁議遂亞轉諫議大夫司徒胡國
曰不喜君得諫議唯晉諫議得君時靈太后父司徒胡
錫襄假繢為藜深聖上之加隆極慈后之至愛憲章天下不
亦可乎而太上之號竊謂未喪何者禮記曰天無二日土
誕聖后近樞剋惟允之寄居槐體論道之明故以功餘九
墳有盤石乃密表曰竊見故侍中司徒胡公懷道含靈貴
故仰尊為太上皇此因上而生名也皇太后稱為太上
無二王骨祔郊社尊無二上竊謂高祖受禪於獻文皇帝
救下蓋取三從之道遠同文母列於十亂則司徒為太上
恐乖繫救之意易曰困於上者必及於下比剋言定兆而
珍薨贈相國太上秦公普惠以前世后父無太上之號詣
闕上疏陳其不可左右畏懼莫敢為通會閉胡家安壙下

以淺改卜輩心悲慌亦或天地神靈所以垂至戒啓聖情
伏願陛下司徒逼同之號從則天下幸甚太
后覽表親至國珍宅召集五品已上博議其事任城王澄
太傅清河王懌侍中崔光御史中尉元匡尚書僕射並同
有難普惠並以理之無所屈廷尉少卿袁翻曰周官上
今所行以太加上二名為上士何止大夫與公但
極尊普惠厲聲呵翻曰禮有下卿上士何必上者皆是
公九命上大夫四命命數雖殊同名為上議者咸以
許至於此處卿所及翻甚有慙色默不復言議者咸以
太后當朝志相黨順遂奏曰張普惠辭雖不屈然非臣等
所同澳汗已流請依前詔太后復豐元又賈珍瑗宣令謂普
惠曰朕之所行孝子之志卿之所陳忠臣之道羣臣有
成議卿不得苦奪朕懷後有所見勿得難言初普惠被召
傳詔馳驛驅馬來甚迅速行立催去並普惠諸子憂怖涕泗
普惠謂曰我當休明之朝堂諫議之任若不言所難大復何
所難諫便是唯曠官尸祿人生有死死得其所夫復何
恨然朝廷有道沒輩勿憂又議罷門子親故加其
甚時中山杜弼遺普惠書身有才執
此公方來居諫職寨寨如也諤諤如也一昨承在胡司徒
第當庭面詰雖問難鋒至而應對響出宋城之帶始縈

嚳門之橋栽數萬緒便韋后免巡無察拱黙雖不見用於一時固巳傳美於百代聞風快然敬栽此書每為口實普惠必天下人調幅度長廣尚書奏復綿麻恐又不堪命上疏曰伏聞尚書奏復綿麻之調遵先皇之軌風性度欣戰交集仰惟高祖發大斗去長尺改秤所以愛萬姓從薄賦綿麻之用故云幅度之閒億兆歡有綿麻之利故絹上稅綿八兩布上稅麻十五斤萬姓得發大斗去長尺改重秤荷輕賦之饒不適於綿麻而巳故歌儛以供其賦奔走以役其勤夫信行於上則億兆樂輸於下自巳降漸長閭百姓嗟怨聞於朝野伏惟皇太后未臨朝之前陛下若諒闇之日宰輔不尋其恭知天下之怨綿麻不察其幅廣度長稱重斗大華其所獎存其可存而特放綿麻之調以悅天下之心此謂悅之不以道愚臣所以未悅者也普惠文表乙朝直之日時聽奉見自此之後月一陛見又必孝明不親視朝過崇明文郊朝之事多委有司上疏曰伏願躬致郊廟之凌親紆湖望之天地蜀心百神佇望伏願躬致郊廟之凌親紆湖望之澤釋奠成均竭心千畝明發不寐絜誠裡裸孝第可以通神明德教可以光四海然後精進三寶信心如來道由化深故諸漏可盡法隨禮積故彼岸可登量撤僧寺不急之

華還復百官父析之秩巳與之構務從簡成將來之造權令停息但仍舊貫亦何必改作庶幾用愛法俗俱賴尋別敕付外議釋奧之禮時史官尅日蝕豫敕罷朝普惠以逆疏非禮上疏陳之又表論時政得失一曰審法度平斗又祖調務輕賦役務省二曰聽興言察訟先皇舊事有不便於政者請悉追改三曰進忠養退不肖任賢勿疑四曰興滅國繼絕世勳親所宜收叙書奏孝明靈太后引普惠於宣光殿隨事難詰對移時太后曰邪勿疑四曰興滅國繼絕世勳親所宜收叙書奏孝明靈太后引普惠於宣光殿隨事難詰對移時太后曰小小細務翻動更成煩擾普惠之胤所出任賢勿疑慈母之養赤子今赤子幾臨危殆將赴水火以煩勞而不救豈赤子所望於慈母乎太后曰天下之著生寧有如此苦事普惠曰天下之親戀莫重於太師彭城王然遂不免枉死微細之苦何可得無太后曰彭城之三子天下莫不忤至德何足復言普惠曰聖后封彭城之三子天下莫不忤至德知慈母之在上臣所以重陳者凡如此枉之天下莫不忤日卿云興滅繼絕意復誰是普惠曰普淮南逆終漢文封其四子蓋骨肉之不可棄親親故比籍見咸陽京兆皇子皇孫一德之虧自貽悔吝沈淪幽壤緬焉弗收豈不是興滅繼絕之意太后曰卿言有理當命公卿博議又任城王澄薨卒思荷其恩待朝望奔起於於禪除難寒暑風雨

【北史列傳三十四】 （十一） 支山

無不必至初澄嘉賞普惠臨終以為尚書右丞靈太后既
深悼澄既見敗從之詔行之後尚書諸郎以普惠地寒不應
便居管轄相與為約不放上首紛紜多曰乃息正光
二年詔遣楊鈞送蠕蠕主阿那瑰還國普惠謂遣之將貽
後患上疏極言其不可表奏不從親子建為益州刺史後
還罷侯普惠被使驗之稱降款朝廷頗事當迎普惠請付楊州
賊罪蕭氏不從俄而正德果逃還後除光祿大夫右丞如故
西豐侯正德及西垂郡戍祖運久絕詔遣之蜀委
先是偽池武興郡氏數萬雍遏東秦七州兵武以
本官為持節西道行臺給秦岐涇華雍遏東秦七州兵武
部將統聽於關西牧守之中隨機召遣軍資校印之蜀委
三萬人住其召發送南秦東益二州兵租分付諸戍其所
多所陳論出除東豫州刺史淮南九戍十三郡猶因梁前
以目隨事乾還朝賜絹布一百段時詔訪寛租比省減郡縣
軼別郡異縣之人錯雜居止普惠乃依舊揖比省減郡縣
工表陳狀許之因此館遺稱有方軌溢不起以為
便普惠不嘗財業好存進舉敢於故舊異州人俟堅固
少時與其游學卒終其子長給於四時請祿無乏
滅贍給其衣食及為豫州放呂瑜解褐攜闈其合門拯給
之在州辛諡曰宣恭

【北史列傳三十四】 （十二） 支山

成淹字季文上谷居庸人也好文學有氣尚仕宋為員外
郎領軍王玄邈東陽歷城皇頭中降慕容白曜其固諫立
作佐郎時獻文於仲冬月欲巡漠北朝臣以寒赴關授兼著
不納淹上接文於論游論帝覽之詔尚書李訢諸卿請不
如成淹論釋之意乃敕得行太和中文明太后崩齊遣道
識者更與論執沖秦遣淹昭明言聽朝服行禮義千
典淹言玄冠不弔童孺共聞昔季孫將行請喪之禮千
其散騎常侍裴昭明散騎郎謝竣等來弔欲以朝服行
事主客不許昭明等執志不移孝文敕尚書李沖選一學
載之下猶共稱之卿方謂義出何典何其異哉昭明言辭

高帝崩親遣李彪通弔初不素服齊朝亦不為疑淹言
彪通弔之日朝命以弔服自隨彼不導高宗追遠之慕乃
虞即言齊之君臣皆已鳴玉盈庭彤庭行人何容獨以襄
服間衣冠之中我皇帝以弔服臨之何以相尚也昭明言
此方彼也昭明乃攘膝而言曰三皇不同禮亦安知齊不
以虞舜高宗為非也昭明使人唯齊相顧
失所歸淹言若如來談卿將折中還南日應有高貴
咲曰非孝者宣尼有成責行今亦弗敢言使人唯齊相顧
不可以弔幸借衣帽以申國命令亦弗為魏朝所過還南日
得罪本朝淹言彼有君子也卿將折中還南日應有高貴
若無君子也但令有光國之譽雖非理得罪亦復何嫌南

【上欄】

史筆狐自當直筆既而敕送茲幘給昭明等明旦引皆
令文武盡哀後正佐郎其後遜遣其散騎常侍庚拿散騎
侍郎何憲王書邢宗慶等來聘孝文敕澄接於外館宗慶
語澄南北連和既而憲父未朝富雅便爾動豈足大
之信且齊先王歷事末朝我為王者不拘小節豈得眷眷守尾生
者皆相顧失色何憲知澄黃從南入以手掩目曰卿何不
作于禁而作王肅澄言夫我拾逆汸順從追踪陳韓何子禁
之有憲亦不對王肅澄言之至變與行幸蕭問此是何城奄言訐引
若有古跡皆便知之行到朝歌蕭問此是何城奄言訐都

北史列傳三十四 〈十三〉 *吳秘等*

朝歌城蕭言故應有殼之頑人澄言昔武王滅紂恭居河
洛中因劉石亂蕭仍隨司馬東度蕭知澄富青州乃咲謂
曰青州何必無其餘種澄以蕭本隸徐州若言青州本非
其地徐州聞今日彭城王懃曰向聊因戲言遂致辭澇恩舋以
謂因文大悅謂蕭此叚足為制勝舋駕驚至洛
聞蕭與文侍御史張思寧曰近者行次朝歌聞成澄其卿以
蕭因芳文敘之蕭言臣於朝歌失言君因此進澄恐辱
遂大笑蕭又敘之蕭言臣罵已達人正可顯臣之美帝曰卿為人所
卿轉甚蕭言臣罵已達人正可顯臣之美帝曰卿為人所
復卿試重敘之蕭言臣於應敘進帝言君已甚豈宜再說

【下欄】

屈欽求免已之名後於卿大優蕭言澄既敕進臣得屈已
申人此所謂陛下惠而不費遂酣笑而止賜澄龍廄上馬
一疋并鞍勒宛其服澄覆轉謁者僕射時遷都帝以澄
家貧敕給事力送至洛陽使與家累相隨及車駕澄淮敕
徵澄澄於路左請見曰敞不可小願聖明保萬全之義帝優
而容之帝幸徐州敕澄輿聞龍駒專主舟楫將沈泗入河
汴流澄於硤石破澄以黃河浚急有傾危乃上疏陳
諫帝敕澄次碻磝澄輿聞龍駒急德有傾危乃上疏陳
伊洛欲通運四方黃河急涉人皆難故我因此行乘流所
伊洛欲運四方黃河急涉人皆難故我因此行乘流所

北史列傳三十四 〈十四〉 *吳秘等*

以開百姓之心知卿誠至而不得相納賜駿馬一疋衣
冠 〈覆除羽林監王容令于時宮極初構運材日有萬計
伊洛流漸苦於厲澄遂啓求敕都水造浮航遂各水運有
意欲樂澄於粲朔且受朝百官在位乃賜帛百定知左右
二都水事景明三年出除平陽太守還蕭殷豆贈光州刺
史諡曰定子霄字景繼好為詩賦開起知音之士所共咲率
質等朋游相好詩賦開起知音之士所共咲率於書侍
御史

御史

范紹字始孫煌煌龍勤人也少聽敏年十二父又誡之曰汝父辛曰令汝遂就崔
事崔光以父憂廢業毋又誡之曰汝父辛曰令汝遂就書侍

生希有成立今已過其宜遵戒命紹遠赴學太和初充太
學生轉掌文案宗帝善之文爲侍中本冲黃門下通事令史還錄事
近臣曰崔光從容范紹之力後朝廷有南討計發河北數
州田兵通緣淮戍兵合五萬餘人黃開屯田八座奏紹爲
西道六州營田大使加步兵校尉紹勸於勸課頻歲大獲
又詔與都督中山王英論攻鐘離紹觀其勸其城隍恐不可陷
勤令班師英不從紹還具以狀奏開俄而英敗後魔伍并
州刺史大常卿莊帝初遇害河陰

劉桃符中山盧奴人也生不識八父九歲喪母性恭謹好學
　　〈十五　王肅〉
舉孝廉甲科歷碎職累遷中書令人以勤明見知
父世遷職宣武謂曰揚子雲爲黃門頗羅三世卿吾此任
始十生不足辭也東豫州刺史田益宗居邊貪黷實頻
詔桃符還具稱益宗老毫而諸子非理動武頻
宣武後領代之恐其背叛拜桃符東豫州刺史嶼後將軍
桃符在益宗傳桃符善無懷雙左爲人
吏所懷父之徵還病卒贈洛州刺史
李世哲領衆襲龍襄益宗語在益宗傳
再爲濟南太守有政績獻其能特徵赴李秋馬賜賜
鹿念字永吉濟陰乘氏人也祖壽與沮渠氏庫部郎父生
以驄馬加以青服彰其兼潔時三燕始附人懷苟且蒲博

終朝頗廢農業生立制斷之間者嗟善後卒於淮陽太守
追贈兗州刺史念好兵書陰陽釋氏之學彭城王勰召爲
館客甞詣徐州馬疲附艦而至天梁夜瞳從者上岸竊未
四束飼馬瓶行數里念覺即傳船至取未勢以練三丈置
未東下而反初爲真定公元子直國中尉念獨不取
子直鎮梁州州有兵粮和糴和糴者廉柰木潤屋念獨不取
莫使絃鄉管絕子直少有令問念甚終故以諷焉未成
節甞賦五言詩曰嶧山萬天樹雕鐫作琵琶由此材甚遠
絃鄉甞調甚中華絶子直接琴白雪終甞韻未成
子直強之終不從孝莊爲御史中尉念兼殿中侍御史監
　　〈十六〉
臨淮王彧軍時梁遣其豫章王綜據徐州綜密信彧或云
欲歸款衆議謂不然念遂請行曰綜若誠心與之明約如
其詐也甞惜一人命乎時徐州始陷邊方驃綜部將成
景雋凶胡龍牙蘯綜遂單馬間出徑詣彭
城未至之間爲綜軍主程兵潤所止問其來狀念曰我爲
臨淮王所使兵潤道人白龍牙等綜既有誠心聞念被執
語景雋等曰我毎疑元略規欲叛城將驗虛實目遣左右
爲元略使人魏軍中喚被一人其使果至可令人詐作略
身在一深室託爲惠狀呼使尸外令人傳語時略始被繁
武追還綜又遣腹心人梁話迎念密語意狀令善酬荅引

念詣龍牙所龍牙語念曰元中山甚欲相見故令喚卿又
曰安豐臨淮將少弱卒規此城容可得乎念曰彭城魏
之東鄙勢在必爭可否在天非人所測龍牙曰當如卿言
復詣景儁住所傳念言謂僕之流念而未入時夜已久有繞軍王
月建鵰首斗牛受破敵星未也此乃逆天之分野吳國敗戾不久
物有道乃上指曰今歲星在斗吳之分野君何不歸梁國
姜桃來與念言僧魏之微子技城歸梁梁王持
謂曰卿不爲剌客也苔曰今者爲傳使及命本朝相剌之

事更後圖為設食念強飲多食囙敵數人微自李狢請
人相謂曰壯哉乃引向元略所一人引入戶指抹令坐一
人別往室中出謂念曰中山王有敕我首有以向南且遣
相喚欲問卿事晚來患動不獲相見遂辭而退須臾天
曉綜軍王范勗與司馬楊膘等競問比朝言馬多少念
陳士馬之盛申而與梁詰盟契記未旬綜降誽封綜陶
縣子除負欠散騎常侍永安中為右將軍給事黃門侍郎
進爵為侯雖住居止布衣糲食寒暑不變莊甚清南
自無屋宅常假債者止在譙退迎送親賓加於疇昔而
潔時復賜以錢帛及東徐城人呂文欣殺剌史元大賓南

引梁人認念以使持節散騎常侍安東將軍為六州大使
與行臺樊子鵠討破之念文購斬文欣還拜金紫光祿大
夫兼尚書右僕射東南道三徐行臺四郡都督賀拔勝陽拒
榮業友圍州城城降榮業送念於關西
尔朱仲遠軍敗還京失平中除梁州剌史時榮陽人鄭
陳指畫無所道關大后善之後為別將以軍功封長平男
歷岐東荆州剌史天平初遷鄴尊創石僕射以軍功遷步兵校尉永
寧大興經營務簪靈太后留至作所及有顧問燋數
張燿宇景世自云南陽西鄂人也仕魏累遷步兵校尉永
向書元世儁奏曰南京宮殿毀撤送都連役竟河首尾大

至自非賢明一人專受納則恐材木耗損有關經構燿
清直素著有稱一時臣等輒與燿為父將設從之耀勤於其
事薨轉營構左都將軍宮殿成除東徐
給事中帝謂黃門郎邢鸞曰道斌是行便異稱流奏宣武
校書郎轉書頗為篤文所知從征南陽還加衞大將軍
劉道斌武邑灅津人也有器幹晉帶十圍頗轉甚美初拜
州剌史卒於州諡曰康贈司空公諡曰懿
即位邊遇者僕射後歷恆農太守岐州剌史所在有清貞
椿卒於州諡曰康道斌在恆農修立學館建孔子廟堂
圖畫形像去郡後故吏追思之復五道斌形於孔像之西

而拜謁焉

董紹字興遠新蔡鮦陽也少好學頗有文義起家四門
博士累遷兼中書舍人為宣武所賞豫州城入自早生以
城南叛詔紹慰勞為賊鑲禁送江東梁領軍呂僧珍疑
與紹言便相器重梁武聞之使勢紹云忠臣孝子不可無
之令當聽卿還國詔曰羌毋佳洛無復方寸既奉恩貸當
言欲與魏朝通好卿宜備申此意若欲今以宿豫還
若更生乃引之見之謂曰戰爭多年人物金寶良以不恥先
彼後與漢中見歸及紹還具陳說和計朝廷交不許後除
洛州刺史紹好行小惠頗得人情蕭寶寅反於長安紹為
書求擊之云臣當出瞻巴三千生噉蜀子莩明謂黃門徐
紇曰此巴真瞻也統苍此紹之壯辭云巴人勁勇敢無
所畏非當瞻也帝大笑敕紹速行以捍賈寅功賞新蔡縣
男尔朱天光為關右大行臺夜召紹為大使祖寅功賞兼尚
書右僕賀拔岳復請紹為其開府諮議參軍立後攜
紇於高平牧馬鴻飲黃河
寧謂胡關下復開楚客岳死周文帝亦重之及孝武西
遷除御史中丞非其好也撫劍歎數不得忘或行戲衝或
與少年游聚不自拘持頗類失性孝武朋周文與百官推
奉文帝上表勸進令呂思禮莊恁作表前後井奏帝推

執謙沖不許周文曰為文能動至尊唯董公耳乃命紹為
第三表操筆便成表奏周文曰開進人意不當如此也及
登阼方任用之而紹議論朝廷賜死孫嗣

馮元興字子盛東魏郡肥鄉人也少有操尚舉秀才中尉
王顯召為檢校御史司徒江陽王繼召為記
室參軍逮為元乂所知為尚書殿中郎領中
書舍人仍御史又勳聞時事卑身克己人無恨焉家素貧約
食客恆數十人同其飢飽時人歎之大保崔光臨薨元興
常為擿句儒者榮之文既賜死元興亦被廢乃為浮淼詩
以自喻曰有草生碧池無根水上蕩脆弱風波危微苦
驚渡普泰初為光祿大夫領中書舍人太昌初卒於家贈
晉州刺史元興世襄因元又文勢託其交道相用為州主
簿論者以為非倫時有藩郡曹昂有學識舉秀才求安
中除太學博士兼尚書郎常徒步王省以示清貧忽遇盜
大失綵纈時人鄙其矯訴
論曰孫紹關左之士又能指論時務張普惠明達典故強
直從官侃然不撓其有王臣之風矣成淹范紹劉桃符鹿
念張燿劉道斌董紹馮元與等身遭際會俱得効其所
能苟曰非才亦何能致於此也

方洽　周益　周之竟　孫辯然　校正

袁翻　第躍　羅子傳備
　　　　弟從孫圍　圍子休之　圍從兄先景

陽尼　蓬子廈

賈思伯

祖瑩　子挺

《北史列傳三十五》〈一〉

袁翻字景翔陳郡項人也父宣為宋青州刺史沈文秀府
主簿隨文秀入魏而大將軍劉昶言是其外祖淑近親令
與其官顯與濟子沈演等齊競宣時孤寒其相依附及翻
弟宣議參軍表齊競沈等乃經孤寒其相依附及翻兄
翻少以東觀為徐紇所薦李彪引兼著作佐郎參史後
拜尚書殿中郎正始初詔尚書門下於金墉中書外省考
論律令翻與門下錄事常景孫紹廷尉監張虎律博士侯
堅固書侍御史高綽前將軍邢苗本車都尉程靈虬羽林
監王元龜尚書郎祖瑩宋世景員外郎李琰司州牧高陽王雍
孫崇等並在議限又詔太師彭城王勰左衛將軍元麗兼將作
大匠李韶國子孫酒鄭道昭廷尉少卿王顯等入議其事
中書監京兆王愉青州刺史劉芳入豫之義
後除豫州中正是時修明堂辟雍翻議曰謹按明堂之義
今古諸儒論之備矣蓋唐虞以上事難該悉夏殷以降校
可知之按周官考工所記皆記其時事具論其殼名制豈

《北史列傳三十五》〈二〉

其紕繆是知明堂五室三代同為配帝像行義則明矣及
淮南呂氏與月令同文雖布政班時有堂木之別然推其
體則無九室之謀既而正義殘隱妥說斐然明堂九室著
自戴禮探緒求源固知所出而漢氏因之自欲為一代之
法玫鄭玄云周人明堂五室是帝一室也然於今不同是
周禮依數以為之室本制著非但異乎裴顏又云漢氏作四維之不
旁此乃明堂之文也而薛綜注云旁室有九室
堂後有九室之制非旦異乎裴顏又云漢氏作四維之不
者張衡東京賦云譽宮室室略可知矣但其此制猶有憒焉何
漢異周也漢為九室布教常復頗翻重屋八達九
周禮依數以為之室本制著存是周也於今有九室
法玫鄭玄云周人明堂五室是帝一室也然於今不同是
堂後有九室之文也而薛綜注云旁室有九室
不能令各擄其辰就使其像可圖莫能通其名用之禮此
為設虛器也其知漢世徒欲則滅周典指粗奠構章改物
劉制故不復拘於載籍且鄭玄之話訓三禮及釋五經異
並盡思窮神不降周公之傳法也伯喈損益漢制章句繁
祀五帝之基趾猶或舛瑞高車廣狹頗與戴禮不同何得以意抑
之便謂通晉朝亦以戴禮不同且三雍異所復乘盧義之義進退無擄
心便謂通晉朝亦以意妄作茲為不典學家常談不足以範時軏世
正義皆以意妄作茲為不典學家常談不足以範時軏世
何用經通晉朝亦以意妄作茲為不典學家常談不足以範時軏世

皇代既乘乾統曆得一御宸自宜稽古則天憲章文武追
蹤周孔述而不作豈容虛追子氏教徒損經紀
雅誥之遺訓而欲以支離橫義指畫云圖儀刑宇宙而貽
來葉者也又北京制置求皆允帖繕修草創以意良多事
移化變行者無幾理苟宜革何必仍舊且遷都之始以
皇給先朝規慶每事備吉走以數年之中悛換非一良以
永言明堂五室請後議選邊戍事翻議曰臣聞兩漢敬永西比
諮無失典刑後議同制郊建立之長復可知矣既猥班訪逮輒輕率

魏晉備在東南具以鎮邊守塞以寄威重伐叛柔服寔賴
溫良故田叔魏尚聲高於沙漠晉陽鉅平績流於江漢紀
籍用爲美談今古以爲盛德自皇上以叡明寬累御風清化
遠威鷹秋霜贲若春露故能便進海翰御序連城
革面比屋歸仁縣軍翩閣堂伊襄載鼓謀金陵復往茲城
然荆揚之牧宜盡一時才望梁鄧之君允須當今秀異首
比緣邊州郡官戍便登疆埸統戍階富即用或逢撫德凡
人或過食家豢子不識字久溫郵之方唯知重役殘忍
法廣開戍邊多置帥領或用其左右姻緊敕之意其男力之兵
屬皆無防寇禦賊之心唯有通離聚斂之意其受人質財請

驅令抄掠若遇強敵即爲奴虜如有執獲奉爲己富财蘭
驅老小之輩微解金鐵之工小關草木之作無不搜管窮
皇苦役百端自餘或戍术高山或云草平陸販貿往還相
堂道路此等祿既不多資亦有限皆收其實絹給其虛粟
繁其力薄其農用其工節其食綿冬麻夏加之疾疹苦死於
溝澗者常十七八焉是以吳楚間伺審此虛賈云置於
兵役勿可乘攘故驅率犬羊屢犯疆埸頻年已來甲冑生
蟣虱千刃往郊之擾延若斯之所以庸哭良有以也夫縈其
流者消其源理其求者正其本既失之在始庸可止乎愚
得其人故延源理其能駕御有之清高獨者威臣臨我信能懷遠撫循
階級若能駕御有之清高獨者威臣臨我信能懷遠撫循
至手戊王皆令朝臣王公已下各舉所知選其才不拘
謂自今已後荆揚徐豫梁益諸蕃及所統郡縣府佐統軍
將吏得其忻心不營私潤專修公利者則就加爵賞便久
於其任以時褒賞屬其忠款所舉之人亦垂優賞州其得
士嘉其誠節若不能一心奉公才非捍禦貪懦目高經略
無聞人不見德兵歇其諛蔫罪即加顯裁用章其偽傳亦明庶邊惠永消
之人隨事免降賣其勞罰如此則舉善惡既審沮勤亦明庶邊惠永消
其私受任不得孤其舉善蔫職熙平初除廷尉少卿頗有不平
譏議收自矣遭母憂去職熙平初除廷尉少卿頗有不平

【上欄】

之論為靈太后所責出為陽平太守其不自得遂作思歸
賦神龜末遠涼州刺史時蠕蠕主阿那瓌後王婆羅門並
以國亂來降朝廷間安置之計翻表曰今蠕蠕內為高車
所討滅外憑大國之威靈兩主投身一期而至百姓歸誠
猶復相屬然夷不亂華前鑒兩主在於劉石毀轍固
不可尋今蠕蠕雖主奔於上人散於下而餘黨寔繁部落
主甚黑弱亦未能一時并兼盡令率附又高車士馬雖衆
素闕敦煌酒泉空虛亢甚若蠕蠕無復豎立令高車獨擅

北史傳三十五　五

而河西捍禦彊敵唯涼州敦煌而已涼州土廣人稀糧仗
瓖住所洮所經見其中事勢不可輒陳婆羅門請修西海
阿那瓖於東偏勑婆羅門於西裔分其降人各有收屬那
之衝要漢家行軍之舊道土地沃衍大宜耕殖雖外為署
比千二百里去高車所住金山一千餘里正是比虜往來
故城以安處之西海郡本屬涼州今在酒泉直抵張掖西
婆羅門於事為便即可求為重戍鎮防西北雖外為蠕
蠕之聲內實防高車之策二年後足食足兵斯固安邊
保塞之長計也若婆羅門能自克屬使餘燼歸心收離聚
散後興其國者乃漸令比轉徙度流沙即是我之外藩高

【下欄】

車之勍敵西比之虞可無過慮如其計回返覆孤恩背德
者此不過為通逃之寇於我何損今不早圖戎心一啟脫
先據西河奪我嶮要則酒泉張掖自然孤危長河巳西終
非國有不圖厥始而求髙其終噬臍之恨將何及惠見
如此乞遣大使往涼州敦煌及然西海躬行山谷要害之
所親閱其障遠近之宜商量土馬校練糧仗部分見定處

北史傳三十五　六

為蠆正是蠕蠕射獵之處殖田以自供籍獸以自給彼此
復勞轉輸之功也且西比即是大磧野獸所聚千百
置得所令之春速近之間即以自播種至秋收一年之食使不
相資足以自固今之豫度似如小損歲終大計其利實多
高車犲狼之心何可專信假令拹臣致款正可外加優納
而復內備彌深所謂先人有奪人之心者也時朝議是之
還拜吏部郎中遷涼州刺史多政績尋昌中除安南將
軍中書令領給事黃門侍郎與徐紇俱在門下並掌文翰
翻既才學名重又善附會亦為靈太后所信得是時蠻賊
充斥六軍將死亡將士舉哀亦為靈太后所信在門下並掌文翰
軍拜上表請為西軍死亡將士舉哀後蕭寶夤大敗於關
翻上表請為西軍死亡將士願以安南尚書換一
後拜度支尚書轉都官翻上表願以安南尚書換一
紫時天下多事翻雖外請關秋而內有求進之心識者怪
之於是加撫軍將軍明帝靈太后嘗游華林園樂飲調

舉臣曰表尚書朕之杜預欲以此杯敬爾蜀元凱今為盧之
侍坐者莫不羨仰名位俱重當時賢達咸推與之然獨
善其身無所獎拔排抑後進論者鄙之建義初遇害河陰
所著文筆百餘篇行於世贈使持節侍中車騎將軍儀同
三司青州刺史嫡子寶武定中司徒記室參軍事翻弟

躍

來奔朝廷秩之送還其國既而每使朝貢辭旨頗不遜禮

躍字京騰慱學儁才性不矯俗篤於交友翻每謂人曰躍
可謂我家千里駒也歷位尚書都兵郎中加員外散騎常侍
將立明堂躍乃上議當時稱其博洽螭主阿那瓌亡破
傳清河王澤文學雅為澤所愛賞澤之文表多出於躍卒
贈冠軍將軍吏部郎中所制文集行於世無子兄翻以子
脩繼

脩

脩字叔德七歲遭喪若飆禮名成人九歲州辟主簿性
深沈有鑒識清靖寡欲與物無競姨夫人尚書崔休深所
知賞年十八領本州中正兼尚書慶及郎中薨天保初除
太子庶子以本官行懷陵太守大有聲績遠近稱之累遷
司徒左長史領兼御史中丞司徒錄事參軍盧思道
庫錢三十萬娉太原王乂女為妻而王氏以先納陸孔文

禮媤為定畢脩為首寮又國之司憲知而不劾中丞尋
選秘書監天統中詔與趙郡王叡等議定二禮出為信州
刺史即其本鄉也時父無恤莫不榮之為政清靖不言而
化自長史以下愛練寡孤幼皆得其歡心武平初御史
普出過諸州未有舉劾唯不到信州及還都人無道俗追
列滿道或將酒脯涕泣留連競送之時既後州勞
巇往往為之駐馬簡舉一酌示其意辭謝而去還後州
人鄭播宗等七百餘人請為立碑斂布數百四託中書
侍郎李德林為文以記功德敕許之尋除都官尚書畢
少年平和溫潤素流之中最為規檢以名家子歷任清華

時望多相器待許其風鑒在郎署之日時趙芳深為水部
郎中同柱一院因成交友深後重被沙汰傅私門生素
蘿畢脩猶以故情音問來性芳深住用銘戰甚深雖人
才無媿蓋亦由彥深接引為吏部尚書以後自以物望得
之初馮子琮以僕射攝選婚姻相尋畢脩常非哕之語人
云馮公營婚日不暇給及自若選曹亦不能免時論以為
地勢然也素品孤官頗有怨嚮然在官廉謹當時少四
魏邪世臺郎多不免交通贿饋初畢脩為尚書郎十年未
曾受升酒之遺尚書邢邵與畢脩以太常少卿初畢脩
書脩為清郎大寧初畢脩以太常少卿出使巡省仍令考

校官人得失經兗州時邢邵為刺史別後送白紬為信書
脩不受與邢邵書云今日傾過有異常行瓜田李下古人
所慎願得此心不貽厚責邵亦欣然領解報書云老夫忽
忽意不及此敬承來旨吾無間然弟昔為清郎今日復作
清卿矣及在吏部屬政衰道喪若違忤要勢禍不旋踵雖
以清白自守猶不免請謁之累入周位儀同大將軍吏部
下大夫東京小司宗中大夫隋開皇初加上儀同遷東京都
官尚書東京廢入朝除都官尚書二年出為熊州刺史卒
子知禮大業初卒於太子內舍人躍弟颺卒於豫州冠軍
府司馬颺弟昇位正員郎颺死後昇通其妻翻悉為之發

病昇終不止時人鄙穢之亦於河陰見害贈左將軍齊州
刺史

陽尼字景文北平無終人也累世仕於慕容氏尼少好學
博通羣籍與上谷侯天護頓丘李彪同志齊名幽州刺史
胡泥表薦之徵拜秘書著作郎及改中書學為國子時中
書監高閭侍中李沖等以尼碩學舉為國子祭酒後兼幽
州中正孝文臨軒令諸州中正各舉所知尼與齊州大中
正房千秋各舉其子帝曰昔有一祁名垂往史今有二奚當
聞來牒出為幽州平北府長史帶漁陽太守未拜坐為中
正時受鄉人貨免官每自傷曰吾昔未仕不曾羨人今日

失官與本何異然非吾宿志命也如何既而還家有書數
千卷所造字釋數十篇未就而卒其從孫太學博士承慶
撰為字統二十卷行於世承慶從弟固

固字敬安性俶儻不拘小節少任俠好劒客弗事生產年
二十六始折節好學博覽篇籍有文才太和中從大將
軍宋王劉昶征義陽板府法曹行參軍昶性嚴暴三軍戰
慄無敢言者固啓諫并面陳事宜昶大怒欲斬之使監當
攻道固在軍勇決意志閑雅了無懼色昶甚奇之軍還言
之孝文年三十餘始辟大將軍府參軍事累遷書侍御
史多所劾奏宣武廣訪得失固上讜言表曰當今之務宜

早正東儲立師傅以保護立官司以防衛以係蒼生之心
攬權衡親宗室強幹弱枝以立萬世之計舉賢良黜不肖
使野無遺才朝無素餐孜孜萬機躬勤庶政使人無謗讟
之響省徭役薄賦斂脩學官遵舊章貴農桑賤工賈絕
談虛窮微之論簡桑門無用之費以救飢寒之苦然後備
器械脩甲兵習水戰滅吳會撰封禪之禮襲軒唐之軌豈
不茂哉初帝委任羣下不甚親覽好桑門之法尚書令高
肇以外戚權寵專決朝事又咸陽王禧等並有釁故宗室
大臣相見疎薄而王畿人庶勞斃益甚固乃作南北二都
賦稱恒代田漁聲樂侈靡之事節以中京禮儀之式因以

諷諫宣武末中尉王顯起宅既成集賓客豪宴酒酣問
固曰此宅何如嬰鄹流耕于今豐屋生災著於
周易此蓋固自傳合其唯有德能卒願公勉之顯嘿然他日
又謂固曰吾作太府卿府庫充實卿以為何如固對曰公
收百官之祿四分之一州贓贖悉入京藏以此充府未
足為多且有聚斂之臣寧有盜臣豈不戒歟顯大不悅以
此銜固又有人間固於顯因表固剌請求米麥免當官遂闕
門自守著演順賦以明幽微通塞之事又作剌諷詩似青蠅兮以
詩二首曰巧佞兮佞巧瑰萬毒何厚兮巧佞兮何工矣
為黑茌汝口兮汝非蜩萬毒何厚兮巧佞兮何工矣

司閒司怨言必從矣朋黨囁嚅自抱同矣浸潤之譖順人
諸毀殹曰繫子貴無罪何騁汝言讒蕾緝讒言兮君
子好讒如或實及天疾讒說汝其至矣無妄多禍行將
及矣泛泛遊亀弗制弗拘行藏之徒或知或愚維余小子
未明茲理殹與行俱言曲與亀我我其悔吝余求
以求忠恕在已彼諮諮兮人之蠹兮刺促首粟岡顧恥辱
以求媚兮邪干側人如惄弗及以自谷兮志行禍小好智
不道朝挾其軍又承其輿或載棄翅或言或咲
曲事親要正路不由邪徑是踹不識大獻不知語言其朋

其黨其徒寔繁有說其行有佞其音聲逡除戚施邪媚是欽
既讒且妬以遑其心是信是任敗其以矣不始不愼末如
之何晉晉宰謔營營爰營爰爰亦驤國噫小中下其疾既備矣
異世同力江充趙高其言似直賢刁上官擅生羽翼乃如
之人僭奕其德豈徒蓜梁立募智王齔淺讖伊家息夫
不謂其非不覺其失好兮有年罷之有曰我思古人心焉
苦疾凡百君子宜其有愼矣優讒及矣明帝即位除尚書考功郎
事既至矣及是不思維塵及矣明帝即位除尚書考功郎
中奏諸秀孝考中第著圖始大軍中大事悉與謀之又
尉李平行臺六六郎平奇圖勇敢軍征峽石敕為僕

命固卽廢水軍固設奇討先期乘賊獲其眾城後大傳清
河王懌舉固固除步兵校尉領汝南王悅郎中令時悅年少
行多不法固上疏諫悅悅甚敬憚之擇大悅以為舉得其
人除洛陽令固在縣甚有威風丁母憂纂慕毀過於哀擇被
練禪之後酒肉不進時固從事中郎蜀郡擇被害
族咸歎服焉清河王懌領太尉辟固從事中郎及門生繁親
不奏禍之遇害不出固以聲被辟命遂獨詣喪所盡哀慟
莫不憾焉乃還隱避不出固雖藥布王惰何以尚也
哭君子哉若人及汝南王悅為太尉選辟多非其人又輕肆

摛撻固以前為元卿雖離國猶上疏切諫事在悅傳後悅
辟固為從事中郎不就京兆王繼為司徒高選官寮辟固
從事中郎研解除前軍將軍文典科揚州勳賞初硤石之
役固有先登之功而朝賞未及至是與尚書令李崇訟勳
太常少卿謚曰文固剛直雅正不撓談者稱焉卒贈輔國將軍
餘財終沒之日室徒四壁無以供喪親故為其棺斂初固
若終制一篇務從儉約臨終又敕諸子一遵先制五子長
子休之

休之字子烈儁爽有風概好學愛文藻時人為之語曰能
賦能詩陽休之初為州主薄孝昌中杜洛周陷薊城休之
與宗室南奔章武轉至青州葛榮寇亂河北流人多湊
青州休之知將有變請其族叔伯彥等潛歸京師避之多
不能從休之垂涕別去俄而葛榮果作亂伯彥等咸為
土人所殺諸陽死者數十人唯休之兄弟免克莊帝立累遷
太尉記室參軍邢邵子才俱入撰次普泰中為太保長孫
范陽盧元伯河間邢子才與魏收李同軌等修國史後行臺賀拔
承業府參軍敕與魏收李同軌等修國史後行臺賀拔勝
經略樊沔請為南道軍司俄而魏帝入關勝令休之與清河崔長
表詣長安參謁時齊神武亦啟除休之太常少卿尋屬勝

南奔仍隨勝至江南休之聞神武推奉靜帝乃曰勝啟梁
武求還文襄以為大行臺郎中神武幸汾陽之天池池邊
得一石上有隱起字文曰六王三川神武問此文字何
義對曰六者大王字河洛伊為三川大王若受天命應
統有關右神武曰世人常道我欲反今聞此更致紛紜
惧莫妄言也元象初錄荊州軍功封新泰縣伯武定二年
除中書侍郎先是除詔依舊任遇甚顯時魏收為散騎常侍領兼侍郎
至是發詔依舊任命世論以為中興有人士戲嘲休之云有
與休之參掌詔命世論以為中興有人士戲嘲休之云有
觸藩之羝羊乘連錢之驄馬從晉陽而向鄴懷蠕書而

盈把左永盧斐以其文書請謁啟神武禁此會赦不問歷
尚食典御太子中庶子給事黃門侍郎中軍將軍幽州大
中正兼侍中持節奉璽青詣并州敦喻文宣相國齊王時
將受魏禪發晉陽至平陽郡為人心未一且還并州恐漏
泄切以聞文宣怨之而未發遂說其事鄴中忠知後高
德正以聞文宣記書怨之而未發驃騎將軍手持白檮時魏收為中書
郊天百僚咸從休之脫誤左遷驃騎將軍積其前事也文宣
居注頃之坐記書怨之而未發驃騎將軍積其前事也文宣
令嘲之曰義真服未休之衣兩襠甲允文允武何必減卿談哭晏然議者服其
驍游身被衫甲允文允武何必減卿談哭晏然議者服其

夷鴨以禪讓之際參定禮儀別封始平縣男後除中山太
守先是韋道建宋欽道代為定州長史帶中山太守竝立
制監臨之官出行不得過一百姓飲食有弟即數酬之休
之苦為其失仁義之官自欲避嫌竝曰其鳳心直
是勅世難正在郡三年再致甘露之瑞文宣崩徵甚是
晉陽經紀喪禮與魏收俱至高書令楊遵彥與休之等款
押相遇中書省言及喪事收掩淚失聲休之頻眉而已他
日遵彥謂曰昨聞譚魏少傳悲不自勝鄉何容都不流涕
休之曰天保之世魏侯時遇甚深鄉夫必乘人見待侯衰

訴泣實乘本懷皇建初兼廣支尚書昭帝留心政道訪以
政術休之咨以明罰慎官方禁澄後怊人患為政教之
先帝深納之大守中壓都官七兵祠部三尚書河清三年
出為西兗州刺史天統初徵為光禄卿國史尋除吏部
尚書休之多識故事諳悉氏族凡所選用莫不才地俱允
之引為國子祭酒熊安生當時碩儒因喪解職父希不見調
久耽其所好每謂人曰此官實自清華但煩劇妨吾賞適
五是機龍炎武成崩後頻乞就閑武平初除中書監尚書
右僕射三年加位特進與朝士撰聖壽堂御覽六年正除

尚書左僕射領中書監休之早得才名為人物所傾服外
如陳放內實謹厚少年頗以峻薄為累晚節以通美見稱
重袗期好游賞太常卿盧元明人地華悲字所交接非一
時名士不得與之游休之始為行臺郎便坦然投分文酒
會同相得甚款鄉曲之士莫不企羨為太子中庶子平原
明少遐風流名士也梁土奔鄴普因通聘與休之同游及
少遐卒其妻窮瘵休之經紀振恤恩分甚厚尚書郎中
遷為文襄所親任勢傾朝列休之末嘗請謁遷子達幼
峯數年十餘已作五言詩時有才學者又欲示諸朝士有才學達
而聰年十餘已作五言詩梁國通和聘使在館遲待達
隨宜雁對休之獨正言郎子聰明方成偉器但小兒文章澡
恐未可以示遠人其亦直如此元景每言富令直諫陽子
烈其有為晚節說祖珽撰御覽書成加特進令其子辟強
預修御覽書及斑黜便布言於朝廷六先有隙及鄧長顒
穎之推奏立文林館之推黜默說祖珽撰御覽書成
相附會與少年朝請豪軍之徒同入待詔時論賤焉魏收
監史之日立神武本紀取平四胡之歲為齊元收在鄴州收
恐史官改奉基志上表論之及收還朝敕集朝賢議其事
休之立議從天保為限斷親收存日猶兩議未決收死便
諷動內外發詔從其議後領中書監謂人云我已三為中

書監用此何為隆化遷鄴舉朝多有遷授封休之燕郡王
乃謂所親曰我非奴何忽此校凡此諸事為識者所譏好
學不倦博綜史文章雖不華靡亦為典正魏收在日深
為收所重魏俎後以先達見推伍望雖高虛襄接物為揩
紳所愛重周武帝齊書雖推伍望雖高虛襄接物為揩
欽慶支尚書令入陸乂中書侍郎薛道衡中書令入元行恭
侍兼中書舍人陸乂中書侍郎薛道衡中書令入元行恭
顏之推通直散騎常侍兼中書侍郎本德林通直散騎常
黃門侍郎本孝貞給事黃門侍郎盧思道通直散騎常侍兼給事
書監源宗散騎常侍兼中書侍郎本若散騎常侍兼中書侍郎崔達拏輕祕

辛德源王邵陸開明十八人同徵令隨駕後赴長安尋陰
開府儀同依例封臨澤縣男雅納言中大夫太子少保進
位上開府除和州刺史隋開皇二年罷任終於洛陽所著
文集四十卷又撰幽州人物志斑行於世初休之在洛將
仕夜夢見黃河北驛道上行從東向西道南有一家極高
大休之步登家頭見一銅柱跌為蓮花形休之從西北登
一柱礎上以手捫一柱遂右轉休之呪曰柱轉三匝吾
至三八柱礎遂三匝而止休之尋窠意如在鄴城東南者
夢覺驗云子醉彊字君大性疎脫又無藝休之亦引入文
林館為時人所哂鄙武平末為尚書水部郎中休之弟緄

水使者詔安監柴長城累遷殿中尚書以本官監瀛州事
拜儀同三司卒贈中書監北豫州刺史謚曰簡子師壽中
書舍人固從第昭

昭字元景少涉史傳尤開朗秉為蕭文襄府墨曹參軍
甚見親委陳元康崔暹等參謀機密及崔慢為崔遷所
害元景勸文襄擇日將受親禪天保初除給事黃門侍郎後以
順旨初文襄殂龍府

授官未畢而文襄擇日定儀注草詔冊幷
卷子靜立性淳孝撰後濟乃美詞令善尺牘所
風氣彌留不堪近侍出除青州高陽內史卒於郡文集十

郎中隋開皇初州圭簿
賈思伯字士休齊郡益都人也其先自武威從為世父元
壽中書侍郎有學行見稱於時思伯自本朝請累遷中書
侍郎頗為孝文所知任城王澄之圍鐘離也以思伯持節
為其軍司及澄失利思伯為後殿時人稱澄以其儒者謂之必死
及至大喜曰仁者必有勇常謂之矣思
伯託以失道不伐其功時論稱其長者累遷南青州刺史
初思伯與弟思同師事北海陰鳳業竟無資酬之鳳遂貴
其後思伯之部送縑百匹遺鳳因具車馬迎之鳳慙不往
衣及思物時人為之語曰陰生讀書不免癡不識雙鳳脫人

時人稱歎焉昭帝時拜涼州刺史思伯以邊遠不願辭以
男女未婚靈太后不許因令人徐紇言事俄轉儒尉卿時議遂
卿自以儒素為業不好法律希言事俄乃後除廷尉卿
明堂多有同異思伯上議曰案唐禮夏后氏世室殷重屋
周明堂皆五室鄭注云此三者或舉宗廟或舉王襄或舉
蔡邕云明堂者天子太廟饗功養老教選士皆於其中
矢唐虞以前其事未聞記世所不行且九室十二堂其於
九室十二堂安未戴德撰記九室十二堂其於
規制恐難得斯東周禮營國左祖右社明堂在國之陽則
非天子太廟明矣然則禮記月令四堂及太室皆謂之廟
者富以天子籍酖耳五帝故耳又王制云周人養國老於
東膠鄭注云東膠即辟雍在王室之東又詩大雅云
荏宮蕭蕭鄭注云辟雍謂所以助王養老則
尚和助祭則尚敬又不在明堂之駁矣案孟子云齊宣王
謂孟子曰吾欲毀明堂若明堂是廟則不應有毀之問且
蔡邕論明堂之制云堂方百四十尺象坤之策屋圓徑二
百一十六尺象乾之策方六丈徑九丈象陰陽九六之數
堂高三丈以應三統四旁尺象黃鐘九九之數二十八柱
以象宿外廣二十四丈以象氣此皆以天地陰陽之數

為法而室獨象九州何也若立五室以象五行豈不快也
如此紊雜甚乎其論非為通典九室之言或未可從鎬葝考工
記雖是補闕之書祖承已父諸儒注述無言非若方之後
作不亦優乎其經援神契五經要義舊禮圖皆作五室
及徐劉所論同謂工者多矣朝廷未應搘殷
代制徐著則所願也若猶祖述舊章規舉前事未應議難
周成法襲近代安作且損益之極極於三王後來疑議難
可準信鄭此論非為無當寮月令亦無九室之文原其制置

奐尋鄭此論非為無當寮月令亦無九室之文原其制置
行之數周禮依數以為之室是帝各有一室也合於五
室猶是五而布政十二五室之理謂為可按其方圓高廣
個摠章右个即玄堂左个玄堂右个明堂左个明堂右
个即青陽左个如此則
不乘五室其青陽右个即
自依時量戴氏九室之言蔡子幹鑾臺之說
裴逸一屋之論及諸家紛紜並無取焉善其議後為
都官尚書時崔光疾甚薦思伯少雖明經從官
為侍讀思伯遂入授明帝杜氏春秋思伯少雖明經從官
廢業至足更延儒生及講書授性謙和傾身禮士雖在街
途停車下馬接誘间间曾無倦色容有謂曰公貴重豈
能不憍思伯曰吾至便憍何常之有當出以為雅言思伯

臨元興同事大相支眆元興時為元義所寵論者譏其趣
勢二年卒贈青州刺史又贈尚書左僕射諡曰文貞子彥始
武定中准陽太守思伯弟思同字彥和仕明少勵志行雅好經
史與思伯年少時俱為鄉里所重累遷襄州刺史雖無
明察之善百姓安之元顥之亂思同與廣州刺史鄭光讓
並不降莊帝還宮封營陵縣男後與廣州刺史鄭光讓
為侍講靜帝還宮封營陵縣男後與國子祭酒韓子熙拜
侍中講授靜帝杜氏春秋加散騎常侍兼七兵尚書拜
別駕清河崔光韶先為中從事自恃資地恥為其下聞思
同還鄉遂便去職尚書右僕射司徒公諡曰文獻初思同與
子廷不聽求贈思同之侍講也國子博士遼西衞覬精服氏學上
書難杜氏春秋六十二事思同復駁難覬乖錯者十餘
保牙相是非積成十卷詔下國學集諸儒考之事末要而
尚為思同之侍講也國子博士
尋物故後魏郡姚文安樂陵秦道靜後述思同意業隆亦
祖瑩字元珍范陽遒人也曾祖敕仕慕容垂為平原太守
道武定中山賜爵安圉子拜尚書左丞卒贈井州刺史祖
刺史父本貞員多識前言往行位中書侍郎能庭太守贈幽州
巖字元達以從征平原功進爵為侯位再贈井州刺史父祖

年八歲能誦詩書十二為中書學生耽書父母恐其成疾
禁之不能止常密於灰中藏火驅逐僮僕父母寢睡之後
然火讀書以衣被蔽塞窓戶恐漏光明為家人所覺由是
聲譽甚盛內外親屬呼為聖小兒尤好屬文中書監高允
每歎曰此子才器非諸生所及終當遠至時中書博士張
天龍講尚書選為都講生徒集聚瑩夜讀勞倦不覺天曉
催講既切遂誤持同房生趙郡李孝怡曲禮卷上座博士
嚴毅不敢復還乃置禮於前誦尚書三篇不遺一字孝文
聞之召入令誦五經章句并陳大義帝稱善尚書盧昶曰昔流共
工於幽州北裔之地那得忽有此子昶對曰當見才為世

生以才名拜太學博士徵署司徒彭城王勰法曹行參軍
帝顏謂瑩曰蕭頤以王元長為子良法曹今為汝用祖瑩
豈非倫匹也敕令掌瑩與陳郡袁翻齊名兼出時
人為之語曰京師楚子愛袁與祖瑩與陳郡袁翻雖並
書三公郎中尚書令王肅曾於省中詠悲平城詩瑩因
城驅馬入雲中陰山常晦雪荒松無罷風彭城王勰甚
其美欲使蕭更詠乃失語云悲彭城王可誦之瑩應聲即
戲瓛云悲彭城王公自未見蕭云可為誦之瑩應聲云悲彭城
楚歌四面起琵琶石梁亭血流睢水裏蕭其嗟賞之瓛

亦大悅退謂瑩曰卿定是神口今若不得卿幾為吳子
所賣為冀州鎮東府長史以貨賄事發除名後侍中崔光
舉為國子博士仍領尚書左戶郎中李崇為都督引瑩
為長史坐截沒軍資除名未幾為散騎侍郎黃門侍郎中
瑩言時人稱為博物累遷國子祭酒領給事黃門侍郎幽
州大中正監起居注又領黃門瑩以才名早著
云此其于闕國王晉太康中所獻乃以墨塗字觀之辨之瑩如

中正如故以參議律歷賜爵容城縣子坐事繫於廷尉會
書莊帝還宮坐為顯作詔罪狀尒朱榮於廷尉除秘書監
僕射司徒公瑩以文學見重常語人云文章須自出機杼
成一家風骨何能共人同生活也蓋譏世人好襲他文以
為已用而瑩之筆札亦無乏天才但不能均調王石兼有
其制裁之體減於表常為性爽俠有節氣士有窮老
命歸之必見拯時亦以此多之其文集行於世子延雋
挺字壽徵神情機警詞藻遒逸少馳令譽為當世所推起

仒朱兆入焚燒樂署鐘石管弦略無存者敕瑩理綜
車長孫承業侍中元孚典造金石雅樂三載乃就遷車騎
大將軍又孝武登祚作禮封文安縣子天平初

家秘書郎對策高第為尚書儀曹郎中典儀注皆為其

州剌史万俟受洛製清德頌其文宣署開府倉曹參軍神武聞之

時文宣署為并州剌史署開府倉曹參軍神武口授班之

三十六事出而跪之一無遺失大為僚類所賞時神武送

魏蘭陵公主出塞嫁蠕蠕魏收賦收出塞及公主遠嫁詩一

首班皆和之大為時人傳詠班性疎率不能廉慎守道著

曹雖云州号及受山東課輸由此大有受納曹於財產又

自解彈琵琶能為新曲招城市年少歌儛為娛游集諸倡

家與陳元康穆子容住曹元士亮等為聲色之游諸人皆

就班宿出山東大文綾并連珠孔雀羅等百餘匹令諸婢

擲摴蒱賭之以為戲樂余軍元景獻數當責令元世禕子

也其妻司馬慶雲文長魏孝靜帝故博陵長公主所生班

怒迎景獻妻赴席與諸人遽宿亦此貝物所致其豪縱

逸如此常云丈夫一生不負身已文宣罷州班例應隨府

規為倉局之閒致謂於陳元康為自由是還住吾曹

班又委體州家重事攝典武陵子先為書計請糧之際

子先宣教出倉粟十車為祭官捉送神武親閱之班自言

不署歸罪子先神武信而釋之班出而言曰此永相天緣

明鑑然實耳徵所為性不羈救縱曾至滕州剌史司馬世

雲家飲酒遂藏銅疊二面厨人請搜諸客果然發懷中

得之見者以為深恥所乘老馬堂裲襠駒文與寡婦王氏

通姦每人前相聞性復裝讓之臨班旦狎於眾中嘲班曰

卿那得如此詭異老馬年十歲猶跳踔驅駒新耳順尚裲襠

子于時誼然傳之後為祕書丞領舍人事文襄客至諦賣華林

遍略文襄多集書人一日一夜寫畢退其本曰不須也班

不能疑也後為祕書丞飲酒肴皆脫帽於班髮上得之神武

坐失金叵羅寶大令飲酒者皆脫帽於班髮上得之神武

督成祖等作晉州啟請粟三千石代功曹參軍趙彥深密

以遍略數帙質錢樓補文襄杖之四十又與令史李彥雙舊

神武敕給城局參軍事過典籤高景略景略疑其不實宅

以開茍深彥深苔都無此事遂被捶檢班即引伏神武大

怒決鞭二百配甲坊加鉗刮其穀倍徵末及科會并州定

國寺成神武調陳元康溫子昇曰昔作芒山寺碑文解

妙絕今定國寺碑當使誰作詞也元康因薦班才學并解

鮮卑語乃給筆札就禁所具草一日內成其文甚麗神武

以其工而且速特恕不問然猶免官散祭相府文襄嗣事

以為功曹參軍及文襄遇害創重倩班作書屬

家累事并云祖喜私有少許物宜早索取班乃不通此書

喚祖喜私閒得金二十五挺唯與祖喜二挺餘盡自入又

監元康家書數千卷祖喜懷恨遂告元康一挺第叔謀孝璲

等叛諜以語楊愔愔頫頁者曰恐不益亡者因此得傳文
宣作相珽擬補令史十餘人皆有受納而諧取教判并益
官遍略一部時又除珽秘書丞兼中郎王士關推檢并書舍人還鄴後其事
皆發文宣付從事中郎王士關留曹參軍孫子寬佳頫珽愛命
錄珽付禁勿令越逸灌道田曹參軍孫子寬佳頫珽愛命
便尒私北黃門郎高德正副留臺事謀云珽自知有犯經三部仰
寶具奏常倡宣一命尚秘書欄奉至夜當還宇然後掩取珽愛命
丞親檢校催道還定簿晚就家掩之縛珽送廷尉撻犯枉
如德正圖逐還一命尚秘書欄奉至夜當還宇然後掩取珽
法勑統刑文宣以珽伏事先世諷所司命特其罰逐奏
免死除名天保元年復被召從駕依除免例參晉陽珽
天性聰明事無難學尤諸伎藝莫不措懷文章之外又
善音律解四夷語及陰陽占候醫藥之術尤是所長帝
雖嫌其數犯刑憲而愛其才伎令直中書省掌詔誥通
雖被列中書侍郎陸元規令其教令裴英推間元規以應對件
密狀列中書侍郎陸元規令其教令裴英推間元規以應
旨被配甲坊除尚樂丞尋選典御又奏造胡桃油後為
割藏免官文宣每見之常呼為賊授作郎數上密啓除為
章武太守會楊愔等誅不之官授著作郎數上密啓除為
昭所忿敕中書門下三省斷珽妻事珽善為胡桃油以
塗畫畫為進之長廣王因言殺下有非常骨法苦微慶殿

成以後主體正居長難於移易珽私於士開曰君之龍幸
武皇帝為神武高祖文宣皇帝之珽至其希旨上書請追尊太祖獻
悅武成武成從之時皇后愛少子東平王儼願以為嗣武
天保頻被責心常衘之珽至具希旨上書請追尊太祖以
建之時知武成陰有志遂深自結納曲相祗奉武成於
常少卿散騎常侍儀同三司掌詔誥初珽於乾明皇
毋老乙運傳養詔之嘗南使入聘為申勞齊郡太守以
舞谷賞物百段士開悅之出為安德太守轉齊郡太守以胡
成皇帝權拜中書侍郎於後園使珽彈琵琶和士開胡
下乘龍上天王謂曰若然當使兄大富貴及郎位是為武

振古無二宮軍一日晚駕欲何以竟終士開因求策焉珽
曰宜說至上云襄宣耶帝子俱不得立今宜命皇太子早
踐大位以定君臣若事宣成中宮少主皆德君此万全計也
慧星出大史奏云除舊布新之徵珽然是上書言陛下雖
君且微說令上粗解珽當自外表論之主開許諾因有
為天子未是極貴宋元命苞云除舊布新珽言諸陛下雖
今年太歲乙酉宜傳位東宮令君臣之分早定且以應
天道并上魏獻文禪子故事帝從之由是拜秘書監加儀
同三司大被親寵既見重二宮逐志於宰相先與黃門侍
郎劉逖友善乃疏侍中尚書令趙彥深侍中左僕射元文

遘侍中和士開罪狀令逖奏之懼不敢通其事頗泄彥
深等先詣帝自陳帝大怒執斑詰曰何故毀我士開因
厲聲曰臣士開得進本無心毀之陛下今既間臣臣不
敢不以實對士開文遙彥深等專弄威權控制朝廷顧
部尚書尉瑾內外交通共為表裏賣官鬻獄政以賄成天
恐大齊之業隳矣帝曰汝以我俙餓故養之斑曰不殺天
下歌謠若為有識所知安可聞於四鄰陛下不以為意天
取人女帝曰我以其餓故收得名殺臣臣得名若欲得名莫
乃大呼曰不殺臣陛下益怒以乃鐵築口鞭杖亂下將撲

殺臣為陛下合金刑遂少獲寬茨斑又曰陛下有一范曾
不能用知如何帝又怒曰个自作范曾以我為項羽邪斑
曰項羽人身亦何由可及但天命不至耳項羽布衣率烏
食衆五年而成霸王業陛下籍父兄資財得至此臣以謂
項羽未易可輕臣何止方於范曾縱擬張良亦不能及張
良身傳太子猶因四皓方定漢綸臣擬張良位非輔弼疎外之人
嵎力盡忠勸陛下禪位使陛下尊為太上子居宸扆於已
及子俱保休祚張良何足可數帝愈怒令以土塞其
口斑且吐且言無所屈挽乃鞭二百配甲坊尋徙於光州
刺史李祖勛遇之甚厚別駕奉禮希大臣意言斑雖

為流囚常與刺史對坐敕報曰牢掌奉禮曰牢者地牢也
乃為深阮置諸內苦加防禁桎梏不離其身家人親戚不
得臨視夜中以燕菁子燭熏眼因此失明武成崩後主憶
之就除海州刺史是時陸媼外干朝政其子穆提婆愛
幸斑乃遺陸媼書曰趙彥深心腹陰沈欲行伊霍
事儀同姊弟丞達書自陳怨虛待之與陸媼言
然帝曰襄宣昭三帝其子皆不得立令至尊獨往帝位者
實由祖宣昭三帝其子皆不得立令至尊獨往帝位者
人緩急真可馮仗且其雙盲必無反意請喚問其謀計

帝從之入為銀青光祿大夫祕書監開府儀同三司和
士開死後仍說陸媼出彥深以斑為侍中在晉陽通實卷
請誅琅邪王其計既行漸被任遇又靈太后之被幽也斑
欲以陸媼為太后撰魏帝皇太后故事為太姬言之謂人
曰大姬雖云婦人實是雄傑女媧已來無有也太姬亦稱
斑為國師國寶由是拜高書左僕射監國史加特進入文
林館摠監撰書封燕郡公食太原郡幹給兵七十人所住
宅在義井坊有拓隣居大事脩築陸媼自任案行勢傾朝
野斛律光甚惡之遍見其稿罵云多事乞奔小人欲作何計
數嘗謂諸將云邊境消息竟分兵馬趙令恒與吾等商論

之言人掌機密求全不共我軍語止恐誤他國家事又珽
頗聞其言因其女皇后無寵以謠言聞上曰百升飛上天
明月照長安令其妻兄鄭道蓋奏之帝問珽諧實又說
謠珽并云言老公公是臣自云與國同憂戚勤上行語其多
語珽并云滅其族珽又附陸媼求為領軍後主許之詔頌告
事老母似道女侍中斛律孝卿又署名孝卿密告高元海
元海段末滅因光府參軍穆提婆并令高
光反遂侍中斛律孝卿議之眾人未㧑因光府後主封士讓啟告
述取侍中斛律孝卿兩眼又不見物其合作領軍也明
荔穆提婆云孝徵漢兒眼

旦面奏具陳珽不合之狀并書珽與廣甯王孝珩交結無
大臣體珽亦求面見帝令入珽自分踈并與元海系
嫌必是元海諧臣帝弱顏不能諱曰然珽分踈列元海共同農
卿君子華太府少卿李叔元平進令張叔略等結朋黨
迷除子華仁州刺史叔元鄭城郡守权略南營州錄事參
軍陸媼又唱和之復除元海鄭州刺史珽自是專主機衡
陸媼待出入著紗帽直至求巷出乃春門向聖壽堂每同
挹知騎兵外兵內親戚皆得顯位後主赤令
人㧑待士之著紗帽直至求巷出乃春門向聖壽堂每同
御椅論決政事委任之重舉臣莫比自和士開執事以來
政體隨恭壞珽推崇高望官人稱職內外稱羡復欲增損政

務沙汰人物始奏罷京畿府并於領軍事連百姓皆歸郡
縣宿衛都督等號位從舊名文武服章依故事穆提婆欲
黜諸閣賢又舉小董椎誠延士為致安之方陸媼穆提婆酒
議頗同異珽乃諷御史中丞麗伯律劾令因此坐并兄皇后兄王子沖納
略知其事連提婆欲便誣罪相接詗以皇后兄王子沖釋
恐後主溺於近習因咼黨欲便即出君為金紫光祿大夫
侍中中領軍又徵君瑜兄君璧為梁州刺史君璧後之還為御史中
丞陸媼聞而懷怒百方排毀即出君為金紫光祿大夫
而不問珽曰以益踈又諸官者更共謗毀之無所不至後

主聞諸太姬憫嘿不對三問乃下床拜曰老姬合死本見
和士開道孝徵多才博學言為善人故舉之此來看之極
是眾過人實難容老婢合死後主令韓鳳檢案得其詐出
敕受賜十餘事徵以前事不殺遂解珽待中僕射出
為北徐州刺史珽既被出不肯行長纔積嫌於珽遣人推出
琰於朝堂固求面見不得坐不肯行後令軍士牽曳而立
栢閣珽固求面見珽坐不肯行道後令追還解其開府儀同郡
琰至州會獲得陳冠百姓粗安城靖坐街巷禁斷人行雞犬不聽吠賊無所
者皆令下城靖坐街巷禁斷人行雞犬不聽吠賊無所
公直為剌史至州會有陳冠百姓恐反珽不開城門守陴
闇見莫測所以或疑人走城空不設警備至夜珽忽令大

叫鼓譟聆天賊眾大敬岳時走後後結陳向城琁兼馬
自出令錄事參軍王君植率兵馬仍親臨戰賊先聞甚首
調為不能拒抗及見親在我行縱鏑相與驚怪畏之
而罷時提渡感之不已飲令城陷没賊雖知危急不遣救
援琁且守旦戰十餘日賊竟奔走城並保弄弄於州子君信
涉獵書史多為誼雜藝委安軍書羽檄皆成其手及梁敗為王
才學隋大業中位至東平郡書佐郡陷群議因為李密所
世充所殺琁弟孝隱亦有文學卓知名詞章雖不逮兄機
郎琁出見亦麗冤君彥貌類小言辭澀訥少有
得密甚禮之署為記室軍書隱少有
聲音曰辯兼解音律魏末為兼散騎常侍迎梁使徐君
房應信來聘名甚高魏朝聞而重之接對者多取一時
之秀盧元景之徒班階降頗有辭情然好酒性率不為時
物議稱美孝隱然除給事以疾辭仍不後
所重大寧中以經學為本鄉所薦除昌郡太守知名武平
茂乃逃去琁族弟崇儒涉學有辭以幹局知名開皇初終
位司州別駕通直常侍入周為容昌郡太守隋開皇初終
宕州長史

論曰袁翻第兄可為一時才秀脩行業亦乃不殘家風

景文學義見稱敬安正情自立休之加以藻思可讀載德者
馬思伯經明行修乃惟門素祖瑩幹能藝用實曰時良孝
徵儁才雖多適足敗國叔繼焉器懷清峻元景才幹知名近
匡佐齊初一時推重美矣哉

列傳第三十五　　北史四十七

方洽　周益　周之晃　孫辨然　校正

尒朱榮子文暢
尒朱榮　彦伯弟膝
世系
榮從祖兒子天光
榮從父弟慶律
從弟榮伯
世隆

尒朱榮字天寶北秀容人也世為部落酋帥其先居尒朱
川因為氏焉高祖羽健登國初為領人酋長率契胡武
士從平晉陽定中山拜散騎常侍以居秀容川詔割方三
百里為之長世為世業道武初以南秀容川原沃行欲居
之羽健曰家世奉國給馬在右北秀容既在刬內差近京
師豈以沃埆更遷遠地帝許之所居廬曾有狗舐泉湧
穿之得甘泉因名狗舐泉曾祖鬱德祖勤繼為酋長代
勤大武敬哀皇眉男也既以外親隸數征伐有功給復百
年除立義將軍曾圍山而獵部人射虎誤中其髀代勤仍
令扶箭竟不推問曰此既過誤何忍加罪部內咸感其意
位肆州刺史初封梁郡公以老致仕歲賜帛百疋以為常卒
諡曰莊初追贈太師司徒公錄尚書事父新興卒大和
中繼為酋長嘗行馬羣見一白蛇頭有兩角呪之求畜牧
蕃息自是牛羊馳馬日覺滋盛色別為羣谷量之邐每
有征討輒獻私馬兼備資糧助裨軍用孝文嘉之邐洛
特聽冬朝獻京師夏歸部落每入朝諸公王朝貴競以珍翫
遺之新興亦報以名馬位散騎常侍平北將軍秀容第一

領人酋長新興每春秋二時恒與妻子閱畜牧於川澤射
獵自娛明帝時以年老啟求傳爵於榮卒諡曰簡孝莊初
贈太師相國西河郡王榮潔白美容貌幼而神機明決及
長好射獵每設圍誓衆便為軍陣之法號令嚴肅衆莫敢
犯秀容界有池三所在高山上清深不測相傳言此池是
魏言天池也父新興嘗與榮游池上忽聞簫鼓音謂榮曰
古老相傳聞此聲皆吉六輔吾兒老嘉當為汝耳榮襲爵
後除直寢游擊將軍正光中四方兵起遂散畜牧招合義
勇以討賊功進封博陵郡公其梁郡前爵聽賜第二子時
榮率衆至肆州刺史尉慶賓開城不納榮怒攻拔之乃署
其從叔羽生為刺史慶賓還秀容自是兵威漸盛朝廷
亦不能罪責及葛榮殺廣陽王遍鄴城表東
援相州帝不許榮以山東賊盛慮其西逼乃遣兵固守淦
口榮乃與元天穆等密議入匡朝廷抗表云今海內草草
異口一言皆云大行皇帝鳩毒致禍釁潘嬪之女以誑百
姓奉未言之兒而臨四海求以徐紇鄭儼其懼詔以李
更召宗親推其明德於是將赴京師靈大后其懼詔以李
神軌為大都督將於大行杜防榮助京師
親信矣毅及夀頭王相入洛與從弟世隆密議廢立天光

乃見莊帝具論榮心帝許之天光等還比榮發晉陽猶疑
所立乃以銅鑄莘文及咸陽王孫等五王子像成者當
奉為主唯莊帝獨就師次河內重道王相密迎莊帝與帝
兄彭城王邵第始平王子正武泰元年四月莊帝自高渚
度至榮軍中外諸軍事大將軍開府尚書令領軍將軍向河橋迎
駕為盟誓將軍弗肯穆之言謂丞相高陽王欲及殺百官王
其為榮惡武衛將軍向河陰西比三里至南比長堤榮命卜馬西
太原王及慶河太后乃下殺入道內外百官皆向河橋迎

恒州李州

公卿士二千餘人皆就戮又命二三十人接刀走行
宮莊帝及彭城王霸城王俱出帳榮先遣幷州人郭羅察
共西部高車叱列殺鬼在帝左右相與為雁及見事起假
言防衛抱帝入帳餘人即害彭城霸城二王乃令四五十
人遷帝於河橋沈靈太后及少主於河時又有朝士百餘
人後至仍於堤東被圍遂臨就自刃鳴云能為禪文者出
當原其命時有隴西李神儁頓立李諧太原溫子昇並當
世辭人皆在圍中耻是從命俯伏不應有御史趙元則當
恐不免死出作禪文榮令人誠軍士言元氏既滅尒朱氏
與其衆咸稱萬歲榮遂鑄金為已像數四不成時榮所信

幽州人劉靈助善卜占言今時人事未可榮乃曰若我作
不吉當迎天穆立之靈助曰天穆亦不吉唯長樂王有王
兆耳榮亦精神恍惚不自支持遂便愧悔至四更中乃迎
莊帝望馬首叩頭請死其士馬三千餘騎既濫殺朝士乃
不敢入京即欲向比為移都之計持疑經日始奉駕向洛
陽宮及上北芒視城闕復懷畏懼不肯更前武衛將軍
禮苦執不聽復前入城不朝戍比來之人皆入殿諸
貴死散無復次序莊帝自起止之因復為榮哲言無疑心榮喜因求

信州李州

復一遍及醉熟帝欲誅之左右苦諫乃止即以綝輿向中
常侍省榮夜半方寤遂達旦不眠自此不復禁中宿矣
女先為明帝嬪欲上立為后帝疑未決給事黃門侍郎祖
瑩曰昔文公在秦懷嬴入侍事有反經合義陛下獨何疑
焉上遂從之榮意甚悅于時人間猶有榮欲遷都晉陽
或云上欲肆兵大掠迭相驚震恐人情駭震京邑士子十不一
存率皆逃竄無敢出者直衛空虛官守廢曠榮聞之上書
謝愆無上王請追尊帝號諸王刺史乇贈三司其位班三
品請贈令僕五品之官各諸贈方伯六品已下及白身贈以
鎮郡諸死者無後聽繼即授封爵均其高下節級別科使

恩洽存亡有慰生死詔　如所表又啟帝遣使巡城勞問於
是人情遂安朝士逃亡者亦稍來歸闕榮又奏請番直朝
望之日引見三六今僕尚書九卿及司州牧河南尹各陽
河陰執事之官參論國政以為常式五月榮還晉陽乃令
元天穆向京為侍中大尉八錄尚書事京畿大都督兼領
軍將軍封上黨王樹置腹心在列職舉止所為皆由其意
七月詔加榮柱國大將軍時葛榮率精騎七千馬皆有副馬
刺史李神儁閉門自守榮率葛榮眾寡非敵葛榮聞之喜見於色乃
行東出滏口而與葛榮眾十里箕張而
令其眾辦長繩至使縛取自剄以北列陣數之喜倍於相而

進榮潛軍山谷為奇兵分督將已上三人為一處處有數
百騎令所在揚塵鼓譟使賊不測多少又以人馬逼戰刀
不如棒密勒軍士馬上各齎袖棒一枚至戰時廄騰逐
不聽斬級使以棒棒之而已乃分命壯勇所當衝突號令
嚴明將士同奮榮身自臨陣出於賊後表裏合擊大破之
於陣禽葛榮餘眾乘降榮恐其疑懼乃普令各從所樂親
屬相隨任所居止於是羣情喜悅登即四散數十萬數
朝散相隨威安時人服其顏分機速
且獲其渠帥量才授用新附者咸安時人服其顏分機速
乃檻車送葛榮赴闕詔加榮大丞相都督河北畿外諸軍

弱永安二年春詔元天穆先平齊地然後征顥顥乘虛徑
梁立為魏主資又加位太師建義初比海王元顥南奔梁
萬為太原國邑又以兵將時邢杲以三齊應顥朝廷以顥
之遼西燕州之上谷幽州之漁陽七郡各萬戶各萬戶通十
冀州之長樂相州之南趙定州之博陵滄州之浮陽平州
帝咸悅及後命立碑於其所殺榮塞而喜自知必勝及詔以
從葛榮乃奉刀牛葛榮初不肯與此人手持榮自稱已是道武皇
弓晉之〇曰中則禽葛榮不中則否既而並應強而殂三
事初榮將討葛榮軍次襄垣遂大獵有雙兔起於馬前榮

進榮陽武牢並不守車駕出居河比榮聞之馳傳朝行宮
於上黨之長子興駕於是南趣榮為前驅旬日之間兵馬
大集天穆克平邢杲亦度河以會車駕辛河內榮與顥相
持於河上無船不得即度議欲還比更圖後舉黃門郎楊
侃高道穆等鄉導榮乃令都督尓朱兆等率精騎夜濟顥顏車
駕度河入居華林園詔加榮天柱大將軍遙增封通前二十
萬戶皆補要職百寮朝廷勳靜榮蒡遷晉陽制朝廷親戚腹
心皆後得用莊帝雖受制權臣而勤政事朝夕省納攷攷
許然後得用莊帝雖受制權臣而勤政事朝夕省納攷攷

不已數自理冤獄視覽辭訟又選司多監與吏
部尚書李神㩺議正綱紀而榮乃大相嫌責闗定州曲陽縣令
其往榮使入京雖復微賤朝貴見之莫不傾廉及至闕下
未得通奏待榮威勢至乃忿慈神㩺遂上表遜位榮欲用
世隆攝選上亦不違榮曾啓比人為河內諸州欲為㩱角
勢上不即從天穆入見論事上猶未許天穆曰天柱既有
亦須代國宰相若請普代入見節有若臣節無代天下百官理榮聞大怒曰天
大功為國宰相今乃不用我語皇后復嫌内妃嬪其有妬恨
何啓數人為州便傳不用帝正色曰天子由我家置立今如
此我父今日即自作令亦復浚世隆曰兒止自不自若本
自作臣今亦得封王帝既外迫强臣内逼皇后恂快快不
子由誰得立今乃不用我語
之事帝遣世隆語以大理后曰天子由我兄止自不為若
以乃乘貴先是爾榮校黨韓婁仍擁幽平二州欲都
督之軍深討斬之時万俟醜奴蕭寶寅擁眾幽涇榮遣其從
子天光為雍州刺史令率都督賀拔岳侯莫陳悅等入關
討之天光至雍州以眾少未進榮大怒乃進討連破之禽
醜奴寶寅並檻車送闗天光又禽王慶雲万俟道樂闗中

悉平於是天下大難便盡莊帝恂不應外寇唯恐榮為逆
常時讚方未定欲與之相持又告捷之曰乃不甚喜謂
尚書令臨淮王或曰今天下便是無賊臨還其帝色不
悅曰臣恐賊平之後方勞聖慮帝畏餘人怪運以他語解
之曰其實撫寧養餘弼成不易榮好射獵不捨寒暑每於
嚴重若一鹿出乃有數人見猛獸走謂
窮谷中乃令餘人重衣空手博之不令損於是數人被
殺遂禽得之持此為樂每列圍而進雖險不得迴避其
下其苦之太宰元天穆從容言榮勳業且調政養人榮便
攘肘謂天穆曰太后女主不能自正推奉天子者此是人
臣常節蔫榮之徒本是奴才乘時作亂譬如奴走獲便
休頃來受國大寵未能混一海内何宜今日便言勳也如
聞朝貴圍獵縱今秋欲共戎勒上馬校獵萬戶食邑
汗朝貴自圍搏虎仍出曾陽歷三荊悉擁生發北填六鎮
迴軍貴如其不降徑產數千騎分出江淮蕭衍行若峯
乞萬戶侯如其不降徑產數千騎分出江淮蕭衍若峯
八表無塵然後共兄奉天子巡四方觀風俗布政教如此
乃可稱勳其今若止獵兵士懶怠安可復用也又見四方
無事乃遣人奏曰參軍許周勸臣取九錫臣惡其此言已

發遣令去榮時望得殊禮故以意諷朝廷帝實不欲與之因稱其忠榮見帝年長明晤為衆所歸欲近皆使由己每因醉來云將天子拜謁金陵後還復惆朝而侍中朱元龍輒從尚書省向京言索太和中遷京故事於是復有移都消息乃與城陽王徽侍中楊侃李彧晞濟陰王暉業右僕射元羅謀皆勤帝剌殺之唯尚書侍郎邢子才之徒已避之帝疑未定而備恐不可圖又欲殺其黨與發兵拒之東出帝惆望其不人懷憂懼中書侍郎邢子才之徒已避之帝疑未定而帝乃遍與朝士書相任留中書舍人溫子昇以書呈帝帝惆望其不

無異必有變臣寧死陛下難不能事契胡帝曰朕不求過命帝每期之甚重然以為榮通親不敢與之言情毅來交見書以榮必來色甚不悦武衛將軍奚毅建義初柱日若必有道天子必應圖之難不能事契胡帝曰朕不向京時人皆言其及復道天子必應圖之九月初發并州有人告云帝欲圖之榮即具奏帝曰外人亦言王欲害我豈可信之於是榮不自疑毋入謁帝從人不過數十皆不持兵伏帝欲止城陽王曰縱不反亦何可耐況何可保耶又此人語訛語尒朱為大主上又聞其在比言我姓人主先是長星出中台埽大角恒州人高榮祖頗明天文榮問

之曰是何祥也答曰除舊布新象也昔長星埽大角秦以之亡榮聞之悦又榮下行臺郎中李顯和甞曰天柱至邺以無九錫安須王自索也亦是天子不見機都督郭羅察曰今年真可作禪文何但九錫參軍褚光言人言并州城上有紫氣何庸天柱不應榮下人皆裼光曰人言并州城上其事皆上聞奚毅又見求榮赤誠乃召城陽王徽及楊侃李或告以榮語榮小女婿與帝兄子陳留王小字伽邪榮甞指之曰我終當立此女婿若皇后不生太子則立陳留以安脱有東宮貪立孩幼若皇后不生太子則立陳留以安

天下并言榮指陳留語狀帝既有圖榮意夜蔓手持一刀自害落十指節都不覺痛惡之以告城陽王徽及楊侃徽解夢曰頓著蛇螫手壯士解腕割指節與解腕何異去患乃是言祥聞者皆言善九月十五日天穆到京駕迎之榮與天穆並從入西林園讌射榮乃奏曰近來侍官皆不習武陛下宜移將五百騎出獵因首辭訟先是奚毅言榮因獵挾天子移都至是其言相符至十八日召中書舍人溫子昇告以殺榮狀并問以殺董卓事子昇具通本上曰王允若即敕涼州人必不應至此良久又語子昇曰朕之情理卿所具知死猶類為況必不死寧與高貴鄉公同日死不與常

道鄉公同日生上謂殺榮天穆即赦其黨便應不動應詔
王道習曰介朱世隆司馬子如比來偏被委付具
知天下虛實謂不宜留城陽王及朱元龍曰若世隆不全仲
遠天光豈有來理帝亦謂然無復殺意城陽伏
人於明光殿見榮其目榮與天穆出至中庭事不果十九日是帝忌
霄聞有刀或能傷傷人臨事願階下出乃伏偄起出偄等
從東階上殿見榮天穆並入坐食未託
日二十日榮忌日二十一日暫入即向陳留王家飲酒極
醉遂言病動頻日不入上謀泄世隆等以告榮榮輕帝
不謂能反預帝謀者皆懼二十五日是帝忌

編接刀 方午

大欲革易上在明光殿東序中西面坐帝於
西北小林上南坐城陽入始一拜榮見光祿卿曹安寧持
刀從東戶入即馳向御坐帝拔千牛刀手斬之時年三十
八得其手扳上有數煤啓皆左右去留人名其腹心悲
在出限帝曰賢子若過今日便不可制時又天穆與榮子
菩提亦就戮於其內外喜叫聲滿京城既而大赦榮威
名大振而舉止輕脱正以馳射藝每入朝見更無所
為攝亦止馬於西林園宴射每入將相卿士悉
皆盤旋乃至妃主婦人亦不兒隨之舉袂及酒醋耳熱必
妃主共在一堂每見天子射中輒自起舞併召王公
為唯歲上下馬於西林園帝射恒請皇后出觀

自臣坐唱虜歌為樹梨普梨之曲見臨淮王或從容閒雅
愛尚風素固令為敕勤儕曰暮罷歸便與左右連手蹋地
唱迴波樂而出性甚嚴暴悒喜無恆弓箭刀榘不離於手
每有頭嫌即行殺之曾見沙彌欲出獵有人訴
披陳不已發怒即殺之頭後已節閣帝
初世隆等得志乃詔贈假黃鉞相國錄尚書都督中外諸
軍事晉王加九錫給九旒鑾輅武賁班劍三百人輼輬車
準晉太宰平獻王故事謚曰武又詔百官議榮配饗司
直劉季明曰晉王若配永安則不能終臣節以此論之無
所配世隆作色曰卿合配季明曰下官預在議限據理而
言不合上心誅罰唯命衆為之危季明自若世隆意不已
乃配享孝文廟庭菩提位太常卿開府儀同三司侍中特
進死時年十四節閣帝初加贈司空公義羅第文殊封義
武衛將軍梁郡王尋卒贈司徒義羅第文殊封平昌郡
王孝靜初轉襲榮爵太原王薨於晉陽時年九歲文殊弟
文暢初封昌樂郡公以榮破葛賊之勳進爵為王其姊魏
孝莊皇后及韓陵之敗
是拜開府儀同三司肆州刺史家富於財招致賓客窮極
豪侈與丞相司馬任胄主簿李世林都督鄭仲禮房子遠

信州參刀 方午

等相狎外示酒交而潛謀害齊神武自魏氏舊俗以正
月十五日夜為打簇戲能中者即時賞帛胄令仲禮藏刀
於褲中因神武臨觀謀竊發事捷共奉文暢為任氏家客
薛季孝所告以姊寵止坐文暢一房文暢死時年十八弟
文略以兄義羅卒無後襲義羅爵梁郡王文暢事當從坐
靜帝使人往晉陽欲拉殺之神武特加寬貸奏免之文略
聰明儁爽多所通習弊文襄令恕文略十死特此益橫多所
十餘曲試使文略寫之遂得八文襄戲之曰聰明人多不
老壽梁郡其慎之文略對曰命之脩短皆在明公文襄憮
然曰此不足慮初神武遺令恕文略十死特此益橫多所

陵忽齊天保末嘗邀平秦武興汝南諸王至宅供設聲麗
各有贈賄諸王共假聚寶物以要之文略弊衣而往從奴
五十人皆駿馬侯服其豪縱不遜如此平秦王有七百里
馬及娌以二銀器賦娌頭馬肉而遺之平秦王使人致請文略殺
歌居數月奪防者弓矢以射人曰不然天子不憶我有司
宣擊於京畿獄文略盛彈琵琶吹橫笛謠詠卷極便卧唱撅
奏遂伏法文略嘗大遺魏收金請為父作佳傳收論榮比
韋彭伊霍蓋由是也
兆字萬仁榮從子也少善騎射趫捷過人數從榮游獵至

窮巖絕㵎人所不能升降者兆必先之手格猛獸無所疑
避榮以此特加賞愛任為爪牙榮嘗送臺使還一鹿授兆
二箭令取供食遂攜火以待之俄而兆獲其一榮欲誘
使人責兆不盡技今食遂取之五十榮之入洛兆兼前鋒都督孝
莊即位封潁川郡公後從上黨王天穆平邢杲又與賀扶
勝擊斬元顥子冠受禽之進破安豐王延明顥乃退走莊
帝還宮論功除車騎大將軍儀同三司汾州刺史介朱榮
死隆等定謀攻晉陽兆遂輕兵倍道襲龔京邑先是河邊人
世隆等定謀攻洛兆遂輕兵倍道襲龔京邑先是河邊人
夢神謂已曰介朱家欲度河用介作堰波津今為之縮水

脉月餘嬰者死及兆至有行人自言知水淺虛以草往往
表插而導焉忽失其所在兆遂策馬涉塵是曰暴風彭怒
黃塵張天騎叩宮門宿衛乃覺弓亂射袍撥弦矢不得
發一時散走莊帝步出雲龍門外為兆騎所擊幽於永寧
佛寺兆於晉陽後於河梁監閱財貨初兆將入洛令寧
送莊帝於晉陽兆縱兵虜掠傅洛旬餘先令寧衛
招邀神武欲與同舉神武時為晉州刺史謂長史孫騰曰
臣而伐君其迎已甚我今不往恐彼致恨卿可往申吾意
但云山蜀未平不可委去騰乃詣兆具申吾意兆不悅曰
白高兄弟有吉夢今行必克吾比夢吾父登一高堆

傍地悉耕熟唯有馬蘭草株往往在吾父顧我令下拔
之吾手所至無不盡出以此而言往必有利騰還具報之
神武曰兆等猖狂興兵犯順吾勢不可及事介朱也今天
子列兵河上兆進不能度必退還吾乘山東下出其不意
此徒可舉而禽俄而兆進神武克京師孝莊幽縶都督景從
賀密觀天子所在當於路邀迎唱大義於天下騰遇帝於
中路神武時牽騎東轉開帝已度於是西還仍與兆書具
陳禍福不宜害天子受惡名於海內兆怒不納而帝遂遇
弑初榮既死莊帝詔河西人紀豆陵步蕃等令襲秀容兆

入洛後步蕃兵勢甚盛南逼晉陽兆所以不暇留洛迴師
禦之頻為步蕃所敗於是部勒士馬謀出山東令人頻徵
神武赴之兆乃分三州六鎮之人令神武統領神武既分
兵別營為引兵南出避步蕃之銳步蕃至樂平郡神武與
決策討破斬之及節閔帝立授兆使持節侍中都督中外
諸軍事柱國大將軍兼錄尚書事大行臺又以兆為天柱
大將軍兆以是榮所終之官固辭不拜尋加都督十州諸
軍事世龍井州刺史神武之克殷州也兆與仲遠度律約
拒之仲遠度律次陽平兆屯廣阿眾號十萬神武廣縱反

昌

間於是兩不相信各致猜疑仲遠等頻使便附斯椿賀拔勝
往喻之兆輕騎三百來就仲遠同坐幕下兆性麤獷意色
不平手舞馬鞭長嘯凝望深疑仲遠等有變遂趨出馳還
仲遠遣榴勝等追而曉譬兆遂拘縛將還經旬放遣仲遠
等於是奔退神武乃進擊兆遂與仲遠度律相
隆謀抗神武閉乃降辭厚禮喻納兆女為皇石兆乃大喜世
疑阻久而不和世隆請節閔帝封兆為安定王與兆
自信約然後大會韓陵山戰敗奔晉陽其年秋神武自
鄴破之兆走於秀容神武又追擊度律赤決
嶺破之兆實於第山殺所乘馬自縊於樹神武收葬之兆

勇於戰鬪而無將領之能榮雖帝其膽決然每一兆不過
將三千騎多則亂矣兆弟智彪節閔帝封為安定王與兆
俱走神武禽之後死於晉陽
孝伯榮從弟世也祖侯員文成時并安二州刺史始昌侯父
買珍宣武時武衛將軍華州刺史彥伯性和厚求安中為
榮府長史節閔帝潛嘿於龍花佛寺彥伯敦喻往來尤有
勤款帝既立介朱兆以已不豫謀大為介恚將攻世隆詔
令華山王鷙尉兆兆猶不釋世隆復令彥伯自往喻之兆
乃止及還帝醜彥伯於顯陽殿胖侍中比為都督與源
子恭黃門郎竇
瑗並侍坐帝曰源侍中比為都督與臣相持於河內當

昌

尒之時旗鼓相望眇如天壤寧期同事陛下爲今日之忿
也子恭曰胡通有言犬吠非其主他日之事求安猶今日
之事陛下耳胡通曰源侍中可謂有射鉤之心也遂公二人
極醉而罷後封博陵郡王位司徒公于時炎旱有勸彦伯
解司徒者乃上表遂位詔許之俄除儀同三司侍中餘如
直彦孫承業等啓陳神武義功既振將除尒朱節閔令舍
領尒屯河橋世隆不從及張勸等掩於韓陵彦伯時在禁
故彦伯於兄弟之中差無過惠天光等敗於韓陵彦伯欲
人郭崇報彦伯知彦伯狼狽出走爲人所執尋斬於禁
斬於闔闔門外縣首於斛斯椿門樹傳於神武先是洛中
謠曰三月末四月初楊灰擲土覓真珠又曰頭去項脚根
彦驅上樹不須梯至是迥驗子彦
敞字乾羅彦伯之誅敞小隨母養於宮中年十二敞實
走至大街見童兒羣戲敞所著綺衣金翠服易衣而遁
敞入一村見長孫氏嫗踞胡牀坐敞再拜求哀長孫氏
追騎至不識敞便執綺衣究問知非會日已暮由是
遂入爲道士變姓名隱萬高山略涉經史數年間人頗異
惡詐之藏於複壁之中購之愈急急追且至長孫氏資而
之聲獨坐巖石下泫然歎曰吾豈終此乎伍子胥獨何人
也乃奔長孫氏周文帝見而禮之拜行臺郎中霫塞壽縣伯保

定中遷開府儀同三司進爵爲公後爲膠州刺史迎長孫
氏至其第置于家厚資給之隋文帝受禪改封邊城郡公
黔安蠻叛命敞討平之師旋拜金州總管政號嚴明吏人
懼之後以年老乞骸骨賜二馬軺車歸河內卒于家子最
嗣
仲遠彦伯第也明帝末尒朱榮兵威稍盛諸有應調率
多見從而仲遠爲官大得財貨以資酒色落魄無行業
詐造榮啓表請人爲官寫書又刻榮印與尚書令史通爲姦
及孝莊即位封清河公徐州刺史兼尚書左僕射三徐大
行臺嘉進督三徐諸軍事仲遠上言稱見比來行臺嘉募
者皆得權立正在軍定第酌授官令求兼置權濟軍
要若立第亦爽關京之日任有司載奪詔從之於是隨情
補授拜意眼眼尒朱榮死仲遠勒其部衆來向京師節閔
立進爵彭城王加大將軍又兼尚書令鎮大梁仲遠遣使
請進督東道諸軍事本將軍兖州刺史餘如故仲遠天生
貪暴心如峻壑大宗富族誣之以反沒其家口簿籍財物
皆以入己夫死者莫不被其淹亂如此者不可勝數諸將婦
有美色者莫不被其淹亂自滎陽以東輸稅來入其軍不
送京師時天光控關右仲遠在大梁北擄并州世隆居京

邑各自專恣權強莫比所在毗以含貪虐為事於是四方解
體又加太宰解大行臺仲遠專恣尤劇方之弃伯世隆最
為無禮東南牧守下至人俗比之狂狼特為患苦後移屯
東郡率銀漢平神武等拒齊神武尒朱兆領騎數千自晉陽
來會軍次陽平廢律等縱以開說仲遠等送相猜狼狽通
走仲興二年復與天光等於韓陵戰敗南走尋乃奔梁死
於江南

世隆字榮宗仲遠第二也明帝末兼直閤加前將軍尒朱
之善榮乃遣入榮舉立南出世隆遂走會榮於上黨建義
初除給事黃門侍郎及莊帝之立世隆預其謀既克榮陽郡公
元顥遍大梁詔為前將軍都督鎮武牢顥還京榮陽世隆
懼而逃還莊帝舍卒北巡及車駕還宮除當員左僕射播
選膀帝之將圖介朱榮每屏人言世隆懼變乃為匡名書
自膀其門曰天子與榮妻比鄉郡公主井以呈榮勸其殺
天柱還復自以此書與榮妻佩黃門高道穆等為計欲殺
不入榮書誰敢生唯地曰世隆奉榮妻速
發榮曰何忽忽此皆不見從榮死世隆奉榮妻還戰大夏門外及李
走北次河橋殺武衛將軍奚毅率銀還戰大夏門外夜

苗燒絕河梁世隆乃北遁改建州克之盡殺人以肆其忿
至長子與廢律等共推長廣王曄為主曄小名益守閭者
皆以為事類赤眉曄以世隆為尚書令封樂平郡王加太
傳行司州牧爾兆於河陽兆既平京邑讓世隆曰叔父在
朝多時其目應廣如何令天柱受禍案劎唄目詞色甚厲
世隆遜辭拜謝然後得已而深恨之時仲遠又以曄踈遠
欲推立節閤帝而廢律竟莊南陽王乃曰廣陵王不言以
京世隆與兄弟密謀於京巷殺之公私驚愕莫藏所由尋
行遣數十騎如劫賊於京巷殺之毋千豫朝政伺其母氏出
縣膀以千萬募賊百姓知之莫不喪氣尋文以曄踈
宋游道邪昕在其宅聽事東西別座受納許訟稱命施行
既摠朝政生殺自由公行淫洗信仕畢小隨情與奪又兄
第韋從名擁強兵割剝四海極其貪虐姦諂俎酷多見信
用溫良名士罕豫腹心於是天下之人莫不厭毒世隆尋
為之贈其父買珍特贈國錄尚書事大司馬及齊神武起義
在仲遠度律等黑贛特強不以為慮而世隆獨深憂恐又

主天下後知能語遂行廢立初世隆之為僕射尚書文簿
在家省閱性聰解又畏榮深自勉勖留心案牘接賓客
遂有解了之名榮死之後無所顧憚及為令常使尚書郎
讓太傳節閭特置儀同三師之官位次上公之下以世隆

天光等敗於韓陵世隆請赦天下節閔不許斛斯椿既據
河橋盡殺世隆黨附令臺長揉承業詣闕陳奏狀掩執世
隆及芳伯俱斬之初世隆嘗與吏部尚書元世儁握槊世
忽聞局上鼓然有聲一号子盡倒立世隆甚惡之又曾晝
寢如故既覺覺謂妻曰向夢人斷我頭持去意殊不適又此
年正月晦日令僕竝不上西門不開勿有河內太守田
為記識其長以父令不上西門不開無跡入者此奴固陳
洛濱游觀至晚王還省將車出東掖門始覺車上無褥請
府西欲向省令王嫌遲催車入到省西門王借車牛一乘終日於
奴云入此屋中有板牀牀上無席大有塵土兼有甕米奴
將奴送入省中聽事東廂內東廂第一屋中其屋王兼常閑
小黑邑儻從皆裙襦袴褶握板不似常時服章遂遣一吏
擊於關下槐樹更將一青牛駕車令王者曰紗高頂帽短
付曹推驗時都官郎中穆子容究之奴言初來時至司空
不巳公文列許尚書都令史謝遠疑謂妄有假借自世隆

拂狀坐兼盡地戲雙中米亦握看之子容與謝遠看之聞
抑又全無開跡及入狀旨符同具以此對世隆世隆悵然
意以為惡末幾見誅

世隆第世承莊帝時位侍中領御史中尉人才猥劣備員
而巳及元顥內逼世承守輦轂為顥所偪讓而爾之莊
帝還宮司徒世承第宇輔伯閩帝時封河間郡公
尋為青州刺史韓陵之敗欲奔梁數日與左右割臂為約
當心瀝血示腹心紹隆因推刃殺之傳首京師
弥帳下都督馮紹隆為弥信待乃說弥曰今方同契聞帝
隆持刀披心紹隆從弟也鄙少言莊帝初封樂鄉縣伯榮死與
度律榮從父弟也鄙少言莊帝初封樂鄉縣伯榮死與
世隆赴晉陽元曄之立以度律為太尉公四面大都督封
常山王與尒朱兆入洛兆遷晉陽留度律鎮京師節閔帝
時為便持節侍中大將軍大尉公兼尚書令東北道行臺
與仲遠出拒義旗齊神武閻之與尒朱兆遂相疑貳自敗
而還度律雖在軍戎所經為百姓患毒其母山
氏聞度律敗遂憤發病又至毋責之曰汝荷國恩無狀
而友我何忍見他暴戮汝也言終而卒時人怪異之後
陵之敗斛斯椿先據河橋遂走渡津為人執送椿因
之送齊神武斬之都市

天光榮據井肆仍以天光為都將惣統肆州兵明帝崩
昌末榮據井肆仍以天光為都將惣統肆州兵明帝崩
榮向京師委以後事建義初為肆州刺史封長安縣公榮

籽討葛榮留天光在幷州鎮其根本謂曰我身不得至處非
汝無以稱我心永安中與元天穆東破邢杲元顥入洛天
光與天穆會榮於河內榮發後幷肆不安詔天光至幷州兼尚
僕射為幷肆等九州行臺仍行幷州事天光初至幷州部分
約勤所在寧輯顥顥破京師改封廣宗郡公初高平
人赫連恩等為逆其推敕勤西長胡琛為主號高平王
於安定寶夤敗還建義元年夏醜奴擊寶夤於靈州禽之
遙臣沃野鎮帥破六韓拔陵為醜奴據高平城
萬俟醜奴來寇涇州琛後與莫折念生交通侮慢怲夤遣
使人費律如至高平誘斬琛後莫醜奴所幷與蕭寶夤相拒

【北史列傳三十六】 【二三】 子明

遂僭大號時復西比貢師子因稱神獸元年置百官朝廷
憂之乃除天光使持節都督雍州刺史率大都督武衞將
軍賀拔岳大都督侯莫陳悅等討醜奴天光入關擊破之簡取唯有軍
士十人時東雍赤水蜀賊斷路以軍人寡少僔留未進榮遣
健至雍又稅人馬合得萬定以軍人寡少僔留未進榮遣
責之杖天光百下榮復遣軍士二千人赴天光天光令賀
拔岳遠安定天光先驅至歧豳岳禽其行臺尉遲菩薩權醜
州走遠二夏比至靈州及賊黨結聚之類並降唯賊行
於是涇洛道不不率隴西依奉屯山據嶮自守榮責賊行
臺萬俟道洛

悅等議奉院之死者萬七千人分其家口於是三秦河渭
武涼鄯善咸來款順詔復天光前官爵出聞榮死還涇州
以待天光亦下隴慶雲等相謀廢莊帝進天光爵
為廣宗王元曄又以為隴西王及聞尒朱兆已入京天光
親賢遣告天光天光與定策立節閔帝又加開府儀同三
司尚書令關西大行臺天光比出夏州遣將討宿勤明達
禽之送洛時費也頭帥紇豆陵伊利都內懷慶疑不暇有
河西未有所附天光以慶雲受洛干等擾有
他事伊利等但微遣備之而已又除大司馬時神武軍既

听諸人令夜共議又謂曰復須水全為小退賊衆安悅
人馬為防衞之勢又伏人槍中其夜慶雲弟乞降而已天光岳
無復走心天光密使軍人多作木槍各長七尺至昏布立
欲突出天光恐失賊帥乃遣謂慶雲可以早降若未渡當
遂併趣西城城中無水飢渴有人走降言慶雲道洛
為大將軍天光又以隴至慶雲所居永洛城破果東城賊
驍果絕倫得之甚喜便謂大事可圖乃自稱皇帝以道洛
向牽屯討之道洛戰敗投略陽賊帥王慶雲以道洛
不獲道洛復遣便杖之百詔削爵為侯天光與岳悅等復

【北史列傳三十六】 【二四】 作王

禽馬各傷倒伏又便起同時禽獲賊弟乞降而已天光岳
聽諸人令夜共議又謂曰復須水全為小退賊衆安悅

振介朱兆仲遠等並經敗退世隆累使徵天光天光不從
後令斛斯椿苦要天光云兆王無以能定豈可坐看宗家
之滅天光不得已東下與仲遠等敗於韓陵斛斯椿等先
還於河橋拒之天光不得度西北走被執與度律並還於
神武神武送於洛斬於都市介朱專恣分裂天下各據一
方賞罰自出而天光有定關西之功差不酷暴比之兆與
仲遠為不同矣

論曰魏自宣武繼之後政道頹虧及明皇幼沖女主南面始
則于忠專恣權重居官者肆其聚斂乘勢者極
其陵暴於是四海囂然已有羣飛之漸逮於靈后反政宣
之威屬天下暴虐人神忿遂有匡頹拯歎之志摶主逐
惡之功及夫禽葛榮誅元顥戮邢杲揃韓婁醜奴寶夤咸
梟馬市然則榮之功列矣亦巳茂矣河陰之下衣冠塗地其所
宸極終乃靈后少帝沈流不反而始則希覬非望睥睨
潘於朝傾覆之徵於此至矣介朱榮緣將師之列藉部眾
之盛屬人神怨憤遂使餘孽相糾成嚴敵隆寶
以得罪人神者焉至於末跡凶忍地逼亦巳除矣而朝無
謀難之幸國之折衝之將遂使餘孽還成嚴敵隆寶
指蹤兆為戎首山河失險莊帝幽朋宗屬分方作威跋扈
廢帝立主迴天倒日揃剝蒸割裂神州刑賞任心征伐
自己天下之命縣於數胡喪亂弧多遂至於此豈非天將

去之始以共定終於惡稔以至殄滅抑亦魏紓其難齊以
驅除矣

方治周益　周之冕　孫　粹然校正

朱瑞

叱列延慶

斛斯椿　子徵

賈顯度　弟智　孫政

樊子鵠

侯深

賀拔允　弟勝　勝弟岳

佐莫陳悅

念賢

梁覽

雷紹

毛遐　弟鴻賓

乙弗朗

朱瑞字元龍代郡桑乾人也祖就市縣令父惠行太原太
守瑞貴達並贈刺史瑞長厚質直敬愛人士尒朱榮引為
大行臺郎中其親任以為黃門侍郎仍中書舍人榮恐
朝廷事意有所不知故居之門下為腹心之寄封陽邑縣
公及元顥內過從車駕於河陽除侍中兼吏部尚書改封
北海郡公莊帝還洛改封樂陵郡公仍侍中瑞雖為尒朱

榮所未女而善劇朝廷關帝亦賞遇之嘗謂侍臣曰為人臣
當須中實至如朱元龍者朕待之亦不異餘人瑞以青州
樂陵有朱氏而心意欲歸之故求為青州中正又以滄州樂陵
亦有朱氏遂乞二從內立屬滄州樂陵郡詔
許之仍轉滄州大中正尒朱榮死瑞與世隆俱以莊
帝待之素厚且見世隆等並無雄才終當敗喪於路乃還
左僕射為西道大行臺以尉勞為既達長安會尒朱兆入
洛復遠京師都督斛斯椿先與瑞有隙數譖之於世隆
隆遂誅之太昌初贈開府儀同三司青州刺史諡曰恭穆

叱列延慶代西部人也世為酋帥延慶娶介尒朱世隆姊故
被介朱榮親遇普泰初世隆得志特見委重兼尚書左僕
射山東行臺北海郡公時幽州刺史劉靈助以莊帝幽崩
遂舉兵鳴義世隆曰節閔帝以延慶與大都督侯深於定
州討之深以靈助善占百姓信感未易可圖欲還師入據
關拒峻以待其變延慶以靈助庸人彼皆恃其妖術坐看
符獻寧肯勒力致死宜詭言西歸可襲而禽深從之乃出
頓城西聲云將還詰朝造靈助壘遂破禽之及韓陵戰敗
延慶與介朱仲遠走度石濟仲遠南竄延慶北降齊神武
仍從并州後赴洛孝武帝以為中軍大都督孝武之西齊

神武誅之

斛斯椿字法壽廣牧富昌人也其先世為莫弗大人父足
一名敦明帝時為左牧令時河西賊起牧人不安椿乃將
家投尒朱榮榮征伐有功稍遷中散大夫署外兵事椿性俊
巧其得榮心軍之密謀頗亦關預莊帝初改封陽曲縣公
除榮大將軍府司馬後為東徐州刺史及榮死椿甚愛懼
歸悅悅尚書左僕射司空公封靈丘郡公又為大行臺
時悅以汝南王悅為魏主貳其士馬次於境上椿遂棄州
以參立閻謀拜侍中驃騎大將軍儀同三司封城陽郡
公尋加開府時椿父足先在秀容忽有傳其死問椿請滅
已階以贈之尋知其父猶存詔復官仍除其父為車騎將
軍揚州刺史椿以尒朱兆擅權懼禍乃與賀拔勝謀將
隆以正道世隆不悅欲害椿賴尒朱天光救得免及世
慶律與光自相疑椿與賀拔勝和之兆執毒勝還譽椿又
陳以正理兆謝而遣之椿謂勝曰天下皆然毒將椿又
前驅都督會尒朱兆知不逮南旋椿復肯悅歸兆
之亡無日矣不如圖之椿謂勝曰天光與兆各擁一方今俱
死無類矣遂與顯智等夜於桑下盟約倍道兼行椿入北
及韓陵之敗椿謂都督賈顯智等曰若不先執尒朱我等

中城收尒朱部曲盡殺之令第元壽詩與張歡長孫承業顯
智等襲世隆彦伯兄並斬於闔闔門外椿入洛縣世隆
兄弟首於其門樹椿父䘏不愧貪天地椿乃傳世隆等首升
何忍其頭於家門䘏乃除世隆等兄弟
因度律天光送於齊神武及神武入洛椿謂賀拔勝曰今
之不難勝曰彼若不先制人人將制己數夜與歡同宿太
序往昔之懷兼袷兄恩意其多何苦憚之椿止矣武帝
立拜椿侍中儀同開府城陽郡公父足亦加開府子悅六
中大夫同日受拜當時榮之椿自以戴友意常不安遂密
勸孝武帝置閤內都督部曲又增武直人數百直閤已下
負別數百皆選天下輕剽以充之又說帝數出游幸號令
部曲別為行陣椿自約勒指麾其閒從此以後軍謀朝政
一決於椿又勸武帝徵兵說稱率精騎二千夜度河掩其
勞弊帝始然之黃門侍郎楊寬說帝曰高歡以臣伐君何
以椿為前驅大都督椿因奏請以伐齊神武從之
所不至今假兵於人恐生他變今度河乃一有功其滅一
高歡復生一高歡矣帝遂敕椿停行椿歎曰頓燮感入南
斗今上信左右閒攜不用吾計豈天道乎帝以賈顯智背叛東師失律將幸關
椿自洛而東至武牢帝以賈顯智背叛東師失律將幸關

中乃遣使椿因從入關拜尚書令侍中如故封常山郡
公歷位司徒太保仍尚書令時寇難未息內外戒嚴唯椿
得列威儀鳴騶清路遷太傅薨年四十三帝親臨喪事贈大
將軍錄尚書三十州諸軍事侍中恒州刺史常山郡王謚
曰文宣祭以大牢又詔改大將軍贈
莞軍駕臨於渭陽止繼慟哭帝嘗給椿店數區耕牛三十
頭椿以國難未平不可與百姓爭利悅悅徵演為撫神武
以饗軍士及死家無餘資有四子
所殺三子入關

北史列傳三十七　九

徵字士亮博涉羣書尤精三禮兼解音律有至性居父喪
朝夕共一溢米少以父勳賜爵城陽郡公大統末起家通
直散騎常侍稍遷兼太常少卿自魏孝武遷西雅樂廢缺
徵博采遺逸稽諸典故創新改舊方始備焉又樂有錞于
若近代絕此器或有自蜀得之皆莫之識徵見之曰此錞
于也眾弗信之徵遂依干寶周禮注以芒筒捋之其聲極
清眾乃歎服徵仍取以合樂焉
司樂中大夫進位驃騎大將軍開府儀同三司轉內史下
大夫天和三年周武帝以徵經有師法詔令授皇諸子宣
帝時為魯公與諸皇子等咸服青衿行束脩之禮受業於

徵仍並呼徵為夫子儒者榮之六年除司宗中大夫行內
史仍攝樂部進封岐國公尋轉小宗伯
宗伯宣帝嗣位遷上大將軍大宗伯時武帝初崩梓宮在
殯帝意欲速葬令朝臣議之徵與內史宇文孝伯等固請
依禮七月帝竟不許帝之為太子也宮尹鄭譯坐不能以
正諫被除名而帝雅親愛之譯至是拜內史中大
夫其委任也譯乃屬徵求為小樂新樂十二月各一笙每笙用十六管
帝人與徵議之徵駁而奏之曰禮云十二律轉相生聲五
又在十六為六律十二管還相為宮然詳一笙十六管總
一百九十二管既無相生之理又無還宮之義臣恐鄭譯

北史列傳三十七　六

亂樂未息於古夫音樂之起本於人心天之應人有如影
響為善者天報之以福為惡者天譴之以禍此天之格
之琴歌南風之詩而天下化紂為朝歌北里之音而社稷
滅是知樂也者和情性移風俗動天地感鬼神禍福所基
感衰收繫安可不懼哉臣譯之所為不師古始若以月奏
一笙則鍾鼓諸色各須二十有二雅樂之備已充廟廷全
若益之於何陳列方須更關增埤增備廊宇非惡之務全
可勞人如謂巴之外不須加造則樂之損益且令傳所獻
進退無據編譜不可帝頗納之且令傳所獻及武帝山
陵回帝欲作樂復令議其可不徵曰孝經云聞樂不樂聞

尚不樂其況作乎鄭譯曰飲云聞樂明即非無止可不樂
何容不奏帝遂依譯議譯非度吞虔
曰甚徵以荷武帝重恩嘗備位師傅乃上疏極諫指陳帝
失不納譯因諧之遂下徵於獄被捶拷張元平哀
之乃以佩刀穿墻送之出元平被捶拷百數而無所言徵
既出匿於人家後遇赦得免然猶坐除名隋文帝踐極例
復官爵除太子太傳仍詔撰樂書開皇四年薨年五
十六初隋文帝為大司馬有外姻喪徵就第弔之父
出徵怒遂弗之待比出俟徵巳去矣隋文帝以此常恨之
至是詔所司謚之曰闇子該嗣徵所撰樂典十卷兄恢散
騎常侍新蔡郡公子政嗣
政明悟有器幹隋開皇中以軍功授儀同甚兄為楊素所禮
大業中位尚書兵曹郎斬見委遇玄感兄弟俱與之交遊
東之役兵部尚書段文振卒侍郎稱為幹理玄感彌屬
音於政尋還兵部侍郎明雅復以罪廢帝彌屬
玄縱等亡歸亦政之計及帝窮玄感薰與政亡奔高麗明
年帝復東征高麗請和遂送政鐐至京師以告廟左翊衛
大將軍宇文述請變常法行刑帝許之以出金光門縛之
於往公卿百寮並親擊射殺其肉多有噉者然後焚燬楊
其骨灰椿弟元壽性剛毅諒直武力過人彎弓兩石左右

馳射歷吏部尚書封桑乾縣伯孝武踐阼進爵為公除
豫州刺史位至車駕西巡為部下所殺贈司空公謚曰景莊
廋度中山無極人也父道監沃野鎮將正光末北鎮擾亂葛
批有志氣初為別將防守海冑律鎮正光末北鎮擾亂葛
榮封石艾縣公累遷南兗州刺史介朱榮之死顯度奔梁
廋乃率鎮人浮河而下達秀容為介朱榮所留隨榮破葛
驃騎大將軍開府儀同三司定州大中正永熙三年為雍
智等先據河橋誅介朱度律等敗於韓陵與斛斯椿及弟
州刺史西道大行臺親故祖餞於張方橋顯度執酒曰顯
智初還朝後隨公介朱度律等敗於韓陵與斛斯椿及弟
智性輕躁好去就攬敗吾家其此人也武帝入關後顯智
果同於齊神武孝武帝怒乃賜顯度死
智字顯智少有膽決以軍功累遷金紫光祿大夫封義陽
縣伯及介朱仲遠為徐州刺史智隸仲遠赴普城介朱榮
死仲遠舉兵向洛智為之莊帝聞而善之普泰初還洛
仲遠忽其乖背議欲殺之智隨度律等敗於韓陵智厚世隆
為解喻得全後進爵為公隨度律等敗於韓陵先為世隆所厚
斛斯椿謀誅介朱氏顯度據守北中城令智等入京禽世
隆兄弟孝武帝初除開府儀同三司滄州刺史率眾達東
甚為人害孝武徵還京師加侍中除濟州刺史在州貪縱

郡仍停不進於長壽津為相州刺史賈泰所破天平初赴
晉陽智之就多端後坐事死

樊子鵠代郡平城人也其先荊州蠻酉從代父與平城鎮
長史歸義侯晉泰中子鵠貴乃贈荊州刺史子鵠達北鎮
被亂南至并州介朱榮引為都督府舍曹參軍使詣京師
靈太后閱榮立勢子鵠應對稱旨太后嘉之除直齋封南
和縣令還襲父建義初拜晉州刺史封永安縣伯永安
二年以招納數郡進封西陽郡公又兼尚書右僕射為行臺
進封西陽郡公如故假驃騎將軍率所部為都督時

信壽徵授都官尚書西荊州大中正後兼右僕射政有威
不解後出為毅州刺史屬歲旱儉子鵠頌預委委寄故
粟家分濟貧者升道人牛易刀多種二麥州內流亡乃勤有
介朱榮死世隆等遣書招子鵠不從以母在晉陽閟介
求移鎮河南莊帝嘉之除都督豫州刺史行達汲郡聞介
朱兆入洛乃廢河橋見仲遠仲遠遣頜汲郡兆徵子鵠赴洛
既見責以乖異之意太昌初兼尚書左僕射還晉陽道天
御史中尉梁遣元樹入寇陷譙城詔子鵠與德討之樹大敗

奔入城門遂圍之樹請歸南以地還許之又樹眾半出
子鵠擊破之鈞捌及梁譙州刺史朱文開班師遷吏部尚
書轉尚書右僕射尋加驃騎大將軍開府儀同三司後除兗州
刺史子鵠貪譖穆升數其罪狀穆皆引伏於
是州內震悚及孝武帝入關子鵠據城為應南青州
大野拔率眾就之子鵠天平初齊神武遣儀同三司婁昭等
討之城久不拔昭以水灌城而大野拔因與相見令左右
斬子鵠以降

侯深神武尖山人也機警有膽略孝明末年六鎮飢亂深
隨杜洛周南寇後與妻兄念賢背洛周歸介朱榮路中遇
寇身披苦褐榮賜其衣帽厚待之以為中軍副都督莊帝
即位封歐次縣子從榮討葛榮於滏口戰功尤多除燕州
刺史府葛榮別帥韓樓郝長等也擾亂前城榮令深討樓
眾其少或以為言榮別韓樓曰深遂廣張軍聲率數百騎入
境其所未必能用止給騎七百深遂於
十餘人尋還杜馬伏縱令入城左右譟深曰我兵少不可
力戰事須還杜遇賊以離除之深夜其巳至遂率騎夜進旦
叩其城門韓樓果疑降卒為內應遂遁走追禽之以功賜

尉為侯尋為平州刺史仍鎮范陽及尒朱榮死太守盧文
偉誘深出獵開門拒之深率部曲屯於郡南為榮舉哀勦
南向莊帝使東萊王貴平為大使慰勞燕薊乃詐降貴
平信之遂執貴平自隨進至中山行臺僕射魏蘭根邀擊
之為深所敗元曄帝立仍加開府後隨尒朱氏於韓陵永熙初除
督渔陽郡公鄭儼子鵠青州刺史東
齊州刺史孝武帝末深與兗州刺史深不時迎納
萊王貴平使信往來以相連結又遣使通誠於神武及孝
武入關復懷顧望汝陽王暹既除齊州刺史深不時迎納
於廣阿兆敗走深後從神武破尒朱氏於韓陵神武
齊州人尚能迎汝陽王豈不能開門待卿也深乃
神武又遺深書曰卿勿以部曲輕少難於東邁齊人澆薄
妻兒部曲為暹所虜行達廣里會深爭門不克翠騎出奔
城人劉桃符等潛引暹入據西城深爭門不克翠騎出奔
復還暹始歸其部曲而貴平自以斛斯椿黨亦不受代深
襲高陽郡克之置部曲家累於城中親率輕騎夜趣青州
城人執貴平出降深斬貴平傳首
史深既不同於斛斯椿及子鵠行達廣州遂劫光州庫軍反
遣騎詣平原執前膠州刺史賫璘夜龍襲青州南郭翅前廷

尉卿崔光韶以惑人情攻掠郡縣其部下督帥叛拒之遂
奔梁達南青州境為青州兵者斬之傳首于鄴家口配没
賀拔允字可泥神武尖山人也其先與魏氏同出陰山有
如回者魏初為大莫弗祖尒頭驍勇絕倫以良家鎮武川
因家焉獻文時以功賜爵龍城縣男為本鎮軍主交廢子
性果毅襲爵亦為本鎮軍主破六韓拔陵
反懷朔領將楊鈞聞度拔有招義勇襲殺之瓛朝廷嘉之未及
署王衛可瓌從黨尤感既攻没武川又陷懷里軍家拔父子
並為賊所虜度拔乃與周德皇帝合謀達州里豪傑珍念
賢乙弗庫根尉遲壇等招集義勇襲殺可瓌朝廷嘉之未及
弓馬頗有膽略初度拔之死兄弟並以武藝稱榮素聞其
封實度拔與鐵勒戰没孝昌中追贈度拔肆州刺史允便
王深深敗歸尒朱榮兄子弟並奔恒州刺史廣陽
廣王立除開府儀同三司初封壽陽縣侯永安中進爵為公魏長
晉陽屬齊神武神武將出山東允進使信都參定大策
名侍之其北土之望深非常人早自結託
中興初轉司徒領尚書令神武入洛進爵為王轉太尉加
神武以其北土之望神武以允為嬰及岳援關中有重兵深相
侍中魏孝武既忌神武以允為嬰及岳死孝武又委岳兄勝
託潛使來往當時咸慮允為嬰及岳死孝武又委岳兄勝

心腹之寄神武重之舊允全護之天平元年因與神武獵或
告允引之擬神武允曾於樓上獵殺之年四十八神武親
臨哭之贈太保允三子世文世樂難陷興和末齊神武並
召與諸子同學武定中敕居定州賜田宅允弟勝
勝字破胡少有志操善左右馳射比邊莫不推其膽略禧
年而外援不至勝乃懷慨白鎮將楊鈞請告募於大軍鈞
可環之圍懷朔勝時亦為軍主從父度拔鎮守既被圍經
許之乃募勇敢少年得十餘騎夜潰圍出賊追及之勝曰
我賀拔破胡也賊不敢過至朔州白臨淮王或以懷朔被
圍之急或以勝辭義慰至許以出師遂令報命乃復攻圍

而入賊追之射殺數人至城下大呼曰賀拔破胡與官軍
至矣城中納之鈞復遣勝出覘武川武川已陷勝乃馳還
報懷朔懷朔亦潰勝父子遂為賊所虜尋而度拔已卒剌
令勝馳告朔州未及而度拔已卒剌史費穆奇勝才略厚
禮留之妻以兵事時廣陽王深在五原為破六韓賊所圍
于河胡擁朔州流人南下為寇恂州城人應之勝與兄允
弟岳相失勝南投肆州允岳投尒朱榮得勝大悅曰吾得卿兄
慶賀構隙引岳攻肆州陷榮時杜洛周據幽定鴦
下不足定勝兄弟三人遂委質賀事榮時杜洛周據幽定鴦

榮據冀瀛榮謂勝曰并陘險要我之東門欲屈君鎮之如
何勝曰是所願也榮乃表勝鎮并陘以所乘大馬并銀鞍
遺之及榮入洛以預定軍立孝莊帝功封易陽縣伯後元
天穆比征葛榮大破之時杜洛周餘燼韓樓在削城結聚
洛陽榮徵勝使與尒朱兆自硤石度大破顯軍禽其子寇
以勝為大都督鎮中山樓醜懼據名不敢南寇元顥入
受榮前驅入洛進爵真定縣公及榮死勝與田怡等奔赴
榮第時官殿之門未加嚴防怡等議即攻門勝止之曰天
子既行大事必當更有奇謀吾衆旅不多何輕尒尒遂勒所
及世隆夜走勝隨至河橋勝以為臣無懼君之義遂奔所

部還都督率騎一千會鄭先護討之為先護所疑置之營
外人馬未得休息俄而鄭先至與戰不利勝之復與尒
朱氏同謀立節閔帝以功拜右衛將軍及尒朱氏將於
神武勝時從尒朱度律與尒朱兆不平勝以臨敵度律大
敗之道乃與斛斯椿詣北營和之及為兆所執度律大懼
引軍還兆得休而東征仲遠之日尒殺不小友以我欲殺尒久矣勝曰
與世隆等俱來而東征仲遠和之及我欲殺尒久矣勝曰
可環作逆勝父子誅之其功不小友以為罪天柱覺殺以
君誅臣勝竊負朝廷今日之事生死在王但去賊

密通內攜嫌隙自古迄今未有不破亡者勝不懼死恐王
失筭兆乃捨之勝既兑行百餘里方追及度律等衆齊神武既
克相州兵威漸盛於是兆及大光仲遠度律等衆十餘萬
陣於韓陵兆率鐵騎陷陣出齊神武後將東其背而擊之
度律惡兆之驍悍懼其陵已勒兵不進遂大敗太昌初以勝為
魔降齊神武救其子雍州刺史續曰賀拔勝比聞驍將
領軍將軍尋除侍中孝武帝圖齊神武以勝弟岳擁眾

儀同三司南道大行臺尚書左僕射勝多所克捷馮翊洫
為丘墟梁武帝救其子雍州刺史續曰賀拔勝比聞驍將

〈十五〉

介宜慎之勿與爭鋒續遂攻城守不敢出尋進位尚書令
關中進至浙陽詔授勝太保錄尚書事開齊神武已平潼
奉表入關又令府長史元穎行州事勝自率所部將西赴
廣州諸豫未進而帝已入關齊神武幽孝武帝有隟詔勝引兵赴洛至
崎琅邪郡公及齊神武幽孝武帝有
神武已遣行臺侯景大都督高敖曹赴之勝敗中流矢奔
關禽毛鴻賓勝乃還荊州人鄧誕執元穎引齊師時齊
關在南三年梁武帝遇之甚厚勝乃還荊州人鄧誕執元
梁乃求還梁武帝許之親餞於南死勝自是之後每執弓
神武已遣行臺侯景大都督高敖曹比討齊神武既不
果乃求還梁向者皆不射之以申懷德之意既至長安詣
矢見烏獸南向者皆不射之以申懷德之意既至長安詣

至神武已逸去勝歎曰今日之事吾不執弓矢者天也是
垂及之神武汗流氣殆盡會勝馬為流矢所中死比副騎
曰賀六渾賀拔破胡必殺汝也時勝持稍追神武數里刃
敢勇三千人配勝以犯其軍勝適與神武遇連叱而字之
攻玉壁勝以前軍大都督從周文大敗東魏軍周文令勝
勝大破東魏軍周文令勝收其降卒一還及齊神武率眾
莊追奔至河上仍與李弼別攻河東略定汾絳河橋之役
泰於小關攻弘農下河北諸郡守是皆破東魏軍於沙
晉皆尒朱事乃關天兆公之怒也乃授太師從周文帝舍寶
關謝罪魏帝握勝手歔欷父之曰初平西徙永嘉南度漢

〈十六〉

歲勝諸子在東者皆為神武所害勝憤恨因動氣疾大統
十年薨於位終于東者手書與周文曰勝乃里枝策歸身關庭
冀望與公掃除通寇不幸殞斃微志不申若死而有知猶
望魂飛賊庭以報恩遇耳周文覽書流涕之勝長於喪
亂之中九工武藝絕庭皆動唯賀拔公臨陣如平常員犬百居
將對敵神色皆動唯賀拔公臨陣如平常員犬百居
重任始受墳籍乃招引文儒討論義理性又通率重義輕
財身死之日唯有隨身兵仗及書千卷而已初勝至關中
自以年位素重見周文不拜尋而自悔周文亦有望焉後
從宴昆明池時有雙鳧游池上周文授弓矢於勝曰不見

公射父矢請以為歡勝射之一發俱中因拜曰使勝得奉
神武以討不庭皆如此也周文悅因是恩禮曰重勝亦盡
誠推奉焉贈大宰錄尚書事諡曰貞獻明帝二年以勝配
饗文帝廟庭無子以弟岳子仲華嗣位開府儀同三司襲
爵琅邪公大象末位江陵總管勝第岳
岳字阿斗泥少有大志受施好士初為大學生及長能左
右馳射驍果絕人不讀兵書而暗與之合識者咸異之與
兄弟赴懷朔賊王衛可環在城西三百餘步岳乘城射
之箭中環磬賊大駭後廣陽王深以為帳內軍主與兄勝
俱鎮恒州州陷投尒朱榮榮以為都督每帳下與計事多
與榮意合榮與元天穆謀入匡朝廷問計於岳岳曰夫非
常之事必俟非常之人將士馬精強位望隆重莫過爾
義旗代數臣殺何往不克何向不摧古人云朝謀不及
言敓不俟駕此之謂矣榮與天穆相顧良久曰卿此言具
丈夫之論也未幾孝明帝暴崩榮疑有故乃舉文趣洛配
岳甲卒二千為先驅至河陰榮既殺朝士因欲稱帝疑未
能決岳乃從容致諫榮尋亦自悟乃尊立莊以定策功
賜爵樊城鄉男從榮破葛榮平元顥累遷左光祿大夫武
衞將軍時万俟醜奴僭稱大號關中騷動榮將遣岳討之
私謂其兄勝曰醜奴足為勍敵若岳往無功罪責立至假

令克定恐讒朔生焉乃請尒朱氏一人為元帥岳貳之
榮大悅乃以天光為使持節大都督雍州刺史以岳為左
廂大都督又以征西將軍侯莫陳悅為右廂大都督迎為
天光之副以討之時赤水蜀賊兵斷路天光眾不滿二千
及軍次潼關天光有難色岳乃進破之於渭北軍威大振
時醜奴自圍岐州遣其大行臺尉遲菩薩僕射万俟仵與菩薩
同向武功南度渭水攻圍逼柵天光率步騎數十與菩薩
薩攻柵已克率步騎二万至渭北軍傳語菩薩特
偶水交言岳稱揚國威菩薩乃自驕令士卒傳語菩薩
水雁荅合不孫岳怒舉弓射之雁弦而倒時已逼莫各
還岳於渭南傍水分精兵數十為一劇隨地形勢置之明
日將百餘騎陽水與賊相見且並東行岳漸前進先所置
騎隨岳而集騎既漸增賊不復測其多少行二十許里至
水淺可渡馺馺岳便馳馬東出以欲奔走賊謂岳走乃輕
兵南度渭水輕騎追岳岳東行十餘里依橫岡設伏兵以
待之身先士卒急擊之賊便退走岳號令橫岡部賊下馬者
皆不聽殺賊顧見之便悉投馬俄虜三千人馬亦無遺遂
禽菩薩僕仍度渭北降步卒万餘葉岐州北走安定
天光方自維至與岳合數宣言今氣候已熱非征討之時
待至秋涼更圖進取醜奴聞之遂以為實分遣諸軍散營

農於岐州比百里綱川使大尉侯伏侯元進據險立柵岳
知其勢分密與天光嚴備旦攻圍元進柵拔之即禽元
進自餘諸柵委降又輕騎追醜奴及之於平涼之長阮一
戰禽之高平城中又親蕭寶夤以歸款行臺万俟道洛
驍果絕倫得之其喜以為將天光又與岳度隴至慶雲以
保鞏屯岳攻之道洛頻出城拒戰迸禽岳之餘衆皆悉阮之
居永洛城慶雲道洛雖為元帥而岳功勁居多進封岳
三秦河渭瓜涼鄟州咸來歸款夏州人宿勤明達降
復叛岳討禽都督涇州刺史進清水郡公尋加岳
城縣伯尋詔岳以都督涇州刺史進清水郡公尋加侍

行雍州事普泰初除都督岐州刺史進清水郡公尋加侍
中給後鼓吹進位開府儀同三司兼尚書左僕射隴右
行臺仍傳高平後岳以隴中猶有上人不順岳圖根本天光將拒齊神武遣
問岳於岳岳曰莫若且鎮關中以固根本天光弟顯壽以孝武
所在討平之二年加都督雍州刺史天光助侯莫陳悅
即位加關中大行臺赴雍舍天光弟顯壽以應齊神武遂
敗岳辇軍下隴趣平岳懼乃自詣地境安置邊防率衆趣平
剌心血持以寄岳岳圖燕神武及孝武
涼西界布營數十里託以牧馬於原州為自安之計許先是
費也頭万俟受洛干鐵勒斛律沙門解拔彌俄突紀豆陵

伊利等擁衆自守至是皆款附秦南秦河渭四州刺史又
會平涼受岳節度唯靈州刺史曹泥不應召通使於齊神
武神武乃遣左丞翟嵩固使至關中間岳及侯莫陳悅三年神
岳召悅會於高平將討曹泥令誘岳前驅而悅受神武
圍岳岳弟子知而先又輕騎至營共論兵事悅
詐云腹痛起而徐行令其婿元洪景斬岳於幕中朝廷莫
不痛惜之贈侍中太傅錄尚書事都督關中二十州諸軍
事大將軍雍州刺史諡曰武壯翟嵩復命于神武神武下收岳尸
狀嗚其頰曰除吾病者卿也何目志之後岳部下
葬於雍州比石安原葬以王禮子緯嗣拜開府儀同三司

周保定中錄岳攀德進爵竇國公岳周文帝女
侯莫陳悅代人也父婆羅門為駝牛都尉故悅引為府長流
好田獵便騎射會爾朱天光禄大夫封柏谷縣侯
參軍莊帝初除金紫光禄大夫封柏谷縣侯以朱榮死後亦隨天光下隴
討關西初榮以悅為天光右廂大都督西代克獲皆與天光
賀拔岳略同除鄟州刺史天光右廂大都督西代克獲皆與天光
嘩立進將爵為公改封白水郡公普泰中除秦州刺史至雍州會爾
之東出將抗齊神武下隴以應神武天光元
朱覆敗永熙初加開府儀同三司都督隴右諸軍事仍兼
秦州刺史三年岳召悅共討曹泥悅誘岳斬之岳左右奔

散悦遣人安尉衆皆畏服悦心猶豫不即撫納乃還入
止永洛城岳所部聚於平涼規圖還時爲夏州
刺史衆遣秦迎周文主遂搦岳部衆并家口入高平城以
自安固乃勸衆入隴征悦悦聞之棄城南據山水之險悦
刺史守以拒賊復給帳下云儀同欲還秦州汝等何不裝辦
先召南秦州刺史李景和其夜景和遣人詣周文密許翻
降至晉景和乃勒衆離散徇長傍不聽左右近已與其一弟
衆謂言悦部衆離散徇長傍不聽左右近已與其一弟
尉輯之悦部衆藥軍逃走數日之中盤回往來
幷兇及謀殺岳者八九人

不知所趣左右勸向靈州而悦不決言下隴後恐爲人見
乃放馬山中令從者悉北自來一縣欲往靈州中路追騎
將及縊死野中弟息部下悉見禽殺唯先謀殺岳者悦
五參軍豆盧光走至靈州後奔晉陽悦自殺岳後精神恍
惚不復置因此彌不自安而致敗滅
念賢字蓋盧金城抱罕人也父求就以大家子戍武川頻
仍家焉爲賢美容質頗涉經史爲兒童時在學中讀書有著
不相置因此彌不自安而致敗滅
相者過學諸生競詣之賢獨不往咲謂諸生曰男兒死生
富貴皆在天也何邊相乎少遭父憂居喪有孝稱後以破

備可瓌功别將文以軍功封屯留縣伯從余朱榮入洛
兼尚書右僕射東道行臺進爵平固縣公永熙中孝武以
賢爲中軍北大都督進爵安定郡公加開府儀同
三司大統初拜太尉爲秦州刺史加太傅給後部鼓吹三
年轉太師都督河州刺史大將軍父歿於州謚曰昭
後與廣陵王欣扶風王季等同爲正直侍中時行殿初成
圓極帝哎曰正與朕意同即名之河橋之役賢不力戰乃
定賢官自是名頗減五年除都督秦州刺史薨於州謚曰
先還朝帝詔近侍各名之對者非一莫死帝心賢乃爲
未有隨目帝詔近侍各名之對者非一莫死帝心賢乃爲

厚有長者風官至開府儀同三司合州刺史
梁覽字景歙金城人也其先出自安定避難走西羌世爲
部落酋帥曾祖穆以抱罕城歸吐谷渾後又歸魏對臨洮
公祖頴爲尚書封南安公父劉河華一州刺史封新陽縣
伯覽家世豪富貲累千金孝昌初秦州刺史封新陽等
反歔財招募有三千人鎮河州從大軍平賊歷涼河二州
刺史封安德縣侯既爲本州刺史威惰甲仗人馬精銳
吐谷渾憚不敢出自桀公在未可行也永安中改封郡公大
瓏琅邪王皓就策授世爲河州刺史永熙中改封郡公天
統二年加太尉其年薨從弟山定反欲圖覽覽與數戰未

能平王師至始破之四年還大傅及河橋之役王師敗時病留長安趙青雀反北城覽爲之謀主事平乃見殺子鶴雀位儀同三司大都督後坐事免死

雷紹字道宗武川鎮人也九歲而孤有膂力善騎射年十八給事鎮府嘗使洛陽見京都禮義之美還謂同僚曰徒知邊備尚武以圖富貴不謂文學身之寶也生世不學其猶穴處何所見焉遂逃歸辭母求師經年通孝經論語嘗讀書至人行莫大於孝乃投卷嘆曰吾離違侍養非人子之道即還鄉里躬耕奉養遭母憂哀毀骨立由是知名鎮將召補鎮佐後隨賀拔岳征討爲岳長史岳有大事常訪

而後行及齊神武起兵岳恥居其下紹乃勸岳迎孝武西都長安以順討逆岳曰吾本意也後岳信諸將言欲保關中坐觀成敗紹知計不用請爲邊州建功効岳曰君有毗佐之力當揔大州遂以紹爲京兆太守清平理物甚得人和在郡踰年岳被害初紹見岳數與侯莫陳悦宴語嘗諫岳曰公其愼之岳不從果及於難紹乃棄郡馳赴岳軍與寇洛等迎周文帝悦平以功授大都督涼州刺史紹請留所領兵以助東討請單騎赴州刺史李叔仁擁州逆命紹遂歸永熙三年以紹爲渭州刺史進爵昌國伯初紹爲岳長史周文爲岳左丞及居相當以恩舊接之卒於州紹性

好施祿賜皆分贍親故及死日無以送終兼敬信佛道遺敕其子曰吾本鄉葬法必殺犬馬於亡者無益汝宜斷之斂以時服事從約儉還葬長安天子素服臨弔贈太尉賜東園祕器子渙

毛遐字鴻遠北地三原人也世爲酋帥曾祖天愛太武時至定州刺史始昌子傳至遐四世不絶正光中蕭寶夤爲大都督討關中諸賊咸陽太守韋邃時爲都督以遐爲都督府長史寶夤敗還長安三輔騷擾遐因辭邃還北地與弟鴻賓聚鄉曲豪傑遂東西略地氐羌多赴之共推鴻賓爲盟主既而賊帥宿勤買奴自號京兆王於北地遐詐

降之而與鴻賓攻其壁賊自相斫射縱兵追擊七柵皆平後寶夤構逆謀遐知之乃寄書與鴻賓索馬迎接復於馬祗柵建旗鼓以拒寶夤攻其將盧祖遷禽之寶夤以是日拜南郊稱號禮未畢而告敗寶夤懼口乾色變不進部伍人皆亂還詔授遐南幽州刺史進爵爲伯遐又攻破其將侯終德寶夤知内外勢異輕將十數騎走巴中冬万俟醜奴陷秦州詔以遐兼尚書二州行臺孝武帝入關敕周文帝置二尚書分掌機事遐與周惠達始爲之稍遷驃騎大將軍儀同三司卒遐少任俠有智謀世爲豪右貲産巨億士流貧乏者多被賑贍故中書郎檀翥爲尚書郎公孫範

等常依託之至於自俟衣食籠弊羿而已死之曰郷黨赴葬

咸共痛惜

鴻賓大鼻眼多鬚頤黑而且肥狀貌頗異焉羌見者皆畏

之加膽略騎射僬僮不拘小節昆季之中尤輕財好施退

雖云早立而名出其下及賊起郷里推為盟主常與逆（一）

守一戰後拜岐州刺史散騎常侍開國縣侯遷咲謂鴻賓

建中郡以鴻賓為剌史後余朱天光自關中還洛夷夏心所

北雍州鴻賓為刺史詔曰此以畫錦榮郷也改三原縣為

物不及汝故明帝以鴻賓所定處多乃改此地郡為

曰繫秦賊之功吾不居汝後至於榮賞汝在吾前當以德濟

忌者皆將自隨鴻賓亦領郷中壯武二千人以從洛中素

聞其名衣冠貧者競與之交葬拜西兖州刺史轝寓卷

游之董四座常滿鴻賓貧給衣食與已悉同私物不足頗

有公曹轉南青州刺史未幾徵還為有司所紏鴻賓義

匪人開月餘特詔原之及孝武帝與齊神武有隙令鴻賓

鎮潼關為西道之寄軍駕西幸漿糗之絶侍官三日間

唯飲閒水鴻賓為始解飢渴

武帝把其手曰寒松勁草所望於卿也事平之日密

人仍留守潼關後神武來冦見禽至并州憂志卒鴻賓

弟鴻顯位散騎常侍封縣侯遷乳母所産此一字七寶遷

義

養之為弟因姓毛氏勁悍多力後隨諸兄戰關多先鋒陷

陣大統四年為廣州刺史與駱超鎮東陽陷東魏荬子野

乙弗朗字通照其先東部人也世為部落大人與魏徒代

後因家上樂焉朗少有俠氣在郷里以善騎射稱孝莊末

北邊擾亂辟地君并肆間介余朱榮見而重之甚相接待以

功封連勺子後隷賀拔岳從余朱天光西討為岳在雍都

督孝武帝之御齊神武授朗閤内大都督及帝西入詔

朗為軍司先驅靖路至長安封長安縣公平於岐州剌

史初朗忠績冷周文賜三石東生散令朗法服之使人問

疾朝夕相繼見重如此臨終惟云恨不見河洛清平重友

京縣以此為恨三軍手搥牀而便氣盡贈太尉子鳳位營

伯開府儀同三司與周閔帝謀宇文護見殺

論曰朱瑞以向義受戚延慶以違順遇禍各其命焉斟

椿屬戔危機終惟壹旦人謀之所致也徵心閒強記以

藥襄任已終使延慶新加以盡諒薄惟新致心無忘

直道抗辭正色頑沛不渝蓋有周之忠烈觀其遺跡雖擭

鴒侯深等並驅馳風塵之際自陷東戟其遺跡雖擭

罪於霸政求之有魏得朱未可知也賀拔允昆季以勇略

之資富馳競之日並邀時投險展効立功始則委質介朱

中乃結款馮氏太昌之後即帝圖高察其所由非守節
之士及勝重趨江左憂魏室之危亡舊關西感梁朝之
顧遇有長者之風矣終能保業持寵艮有以為岳以二千
贏兵抗三秦勍敵奮其智勇克捷以渠雜種長威返方慕
義斯亦一時之盛矣平以勳高逢禍無備顗戮惜哉苦陳
涉首事不終有漢因而剗業授功戍鳳殂周文籍以開
基不有所廢君何以與信平其然矣侯莫陳悦肆行殘虐
死不旋踵觀其亡滅蓋自取之念賢有始有卒取敬章公
梁覽終以取禍鮮克之義雷紹馳務馬雲留之秋毛遐兄弟
致力經綸之曰乙弗朗展轉擾攘之中卒獲歸順美矣

列傳第三十七

北史四十九

方洽　周益　周　之冕　孫　粹然　校正

辛雄（樹旺孫　琛子術）
揚機
高道穆（見弟之）
蓁傷
山偉
宇文忠之
費穆
孟威

辛雄字世賓隴西狄道人也父暢汝南鄉郡二郡太守雄
　　【北史列傳三十八】〔一〕
有孝性居父憂殆不可識清河王懌為司空辟為左曹懌
遷司徒仍授左曹雄用心平直加以閑明政事經其斷割
莫不悅服懌每謂人曰必也無訟辛雄有焉歷尚書諸部
三公郎會沙太郎官唯雄與羊深等入見留餘委龍道
先是御史中丞東平王匡復欲興棺諫諍尚書令任城王
澄劾奏理大不敬詔恕死雄奏理白衣元匡惟拳
三朝每蒙寵遇誣謗之性簡自帝心故高祖錫之以匡名
陛下住之以彈糾當高肇之時匡造棺致諫主聖臣直臣卒
未幾匡除平州刺史右僕射元欽稱雄之美左僕射蕭寶

以無咎假欲重造先帝已容之於前陛下亦宜寬之然後

　　【北史列傳三十八】〔二〕
典致仕之文禮記八十一子不從政九十家不從政鄭玄
之名其盛又為祿養論稱仲尼陳五孝自天子至於庶人
雄議自後每有疑議雄與公卿駁難未闥知筧而不理事
出入縱情令君子小人董猪不別豈所謂賞善罰惡勳勳
隱恤者也古人唯患察獄之不精未闥事多見從於是公
理詔門下尚書廷尉議之雄議曰春秋之義不問曲直推
狂難遂奏曾深聞者不忍罪姦而失寧
之賞何其晚哉初廷尉少卿袁翻以犯罪之人經恩競訴
黃曰吾聞將僕射云得如雄者四五人共省事足矣今日

聽祿養不約其年書奏孝明納之時諸公咸而南寇侵境
注云復除之然則止復庶人非公卿士大夫之謂以為宜
咨幕其名欲屈為佐荊州盛而南寇時諸公
師已次汝濱逢北溝求救或以胤之雄曰
臨淮王或東趣葉城別將裝行臺左永輿
山蠻作逆孝明欲親討以荊州為先詔雄為行臺左永輿
王執麾閫外唯利是從見可而進何必守道或恐後有得
失之責要雄符下雄以軍令速赴擊賊聞果自走散在軍

雖心無往不破逐符或軍令速赴擊賊聞果自走散在軍
上疏曰凡人所以臨堅陳而忘身觸白刃而不憚者一則

求榮名二則貪貨賞三則畏刑罰四則避禍難非此數事
雖聖王不能勸其臣慈父不能屬其子明主深知其情故
賞必行罰必信使親疏貴賤勇怯賢愚聞鍾鼓之聲見旌
旗之列莫不奮激競赴敵場當厭久生而樂早死也利害
懸於前欲罷不能耳自秦隴逆竪歷數年罷左亂常稍
已多載凡在戎役數十萬人三方之師敗多勝少跡其所
由不明賞罰故也陛下欲天下之早平愍夫之勤悴乃
降明詔賞不移時然兵將之勳歷稔不決亡軍之卒晏然
在家致令節士無所勸慕庸人無所畏懼進而擊賊賊死交
而賞賒退而逃散身全而無罪此其所以望敵奔沮不肯

〈三〉

進力者也若重發明詔更量賞罰則軍威必張賊難可殄
臣聞必不得已去食就信以此推之信不可斯須廢也賞
罰聞陛下之所易尚不能全而行之況敵士之所難欲其必
死卒可得也後為吏部郎中及尔朱榮入洛河陰之難人
情未安雄潛竄不出尋知孝莊即位乃出尚書令臨淮王彧
以雄為尚書都令史雄欲以雄為尚書門下奏曰辛雄
遂除度支尚書後詔以本官兼侍中關西慰勞大使將發請
事五條一言通縣租調宜悉不徵二言課調之際使貧僥有
紹人命三言課調之際使貧僥有殊令州郡量檢不得均
一四言兵起歷年死亡者報或父或子辛酸未歇見存耆

老請假板職悅生者之意慰死者之冤五言喪亂既久禮
儀甲習如有閨門和穆孝悌卓然者宜旌其門閭莊帝從
之因詔人年七十者授縣八十授郡九十加四品將軍百
歲從三品將軍永熙二年兼吏部尚書時近習專恣雄懼
其譏謗不能守正論者頗譏之孝武南狩雄兼左僕射留
守京師永熙末兼侍中帝入關中雄從父兄纂字
節安在乃誅之二子璨士貞初為宛州安東府主簿與秘書
伯將學涉文史溫良雅正初為宛州安東府主簿與秘書
臣危苦救亂若劇不諫諍出不陪隨綏則既寵急便竄避臣
大集朝士責雄及尚書崔孝芬劉廞楊機等曰為臣

〈四〉

丞同郡李伯尚與咸陽王禧同逆竄投所賞
覺坐免官後為大尉騎兵參軍每為府主清河王懌所賞
至定考懼曰辛騎兵有才宜為上第及深將軍司
攻新野詔纂為荊州軍司纂善撫士人多用命賊其賞
之會孝明崩讙至咸以對敵欲斂凶問纂曰安危在人豈
關是也遂發喪號哭三軍縞素還入州城甲以盟約素為
義宗所圍相率固守孝莊即位除兼尚書仍行臺後之在
督覽穆戢罪義宗禽之父城因舉酒屬纂曰微辛行臺之在
斯吾亦無由建此功也永安二年顯東勝至城下為題
禽及孝莊還宮纂謝不守之罪帝曰於時朕亦北狩東軍

不守豈卿之過轉滎陽太守
前太守鄭仲明左右妻弊偷竊境內患之冀伺捕禽獲妻
於郡市百姓欣然墓僑屬洛陽邑中正
永熙三年除河內太守齊神武赴洛立集城下墓出城謁
神武尉勉之因命前侍中司馬子如曰吾行途疲敝六代
吾執河內手也尋并為兼尚書南道行臺西荊州刺史時璽
酋樊大能應西魏慕攻之人不剋而敗為西魏將獨孤信所
害贈同徒公雄族祖琛
珠字僧貴祖敬宗父衡寶並代郡太守琛少孤甞過交人
見其父母無恙弟父之釋褐奉朝請滎陽郡丞太守元

豔性頗使酒珠毎謀之麗後醉輒令閉閣曰勿使入也景明中
為揚州征虜從軍駕詔曰委卿郡事如太守毎謀扮崇不
孝文南征麗從軍府長史刺史李崇多事產業珠毎謀扮崇因賣
酒謂珠曰長史後必為刺史但不知得上佐何如人耳珠
對曰若刃一叨悉得一方正長史朝夕聞過是所願也崇
有慙色卒於官珠寬雅有度量淶撫綏史憒懍不形於色
當官奉法所在有稱長子悠年元壽早有器業為侍御史
監揚州軍職平錄勳書時李崇猶為刺史欲寄人名悠不
許崇曰我昔逢其父今復逢其子早卒悠弟俊字叔義有

文才魏子建為山南行臺以為郎中有軍國裁斷還京於
滎陽為人所劫害贈東秦州刺史俊弟術
術字懷哲少明敏有識慶解褐司空冑曹參軍與僕射高
隆之共典營鄴都宮室術有思理百工克濟再遷尚書
右丞出為清河太守政有能名追授并州長史遭父憂去
職清河父老數百人詣闕上書請立碑頌德齊文襄嗣事
與尚書左丞宋游道中書侍郎李繪等並迫諸晉陽俱為
工容累遷散騎常侍武定六年侯景叛除東南道行臺尚
書封江夏縣男與南兖州刺史明少遠東徐州刺史
為淮南經略便齊天保元年侯景徵江西秋術率諸軍
度淮斷之燒其稻數百萬石還鎮下邳人隨術比度淮者
三千餘家東徐州諸有犯法者術始也安州刺史臨清後
所統十餘州地諸有犯法者術始也安州刺史以下先斷後
表開齊代行臺兼撫人事自術始也安州刺史以下先斷後
肝台新城二鎮將犯法術皆案委殺之雍州刺史臨清太
郡守俱犯大辟朝廷以其奴婢百口及貲財盡賜術三辭
不見許術乃送詣所司不復以聞邢邵聞之遺術書曰今
鐘離意云孔子忍過於盜泉委地足下今能如
此可謂異代一時及王僧辯破侯景珍寶委積術珍異
繼歛附前後二十餘州於是移鎮廣陵攝傳國璽送鄴文

宣以璽告於太廟此璽即秦所制方四寸上紐交盤龍其
文曰受命于天旣壽永昌二漢相傳又歷魏晉晉懷帝敗
沒於劉聰聰敗沒於石氏石氏敗晉穆帝永和中濮陽太
守戴僧施得之遣督護何融送于建業歷宋齊梁敗侯
景得之景敗僧以璽投景南兗州刺史郭元建
送于鄴故術以進為尋徵為殿中尚書領太常遷鄴仍與朝
賢議定律令遷吏部尚書食南兗州梁郡幹選鄴新
選之職知名者數四五有得失未能盡美文襄少年高朗
所弊也疎表叔德沈密謹厚所傷者細楊愔風流辯給每大
士失於浮華唯術性尚貞明取士以才以器備名貴晉新

舊家舉管庫必擢門闊不遺考之前後銓衡在術選最為折
衷其為當時所稱舉天保末文宣晉令術選百員官參選
者二三千人術題目士子人無謗讟其所旌擢率以威嚴教
通顯術清儉寡嗜欲勤於所職未嘗斷軍以威嚴牧
人有惠政少愛文史晚更勤學雖在戎旅手不釋卷巳下
淮南凡諸貨物一毫無犯唯大收典籍多是宋齊梁時
本鳩集方餘卷并顧陸之徒名畫二王已下法書數及定
少俱不上王府唯入私門及還朝頗以饟遺貴要物議以
此少之二十年卒年六十皇建二年贈開府儀同三司中書
監青州刺史子關卿尚書郎關卿弟衡卿有識鑒鹽事關府參

軍事隋大業初卒於太常丞術族子德源
德源字孝基祖穆魏平原太守父子馥尚書左丞德源流
靜好學十四解屬文及長博覽書記美儀容中書侍郎裴
讓之特相愛好兼有龍陽之重齊尚書僕射楊遵彥為兼員
尚書辛術皆一時名士延虛襟禮敬同舉為兼員
外散騎侍郎聘梁使副德源本資素因使薦之辭人當令之
執事辛術皆一時名士延虛襟禮敬同舉之中書侍郎劉逖上表薦之
齡好古晚節逾屬枕籍六經漁獵百氏文章綺豔體調清
華恭慎表於閨門謙撝著於朋執實進之辭人當令之
雅器由是除員外散騎侍郎後兼通直散騎常侍聘陳及
還待詔文林館位中書舍人齊滅仕周為宣納上士因取
諸相州會尉遲迥起逆以為中郎德源醉不獲免遂亡
急諸相州會尉遲迥起逆以為中郎德源醉不獲免遂亡
去隋受禪不得調者久之隱林慮山數載鬱鬱不得志幽居
賦以自寄素與武陽太守盧思道友善時相往來魏州刺
史崔彥武奏德源潛為交結然有姦計由是謫令從軍討
南寧及還祕書監牛弘以德源才學顯著奏與著作郎王
劭同修國史德源每於務隙撰陳撰集注春秋三傳三十卷注
楊子法言二十三卷蜀王秀奏以為掾轉諮議參軍卒官
有集二十卷又撰政訓內訓各二十卷有子素目德源卒
祖兄元植齊天保中司空司馬肇沙有名聞於世德源從

軍

驃騎大將軍洛州刺史諡曰恭子愍武定末開府錄事參

揚機字顯略天水冀人也祖伏恩從居洛陽因家焉機少

有志節為士流所稱河南尹李平元暉並召署功曹暉尤

委以郡事或謂暉曰弗躬弗親庶人弗信何得委事於機

高臥而已暉曰吾聞君子勞於求士逸於任賢吾既委得

其才何為不可由是聲名更著者時皇子國官多非其人認

選清直之士機見舉伏其威風訴訟者一經其前後皆識其名

為洛陽令京輦伏其威風

【北史列傳三十八】 【03】 【瀛】

姓并記其事理歷司州別駕清河內史河北太守並有能

名永熙中除度支尚書機方直之心又而彌屬奉公正已

為時所稱家資無馬多乘小犢軍時論許其清白興宰雄

等並為齊神武所誅

高恭之字道穆目光澄東人也祖潛獻文初賜爵陽郡男

認以沮渠牧犍女賜潛為妻封武威公主拜駙馬都尉父

崇男字幣明中啓復本姓遂以崇繼牧犍後改姓

崇男氏坐事誅公主痛毀發辭稱家貧厚而崇志尚俊素初

其威風發摘不避強禦縣內蕭然卒贈滄州刺史諡曰成

道穆少好學行於世學涉經史所交皆忘名流傳士幼孤事兄

如父每謂人曰人生立行貴於見當便名知脫羊裘

朝佩珠以為御史道穆奏記求用於臣臣遂引為御史其

尉元匡高選御史道穆奏記求用於臣臣遂引為御史其

所糾擿不避權豪過買人宅廣興屋宇皆畫鵰尾又

書令崇之子多有非法過買人宅廣興屋宇皆畫鵰尾又

於馬埒上為人執節監其軍事榮甚憚之并表發其

賕貨尔朱榮討蠕蠕道穆監其軍事後屬見之蕭宗西

征必為行臺郎中委以軍機之事後屬見兄情不

自安遂託身於孝莊莊時為侍中深相保護及即位賜

爵龍城侯除太尉長史領中書舍人及元顥過武牢或勸

【北史列傳三十八】 【十】 【瀛】

帝赴關西者帝以間道穆言言關中殘荒請車駕北度

循河東下帝然之其夜到河內郡北帝命道穆作詔

書布告遠近於是四方知乘輿所在莫不除給事黃門侍郎

安喜縣公於時尔朱榮欲迴師待秋道穆爾榮曰大王擁

百萬之眾輔天子而令諸侯此桓文之舉也今若還師令

反政因夏災謂尔朱榮曰爾此桓文無及矣榮深然之及莊

額重完守具可謂養他成其悔無及矣榮深然之及莊

帝還宮其不用言時計社稷不安

可為朕勸其酒令醉因葯陳其六用昌黃門計能決實事

任用尋除御史中尉仍兼黃門道穆外執直繩內參機密

凡是益國利人之事必以奏聞諫爭盡言無所顧憚選用
御史皆當世名輩李希宗李繪陽休之陽斐封君義邢子
明蘇淑宋世良等三十人於時用錢稍薄道穆表曰百姓
之業錢代貨為本救獎改鑄王政所先自頃以來私鑄薄濫
官司糾繩挂網非一在市銅價八十一文得銅一斤私鑄
薄錢斤餘二百既示以深利又隨之以重刑得罪者雖多
姦鑄者彌眾今錢徒有五銖之文而無二銖之實薄其揣
帝復改鑄三銖為半兩此皆以大易小以重代輕也論今據
廷失之彼復何罪昔漢文帝以五分錢小改鑄四銖至武
古宜改鑄大錢文載年號以記其始則一斤所成止七十
六文銅價至賤五十有餘其中人功食料錫炭松砂縱復
私警不能自潤直置無利自應息心況復嚴刑廣設以
臣測之必當錢貨永通公私獲允後遂用楊侃計鑄永安
五銖錢僕射尒朱世隆當朝權盛因內見衣冠失儀道穆
便即彈糾帝姊壽陽公主行犯清路赤棒卒呵之不止
道穆令攞棒破其車公主深恨泣以訴帝帝曰高中尉清
直人彼所行者公事宣可私恨責之也道穆後見帝曰
一日家姊行路相犯深以愧謝帝兒冠謝帝曰朕以愧
卿卿反謝朕尋敕監儀注又詔祕書圖籍及典書緗素多

致零落可令道穆撰集帳目并牒儒學之士編比次第道
穆又上疏曰高祖太和之初置廷尉司直論刑辟雖時獲罪
事非古始交滯時要稿見御史出使悉受風聞雖時獲罪
人亦不無枉濫何者得雍之罰不能不怨守令今設御史
愛憎茍猜之徒恫思報惡多有妄造無名共相謗譏御史
一經檢究恥於不成秋木之下以虛為實無罪不能自雪
者宣可勝哉道目雖愚守短不假器衣禄之責無所逃罪如鄙
見請依太和故事還置司直十人名隸廷尉以五品選知
官有稱心平性正者為之御史若出糾劾即移廷尉令

人數廷尉遣司直與御史俱發所到州郡分居別館御史
撿了移付司直司直覆閱事訖與御史俱還中尉彈閱廷
尉科案一如舊式庶使獄成罪定無復稽寬為惡更敢不
得稱枉若御史司直糾劾失實秦依所斷獄罪之聽以所
撿送相糾發如此二使阿曲有不盡理聽罪家訴一下通訴
別加案撿如此則脟石之傍怨訟可息獄辭破辤之下通諍
令宜於外謂曰今當得精選御史矣先是榮死帝召道穆付敕書
親黨為御史故有此詔及尒朱榮常欲以其
穆受詔督戰又轉為太府卿尒朱苗斷橋之計世隆等於是

北迪加衛將軍大都督兼尚書右僕射南道大行臺時雖
外託征蠻而帝恐北軍不利欲為南巡之計未發會尒朱
兆入洛道穆庸禍託病去官世隆以其忠於前朝遂害之
太昌中贈車騎大將軍儀同三司雍州刺史子士鏡襲爵
為比豫州賊百姓愛道穆兄謙之
謙之字道讓少好文章留心老易騶父爵孝昌中行河陰
之書多所該涉尋其母以孝聞專意經史天文算歷圖緯
令先是有人囊盛死貓向謙詐市馬因而逃去記
令追捕必得以聞謙之乃偽枷一囚立於馬市宣言是前
詐市馬賊今欲刑之密遣腹心察市中私議者有二人相
見忻然曰無復憂矣執送案問悉獲其黨并出前後盜匿
失物之家各得其本物具以狀告尋正河陰令在縣二年
損益政體多為故事時道穆為御史亦有能各世美其父
子兄弟並著當官之稱舊制二縣令得面陳得失時倐幸
之輩惡其有所發聞遂共奏罷謙之乃上疏曰以無庸
謀宰神邑竇思奉法不撓謹是官方酬朝廷無貲之恩盡
人臣守器之節但豪家支屬咸起惡上之心親搆緣絍所又
是皆有盜憎之色咸趣輕弱何能克濟先
帝昔發明詔得使面陳所懷目六父先目崇之為洛陽令
常得入奏是非所以朝賞嫩手無敢干政近年已來此制

祖恩臣亦望策束其羈絆少立功名乞行新典更明往制庶
姦家知禁頗自屏心詔付外量聞謙之文上疏以為自正
以來邊城屢遭寇命將出師相繼於路但諸將師或非其
才多遣親者妄稱入豪唯遭寇客充數而已對寇臨敵略
不彎弓則是王爵虛加征夫多關職虜何可殄除忠貞何
以勸誠也且近習侍臣威屬朝士請託官曹擅作威福如
有清貞法不為回者咸共譖毀受罪罰在朝顧望肯
肯申聞蔽上擁下廝風損政使讒諂甘心忠謹息義且頻
年以來多有徵發人不堪命動致流亡苟保妻子競逃王
役不復顧其桑井懼此刑書正由運有必困之理歸無自
安之路若聽歸其本業傜役微覬則還有必眾墾田增闢
數年之後大獲課入今不務以理還之但欲嚴符初勤恐
數年之後更多敗有國有家者不患人不我歸唯恐
政之不立不特敵不我攻唯恃吾不可悔此乃千載共遵
百王一致伏願少垂覽察靈太后覽之乃啟太后云謙之
諸寵要者由是疾之乃敐道元溫子昇之有學藝除為國子
博士謙之與表翻常景鄭道對其兒不撻其徒咸申款為舊好
施贍愷言諾無懷居家僮隸對其兒不撻其父母生三子
便免其一世無燒驟奴婢常拜俱裹人體如何殘害謙之

以父氏舅氏沮渠蒙遜曾據涼土國書漏闕乃修涼書十卷
行於世涼國盛事佛道為論敗之稱佛是九流之一家當
世名競以佛理來難諶之還以佛義對之竟不能屈以
時所行曆多未盡善乃更改元脩之還以佛義對之為撰為一家之法雖未
行於世識者歎其多能時朝議鑄錢者撰為一家之為鑄錢都將
長史乃上表求鑄大錢秦兼海內錢重半兩漢以周置九府圜法至景
王莽更鑄大錢以秦錢重改鑄三
交易故錢之輕世代不同太公為周置九府圜法至景
榆莢錢至文帝五年復為四銖其武時復銷壞更鑄三
鑄至元狩中變為五銖又造赤仄之錢以一當五王莽攝
政錢有六等大錢重十二銖次九銖次七銖次五銖次三
銖次一銖魏文帝罷五銖錢至明帝復立孫權江左鑄大
錢一當五百權赤烏年復鑄大錢一當千輕重大小莫不
隨時而藏輕鑄以食貨之要八政為首聚財以貴詣訓典文
是以昔之帝王秉天地之饒御海內之富莫不腐紅粟於
太倉藏朽貫於泉府儲畜既盈人無困乏可以籠諡四海
如身使臂者來晉漢之季武地廣財饒獎可以籠諡虛國
用於是草芽之臣出財助國興利之計納稅廛改少府遂豐上
酒之官邑有告緡之令鹽鐵既與錢幣之計納稅廛改少府
林饒積外闕百蠻內不增賦者皆計利之由也今羣秩未

息四郊多壘徵稅既煩千金日費倉儲漸耗財用將竭誠
楊氏獻稅之秋桑兒言利之日夫以西京之盛錢猶屢改
並行大小三品相權況今寇難未除州郡淪敗人物彫零軍
國用少別鑄小錢可以富益何妨於政化無虧既且政
興不以錢大亦且效不以錢小唯費公私得所政化無虧既
行之於古亦且效昔禹遭大水以歷山之金鑄
錢救人之困湯遭大旱以莊山之金鑄錢贖人之賣子者
今此鑄以濟交乏五銖之錢仕使並行之無損國得其
今百姓窮悴甚於襄目欽明之主豈得垂拱而觀之哉臣
益詔將從之事未就會平初謙之弟道穆正光中為御史
紏相州刺史李世哲事大相挫辱其家怕以為憾至是世
哲弟神軌為靈太后所寵任會謙之家僮訴良神軌
左右之入諷尚書判禁謙之於廷尉時將赦神軌乃啟靈
太后發詔於獄賜死朝士莫不哀之所著文章百餘篇別
有集錄永安中贈營州刺史諡曰康又除一子出身以明
克屈謙之弟道脩父崇既還本姓以謹之繼沮渠
氏
墓構字甚顯河南洛陽人也其先居代傷孝莊時除太僕卿及不朱世隆等
為滄州刺史召文武百司下及士庶議所立莫有應者僑避
誅齊神武召文武百司下及士庶議所立莫有應者僑避

席曰廣陵王雖為小朱扶戴賞今之聖主也神武將從之

時黃門崔懷議不同且乞魏蘭根等固執懷言遠立孝武

帝又入關神武深悔懼言常以為恨尋除御史中尉於

路與僕射賈顯度相逢顯度侍勳貴非儁儔列倒儁忿於

於邑自入奏之尋加散騎常侍驃騎大將軍左光祿大夫

被勝更遣出領尚書復為滄州刺史贈司空諡曰文

多詐賀拔勝巧能候賞塗斛斯椿別因辭賀拔勝皆見敗儁

儀同三司儁因辭儁母儁故見敗儁性

中尉章武縣伯尋除殷州刺史薨於郡邑中正諡曰文

貞子洪宴字巨正位尚書左即魏郡邑中正嗜酒好色

無行檢卒官

山席字仲才河南洛陽人也其先居代強美容貌身長

八尺五寸工騎射彎弓五石為奏軍中散從獻文獵方山

有兩狐起於御前詔強射之百步內二狐俱獲位內行長

父初之位金明太守儁墓五日便遇正會儁司神武門其妻

尉以偉兼侍御史入臺直長於殿門儁即劾奏臣善之俄然

從叔偉羽林隊主據直長嗲廷尉評時天下無事進路

奏正帖國子助教遷貞公卽六鎮隴西二方起迤領軍元乂

難代来寒人多不霑預及詔以慰悅之而牧守子孫投狀求者

欲用代来寒人為傳詔以慰悅之而牧守子孫投狀求者

百餘人又因奏立勳附隊令各依資出身自是此人悉被

收敕偉遂奏記贊又德美名素不識偉訪侍中安豐王延

明黃門郎元順等因是稱薦之又稱薦起居注名士偉領選表

尚書二千石郎後正名士郎偷起居注名士儁領選表

薦為諫議大夫余朱榮之害朝士偉時守直故免禍及多

莊入宮仍考外兵郎李奐三公郎王延業方駕儁遇害果如其

田郎李延考外兵郎李奐三公郎王延業同日而死謂偉曰君少

居後路逢一尼望之歎曰此輩緣業同日而死謂偉曰君少

方近天子當作好官而昇等四人皆於河陰遇害果如其

言俄領著作郎節閔帝立除秘書監仍著作初余朱兆入

洛官守奔散國史典書高法顯密埋史書故不遺落偉自

以為功訴求爵賞偉挾附世隆遂封東阿縣伯法顯止

獲男爵偉暴進侍中孝靜初除衛大將軍中書令監起

後領著作卒官贈驃騎大將軍開府儀同三司

都督幽州刺史諡曰文貞公國史自都彥海崔浩高

允李彪崔光以還諸人相繼撰錄墓儁及偉等諡十當

王天穆及余朱世隆以為國書正應代人脩緝不宜委之

餘人是以纂偉等更主大籍守舊應代人脩緝不宜委之

鴻死後迄終偉身二十許載時事蕩然而已初無述著故自

筆無所憑據史之遺闕偉之由也外示沈厚內實矯競與

慕舊而其相得晚以名位之間遂若水火與宇文忠之徒
代人為黨時賢長惡之而愛尚文史老而彌篤偉弟少士
偉撫寡訓孤同居二十餘載恩義甚篤焉不營産業身士
之後賣宅營葬妻子不免飄泊士友歎愍之長子昂襲
爵

直散騎常侍副鄭伯猷使梁武定初為尚書右丞仍修史
釋褐太學博士天平初除中書侍郎裴伯茂與之同以常
後居代都父佩卒於書侍御史忠之涉獵文史頗有筆札
宇文忠之河南洛陽人也其先南單于之遠屬世掾東部

未幾以事除名忠之好榮利自為中書郎六七年矣遇尚
書省選右丞預選者皆射策忠之試焉既獲丞職大為忿
滿志氣嚚然有驕物之色識者笑之既失官爵怏怏發疾
卒子君山

書穆字朗興代人也祖千位商賈二曹令懷州刺史賜爵
松陽男父萬龔龔爵位梁州刺史穆性剛烈有
壯氣頗涉文史好尚功名冀武初襲爵稍遷涼州平西府
長史時刺史章甫集靈太后之元舅待外戚之親多為非
法穆正色巨諫集亦悼之後蠕蠕主婆羅門自涼州歸降
其部眾因飢傍掠邊邑詔穆衙宣慰莫不款附明年復

叛入寇涼州除穆兼尚書右丞西北道行臺仍為別將往
討之若穆至涼州蠕蠕遁走穆謂其所部曰夷狄獸心見敵
便走若不令其破膽終恐疲於奔命乃簡練精騎伏於山
谷使羸步為外營以誘之賊騎覘見俄而競至伏兵
奮擊大破之及六鎮反叛穆為別將隸都督李崇伐都
督崔暹失利崇將議班師以朔州是白道之衝賊之咽喉
若不全則并肆危逼將鎮捍彼議眾
刺史尋改雲州刺史穆招離散頗得人心比境州鎮皆
沒唯穆獨存父之援軍不至穆乃棄城南走介朱榮於
秀容既而詣闕請罪詔原之孝昌中以都督討平二絳反
蜀拜散騎常侍後杖賊李洪於陽城起逆連結蠻左詔穆
兼武衛將軍擊破之久介朱榮同洛靈太后令屯小
平榮推奉莘莊穆遂先降榮素知穆見之甚悅穆潛說榮
曰公士馬不出万人長驅向洛前無橫陳者政以椎奉主
上順人心故今以京師之眾百官之盛一知公之虛實必
有輕悔之心若不大行誅罰更樹親黨公還北之日恐不
得度太行而內難作矣榮心然之於是有河陰之事天下
聞之莫不切齒榮入洛穆為吏部尚書齊獻侯進封趙平
郡公為侍中前鋒大都督與大將軍元天穆討邢杲時
元顥入京師穆與天穆既平齊地將擊顥穆圍武定將援

屬天穆北度既無後繼穆。隆顯顯以河陰酷濫事起於
穆引人詰讓殺之孝莊還宮贈侍中司徒公謚曰武宣

孟威字能重河南洛陽人也頗有氣尚尤知北土風俗歷
東宮齋帥羽林監後以明解北人語敕在著作以備推訪
累遷沃野鎮將前後頻使遠藩粗能稱旨晉泰中除大鴻
臚卿卒贈司空公子恂嗣

論曰辛雄更能廢職琛以公方行巳懷哲體有清監德源
雅業無虧遭逢受職山偉位行頗與卷之雖文史足
政事之用蔡儁機清斷在公道穆兄弟有
用而雅道義聞賈穆出身効力功名著矣末路一言禍延
籖帶其死也宜哉孟威以方言陳力其勤亦可稱矣

列傳第三十八　　北史五十

齊宗室諸王上

趙郡王琛 子叡
清河王岳 子勱
廣平公盛
陽州公永樂
襄樂王顯國
上洛王思宗 子元海 弟思好
平秦王歸彥 兄子武 興王普
長樂王靈山

神武諸子

趙郡王琛字元寶齊神武皇帝之弟也少便弓馬有志氣
封南趙郡公累遷定州刺史六州大都督甚有聲譽及斛
斯椿等亂神武帥師入洛陽以晉陽根本回琛留總相
府政事天平中除御史中尉正色糾彈無所回避遠近肅
然舞亂神武後廷因校而斃時年二十三贈太尉錄尚書令
諡曰貞天平三年又贈假黃鉞左丞相太師錄尚書事進
爵為王配享神武廟廷子叡嗣
叡小名須拔幼孤聰慧夙成特為神武所愛養於宮中至四歲
游娘母之恩異諸子魏興和中襲爵南趙郡公年至四歲

未嘗識母其母魏華山公主也其從母鄭氏戲謂曰汝
是我姨兒何倒親游氏叡因訪問遂失精神神武疑其感
疾叡曰無患苦但聞有所生母欲得暫見神武驚命元夫
人至就宮見之叡前跪拜因抱頸大哭神武其悲傷命平
秦王曰此兒至孝吾子無及者遂為休務一日叡讀孝經
至資於事父輒流涕歔欷十歲喪母神武送至領軍府
勤敬舉聲殞絕三日水漿不入口神武雖絕水漿及
為發哀舉聲殞絕百居喪齊胃立校而後起神武明太后殺
王與同卧起日夜喻之并敕左右不許進水雖絕漿歐血及
輒不肯食由是神武食必呼與同案神武崩哭漚血及
壯將婚貌有戚容文襄謂曰我為爾娶鄭述祖女何嫌而
不樂對曰自痛孤遺方從婚冠彌用感切言未卒嗚咽不
自勝文襄為之憫然勵之勤學常夜父方罷宣受禪進
爵為王襄身長七尺容儀甚偉閑習吏事有知人之鑒天
保二年出為定州刺史六州大都督時年十七稱為良牧
六年詔領兵監築長城于時六月叡途中屏蓋扇親與
軍人同勞苦先當藏冰長史宋欽道以叡冒熱遺倍
道送冰正遇炎盛謂一時之要叡對之歎曰三軍皆飲
溫水吾何義獨進寒永遂至銷汞竟不一嘗兵人感悦先
是役罷任其自歸丁壯先返羸弱多致僵殞叡於是親帥

營伍強弱司相持賴全者十三四焉八年除都督北朝州刺

史叡撫慰新遷量置費繕成備有條法大為兵人所安無水

廣橋而捌并泉源潢出至今號曰趙郡王泉九年潢南以

太子監國因立大都督府與尚書省分理眾事仍開府置

佐史文宣特崇其選除叡待中攝大都督長史叡後

侍宣姜帝從容謂常山王演等曰由求亦有如此長史叡不皇

尚書令天統中追贈父琛假黃鉞母元氏贈趙郡王妃諡

曰貞昭帝臨崩預受顧託奉迎武成於鄴拜受時隆冬

盛寒歡跣步號哭面皆破裂歐血數升及還不堪參謝帝

建初兼并州事詔崇容謂常山王如故有司備禮儀就基拜

北史列傳三十九　〔三〕　吳中

親就第晉閭拜司空攝録尚書軍河清三年周師及突厥

至并州武成戎服將以宮人避之叡叩馬諫乃止帝與宮人

戎六軍進止並令取叡節度而使段孝先總為帝與突厥

被緋甲登城比城以望軍營其敕突厥各周人曰爾言齊

乱故來代之今齊人眼中亦有鐵何可當邪乃還至阤領

凍濟乃鋪鐔已度胡馬寒瘦膝下皆無毛比至長城死

且盡乃截稍杖之以歸是役也叚孝先持重不與賊戰自

晉陽失道為廣所屠無遺類焉斛律光自三堆還帝以遭

大寇抱其頭哭任城王湝進曰何至此乃止光面折孝先

於帝前曰叚遊善任城王湝進曰何以叡為能加尚書令封

宣城郡公拜太尉臨五禮晚節頗以酒色為和士開所構

叡父典朝政譽望日隆漸被疎忌乃撰古忠臣義士號曰

要言以致其意武成曰隆與馮翊王潤安德王

延宗及元文遙奏後主云和士開不宜仍居內并入秦太

后因出開為兗州刺史太后欲留過百日叡正色不許

訖便出士開令酌酒賜叡叡正色曰今論國家大事豈酒

林以臂叡良久乃止之叡曰社稷事重毋當以

太后此旦欲入朝妻子咸諫止之叡曰大丈夫運命一

朝至此旦不見朝廷顛沛至殿門又有人

死効之吾寧死事先皇不忍見

北史列傳三十九　〔四〕　吳中

曰願勿入叡曰吾上不負天死亦無恨入見太后后復

以為言叡執之彌固出至永巷被送華林園於崔離佛院

令劉桃枝拉殺之時年三十六大霧三日朝野冤惜之其

年詔贈以王禮葬竟無贈諡子整信嗣好學有行撿位儀

同三司後終於長安

清河王岳字洪略神象中贈假黃鉞大將軍太傅太尉錄

名卒於侍御中散元岳從父弟也父翻字飛雀以器度知

尚書事諡孝宣公岳幼貧人未之知長而敦直姿貌嶷

然深沉有器重初居洛邑神武每使入洛必止岳舍岳母

山氏嘗夜起見神武室中無火而有光移於別室如前所

見性之詔卜者曰吉易稱飛龍在天
大人造也貴不可言山氏歸報神武神武起岳於信都
山氏謂岳曰赤光之瑞今賞驗矣汝可從之岳遂往信都
神武見之大悅及戰於韓陵神武中軍高昂將左軍岳
將右軍中軍敗岳舉麾大呼橫衝賊陣神武因大破賊以
功除衛將軍左光祿大夫封清河郡君授
女侍中入侍皇后天平二年除侍中六州軍事都督尋加
幾時神武統務晉陽岳與侍中孫騰等京師輔政岳性至
開府岳辭引時賢以為僚屬論者美之尋授使持節六州
大都督冀州大中正俄拜京幾其六州事悉隸京
遣人勞勉尋起本位歷冀二州刺史西南道大都督
孝母疾衣不解帶及遭役去職哀毀骨立神武憂之每日

有綏邊之稱及神武崩俟景叛梁武乘間遣其貞陽侯明
於寒山擁泗水灌城與景為摘角聲援岳與左衛將軍南討
與行臺慕容紹宗擊破明禽之景仍於渦陽與左衛將軍
劉豐等相持岳又破之以功除太尉又統慕容紹宗劉豐
攻王思政於長社岳引洧水灌城紹宗慕容為思政所
獲西魏出岳援思政岳內外防禦城不没者三板會文襄
親臨數日岳城獲城弘文襄崩文宣出撫晉陽令岳以本官兼
己功故賞典不弘文襄崩文宣出撫晉陽令岳以本官兼

當書左僕射留鎮鄴天保初進封清河郡王五年加太保
纂為西南道大行臺統司徒潘相樂等救江陵師次義陽
西魏克荊州因略地克鄖州獲梁鄖州刺史陸法和送鄴
詔岳旋師岳自討寒山長社及出陸並有功威名彌重
歸彥少孤神武令岳撫養輕甚漂輕歸彥內衡
性華侈九悅酒色歌姬舞女陳暴擊鍾諸王皆吳及初高
之及歸彥為領軍岳謂其德已更倚仗之歸彥後夜行見壯
麗意不平仍屬帝下縣薛氏入宮而岳先嘗迎之
至宅由其姊也帝召鄴薛氏姊而鋸殺之讓岳以為姦人女

宅賜以鳩岳曰臣無罪彥曰飲之而薨朝野惜之時年
岳曰臣本欲取之嫌其輕薄非姦也帝益怒使高歸彥就
三十四詔大鴻臚護喪事贈太宰太傅假黃鉞給輼輬車
諡曰昭武敕以城南宅為莊嚴寺初岳與神武經綸天下
家有私兵戎器儲甲千餘領文襄末岳表求納之文襄推
心相任不許甲葬畢方許納焉皇建中配享文襄廟庭
請上甲葬畢方許納焉時亦頻請納又不許將薨遺表謝恩并
武成知其前諸以歸彥良賤百口贈岳家贈岳太師太保
勤字敬德幼聰敏美風儀以仁孝聞七歲襲爵清河王十
餘如故子勤

四為青州刺史歷祠部尚書開府儀同三司改封安樂侯
性剛直有才幹解律光雅敬之每征伐則引為副還侍中
尚書右僕射又後主為周師所敗勳奉太后歸鄴時官
放縱儀同苟子溢之徒勳將斬以徇太后救之乃得釋劉
文殊鸕謂勳曰子溢之徒言成禍福何得如此勳懷怵曰
今西軍日侵朝貴多叛正由此輩弄權若今日殺之明三
就誅無恨文殊甚愧之勳俊為周軍所得武帝與語大
臺上脅之曰若戰不捷則燒汝此輩必死戰乃可捷也後
主大怒漿勳恂後殷為周軍所得武帝歎容授開
悅因聞郡亡所由勳發言流涕悲不自勝帝為歎關

府儀同三司隋文帝為丞相謂曰郡亡由任邪佞公父子
忠良聞於鄰境宜善自愛勳拜謝曰勳亡國之餘不能扶
危定傾既蒙獲宥已多優幸況叨名級致速官謗帝甚
器之冊遷楚州刺史城比有五子皆廟其俗敬鬼祈者必
以羊酒至破產業勳歡曰子昆賢者堂宜損百姓乎上表曰
所部自是遂止百姓賴之開皇七年轉光州刺史上表曰
陳氏數年已來荒悖滋甚天厭亂德袄寇夷人興或自捨
有大聲或行路共傳見怪異祥發臣以庸才猥蒙朝寄歷
以獻袄訛人神怨憤鬼物肝以祠天狗或寘人裏時
蕃守與其隣接竊通仇饒知其動靜天討有機此即其時

若戎車雷動戈船電邁臣雖駑怯請効鷹犬并上平陳五
策帝嘉之答以優詔及大舉伐陳以勳為行軍總管從宜
陽公王世積下陳江州以勳有功拜上開府賜物三千段時隴
右諸羌數為寇亂朝廷以勳有威名拜洮州刺史下車大
崇威惠夷人悅附豪猾屏迹路不拾遺以善政稱後吐谷
渾來寇勳時遇疾不能拒戰賊遂大掠而去憲司奏勳亡
戶口坐免卒于家大唐襄顯前代名臣追贈都督四州諸
軍事定州刺史子士廉最知名

廣平公盛神武從叔祖也寬厚有長者風神武起兵於信
都盛來赴以為中軍大都督封廣平郡公歷位司徒太尉
天平三年薨於位贈假黃鉞太尉太師錄尚書事無子以
兄子子瑗嗣天保初改封平昌王卒於魏尹
陽州公永樂神武從祖兄子也太昌初封陽州縣伯進爵
為公累遷比豫州刺史河橋之戰司徒高昂失利奔退永
樂守洛陽南城西軍追者將至永樂不開門
昂遂為西軍所禽神武大怒杖之二百後罷豫州家產不
立神武問其故對曰裴監乃為長史辛公正為別駕覺王委
寄斗酒隻雞不敢入神武乃以永樂為濟州仍以監公正
為長史別駕謂永樂曰爾勿大貪小小義取莫復畏永樂
至州監公正諫不見聽以狀啟神武神武封啟以示永樂

然後知二人清直並擢用之永樂卒於州贈太師太尉錄
尚書事諡曰武昭無子從兄思宗以第二子孝緒為後襲
爵天保初改封脩城郡王永樂弟長弼小名阿伽性靈武
出入城市好毆擊行路時人皆呼為阿伽郎君以宗室封
廣武王時有天因道人至凶橫行閭肆後入長弼黨事
以閭為事文宣拉收掩付獄天恩等十餘人皆斬市長弼
鞭一百尋為南營州刺史在州無故自驚走版云入突厥
竟不知死所
襄樂王顯國神武從祖弟也無才俊真以宗室謹厚天保
元年封襄樂郡王位右衛將軍卒
上洛王思宗神武從子也性寬和頗有武幹天保初封上
洛郡王歷位司空太傅薨於官
子元海累遷散騎常侍願處山林修行釋典文宣許之乃
入林慮山經二年絕棄人事志不能固自啓求歸徵常
任便縱酒肆情廣納姬侍又除領軍將軍器小志大頗以
智謀自許皇建不孝昭幸晉陽武成居守元海以散騎常
侍留典機密初孝昭詔武成在鄴主兵立子百年為皇太子
皇太弟及踐位乃使武成甚不平先是恒留鄴南於鄴
州刺史以斛律豐樂為領軍以分武成之權武成留伏連

而不聽豐樂視事乃與河陽王孝瑜偽佷謀於野暗乃歸
先是讖謠云中興寺內白鳧翁四方側聽聲雍雍道人間
之打鍾時丞相府在北城中即舊中興寺也鳧翁謂雄
鶏義揚武成小字亦洛稽也道人漱南王小名也打鍾言
將被擊也既而太史奏言北城有天子氣昭帝以為漱南
應之乃使平秦王歸彥之鄴迎漱南至并州武成先告元
海井閭自安之討元海後曰皇太后萬福乞還省一
夜思之武成即留元海後堂元海乞還且不眠唯遶床步
遍未盡武成遽出曰神來如何答云夜中得三策恐不
堪用耳因說梁孝王懼誅入關事請乘數騎入晉陽先見
太后求哀後見主上請去兵權以死為限求不干朝政必
保太山之安此上策也若不然當具表云威權大盛恐取
謗眾口請青齊二州刺史沉靖自居必不招物議此中策
也更問下策曰發言即恐族誅因遍之答曰濟南世嫡孝
上假太后令而奪之今集文武示以此敕執豐樂斬歸孝
尊漱南號令天下以順討逆此萬世一時也武成大悅狐
疑竟未能用乃使鄭道謙卜之皆曰不利樂事靜則吉又
召曹魏祖問之國事對曰當有大凶又時有綦慮令在藩
知占候密謂武成曰宮車當晏駕殿下為天下主武成拘

之於內以候之又令巫觀卜之多云不須舉兵自有大慶
武成乃奉詔令數百騎送濟南於晉陽及孝昭崩武成即
位除元海侍中開諸府儀同三司太子詹事河清二年元海
爲和士開諧被馬鞭六十責云爾在鄴城說我以弟反兄
幾許不義以鄴城兵抗并州幾許無智不義尋被追任
可使出爲兗州刺史元海後妻陸太姬甥也故尋被追任
使元平中與祖珽共執朝政元海多以太姬密語告珽
鄭州刺史鄴城將敗徵爲當書令周建德七年於鄴城謀
逆伏誅元海好亂樂禍然詐仁慈不飲酒噉肉文宣天保

末年敬信內法乃至宗廟不血食皆元海所爲及爲右僕
射文說後主燓臺宰斷酷酒然本心非靖故終致覆敗
思宗弟思好本浩氏子也思宗養以爲弟遇之甚薄少以
騎射事文襄及文宣受命爲左衛大將軍本名思孝天保
五年討蠕蠕文宣悅其驍勇謂曰爾擊賊如鶻入鵶群宜
思好事故改名焉累遷尚書令朔州道行臺朔州刺史開
府南安王其謹光升偽傲思好因心衘恨武平五年遂至州
好迎之其謹光升偽傲思好因心衘恨武平五年遂舉兵
反與并州諸貴書曰主上少長深宮未辨菽麥類偏昵近
凶狡踈遠忠良遂使刀鋸刑餘貴溢軒階商胡醜類擅權

帷幄剝削生靈劫掠朝市闇於聽受專行忍害幽母深宮
無復人子之禮二弟殘殺頓絕孔懷之義仍縱子奪馬
於東門光升製鷹於西市駮龍得儀同之號逍遙受郡君
之名犬馬班位榮冠軒晃人不堪役思長亂階趙郡王叡
寒曰宗英社稷惟寄左丞相斛律明月世爲元輔威著隣
國竝非有辜奮見誅殄既喬預皇枝實冢殊獎今便擁
率義兵掃除君側之害幸奉孤以號大丞相置百官以行臺左丞
王尚之爲長史武衞海在晉陽來我輩唯須唱萬歲奉迎
思之辭也思好至陽曲自號大丞相置百官以行臺奏迎
詔發兵拒之軍士皆曰南安王來我輩唯須唱萬歲奉迎

耳帝聞變使唐邕莫多婁敬顯劉桃枝中領軍庫狄士文
馳之晉陽帝勒兵繼進思好軍敗與行思投水而死其麾
下二千人桃枝圍之且殺且招終不降以至於盡時帝在
道叱奴世安自晉陽送露布於城平都遇斛斯孝卿孝卿
誘使食因馳詣行宮叫已了帝大懽左右呼萬歲良久世
安乃以狀自陳帝曰告爾何物軍乃得坐右食於是賞孝卿
而免世安眾罪暴惡好屍七日然後屠剝焚之思好反前五旬有
市令內奏謝其妃於宮內仍火焚殺之思好子故奏言有
人告其謀反韓長鸞女適思好子故奏言有人誑告諸貴
軍相擾動不殺無以息後乃斬之思好既誅死者弟伏闕

下許求贈兄長纘為不為通也

平泰王歸彥，字仁英，神武族弟也。父微，魏末坐事當徙涼
州，行至河、滑間，遇賊，以軍功得免流，因於河州積年以解。
胡言為西域大使，得胡師子，以功行河東事，遂死焉。徵於
神武舊恩甚篤，又神武平京洛，迎微喪，與穆同營葬，贈司
徒，諡曰文宣。初微嘗過長安市，與婦人王氏私通而生歸
彥。至是年已九歲，微神武追見之，撫對悲喜，稍遷徐州刺史。
歸彥少質朴，後更改節放縱，好聲色，朝夕酣歌。妻魏上黨
王元天穆女也，貌不美而甚嬌妬，數怒爭客，啓文宣求離，
軍襄不報。天保元年，封平泰王。嫡妃康，又所生母王氏泣

為太妃，善事二母，以孝聞。徵為兼侍即，稍被親寵。以討侯
景功，別封長樂郡公，除領軍大將軍，加大自歸彥始。
也。文宣誅諸高德正，金寶財俱悉以賜之。乾明初，拜司徒，仍
抱知禁衛。濟南自晉陽之鄴數日，歸彥之由是陰怨楊、燕等，
西中陰備非常。至鄴，楊愔宣敕留從駕兵五千於
楊撝等欲去二王，問計於歸彥。歸彥譖喜，請共元海、童等
元海亦口許心違，馳告長廣。於是誅楊、燕等，孝昭將
入雲龍門，都督成休寧列伏拒而不內。歸彥諭之，然後得
進向栢閤永巷。亦郊之，孝昭踰陛以為
常在平原王段，詔上以為司空兼尚書令率制官內唯天

子紗帽，臣下皆戎帽，特賜歸彥紗帽以寵之。孝昭崩，歸彥
從晉陽迎武成於鄴。又武成即位，進位太傅，領司徒，常聽
將私部曲三人帶刀入伏，從武成還都。諸貴戚等竟要
其所往處，一坐盡傾。歸彥既地芒，將相志氣盈滿，發言陵
侮傍若無人。議者以威權震主，必為禍亂。上亦尋其前翻
復之迹，漸忌之。高元海、畢義雲、高乾和等咸言其短，以
幸歸彥家，召魏收對御作詔草，欲加右丞相。收曰：至尊
右丞相登帝位，今為歸彥威名太盛，出之豈可復加此
號。乃拜太宰兼冀州刺史，即乾和縚寫書曰，仍敕門司

輒內。時歸彥在家縱酒，經宿不知，至明欲發，至鬥知之大
驚而退。及通名謝敕，令早發，別賜錢帛、鼓吹、醫藥，事事周
備。又敕武職督將悉送至清陽，官拜而退。冀其語，時無聞者。至州不自安，謀逆，欲待受調記
趙郡王叡父語，時無聞者。至州不自安，謀逆，欲待受調記，
班賜軍士，望車駕妗晉陽，乘虛入鄴。為其即中令呂思禮
所告。詔平原王段韶襲之。歸彥舊於南境賫私驛，聞軍將
遍報之。便嬰城拒守。先是，冀州長史宇文仲鸞、司馬李祖
抱、別駕陳季璩、中從事房子弼、長樂郡守尉普興等，疑歸
彥有異，使連名密啓。歸彥追而獲之，遂收禁仲鸞等五人，
仍並不從，皆殺之。軍已通城，歸彥登城大呼云：孝昭皇帝
初崩，六軍百萬衆悉由臣手，投身向鄴迎陛下，當時不反

今日豈有異心正恨高元海畢義雲高乾和誑惑聖上疾
忌忠良但為殺此三人即臨城自刎其後城破單騎比走
至文津見獲鎖送鄴帝令趙郡王叡自使
黃領少兒牽挽我何可不反曰誰邪歸彥曰元海乾和豈
是朝廷老宿如趙家老公時文詿懷怨於是帝文使讓焉
為蕃王太宰仍不得鼓吹正殺元海義雲而已上令都督
劉桃枝牽入歸彥猶作前語望活帝命議其罪皆云不可
赦乃載以露車銜枚回縛仁州刺史魏時山崩得一角用二藏
子孫十五人皆棄市贈仁州刺史魏時山崩得一角用二藏

在武庫文宣入庫賜從臣兵器特以二石角與歸彥謂曰
兩事常山不得反事長廣得反時將此角嚇漢歸彥額
骨三道着憤不安文宣見之怒使以馬鞭擊其額血被面
曰兩反時當以此骨嚇漢其言反竟驗云
武興王普字德廣歸彥兄弟之子也性寬和有度重九
歲歸彥自河州俱入洛神武使與諸子同游處天保初封
武興郡王武平二年累遷司空六年為豫州道行臺尚書
令後主奔鄴就加太宰周師逼乃降卒於長安贈上開府
豫州刺史長樂太守靈山宇文景為神武族弟也從神武起
兵信都終長樂太守贈大將軍司空諡曰文宣子懿卒於

武平鎮將無子文宣以靈山從父兄敷州刺史建國子伏
護為靈山後伏護字臣懷粗有刀筆天統初累遷黃門侍
郎乃至連日不食專事酗酒神識恍惚遂以卒後贈兗州刺
史建國侯孫父襲父少謹武平末繪畫黃門侍郎隋開皇
中為太府少卿坐事死
神武皇帝十五男武明婁皇后生文襄皇帝文宣皇帝孝
昭皇帝襄城景王淯武成皇帝博陵文簡王濟永安
安簡平王浚穆氏生平陽靖翼王淹大爾朱氏生彭城景
王浟華山王凝韓氏生上黨剛肅王渙小爾朱氏生任
思王浟游氏生高陽康穆王湜鄭氏生馮翊王潤馬氏生
漢陽敬懷王洽永安簡平王浚字定樂神武第二子也初
神武納浚母當月而有孕及産浚疑非已類不甚愛之而

浟早慧後更被寵年八歲謂博士盧景裕曰祭神如神在
有神邪無神邪對曰有神當云祭神如神在為無神如
宇景裕不能答及長嬉戲不節嘗以鷹犬為務元象中封
拘禁府獄既而見原後稍折即頗以讀書為務
永安郡公蒙獎亦有氣力善騎射為文襄所愛文宣性雖懦
每參文襄常有時演出浚恒責帝左右何因不為二兄□鼻
由是見銜累遷中書監兼侍中出為青州刺史雖頗好畋

獵聰明矜恕上下畏悅之保定初進爵為王文宣末年多

酒浚謂親近曰二兄舊來不甚了了自登祚已後識解頓

進令因酒敗德朝臣無敢諫者大敵未滅吾甚以為憂欲

乘驛至鄴面諫不知用吾不人有知密以白帝又見銜八

年來朝從辛東山帝裸裎為樂雜以婦女文作狐掉尾戲

浚進言此非人主所宜帝甚不悅浚又於屏處召楊遵彥

識其不諫帝時不欲大臣知朝又諸王交通遵彥懼以秦帝大

怒曰小人由來難忍遂罷酒還宮浚尋收浚老幼泣送者

詔令徵浚浚懼然謝疾不朝上怒馳驛收浚又上黨王渙俱實北城地牢下飲食

數千人至盛以鐵籠與上黨王渙俱實北城地牢下飲食

浚等惶怖且悲不覺聲戰帝為愴然因泣將赦之長廣王

湛先與浚不睦進曰猛獸安可出穴嘿然浚筆跡之呼

長廣王小字曰步落稽皇天見汝左右聞者莫不悲傷浚

與漁皆有雄略為諸王所傾服帝恐為害乃自刺渙又使

壯士劉桃枝就籠亂剌槊每下浚輒以手拉折之號使

呼天於是新火亂投籠燒殺之填以石土後出皮髮皆盡

屍色如炭頭也軍功見寵時令郁捷害浚故以配焉後

數日帝以陸氏先無寵於浚敕與離絕乾明元年贈太尉

無子詔以彭城王浟第三子準字妄則嗣

平陽靖翼王淹字子邃神武第四子也元象中封平陽郡

公累遷尚書左僕射天保初為太傅與彭城王歷位尚書開府儀

同三司司空太尉皇建初為太宰性沉謹以寬厚稱河清三

身羽林百人太寧元年遷太宰性沉謹以寬厚稱河間王並給伏

年薨於晉陽或云以酖終還葬鄴贈假黃鉞太宰錄尚書

事子德素嗣

彭城景思王浟字子深神武第五子也元象二年拜通直

散騎常侍封長樂郡公傅士韓毅教浟書見浟筆跡末工

戲浟曰五郎書畫如此忽為常侍開國今日後宜更用心

浟正色答曰昔甘羅為秦相未聞能書凡人唯論十具何

如宣必勤勤筆跡博士寅問今能者何為不作三公時年蓋

八歲矣毅其慙武定六年出為滄州刺史為政嚴察部內

蕭然守令参佐下及胥吏行游往來皆自齎糧食浟纖介

知人間事有隰沃縣主簿張達甞于夜投人舍食雞羹美

浟察知之守令有隰沃縣對浟曰食雞何不還他價直

即日伏罪合境號為神明又有一人從幽州來賣羊毱

達即州浟乃令左右及府僚吏分市鹿脯不限其價去明旦

至滄州界脚痛偶會一人為伴遂盜驢及脯去明旦

告州浟推獲盜者轉都督定州刺史時有人被盜黑牛背

腊識之推獲盜者轉都督定州刺史時有人被盜黑牛背

上有白毛長史韋道建謂中從事魏道勝曰史君在滄州
曰翕姦如神若捉得此賊定神矣波乃詐為上符市牛皮
倍酬價直使牛主認之因獲其盜建等歡服又有老姥
王孤獨種菜三畝數被偷波乃令人密往書菜葉為字明
日市中省菜葉有字獲賊兩後境內無盜政化為當時第
一天保初封彭城王四年徵為侍中人吏送別悲號有老
公數百人相率具饌白波曰自殿下至來五載人不識吏
更不欺人百姓有識已來始逢今化殿下唯飲此鄉水未
嘗食百姓食聊獻疏薄波重其意為食一口七年轉司州牧
選從事皆取文才士明剖斷者當時稱為美選舊員案五

百餘波未弃來斷盡別駕羊脩等恐犯權戚乃詣閤諸陳
波使告曰吾直道而行何憚權鄉等當成人之美及以
權戚為言脩等斬慄而退後加特進兼司空太尉州牧如
故大妃薨解任尋詔後本官俄拜司空兼尚書令濟南嗣
位除開府儀同三司尚書令領大宗正卿皇建初拜大司
馬兼尚書令轉太保武成入承大業遷太師錄尚書波明
練世務果於斷決事無大小咸悉以情趙郡李公統預高
歸彥之逆其母崔氏即御史中丞崔昂從父姊兼右僕射
魏收之內妹也依令年出六十例免入官崔遂獲免波摘發
司以卬收故崔遂獲免波摘發於其事昂等以罪除名自後

十九

車駕巡幸波常留鄴河清三年三月群盜白子禮等數十
人謀劫波為主詐使者者矯敕呼波庫
上馬臨以白刃欲引向南殿波大呼不從遂遇害時年三
十二朝野痛惜焉初波未被劫前其妃鄭氏夢人斬波頭
持去惡之數日而波見殺神武第七子也天姿雄傑儻不
及長力能扛鼎材武絕倫每謂左右曰人不可無學但要
不為博士耳故讀書頗知梗概而不甚究習元象中封平
群雖在童幼恒以將略自許神武壯而愛之曰此兒似我
上黨剛肅王渙字敬壽神武第七子也天姿雄傑儻不
給轀輬車子寶德嗣位開府兼尚書左僕射

原郡公文襄之遇賊渙年尚幼在西學閤宮中誰驚曰大
兄必遭難矣聲弓而出武定末除冀州刺史在州有美政
天保初封上黨王歷中書令尚書左僕射與常山王演等
蔡代亞諸城遂聚鄴下輕薄陵犯郡縣為法司所紀文宣
戮其左右數人渙亦被譴六年率眾送梁王蕭明還江南
仍破東關斬梁特進裴之橫等威名甚盛八年錄尚書事
初術士言云亡高者黑衣由是自神武後每出行不欲見
門為黑衣故也是時文宣幸晉陽以所思問左右曰何物
最黑對曰莫過漆帝以渙第七為當之乃使庫真都督破
六韓伯昇之鄴徵渙渙至紫陌橋殺伯昇以逃憑河而度

二十

王人執以送帝鐵籠盛之與永安王浚同置地牢下歲餘
與浚同見殺時年二十六以其妃李氏配馮文洛是帝家
舊奴積勞位至刺史令文洛等殺浚故以其妻馬至
乾明元年收二王餘胃藝之贈司空等謚曰剛肅有勅
於階下數之曰遭難流離以至大辱志操寡薄不能自盡
幸家恩詔得及蒙闓汝是誰家馱奴猶欲見侮於是杖之
一百流血灑地渙無嫡子庶長子寔嚴以河清二年襲爵
位終金紫光祿大夫開府儀同三司

襄城景王清神武第八子也容貌甚美弱年有器望元象
中封章武郡公天保初封襄城郡王二年春嬰盛氏諸王
選國臣府佐多取富商群小鷹犬少年唯襄城廣盛簡陵
王等頗引文藝清識之士當時以此稱之乾明元年二月
贈假黃鉞太師太尉錄尚書事無子詔以常山王演第二
子亮嗣

亮字彥道性恭孝美風儀好文學　徐州刺史坐奪商人
財物免官後主敗奔鄴亮從馬遷兼太尉太傅周師入鄴
亮於啟夏門拒守諸軍旨不戰而敗周軍於諸城門皆入
亮軍方走亮入太廟慟哭辭然後為周軍所
亮入關依例授儀同分配遠邊卒於龍州

任城王湝神武第十子也少明慧天保初封自孝昭武成
時軍駕還鄴嘗令湝鎮晉陽摠并省事選司徒太尉并省
錄尚書天統三年拜太保并州刺史別封正平郡公時有
婦人臨汾水浣衣有乘馬人換其新靴馳而去者婦人持
故靴詣州言之湝召居城諸嫗以靴示之紿曰有乘馬人
於路被賊劫害遺此靴焉得無親屬乎一嫗撫膺哭曰兒
昨著此靴向妻家如其語捕獲之時稱明察
師司州牧出為冀州刺史遷右丞相湝性愻直雖跡居台
人湝頻牧大蕃雖不聚斂然素為吏人所懷五年加都督青州刺
史湝牧夜襲州城湝部分省命卒之際咸得承整擊賊
崔薍波等夜襲瀛州城湝部分省命卒之際咸得承整擊賊
大破之拜左丞相轉瀛州刺史及後主奔鄴加湝大丞相
及安德王楷尊號於晉陽使劉子昂送璽書至湝不受
宗朝既重群公勸迫權主竟令事寧終歸叔父湝曰我人
臣何容受此啟執子昂送鄴帝至涑州禪位於湝湝不達
王憲來代先遣送書并赦詔並沉諸并戰敗詔湝壽珩俱
王曰孝寧王孝珩於冀州召募得四萬餘人
被禽憲曰任城王何苦至此湝曰下官神武帝子兄弟十
五人幸而獨存逢宗社顛覆今日得死無愧墳陵壯之
歸其妻子將至鄴城湝馬上大哭自投于地流血滿面至
長安尋與後主同死妃盧氏賜斛斯徵盧逢首垢面長齋

不言哭徵放之乃為尼隋開皇三年表請文帝葬湝及五
子於長安比原

高陽康穆王湜神武第十二子也天保元年封十年稍遷
尚書令以滑稽便辟有寵於文宣在左右行杖以撻諸王
太后深銜之其妃父護軍長史張晏之嘗要道拜湜湜不
禮焉帝問其故宣湜湜兼司徒導引須禮帝於是擢拜晏之
為徐州刺史文宣崩湜兼司徒何須劍死也乾明初贈假黃
鉞太師司徒錄尚書事子士義龔襲爵

博陵文簡王濟神武第十二子也天保元年封濟嘗從文
宣迎幸在路忽憶太后遂逃歸帝怒臨以白刃因此驚悅
知臣不文擊胡敲與樂何期帶劍死也乾明初贈假黃
哀曰我恐其不成就與枚何期帶劍死也乾明初贈假黃
歷位太尉河清初出為定州刺史天統五年在州語人云
計次第亦應到我後主聞之陰使人殺之贈假黃鉞太尉
錄尚書事子智龔爵

華山王凝神武第十三子也天保元年封新平郡王九年
改封安定十五年封華山歷位中書令兖州刺史就加太
傅薨於兖州贈左丞相太師錄尚書事凝諸王中最為屠弱妃
王氏太子洗馬王洽女也與鑾頭故妃知而不能限禁後
薨發王氏賜死詔杖凝一百其愚如此

馮翊王潤字子澤神武第十四子也幼時神武稱曰此吾
家千里駒也天統初封歷位東北道行臺右僕射都督定
州刺史潤美姿儀年十四五母鄭妃與之同寢偽為效吏無所匿
其情開府王回洛與六州大都督孤枝侵竊官田受納
賄賂潤按舉其事二人表言王出送臺使益魏孝文舊壇
南望歎息不測其意武成使元文遙就州宣敕曰馮翊王
少小謹慎在州不為非法信之熟矣登遐望人之常
情尾董欲輕相間構曲生眉目於是回洛決鞭二百孤
枝決杖一百尋為尚書令領太子少師歷司徒太尉大司
馬司州牧太保河南道行臺錄尚書別封文成郡公太師
太宰復為定州刺史薨贈假黃鉞左丞相文茂德嗣
漢陽敬懷王洽字敬延神武第十五子也天保元年封五
年薨年十三乾明元年贈太保司空無子以任城王第二
子建德為後

論曰趙郡王以齠勇之親當顧命之重安天一德固此貞
心踐畏途而不疑履危機而莫懼以斯忠義取斃凶愚宣
道光四海不遇周成之明將朝去三仁終見殷墟之禍不
然則邦國殄瘁何若斯之速歟清河屬綸之期青雲自
致出將入相朔成鴻業雖漢朝劉賈魏室曹洪俱未足論

列傳第三十九　　　北史五十一

陰忌之朝而見免夫角弓之刺已為幸矣
處芳茨之下其可得乎馮翊廉慎闢明安被讒應以武成
淮海受辱牢牢以英俠之氣迫悲歌之思欲食黍麓之羹
泚人布政乃與循良比迹求之近古未為易遇上黨申威
武諸王多有聲譽永安以諫爭遇禍固亦窒之比干彭城
因猜嫌之釁怨尺斷都以速其禍智小謀大理則宜然神
其風烈適足以彰文宣之失德焉思好屬昏亂之機歸彥

齊宗室諸王下

此史列傳四十

安德王延宗燕氏生漁陽王紹信

瑜王氏生廣寧等王孝珩闔陵王孝恭不得母氏姓陳氏生

文襄六男文敬元皇后生河間王孝琬宋氏生河南王孝

文襄諸子

文宣諸子

孝昭諸子

武成諸子

後主諸子

河南康獻王孝瑜字正德文襄長子也初封河南郡公齊
受禪進爵為王歷位中書令司州牧初孝瑜養於神武宮
中與武成同年相愛諷誅楊愔等孝瑜預其謀及武成即
位禮遇特隆於是帝在晉陽手敕之曰吾欲汾清二孟勸汝於
鄴酌兩盃其親愛如此孝瑜容貌魁偉精彩雄毅謙慎寬
厚兼愛文學請書敏速十行俱下覆棊不失一道初文襄
於鄴東起山池游觀時俗眹之孝瑜遂於第作水堂龍舟
植幡稍於舟上戲集諸第宴射為樂武成幸其第見而悅
之故鄴與後園之酖於是武成
和士開與胡后對坐握槊孝瑜諫曰皇后天下之母不可

與臣下接手帝深納之後又言趙郡王父死非命尋不可而
親申是叡及士開皆側目士開銜之其奢縱嚴毅又言山東
唯聞河南王不聞有陛下帝由是忌之尒朱御女名摩女
本事太后孝瑜先與之通後因太子婚夜孝瑜竊與之言
武成大怒頓飲其酒於車至西華門煩熱躁悶投水而絕贈
太尉錄尚書事子弘節嗣孝瑜母魏吏部尚書宋弁孫也
本魏頼川王斌之妃為文襄所納生孝瑜還第為太
妃孝瑜妃盧正山武成胡后之內妹也孝瑜麗後為太
妃為盧妃所譖訴武成殺之
子孝載以出酖之於是肥大腰帶十圍使

〈雙刻本四十〉二

廣寧王孝珩文襄第二子也歷位司州牧尚書令司空司
徒錄尚書大將軍大司馬孝珩愛賞人物學涉經史好綴
文有技藝嘗於聽事壁自畫一蒼鷹見者皆以為真又作
朝士圖亦當時之妙絕後主自晉州敗奔鄴詔王公議於
含光殿孝珩以大敵旣深事籍機變宣使任城王湝幽州
道元入土門揚聲趣并州獨孤永業領洛州道兵趣潼關
揚聲取長安臣請領京畿兵出滏口鼓行逆戰敵聞南北
有兵自然潰散又請出宮人寶物賞將士帝不能用承光
即位以孝珩為太宰與呼延族莫多婁敬顯尉相願在內禁兵
期二月五日孝珩於千秋門斬高阿那肱相願同謀

應之族盡敕顯自游豫園勒兵出既而阿那肱從別宅取
便路入宮車不果乃求出西軍謂阿那肱韓長鸞陳德
信等云朝廷不賜道擊賊宜不畏孝珩又破宇文邕遂
至長安及時何與國家事以今日之急猶作如此猜忌韓
恐其變出與孝珩爲滄州刺史至州以五千人曾任城王於
信都共爲臣復計周齊敗臣乙扶令和以稍刺孝珩隆
阿那肱小人吾見蘭喬王憲問
馬奴自選以身扞之孝珩自陳國難辭淚俱下俯仰有節憲爲
孝珩喪亡所由孝珩猶傷數慮遂見和以稍刺孝珩獨歎曰本穆叔
之奇恨不得握兵符受廟筭不長我心力耳至長安依命孝
關府縣後身周武帝在雲陽置棄胡琵琶命孝
珩吹咽悲辭曰亡國之音不足聽也固命之奏當裁至口淚
下嗚咽武帝乃止其年十月疾甚改歸葬山東從之尋
卒遂葬鄴

【北史列傳四十】 【三】

無一人得至四十者命也嗣君無獨見之明譬相非柱石
言齊氏二十八年令東然矣自神武皇帝以外吾諸父兄弟

帝使追還之周軍退拜并州刺史孝珩以文襄世嫡驕矜
自負河南王之死諸王在宮內莫敢舉聲唯孝珩大哭而
出又怒執政爲軍人而射之和士開與祖珽諸王五草人
擬聖躬也又前突厥至并州孝珩脫珱鎧抵地云豈是老嫗
須著此此言屬大家也初魏世謠言河南河北也金雞生白
楊樹頭金雞鳴班以說曰河南河北何間也金雞鳴生白
將建金雞而大赦帝頗惑之時孝珩得佛牙置於第內夜
有神光照之爲法順請以奏不從帝聞使搜之得填軍稍
幡數百帝以爲反狀訊其諸姬有陳氏者無寵誣對曰
孝珩畫作陛下形哭之然實是文襄像孝珩時對之泣
帝怒使武衞赫連輔玄倒鞭撾之孝琬呼阿叔帝怒曰誰
是爾叔敢喚我作叔孝琬曰神武皇帝嫡孫文襄皇帝嫡
子魏孝靜皇帝外甥何爲不得喚作叔也帝愈怒折其兩
脛而死瘞西山帝崩後乃收葬孝子正禮嗣幼聰頴能誦
左氏春秋亡遷綿州卒

【北史列傳四十】 【四】

蘭陵武王長恭一名孝瓘文襄第四子也累遷并州刺史
突厥入晉陽長恭盡力擊之芒山之敗長恭爲中軍率五
百騎再入周軍遂至金墉之下被圍甚急城上人弗識長
恭免胄示之面乃下弩手救之於是大捷武士共詠之
爲蘭陵王入陣曲是也歷司州牧青瀛二州頗受財貨後

為太尉與段韶討柏谷又攻定陽龍泓病恭總其眾狼前後
義戰功別封鉅鹿長樂平高陽等郡公芒山之捷後主
謂長恭曰入陣太深失利悔無所及對曰家事親切不覺
遂然帝嫌其稱家事遂忌之又在定陽其屬尉相願謂曰
王既受朝寄何得如此貪殘長恭未答相願曰豈不由芒
山大捷恐威武既盛欲自穢乎長恭然其言相願曰朝廷
若忌王於此犯便當行罰求福反以速禍長恭泣下前膝
請以安身之術相願曰王前既有勳今復告捷威聲大重
宜屬疾在家勿預時事長恭然其言未能退及江淮寇擾
恐復為將歎曰我去年面腫今何不發自是有疾不療武

平四年五月帝使徐之範飲以毒藥長恭謂妃鄭氏曰我
忠以事上何辜於天而遭鴆也妃曰何不求見天顏長恭
曰天顏何由可見遂飲藥而薨贈太尉長恭貌柔心壯音
容兼美為將躬勤細事每得甘美雖一瓜數果必與將士
共之初在瀛州行參軍陽士深表列其罪免官及討陽
士深在軍恐禍及長恭聞之曰我本無此意乃求小失杖
深二十以安之嘗入朝而僕從盡散唯有一人長恭獨
還無所譴罰武成賞其功命賈妾二十人唯受其一
一有千金責券臨死悉焚之
安德王延宗文襄第五子也母陳氏廣陽王妓也延宗幼

為文宣所養年十二猶騎置腹上令溺己齊中抱之曰可
憐止有此一箇闥欲作何王對曰欲作衝天王文宣問楊
愔愔曰天下無此郡名願使安於德於是封安德焉為定
州刺史於樓上大便使人在下張口承之以避穢和人
糞以飼左右有難色者鞭之輕捷自陳兵勢諸兄弟咸共
驗其利鈍驕縱多不法武成使撻之鞭三十又以四試力
深自改悔蘭陵王死鄭氏以頸珠施佛廣寧王使延
宗獨曰四兄非大丈夫何不乘勝徑入鄭氏以延
西吾得復存名蘭陵王妃鄭氏

之延宗手書以諫而淚潺河間死延宗哭之淚赤又為
草人以像武成鞭而訊之曰何故殺我兄曰奴告之武成覆
卧延宗於地馬鞭撾之二百欲死後歷司徒太尉又平陽
之役後主自衝之命延宗率右軍先戰城下齊周開府宗
挺又大戰延宗以麾下再入周軍莫不披靡諸軍敗延宗
獨全軍後主將舟晉陽延宗言大家但在營莫動以兵馬
付臣臣能破之帝不納及至并州又聞周軍已入鴈鼠谷
乃以延宗為相國并州刺史總山西兵事謂曰并州阿兄
取竟今去也延宗曰陛下為社稷莫動臣為陛下出死力
戰騎操濱百至尊計已成王不得輒沮臣為陛下命在并

將卒咸請曰王若不作天子諸人實不能與王出死力延
宗不得已即皇帝位下詔曰武平孱弱政由宦豎黨結蕭
牆盜起疆場斬關夜遁莫知所之則我高祖之業將墜於
地王公卿士頗見推逼今便祗承寶位可大赦天下改武
平七年為德昌元年以晉昌王唐邕為宰輔齊王莫多
婁敬顯沐陽王和阿于子右衛大將軍段暢武衛將軍相
里僧伽開府韓骨胡侯陳洛州為爪牙衆聞之不召而
至者前後相屬延宗容貌充壯坐則仰偃行則偏傍人皆笑之又
及是赫然奮發氣絕異馳騁行陣勁捷若飛童兒女子
後宮美女以賜將士籍沒內參千餘家後主謂近臣曰我
寧使周得并州不欲安德得之左右曰理然延宗見士卒
皆親執手陳辭自稱名流涕嗚噎衆皆爭為死
亦乘屋攘袂投甎石以禦周軍特進開府那盧安生守太
谷以東兵叛周軍圍晉陽望之如黑雲四合延宗命親當
妻敬顯韓骨胡拒城南和阿于子段暢拒城東延宗親當
周齊王於城北奮大銚往來督戰所向無前尚書令史洎
山亦肥大多力捉長刀步從殺傷甚多武衛蘭芝容攻東
延長皆死於陣和阿于子段暢以千騎投周軍周軍攻東
門際昏遂入進兵焚佛寺門屋飛熖照天地延宗與敬顯
自門入夾擊之周軍大亂爭門相填齊人後斫刺死者二

千餘人周武帝左右略盡自拔無路承御上士張壽報牽
馬頭賀拔佛恩以鞭拂其後以崎嶇僅得出齊人奮擊幾
中焉城東阮曲佛恩及降者皮子信為之導僅免時四更
也延宗謂周武帝崩於亂兵使於積屍中求長鸞者不得
時齊人既勝入坊飲酒盡醉卧延宗不復能整周武帝出
城飢甚欲為逭逃計齊王憲及柱國王誼諫以為必不
免延宗復振詰旦還攻東門克之又入南門延宗戰力
屈走至城北於人家見禽周武帝自投下馬執其手延宗
辭曰死人手何敢迫至尊帝曰兩國天子有何怨惡直為
百姓來耳勿怖終不相害使復交帽禮之先是高都郡有
山焉絕壁臨水忽有墨書云齊亡延宗好事者改亡為上
就寫使者改亡為上至是應焉延宗敗前在鄴聽事以十
石走馬俄傾復振旦
二月十三日晡時受敕守并州明日建尊號不聞日而被
圍經宿至食時而敗年號德昌好事者言其得二日云既
而周武帝問取鄴計辭曰此非臣所
所及強問之乃曰若任城王援臣不能知若今主自守
陛下共入不血刃及至長安周武與諸君飲酒令後主起
舞延宗悲不自持屢欲仰藥自裁傅婢苦諫而止未幾
周武誣後主及延宗等云遙應穆提婆及使並賜死皆自

陳無之延宗攘袂泣而不言以椒塞口而死明年李如收
殯之後主之傳位於太子也孫正言竊謂人曰我普武定
中為廣州士曹聞襄城人曹普演有言高王諸兒阿保當
為天子至高德之承之當滅阿保謂天保德之謂德昌也
漁陽王行過漁陽與大富人鍾長命同牀坐太守鄭道青
州刺史行紹信文襄第六子也歷並特進開府中領軍護軍
承之謂後主年號承光其言竟信云
皆有贈賄鍾氏因此遂貪聚減死於長安
與長命欲起為義兄弟妃與長命妻為姊妹賣其閨家長幼
來謂長命為我兄妃不聽曰此何物小人公為起乃
成因怒李后罵紹德曰小余父打我時竟不來救以刀環築
殺之親以土埋之游豫園武平元年詔以范陽王子辯才
太原王紹德文宣第二子也天保末為開府儀同三司武
紹義裴嬪生西河王紹仁顏嬪生隴西王紹廉
文宣五男李后生殷帝及太原王紹德馮世婦生范陽王
范陽王紹義文宣第三子也初封廣陽徙封范陽歷位侍
中清都尹好與群小同飲擅致內參打殺博士任方榮武
成嘗杖之二百送付昭信后又杖一百及後主奔鄴以
紹義為尚書令定州刺史周武帝克并州以封輔相為比

湖州總管此地亦齊之重鎮諸勇士多聚焉前長史趙穆司
馬王當萬等謀執輔相迎城王於瀛州事不果穆等叛臣
紹義至馬邑輔相及其黨韓阿各數十人皆齊叛臣
自肆州以北城戍二百八十餘盡從輔相及紹義至新興
馬紹義與靈州刺史袁洪猛引兵南出欲取并州至新興
而肆州已為周守前隊二儀同以所部降周將宇文神舉
執刺史陸瓊又攻陷諸城紹義還保北朔州
軍逼馬邑紹義遣杜明達拒之兵大敗紹義曰有死而已
不能降人遂奔突厥突厥他鉢可汗謂文宣為英雄天子以
哭拜別者太半突厥他鉢可汗
義重踝似之甚見愛重凡齊人在北者悉隸紹義高寶寧
在營州表上尊號紹義遂即皇帝位稱武平元年以趙穆
為天水王他鉢聞寶寧得平州亦招諸部各舉兵於雲陽向
共立范陽王作亂帝為其報離周武帝大集兵於雲陽將
親北伐遇疾暴崩紹義聞之以為天贊己屬昌期擁范陽
亦表迎紹義俄而周將宇文神舉攻滅昌期其日紹義適
至幽州聞周總管出兵于外欲乘虛取薊城列天子旌旗
登燕昭王冢乘高望遠部分兵眾神舉遣大將軍宇文恩
將四千人馳救幽州半為齊軍所殺紹義聞范陽城陷素
服舉哀回軍入突厥周人購之於他鉢又使賀若誼往說

之他鉢猶不忍遂偽與紹義獵於南境境使誼執之流于蜀

紹義妃勃海封孝珹女自突厥逃歸紹義在蜀遺妃書云

夷狄無信送吾於此竟死蜀中

西河王紹廉文宣第四子也天保末逃歸紹義初爲長樂後改爲開府儀同三司尋薨

隴西王紹仁文宣第五子也初封長樂後改爲清都尹未

拔刀逐紹義走入厩閉門拒之紹義初爲清都尹未

及理事紹廉先往喚四悉出率意決遣之能飲酒一興數

升終以此薨

孝昭七男元皇后生樂陵王百年桑氏生襄城王亮出後

襄城景王諸姬生汝南王彥理始平王彥德城陽王彥基

定陽王彥康汝陽王彥忠

樂陵王百年孝昭第二子也孝昭初即位在晉陽群臣請

建中宮及太子帝謙未許郡下百寮又請乃稱太后令立

爲皇太子帝臨朋遺詔傳位於武成并有手書其末曰百

年無罪汝可以樂處置之勿學前人太寧中封樂陵王河

清三年五月白虹圍日再又横貫而不達赤星見百以

人賈德冑教百年書百年嘗作敕數字德冑封以奏帝又

盆水承汝影而蓋之一夜盆自破欲以百年厭之會博陵

發怒使召百年百年書

氏見帝於玄都玆源風堂使百年書敕字驗與德冑所奏

相似遺左右亂捶擊之又令人曳百年遶堂且走且打所

過處血皆徧地氣息將盡曰乞命願與阿叔作奴遂斬之

棄諸池池水盡赤於後園親看埋之妃把塊

月餘亦死塊猶在手拳不可開時年十四其父光自璧之

乃開後主時改九院爲二十七院掘得小屍緋袍金帶一

隻有靴諸內參竊壹百年也或以爲太原

死

王紹德韶以襄城王子白澤襲爵樂陵王齊亡入關徙蜀

汝南王彥理武平初封王位開府清都尹齊亡入關隨例

授儀同大將軍封縣子女入太子宮故得不死隋開皇初

卒於并州刺史

始平王彥德城陽王彥康汝南王彥忠與汝

南王同受封並加儀同三司後事闕

武成十三男胡皇后生後主及琅邪王儼李夫人生南陽

王綽後宮生齊安王廓北平王貞高平王仁英淮南王仁

光西河王仁幾樂平王仁邕潁川王仁儉安樂王仁雅丹

楊王仁直東海王仁謙

南陽王綽字仁通武成長子也以五月五日景時生至午

時後主乃生武成以綽母李夫人非正嫡故貶爲第二初

名融字君明出後漢陽王河清三年改封南陽別爲漢陽

置後緯始十餘歲留守晉陽愛波斯狗尉破胡諫之欻然
斫殺數狗狼藉在地破胡驚走不敢復言後為司徒冀州
刺史好裸人畫為裸狀縱犬噬而食之左轉定州汲井水
為後池在樓上彈人好微行游獵無度恣情強暴云學文
宣伯為人有婦人抱兒在路走避入草緯奪其兒飼波斯
狗婦人號哭緯怒又縱狗使食狗不食塗以兒血乃食焉
後主聞之詔鎖緯赴行在所至而宥之聞在州何者最樂
對曰多取蠍將蛆混看極樂後主即夜索蠍一斗比曉得
二三升置諸浴斛使人裸卧浴斛中號叫宛轉帝與緯臨

觀嘉喉不已謂緯曰如此樂事何不早馳驛奏聞緯由是
大為後主寵拜大將軍朝夕同戲韓長鸞聞之除齊州刺
史將發長鸞令緯親信誣告其反奏云此犯國法不可赦
後主不忍顯戮使寵胡何猥薩後園與緯相撲撾殺之瘞
於興聖佛寺經四百餘日乃大歛穎邑毛髮皆如生俗云
五月五日生者腦不壞緯兄弟皆呼父為兄嫡母為家
家乳母為姊姊婦為妹妹妃鄭氏為周武帝所幸請
辭緯敕所司葬於求平陵北

琅邪王儼字仁威成第三子也初封東平王拜開府侍
中中書監京畿大都督領軍大將軍領御史中丞遷大司
徒尚書令大將軍錄尚書事大司馬魏氏舊制中丞出千

步清道與皇太子分路行王公皆遍佳軍去牛頓軛於地
以待中丞過其或違則赤棒棒之自都鄴後此儀浸絕
武成欲雄儼乃使一依舊制儼初從北宮出將上中丞
凡京畿步騎領軍之官屬中丞之威司徒之鹵薄莫不
遣中貴帝與寵胡后在華林園東門外張幕隔青紗步觀之
驚人墜帝大笑以為善更敕馬驅車傳語良久帝幸并州
儼恒在宮中坐含章殿以視事諸父皆拜晉陽乃還王
邑儼恃吾每送駕或半路或至晉陽别留連不賫晚武成
後至武成欲罪之辭曰臣與第三子别

憶儼為之下泣舍師羅不閹儼器服飲飾皆與後主同所
湏悉官給於南宮嘗見新氷綠李遽怒曰尊兄已有我何
意無不從後主先得新奇蜜官及工匠必獲罪太上胡后
猶以為劣有發立之意武成崩改封琅邪儼也當有所成以後
何兄劣陜何能率左右帝每捅曰比點兒也針張目不瞬又言於帝曰
主為劣有奢恣戲脩第宅意甚不平嘗謂曰琅邪王眼光奕奕數步射人
婁叅奪恣戲脩第宅意甚不平當就何太遲也二人相謂曰琅邪王眼光奕奕數步射人
向者暫對不覺汗出天子門奏事尚不然由是忌之武平
二年出儼居北宮五日一朝不復得無時見太后四月詔

除太保餘官悉解猶帶中丞且京畿以北城有武庫欲移
儼於外然後奪其兵權書侍御史王子宜與儼左右開府
高舍中常侍劉辟強說儼帝曰殿下被踈正由士開間構
何可出比官入百姓叢中也儼謂曰殿下奉敕令領軍收士
重見殺之子琮心欲廢帝而立儼因贊成其事儼乃令
子宜表彈士開罪請付禁推子琮雜以他文書奏之後主
不審省而可之儼誑領軍庫狄伏連以奉敕令領軍收士
開伏連以諮子琮且請覆奏子琮曰琅邪王受敕何頉重
奏伏連以五十人於神獸門外詰曰執士開送御史
儼使馮永信求洛就臺斬之儼徒本意唯殺士開又是因逼儼

《北史傳四十》 十五

日事既然不可中止儼速率京畿軍士三千餘人屯千秋
門外帝使劉桃枝將禁兵八十人召儼桃枝選拜儼命友
縛將斬之禁兵散走帝又使馮子琮召儼辝曰士馬欲
來實合萬死謀廢至尊劉家家頭使作阿兄欲龐兵不敢
坐者孫鳳顧遺姊妹母子殿下為是矯詔誅之罪不敢
逃罪若放姊姊來迎臣臣即入見姊姊即陸令萱
也儼誘出殺之令童執刀帝後聞之戰慄又使韓長鸞
召儼儼欲將入劉辟強牽衣諫曰若不斬揚遵彥止八十
由得入廣寧安德二王適從西來欲助成其事曰何不入
辝強曰人少安德王顏叛而言曰孝昭殺揚遵彥止八十

人今乃數千何言人少後主泣以告太后曰有緣更見家家
無緣求別乃急召斛律光儼亦以之光聞殺士開必撫掌大
笑曰龍子作事固自不似凡人入見帝駐馬橋上遇呼曰大家
衛者步騎四百授甲將出光曰小兒輩弄兵與交手即亂
鄙遂云奴見大家心死至尊自至千秋門琅邪必不敢動
動皮景和亦以為然後主從之光步道使人走出曰大家
來儼徒駭散帝駐馬橋上不進光猶立不進光遂及高舍洛王子宜
天子弟殺一漢何苦執其手強引以前請帝曰琅邪王年
少腸肥腦滿輕為舉措長大自不復然頋覽其罪帝撥儼
帝刀環亂築辯頭良父乃釋之扠伏連及高舍洛王子宜

《北史傳四十》 十六

劉辟強都督暬顯貴於後園帝親射之而後斬儼之黨支辝暴
之都街下文武職吏盡欲殺之光以皆勳貴子弟恐人心
不安趙彥深亦云春秋責師於石季龍為澄公所作
罪也勲北城有白馬佛塔是石季龍為澄公所作儼將脩
之平旦若動此浮圖比城失主不從破至第二殺得白蛇
長數丈回旋失之數旬而敗自是太后處儼於宮內食必
自嘗之陸令萱說帝曰人稱琅邪王聰明雄勇當今無敵
觀其相表殆非人臣自專殺以來常懷恐懼宜早為計何
洪珍與和士開素善亦請殺之未決以食輦密迎祖班問
之班撝周公殺管叔季友酖慶父帝納其言以儼之晉陽

15-771

使右衛大將軍趙元侃執儼元侃曰臣昔事先帝日見
先帝愛王今寧就死不能行帝出元侃曰楚恭哀帝日見
帝名儼儼疑太后曰明日欲與仁威出獵滇早還是夜四更
劉桃枝反接其手儼呼曰乞見家家尊兄桃枝以袖塞其
口反袍蒙頭頓出至大明宮血滿面立殺之時年十四
不脫靴裹以席埋於室內帝使啓太后太后臨哭十餘聲便擁
遺腹四男生數月皆幽死以平陽王淹孫世俊嗣儼妃李
祖欲女也進為楚帝后居宣則宮齊亡乃嫁焉

齊安王廓字仁弘武成第四子也性長者無過行位特進
開府儀同三司定州刺史

比平王貞字仁堅武成第五子也沈審寬恕帝常曰此兒
得我鳳毛位司州牧京畿大都督東尚書令錄尚書事帝
行幸總留鄴事積年後主以貞長大漸忌之阿那肱承旨
令馮士幹劾繫貞於獄奪其留後權

高平王仁英武成第六子也舉止軒昂精神無檢格位定
州刺史

淮南王仁光武成第七子也性躁又暴佷儉清都尹次西河
王仁機生而無骨不自支持次樂平王仁邕次韻川王仁

儉次安樂王仁雅從小有瘖疾次丹揚王仁直次東海王
仁謹皆養於北宮琅邪王死後諸王守禁彌切武平末年
仁邕已下始得出外供給儉薄取充而已尋後主以儉
廓為并州貞為青州仁威為膠州仁直為濟
州刺史自廓已下多與後主死於長安仁英以清狂仁雅
以齊亡獲免俱徙蜀隋開皇中追仁英詔與蕭琮陳叔寶
修其本宗祭祀未幾而卒

後主五男穆皇后生幼主諸姬生東平王恪次善德次買
德次質錢胡太后以恪嗣琅邪王尋大拆齊滅周武帝以
任城巳下大小三十王歸長安皆有封爵其後不從戮者
散配西土皆死邊

論曰文襄諸子咸有風骨雖文雅之道有謝間平然武藝
英姿多堪禦侮縱咸陽賜鍰覆有徵若使蘭陵獲全未
可量也而終見誅翦以至土崩可為太息者矣安德以時
艱主暗晦迹韜光及平陽之陣奮其忠勇蓋以臨難見危
義深家國德昌大舉事迫群情理至淪亡無所歸命廣寧
請出後宮竟不獲遂非孝珩辭致有謝李同自是後主心
識去平原巳遠存六事異安可同年而說武成殘忍姦穢
事極人倫太原跡異猜嫌情非禦逆禍起昭信遂及淫刑
嗟乎欲求長世未之有也以孝昭德音庶可慶流後嗣百

年之酷蓋濟南之濫觴其云莫效前人之言可為傷歎各

愛其子豈其然乎琅邪雖無師傅之資而早聞氣尚士開

淫亂多歷歲年一朝勸絕應集朝野以之受戮深可痛焉

然尊裁之黌未之或免贈帝謚恭矯枉過直觀過知仁不

亦異於是乎

列傳第四十　　　　　　　　北史五十二

万俟普字普撥太平人其先匈奴之別也少雄果有武力
正光中破六韓拔陵構逆遍授太尉後歸魏累遷第一鎮
人酉長孝武帝初封清水郡公隨入關拜司空神武平夏

州嘗自擐甲麻城率部歸爾神武神武躬自迎接封河西郡
公位太尉薨贈太師大司馬錄尚書事子洛
洛字受洛干隨爾孝武入關除尚書左僕射天平中隨父普
歸封建昌郡公冊遷領軍將軍初神武以其父普尊老特
崇禮之嘗親扶上馬洛免冠稽首顓出萬死力以報深恩
及河陰之戰諸軍北度橋洛以一軍不動謂西人曰爾侯
地為迴洛洛慷慨有氣節勇銳冠世卒贈太師大司馬太
尉錄尚書諡曰武

可朱渾元字道元自云遠東人也嘗祖護為懷朔鎮
將遂家焉元寬仁有武略少與神武相知余朱榮以為別
將隸余朱天尖平萬俟醜奴等以功封東縣伯孝武帝立
累遷渭州刺史元既早為俟醜奴所部三千戶
疏與神武往來周文帝有疑心元乃率所部三千戶發渭
州西北度烏蘭津瑩河源二州境乃得其母兄在東怕卒立
汪待元甚厚瑩女婿劉豐生與元深相結遂遣元深從
靈州東北入雲州界周文每遣兵邀元戰必摧之神武
聞其來遠平陽太守高崇持金環一枚賜元瑩運糧俟
接元至引見執手後拜幷州刺史以貪汙翎特見原累以
軍功拜司空天保初封扶風郡王位太傅太師薨贈假黃

鉞太宰太師錄尚書元用兵務持重未嘗敗皇建初配享
文襄廟庭子長舉襲道元弟天元亦有將畧便弓滄州刺史
陽縣伯天元初位殿中七兵二尚書卒贈都督東平長公主賜爵
諡曰恭天元第夫和以道元勳重尚書東平長公主賜爵
宜安鄉男文宣受禪加駙馬都尉位開府儀同三司封成
皇郡公濟南即位加特進改封博陵郡公與揚愔同被殺
追贈司空

劉豐字豐生晉樂人也有雄姿壯氣東毅絕人破六韓拔
陵之亂以守城功除普樂太守山鹿縣公靈州鎮城大都
督賀拔岳與靈州刺史曹泥不睦豐助泥守岳將自討星
為侯莫陳悅所殺周文遣行臺趙善大都督侯景洛
干復來攻圍引河灌之逕與豐堅守不下豐拍浮向
神武以豐為南汾州刺史河陰之役豐功居先是讖言
羊嘗賞之及王思政據長社豐與高岳等攻之水灌城水皆魚
大魚道上行百姓苦之豐建水攻策遇浦水灌城水皆魚
鱉皆游焉為城將陷豐與行臺慕容紹宗見有暴風從東
比來正晝昏暗飛沙走礫船纜忽絕漂至城下豐拍浮向
土山為浪激不時至西人鉤之鉤為敵所害豐壯勇善戰
死日朝野駭愕悅贈大司馬司徒公尚書令諡武忠子簟嗣
第三子龍有巧思位亦通顯隋開皇中歷將作大匠卒於

領軍大將軍八子俱非嫡妻所生每一子所生輒諸子皆
為制服三年武平中瑋所生衆諸弟並請解官朝廷義而
不許

破六韓常單于之裔閭也初呼冑貌人朝漢為魏武所留遺
其叔父右賢王去甲監本國戶魏氏方興為部南轉去甲
遣弟右谷蠡王潘六奚率軍北禦軍敗奚及五子南没于
魏其子孫遂以潘六奚為氏後人訛誤以為破六韓世領
部落父孔雀少驍重數其子宗人披陵率部降介朱榮詔封
求安縣侯第一領介朱雀常第一領父
騎射介朱榮死常歸河西天平中與介朱瀛州刺史万俟受洛
干等東歸神武上為武衛將軍齊受禪封廣川縣公拜太
子太保卒於滄州刺史贈尚書令司徒公太傅第一領
酋長假王諡曰忠武

中大夫隨元天穆討平邢杲歷涇岐二州刺史後大行臺
賀拔岳表授東雍州刺史令討仇池氏楊紹先於百頃未
還岳為侯莫陳悅所殺祢克仇池還莫知所歸俄而神武
遣行臺侯景尉謐祢逐解甲而還封安定縣公後隨神武
武西入周文帝以祢為兗州刺史入據東雍州神武遣尉景攻降
東比道大都督晉州刺史

之芒山之戰以大都督從破西軍除華州刺史文宣受禪
加開府儀同三司別封臨潭縣子卒贈司空公

劉貴秀容陽曲人也剛格有氣斷歷介朱榮府騎兵參軍
榮性猛急貴先嚴峻任使多愜榮心嘗泰初行汾州西道行
臺僕射貴所歷莫不肆其威酷非理殺害視下如草芥性
戍歸齊神武累遷峻任中尉肆州大中正加開府西道行
臺直攻許無所回避雖非佐命元功然與神武布衣舊契特
見親重卒贈太保太尉公錄尚書事諡忠武齊受禪詔祭
告其墓卒皇建中配享神武朝庭次子洪徽嗣樂陵縣男卒贈
都督燕州刺史

蔡儁廣寧石門人也父晉北方擾亂走奔五原卒戰有功
拜掌親將軍卒贈燕州刺史儁少豪俠英有膽畧齊神武微時
深相親附儁初為杜洛周所虜時神武亦在洛周軍中神
武謀誅洛周儁預其計軍泄奔葛榮仍背榮歸介朱榮從
入洛及從破葛榮平元顥封烏洛縣男隨介朱兆為政虐暴
鄴破韓陵逕有戰功進爵為侯出為滄州刺史為義及平
又多受納然亦明解有部分更人畏服之性好賓客頗稱
施惠天平中卒於揚州刺史贈尚書令司空公諡曰威武
齊受禪詔祭告其墓皇建初配享神武廟庭

韓賢字普賢廣寧石門人也壯健有武用初隨葛榮作逆

榮破後尒朱榮擢充左右榮死尒朱度律以賢爲帳內都
督封汾陽縣伯後爲廣州刺史及齊神武起義度律以賢
素爲神武所知恐有變遣使徵之不願去乃密遣群蠻多
舉烽老有冠至使者遂爲啓得傳賢仍潛使人通誠於神
武後拜建州刺史天平初爲洛州刺史齊神武州人韓木蘭等起
兵賢破之親自案檢收甲仗有一賊審迫藏屍間見將至
忽起斫賢斷其脛而卒始漢明帝時西域以白馬負佛經
送洛因立白馬寺其經函傳於此寺形制淳朴世以古物
歷代寶之賢知故斫破之未幾而卒論者謂因此致禍贈
尚書令司空公子裔嗣

尉長命太安狄那人也父顯魏代郡太守長命性和厚有
器識參預齊神武起兵破尒朱氏於韓陵秦安南將軍樊
子鵠據兗州及除東南道大都督與諸軍討平之徙幽州
刺史督安平二州雖多聚斂然以恩撫人少得安集卒贈
司空諡曰武壯子與敬興便弓馬有武藝位冠軍將軍
王懷字懷周不知何許人也少好弓馬頗有氣尚隨齊神
武於異州起兵討破尒朱兆於廣阿封石城縣下館除車騎
以功封盧鄉縣侯天平中爲都督廣州刺史後從神武襲
冠西眞州還鎭爲大都督鎭下館除車騎大將軍儀同三司
卒贈司徒公尚書僕射懷以武藝勳誠爲神武所知志力

未申論者惜其不遂皇建初配饗神武廟庭
任祥字延敬廣寧人也少和厚有器度初從葛榮署爲
王榮敗擁所部先降神武後兼尚書左僕射賜爵西河縣公隨神武
起兵封魏郡公後拜光祿大夫賜爵西河縣公儀同三司祥
位望既重能以寬和接物人士稱之及斛斯椿叛發祥秉
官比走歸神武天平初拜侍中遷徐州刺史在州大有受
納然政不殘不爲人所疾苦潁川長史賀若徽執刺史田
迅據潁川降西魏祥戰失利還比與行臺侯景司徒高昂共
攻拔潁川元象元年卒於鄴贈太尉公錄尚書事子冑性
輕俠頗敏慧少在神武左右天平中擢爲東郡太守家本

豐財又多聚斂動極豪華賞客往來將迎至厚興和末神
武攻王思政遣冑鎭河北公岳爲行臺鎭守晉州以冑隸之冑欽
酒游縱不勤防守神武責之懼遂潛遁便送歆於周爲人
所紏推勘未得實神武特免之冑內不自安乃與儀同介
朱文暢參軍房子遠鄭仲禮等陰圖弒逆伏誅
慕多婁貸文太安狄那人也驍果有膽氣從破四胡於韓陵進爵爲侯
從尒朱兆於廣阿封石城縣初除車騎大將軍儀同三司南道大
尒朱兆於廣阿赤髭領兆自縊貸文獲其屍天平中進爵爲侯
爲公晉州刺史元象初除車騎大將軍儀同三司南道大
都督與行臺侯景攻獨孤信於金墉城周文帝出軍谷曲
都督與晉州刺史

與高昂議待其至眾文請率所部擊其前鋒眾固不許

貪文性勇而專不受命以輕騎一千軍前斥堠死於周軍

贈尚書左僕射司徒公子敬顯嗣疆直勤幹少以武力見

知恆從斛律先征討數有戰功尤每令敬顯前驅置營中

夜然察或達旦不眠臨敵置陣亦命部分將士深見重位

唐邕等推立安德王稱尊號安德敗武將皆投周軍唯敬

至開府儀同三司武平七年從後主平陽敗帝即位封順

顯走還鄴授司徒周武帝平鄴安執之斬於閶闔門外責其

不留晉陽也

庫狄迴洛代人也少有武力儀貌魁偉初事尒朱榮榮死

剌史

隸尒朱兆神武舉兵於信都迴洛擁眾來歸從破四胡於

韓陵以軍功封陽縣子累遷夏州刺史昭帝即位封順

陽郡王大寧初為朔州刺史轉太子太師卒贈太尉定州

剌史

庫狄盛字安盛懷朔人也性和柔少有武用初為神武親

及韓陵戰元象初為西夏州刺史以前後功封安武縣伯

又從戰芒山進爵為侯文襄嗣事梁州刺史進爵為公

齊受禪加開府仍為刺史襄欽為百姓所患濟南初兼侍

中尋出為滄州刺史封歙城郡王以聚歙免官尋王爵卒

贈前官追復本封從神武出山東又有賀拔珍

尉摽子相貴康德韓建業封輔相范舍樂蹀並以軍

功至大官史失其事仁字天惠無著人以帳內都督從神

武刺史太保太師右丞相錄尚書事朔州刺史諡曰武珍

州刺史尒朱氏於韓陵力戰有功天保初封安定郡王歷數

鐵相國太尉錄尚書十二州諸軍事

三司兗州刺史摽代人少有武用從起兵天保中封海昌王卒子相

貴嗣相貴武平末開府儀同三司晉州道行臺尚書僕射

安康郡王武平初為豫州道行臺尚書令豫州刺史卒贈

字舍洛西平酒泉人粗勇騎射以帳內從神武開府儀同

內應周武自率眾至城下子欽等夜開城門引軍入鎖相

晉州刺史及行臺左丞侯子欽等密啟周武帝請師求為

貴送長安平第相願疆幹有膽略武平末開府儀同三司

領軍大將軍自平陽至幷州及到鄴每立計將殺高阿那

肱歷後主立廣寧王事竟不果及廣窗被出相願拔佩刀

斫柱而歡曰大軍去矣知復何言德代人歷歙州刺史开
省尚書左僕射開府儀同三司封開業位領軍大將
知所從來建業位領軍大將軍开州刺史以輔相為朔州
總管范舍樂代人有武藝筋力絕人位東雍州刺史開府
儀同三司封平許侯牌舍樂武威人開府儀同三司管州
剌史封漢中郡公戰歿關中
封白水郡公天保初累遷司空公進爵白水王遷大將
從神武起兵破四胡於韓陵戰有功對陽平縣伯後改
朔州刺史白水公相七歲喪父號慕過人及長性雄傑後
軍拜太尉公兼瀛州刺史歷太保朔州刺史文授太傅別
封義歸郡公薨於州贈假黃鉞右丞相太宰太尉都督朔

薛孤延代人也少驍果從神武班師延後殿且戰且行
儉行恭
公子仲宣太常丞子弘顗弘信雍州司士參軍子行方行
軍開府儀同三司梁州刺史歸周授上大將軍封信安縣
從神武次子晉貴嚴重有文幹略襲爵曰水王武衛將
一日斫折十五刀神武堂關馬於北牧道逢暴兩雷震
地火燒浮圖神武令延視之延案稍直前大呼繞浮圖走
從西征至蒲津及賞果失利神武起兵以功累加儀同三司

火遂滅延頹及馬頹尾皆焦神武歡其勇決曰延乃能
與霹靂鬭後封平秦公與諸將計潁川延專監造土山以
酒醉為敵所龍是擁潁川平諸將還京師謙華林園文襄啟
魏帝生延帽下以辱之齊受禪別賜爵都昌縣公延性好酒
率多昏醉以善戰每大軍征討常為前鋒位太子太保太

斛律金菜太安人也世為部落酋長羌驛少驍果從尒朱
兆兆破乃歸誠神武以其忠於所事亦加嗟賞天平
中除大都督後從神武戰於沙苑時議進趨計筭舉曰黑
獺若欲固守無糧攫可恃今攝其情欲一死決有同獺大
或能嚙人且渭曲土濘無所用力若不與戰徑趨咸陽
空虛可不戰而剋挾其根本則黑獺之首可懸軍門神
欲縱火焚之侯景曰當以示百姓焚殺誰復信之諸
將議既有異同遂戰於渭曲大軍敗績後封盜縣侯為東

夏州刺史有安疾剌勁竹簹呪之垂愈因恐劍裂帛卒贈
儀同三司子孝卿嗣孝卿少聰敏機悟有風檢武平末位
侍中開府儀同三司封義歸王子孝卿嗣孝卿少聰敏
密時政由羣豎自趙彥深死後朝貴典機密者唯孝卿一
人差晷雅道不至貪橫後王至齊州以孝卿為東
以中書侍郎薛道衡為侍中封北海王二人勸後主作文

光詔禪位任城王令孝卿衝詔策及傳國璽往瀛州孝卿
便詣鄭仍從周武帝入關授儀同大將軍宣納上士隋開
皇中位太府卿戶部尚書

張瓊字連德代人也少壯健有武用初隨島榮朱氏敗爲亂榮敗
介朱榮以爲都督後歷位濟州刺史及介朱氏敗歸神武
拜洛州刺史加驃騎大將軍開府儀同三司天平中神武
使弟大使瑊尚魏平陽公主尋爲周文帝所階卒
贈司徒都督恆州刺史瑊子欣尚魏南鄭伯瑊常娶
尉驃騎大將軍開府儀同三司建州刺史南鄭伯瑊都
其太盛每謂親識曰凡人官爵莫若亂中欣位秩太高深
爲憂德而放豪險遂與公主情好不篤尋爲孝武所害時
人稱瑊先見

朱顯字仲華敦煌勃逸殺人也性果毅有幹用初事介朱榮
稍遷爲記室叄軍榮死世隆等以爲晉州刺史後歸神武
爲行臺左丞拜西兗州刺史在州多所受納然勇央有氣
幹檢御左右咸得其心力及河陰之戰深入没于行陣贈

司徒公
王則字元軌自云太原人也少驍果有武藝初隨敗父爲魏
廣平內史老生征討每有戰功老生爲朝廷所知則頗有
力初以軍功賜白水子元顥入洛則與老生俱降顥顥疑

老生遂殺之則奔廣州刺史鄭先護與同拒顧顧敗爲東
徐州防城都督介朱榮之死也東徐州刺史斛斯椿是其
枝黨內懷憂懼時梁立魏汝南王悅爲魏主帥其偏師破之魏
之境上椿遂降悅則與蘭陵太守介朱仲遠李義擊其偏師破之魏
因以行臺徐州事隸介朱仲遠仲遠敗乃歸神武天平
初頻以軍功都督荊州刺史則有威武邊人畏伏之渭曲
之役則爲西師圍逼棄城奔晉陽尋放還神武怒而不貴
除舊京諸傻毀以鑄錢于時虢河陽錢皆出太原縣以武
元象初洛州刺史取受狼籍令送晉陽文襄恕其罪卒贈司空
諡烈懋則弟敬寳位東廣州刺史與斛斯椿攻建業不剋死
焉

慕容紹宗字紹宗見第四子太原王恪之後也曾祖騰歸
魏遂居代祖郁岐州刺史父遠恆州刺史紹宗容貌恢毅
少言深沉有膽略介朱榮即其從舅子也榮入洛私告曰
洛中人士繁盛驕侈成俗不除觽恐難制吾欲因百官出
迎悉誅之若何對曰太后淫虐天下共棄公既執忠義忽
欲藉夷多士實謂非策不從後以軍功封索盧侯遷介朱
此長史及此敗紹見於突城見神武遂攜介朱榮妻子
开兆餘觽自歸神武神武仍加恩禮所有官爵並如故軍

謀兵略時參預焉及遷郡令紹宗與高隆之共知府庫圖
籍諸事累遷青州刺史時丞相記室孫搴屬紹宗以其兄
為州主簿紹宗不用搴譖之神武曰紹宗嘗參吾幕府城長
歎謂所親云大丈夫遭紹宗不由是微還元象初以
軍功進爵為公累遷御史中尉嘗梁人劉烏黑又冠徐方
授徐州刺史韓軌往討之曰嗷脯腸小兒聞烏黑又命紹
宗為東南道行臺加開府改封燕郡公又與大都督高岳
禽梁貞陽侯蕭明於寒山廻軍討侯景於渦陽時景軍甚
盛初聞諸將被輕及聞紹宗至抃髀曰誰教鮮卑小兒解
人凡諸將被輕及聞紹宗至抃髀曰誰教鮮卑小兒解

遣紹宗來者然高王未死邪及與景戰諸將頻敗無肯先
者紹宗麾兵徑進諸將從之因大捷西魏遣王思政據之
川又以紹宗為南道行臺與太尉高岳同劉豐圍擊之
壩洧水灌城時紹宗數有凶夢每惡之私謂左右曰吾自
數年已還恒恐有簭昨來忽盡簭者年也其年盡平未幾
與劉豐臨堰見北有塵氣昨來入艦同坐暴風從東北來
斷纜飄艦徑向敵城紹宗自度不免遂投水卒三軍將士
不悲慟朝廷嗟傷焉贈太尉諡曰景惠長子士廉以謀反
伏法朝廷以紹宗功界止　士廉身皇建初配享文襄朝廷
士廉第三藏三藏幼聰敏多武略頗有父風武平初襲爵

燕郡公以軍功歷位武衛大將軍師入鄴齊後主東通
委三藏留守鄴宮齊王公巳下皆降三藏猶拒戰及齊平
武帝三藏引見恩禮其厚按儀同大將軍隋開皇元年授吳州
刺史九年副襄陽公王君洗中討平嶺南至廣州洗中流矢卒
詔三藏檢校廣州道行軍事以功授大將軍後遷廊州刺
史人歌頌之文數有勞問又以功授大將軍淮南郡太守
遣使馳山所其日景雲浮於上姓洗免馴壇側使頌奏獻資
物百段三藏檢校河內縣男歷壽陽縣鎮和州刺史淮南郡太守
大悅馴改政授金紫光祿大夫大業七年卒

叱列平字殺鬼代郡西部人也
善射馭蒘第一酉長人世為酋師平有容頗美鬚眉
軍隨介朱榮破萬榮有一領大世為酋師平有容頗美鬚眉
偕平慷禍後歸神武從破萬榮平元顯封廮陶縣伯榮死
還兗州刺史開府儀同三司封
惠子孝沖嗣孝沖第義武末贈都督瀛州刺史諡曰荘
新蔡王隋開皇中位上柱國卒於涇州刺史長義無他才
技在官以清幹稱

步大汗薩代郡西部人祖榮代郡太守父居龍驤將軍領
人別將薩初從介朱榮入洛及平萬榮累功為都督榮死

又從兆入洛及韓陵之敗以所部降神武稍遷車騎大將
軍封行唐縣公晉州刺史齊受禪改封義陽郡公

脩義字公讓河東汾陰人也曾祖紹魏七兵尚書祖壽
仁泰州刺史汾陰公父賢集定陽太守脩義少而姦俠輕
財重氣魏正光末天下兵起特詔募能得三千人者用為
別將脩義得七千餘人假安北將軍西道別將以軍功拜
龍門鎮將後爾朱宗賢等作亂圍鎮城脩義以天下紛擾
遂為逆自號黃鉞大將軍招慰乃降爾朱榮猶撲嶠不降
脩義勒悔乃遺表乞之一大將招慰乃降鳳賢等猶不至
脩義與書降之乃授鳳賢龍驤將軍陽夏子改封汾陰縣

侯仍朱榮以脩義反覆錄送晉陽與高卬等遂見拘防榮
赴洛竝以自隨置於馳牛署榮死魏孝莊以脩義為弘農
河北河東正平四郡大都督時神武為晉州刺史見之相
待甚厚及韓陵之捷以脩義行晉州事孝武帝入關神武
以脩義為關右行臺自龍門濟河招下西魏北華州刺史
薛崇禮初神武欲大城晉中外府司馬房毓曰若使賊到
此處雖城何益乃止又沙苑之敗徙秦南汾東雍三州人
於定州又欲棄晉以遺家屬勸向英雄城脩義諫曰若晉
州城使我亦無所趣脩義曰若失守則請誅斛律金曰還仰

漢小兒收家口為質易與兵馬神武從之以脩義行晉
州事及西魏宇文泰圍逼城下脩義開門伏甲待
之子彥不測虛實於是遂去神武復其官爵俄以
除齊州刺史以贓貨於名追其子彥就拜晉州刺史後
軍功進正平郡公加開府天保中卒於太子太保贈司空
子文殊嗣脩義弟嘉族性亦慕英雄從神武平四胡於韓
陵歷華陽二州刺史卒官子震字文雄位廉州刺史亦著
軍功又歷南汾諸二州刺史

慕容儼字恃德清都成人廆之後也容貌出群衣冠甚偉不
好讀書頗學兵法爾朱氏敗歸神武以勳累遷五城太守
見東雍州刺史潘相樂長揖而已丞尉以下數羅其罪乃
謂儼曰府君少為群下屈節儼攘袂曰吾狀貌如此行望
人拜豈可拜人神武聞三人在邊社稷相樂還朝以儼
代為刺史遷東荊州刺史行次長社勿為其部下人所執
投山賊張儉儉為守人王崇祖私放獲免神武仍授以軍
將

全天保初以軍功除開府儀同三司六年梁司徒陸法和
儀同宋蒨等以郢州城內附時清河王岳師師江上議以
城在江外求忠勇過人者守之乃推儼逐遣鎮郢城始入
而梁大都督侯瑱任約率水陸軍奄至城下於上流鸚鵡

洲造荻洪竟數里以塞船路眾懼儼悅以安之城中先有
神祠一所俗號城隍神儼於是順士卒心祈請溳更衝風
驚波沒斷荻洪約後以鐵鏁連緝防禦彌切儼還共祈請
風浪夜驚荻洪復斷絕如此再三城人大喜以為神助儼出
城奮擊大破之填約又斷以力圍城唯黃槐豬葉并紵根水
紅蒿艾等及靴皮帶筋角等食之人死即火別分食唯留
骸骨儼猶信賞必罰分甘同苦自正月至六月人無異志
後蕭方智遣使請和文宣以儼歷帽看髮歎息父之曰自
悲不自勝帝親執其手捋儼鬚脫帽共在江表有詔還之及至鄴帝
古忠烈豈過此也除趙州刺史天統四年別封寄氏縣公
升賜金銀酒鍾各一枚

平元年為光州刺史儼少從征討經略雖米所長而有將
師之節所歷諸州雖不能清白守道亦不貪殘害物卒贈
司徒子會位鄴州刺史周武帝平鄴使其子
子會枷其子付獄暴至云行臺武王已降子會乃與
賽屬比囚慟哭然後奉命至直閣
人庫後從神武連字仲山本名伏憐語音連軍尒朱榮又代
將軍後從公軍直檔宮闈尒尒不離帝所頗以此見知然
性質朴愚狠尒為鄭州刺史好聚歛又嚴酷居室忠蠅枚門者
郡恠愚狠尒為鄭州刺史好聚歛又嚴酷居室忠蠅枚門者

曰何故聽人其妻病以百錢買藥毋自恨之不識士流開
府參軍多是衣冠士族皆加捶撻通遣築牆武平中封宜
都郡王除領軍大將軍暴與琅邪王矯殺和士開伏誅被
支解伏連家口百餘盛夏人料倉米二升不給臨柰常有
饑色冬至日親表稱賀其妻為設豆餅問豆餅得麨云於
馬豆中分藏伏連大怒典馬掌食人並加杖罰積年賜物
藏在別庫遣一婢東掌管鑰每入庫檢閱必語妻子此官
物不得輒用至死時唯著敝褌而積絹至二萬疋薄錄並
歸天府

瀋樂字相貴廣寧石門人也本廣宗大族魏世分鎮比邊
因家焉父求有技藝襲爵廣宗男樂初生為字又長寬厚
有膽略初歸葛榮授京兆王時年十九榮敗隨尒朱榮
左肩占者咸言富貴之徵因名相貴後始為字又長寬厚
為別將討元顥以功封敷城縣男齊神武引樂
為鎮城都將後從破尒朱兆於廣阿進爵廣宗縣侯從
軍功拜東雍州刺史神武嘗議欲廢州樂以東雍地帶山
河境連胡蜀形勝之會不可棄也逐如故後從破周師於
河陰議欲追之之令追者在西唯樂與劉豐居西
神武善之以眾追之不同而止帝以懷州刺史平陵等所築城鎮
河陽破西將楊標篝時帝以懷州刺史平陵等所築城深

入敵境欲棄之樂以軹關要害必須防固乃更脩理增置
丘戍而還鎮河陽拜司空尋受禪樂進圍綖進封河東
郡王遷司徒周文東至崤陝遣其行臺侯莫陳崇率子鎮
趣軹關儀同楊㩉從鼓鍾道出建州陷孤公成詔樂摠大
衆禦之樂盡夜兼行至長子遺儀同韓永與從建州西趣
崇崇遂遁文遷南道大都督討侯景樂發石鱉南度百餘
里至梁涇州涇州舊在石梁侯景改為淮州樂獲其地仍
立涇州又克安州之地除瀛州刺史乃略淮漢天保六年
斃於懸瓠贈假黃鉞太師大司馬尚書令子子晃嗣諸將
子弟率多驕縱子晃沈密謹愿以清靖自居尚公主拜駙
馬都尉武平末為幽州道行臺右僕射幽州刺史周師將
入鄴子晃率英騎數萬赴援至博陵知鄴城不守詣冀州
降周齊王軍授上開府隋大業初卒

彭樂字興安定人也樂勇善騎射初隨杜洛周賊知其不
立降尒朱榮從破葛榮於滏口又為都督從神武與行臺
僕射于暉討大都督侯深擊破樂文叛橫深神武與行臺
及尒朱榮遣大都督侯深先登陷陣樂叛降深神武出山
東樂文隨從韓汋陽郡公樂先陷肆州刺史天平四年從神
武西討與周文相拒神武欲緩持之樂氣奮請決戰曰我

衆賊少百人取一差不可失也神武從之樂因醉入深被
刺腸出內之不盡截去復戰身被數創軍勢遂挫不利而
還神武每諭以戒之高仲密之叛也周文援之神武迎
擊於芒山候騎言賊去洛州四十里尋食乾餱神武自
德渴何待我殺乃勒陣以待之西軍至皆喉燉樂以數
千精騎為右甄衝西軍比垂所向弃退遂馳入周文營人
告樂叛神武曰樂棄樓車爾朱俄而西北塵起王
使告捷虜西魏臨洮王東蜀郡王榮崇江夏王昇鉅鹿王
闡譙郡王亮等牽事趙善賀將寮佐四十八人皆係頸反接
手臨以刃歷兩陣而唱名焉諸將乘勝斬首三萬餘西軍
退神武使樂追之周文大窘而走曰癡男子今日無我明
日豈有汝邪何不急還前營收金寶樂袂其言獲周文言
對且曰不為此語故之漏刃神武破贍矣神武詰之樂以
柵其頭連頓之并數沙苑之失樂刀將下者三縶齡良久
乃止更請五千騎取周文神武曰爾何故而復言伏諸地觀
紬三千迎壓樂因賜之累遷司徒天保初封陳留王遷太
尉二年謀反為前行襄州事劉章等告伏誅
暴顯字思祖魏郡斥丘人也祖啁仕魏為朔州刺史因家

馬文誕恒州刺史樂安公顯初時見一沙門指之曰此即
子好相表大必為良將貴極人臣語終失之顯善騎射曾
從魏孝莊獵一日中手獲禽獸七十三後從齊神武起義
信都累遷北徐州刺史封屯留公天保中以贓貨解州大
理禁止厥而景和於武職中兼長吏事文性

皮徐州禽其刺史王彊天統中累遷儀同特進封定陽王卒
北景和琅邪人也父慶賓魏淮南王開府中兵參軍
正光中因使遇亂遂家廣寧之石門縣景和射數十人莫不應
射初以親信軍事神武後征步落稽疑賊有伏令景和將五
六騎深入一谷遇賊百餘人便戰景和射一野豕一箭獲之深賞異

弦而倒神武嘗令景和射一野豕一箭獲之深賞異除
庫直正都督天保初授通州刺史封求蜜縣子景和矯捷
有武用從襲庫莫奚庫狄干定稽胡討蠕蠕每有
戰功累遷殿中尚書侍中景和於武職中兼長吏事文性
識平均故頓有美授周通好後冠蓋往來常令景和對接
每與同射百發百中其見推重如此正平中詔出獄多令中黃門
等監之恒令景和案覆據理軸正由是過無枉濫後除特
進封廣漢郡公遷領軍將軍琅邪王之殺和士開兵指西
關內外莫知所為景和請後主出千秋門自觀令軍平指西
尚書右僕射陳將其明徵寇淮南令景和拒之除領軍大

將軍封文城郡王又有平陽人鄭子饒詐依佛道設齋會
用米麪不多供贍西廣客從地藏漸出餅餌愚人以為神
力見信於魏衛之間將為通亂謀洩乃潛度河聚眾自號
長樂王巳破乘氏縣景和進騎擊破之禽子饒送鄴烹之
及其明微圍壽陽敕景和與賀拔伏恩敗之是時拒明微
者多傾覆唯景和全軍而還除尚書令武平六年卒贈太
尉錄尚書復將赴京辭靈慟哭而絕久而獲蘇不能下食三
日而死

綦連猛字武兒代人也其先姬姓六國末避亂出塞保祈
連山因以山為姓北人語訛故曰綦連父元成燕郡太守
猛少有志氣便弓馬初為尒朱榮親信榮被害從尒朱兆
逃亡及見獲各杖一百以猛配尉景景貴和配婁昭芙舉以
入洛猛父兄皆在山東尒朱京纏欲投神武召之與
俱舉稍謂曰不從我者死乃從之去城五十餘里猛以素
蒙兆恩即背京纏復歸兆兆敗自縊而伏貴和
故酉長子故無所配既而以猛配尉景貴和親信後都督尒
朱文暢將為逆猛曰昔事其父兄寧今日受死不忍告而

殺之神武聞之曰事人當如此舍其罪而益親之以軍功
封廣興縣侯梁使來聘云求角武藝文襄遣猛就館接之
雙帶兩鞬左右馳射挽彊弓兩張皆三石猛
逐弇取四張弮挽之過度梁人嗟服天保初除東秦州刺
史河清三年加開府突厥侵逼晉陽救猛覘賊中一騎將
軍封山陽王猛即和士開死後漸預朝政疑議與奪感亦
超出來鬥猛定州刺史彥深為西兗州刺史即日首途先是
咨稟趙彥深以猛言彥深前推琅邪王事有意故於
引知機事祖珽奏言猛與彥深之中頗疾姦佞言讜時有可採故

謠曰七月斟禾太早九月嗷嗷未好本欲尋山射虎激前

旁中趙老至具其言乃驗猛行至牛蘭有人告和士開被
善時猛亦知情遂被追還削王爵以開府赴州在任貪惠
清愼更人稱之淮陰王阿那肱與猛有舊每欲攜引之韓
長鸞等迫難復授膠州刺史後除大將軍齊左右入周卒初
猛與尉興慶謝猥餧葹善射小心給事神武左右神武使
相善視之曰猛大貴尉及芒山之役與慶救神武
辛以榮寵自畢與慶軍見森本紀與慶每入陣常首署名
之著爲常軍所殺神武嘆曰富貴定在天也猛竟如相者言
於哲神武使求其尸祭之於死廐立浮圖世謂高王浮圖

云於是超贈儀同涇州刺史諡曰閔壯
元景安河南洛陽人魏昭成皇帝之五世孫也高祖慶陳
留王景安沈敏有幹局少工騎射善於軍人父景啟迴代
郡公授之隨魏孝武帝西入關天平末周齊交戰景安臨
陣東歸芒山之戰以功賜爵西華縣男代郡公如故景安
妙閑馳馬有容則每梁使至恒與斛律光皮景和等對客
騎射見者稱善天保初封興勢伯帶定襄縣令賜姓高
氏累遷兼七兵尚書既多且所部軍人富於財物遂賄貨
將綠塞以備守督領
公行文宣聞之遺使推檢唯景安纖毫無犯帝深嘉歎乃
以所徵贓絹五百四賜以旌清節孝昭嘗與功臣西園宴
射侯丟堂一百三十步中的者賜以良馬及金玉錦綵有
一人射中獸頭去鼻寸餘唯景安最後有矢未發令景
安解之景安引弓滿中獸鼻帝嗟異稱善特賞實馬二四王
常雜物又加常等關天統四年除豫州刺史加開府儀同三
司武平三年授行臺尚書令刺史如故封歷陽郡王景安被
父武平末徵拜領軍大將軍內變多華少景安被以恩威咸
得寧輯武平末兄祚襲爵陳留王祚卒子景皓嗣天
公討稽胡戰沒初
保時誅諸元親近者如景安之從疏宗議請姓高氏景皓

云若得葉本宗遂他姓大丈夫寧可玉碎不能瓦全景安
以白文宣乃收景皓誅之家屬從彭城由是景安獨賜姓
高氏自外聽從本姓求第种子豫字景美容儀有器幹
景安昔景皓慢言引豫云相應和豫占云爾時以衣袖掩
景皓口云莫妄言問景皓與球同獲免卒於東徐州刺史
幼隨母為獨孤家養遂從其姓天保初除中書舍人求業
獨孤求業字世基本姓劉中山人也母改適獨孤氏求業
解書計善歌舞甚為文宣所知後為洛州刺史河陽行臺
左丞甚有威信遵行臺尚書求業又在河陽善於招撫周
人憚之性鯁直不交權勢斛律光求二婢弗得毀之於朝
廷河清末徵為太僕卿以乞伏貴和代之於是西境變弱
河洛人情騷動武平三年遣求業取斛律豐洛因以為北
道行臺僕射幽州刺史河洛人庶多思求業文除河陽道
行臺周武帝親攻金墉求業文出兵禦之問是何
達官作何行動周人曰至尊自來主人何不出看客永業
曰客若永來主人何不出看客永業之問是何
為大軍至乃去進位開府臨川王有甲士三萬聞晉州敗
請出兵此討奏報不報求業慨憤文聞并州亦陷乃道子
滇遠告降於周授上柱國應公宣政末為襄州總管大象
二年為行軍總管樶彥睦所殺

鮮于世榮漁陽人也父寶業懷朔鎮將武平初贈儀同三
司柯郡尚書世榮少沈敏有器幹興和二年為神武親信
都督稍遷平西將軍賜爵石門縣子天統二年累加開府
儀同三司除齊州刺史武平中以領軍從平高思好封義
陽郡王領軍大將軍太子太傅及周武諸將皆降世榮在三臺之前
鍾與之得便撞破周共入鄴諸將皆降世榮雖武人無文藝以
獨鳴鼓不輟及被執乃見殺世榮武人無文藝以
朝危政亂每常竊歎見徵稅無厭賞賜過度發言歎息焉
傳伏太安人也少從我以戰功稍至開府求橋領人大都
子貞武平末假儀同三司
督周武帝前攻河陰伏自求橋夜入中潭城南城陷被圍
二旬不下救兵至周師還後除東雍州刺史周剉晉州執
行臺尉相貴招伏伏不從周武鄉郡公
寬來招伏授上大將軍武鄉郡公即給告身以金馬腦二
酒鍾為信伏不受曰事君有死無二此兒為臣不能竭忠
為子不能盡孝人所讎疾願即斬之以號令天下周主已
鄴還至晉州遣高阿那肱等臨汾召伏伏間後主被獲
仰天大哭率眾入城於聽事前比面哭良久然後降周武
見曰何不早降伏流涕曰臣三世衣食齊家被任如此畢
命不能自死差見天地周武親執手曰為臣當若此朕平

齋唯見公一人乃自食一羊肋以骨賜伏曰骨親肉跛所
以相付遂引與同食令於侍伯色宿衞授上儀同敕河
若即與公高官恐歸投者心動勿應不富貴又問前敕河
陰得伺官曰朕一轉授特進求昌郡公周武謂後主曰朕河
前三年決意取河陰伏不可動公當時賞授何其
薄也賜伏金酒巵後以為仁者有儀同叱于寄生鎮南
其將罕有全節有其殺身成仁者自縊死又有開府中
充州周武破鄴敕書至苟生自絕死者有儀同于侍中寔
伺階便周章詢請每至文林館氣喘汗流間書之外不暇
他語又視古人節義事未嘗不感激流吟穎之推重其勤

學其加開獎後遂通顯後主之舞青州遺其西出參伺
靜為周軍所獲間豪主何在紿云已去歐捶服之每折一
支辭念竟斷四體而卒又有雷顯和晉州敗後為建
州道行臺左僕射周武使其子招焉顯和禁其子而不
役聞鄴城敗乃降後主失并州使開府紇奚急於
夷聞他鉢滅求安豈惜賤命欲閉氣自絕恐天
突破他抗言日本國既敗求安宣惜賤命乞一刀以顯示遠近他鉢之
下不知大齋有死節臣唯乞一刀以顯示遠近他嘉之
永求安抗言日本國既敗求安宣惜賤命乞一刀以顯示遠近他嘉之
賜馬七十疋歸之又有代人高寶寧武平末為營州刺史

鎮黃龍夷夏重其威信周武帝平鄴遺信招慰不受敕書
范陽王紹義在突厥聞寶寧上表勸進范陽王署寶寧為
丞相又盧昌期據范陽起兵寶寧引紹義集夷夏兵數萬為
敕之至潞河知周將宇文神舉署范陽西遷去就之
論曰仝朱殘逆遠効誠歃知神武招攜理殊納叛諸將
其宜矣生不苟西朝歸誠河朔保年之恩思親懷舊固
途未為失節道元感母兄之總荷知遇之思異榮名立
擇木情非背恩故能各立功名終榮寵極榮惟殊力岳東維
乘機獨運異夫盜竊河邑者也神武敬力岳東維
未麗臣節其被恩化蓋亦明主之仁焉劉貴蔡傅有先見

之明臣贊霸業配饗清廟覺徒然也韓賢尉長命王懷任
祥曼多妻貪文庫狄迴洛庫狄盛張保洛侯莫陳相薛孤
延軒律羌舉張瓊宋顯王則等竝運籌時來或因羈旅馮
附末光申其志力化為王侯固為宜矣卿功臣之亂自
致公卿立復之地亦足稱也慕容紹宗兵機武略在世自
重晉事尒朱固執忠義不用范曾之言終見烏江之禍侯
景狼戾固非後主之臣神武遺言實襄知人之鑒寒山過
水往若摧枯笑盡數奇逢斯禍酷悲夫三藏連蜀危亡貞
縣自處可謂不隕門節矣叱列平步大汗薩辟脩義慕容
儼藩樂彭樂暴顯皮景和綦連猛元景安等榮名戎幕備

開夷險位高任重咸遂本誠求業世縈之徒國危方見忠
節不然則丹青簡冊安所貴乎

列傳第四十一　　　　　　　　北史五十三

孫騰

高隆之

司馬子如　子消難　裴藻　兄子膺之

竇泰

尉景

婁昭　兄子叡

庫狄干　孫士文

韓軌

段榮　子韶　孝言

斛律金　子光　羨

信都刻本北齊書源列

北史列傳四十二

一　仲立

孫騰字龍雀咸陽石安人也祖通仕沮渠氏為中書令沮渠氏滅因徙居比邊及騰貴魏朝贈司徒父機贈太尉騰少質直明解吏事魏正光中比方擾歸尒朱榮尋為丞相府長史封石安縣伯及神武都督長史神武為晉州又引為長史封公入為侍中累遷郡公起兵於信都常以誠欵預謀策冀晉陽啟謁神武而尚書左僕射時魏京兆王愉女平原公主寡騰願尚之而公主欲待中封隆之騰妬隆之遂相間構神武啟免騰官俄而復之與斛斯椿同掌機密見忌慮禍奔晉陽神武入討椿留騰行并州事入為尚書左僕射內外之事騰咸知

信都刻本北齊書源列

北史列傳四十二

二　仲立

之兼司空除侍中兼尚書令時西魏攻南兗州詔騰率諸將討之騰性怯無威略失利而還又除司徒餘官如故初北境亂騰云一女及貴訪不得疑其為人婢及為司徒奴婢訴良者皆兒之願千人異得其女神武之大怒解司徒尋為貴子賈氏為養女孝芬死其妻表死更適鄭伯猷攜買於鄭氏賈有色騰納之為妾其妻賈氏爵回授其女其達孝芬取貴家子賈氏為僕射太傅初博陵崔正以為妻詔封卅楊郡君復請以袞氏爵回授其女其違禮肆情多此類也騰早依神武神武深信待之置於魏朝奇以心腹遂志氣驕盈與爭自己納賄不知紀極官贈非財不行餉藏銀器並為家物親狎小人專恣聚欵與高岳高隆之司馬子如號並為家物屢加詔讓終不悛改朝野深非笑之武定六年薨贈太師開府錄尚書軍諡曰文天保初以騰佐命詔祭告其墓皇建中配饗神武廟庭子鳳珎嗣性庸暗卒於儀同三司高隆之字延興洛陽人也為閹人徐成養子少時以貲升為事或曰父幹為姑婿高氏所養因從其姓隆之後有參定功神武命為弟仍云勃海橋人幹贈司徒公隆之身長八尺美鬚額影深沉有志氣初行臺于暉引為郎中與神武深相結託後從起兵於山東累遷并州刺史入為尚書右

僕射時初給人田權責皆占良美貧弱咸受堉薄隆之啓
神武更均平之又領營構大將以十萬夫徹洛陽宮殿運
於鄴城構營之制皆委隆之增築南城周二十五里以漳水
近帝城起長堤以防汎溢又鑿渠引漳水周流城郭造水
碾磑並有利於時魏自孝昌之後天下多難刺史太守皆
為當部都督雖無兵事皆立佐僚所在頗為煩擾隆之請
之飾隆之自表解侍中并陳諸假侍中服者請以取貂蟬
非實邊要見兵悉斷之又朝貴多假侍中常請亦罷之詔
皆如表自軍國多事冒名竊官者不可勝數隆之奏請檢
括句日獲五萬餘人而群小讒諧隆之懼而止詔監起居
事進位司徒武定中除尚書令遷太保文襄作宰風俗肅
清隆之時有受納文襄於尚書省大加責讓喬受禪進爵
為王尋以本官錄尚書事領大宗正卿監國史隆之性好
小巧至於公家羽儀百戲服制時有改易不循典故時論
非之於射堋土上立三人像為壯男之勢文宣嘗至東山
因射謂隆之曰射人非射堋也是文襄委任崔進崔季舒
隆之無以對先是文襄以隆之舊恩委以政事終日射人
之啓文宣欲害之不見許文宣以隆之每見訴訟者輒加哀矜之意以
舒等仍以前隙譖云隆之每見訴訟者輒加哀矜之意以

示非已能裁文宣必其受任既久知有冤狀便自申滌何
過要名詐大臣義天保五年禁止尚書省隆之曹與元昶
宴語昶曰與王交遊富貴生不相背人有密言之者又帝
未登庸日隆之意常悔帝帝將受禪大臣咸言未可隆之
又在其中帝深銜之因此大怒罵曰徐家老公令壯士築
百餘拳放出渴將飲水人止之隆之曰今日何在遂飲之錐
不學涉而欽尚文雅搢紳名士必存禮接寡王竟不得諡隆之
如母訓督諸子必先文義世以此稱之
因從駕出歿死於路中贈太尉太保陽夏王
追恭隆之執其子司徒中兵參軍慧登等二十人於前慧登言
如命帝曰不得已以鞭扣鞍一時頭絕並投之漳水發隆
之家出屍其貌不敗斬骸骨棄之漳流天下冤之後觀爵陽夏
還其嗣遂絕乾明中詔其兄子遠為隆之後襲爵陽夏
婚姻不果太僕卿任集同加營搆頗相誹異珍滅論者謂
晏請託不遂竝構成其罪誅害之終至家門珍滅論者謂
有報應焉
司馬子如字遵業自云河內溫人也徙居雲中因家焉子
如初為懷朔鎮省事與高神武相結託分義甚深孝昌中
比州淪陷子如南奔肆州為尒朱榮所禮封平遙子褣運

大行臺郎榮死隋榮襄子與朱世隆等走出京城節閔
帝立以前後功進爵陽平郡公神武入洛以為大行臺尚
書朝夕左右參知軍國天平初除尚書左僕射開府與高
岳孫騰高隆之等共知朝政見信重神武鎮晉陽子如
時往謁見及還神武明后俱有勞遺率以為常子如性
既蒙委兼情舊導領之務與奪任情公然受納興和中
以此道東光巡檢諸州守令已下至定州斬深澤令至冀
州斬東光令皆稱留時刻致之極刑進退少不合旨者便
令武士頓曳白刃臨頭士焦惶懼不知所為轉尚書令及
文襄輔政以暹為御史中尉崔暹劾之在獄一宿而鬢皆白

〔北史四十二〕　五一

辭曰司馬子如本佚夏州第一杖投相王王給露車一乘
養特牛犢慣在道死唯舂角存此外皆人上取得神武書
敕文襄曰吾故舊汝且寬之文襄駐馬行街以出
子如脫其鎖子如懼曰非作軍邪於是除削官爵神武後
見之哀其顦顇以膝承其首親為擇蝨賜酒百瓶羊五百
口粳米五百石子如既歸亦無事尚能自改屬其品復官爵別
路邪未幾起行冀州事能自改別封須昌縣公尋除司空
封野王縣男齊受禪以疇庸別封野王縣公尋除司空
子如性滑稽不事檢裁言戲穢褻識者非之而事姊有禮
撫諸兒子慈篤當時名士並加欽愛復以此稱之然素無

鯁正不能以平道處物文襄時中尉崔暹奏舒
俱被任用文襄崩暹等赴晉陽子如以馬度關為司所殺乃啟文
宣言其罪頗勤帝誅之後子如以馬度關為司所殺乃啟文
讓之曰崔暹奏事朕先世有何大罪卿為我殺之因此
免官久之猶以先帝之儔拜太尉尋以疾薨贈太師太尉
諡曰文明長子消難嗣

消難字道融幼聰慧微涉經史有風神好自矜飾以求名
舉子如既當朝貴盛消難亦愛賓客鄉出邢子才王元景魏收
陸卬崔瞻卿出皆遊其門稍遷光祿鄉出比豫州刺史文
宣末年坐虐滋甚消難常有自全之謀曲意撫納頗為百
姓所附不能廉潔為御史所劾又尚公主而情好不睦公
難懼密令所親人河東裴藻閒行入關請降入周封榮陽
郡公丞相令河東裴藻閒行入關請降入周封榮陽
若與司馬此豫連謀必為國患此言達於文宣見疑消
奔鄴中大擾後竟獲於滁州渙之初走朝士疑趙成皋云
主題之屬文宣在并州驛召上黨王渙渙懼害斬使者東
大後丞女為靜帝后尋出為邵州總管及隋文帝輔政遷
難乃與蜀公尉遲迥合勢舉兵使其子永質於陳以求援
郡公累遷大司寇從武帝東伐還除梁州總管大象初遷
隋文帝命襄州總管王誼討之消難奔陳位司空隋郡公
初隋武元帝之迎消難結為兄弟情好甚篤隋文每以叔

〔北史列傳四十二〕　六

仲立

禮事之及平陳消難孝特免死配為樂戶二旬而免猶以
舊恩特被引見孝辛於家消難性貪淫輕於去就故世言
友愛者皆以為之甚其妻高神武女也在鄴極加禮敬入
鄴便相棄薄又赴洺州留妻及三子在鄴妻言於文帝曰
洺陽公擁兵自隨必不顧妻子顧防慮之及消難動拜儀同大將
母子因此獲免子譚即高氏所生以消難入陳高
軍坐消難除名

裴漢字文方少機辯有不羈之走為子如太傅主簿消難
鎮北豫又以為中兵參軍入周封昌縣男除晉州刺史肆行姦
子如兄纂纂長子世雲輕儉無行見遷潁州刺史

罪從北邊世雲以侯景敗於渦陽復有異志為弟所殺世
雲弟厚之字仲慶美姿容有風貌好學尊自封植神
氣其高雅中書黃門侍郎天平中除父子如執銓當軸神
之既宰相稍猶兼有人才為朝廷所惜文襄特減死徒
子才主爵郎並為莫逆之交又兄世雲隔於逆亂甚眷
近鎮文宣嗣業得還慶受褌子如別封須昌縣公延授厚
應誅厚之及諸弟並有名望所與遊集盡一時之流逸邢
與揚愔同為黃門即至愔為尚書令抗禮如初愔嘗有從
之子如撫愛甚篤慈厚之昆弟事之如父性方亢不會俗柱

【北史列傳四二 七】

丞相孝先之弟也位望甚隆當謂其弟幼之舉座傾敬厚
名善猶孫司徒趙彥深自孤微為宰相輔湊士輔湊之雖為狼雜
相忽憂不為之禮及彥深為宰相朝士輻湊而已太常卿左
被延請永不至門每與相見捧袂而已太常卿左
河清末拜金紫光祿大夫患痢積年不足平中除國子祭酒
拜儀同三司班臺台之賁近世傳以賞勳勞厚之雖為
姊慘尚書郎尹皆跪弟厚之執手而出嘗路逢威儀道
引乃於樹下側避之愔見令呼曰何意避弟
厚之曰我自避憶甚令謂曰見其疏簡傲
物竟天保間淪滯不斷乾明不避卿恓甚重國子祭酒
至寒溫而已某遂輟園宅閉素門無雜賓性不飲酒而
之時牽疾在外齋馮几而坐不為動容直言我患痢父太
常不得致怪黃門即陸書書遊後進厚之嘗與其客忽後
都賦毋云去職就舞詞部尚書平贈儀同三司中書監溫縣伯諸子亦並居顯職同遊給
者時相尋遊病父不復甚讀書或以弈棊永日名士有素懷
以疾去職就舞詞部尚書平贈儀同三司中書監溫縣伯諸子亦並居顯職同遊給
應賦終儉厚之弟雲周旋患痢十七年竟不愈卒為朝廷所
許以疾去職就舞詞部尚書令贈得寵於後主重贈子瑞
曰文節子瑞事隆之堂妹及令官得寵於後主重贈子瑞
闈府儀同三司中書監溫縣伯諸子亦並居顯職同遊給

【北史列傳四二 八】

事黃門侍郎同太常少卿同憲通直常侍同遊終為佳
吏隋開皇中為尚書戶部侍郎卒於遂州刺史于瑞弟刼
之清貞有行武平末為大理卿開皇中卒於眉州刺史
賓泰字世寧太安捍殊人也本出清河觀津胄祖羅魏統
萬鎮將因居北邊父樂魏末破六韓拔陵為亂與鎮將揚
鈞固守遇害泰貴追贈司徒初泰母夢風雷暴起若有娠菁
狀出庭觀之見電光奪目駭而南泰裹身負骸骨歸尒朱榮
而不產大懼有巫曰度河漸濃諸泰母從之俄而生泰及長菁
一人曰當生貴子可徙而南泰裹身負骸骨歸尒朱榮以向水所勿見
騎射有勇略泰父兄戰歿於鎮泰身貧骸骨歸尒朱榮以

從討邢杲功賜爵廣阿子神武之為晉州請泰為鎮城都
督參謀軍事累遷侍中京畿大都督尋領御史中尉泰以
勤戚居臺難有多科舉而百寮畏懼天平三年神武西討
令泰自潼關入四年泰至小關為周文帝所敗眾盡沒泰
自殺初泰將發有鄴鄴有惠化尼謠云賞行臺去不廻未行
之前夜三更忽有朱衣冠幘數千人入臺云收賞中尉宿
直兵吏皆驚其人入數屋俄須而去曰視關鍵不異方知
非人皆知其必敗贈大司馬太尉錄尚書事諡曰武貞泰
妻武明婁后妹也泰雖以親見待而功名自建承受禪祭
告其墓皇建初配享神武廟庭子孝敬嗣位儀同三司

九　各古

尉景字士真善無人也泰漢置尉埃官中此鎮及景與神
武八杜洛周中仍共歸尒朱榮以軍功封博野縣伯後從
神武起兵信都韓陵之戰唯景統失利封神武入洛留景
鎮鄴薨進封為公景妻常山君神武之姊也動戚每有
軍事與奪秋干常被委重而不能忘懷財利神武每責
之轉冀州刺史神武大納賄發夫獵死者三百人求里官干與
欲捉尉景神武坐作御史中尉優者石董桶戲之董桶剝景衣
公剝百姓董桶何為剝我神武誡曰可以無貪也景曰

曰與爾計生活孰多我上人上取爾割天子調神武笑不
答改封長樂郡公歷位太保太傅坐匿亡人見禁止使崔
暹攝文襄曰語阿惠兒富欲殺我邪神武聞之泣詣闕
曰臣非尉景無以至今日三請乃許之於是黜為驃騎
大將軍開府儀同三司神武造景景惡臥不動問曰
時趣邪常山君謂神武曰老人去死近何忍煎迫至此又
曰我為爾汲水脈生因出其故神武對景及常山君責文襄
曰景有果下馬常乘之景不與索之景曰土相扶為牆人相扶為
王一馬亦不得畜而索之景及常山君泣救之景曰小兒慣
去放使作心腹何須乾

喭漁奧不聰打邪疊授青州刺史操行頗改百姓安之徵
授大司馬遇疾薨於州贈太師尚書令蔡受禪以景元勳
記蔡告其墓臺建初配享神武廟群追封長樂王子蔡少
爵顯職性龕武天保初配享神武廟之文宣親詔其字軒之文後朝諸
詔唯恨應門射使者以狀聞之文宣親詔其字軒之文後朝諸
使人曰天子不封閉門不答一言親詔其字軒之後朝諸
爽遂憤悒鴻門射使者以狀聞之文宣侯出溢口登高阜而遙見
封景長樂王蔡獻爵位司徒太傅蔡子世辯嗣周師
將入斡令世辯舉十餘騎挽現候出溢口登高阜而遙見

群烏飛起謂是西軍旗幟即馳逐比至紫陌橋不敢顧隋
開皇中卒於浙州刺史
綦毋字孝薩代郡平城人也武明皇后之母弟也祖父提
魏太武時以功封其定侯太原王昭方雅正直而卒昭
雄傑有識慶家僮千數牛馬以谷量性好周給士多歸附
之魏太武時以功封其定侯太原王昭方雅正直有大度
深謀腰帶八尺弓馬冠時神武追請不宜乘危歷險神武將出
曲盡禮敗數隨神武獲每致譜昭亦早識人雄
信都昭賓成大策即以為中軍大都督徒破尒朱兆於廣
阿封安喜縣伯阺濘北公又從濮陽郡公授領軍將軍出

若武將貳於神武昭以疾辭還晉陽後從神武入洛兗州
刺史樊子鵠反以昭為東道大都督討之子鵠既死諸將
勸昭盡捕誅其黨昭曰此州無狀橫被賊其賊是怨其
人何罪遂皆捨焉昭後轉大司馬仍領軍務在州事委蒙
屬昭好酒晚得偏風雖劇猶不能廢卒於州贈黃鉞太師太尉諡武
刺史擊其大綱而已薨於州贈黃鉞太師太尉諡武
齊受禪詔蔡告其墓黜和士開初配享神武廟長
子成愛嗣狮別封臨淮郡王次子定遠少歷顯職外戚中偏為
武成愛嗣改封濮陽王武成大漸與趙郡王等同受顧
命位司空趙郡王之禍其貪鄙如此尋除瀛州刺史初定遠弟
賄賂成趙郡之禍其貪鄙如此尋除瀛州刺史初定遠弟
季略穆提婆求其伎妾定遠不許因昌思好作亂提婆令
臨淮國郎中金造遠陰與思好通至州以賕貨事劾定遠
千騎摭之令侍御史趙秀通至州以賕貨事劾定遠
疑有變遂縊而死昭所養為文
叡字佛仁父披魏南部尚書叡幼孤被叔父昭所養為文
襄所責後改封九門縣公叡受禪除領軍將軍別封安定
武帳內都督封披縣子累遷光州刺史在任貪縱深為文
侯叡無忤器幹以外戚貴幸縱情財色為瀛州刺史聚斂
無厭皇建初封東安王大寧元年進位司空平高歸彥於

異州還拜司徒河清三年澠殺人爲尚書左丞宋仲義彈
奏經赦乃免尋瓶甈爲太尉以軍功進大司馬武成至河陽仍
遣總偏師赴縣甄在豫境留傳百餘日專行非法詔免
官以王還第尋除太尉薨贈大司馬子子産嗣位開府儀
同三司

比邊擾亂奔雲中爲刺史費穆送于尒朱榮以軍主隨榮
以家在寒鄉不宜毒暑冬得入京師夏歸鄉里孝昌元年
鯁直少言有武藝魏正光初除掃逆黨授將軍宿衛於內
西臚汗山地方百里以處之後率部落比庫狄遷因家朔方干
庫狄干善無人也曾祖越豆春魏道武時以功割善無之
公河陰之役諸將大捷唯于兵退神武以其舊功竟不責
入洛後從神武起兵破四胡於韓陵封廣平縣公尋進郡
之時周文自將兵繼至洛陽軍容甚盛諸將未欲南度干決
大都督前驅干上道不過家不遑食景不遑食
黜景轉太保太傅及高仲密以武牢叛神武討之以干爲
計海河神武大兵繼至洛陽人還爲定州刺史
軍事多煩擾然情約自居不爲吏人所患景太師天平初
以干元勳佐命封章武郡王轉太宰干尚神武妹樂陵長
公主以親地見待自預勤王常挽大衆威望之重爲諸將
所伏而最爲嚴猛曾詔京師魏雕王元孝友於公門言戲

過常無能面折者干正色責少芽友大慙時人稱善慶贈
假鉞太宰給轀輬車諡曰景烈干不知書署名爲干字
逆上畫之時人謂之干箇又有武將于周者署名先爲吉
而後成其外二人謂乾始知書于皇建初配其神武廟
庭子伏敬位儀同三司干辛子于文嗣士文性孤直鄰里
至親冀朝通狎在幷鄰封童武郡王位領軍將軍周武帝
平秦山東冠多來迎唯士文閉門自守加上開府封湖陵縣子尋
拜幷三司隋州刺史性清吉不受公料家無餘財其子營官府
儀同三司
拜士文枷之於獄累日栲之二百送還京師

門所貴驅要必於外境凡有出入皆封署其門親故絕迹
慶弔不通法令嚴肅朝人股戰道不拾遺有細過必深文
陷害堂入朝遇上賜公卿入左藏任取多少人皆重載士
文獨口銜絹一四兩手各持一四上問其故士文曰臣口
手俱足餘無所須上異之別賞帛及粟之士至州發摘姦隱
長吏跼蹐令行禁止於時人語曰寧向南山看虎不向城北
是父母妻子唯哭士文聞之捕其生口
親戚相送哭聲遍於州境至嶺南遇瘴癘死者十八九於
哭者彌甚司馬京兆韋焜清河令河東趙達二人竝苛刻
唯長史有惠政時人語曰刺史羅殺政司馬蝮蛇頭長史

含笑判清河生喫人上聞歡曰士文暴遇獨歡竟坐免未
幾為雍州長史謂人曰我向法深不能窺伺貴要無乃必
死此官及下車執法嚴正不避貴戚賓客莫至門人多
怨望士文從妹為齊氏嬪有色齊滅後賜薛公長孫覽覽
妻鄭氏妬譖之文獻后令覽絕士文之不與相見後
應州刺史唐君明居母憂婚以為妻由是君明士文坐為
御史劾士文性剛在獄歎曰憤恚而死家無餘財有三子
朝夕不繼親賓無贍之者

韓軌字伯年太安狄那人也少有志操深沈喜怒不形於
色神武鎮晉州引為鎮城都督及起兵於信都軌贊成大
策從破尒朱兆於廣阿又從韓陵陣封平昌縣侯仍督中
軍從破尒朱兆於赤𪉟領再選秦州刺史甚得邊和神武
巡秦州欲以軌還仍賜城人戶別絹布兩定州人田昭等
七十戶皆辭不受唯乞留軌神武嘉歎乃留軌頻以軍功
進封安德郡公遷瀛州刺史在州聚斂為御史糾劾削除
官爵未幾復其安德郡公歷位中書令司徒齊受禪封安
德郡王軌妹為神武所納生上黨王渙後拜大司馬從文宣征
鉉常以謙恭自處不以富貴驕人後入朝以勳庸歷登台
蠕蠕在軍暴疾薨贈假黃鉞太宰太師謚曰蕭武皇建初
配享文襄廟庭子晉明嗣天統中改封東萊王晉明有侠

氣諸勳貴子孫中最能心學尚好酒誕縱招引賓客一席
之費動至萬錢猶恨儉率朝廷奧之貴要地必以疾辭
告人云厭人飲美酒對名勝安能作刀筆吏披反故紙乎
武平末除尚書左僕射百餘日便謝病解官

段榮字子茂姑臧武威人也祖信仕沮渠氏後入魏以豪
族徙比邊仍家於五原郡父連安比府司馬榮少好歷術
嘗意星象正光中謂人曰吾今觀玄象察人事不及十年
榮初之杜洛周舍周舍尒朱榮人因此橫流無可避也未幾如言
南討郭留榮鎮信都仍授定州刺史時攻鄴未克榮轉輸

無關神武入洛論功封姑臧縣侯轉授瀛州刺史榮妻武
明皇右長姊也榮恐神武招私親之議固推諸將圖闗右
州事歷相漈秦三州所在百姓愛之神武將圖闗右榮彌
未可又渭曲敗神武曰不用段榮言以至於此壽除山東
大行臺領本州流人大都督甚得物情卒贈大尉謚曰昭
喜皇建初配享神武廟庭二年重贈大司馬尚書令武威
王長子韶嗣

韶字孝先少工騎射有將領才略以武明皇后甥神武益
器愛之常置左右以為心膂領親信都督神武拒尒朱兆
於廣阿悍兆兵眾韶曰所謂眾者得眾人之死所謂彊者

得天下之心众朱裂冠毀冕覔找本塞原芒山之會搢紳何
罪救主立君不脫旬朔天下從亂十室而九王躬昭德義
誅君側之惡何往而不克哉神武曰吾雖以順討逆恐無
天命詔曰閭小能敵大小道大糅皇天無親唯德是輔今
众朱外賊天下内失善人智者不為謀勇者不為闘不肯
失聯賢者取之復何疑乜逼喪挑戰敗之頻以軍功封于
洛縣男後迴賜父爵妣城侯芒山之役為賀拔勝所著
詔從偏馳馬反射弊其馬道驕不敢進逐免賜鞍下馬并
金進賓為公父征五塵攻城未下神武不豫謂大司馬冊
韓金司徒韓軏左衞將軍劇騶孝曰吾每謂孝先論兵殊

有英略若比來用其謀可無今日之勞矢吾惠先為欲委
孝先义歡下事若何金等咸曰知臣具君實無出孝先
者仍令部從文宣鎭鄴名文襄赴軍顗命文襄以孝先為
託令軍旅大事並與神武朋侯骨友文襄還鄴帥
詔守晉陽委以軍事加驃騎大將軍開府儀同三司文宣
受禪除尚書右僕射遷冀州刺史天保四年除將軍通涇州
陳覇先將攻黃陵卉令思襄眄三軍咸懼部謂諸將
額潛至宿藏詔討之既至會諸將散超違連將軍東方白
離心吾撮之熟矣乃留儀同三司故顯傳等圍宿豫自倍

道赴泗州塗出盱眙令思不虞大軍卒至望旗而奔進破
超達軍迴赴廣陵霸先遁走旋師宿穟遣辯士喻白額白
額開門請盟盟詔託度白額終不為斬之并其諸弟立辯白
首京師封平原郡王厯司空司徒大將軍尚書令遷錄尚書
師以繼母亳去職葬起為大司馬仍為尚書右遷太傅
事并州剌史後與東安王妻毅平高歸彥遷太傅仍為
州為政不存小察甚得人和周文道將率羌夷與突厥合
眾逼晉陽武成自鄴倍道赴之時大軍諸將或欲逆之詔
曰不如陣以待之彼勞我逸破之必矣遂遂大破之進位太
師周冢宰宇文護母閻氏先配中山宮護閭尚存乃因邊

境移書請還其母并通隣好詔以為護外託為弱且外許
也為母請和往復放之來晚不聽遂遣便以禮將送護得母
之待通和不通一介之使撝孩送書恐示以弱且邙許母
仍遣將尉遲迴等韻襲洛陽詔蘭陵王長恭大將軍科律光
擊之軍次芒山下逼留未進武成召詔欲赴洛陽圍邙以
病帝仍令詔督精騎一千發晉陽五日便濟河遇周圍軍於
大和谷與諸將上山逆戰詔且邙引待其力戰下馬擊之周人
光為右軍上山逆戰詔且邙引待其力戰下馬擊之周人
大濆洛城圍亦即奔遁除太宰封雙武縣公天統三年除

奈丞相四年別封昌郡公食滄州幹武平二年出晉州
道到定隴禜威敵平寇二月周師來寇遣韶與
右丞相斛律光太尉蘭陵王長恭往討達西境有栢谷城
者敵之絕險諸將莫肯攻圍韶曰汝可盡遂攻
有若不去栢谷軍同個疾計彼會合兵在南道今斷其要路
敵不能來城勢雖高其中其狹火駑射之一旦可盡遂攻
之城清仍城華谷戍而還封廣平郡公是月周又遣將
於邊斛律光先率軍禦之韶抽壯士從比襲之使人潜度河
攻姚襄城南更起城鎮韶之五月到服泰城西人
崇姚襄城中內外相應進戰大破之諸將咸欲攻其新城

韶曰此城一面阻河三面地險不可攻不如更作一城壅
其要道破服泰併力圖之從之六月徙圍定陽七月屠其
外城時韶病在軍中謂蘭陵王曰此城三面重澗並無走
路唯慮東面一處其賊若突圍公從此出長恭以設伏其
夜果如策伏兵擊之大潰韶竟又病薨賜溫明祕器轀輬
軍軍校之士陣送至平恩墓所發卒起家贈假黃鉞相國
太尉錄尚書事謚忠武韶出總軍旅入參帷幄功既高
重以婚媾之故望傾朝野而長於計略善於御衆得將士
之心又雅性溫慎有宰相之風教訓子弟閨門雍肅居要重
每以孝聞雍代勳貴家罕有及然僻於好色雖耆老者重

微服間行魏黃門郎元瑀妻皇甫氏緣瑀謀逆沒官韶美
之上啟固請文襄賜之別宅遇之禮同正嫡尤篤於親
戚故舊略無施與唯賜其子深尚公主并首永即在家佐事十
餘日軍軍事辭遜人唯賜一盃酒深尚公主子寶靠尚中山長公主
窞達懿字德猷尚潁川長公主拜駙馬都尉襲封平原王
位行臺右僕射兼殿中尚書卒子深字德深所生三子懿深皆
開皇中開府儀同三司大業初卒於饒州刺史深字德深
美容貌寬謹有父風天保中受父封姑臧縣公尚東安公
主位侍中韶病薨詔封深浹吡王以慰其意入周拜大將
軍郡公坐事死亮字德堪隋大業初位汴州刺史卒於汝
南郡守

韶弟孝言小薄賣發有風儀禪受禪其兄韶以別封霸城縣
侯授弟孝言歷中書舍門侍郎典機密又歷祕書監度支尚
書清都郡孝王歷位通顯驕奢無憚嘗夜過其客
宋孝王家呼坊人防援不時赴遂拷殺之又與諸僧寺備
遊其天覽又拷掠而殉時死內須果木課人間及僧寺
輸河運復分車迴取其私宅種植又殿內圍中湳石差重
漳河運載復分車迴取為海州刺史累遷吏部尚
書祖珽執政將發趙彥深弓孝言為助加侍中孝言得物
不平抽擢非賴則舊有將作丞崔成於叢中抗言尚書天

下尚書臺獨段家尚書也孝言無辭以對唯慚色遺下尋

除中書監加特進又託韓長鸞祖珽之短及珽出後

孝言除尚書右僕射仍掌選恣情用捨請謁大行敕陵京

城北嘆孝言監同三司崔士順將作大匠敕象太

府少卿麗孝裕尚書左戶郎中薛叔昭司州中從事崔龍

子清都尹丞李道隆臨漳令崔象成安令

高子儆等並在孝言部下典作日別置酒高會諸人賸行

跣伏捭膞上壽或自陳沈滯更請轉官孝言意色揚揚以

為己任皆隨事報答許有加授富商大賈多致穢色

用人士咸是險縱之流孝遠左僕射特進侍中如故孝言

富貴豪後尤好女色後取妻定袁孝莊董氏大祝愛之為此

內外不和更相糾列又於晉陽監光坐事除名徒光州隆

化主敗後有敕追還孝言雖賞虛實賦詩必盡歡洽

風流蒹之主粗閑文藝多引賓館與賞其貧贍者

雖草菜之遺時論襃以此多之齊亡入周位上開府

亦時乞遺時論襃以此多之齊亡入周位上開府

斛律金字阿六敦朔州敕勒部人也高祖倍侯利魏道武

時內附位大羽真賜爵孟都公祖幡地斤殺中尚書父那

瓌知馬步多少嗅地知軍度遠近初為軍主與懷朔鎮將

塵光大夫贈司空金性敦直善騎射行兵用匈奴法望

楊鈞送蠕蠕主阿那瓌環見金獷射歎其工及破六韓拔

陵攜逆金摧衆屬馬署金廣陵終敗乃統所部叛

陵詣雲州親除為第二領人首長秋朝京師春遷部落竟

曰勩臣仍稍引南出黃瓜堆為杜洛周所破與兄平二人

脫身歸尒朱榮為別將孝莊立賜爵皇城男位金紫光祿

爵為侯從神武破紇豆陵於河西沙苑之役為汾州刺史進

少郤軍為西師所乘送亂張華原以薄帳歷營點兵冀有

應者向河東神武據鞍未動金以鞭拂馬神武乃還於是大

急向河東神武將集兵便戰金曰報散將離其勢不可復用且

射之不入賀拔仁候其轉面射一發斃之是役也無金先

朋義甲士八萬侯景斂西魏力人持大棒守河橋衣甲厚

若其難署改名為金從其便易猶以為難司馬子如教為

請遷幾至危矣及高仲密西叛周文攻洛陽從神武破之

還除大司馬改封石城郡公金性質直不識文字本名敦

文宣受禪封咸陽郡王天保三年就除太師四年解州以

所使多漢有說此人者勿信之及文襄嗣軍為肆州刺史

金字作屋況之其字乃就神武重其古質每誡曰爾

太師還晉陽車駕幸其第六官及諸王盡從置酒極夜方

罷帝欣甚詔金第二子豐樂為武衛大將軍賜帛五千匹

謂曰公元勳佐命父子忠誠朕當結以婚姻永爲藩衛仍詔金孫武都尚義寧公主成禮之日帝從皇太后幸金宅皇后太子諸王皆從其見待如此後蠕蠕爲突厥破散虜其犯塞詔金屯兵白道以備之多所俘獲并表陳虜可取狀文宣乃與金共討之進位右丞相食齊州幹遷左丞相帝晚年敗德嘗持矟走馬以擬金胸者三金立不動於是賜物千段孝昭踐阼納其孫女爲皇太子妃詔金朝見聽乘步挽車至階武成即位禮遇彌重又納其孫女爲太子妃金曾遣人獻食中書舍人李若誤奏云金自來武成出昭陽殿敕侍中高文遙將羊車引之若知事誤更不敢出

映廊下文遙還奏帝罵若云空頭漢合殺亦不加罪金長子光大將軍次子羨及孫武都並開府儀同三司出鎮方岳其餘子孫皆封侯貴達一門一皇后二太子妃三公主尊寵當時莫比金嘗謂光曰我雖不讀書聞古來外戚梁冀等無不傾滅女若有寵諸貴人妬女若無寵天子嫌之我家直以立勳抱忠致富貴豈藉女也辭不獲免常以爲憂天統三年薨年八十贈假黃鉞相國太尉公贈錢百萬諡曰武子光嗣

光字明月馬面彪身神爽雄傑少言笑工騎射初爲侯景部下彭樂謂高敖曹曰斛律家小兒不可三度將行後奪人名以庫直事文襄從出野見鵰雙飛來文襄使光馳射之以二矢俱落焉後從金西征周文帝長史莫孝暉在行間光年十七馳馬射中之因禽於陣神武即擢授都督封永樂子又嘗從文襄於洹橋校獵雲表見一大鳥射之正中其頸形如車輪旋轉而下乃鵰也丞相屬邢子高歎曰此射鵰手也當時號落鵰都督齊受禪別封西安縣子皇建元年進爵鉅鹿郡公時樂陵王百年爲皇太子求妃孝昭以光世載醇謹納其長女爲太子妃歷位太子太保尚書令司空司徒河清三年周大司馬尉遲迥齊公憲庸公王雄等衆十萬攻洛陽光率騎五萬馳往戰於芒山迥等

大敗光親射雄殺之迥憲僅而獲免仍築京觀武成幸洛陽策勳遷太尉初文宣時周人常懼齊兵之西度恒以冬月守河椎冰及帝即位朝政漸紊齊人椎冰懼周兵之逼光憂曰國家常有吞關隴之志今日至此而唯翫聲色先是武成納光第二女爲太子妃天統元年拜皇后光轉大將軍三年六月父喪去官其月詔起光及弟羨並復位秋除太保襲爵咸陽王遷太傅十二月周軍圍洛陽壅絶糧道武平元年正月詔光率步騎三萬禦之鋒刃纔交周將宇文桀衆大潰直到宜陽軍還擊周齊王憲等衆大潰詔加右丞相并州刺史其年冬光又率步騎五萬於玉壁築

華谷龍門二城與憲相持憲不敢動二年率衆築平隴等
鎮成十三所周柱國枹罕公普屯威柱國景孝寬等來逼
平隴光與戰於汾水大破之周遣其柱國紇干廣略圍宜
陽光率步騎五萬赴之戰於城下取周建安等四戍捕千
餘人而還軍未至鄭敕令便放兵散光以功勳者未得慰
勞若散恩澤不施乃密表請便宣百軍仍且進朝廷發使
遲留軍還將至紫陌光駐營待使帝聞光軍營已逼心甚
惡之急令舍人追光入見然後宣勞散兵光拜受敕不知
清洞郡公光嘗在朝堂垂簾而坐祖珽不知乘馬過其前
光怒謂人曰此人乃敢於我前坐乎後珽在內省言聲高慢光過聞
之又怒珽知光忿出賂其從奴撾頭曰自公用事相王每夜
抱膝歎曰盲人用權國必破矣斑省事褚士達夢人倚戶
授其詩曰九升八合粟角斗之曰角斗解字津卻水何窗
處人以告斑斑占之曰斑斑言所夢人合成律
守來真者解斛律於我不實又言所夢人合成律
此斑由是懼又穆提婆求娶光庶女不許帝賜提婆晉陽
之田光言於朝曰此田神武以來常種禾飼馬以擬寇難
令賜提婆無乃闕軍務也帝又以鄴清風園賜提婆光曰
是官無菜蔬買於人每錢三百離其人詐焉以光曰此菜園於
賜提婆是一家足若不賜提婆便百官足由是祖珽穆積怨

周將韋孝寬憚光乃作謠言令間諜漏之於鄴曰百升飛
上天明月照長安又曰高山不推自崩槲樹不扶自豎斑
讀之曰盲老公背上下大斧饒舌老母不得語令小兒歌
之於路提婆聞以告其母令萱以饒舌為斥已盲老公謂
祖也遂協謀以謠言啓帝曰斛律累世大將明月聲震
關西豐樂威行突厥女為皇后男尚公主謠言可畏帝以
問韓長鸞以為不可軍寢光又嘗謂人曰今軍人皆無
闌之皆曰天子自賜我關相王何事藏稍在側帝前得公啓即
禪褲後宮內參一賜數萬匹府藏稍空此是何理受賜者
以庫車載入斑因請間唯何洪珍進曰若本無
意則可既有此意不決行萬一事泄如何帝然又令曹魏
猶預未決班令武都姜兄顏玄告光不軌又令曹魏
祖奏言上將星盛不誅恐有災禍先是天狗西流占曰秦
地紫光寢至咸陽也自太廟及光宅竝見血光
書見光寢室常投食與之一朝三鼠俱死又怵下有二物
如黑膯從地出走其穴臈滑大蛇屢見屋青有聲如彈丸
落又大門橫木自焚擣衣石自移既而丞相府佐封士讓
密啓云光前西討還敕令便放兵散光令軍逼帝京將為
不軌不果而止家藏弩甲奴僮千數每使蓄藥武都廞陰

謀往來居不早圖重未可測帝謂何洪珍曰又心亦大
聖我前疑其欲反果狄帝性恐即有變令洪珍馳召祖
班告之又恐迫光不從命班請賜其一駿馬令明日乘
至東山遊觀須其來謝因執之帝如其言光將上馬頭眩
如此事我不負國家桃枝與力士三人以弓絃縊其頸遂
及至引入涼風堂劉桃枝自後撲之不倒光曰挑枝常作
其反族滅之年五十八血流於地剖之迹終不滅於是下詔稱
問所得物祖信曰更得何物曰得襄子枝二十束撅奴
稱二張斑又鷹聲曰得弓十五張宴射前一百貝刀七口賜
朝廷巳加重刑郎中何可分雪及出人尤其抗直祖信慨
僕與人闘者不問曲直即以杖之一百具大歡乃下聲曰

然曰好宰相尚我何惜餘生祖信少年時父遜為李庶
所鄉因詔庶謂庶曰暫來見鄉還辭卿去庶父諸杖庶而
謝焉光居家嚴韶諸兒子弟老君臣雖極貴盛性節儉簡聲
色不嘗財利絕饋餉門無賓客室與朝士交言不肯預
政事每會議常獨後言輒合理將有表跛令人執筆口
占之務從省實行兵用匈奴卜法吉凶無不中重啟其定
終不入幕或竟日不坐身不脫介冑嘗妄殺士卒先有罪者
唯大校撾曾未嘗妄殺眾皆爭為之死宜陽之役謂周人

曰歸我七年人不然爾十倍周人即歸之在西境寨定
諫諸城馬上以鞭拍書所取地皆如其言拓地五百里而
未嘗伐功板築之役鞭撻人士頗自結髮從我未
嘗失律深為隣懼敵慴慄既不彰一旦暑誠朝野惜之周
武帝聞光死赦其境內後入鄴追贈上柱國崇國公佰詔
書曰此人若在朕豈得至鄴長子武都督進開府儀同
三司梁兗二州刺史所在唯事聚歛光死遺使於州斬之
小子鍾年甫數歲獲免周朝韻封崇國公隋中卒於
車騎將軍

年突厥十餘萬寇州境義搆諸將禦之突厥望見軍容乘
整遂不敢戰帝自是歲時不絕義有力焉詔加行臺僕
射朝貢自是歲時不絕義有力焉天統元年五月突厥可汗遣使
或斬山築城斷谷起障并置立戍邏五十餘里其間凡有險要
水北合易京東會於潞因以灌田公私獲利在州養馬二
千四部曲三千以備邊突厥謂之為憂武平元年乃上書推讓
尚書令別封高城縣侯妻應事數帝以謹直稱雖棲榮寵
不自矜尚以合門貴盛深以為憂武平元年乃上書推讓
乞解所職詔不許其年秋進爵荊山郡王義慮禍使人騎

快驟迎至鄴無日不得首問後二日鄴使不至家乞養
憂之又畏著鉗勸豐樂速奔突厥義不從占其妻曰枷
者加官鎖者鎖吉利及光誅敕中領軍大將鮮于桃枝洛州行臺侯射十
餘人馳驛捕之遣領軍大將鮮于桃枝洛州行臺侯射
獨孤永業使發定州騎卒續進伏恩等既至門者曰義曰
得不敗并害五子年十五巳下者宥之義未誅前忽令其
在州諸子五六人鎖頸乘驢出城合家泣送之至閣日晚
臨刑歡曰富貴如此女為皇后公主家常使三百兵何
見執死於長史聽事謂其妻曰咨太后兄弟死自當知
使人裹甲馬汗且閑城門義曰敕使豈可疑拒出迎之遂

而歸吏人莫不驚異行燕郡守馬嗣明道術之士也為義
所欽禱問之答云滇有攘厭數日而有此藥義及光竝工
騎射少時獵父金命子孫會射而觀之泣曰明月豐樂藥用
弓不及我諸孫又不及明月豐樂每日今出田還
即勁所獲義或被捶人閑其故云明月必背上言筩前彎藥隨
恒家賞義或被捶人閑其故云明月必背上言筩前彎藥隨
處即下手數雖多去兄弟少必麗龜達掖黃獲雖多非要害之所光
馬神武起以都督從皇建初封定陽郡公後為青州刺史
卒贈太尉

論曰斛律神武以並晉陽戎馬之地霸圖收屬練兵訓旅遙制

朝權鄴都機務情寄淵遠孫騰高隆之司馬子如等俱不
能清貞守道以康亂為懷而後嬖貨財挾沒至音薦何
之鎮關中荀或之居許下不亦異於是乎頓文襄入輔責
以驕縱厚遇崔暹奮其霜簡不然則君子醜嬰聞焉
子如徒以少相親軍情溼昵狎義非章昧恩結寵私動德
莫閑坐而輔消難去蔡歸周義非殉國向背不巳晚又
奔閻雷之舉位非寵進功籍勢成附翼攀鱗鬱為佐命
有足稱者實泰尉景妻昭進功籍勢成附翼攀鱗鬱為佐命
屬蜜雷之舉位非寵進功籍勢成附翼攀鱗鬱為佐命之
首定遠以常人之才而因趙郡忠正將以志除朝蠹謀逐

佞臣而信納姦凶反受其亂遂使庸賢肆毒每賢戚見誅敗
政官時莫大於此鄴語曰利以昏智況定遠非智者乎段
榮以姻戚之重遇時來之會功伐之地亦足稱焉韶光輔
七君克隆門業每出當閫外或任處以備忌之朝終
其眉壽韓寡侯多驕為有鄰上將豈其然乎當以循志謝紛
功名不諭實不以威權御物不以智數要時欲求覆鍊其
可得也禮云率性之謂道此其效勳俳金以神武撥亂
之始翼成王業忠款之至成此大功故能終享退年位高
百辟視其盈蒲之戒動之微也繞及後嗣遂至誅夷既處
威權之重蓋符道家所已光以上將之子有沈毅姿戰將

戒者歟

也內令諸將解體外為疆隣滅讎鳴呼後之君子可為深

離之固昔李牧之為趙將也比朝胡寇西郤秦軍郭開譖
之牧死趙滅其議誅光者豈秦之反間歟何同術而同亡

啓關之策而世亂讒詐以震主之威主暗時艱自毀藩

前無完陣攻則罕有全城齊氏必致拘原之師秦人無復

綏而用武咸并吞之壯志光每臨戎警蔡式遏鄙戰則

威而大寧已還東隣浸弱關西前收巴蜀又殄江陵叶建

紀以高氏霸王之期屬宇文革創之日出軍薄伐屢挫兵

兵權暗同韜略臨敵制勝變化無方自關河分隔年將四

列傳第四十二　　　　　北史五十四

孫搴
陳元康
杜弼　子臺卿
房謨　子恭懿
張纂
張亮
張耀　趙起　徐遠
王峻
王紘
敬顯儁

元文遙
趙彦深
赫連子悅
馮子琮　子慈明
即基　子茂

孫搴字彥舉樂安人世寒賤少勵志勤學自檢校御史冊

北史列傳四十三　一

遷國子助教太保崔光引修國史歷行臺郎後預崔祖蠵
反逃於王元景家遇赦乃出孫騰以宗情薦之齊神武未
被知也會神武西征登鳳陵命中外府司馬李義深相府
城局李士略共作檄文皆辭請以搴代神武乃引搴入帳
自為吹火催促之搴神色安然接筆立就其文甚美神武
大悅即署相府主簿專典文筆文襄以其年少未
今當煩劇之任大見賞重賜文襄韋氏既十人子女文兼色
貌許搴為致言乃果行悟此自乞特進文襄宣傳號
時大括人為軍士逃隱者身及主人三長守令罪以大辟

北史列傳四十三　二

沒其家於是所獲甚眾搴之計也搴學淺行薄邢邵嘗謂
曰須更讀書搴曰我精騎三千足敵君羸卒數萬搴少時
與溫子昇齊名嘗謂子昇曰何如我子昇謙曰不如卿
搴要其為誓子昇笑曰但知爾劣於卿何勞旦旦搴悵
然曰卿不為誓事可知矣搴常服棘剌九子諧調之曰
應自足何假外求坐者皆笑司馬子如與高季式召搴飲
酒醉甚而卒神武親臨之曰折我右臂贈吏部尚書青州
刺史
陳元康字長猷廣宗人也父終德魏濟陰內史元康贍贈
慶支尚書謚曰貞元康頗涉文史機敏有幹用魏正光中

從李崇北伐，以軍功賜爵臨清男。普泰中，除主書，累遷司徒高昂記室。初，司馬子如薦之，子如舉魏收。他日，神武與孫騰飲，塞醉死。神武命求好替子如。舉魏收作文書，都不稱我意。司徒嘗道一人謹密，是孫主簿魏收。神武謂之曰：卿飲殺我誰？李式以元康對，曰：是能夜書快吏也。召之一見便授大丞相封功曹，內掌機密，善陳軍意，不爲華藻。遷大行臺都官郎，封安平子。軍國多務，元康問無不知。神武臨行留元康在後，馬上有所號令九十餘條，元康屈指數之乃上。天降憶，神武甚親之曰：如此人世間希有，我今得之，乃盡能記佐也。時趙彥深亦知，元康勢居趙前。

性文柔謹。神武之伐劉蠡升，天寒雪深，使人舉□元康於□下作軍書，颯颯運筆不及凍，俄傾數紙。及出神武目之曰：此何如孔子邪。神武嘗怒文襄，親加歐蹋，極口肆罵，以告元康。元康俯伏涕泣下霑地，王教世子過矣，神武知文，謂左右曰：我以性急瞋阿惠常如此。元康大啼曰：一度爲甚，況常然邪。神武知其自是爲之懲忿。時或與我兒相抱死，高仲密之叛，神武知其叛，神武謂左右曰：我爲汝不殺然。性急瞋阿惠，由崔遷將殺之，文襄乃出。遷匿遷爲之請，神武曰：遷若得秋不須見我。及遷見神武，將解衣受罰，元康趨入止伍伯因屏階升曰須。叩頭苦手，文襄解衣受罰，元康趨入止伍伯因屏階升曰。

王方以天下付世子，世子有一崔遷不能免，其秋父子尚兩況世間人邪。神武意解曰：不由元康，崔遷得一百乃捨之。文襄入輔，居鄴，神武待遇崔暹、李愔等並被任用。張亮張徽纂故，故神武待遇，然皆出元康下。神武每與元康父語，文襄門外接之。時人語曰：三崔二張不如一崔。神武啟以賜元康爲妻。元康婦范陽盧道虔女，故神武遂棄故妻李氏。將軍郎瑗以罪死，子婦范陽盧道虔安也。識者非之。元康便辟，筆事時人而不能平心處物，弱於財利，受納金帛不可勝紀，賣獄交易，遍於州郡，爲清論所譏。從神武於芒山將戰，遺失陣圖。元康冒險求得之，西師既敗，神武會諸將議進取，筆或以爲人馬疲瘦，不可遠追。元康曰：兩雄交爭，歲月已久，今者幸逢大捷，便是天授，時不可失，必不從。累遷彼尚無伏，今者奔敗，何能遠謀。遂捨之必成後患。神武曰：若遇伏兵，何以濟？元康曰：前沙苑還軍彼尚無伏，今者奔敗，何能遠謀。遂捨之必成後患。神武不用元康言，方貽汝患，以此爲恨。死不瞑目，重當與元康定也。神武崩，秘不發喪。唯元康知之，文襄嗣事自晉陽將之鄴，令元康豫作神武條教數十紙，留付段榮。景反趙彥深在後，以次行之，別封昌國縣公。以從嘉名侯昇反文襄遍於諸將，欲殺崔遷以謝之。元康諫曰：今枉殺無辜，將

刑典豈直上負天神何以下安黎庶朝錯前車頴公慎之
文襄乃止高岳討侯景未克文襄欲遣潘相樂副之元康
目相樂緩於機變不如慕容紹宗且先王有命稱堪敬京
時紹宗在遠文襄欲召見之恐其驚叛元康曰紹宗知元
康特家顧待新使人求見之恐其驚叛元康欲安其意故
安之而厚卷其書保無異也乃任紹宗以致誠歃元康令
因而乘之足以取威文襄令元康馳驛觀之
必可拔文襄乃親征頴川益發救軍決既至而克之元

▌北史列傳四十三　　五▶

五十疋王思政入頴城諸將攻之不能被元康進曰公
王朝政未有殊功雖敗侯景本非外賊今頴城將之復命
元康權元康既貪侍附文襄內漸嫌之文欲用為中書令
元康以為未可崔暹因間之馮陸元規為大行臺郎欲分
康金百鍰初魏朝授文襄相國齊王諸將皆勸泰膺朝命

並在坐將大遷除朝士共品深之文襄常執刀從期間
以開地軌之事未施行屬將安魏禪元康與楊愔權季舒
厨閹叫即加刀於文宣別有所之未還而難你雀可惜
東厨進食置刀盤下而殺文宣時事文宣改時別有所之
成因進食置刀盤下而殺文襄元康抱文襄曰可惜
可惜與賊爭力髻解被刺傷重腸出猶手書辭母口占祖
孝徵陳權宜至夜而終時年四十三時楊愔狼狽走出遺

一靴本舒逃匿于廁庫直紀竇會樂捍賊死敕都督王
師羅戰傷監厨倉頭薛豐洛率人持薪以赴難乃奔益
固成一名京事見齊本紀祕祚文襄出問故須元康於官中
託以出使南境虛除中書令明年乃贈司空諡曰文穆元
康卒後母季氏感發病而終贈黃宗郡君諡曰貞昭元
康子善藏嗣善藏溫雅有鑒裁位給事黃門侍郎開皇

時令弼幼聰敏家貧無書年十三奇郡學受業同郡甄琛
杜弼字輔玄中山曲陽人也祖彥佩淮南太守父慈雅愛之
為定州刺史簡謚諸生見而策問應答如響大歎異之命

▌北史傳四十三　　六▶

中尚書即大業初卒於彭城郡贊務
其二子楨覽與交州牧住城王澄聞而召問深相嗟賞許
以王佐之才澄琛等多相招命但
父祖官簿不穫優敘以軍功起家府初除太學博士遷
記弼長於筆札每為時議所推者昌初除太學博士遷
州曲城令為政清靜遠近稱之弼父在鄉為賊所害弼居
喪六年以常調除侍御史臺中彈泰皆見信任儀同竇泰
西代詔弼監軍及泰失利自殺弼與其徒六人走還陝州
刺史劉貴餞送晉陽神武責以不諫爭頗勞謙以免累
遷大行臺即中又引典機密甚見信待或有造次不及
書教宣付空紙即令宣讀未開密勸受禪神武與杖擊走

之相府法曹辛子炎諮事云取署子炎讀署為樹神武怒
其犯諱枝之於前弼進曰孔子言徵不言在子炎可恕神
武罵曰眼看人瞋乃復牽經引禮叱令出去弼行十許步
呼還子炎亦蒙有文襄在鄴聞之謂楊愔曰王左右賴此
人天下蒙人荳獨吾家也初神武自晉陽東出政介朱氏
貪政使人入村不敢飲社酒及平京貨賄漸行弼以文
士大夫望之以為正朝所在我若急作法網恐誘人情文
武在位窄有一吳老翁蕭衍常相督將盡投
凱晉俗巳父令督將家屬多在關西黑獺又請先除內賊討外寇指諸動貴掠
去留未定江東後有一吳老翁蕭衍常相督將盡投
黑獺士子悉奔蕭衍則何以為國爾宜少待吾不忘之又
將有沙苑之役弼又請先除內賊討外寇指諸動貴掠
奪百姓不恤因令軍人皆張弓挾矢舉刀按矟以夾
道使弼冒出其間曰必無傷也弼戰慄流汗神武然後喻
之曰箭雖注不射刀雖舉不擊矟雖按不刺爾猶頓畏
膽諸勳人觸鋒刃百死一生縱其貪鄙所取亦何
謝曰愚人不識至理後破芒山軍命為露布弼即書絹曾
不起草以功賜爵定陽縣男奉使詣闕魏帝見之九龍殿
理文問曰說者妄皆言法性寬佛性恇如何弼曰在寬成

北史列傳四十三 　七　兩

寬在恇成恇若論性體非寬詔曰既言成寬成恇何
得非恇非寬弼曰若定是寬若定是恇亦不
能為寬以非寬所成雖異能成恇為恇所
成恇非恇性好名理探昧玄宗在軍恒
庫賜地持經一部帛百疋弼性好名理探昧玄宗稱善引入經
帶經行注老子道德經二卷表上之遷廷尉卿曾詔討論
侯為軍司攝行臺左丞臨發高岳表上之遷廷尉卿曾詔討論
弼為軍司攝行臺左丞臨發高岳大都督高岳行臺慕容紹宗討
第二馬孤恂自乘聊以為贈又令陳政要可為鑒誡者弼
曰天下大務莫過刑賞賞一人使天下之人喜罰一
人使天下之人服二事得要自然盡美文襄大悅曰言雖
不多於理甚要握手而別破蕭明廻破侯景於渦陽後魏
帝集名僧於顯陽殿講說佛理敕弼升師子座莫有能屈
歡曰此賢若生孔門則何如也關中道王思政據潁州
朝廷以弼行臺左丞及潁州平文襄曰古有逆取順守
思政所以禽弼曰思政不察逆順之理不識大小之形不
度強弱之勢有此三蔽宜其俘獲文襄曰卿之三義何以自立弼
大吳困於小越弱燕能破強齊卿之三義或偏得如聖言
王若順而不大大而不強強而不順於義何以自取順守
今既兼備鄙言可以還立文宣作相位中書令仍長史進
爵為侯弼志在匡贊知無不為又受命以預定策功邊備

北史列傳四十三 　八　兩

尉鄉別封長安縣伯常與邢邵盧思道從東山共論名理邢以
為死還生恐是為蛇畫足物之未生本亦無也
而能有不以為疑因前生後何獨致怪邢云聖人合德天地齊
由循此辰則為經行則為法而云以靈示物必說福果可以鏐鑄性靈
弘獎風教為益之大莫極於斯此乃形墜冤游性
信四時言則為經行則為法而云以靈示物必說福果可以鏐鑄性靈
得便此言無不之亦言散盡而為物不得言無不
季禮言骨肉下歸於土塊氣則無不之亦言散盡而為物不得言無不
也弱曰骨肉下歸於土塊氣則無不之此乃形墜冤游性
而外盡由其尚有故云無所不之若也全無之將為適邢

此史傳四十三 乃

云神之在人猶光之在燭燭盡則光窮人死則神滅邢曰
燭則因質生光質大光亦大則神不係形形小神不小
故仲尼之智必不短於長狄孟德之雄乃遠哥於崔琰其
後別與邢書前後往復再三邢理屈而止文多不載又以
本官行鄭州事未幾坐第二子廷尉卿謀叛案察無實乃
原因此絕朝見後坐弟二子廷尉卿謀叛案察無實乃見
官俱為郎中封靜哲所訟徒臨海鎮時楚州人東方白額
謀反鎮為賊帥張綽潘天合等所攻鎮率鷹城人終得全
固文宣嘉之敕行海州事後除膠州刺史邢所在清靜廉
潔為吏人懷之躭好玄理注莊子惠施篇并易上下繫名

曰新注義花拉行於世性質真在霸朝多所匡正及文宣
作相致位尖首初聞讓之議猶有諫言帝文宣問邢治
國當用何人對曰鮮卑車馬客會須用中國人帝以為讓
已高德正辱要不能下之乃至於眾前面折德正德深
人屬大譽婚嫁次子臺卿先徙東豫州乾明初拉得遷鄴
以為恨數言其短又令主書杜永珍密啟彈邢在長史日受
及遠徙臨海鎮次子臺卿就州斬之熟明初拉得遷鄴
上因飲酒積其憾失遣使就州刺史子公瞻仕隋位安陽
天統五年追贈開府儀同三司尚書右僕射武平元年
文贈驃騎大將軍諡曰文蕭慤字子實學業不如弟臺卿

北史列傳四十三 十 襄州

令公瞻子之松大業中起居人
而幹局過之武平中位大理少卿兼散騎常侍聘陳使主
國史既居清顯忌害人物趙彥深和士開高阿那肱等親
臺卿字少山好學愽覽解屬文仕齊位中書黃門侍郎修
更部即中隋開皇中終於開州刺史子公瞻仕隋位安陽
理者乃至大罵臺卿見其口動謂為自陳令史又故不曉
信之後往往兼尚書左丞省中以其耳聾多戲弄之不辭不得
喻訓對往往大罵臺卿見其口動謂為自陳令史又故不曉
禮記春秋講授子弟隋開皇初被徵入朝臺卿採月全編以
類廣之為書名玉燭寶典十二卷至是奏之賜帛二百疋

忠耳不堪吏職請惰國史著作即後致仕終於家有集
十五卷撰齊記二十卷並行於世無子

房謨字敬放河南洛陽人也其先代人本姓屋引氏代淳
厚雖無造次能而沈深內敏正光末頹位昌平代郡太守
所在著廉惠及六鎮亂謨率所部齊中山遇鮮于脩禮之亂朝廷以謨
外無救援乃率所部齊中山遇鮮于脩禮之亂朝廷執
得比邊人情以為假燕州軍比轉至幽州軍並除太寧太守榮
乃陷葛榮榮以為行臺並授行冀州軍並除太寧太守榮
毓為都督毓弟歆為行臺並持節詣謨同為經略及京都
死其黨徵兵謨不應前後斬其三使遣弟毓詣闕孝莊以
四迤叛安定於是給謨弱馬令軍前慰勞諸賊見謨莫不
淪覆為賊黨建州刺史是蘭安定執繫州獄蜀人聞謨被
並拜謨先所乘馬安定別給將士戰敗蜀人得之謂謨遇
害莫不悲泣善養其子兒童婦女競投草棄皆
言此房公馬也其結愛心如此並朱世隆聞而嘉之捨
其罪以為東北道行臺及並朱氏敗濟州刺史侯景以謨
先歆附推謨降首謨以受春並朱不宜先為反覆不從其
計神武入洛再遷潁川太守魏孝武帝入關神武以謨忠
貞遣其弟毓為大使持節勞問時軍國未寧徵發煩速至
有數使同徵一物公私勞擾謨詣軍遣一使下自催勒朝

廷從之徵為丞相右長史以清貞甚被賞遇謨悉心盡力
知無不為前後賜其奴婢率多兇放神武後賜其生口多
縣面為勞字而付之神武討關石以謨兼大行臺左右丞
補闕固不肯行省務天平三年行定州事請在左右拾遺
史如故撿知府事謨在兗州彭城暴其政化及為刺史合
用廉清廣布恩信容蜀吏蜀令有犯必知雖號細密百姓安
之轉徐州刺史始謨在兗州兵皆督佐驅使飢寒
境欣悅謨為政如在歃立先是當州兵皆督佐驅使飢寒
死病動至千數謨至皆加檢勒不令煩擾以休假番代洗
沐督察主司親自撿視又使傭賃令作衣服終歲還家無
不溫飽全濟甚多時梁謨和好使人入其界皆著咸稱歎之
神武與諸州刺史書敘謨及廣平太守羊敦清能以為勸勵
瑝平原太守許季良等清能以為勸勵謨曾啟神武以天
下未寧宜降婚勳將收將士心深見納魏朝以河南數州
卿俗絹濫退絹一疋徵錢三百人庶苦之謨請錢絹
兩受任人所樂朝廷從之徵拜侍中監國史謨無他材學
每求退身不許尋兼吏部尚書加衛大將軍以子子遠罪
解官久之詔復本將軍起為大丞相左長史後除晉州刺
史加驃騎大將軍文攝南汾州軍先時境接西魏土人多
受其官為之防守至是酋長鎮將及都督守令前後降附

調後預尉遲迥亂驟于家隋開皇初吏部尚書蘇威奏基以
者三百餘人護撫接殷勤人樂為用爰及深險胡夷咸來

歸服護常以巳祿物充其鄉親公物西
慍乃增置城戍纂義者自相糾品蟹破之自是龍巳比
西魏戍皆旱文襄特賜粟千石絹二百疋班示天下卒於
州州府相帥贈物及車牛妻子過共意志拒而不納謨纂
若貨員自自守然內營家產足為富賭不假官體是以世
稱清白贈他姓有平陽蔡景孫者少鷹志節以明經舉郡孝
將攻適他重至是訟之臺府不為理乃持繩諸神廟前比
廉為謨所重至是訟之臺府不為理乃持繩諸神廟前比
面大呼曰房謨清吏忠孝高祖及其死也妻子見陵神而
有如當助申之令引訣訴於地下便以繩自經於掛衛士
見之被解送所司朝廷哀其至誠命女歸房族謨前妻子
子遠陰謀謀其觀之不以為子倒時以謨為後妻盧氏所
諸神武亦以責謨謨陳其恶神武弗信自收忙之令與諸
子同輩又乃令還後與任胃等謀殺神武軍發神武歡曰
知子莫若父信哉因上言言殺謨鄭仲禮嚴祖庶兒晚始
從法竊以謨立身清白發行忠謹述祖李道璠二家理宣
收拾李世林生自外養鶩絕本宗三人特乙罪止一房魏
帝許焉及謨卒子廣嗣廣弟恭懿恭懿字慎言沈深有局
量達於樞政仕齊平恩令濟陰太守並有能名衆工不得

哭神武嘉歎之授丞相府參軍漸見親待委以書記之任
天平中為文襄行臺郎中典七兵事雖為臺郎常在神武
左右遷右丞高仲密之叛與大司馬斛律金守河陽周文
帝於上流放火船欲燒河橋亮乃備小艇百餘皆載長鎖
鎖頭施釘火船將至即馳小船以釘釘之引鎖向岸火船
不得及橋橋全亮之計也後自太中大夫拜幽州刺史辭
以父在左右不能廉潔為神武文襄咸有贈貨之號天保初
帝嘗夢亮於山上掛絲以告亮且占之曰山上絲幽字也
鮒君其為幽州乎數月而驗累遷尚書右僕射西南道行臺
亮性質直勤力強濟深為相府又有趙起徐
別封安定縣男位中領軍卒贈司空時霸府又有趙起徐
遠者並見任委本官監兵起廣平人性沈謹以為相府騎兵
卿侍中常以本官監兵出內居腹心寄與二張相亞武
二旬典兵馬十餘載至文宣即位累遷大鴻臚卿歷九
平中卒於師贈都督滄州刺史遠廣寧人為丞相參
軍事深為神武所知累遷東楚州刺史有恩惠郭邑天
火城人亡產業速躬自赴救對之流涕仍為經管皆得安
立卒於衛尉卿起速前書並有傳更無異述今附此云
僚佐又執左右以贓挂網者百餘人唯曜以清白免天保
張曜字靈光上谷昌平人也少貞謹韓軌為御史勍州府

初賜爵都鄉男累邊尚書右丞文宣嘗近出令曜居守帝
夜還曜不時開門勒兵嚴備帝駐蹕門外久之催迫甚急
曜以夜深湊火至面識諧乃可開於是獨出見帝帝笑曰
卿欲効郅君章也乃使曜前開門然後入焉賞之賜以錦
綵大寧初還秘書監曜歷事累世奉職恪素勤敏飲食取
給而已好讀春秋月一遍時人比之賈梁道性清儉不於
之曰君研素左氏邪曜曰何為其然乎左氏
之書備敘言畫若求古人得失也天統元年奏事暴疾卒於御前
尋非欲詆訶古人得失也天統元年奏事暴疾卒於御前
武成下坐臨視呼不應帝泣曰失我良臣也旬日卒贈尚
書右僕射諡曰貞簡

王峻字巒世平原人也明悟有幹略歷事神武文襄為相
府佐賜爵比平男除營州刺史營州地接邊城賊數為人患
峻至州遠設斥候廣置疑兵賊不敢犯境獲安生是刺
史陸士茂詐殺室韋八百餘人因此朝貢遂絕至是峻要
其行路大破之擒其酋帥厚加恩禮放遣之室韋遂獻誠
欵朝貢不絕峻有力焉蠕蠕主菴羅辰東徙峻設伏大破
之於此逐走曜位尚書河清中位南道行臺坐達格私度
禁物并盜截軍糧有司定罪斬刑家口配没詔決鞭一百

除名配甲坊蠻其家口武平初卒於侍中贈司空

王絃字師羅太安狄那人也父基頗有智略初從葛
榮與周文帝相知及周文據關中神武追基與長史侯景
同往焉周文留基不遣後乃逃歸歷南益北豫二州刺史
炘歷皆好聚斂然性和直吏人不甚怨苦後為奴所害贈
吏部尚書絃善騎射愛文學性敏捷年十三見楊州刺史
太原郭元貞撫其背曰讀何書曰誦孝經元貞曰孝經云
亦願留意元貞稱善十五隨父在北豫州行臺侯景與人
論掩衣法為當左右尚書敬顯儁曰孔子云微管仲五其
在上不驕為下不亂元貞曰吾豈驕乎絃曰君子防未萌
被陵左袒以此言之右袒應是絃進曰國家龍飛朔野雄
步中原五帝異儀三王殊制掩衣左右何足是非景奇其
早慧賜以名馬與和中文襄召為重直奉朝請文襄遇禍
絃冒刃捍禦以忠節進秩尉景平春縣男頗為文宣所知
左右都督嘗與左右飲酒文宣曰亦有大苦帝
亡臣死自見常節但賊堅力薄故臣不死帝默然後員
日阿苦絃曰長夜荒飲不悟國破是謂大苦帝使燕子獻
縛之長廣王捉頭手刃將下絃呼曰楊遵彥隻李舒逃
雞位至僕射尚書冒危效命之士翻見屠戮曠古未有此

軍帝投刃於地曰王師羅不得殺遂舍之後拜驃騎大將
軍武平初加開府儀同三司上言突厥與周男女來娉必
相影響南北冠邊宜為之備五年西冠淮南封輔相議
討之絃曰若復出頓江淮恐北狄西冠乘其而來莫若薄
賦省徭息人養士使朝廷協睦遐邇歸心征之以仁義鼓
之以道德天下皆當蕭清豈直江南偽陳而已高阿那肱
謂眾曰從王武衛者南席猨皆同焉尋兼待中聘周使還
即正未幾卒絃好著述作鑒誡二十四篇
敬顯儁字孝英陽平人也少英俠從神武信都義舉
歷位度支尚書神武攻鄴顯儁慣造土山以功封永安縣
侯出內多疑顯官所在著名河清中卒於兗州刺史子長
瑜武成時為廣陵太守多所受納刺史陸騷將表劾之以
貸事和士開以書訴為長瑜武成大悅駁表奏至
遂不問焉遷合州刺史陷於陳卒子德亮齊亡後貧餒歸
德亮字開達燕郡薊人也祖延魏安平太守父勝安州刺
平鑒字明達敏受學於徐遵明受詩禮於弘農揚文懿通大
史鑒少聰敏有豪俠氣兼習弓矢鑒性巧夜則胡書以
義不為章句雅有豪俠氣末見天下將亂乃之洛陽
與慕容儼以客騎馬為業兼習弓矢鑒性巧夜則胡書以
供衣食俄奔尒朱榮榮大奇之以軍功累遷襄州刺史神

武起兵信都鑒蒙州自歸即授本官文襄輔政封西平縣
伯遷懷州刺史鑒蒙請於州西故驛關道築城以防西軍
從之尋而魏將揚標來攻時新築之城取足揚示敵井而
南門內有大井隨汲即竭鑒具多冠俯井而祝至旦而井
泉湧溢有異於常合城取足揚示敵人將士既觀非常其
氣自立楊標因喜酣醉擅開府儀同三司累遷揚州刺史
妻生男鑒因喜酣醉擅免關中細作一人醒
而知之上表自劾文宣特原其罪賜犢百頭年二百口酒
百石令作樂河清二年重拜懷州刺史時和士開使求自
愛妻阿劉即送之仍謂人曰老公失阿劉與死何異要自

為身許不得不然後卒於都官尚書贈司空諡曰文子子
參軍為并州摠管秦王所殺
故嗣輕險無賴姦穢所至禽獸不若隋開皇中為晉州行
唐邑宇道和太原晉陽人也其先自晉昌挑焉父寶娶魏
壽陽令邑貴贈司空公邑少明敏有材幹初百神武外兵
曹以幹濟見知擇為文襄大將軍督護文襄朋事出食
重之天保初稍遷給事中兼中書令人封蓨漢鄉男天從
文宣部分將校鎮歇四方夜中召邑支配造次便了帝甚
征袞會薨黃門侍即表猛攜典驛兵事以猛賜邑文宣頗
杖一百仍令邑監驍兵事以猛賜邑文宣頻年出塞邑必

陪從專掌丘機承受敏速自軍吏已上勞效由緒無不誦
練占對如響咸御前問閱邑多不執文宣唱官名未嘗謬
誤七年於汾隄講武令邑捴為諸軍節度事軍仍監宴
射之禮親執其手引至大后前坐於永相解律金上啓大
后云邑一當千仍別賜錢絹邑非唯強濟明辯亦善揣
上意又聽受實是其人一日六度賜物邑嘗於并州服青
金城湯池天府之國帝云我謂唐邑是金城此非也後謂
人文宣嘗發并州城曰此何名黃門中書舍
鼠安表賜邑云云意在腹卿除兼給事黃門
分耳又聽受賜邑云云童子佛寺望并州城或曰

邑云高德正妄訟卿短而蕩主書郭敞朕已殺之卿勸勞
既又欲除卿作州頻勑楊遵彥求填代卿有如卿實不
得所以遂停文宣或切青待臣云觀卿等不中與番邑作
奴其愛遇如此孝照作相署相府司馬皇建元年除給事
黃門侍即大寧元年除大司農卿河清元年突厥入冠遣
邑驛赴晉陽慕集兵馬在洛聞慶將過邑斬的事宜改敕
更促期會由此除拜待中并州大中正護
軍將軍從武成幸晉陽帝在路聞慶將過邑斬
洪將軍殺之邑諫以為若非酒行戮族誅人無所怨假實為
大罪因酒殺人恐招橫議洪因得免死邑又以軍人教習

田獵依令十一月別三圍以為疲弊請每月兩圍又奏
河陽晉州與周連境請於河陽懷州永橋義寧烏蘇各從
六州軍人并家立軍府安置以備機急之用帝並從之未
幾出為趙州刺史并州刺史侍中護軍大中正悉如故謂曰朝臣百
有帶侍中護軍中正臨州者以卿舊勳故有此舉放卿百
餘日休息至秋間當即召邑政頗嚴酷然抑挫豪強斷事
甚理尋除中書監仍侍中遷尚書右僕射武平初坐事遷
阿曲為御史所劾除名久之以舊恩復除將軍開府諸軍
尚書封晉昌王高思好攜逆令邑赴晉陽監勒諸軍事
平錄尚書事為周師攻洛陽石丞相高阿那肱赴援邑配

割不其從允那肱諸之由是被踈七年車駕將幸晉陽敕
斛律孝卿揔騎兵事多自決邑悟禧一旦為孝卿所輕鬱
快形於辭色帝从平陽敗後狼狽邑懼那肱諸謝恨
孝卿輕已遂留晉陽與莫多婁敬顯等樹安德王為帝尋
隆周邑依例授上開府大將軍兼遷戶部轉少司馬
封安福郡公遷鳳州刺史隋開皇初卒邑性識明敏在齊
一代典執兵機是以九州軍士四方勇豪強弱多少首代
往還器械精亮糧諸靈實精心勤事莫不諳知自大寧以
來奢侈藥費比及武平之末府藏漸虛邑支度取捨大有
裨益然既被任遇意氣漸高其末經府寺陳訴起覽辭牒

條數甚多俱為臺灸左丞彈劾並御注放免司空從軍
中郎封長業夭尉祭軍辛濤並為徵官錢違限邑各
校背三十奏時宰相未有遏攔朝士至是大駭物望次子君以
長子君明開府儀同三司開皇初卒於應州刺史次子君
微中書舍人隋二州刺史大業中卒於邑後邑建位望轉隆各
子君德以邑降周伏法諸郡朝因神武作相丞相府外兵騎
唐邕分掌兵馬及受禪諸司咸歸尚書唯此二曹不廢令
立曹主令中書舍人分判二省車故世稱唐曰云

白建字彥舉太原陽邑人初入大丞相府任騎兵轉典文
帳明解書計爲同局所推天保末兼中書舍人孝昭輔政
除大丞相騎兵參軍河清二年除員外散騎常侍仍舍人
三年突厥入境代忻二牧悉是細馬合數萬疋往五臺山
比栢谷中避賊退敕建選馬定州付人養飼建以馬瘦
違敕以便宜從事戎無損建有力焉武平末歷位尚書
特進侍中中書令封髙昌郡公父命贈開府儀同三司
都官尚書建雖無他才伎勤於在公以溫柔自處與唐邑
俱以典執兵馬致位卿相諸子幼弱俱為州郡主簿男女
婚嫁皆得勝流卒贈司空

元文遙字德遠河南洛陽人也魏昭成皇帝六世孫也五

世祖常山王遵父晞有孝行父卒廬於墓側而終文遙貴
贈特進開府儀同三司世中書監諡曰孝文遙敏慧風成濟
陰王曜業每一此子王佐才也曜業常大會賓客時有人
將何遜集初入洛諸賢皆贊賞之呂河間邢邵試命文遙
誦之幾遍可得文遙一覽便誦時年十餘歲常濟陰王曰
我家千里駒令定如何邢云此始古來未有起家員外散
騎侍養隱於林慮山武定中文襄徵為大將軍府功曹
官侍郎遭父喪服闋除中書本乂宣傳文武號令揚遵彥每云
受禪於登壇所授中書侍郎封求樂縣伯參軍國大
其解攘佩印首必在斯人後忽中吉幽執竟不知所由如

此積年文宣後自幸禁獄執手愧謝親解所著金帶及御
服賜之即日起為尚書祠部郎中孝照攝政大丞相府功
曹參典機密及踐祚除中書侍郎封求樂縣伯參軍國大
事文襄及帝大漸與平泰王歸彥趙郡王叡等同受顧託迎立
武成武成即位任遇轉隆歷給事黃門侍即散騎常侍侍
中中書監天統二年詔特賜姓高氏籍屬宗正子弟仍依例
歲時入朝朝祀毌遣尚書左僕射進封宜都郡公仍侍中
文遙慈愛三王明達世務毋臨軒大集冬令宜敕號令文
武聲韻高朗發止無漏然探測上吉時有委卷之言故不
為知音所重然因魏宰縣多用斯濫至於士流恥居百里

為西兗州刺史開日別士開曰處得言地使元家兒作
令僕深員朝廷既豆而悔仍執手慰勉之猶慮文遙自疑
用其子行恭為尚書郎以慰其心士開死自東徐州刺史
徵入朝竟不用卒行恭美安貌有父風俊才位中書舍
人待詔文林館森上陽休之等十八人同入關稍遷司勳
下大夫隋開皇中位尚書郎坐事徙瓜州而卒行恭少頗
驕恣文遙令與范陽盧思道交游文遙嘗謂思道云小兒
比日微有所知是大弟之力然白擲劉飲甚得師風思道
荅云六郎辭情俊邁自是克荷堂構而白擲劉飲亦天性
所得行恭弟行如亦聰慧早成武平末著作佐郎

趙隱字彥深自云南陽宛人漢太傅喜之後高祖父難為
齊州清河太守有惠政遂家焉清河後改為平原故為平
原人也隱避齊廟諱改以子行父奉伯仕魏位中書舍人
行洛陽縣令彥深貴贈司空彥深幼孤貧事母甚孝年十
歲魯侯司徒崔光光謂賓客曰彥深小兒觀其意初為尚書令
歸服昧奭輒自埽門外不使人見率以為常此人
司馬子如賤客供書計安閒樂道不雜交游為尚書令
靴無氈衣帽穿弊子如給之用為書令史月餘補正令史
神武在晉陽索二史子如舉彥深後拜子如開府參軍超

拜水部郎及文襄為尚書令攝令選沙汰諸曹郎隱以地
被出為滄州別駕辭不行子如言於神武徵補大丞相
功曹叅軍專掌機密文翰多出其手稱為敏給神武曾與
對坐叅造軍令以手捫其額曰若天假卿年必大有所至
每謂司徒孫騰曰彥深小心恭慎曠古絶倫及神武崩秘
喪未發叅軍令仍自巡撫乃委彥深後軍轉大行
臺都官郎中臨河南有變仍發揰手泣曰以母弟相託奉得此心既而
內外寧靜彥深之力及還發叅軍加儀又乃披郡縣薄為
選封安國縣伯從征潁川時引水灌城城雉將沒西魏將
王思政猶欲死戰文襄令彥深單身入城告喻即日降之

便手蕪恩政出城文襄大悅先是文襄謂彥深曰吾昨夜
夢獵遇一群豕射盡獲之獨一大豕不可得卿言當為
吾取須史獲豕而進至是文襄笑曰夢驗矣即解思政佩
刀與彥深曰使卿常獲此利文襄笑曰夢驗矣典密進爵為
侯天保初累遷秘書監以為忠謹每郊廟必令兼太僕
侍中仍掌機密趙彥深進爵安樂公累遷尚書左僕射
齊州大中正監國史遷尚書令位特進封宜陽王武平二
年拜司徒丁母憂尋起為本官七年六月暴疾薨時年七十
轉司徒丁母憂尋起為本官七年六月暴疾薨時年七十

彥深歷尊重東朝常筆機近溫柔謹慎喜怒不形於色自皇
建以還禮遇稍重每有引見或升御榻常呼官號而不名
也凡諸選舉先令銓定提獎人物皆行業為先彥深獨不致言
弟之齒也彥昭既執朝權群臣多勸進彥深獨不致言
孝昭嘗謂王晞云若言衆心皆愿天下有歸何不見彥深
有語晞以告彥深不獲已陳諫其言甚切時重如此常選言恭
已未嘗以驕矜待物所以或出或處去而復還母傅民雅
有操識彥深三歲傅便孀居家人欲以改適自誓以死彥

深五歲傳謂之曰家貧見小何以能濟彥深泣而言曰君

天哀矜兒大當仰報傳感其意對之流涕及彥深拜太常

卿遷不脫朝服先入見母跪陳紹小孤露蒙訓得至於此

母遺相泣久之然後改服後爲宜陽國太妃彥深有七子

仲將知名沈敏有父風溫良恭儉雖妻子亦未嘗急慢終

日儼然學涉群書隸雖與弟書字楷正二草不可

不解君施之於人即似相輕易若當家串幼又恐其疑所

在宜兩是以必須錄書事始令終唯彥深一人然諷朝廷以子叔堅爲

黃門侍郎散騎常侍開皇中位吏部郎終於安州刺史

郡朝早相善始安州授之位給事

繼居郡境問所不便悦云臨水武安去郡遙遠山嶺重疊

濟州別駕勸刺史侯景赴神武後除林慮太守文襄往晉

中書侍郎頗招物議時馮子琮慈明祖珽子君信竝相

劣

赫連子悦字士欣偕夏赫連勃勃之後也神武起兵時爲

幹悦咨曰所言者人所疾苦不敢以私潤貧公心文襄善

之乃救依事施行自是人屬近便行自路稱之天保中爲楊

州刺史先是城門早閉晚開發於農作子悦到乃命以時

開關人吏便之累遷鄭州刺史政爲天下之最入爲都官

尚書鄭州人馬子韶崔孝政等八百餘人請立碑頌德有

詔許焉加位開府歷行北豫州事兼吏部尚書子悦在官

馮子琮字子琮子長樂信都人北燕王馮弘之後也祖

使主卒居銓衡之首大招物議由是除太常卿兼侍中聘周

一旦居銓衡之首大招物議由是除太常卿兼侍中聘周

唯以清勤自守既無學術又闕風儀人倫清鑒去之彌遠

陽縣子齊天保初改爲長安縣男皇建初爲尚書駕部郎

相州刺史父靈紹尚書郎太中大夫子琮貴贈開府儀同

三司子琮性識聰敏以外祖滎陽鄭伯猷所異初蔭陽榮

時梁丞相王琳歸胡皇后也故詔與胡長粲有隙

後轉太子中庶子琮妻胡皇后妹也故詔與胡長粲輔導太子

中攝庫部中孝昭魯閱溥領試令口陳子琮闇對無有遺失

君左右宜得正人以卿心存正直令以後重相委毋邊散

常侍奏門下事柔兼升省祠部尚書後主與胡長粲有隙

甚見嘉賞子琮妻胡皇后妹也故詔與胡長粲有隙

騎常侍武成深誡之曰脣亡齒寒勿復如此武成在晉陽既居舊

殿少帝未有別所詔子琮監造大明宮成帝怪其不宏麗

武成崩子琮監護喪事欲令敦儉以示萬邦兼此北連天

子琮曰至尊崇峻幼承大業欲令敦儉以示萬邦與趙郡王叡分

關不宜崇峻帝稱善文詔子琮監護五禮與趙郡王叡分

卒與同略無降下大為識者所鄙及武成崩和士開秘喪

三日子琮問其故士開引神武文襄自擅權頗生間隙時

尊年少恐王公貳欲追集然後與詳議時趙郡王叡先預

惟帳之謀子琮素知士開忍叡又領軍妻定遠恐其矯遺

喪元文遙以子琮太后妹夫恐其獎成太后干政恐有他變又發

已經數日升遐以子琮因忌叡又云大行神武之子今上

又是先皇傳位定君臣遠禁衛權因咎又領軍妻定遠恐

易必無異望世異事殊不得與霸朝相比且公不出宮門

詔謁公行賄填積守宰除授先定錢帛然後奏聞其所

通致貲無不允子琮亦不禁制又廣拓傍鄰增修宅字以

夜繼晝未曾休息斛律先將兵度王璧至龍門周有移書

為繼滄州別駕封審都縣伯太后為齊安王納子琮長女

別遣篆議詔子琮傳後主以假赴鄴遂授侍中轉吏部尚書其妻放縱

門等五城因此內附後主如故和士開之功封昌黎郡公遷

尚書右僕射仍攝選侍中如故和士開居要日父子琮舊

所附託中雖阻異其後還相彌縫士開弟士休與盧氏成

婚子琮撥校趨走與士開府寮不異時內外除授多由士

開奏擬子琮既侍內戚帶選曹自擅權寵頗生間隙時

陸媼勢震天下太后與之結為姊妹而和士開於太后有

醜聲子琮欲陰殺陸媼及士開因發帝而立琅邪王儼以

謀告儼儼許之乃矯詔殺士開又矯詔殺之旬月便驗太

后怒又使執子琮送右衛大將軍侯呂芬就內省以弓弦

絞殺之使內參以庫車載尸歸其家諸子方搆架聞公又

來以為賜物大喜開視乃哭訃非類公為深交縱顧慕存

位墊轉隆宿心頓改權倒以官爵許之其子希榮陽鄭庭堅

倫次又事營婚媾歷選上門倒以官爵許之其子希榮陽鄭庭堅

立李克范陽盧思道隴西李愐伯李子希榮陽鄭庭堅

其女婿皆至超遷其矯縱如此祖班先與子琮有隙於後

具奏此事諸子並坐此除名太后以為言又被擢用子琮

有五子慈明最知名

慈明字無侠在齊為中書舍人隋開皇中兼內史舍人大

業中位至尚書兵部郎加朝請大夫十三年攝江都郡丞事

李密之逼東都詔慈明追兵繫密營慈崔樞所執密延

義之言非所敢對密厚禮之其從己慈明潛使奉表江

都及致書東都留守論賊形勢密知文義而釋之出至營

門為賊帥翟讓所害慈明勃然曰天子使我來正欲除

兩淮皆為賊黨所據我豈從汝求活邪須殺但殺何須

罵詈讓益怒亂刀斬之梁郡通守楊汪上狀煬帝歎惜之

贈銀青光祿大夫拜其二子忤博俱為尚書承務郎王世

充推越王侗為主重賄柱國戶部尚書黎郡公諡曰壯武

長子忱先在東都王世充破李密忱亦在軍中遂遇奴賊

父屍枢詣東都身不自送未幾父盛華燭納室時論醜之

郎基字世業中山新市人也祖智魏青燭納室時論醜之

史父道固開府陽平郡守基身長八尺美鬚髯沈深埇籍

尤長吏事齊天保四年除海西鎮將遇東方白額稱亂江

南州郡皆從逆梁將吳明徹攻圍海西基固守乃至削木

為箭剪紙為羽圍解還朝僕射楊愔迎勞之曰卿本文吏

遂有武略削水翦紙皆何以相過御史

中丞畢義雲引為侍御史趙州刺史尉粲文宣外弟揚州

刺史郭元貞實楊愔妹夫基不憚權威並劾其贓罪其叛初

除鄭州長史人仍緣姻舊私相賣易而周接境因侯景背叛其

一基初在職法檢格條多是權時不為父長州郡因循失

東西分隔士人仍緣姻舊私相賣易而禁格嚴重把者非

於請讓致密網父枚得非極刑一皆決放積年留滯案狀申臺省仍以情量

軍科題判咸盡尋而臺省報下並允基所陳條綱既疎獄訟

中剖判咸盡尋而臺省報下並允基所陳條綱既疎獄訟

清靜基性清慎無所營求嘗語人云任官之所木枕亦不

須作況基性清慎無所營求嘗語人云任官之所木枕亦不

官寫書亦是風流罪過甚卷二觀過知仁斯亦可矣辛於在

官贈驃騎大將軍和州刺史諡曰惠枢將還遠近赴送莫

不攀轅悲哭哀不自勝初基再任瀛州刺史元康為司

馬畢義雲為瀛州與基並有聲譽為刺史元疑所目三賢俱

有當世才後來皆常遠至唯即騎兵任真過甚恐不足自

達陳畢後來並有聲譽而基位止郡守子茂

茂字休之少敏慧七歲誦騷雅日千餘言十五師事國子

博士河間權會受詩易三禮及玄象刑名之學文就國子

助教長樂張奉禮受三傳群言至忘寢食家人恐成病常

節其燭及長以博學擢瀅位至保城令有能名周平齊上柱

國王誼薦之授陳州戶曹屬隋文帝為亳州捴管命掌書

記周武帝為象經隋文從容謂戎曰人主之所為也感天

地動鬼神而象經多亂法何以致人茂籍對曰此言豈常

人所及乎陰自結納隋文亦親召之後還家為州主簿及隋

文為丞相以書召之戎其姊音其歡甚授衛州司錄有能名

餘人歷年不辭訟不詣州省魏州刺史元暉謂曰長史言衛

尋除衛國令時有繫囚二百戎親自究審數日釋免者百

國人不敢申訴者畏明府耳茂曰人猶水也法令為隄防

中國人不敢申訴者畏明府耳茂曰人猶水也法令為隄防

陛防不固必致奔突苟無決溢使君何患哉雖無以應有

部人張元預與從父弟思蘭不睦丞尉請加嚴法茂曰元

預兄弟本相憎嫉又坐得罪彌益其忿非化人之意也乃

遣縣中書舊往敕諭道路不絕元預等各生感悔詣縣

頓首請罪茂曉之以義遂相親睦稱為交悌開皇中累遷

戶部侍郎時尚書右僕射蘇威立條章每歲責人間五品

不遵或吞者乃云管內無五品家不相應領多如此又

身死王事者不退田品官左戶不減地皆發於茂茂性

明敏剖決無滯當時以吏幹見稱煬帝即位為尚書左丞

參掌選軍茂尤工政理為世所稱時工部尚書宇文愷右

衛大將軍于仲文競河東銀窟茂奏劾懲位望已隆祿

謝之利知而必革何以貽範庶寮示人軌物惜與仲文大

賜優厚挍葵去織寂爾無聞求利下交曾無愧色仲文

坐得罪茂與崔祖濬撰州郡圖經一百卷奏之賜帛百段

將宿衛近臣趨侍階庭夕間道慮芮之風抑而不慕分

銖之利知而必革何以貽範庶寮示人軌物惜與仲文

時帝每巡幸王綱已紊茂既先朝舊臣明習世事然無所

諫之郎見帝忌刻不敢措言唯乞骸骨而已年老乞骸骨

不許會帝征遼以茂為晉陽宮留守其常山贊務王文同

與茂有隙奏茂附下罔上詔納言蘇威御史大夫裴蘊雜

推之茂素與二人不平因深文其罪及弟司隸別駕楚之

皆除名茂徙且末郡茂怡然任命不以為憂在途作龍賦

以自慰後附表自陳帝頗悟十年追還京兆歲餘卒子知

年

論曰孫騰父幕未久君卒致斃神武以情寄之重義切折

肱若不愛惜才子何以成夫王業元康以知能才幹委質

霸朝綢繆帷幄任寄為重及難無苟免忘生殉義可謂得

其地焉杜弼識學甄明發言讜正禪代之際先起異圖王

怒未終卒蒙顯戮直言多矣能無及於此乎房謨張纂張亮

操始終若一恭儉良之風可謂世有人矣張纂張亮張

曜王峻王紘等並重霸朝申其力用皆有齊之良臣也伯

德之慟哭伏尸靈光之拒關駐驆有古人之風焉傳明

明其為朝臣所服及于後主奔道莫知所之首贊延宗以

官道和愛從霸府以終末路四十餘載綜兵機識用開

達文武驅馳盡其知力不遑寧處可謂德以稱位能以稱

從權變既而晉陽傾覆運極窮還鄴則義隔德昌死事

則情乖舊主雖後全生擇節豈比背叛之流與夫縣宰

寄綿歷古今親人任功莫尚於此漢氏官人尚書郎出宰

百里吾朝設法後魏令長名選舊令史為之故縉紳之流恥居

臨人之要後魏令長名選舊令史為之故縉紳之流恥居

其位爰遠有齊此途末欵寧都公羣斯流獘弘之在人固

爲美矢司徒器庫沈遠有牽臣之量始從文吏終致台輔

出內有常夷險若一而世人諭之胡廣讓其不能廷爭然

古稱見幾而作又曰相時而動若時有開悟或可希舜一

功而終遇姦回便恐毋氈俱運斯蓋趙公之志也子悅牧

牢流譽子琮簿領見知及居藻鏡俱稱尸禄馮溺於賄貨

於斯爲甚慈明赳蹈之義蓋有衡頴之鄭郎基政績有聞

蔚之克荷堂構美矣乎

列傳第四十三　　　　北史五十五

魏收

魏長賢

魏季景　子澹

魏蘭根　族子愷

魏收字伯起小字佛助鉅鹿下曲陽人也自序漢初魏無
知封高良侯子均均子恢恢子芽芽子歆歆字胡紛孤有
志操彊博洽經史位終本郡太守子悅字廟德性沈厚有度
量壹城公趙國李孝伯見而重之以女妻焉位濟陰太守
以善政稱悅子子建字敬忠釋褐秦朝請累遷太尉從事

中郎初宣武時平氏遂於武典立鎮尋改為東益州其後
鎮將刺史乘失人和辇氏作梗遂為邊患乃除子建東益
州刺史子建布以恩信遠近清靜正光五年南北二秦城
人莫不同類悉反宜先收其器滅子建以城人數當行
不勤勇同念生韓祖香張長命相繼搆逆僉以州城之人莫

陣盡皆駭果安之足以為用念之并上言諸城人本非罪坐而來
老壯曉示之并上言諸城人本非罪坐而來者悉求聽免
明帝慢詔從之井兄子弟外居郡戍內外相
顧終慢詔從之子建乃潛使梅龍竈前
後斬獲其眾威名赫然先反者及此悉降乃間使上聞帝

其嘉之詔子建兼尚書為行臺刺史如故於是威振蜀土
其梁巴二益兩秦之事皆所節度梁州刺史傅豎眼子建將
中心以為愧在洛大行貨賄以圖行臺先是子建亦屢求
歸京師至此乃遣刺史唐永代焉豎眼子建
還群氏慕戀相率斷道主簿楊僧覆先行曉喻諸氏皆不
我留刺史兩送出刑之數創幾死焉東益子建蜀尋反攻
方得前刺史更求贈遺一無所受而東益子建徐尋反攻
求求棄城而走子建之客垂泣追衣
璨及鉅鹿人耻顯皆沒落氏手及知子建為前軍將軍十
物遷之送出白馬遺愛所被如此初子建謂所親
遠洛後累遷衛尉卿初元顥內逼莊帝北幸子建謂所親
臺義傅曰北海自絕社稷稱藩
遂撝舉家口居洛南顥平乃歸光苦風痺以卿任
有格慢上書乞身特除右光祿大夫邢杲之平太傅李延
寔子侍中或為大使撫軍東土時外戚貴盛送客填門子
建亦往候別延寔曰小兒今行何以相勗子建曰益以盈
滿為誡寒帳然父之及莊帝殺尒朱榮遇禍於河陰者

其家率弟賀太尉李慶第二子仁曜子建之女婿往亦
見害子建謂姨弟盧道慶曰朝廷誅翰權光徒尚梗未
閻有奇謀異略恐不可溝此乃李門禍始自忽忽忽
及求安之後李氏宗族流離或遇誅夷如其所庸後麻正左
光祿大夫加散騎常侍驃騎大將軍子建自出為藩牧董
懷及歸京師家人衣食常不周贍義僧姨弟涇州刺史盧道
司山南君脂青之中遇天下多事正身縈已不以財利經
存重慎不雜交游唯與尚書盧義傳⋯始性
裕雅相親昵及沃為顧敕二子曰死生大分含氣所同世
有厚葬吾平生不取邊溝裸身兄吾五意氣絕之後敏以

時服吾平生黎閱前後三聚合葬之事抑又非古且汝二
毋先在舊塋墳地汝固巳有定別唯汝次行孝陽孝義里
逶入兆域依班而定行於吾基之後如此足矣不湏祔合
當時年六十又贈儀同三司定州刺史諡曰文及隨父赴邊里
習騎射欲以武藝自達榮陽鄭伯調之曰魏即弄翰多少
合時年⋯頗已屬文又收收
柞收少機警不持細行年十五頗已屬文又及隨樹陰
之勳遂折節讀書夏月坐板林隨樹陰諷誦積年林板為
收勳遂折節⋯以文華顯初除太學博士及众朱榮為
於河陰濫害言朝士收亦在圍中以日安獲免吏部尚書李

神儁重收才學表授司徒參軍永安三年除北主客
郎中節閔帝立妙簡近侍詔收為封禪書收下筆便就
不立草藁帝文將千言所改無幾時黃門郎賈思同侍立深
奇之自帝曰雖七步之才無以過此遷散騎侍郎尋敕典
起居注并修國史俄兼中書侍郎時年二十六孝武初又
詔收攝本職文誥填積事咸稱旨黃門郎崔㥄從齊神武
入朝㷿灼於世收初不詣門㥄為帝登昨云朕託體孝
文收嘿然則義旗之士盡為逆人又收父老含解官歸侍
為詞音然則⋯
文收嘿唯其事⋯

贊開府從事中郎收不敢辭乃為庭竹賦以致己意尋兼
相之意必前事不安求解詔許焉對父之除帝兄子廣平王
欲加相國問收相國品秩收以實對帝遂止收既未測主
歸雅正帝乃手詔報高甚見褒美鄭伯謂曰卿不遇老夫猶
不能巳乃上南狩賦以諷焉年二十七雖富言滛麗而終
與從官及諸妃主奇異飾多非禮慶收欲言則懼欲默
南臺將加彈劾賴尚書辛雄為言於中尉綦儁乃解收有
賤生第仲同先未齒錄因此怖懼上籍遺還鄉扶侍孝武

中書舍人與濟陰溫子昇河間邢子才齊譽世號三才時

孝武內有間隙收遂以疾固辭而免尋而神武西入關問之

收曰懼有晉陽之甲尋而神武南上帝西入關兼通直

散騎常侍副王昕聘於梁昕風流文辯收辭藻富逸梁主及

其群臣咸加敬異先是南北初和李諧盧元明首通使命

有買婢者收亦喚取遍作新穢賦辭甚美或以為之獲罪人

中興朱知後來復何如耳至此梁遂買異婢入館其部下

二人才器並為鄴國所重至此梁主稱曰盧李命世王魏

僕射高隆之求南貨於昕收不能如志遂諷御史中尉高

稱其才而鄙其行在途作聘游賦辭甚美

以筆楚父不得志會司馬子如奉使霸朝收假其光子如

因宴戲言於神武曰魏收天子中書即一國大才顏歷

借與顏色並在收前然收常所嗤鄙李景收初赴并李

官著名並由此轉府屬然未甚優禮收稱曰霸朝便

有二魏收率爾曰以從叔見比便是邢穎之此卿邪輸者

故嘗書令陳留公繼伯之子愚癡有名好自入市肆高價

買物商賈共所唾詆收忽以李景方之不遜倒多如此收

本以文才必望脩國史既不遂求脩國史還為言

於文襄曰國史事重公家父子霸王功業皆須具載非收

不可文襄乃啟收兼散騎常侍脩國史武定二年除正常

侍領兼中書侍郎仍脩國史魏帝宴百寮問何故名人曰

皆莫能知收對曰晉議郎董勛答問禮俗云正月一日為

雞二日為狗三日為猪四日為羊五日為牛六日為馬七

日為人時邢邵亦在側甚惡收之此率甚惡焉自魏梁和好書

猶著此欲示無外之意收定報書云想境內清夷彼境字自稱

想彼境內寧靜此率甚惡焉自魏梁後使其書乃去彼字自稱

安和梁人復書依以為體後神武入朝靜帝授相國固讓

今收為啟啟成呈上文襄時侍側神武指收曰此人當復

為崔光四年神武於西門豹祠宴集謂司馬子如曰魏收

為史官書五善惡聞比伐時諸貴常餉史官飲食司馬僕

射顏曰餉不因共大笑仍謂收曰卿勿見元康等在傍目

下趨走謂吾左右收曰卿昔在京洛輕薄尤甚人號魏收驚

蝶加兼著作郎收昔在洛京輕薄尤甚人號魏收驚蛺

蝶文襄曾游東山令給事黃門侍郎顥等宴文襄曰魏收

特才無宣適頹出其短往復數番收忽大唱曰楊遵彥理

屈已倒憒從容曰我綰有餘暇山立不動若遇當塗者魏

翩遂逆當塗者魏翩翩者蛺也文襄先知之大笑稱善文

襄又曰向語猶微宜更指斥楷應聲曰魏收在幷作一篇
詩對眾讀訖云從妖收六百卅番亦不辨此遠近
所知非敢妄說文襄喜曰我亦先聞眾人皆笑文襄自申
雪不復抗拒終身病之侯景叛入梁寇南境文襄時在晉
陽令收為檄五十餘紙不日而就又檄梁朝令文襄壯之
縱橫我亦使子才子昇時而有所作至於詞氣並不乏之吾
或意有所懷忘志而不盡意有未及收呈草皆以
頵謂人曰在朝令有魏收便是國之光采雅俗文墨通達
晉令賦詩末云微是建鄴折簡召長安文襄
夜執筆三更便了文過七紙文襄善之魏帝曾令秋大射

周悉此亦難有又敕兼主客郎接梁使謝珽徐陵侯景既
陷梁梁鄴陽王範時為合州刺史文襄敕收以書喻之範
得書仍率部伍西上州刺史崔聖念入據其城文襄謂收
曰今定一州卿有其力猶恨尺書徵建鄴未效耳文襄崩
文宣如晉陽令與黃門郎崔劼高德正吏部郎中尉瑾
於比第參掌機密轉祕書監兼著作郎又除定州大中正
時齊將受禪楊愔奏收置之別館令撰禪代詔冊諸文遣
徐之才守門不聽出天保元年除魏尹故優以祿力專在史
閣不知郡事二年詔撰魏史四年除志收曰臣願得直筆東觀
平縣子初帝令群臣各言志收曰臣願得直筆東觀

早出魏書故帝使收專其任又詔平原王高隆之總監之
署名而已帝敕收曰好直筆我終不作魏太武誅史官之
魏郎彥海撰代記十餘卷其後崔浩典史游雅高允程駿
彪崔光李琰之郎知世修其業浩為編年體魏初鄧淵撰
屠延祐司空司馬辛元植國子博士刁柔裴昂之尚書郎
高孝幹曾預緝綴後事備一代史籍表而上聞之勤成一代大典
表志傳魏書猶未出宣武時命邢巒追撰孝文起居注書至
悉溥陰王暉業撰辯宗室錄三十卷收於是與通直常侍
太和十四年又命崔鴻下記孝明事其後
亡遺綴續後事酌以成魏書辯定名稱隨條戮舉又搜採
刑罰一卷靈徵二卷官氏二卷釋老一卷凡二十卷續於
十志天象四卷地形三卷律曆二卷禮樂四卷食貨一卷
紀傳合一百三十卷分為十二袠其史三十五例二十五
凡十一紀九十二列傳合一百一十卷五年三月奏上之
秋除梁州刺史收以志未成奏請終業許之十一月復奏
序九十四論前後二表一啟皆獨出於收所引史官恐
其陵籍唯取學流先相依附者其房延祐辛元植眭仲讓
雖風流涉朝位並非史才刁柔裴昂之以儒業見知全不堪
編緝高孝幹以左道求進所謂貴極人宗祖姻戚多被書錄
飾以美言收頗急不甚能平凡有怨者多沒其善每言何

物小子敢共魏收作色舉之則使上天按之當使入地初
收在神武時為太常少卿脩國史得陽休之助因謝休之
曰無以謝德嘗為卿作佳傳休之父固魏世為北平太守
以貪虐為中尉李平所彈獲罪載在魏起居注收書云固
為北平甚有惠政以公事免官又云李平深相敬重尒朱
榮於魏為賊收以高氏出自尒朱且納榮子金故減其惡
而增其善論云若脩德義之風則韓彭伊霍夫何足數時
論既言收著史不平文宣詔收皆遺其家世職位或云其家
加論討前後授訴百有餘人云遺狀咨之范陽盧斐父同
不見記錄或云女有非毀收皆遺狀咨之范陽盧斐父同

附出族祖玄傳下頓丘李庶家傳稱其本是梁國家人斐
庶議云史書不直收性急不勝其憤啟誣其欲加屠害
帝大怒親自詰責斐曰臣父仕魏位至儀同功業可嘉所
聞天下與收外親遂不立傳博陵崔緯位至本郡功曹更
以合傳帝曰卿何由知其好人作讚收曰高允曾為綽讚稱有
道德帝曰司空才士為人作讚無以對戰慄而已但帝先為綽
文章道其好者豈能皆實收無以對戰慄而已但帝先為綽
收才不欲加罪時太原王松年亦謗史及斐庶並獲罪各
被鞭配甲坊或因以致死盧思道亦抵罪然猶以舉口沸

騰敕魏史且勿施行令羣官博議聽有家事者入署不實
者陳牒於是眾口譊然號為穢史投牒相次收無以抗
之時左僕射楊愔右僕射高德正二人勢傾朝野與收皆
親收遂為其家作傳二人不欲言史不實抑塞訴辭收皆
之萬古但恨論及諸家枝葉親姻過為繁碎與舊史體例
不同耳收曰往因中原喪亂人士譜牒遺逸略盡是以具
書其枝派望公觀過知仁以免尒責八年夏除太子少傅
監國史復參倚律令三臺成文宣曰臺成須有賦收以
博物宏才有大功於魏室愔嘗謂收曰此謂不列之書傳
文宣世更不重論及於尚書陸操嘗謂愔曰魏收可謂

告收收上皇居新殿臺賦其文甚壯時所作者自邢邵
已下咸不逮焉收嘗曰會須能作賦始成大才子收
其惡人不早言之帝曾游東山敕收作詔宣揚威德令
關西懾懼收聚其舅女崔之妹一女無子魏太常劉芳孫女
奮軍郎崔肇師女夫家坐事帝並賜收為妻時人比之賈
充置左右夫人然無子後病甚恐身後嫡媵不平乃放二
姬及疾瘳追憶作懷離賦以申意文宣每以酬宴之次
太子性懦宗社事重終當傳位常山收謂楊愔曰古人云
太子國之根本不可動搖至尊三爵後每言傳位常山令

臣下疑貳貳貳若實便湏決行若戲此言魏收既兼師傅

正當守之以死但恐國家不安惜以收言奏帝自此便止

帝數宴喜收每預侍從皇太子之納鄭良娣也有司備設

牢饌帝既酺飲起而自毀覆之仍詔收曰知我意不收曰

臣愚謂良娣既東宮之妾理不湏牢仰惟聖懷緣此毀去

女為妃後帝幸李宅宴而妃母宋氏薦二石榴於帝前問

諸人莫知其意帝投之收曰石榴房中多子王新婚妃母

欲子孫眾多帝大喜詔收卿還將來仍賜收美錦二匹十

年除儀同三司帝在宴席口敕以為中書監中書郎李

惜於樹下造詔惜以收一代盛才難於率爾而未託此

成帝已醉醒遂不重言惜仍不奏事竟寢及帝崩松陽

驛召收及中山太守陽休之參議吉凶之禮并掌詔誥仍

除侍中遷太常卿文宣諡及廟號陵名皆收議也及孝昭

君中宰事命收禁中為諸詔文積日不出轉中書監皇建

元年除兼侍中右光祿大夫仍除京畿別令休之兼中書在

梁不相協睦時昕第晞親密所為收留在鄴蓋昕所為收

盧詢祖諱詔曰若使卿作文誥我亦不言收大不平謂太子舍人

欲以代收司空王簿李懃文詞士也聞而告人曰詔誥悉

歸陽子烈著作復造祖孝徵文史頓失恐魏公發背於時

詔議二王三恪收執王肅杜預義以元司馬氏為二王通

曹備三恪詔諸禮學之官皆執鄭玄五代之議解侍中帝姓

元儕收不欲廣及故議從收又除兼太子少傅詔行魏

以魏史未行詔收更加研審收奉詔頗有改正及詔行魏

省一本付鄴下任人寫之太寧元年兼

心倚伏收良避不能匡救為議者所譏收

右僕射時收武成酣飲終日朝畢奏侍中高元海凡虜

堪大任收以收才名振俗都官書畢義雲長於斷割乃虛

史收以為直置秘閣外人無由得見於是命送一本付并

洲苑備山水臺觀之麗詔於閤上董收其見重如此始收

比溫子昇邢邵稍為後進邵既被詔出子昇以罪死收遂

大被任用獨步一時議論更相譽毀各有朋黨收每議隨

邢文邵又云江南任昉文體本踈魏收非直模擬亦大偷

籍收聞乃曰伊常於沈約集中作賊何意道我偷任沈

意問僕射祖斑斑此曰見邢魏之臧不即是任沈之優劣

收以溫子昇全不作賦邢雖有一兩首又非所長常云會

須能作賦始成大才士唯以章表碑志自許此外更同兒

戲自武定二年以後國家大事詔命軍國文詞皆收所作每

有警急受詔立成或時中使催促收筆下有同宿構敏速
之工邢溫所不遺也其參議典禮與邢相埒既而趙郡公
增年獲免收知而過之事發除名其年又以託附陳使封
孝琰令其門客與行遇峴嶇舶至得奇貨果然楅表美
玉盈尺等數十件罪當流以贖論三年起除清郡尹羔遣
黃門郎元文遙敕收舊人事我家最父前者之罪情
在可恕比令卿為尹非謂美授但初起卿開府天統元年
除左光祿大夫二年行齊州刺史尋為真收以子姪年少
可用卿之才而忘卿身待至十月當還卿關酌如此朕豈
申以戒焉著枕中篇其詞曰吾嘗覽管子之書其言曰任

之重者莫如身途之畏者莫如口期之遠者莫如年以重
任行長途至遠期惟君子為能及矣追而味之謂然長息
若夫岳立而重有潛戴而不傾山藏海固亦趨貧而不傳
呂梁獨浚能行歌而眥愓原作險或削踵而不驚九陵
方集故胁然而迅舉五紀當定想管乎而上征奇任重也
有慶則任之而愈固乘卷也有術蓋乘之而橐恊彼期遠
而能通果應之而可必豈神理之獨爾亦人事其如一鳴
呼處天壤之間勞死生之地政之以嗜欲牽之以名利梁
肉不期而共臻珠玉無足而俱致於是乎驕奢仍作卷二
旅至然剛上智大賢惟縱惟哲或出或勵不常其胹其舒

也齊世成務其卷也聲銷迹滅玉帛子女撫蘭律呂詡諫
無所先稱內度骨肷挑舌怨惡莫不數名共山河同父志
業與金石比堅斯蓋厚棟不橈然春逮茲破硯德不常
與其金璞馳驚人世鼓動流俗挾湯曰而謂寒包溪鑿而
未足源不清而流濁表不端而影曲嗟乎膠漆詎堅塞暑
其促反利而成害化榮而就辱欲戚更來得喪仍續至有
身釁魑魅沉淪縲獄詎非力不強迷在當局翳可謂車
戒前傾人師先覺聞諸君子雅道之士游遨經術厭飫文

史筆有奇鋒談之勝價孝悌之至神明通矣番齒而行量
路而止自我及物先人後已情無繫於榮悴心靡滯於憍
喜不養望於立皦不待價於城市言行相顧慎然猶始有
一於斯蔫為羽儀恪君長事知無不為或左或右則懸士
收宜無悔無咎故高而不危異乎勇進忘退奇得遺失射
千金之產微萬鍾之秩投烈風之門趣炎火之室戴身蹠
隙士其貽宴或蹲乃喪其奧吉可不畏歟可不戒歟門有倚
禍事不可不密牆有伏寇言不可而失宜諦其言宜端其魄
行言之不善行之不正鬼瞰強梁人囚徑挺樂聾其身明
天其命不服非法不行非道公非為已信私王非身寶過
涅為緇翊藍你青持繩視直置水觀平時然後取未若無
欲知止知足庶免於辱是以為必察其幾舉必慎於微知

幾應微斯云則稀既察旦慎福祿收歸昔邊瑗識四十
九非顏子隣幾三月不違踐步無已至於千里覆費而進及
於萬仞玫云行遠自爾早可大可久與世推移月滿如規從
夜則虧權榮于枝望暑而蓁夫笑益而不損軌有損而不
害益不欲多利不欲大唯居德者畏其其體真者懼其大
道尊則謗集任重而眾怨會其達也夫尼父栖遑其忠
也而周廟之人三緘其口漏巵在前歌器勿陷後俾諸
「我尊在我不可而咎如山之大無不有也如谷之虛無不
受也能剛能柔重可穪也能信能順險可走也能智能愚
期可久也則周廟之人

疑於赦令諸公引收訪焉收固執且有恩澤乃從之掌詔
開府中書監武成朋未發收在內諸公以收後主即位有年
乃改自云弘農以配王慧龍自云太原人此其失也尋除
有親以來一門而已至是加此八字又先云弘農華陰人
收又迴換邊為盧同立傳崔綽及更附出楊愔家傳本云
來尚傳之坐其後鑒臣多言魏史不實武成復敕更審
諮除尚書右僕射總議監五禮事位特進驃騎大將軍
和士開徐之才共監先以告士開驚辭以不學收
天下事皆由五禮非王不決士開謝而許之多引文士曰
執筆儒者馬敬德熊安生權會實王之武平三年兢贈司

空至尚書左僕射謚文貞有集七十卷收碩學大才然性褊
不能達命體道見當塗貴游每以言色相忱然提獎後童
以名行為先浮華輕險之徒雖有才能弗重也初河間邢
子才子才子明及季景與收並以文章顯世稱大邢小魏言无
俊也收少子才曰宣貶子才曰爾亦收益得志自序
子才事名文宣末數於收內陋邢心不許也收收輕疾
云先稱溫邢後曰爾然收曰爾助察人之偉後收稍與
帝寵狎之收外兄博陵崔暹嘗以雙舞朝收曰遇魏收袞
曰黑魏魏甚苦顏嚴腥覆是誰所生羊眠而頰圓鼻平
好聲樂善胡舞於東山與諸優為獮猴與狗闘
位至尚書膳部郎中晉皇末卒於溫縣令子建族子怛
人亂亡之歲收家被發棄其胃于外先養弟子仁表為嗣
字仲讓容貌魁偉性通率求安末除安東將軍光祿大夫
朱朱仲遠鎮東郡以事捕怛遇出外觀怛兄子怛而去怛
聞哭曰若害叔仲遠寧無吾也乃見仲遠叩頭曰家事在怛
何知也乞以身罪仲遠義而捨之天平中拜衛將軍右光
祿大夫卒惇叔偃字盤蚪有當世幹用位驃騎將軍性浮
動晚乃曲附高肇彭城王勰之死也偃構成其事為時所
惡子賢字懷素幼有立志年十四啟母求就徐導明受業

毋必其年幼不許尚遂密將一奴遠赴徐兗留書一紙置
所臥牀內外見之相視悲歎五六年中便通諸經大義目
學言歸生徒輻湊甚同欵食情若兄弟後避葛榮難客居
趙國飛龍山為亂賊所害士友傷惜之興和二年侍中李
僧祕監掌常景等三十二人申辭挍尚書為請贈諡事下
太常博士考行諡曰貞烈先生

魏長賢之族叔也祖劊本名顯義字弘理魏世祖賜名
仍命以顯義為字雅性俊辯博涉群書有當世才兼資文
武知名梁楚淮泗之間世祖南伐閒而召之旣至與語大
悅謂劊曰今我此行是卿建功之日勉之勿憂不富貴也
授內都直待左右師次淮南諸城未有下者劊乃進曰陛
下百萬之軍風行電掃攻城略地所向無前雖有智者奧
能為計然而師次淮南已經累日義陽諸城猶敢拒守此
非不懼士滅而自謂必可保全也但陛下不卒不全所以遲
多久皆畏威未甚懷惠恐一旦降下妻子不得徒果銳殺掠尚
未肯先發臣謂間入城內見其豪右宣達聖心示以誠信
必當大小相率面縛罪陛下接其英楚因而任之此外
諸城可不勞兵而定世祖大喜曰卿本為是耳
卿之所言副吾所望劊遂夜入城中示以危亡之期開以
生全之路城中大小欣悅明旦開門出降自此而南望慶

十七

歆附世祖謂劊曰卿之一言踰於十萬之師揚我信義播
于四表寒卿一人之力即授義陽太守陵江將軍又令劊
與諸將統共討襲所當無不摧破軍中服其勇敢世祖益
喜謂羣臣曰中國士人吾挍撰咸盡文武膽略未有若劊
儔加授建忠將軍追贈其父勵順州刺史時經略江左方
大用之遇風疾發動頻降醫藥竟不痊復辛時年六十四

父彥字惠卿博學善屬文趙郡王幹開府參軍廣陵王
崇討叛氐陽靈珍叛蠻魯陽又引為記室參軍軍還求為著作
英討淮南又請為記室參軍軍還求為著作郎思撤不朽
之業必晉書作者多家體制繁雜欲正其紕繆刪其游辭
勤成一家之典俄而彭城王勰害王聞李崇退田里清河王復引為諮
議王勢高名重深為權倖所疾恐懼其禍固辭以疾蕭宗
初拜驃騎長史尋轉光州刺史年六十八卒兄怕瑜為
陽王淹辟為法曹參軍以德行著作佐郎更撰晉書欲遂成先
慱涉經史詞藻清華與秀才除汝南王悅參軍事入靜平
也留長賢隨弟學於洛中孝靜北遷亦徙居鄴
志河清中上書譏刺時政大忤權幸為上黨屯留令親故
以長賢不相時而動或為書以相規責長賢復書曰日者

十八

惠書義高旨遠誨僕以自求諸己思不出位國之大事君
與執政所圖又謂僕祿不足以代耕位不登於執政戰干非
其議自貽悔咎勤懇懇誠見故人之心靜言再思無忘
窘殊僕雖固陋亦嘗華教於君子矣以為士之立身其路
不一故有負鼎俎以干世者或有釣渭濱而待時操築傅巖之下
取復坻揚之上者矣或有輝牽軍必臣霸業柔挽斡以定
身以直道九死不悔其心於苦節者一致相者矣或有三黜不校名
青雲雖事有萬殊而理終一致推其大要歸乎忠孝而遺其親忠
而後王君者也僕自射策金馬記言麟閣寒暑迭運五稔

◀北史列傳四十四　十九▶

不兹不能勒成一家潤色鴻業善述人事功既闕如顯親
揚名邈焉無冀每一念之喟其已自頌王室板蕩舞倫
收斂大臣持祿而莫諫小臣畏罪而不言歷痛朝危空哀
主辱誰躬之故徒聞其語有犯無隱案見其人此梅福所
以獻書朱雲所以請劍者也抑又聞之婁不恤緯而悲宗
周之亡女不懷歸而悲太子之少況僕之先人世傳儒業
訓僕以事君之道屬僕以事子之委質有年世
矣安可自同於匹庶取笑於兒女子哉是以腸一夕而九
回心終朝而百億懼當年之不立恐沒世而無聞慨慷懷懷

古自強不息幾伯夷之風以立懦夫之志吾子又謂僕
干進務入不畏友朋居下訕上欲益反損僕誠不敏以貽
吾子之羞默默苟容又非平生之意故願得鋤彼逐
兹烏崔去一惡樹一善不違先旨以浸九泉求仁得仁時
誰敢恐怛但言見疑貝錦成章青蠅變色良田敗
不我與以中獲罪以信口窮達運也其如命何吾子忠哉
於邪從黃金鑠於眾口在時君國道方屯時
言敢不敬承嘉惠然則僕之所懷未可一二為俗人道也
怡然不聞懷抱識者以此多焉武平中辭疾去職終於舞
援筆而已夫復何言是出也人背為之快快而長賢勗之

◀北史列傳四十四　二十▶

代不復出仕周武平齊搜揚才俊辟書屢降固以素辭卒
年七十四贈觀中贈定州刺史史徵
魏李貴收族叔也父魏字雙和為魏文賜名有器幹體貌
甝偉以有容儀為奉車都尉曾升軺車觸毀金貴歎容請
罪帝笑曰卿體貌過人素不便習何足懼也車駕南征漢
陽除鎮遠將軍統軍帝歷幸其營嘗嗟賞之及在馬圈不豫敕裴武
衛將軍頒賜俗幨左右景明中六輔慶預其事後除
光州刺史更徧還朝卒諡曰夷子李景山孤清苦自立僕
學有文才弱冠有名京師時邢子明稱有才學始與子才
相伴奕與收相亞洛中號兩邢二魏莊帝時為中書侍

郎普泰中為尚書右丞季景著附會宰要當朝必先軍其
左亦朱世隆特賞愛之於時才名甚盛頗過其實太昌
中位給事黃門侍郎其見信待除定州大中正季武帝釋
真季景與溫子昇季槩與竇瑗等俱為擿句天平初因遷
都遂吾栢人西山內懷憂悔乃為擿句天平初因遷
黃門侍郎後兼散騎常侍沉遼歷大司農卿魏郡尹卒
家無餘遺命薄葬贈散騎常侍衛尉卿所著文筆二百
餘篇子瀠知名

澄字孝深年十五而孤專精好學高才善屬文仕齊殿中
侍御史頵修五禮及撰御覽除殿中郎中書舍人與季德
林惰國史入周為納言中士隋初為行臺禮部侍郎尋為
聘陳使主還除太子舍人廢太子勇禮之令注庾信集
撰英雄世稱博物遷著作郎仍為太子學士季德林所
撰後魏書襄貶失實平繪為中興書事不倫序詔澄別成
魏史澄自道武下及恭帝為十二紀七十八列傳別為史
論及例各一卷合九十二卷義倒與魏收多所不同其一
曰臣聞天子者繼天立稱始絕名故穀梁傳太上不名
曲禮天子不言出諸侯尚不生名況天子乎
若為太子必須出書名良由子者對父生名漢之儲兩俱沒其諱
意也至如馬遷周之太子並皆言名
諸侯兩俱沒其諱

以尊漢軍周臣子之意也竊謂雖立此理恐非其義何者
春秋禮記太子必書名吾名天王不言出此仲尼之襄貶皇
之稱謂非當時與異代遠為懼劣也班固范曄陳壽王隱
沈約參差不同失序至於魏收譚儲君之名書天子
之字過之甚焉今所撰譚皇帝名書太子字欲尊君臣
依春秋之義二曰魏氏平文以前部落之君長耳太祖遠
追二十八帝並極崇尊堯舜禹湯周公典禮但道武
出自結繩未師典誥當滇南董直章越國之業基自此始長
豈是觀過但力微天女所誕靈異絕世尊為始祖得禮之
孫斤之亂也共交御坐太子授命昭成擭兔道武此時后
緝方娠宗廟復存社稷有主大功大孝實在獻明此之三
世稱諡可也自玆以外未之敢聞其三曰幽王死於驪山
厲王出奔於玈未嘗隱諱首書之欲以勸善懲惡詔誠
將來而太武獻文並道非命前史立紀不異天年言論之
間頗露首尾殺主害君莫知名姓何所懼哉今
分明直書不敢回避四曰自晉德不競宇宙分崩或帝或
王各自署置其生略如敵國書死便同庶人凡厥華夏之
地者皆書曰卒同之吳楚又以為司馬遷劊立紀傳已
來述者非一人無善惡咸為立論計在身行迹具在正書

事既無奇不足徵勸毋述乍同銘頌重叙唯艷碌縈文案立
明亞聖之才發揚聖旨君子曰者無非其間尋常
直言而已今所撰史籍有慕焉可為勸戒者論其得失其
無益者所不論也上覽而善之未幾而卒有集三十卷子
至言清弟彦位洰州司馬子蕭行
觀蘭根學蘭根收族叔也父伯成中山太守蘭根身長八
尺儀貌奇偉博學高才機警有識悟起家北海王國侍郎
母憂居喪有孝稱將葬常山郡境先有董卓祠祠有栢樹
人言有靈蘭根了無祅惟父喪廬於墓側負土成墳憂毀
蘭根以車山逆不應遺祠至今乃啟剌史請伐為梓左右
殆於滅性正光末南書今丞崇為大都督討蠕蠕以蘭根
為長史因說崇曰緣邊諸鎮控攝遐昔時初置地廣人
稀或徵發中原強宗子弟或國之肺腑寄以爪牙中年以
來有司乆類各崇顧瞻彼此理當愜宜歐鎮立州分
本宗乖實號曰府戶役同厮養官婚班齒致失清流而
置郡縣凡是府戶乆來免為平人入仕次第一準其舊計
若行國家无无北顧之慮崇以奏閒軍寢不報孝昌初
岐州剌史從行臺蕭實討破宛川俘其人為奴婢以美
女十人賞薪蘭根辭曰此縣介於强虜故成背叛今當
恤其飢寒奈何並充僕隸辣於是盡以歸其父兄部內泰多

二十三

五穀隣州田鼠災大牙不入岐境及蕭寶黄敗於涇州
岐州人囚蘭根降賊寶賣兵威復振城人復斬賊剌史侯
莫陳仲和推蘭根後任朝廷以蘭根得西土人心加都督
涇歧東蔡南歧四州諸軍事兼四州行臺尚書孝昌末河
比流人南度以蘭根兼尚書使齊濟二兗四州安撫并置
郡縣蘭根甥邪某友於青光間復詔蘭根慰勞果不下仍
隨元天穆討之還稱中書令莊帝之將誅尒朱榮蘭根泄
之於兄子周達告尒朱世隆及榮死蘭根憂不知所
出時應詔王道習見於莊帝蘭根乃託附之求出立功
乃兼尚書右僕射河北行臺定州率募鄉曲欽防并陘為
榮將侯深所敗走依勃海高乾屬乾兄弟義興固在其中
神武以宿望深禮之中興初為尚書右僕射神武將入洛
陽時廢五末決令蘭根察閒帝采高明蘭根恐於
後難測遂與高乾兄弟及黄門侍郎崔㥄同請神武不得
已遂立武帝大昌初加侍中開府儀同三司鉅鹿縣侯啟
授兄子周達蘭根預勸業位居端副始叙復岐州勳封
求典歸本鄉門施行馬武定三年薨贈司徒公謚曰文宣
儀同相如變爵相如性亢直有文藻與族兄愭齊名雅為
長子相如變蘭根之死蘭根懼以病免天平初言病篤以開府
當時所貴早卒孝眄時佐命功臣配饗不及蘭根次子敬

二十四

仲表訐竟不允敬仲以才器稱卒於章武太守子鉤字孝
衡幼孤好學涉有時譽居喪以孝聞隋饒州司倉參軍事子
景義景禮並有才行鄉人呼為雙鳳早卒敬仲第少政
至洛州刺史子孝謹孝慈愷自散騎常侍遷青州長史固
辭文宣大怒曰何物漢子與官不就時帝已失德朝廷為
之懼愷容色坦然帝曰死與長史任卿所擇答曰能殺臣
者陛下不受長史者愚臣帝謂楊愔曰何慮無人若用此
云咸由中旨愷應聲曰雖復零兩自天終待雲興四岳公
漢放還永不測收由是積年沈廢後遇惜於路微自陳愷
史在職有政理後卒於膠州刺史

論曰伯起少頗疎放不拘行檢及折節讀書辭彩為偉器學
傅今古才極從橫體物之旨不為富贍足以入相如之室
游尼父之門勒成親籍追蹤班焉娩而有則繁重而不蕪持
論存言鉤深致遠偲偲意存實錄好抵陰私至於親敬之家
一無所說不平之氣見於斯矣王松年李庶等並論正家
門未為譖議遂罹時宰鼓動淫刑蕉因鞭撻而終此公
之失德長賢思樹風聲抗言昏俗有朱子游之風季景父
子雄業相傳抑弓冶之義闡鴻道亮時英功參霸業亦一
代之偉人也

列傳第四十四

周宗室

邵惠公顥　子什肥　導遵
　　　　　　　什肥協　馮遷

杞簡公連

莒莊公洛生

廣川公測　弟仲

盧國公仲

廣川公測　弟深　深子孝伯
　　　　　　　　　弟慶

東平公神舉

比史列傳四十五

邵惠公顥周文帝之長兄也德皇帝聚樂浪淢王氏是為德
皇后生顥性至孝居德皇后喪哀毀過禮德皇帝與衛可
瓌戰陵馬顥與數騎奔救乃免顥遂戰歿保定初追贈大
冢宰封邵國公謚曰惠三子什肥導遵
秦隴什肥事母以孝聞文帝入關不能離母遂留晉陽文帝定
爵邵國公謚曰景子冑嗣冑少家宰襲
爵邵國公謚曰景子冑嗣以晉公護子會紹景公之見害
以年幼下鸞室及歸室龍驤將邵國公及隋文帝輔政冑為榮州
中與齊通好冑歸射邊迴爲清河公楊素所殺國除曾子乾仁
刺史舉兵應冑改封譚國公後與護同誅建德三年追復封爵

常武公

導字菩薩少雄豪初與諸父在葛榮中榮敗還晉陽與文
帝隨賀拔岳入關從征伐文帝討侯莫陳悅遷導追斬之
臺屯山以功封饒陽縣伯又魏文帝東征留導為華州刺
史既而趙青雀干伏德慕容思慶等作亂導奔禽伏德斬思
慶屯渭橋會文帝軍文帝東征復以導行華州刺
仲密以比豫州降文帝又軍東進爵章武郡公加侍中及高
備乃退候守扞之方大軍不利東還以導追至稠桑知關中有
史甚得守扞之方大軍⋯⋯景來附詔徵隴右大都督獨孤
信為秦州刺史大都督十五州諸軍事獨孤信東下令導代
討之魏文帝遣齊王廓鎮隴右徵導拜大將軍大都督二
十三州諸軍事屯咸陽大軍還乃旋舊鎮導性寬明善撫
御文帝每出征導恒居守淥爲吏人所附朝廷重之薨於
上邽魏帝遣侍中漁陽王綱監護喪事贈尚書令謚曰孝
朝議以導撫和西戎威恩夷華欲令世鎮隴右以彰殊績
乃葬上邽城西無疆原夷夏會葬者萬餘人莫祭於路悲
號振野皆曰我君捨我平大小相與負土成墳高五十餘
又周回八十餘步官司所止然後泣辭而去天和五年
重贈太師柱國公導五子廣亮翼椿興亮椿出後於杞
廣字乾歸少方嚴好文學武成初位大將軍梁州摠管進
封蔡國公累遷秦州刺史摠管十三州諸軍事性明蔡著

比史列傳四十五

比史列傳四十五

撫綏人庶悉悅之時晉公護諸子及廣弟祀公亮等侵暴
踰制廣擅率禮又折節待士朝野稱焉甞侍於武帝所食
瓜美持以奉進帝悅之廣以晉公護擅權勸令抑損護不
能納後除陝州摠管以病免及晉公護誅封幽國公認廣裴
爵初廣母李氏以患憂而成疾遂段廣居喪加篤乃以毀
薨世稱母爲廣病終母死慈孝之道極於一門武帝素
服親臨其故吏率儀同舊章使易黃之言稱於身
儉約詔曰甞河閒才澡追叙於中尉東海謙約言得申遺志黙磧之
後可勦酌前典軍由舊章使
請無斷令終於是贈本官加太保隴右十四州諸軍事秦
州刺史諡曰文葬於隴右所司一遵儉約之典子洛嗣後坐亮
文輔政被害國除罝年乾宜封西陽郡公早薨諡曰昭無
子以祀公亮子溫嗣後坐亮反誅國除眾字乾道少不惠
封天水郡公爲隋文所誅

護遣薩保幼方正有志度特爲德皇帝所愛文帝之入關
以年小不從並暴以家務內外無不嚴肅文帝諸
子竝幼遂委以家務內外無不嚴肅文帝諸
及臨夏州留護重賀拔岳被害文帝至平涼時年十七文帝諸
督從破侯莫陳悅後以迎親帝功封水池縣伯從文帝金
寗呂恭復私竊破沙苑戰河橋並有功茫山之役爲敵人所

年進封中山公二十五年遷大將軍與于謹征江陵進兵徑
至江陵城下以待大軍至圍而尅之師還又討平襄陽畢
璧帥向天保等萬餘落初行六官拜司空文帝崩護至
地山遇疾召護至涇州見文帝帝曰吾形容若此必不濟
諸子幼弱以蜀汝護淚滄擧命行重雲陽常云我得胡力
秋之至長安乃發其嗣子冲納強冠在近人情不安護
綱紀內外撫循文武衆心乃定先是文帝山陵事
當時莫曉其指時人以護字當之氣拜柱國文帝山陵畢
護以天命有歸遒諷魏帝以禪代事甞閱踐阼拜大司馬
封晉國公邑萬戶趙貴獨孤信等將謀襲護因貴入朝
執之賞與晉伏誅葬大宰時司會李植軍司馬孫恒等
密要宮伯乙弗鳳張光洛賀拔提元進等爲股心說帝言
護不守臣節宜圖之帝然之數將謀圖護爲執政勢
護微知之出植爲梁州恐除臣後姦回得還其欲非
每欲召之護諫曰天下至親不過兄弟若兄弟自擣嫌隙
他人何易可親但恐
下亦危社稷因泣涕久之乃止帝猶猜鳳等益懼密謀滋
甚遂克日將誅護光洛告之祥並勸發帝時綱摠領禁兵護乃
尉遲綱等以鳳謀告之祥並勸發帝時綱摠領禁兵護乃

遘綱入宮召鳳等議事以次執送護第因罷散宿衛兵遣
祥遣過入幽於舊邸於是召公卿畢集護第護曰先王勤勞
王業三十餘年寇賊未平奄棄萬國寡人地則猶子親受
顧命以略陽公既君正嫡與公等立而奉之革魏興周為
四海主自即位已來荒淫無度昵近群小踈忌骨肉大臣
重將咸欲誅戮君此謀逆行社稷必致傾覆寡人若死將
何面目以見先王今日寧負略陽公豈可負社稷寧都公
年德兼茂仁孝聖慈令欲廢昏立明公等以為何如群公
咸曰此公之家事敢不唯命是聽於是斬鳳等於門外并
誅植恒尋殺帝迎明帝於岐州而立之二年拜太師賜路
車晃服封子至為崇業郡公初改雍州刺史為牧以護為
之开賜金石之樂武成元年護上表歸政帝許之軍國大
事尚委於護性聰審有識量護深憚之有李安者本以
鼎俎得寵於護擢為膳部下大夫至是護令安因進食
加毒帝遂崩護立武帝百官揔已以聽護自文安自因
立左右十二軍揔屬相府文帝崩後皆受護處分凡所徵
發非護書不行護第屯兵禁衛盛於宮闕事無巨細皆先
斷後聞保定元年以護為都督中外諸軍事令五府揔於
天官或有希護旨者云周公之德重當魯立文王之廟以護功
比周公宜用此禮於是詔於同州晉國第立德皇帝別廟

使護祭焉為三年詔貞令詔諮及百司文書並不得稱公名
以彰殊禮護抗表固讓初文帝創業即與突厥和親謀為
掎角共圖高氏是年乃遣柱國楊忠與突厥先是護兵
城至幷州而還後年更舉南北相應齊主大懼先是護
母閻與皇第四姑及諸戚屬並沒齊皆被幽繫護君宰相
後每遣間使尋求莫知音息至是並許還朝且請和好四
年皇姑先至齊主以護權重乃留其母以為後圖仍令人
為閻作書與護曰吾念汝八十矣汝豈今以八十老人
輩三男二女今日目下不親一人與言及此悲纏肌骨賴
皇齊恩眷差安衰暮又得與汝楊氏姑及汝叔母紀千汝
嫂劉及汝新婦等同居頗以自適但爾微有耳疾大語方
聞行動飲食率無多損汝與吾別之時年尚幼小以前家
軍或不委曲昔在武川鎮生汝兄弟大者屬鼠第二屬兔
汝身屬蛇鮮于脩禮起日吾合家大小先在博陵郡住相
將欲向左人城至唐河北被定州官軍打敗汝祖及第二
叔時俱戰亡叔母賀拔及汝叔母紀千又見汝送與
开吾與汝六人同被禽捉入定城未幾聞爾將吾及汝送與
元寶掌賀拔揆紇千各別分散賣寶掌軍管在唐城內經停三
日寶掌所掠得男夫女婦可六七千人悉送向京吾時與
汝同被送限至定州城南夜宿同鄉人姬庫根家螺螺奴

趍見辭于偹禮曁火語吾言云我今走向本軍既至營遂告
吾輩在此明旦日出汝叔截吾又汝等遠得向營
汝時年十二共吾並乘馬隨軍可不記此事由緣也後吾身
共汝在壽陽任時元賓善提及汝姑見賀闇欲加害吾後
四人同學博士姓成爲人嚴惡汝等提及汝姑見賀闇盛洛幷汝
汝叔母聞知各擬打之唯賀綵袍銀裝帶盛洛着紫
朱天柱亡藏賀挍阿斗泥在關西遣人迎家累盛洛小於汝三人並喚
奴來爲迎黃綵裏幷乘隙同去盛洛小於汝小時所
織成纈通身黃綵裏幷乘隙同去盛洛小於汝小時所著
吾作阿摩敦如此之事當分明記之今又寄汝小時所著
歸袍表一領至宜檢看知吾食慈抱慼多歷年祀窺戢章
木母子相依吾有何罪與汝分隔今復何福還逢汝世
閒所有求皆可得母子共國何慮可求假汝貧極公王富
過山海有一老母八十之年飄然千里死亡旦夕不得一
朝暫見不得一日同飄襄不得汝衣饑不得汝食汝雖
不得申其供養事往何論今以後吾之殘命唯繫於汝
蓁猶能先發關河阻遠隔多年書依常體慮汝致惑是
戴天履地中有鬼神勿云耳昧而可欺賀楊氏姑今雖炎
以每存款然吾兼亦藏吾姓名當識此理勿以爲怪護性至

孝得書悲不自勝左右莫能仰視報書云區宇分崩道遘
災禍遘離膝下三十五年受形稟氣皆知母子誰知薩保
如此不孝宿殃積尽唯應賜以網羅上嬰慈母但立
身立行不負一物明神有識宜先哀悔而子爲公侯母爲
終此一生死者有知裏奉見初鬪泉下耳不謂晉朝解網惠
俛祿熱不見母裏不知有無食不知饑飽分慊寬酷
派言聲悲敦四姑送平安入境以今月十八日於
以德音聲敦四姑即蒙禮送平安入境多年存亡阻隔相
地不能自勝四姑即蒙禮送顏色崩慟肝腸但離絕多年存亡阻隔相
河東拜見遠顏色崩慟肝腸但離絕多年
見之姑口未忍言唯敘昔朝覽每存大德云與薩敦雖
飄宮蓁常敎儼懍檀今香來鄭恩遇彌隆重降矜哀聽許壁
歌盞敦曲盡悲酷備述家事伏讀未周五情屠割書中所
敢之日薩保年以十歲隣由舊軍猶自記憶況永府天長
遺漏一事敢忘療敦年博文賀駕若常親貪貶損或多
道無一事敢忘療敦備述次第分明一則以悲一則以喜
親戚流離奉辭時鄭先後慈訓刻肌刻骨當經心府天長
長亂四海橫流太祖乘時啓朝撫運兩河三輔各遇神機
源其事迹非相賀育太祖升遐未定薩保當慶賁至於歲時稱慶
親受顧命雖身吾重任軄當慶賁至於歲時稱獵子孫在

庭顧視悲摧心情斷絕胡顏復戴貪神明齊霈然之
恩既已霑洽寒敬之至拖及傍人草木有心禽魚感澤况
在人倫而不銘戴毋生顧生死肉骨豈過今恩貢山戴
日一得奉見慈顏求國有家信義為本伏度來期已應有
岳未足勝荷二國分隔理無書信主上以彼朝不絕山戴
之恩亦賜許奉答不期今日得通家問歲雖久疢然猶識抱此
心家寄薩保別時所留錦袍表年上以紙鳴咽言不宣
悲泣至于拜見歸忍死知後何心齊朝不即發遣更令
重與護書要護重報護復書往返至此冊三而母竟不至
朝議以其失信令有司移齊緒未送而母至尋朝慶悦大

赦天下護與母暌隔多年一朝聚集凡所資奉窮極華盛
每四時伏臘武帝率諸親戚行家人禮稱觴上壽榮貴之
極振古未聞是年突厥復率衆赴朝護以齊氏初送國親
未欲即行復慮失信番夷不得已遂請東征九月詔徵二
十四軍及左右廂散隸秦隴巴蜀立諸蕃國衆二十萬人
十月帝於朝庭授護斧鉞出軍至潼關乃道柱國尉遲迥
為前鋒大將軍宣率山南兵出豫州少師楊標出軹
關護連管漸進北軍權景宣率山東兵圍圖洛陽柱國齊王憲鄭公達
吳武等營壘山護性無戎略此行又非本心故師出雖久
無所克獲以無功與諸將稽首請罪帝弗之責天和二年

護母薨暴詔起令視事五年詔賜護軒懸之樂六佾之舞
護性甚寬和然暗於大體自恃建立功久當權軸所任皆
非其人兼諸子貪殘僚屬縱益莫不蠹政害人帝以其暴
慢密與衛王直圖之七年三月十八日護自同州還帝於
文安殿見護訖引入含仁殿朝皇太后先是帝於禁中見
護常行家人禮護謁太后必賜坐帝每立侍至是
進喜怒有時爭未嘗頗好酒諸親朝謁或醉至是
中酒授護曰以此諫太后護入如帝所誠讀示太后未
訖帝以玉珽自後擊之踣地又令宦者何泉以御刀斫之

泉惶怖不能傷時衛王直先匿於戶內乃出斬之初帝欲
圖護王軌宇文神舉宇文孝伯頗預其謀是日軌等並在
國譚國公會大將軍莒國公至崇業公靜正平公乾嘉公
大將軍萬壽大將軍劉勇等之齊王憲曰安出自阜隸所
下大夫李安等於殿中殺之齊王憲伏誅政汝不知耳世宗之崩實護為世
乾墓乾光乾尉乾祖乾威等开柱國侯龍恩龍恩弟
更無知者殺護訖乃召宮伯長孫覽等即令收護子柱
炮廚而已未足加戮帝曰汝不知耳世宗之崩實護為也
十九日乃詔暴護等罪其夜遣柱國越公盛乘傳鎮蒲州徵
世子訓為蒲州刺史護其夜遣柱國越公盛乘傳鎮蒲州徵

訓赴京師至同州賜死護長史叱羅協司錄馮遷及所親
任者皆除名護子昌城公深伷歿歔道開府宇文德爵軰
書就殺之三年詔復護叉諸子先封諡護曰蕩並改爲葬之
叱羅協代郡人本名與武帝諱同後改爲協微賞爲州之
小吏以恭謹見知寳泰爲御史中尉以協爲書侍御史泰
向潼關協爲監軍泰歿協見護文帝知協不貳封冠軍縣男進爵爲侯後爲
大將軍尉遲迥長史率兵代蜀行潼州事魏恭帝三年文
累遷相府屬從事中郎協歷軍二京詳練故事文深自耻
帝微協入朝論蜀中事乃賜姓宇文氏晉公護既殺孫恒
李植等欲委腹心於司會柳慶司憲令狐整等二人並辭
俱爲協護遂徵協入朝引與同宿深寄託之協誓以軀命
自效護大悅以爲得協之晚稍遷護府長史進爵爲公常
在護側明帝知其材識庸淺每含容之及明帝崩便授協司會何知也
猶以護所親任每含容急既以得志每自矜高
中外府長史協形貌瘦小舉措猥急既以得志每自矜高
及其所言多亦事東當時莫不笑之護以其忠己每攝獎
之協既受護重委異得婚連帝室乃求復舊姓叱羅氏許
之又進位柱國護以協年老許其致仕而協貪榮末肯告

退及護誅除名建德三年以協宿齒授儀同三司賜爵南
陽郡公卒子金剛嗣馮遷字羽伐弘農人少修謹有幹能
爲護府司錄性質直小心畏慎兼明練時事善於斷決每
校閱文簿孜孜不倦以此其爲護委任後授陝州刺史還
本寨微不爲時事所重一旦剌舉本州遷小司空自天和後以年老
邑人無怨者復入爲小司錄累遷小司徒封杞國
委任稍衰及護誅猶除名卒於家以謙恭接待鄉
河俱戰歿保定初追贈太傅柱國大將軍大司徒封杞國
公諡曰簡子元寳爲蔡神武所害保定初追贈大將軍小
把簡公連幼而護誅厚臨敵果毅隨德皇帝遇定州軍於唐
司徒襲封杞國公諡曰烈以章武公導子亮嗣其字乾德
位梁州總管及薨國公廣襲以亮爲秦州總管廣所部衆
以配爲在州甚無政績進爲柱國從東伐進上柱國仍從
平齊遷大司徒大象初以行軍總管與元帥鄭國公韋孝
寬襲伐陳至豫州密謀襲亮弟椿爲烈公後椿字乾壽位上柱國
朕明坐亮誅詔以亮公後椿字乾壽追斬之
大司徒洛生大定中爲亮所害开其五子
莒莊公洛生少任俠好施愛士比州賢後皆與之游而才
能多出其下及薨榮破鮮于脩禮以洛生爲漁陽王仍領
德皇帝餘衆時人皆呼爲洛生王洛生善撫將士是以克

獲常冠諸軍介朱榮定山東時洛生在霍中榮聞其名
心憚焉桑為榮所害保定初追贈大將軍封莒國公諡曰
莊子孝薩為齊神武所害保定初追贈大將軍封莒國公諡
爵諡曰穆以子公護子至嗣至保定父護諡以
衡王直子寶為穆貢為穆後寶字乾瑞尋坐父護誅而齊王憲子
廣都郡公貢為襲貢子乾貞宣帝初被誅詔除
虞國公仲德皇帝從父兄也卒于代保定初追贈太傅柱
園大將軍大司徒封虞國公興生蜀兵亂與仲相
失年幼莫知其威蜀遠近與文帝兄弟初不相識沙苑之
敗預在行間被霧倒散配諸軍興性弘厚有志度雖流
離世故而風範可觀保定二年詔訪仲子孫典始附蜀籍
武帝以興帝戚近蜀厚禮之甚厚位開府儀同三司宗師
襲蔚虞國公羲武帝親臨慟焉詔大司空申國公本穆監
護喪事贈柱國大將軍諡曰靖子洛嗣位儀同三司隋初
為介國公為隋筆賓云

武詔測諸文帝密為之備還封廣川縣伯尋從孝武西遷
驃騎父求仕魏位並顯運測性沈密少篤學仕魏位司徒
廣川公測字澄鏡文帝之族子也高祖中山曹祖豆頰祖
有長史尚宣武女陽平公主婚駙馬都尉及孝武疑齊神
進爵為公文帝為丞相以測為右長史委以軍國又令測

詳定宗室昭穆遠近附於蜀籍歷位侍中開府儀同三司
行汾州事政在簡惠頗得人和地接東魏數相抄竊或有
獲其為冠者多縛送之測皆命解縛置之賓館然後引與
相見乃不為冠矣仍享設放還其國僑置出境自是東魏人
測懷貳文帝怒曰測為我安邊之寄何為閒骨肉乃命斬之仍於
要路數百處並多積柴乃遠斥候知其動靜是年十二月
掠先是常類並居人入城堡以避之測至皆令安堵乃於
許測便宜從事韓行綏州事每歲河冰合後突厥即來冠
大憝乃不為冠兩界遂通廢弟時論方之羊叔子或有告
突厥從連谷入冠去界數十里測命積柴憩一時縱火突
厥謂大軍至懼而道走委棄財輜重不可勝數自是不
敢復至測因請置成兵以備之後卒於太子少保文帝親
臨慟焉乃令水池公護喪事諡曰靖測性仁恕好施與
在洛陽之日曾被竊盜所失物即其妻陽平公主之衣服
也州縣禽盜并物俱獲測恐此盜坐之以死不認焉遂遇
赦免盜既感恩請為測左右及測從孝武西遷事極狼狽
盜人亦從測入關並無異志子諗嗣位除徐州刺史諗第深
深字奴干性鯁正有器局年數歲便累石為營折草作陣
此後必為名將孝武西遷事起舍卒人多逃散諗時為子
旗布置行伍皆有軍陣之勢父求遇見之喜曰汝自然知

都督領宿衛兵撫循所部並得入關以功賜爵長樂縣伯

大統中累轉尚書直事郎中及齊神武屯蒲坂分遣其將

寶泰趨潼關高敖曹圍洛州周文帝將襲深諸將咸難之

帝隱其事陽若未有謀獨問寶於深深曰寶氏高歡驍將

受敵取復道也不如選輕銳潛出小關寶性躁急必來決

戰高歡持重未即救之則寶可禽也虜寶歡勢自沮迴師

釁之可以制勝文帝說文帝進取弘農復尅之文帝大悅謂深曰

君即吾家陳平也是冬齊神武率大眾至沙苑諸將皆

懼惟深獨賀文帝問其故對曰歡撫河北甚得眾心雖乏

智謀人皆用命以此自守未易可圖今懸師度河非眾所

欲唯歡恥失寶忿諫而來所謂忿兵一戰可禽也不賀

何為文帝然之尋大破齊軍果如所策俄進爵為侯六官

建拜小史部下大夫遷中大夫武成元年遷幽州刺史改

封安化縣公保定初除京兆尹入為司會中大夫深少喪

父事兄甚謹性多奇謀好讀兵書既居近侍每進籌策又

在選曹頗有時譽性仁愛從弟神舉神慶幼孤深撫訓之

義均同氣世亦以此稱焉卒於位諡曰成康子孝伯

孝伯字胡王其生與武帝同日文帝甚愛之養於第內及

長文與武帝同學武成元年拜宗師上士時年十六性沈

正謹好直言武帝即位欲引置左右時政在家臣不得

專制乃託言少與同業受經思相啟發由是護弗之猜得

入為右侍上士恒侍讀及遭父憂詔令脫中襲爵武帝嘗

謂曰公於我猶漢高與盧綰也賜以十三環金帶自是恒

侍左右出入卧內朝務皆得預焉孝伯亦竭心盡力無所

回避至於時政得失外間細事皆以奏聞帝信委之當時

莫比及將誅晉公護諸王咸與孝伯及王軌宇

文神舉等頗得參預護誅授開府儀同三司歷司會中大

夫左宮正皇太子既無令德孝伯言於帝曰皇太子德聲

未聞請妙選正人為其師友調護聖質不然悔無所及帝

欣容曰卿世載鯁正竭誠所軍卿此言有家風兵孝伯

拜謝曰非言之難受之難也深願陛下思之帝曰正人豈

復過君於是以尉遲運為右宮正孝伯仍為左宮正帝

中大夫此懼天威更無罪失及王軌因侍坐帝欲

太子此懼天威更無罪失及王軌因侍坐捋帝鬚

欲令卿世載妙選正人為其師友調護聖質不然悔無所及

之不善帝罷酒責孝伯曰公常謂我云太子無過今軌有

此言公為誑矣孝伯拜曰臣聞父子之際人所難言臣知

陛下不能割情忍愛遂爾結舌帝知其意默然久之乃

曰朕已委公公其勉之及大軍東討拜內史下大夫令掌

留臺軍軍還帝曰居守之重無添戰功於是加授大將軍
進爵黃陵郡公并賜金帛女妓等復爲宗師每車駕巡幸
常執其手令吾守後帝比討至雲陽宮寢疾驛召孝伯赴
行所執其手曰吾自量必無濟理以後軍付君是夜授司
衛上大夫揔宿衛兵馬令馳驛入京鎮守宣帝即位授小
冢宰帝忌齊王憲意欲除之謂孝伯曰公能圖之當以其
官位相授帝叩頭曰齊王戚近功高棟梁所寄帝即位授

旨則臣爲不忠陛下不孝之子也帝因疎之乃與于智鄭
譯等圖其事帝令智告憲謀逆遭孝伯召入誅之帝及王軌盡以白
也在軍有過行鄭譯時亦預爲軍還孝伯
譯我腳上校痕誰所爲也譯曰事由宇文孝伯及王軌譯文
說執軹將帝聰預軍事乃誅軹尉遲運慍私謂孝伯曰吾徒
必不免禍奈何孝伯曰今堂上有老母地下有武帝爲臣
爲子知欲何之且委質事人本徇名義諫而不入將焉逃
死足下若爲身計宜且遠之於是各行其志運遂出奔
益疎後稽胡反令孝伯爲行軍揔管從越王盛討平之由是
秦州揔管帝荒遥曰其誅殺無度孝伯屢諫不從帝
及軍還帝將殺之乃託以齊王事請之曰公知齊王謀反
何以不言對曰臣知齊王忠於社稷爲群小媒蘗加之以

十七

罪臣以言必不用所以不言且先帝屬微臣輔陛下今諫
而不從實負顧託以此爲罪是所甘心帝慚焉首不語令
賜死于家時年三十六及隋文帝踐極以孝伯忠於周而
獲罪並令收葬復其官爵嘗謂高熲曰宇文孝伯寔有周
良臣若此人在朝我軍無措手矣勳子歆嗣
東平公神舉文帝之族子也高祖普陵曾祖求男仕魏位
並顯達祖金殿魏兗州刺史安喜縣侯父顯和少而襲爵
性聪嚴頗涉經史贊力絕人彎弓數百斤能左右馳射孝

武之在藩顯和早歲春遇時屬多難嘗問計於顯和顯和
其陳宜杜門晦迹相時而動帝深納焉及即位擢閣內都
督封城陽縣公以恩舊遇之甚厚顯和所居隨陋乃撒殿
省賜爲寢室其見重如此又齊神武專政帝每不自安問
顯和曰天下洶洶之人芳西方之人芳帝曰莫若擇善而從因誦詩
云彼美人芳西方之人芳帝曰是吾心也遂定入關策以
其母老令預爲私計對曰今之事忠孝不竝然臣不密則失
身安敢預爲私計帝愴然改容曰卿我之王陵也還朱衣
直閣閣內大都督封長廣縣公從孝武入關至秦水周
文帝素聞其善射而未之見俄而水傍有一小鳥顯和射
中之文帝笑曰我知卿工矣進位車騎大將軍儀同三司
散騎常侍卒建德三年追贈驃騎大將軍開府儀同三司

十八

神舉卓孤有風成之量及長神情倜儻志略英贍眉目疎
朗儀貌魁梧明帝初起家中侍上士帝留意翰林而神舉
雅好篇什每游幸神舉恒從襲爵長廣縣公天和元年累
遷右宮伯中大夫進爵清河郡公建德三年自京兆尹出
為熊州刺史齊人憚其威名及帝東伐從平并州即授刺
史州既齊氏別都多有姦猾神舉示以威恩遠近悅服改
封武德郡公進柱國大將軍文改封東平郡公宣政元年
轉司武上大夫及幽州人盧昌期等擄范陽反詔神舉討
禽之時齊黃門侍郎盧思道亦在反中賊平將示以威解衣伏法
神舉乃釋而禮之即令草露布屬稽胡反寇西河神舉與

越王盛討之時突敏赴救神舉以奇兵擊之突敏敗走稽
胡款服即授并州摠管神舉見侍於武帝颿心腹之任王
軌字文孝伯等曇言皇太子之短神舉亦頗預焉及宣帝
即位荒淫無度神舉懼及禍懷不自安初定范陽之後威
聲甚振帝亦忌其名望兼以徇懷遂使人齎酖酒賜之薨
於馬邑時年四十八神舉美風儀善辭令博涉經史性愛
楊章尤工騎射臨戎對冦勇而有謀莅職當官每著聲績
飛好施愛士以雄豪自居故得任兼文武聲彰外內百寮
無不仰其風則先輩舊齒至于今稱之子同嗣位至儀同
大將軍神舉第慶

慶字神慶沈深有器局少以聰敏見知初受業東觀頗涉
經史既而謂人曰書足記姓名而已安能久事筆硯為腐
儒業乎時文州賊亂慶應募從征以功授都督衛王直鎮
山南引為左右慶善射有膽氣好格猛獸直甚壯之稍遷
軍騎大將軍加開府從武帝攻河陰先登擊堞與賊短兵接中
石乃隆絕而後蘇帝攻勞之曰卿勇可以賈人也復從武帝
技晉州齊兵大至慶與齊王憲輕騎覘卒與賊遌憲挺身
而遁慶退據汾橋眾賊單進慶射之所中人馬必倒賊乃
稍郤及技高壁赴并州下信都禽高潛功並居最進位大
將軍封汝南郡公尋以行軍摠管擊延安反胡平之歷延
寧二州摠管隋文帝為丞相以行軍摠管征江表次白帝
以勞進上大將軍與慶有舊其見親待令督丞相軍事
委以心腹尋加柱國開皇初拜左武衛將軍進上柱國數
年除涼州摠管歲餘徵還不任以職初文帝龍潛時嘗與
慶言謂曰天元質無積德其相貌壽亦不長加以法令繁
苛役煩諸侯微弱各令就國曾無深根固本之計羽翮既剪何能及遠尉遲迥貴戚早
著聲望國家有釁必為亂階然智量庸淺子弟輕佻貪而
以惠終致亡滅司馬消難反覆之虜亦非池內之物變在

俄項但輕薄無謀未能為害不過自竄江南耳庸蜀險臨
易生艱阻王謙黑耄素無壽略但恐為人所誤不足為慮
未嘗上言昏驗及此慶恐上遺忘不復收用欲見舊家恩
顧其錄前言為表奏之上省表大悦下詔曰朕言之驗自
是偶然公乃不忘彌誠卹深感至意嘉尚無已自是上
每加優禮卒於家子靜亂尚隋文女廣平公主位儀同安
德縣公熊州剌史先慶卒靜亂子靜亂字婆羅門大業中養于宮內後為
千牛左右煬帝甚親昵之每有游宴必侍從至於出入卧
內伺察六宮往來不限門禁時人號為宇文三郎與宮人

淫亂至於妃嬪公主亦有醜聲蕭后言於帝帝不之罪召入待之如初
見愶因奏晶壯不可久在宮掖帝不
論曰自古受命之君及守文之主非獨異姓之輔亦有骨
肉之助焉其茂親則有睿儕梁蔚其疎屬則有凡蔣荊燕
咸能飛聲騰實不減於百代之後至若幽孝公之勳烈加
之以善政蔡文公之純孝飾之以儉約裁裁焉足以輔於
前載矣有周受命之始宇文護實賴之以艱難及文后崩俎諸
子冲幼群公懷懼等夷之士天下有去就之心卒能變魏為
周捍危獲乂若護之力也向使加之以禮讓經之以忠貞

桐宮有悔過之期未央天年之數則前史所載焉足道
哉然讒慝於學術眤近群小威福在已征伐自出有人臣
無君之心為人主不堪之事終於妻子為戮身首橫分盖
其宜也當隋氏之起假天威而服海內胃以薄孝之親才
一州而叶義舉可謂忠而能勇功業不遂悲夫亮實庸才
圖非常於巨逆馳於古人綸不度德不量力者其斯之謂歟字
文測兄弟驅馳於經綸之曰孝伯神舉盡言於父子之間
觀其智勇忠懇並可追蹤於古人矣

列傳第四十五

北史五十七

周室諸王

文帝十三王
孝閔帝一王
明帝三王
武帝六王
宣帝二王

北史列傳四十六

周文帝十三子姚夫人生明帝後宮生宋獻公震文元皇
后生齊煬王憲王姬生趙僭王招後宮生譙孝王儉陳惑王
生齊閔王帝文宣叱奴皇后生武帝衛剌王直達步妃
宋獻公震字彌俄突幼而敏達大統十六年封武邑公尚
魏文帝女其年薨保定元年追贈大司馬封宋國公無子
以明帝第三子實嗣建德三年進爵為王大象中為大前
疑尋為隋文帝嗣國除
衛剌王直字豆羅突魏恭帝三年封秦郡公武成初進封
衛國公歷雍州牧大司空襄州摠管直武帝母弟也性浮
詭以晉公護執政遂貳於帝而昵護及南討軍敗慍於免
黠文請帝除護宿有誅護意邊與直謀之及護誅帝以
齊王憲為大冢宰直既年本望又請為大司馬欲擅威權

帝知其意謂曰汝兄弟長幼有序何以居下列也以爾為大
司徒建德三年進爵為王初帝以直第宅為東宮更使直自
擇所居帝歷觀府署無稱意者至嬪陛此佛寺邊欲居之
齊王憲謂曰弟兒女成長此寺褊小詎是所宜直曰一身
尚不自容何論兒女憲怏怏而退疑之直嘗從帝幸雲陽宮
帝怒對狼狽之自是憤怨滋甚及帝幸雲陽宮直在京師
及攻肅章門司武尉遲運閉門不得入退走追至荊州獲
之免為庶人凶諸宮中尋有異志及其子十人並誅之國
除
齊煬王憲字毗賀突性通敏有度量初封涪城縣公少與
武帝俱受詩傳咸綜機要得其旨歸文帝每賜諸子良馬
惟其所擇憲獨取駿者帝問之對曰此馬色類既殊或多
駿逸若從軍征伐牧圉易分帝喜曰此兒智識不凡當成
重器後從上龍經官馬牧文帝每見駿馬輒曰此我兒馬
也命取以賜之魏恭帝元年進封安城郡公明帝即位授
大將軍武成初除益州摠管進封齊國公初平蜀之後文
帝以其形勝之地不欲使宿將居之諸子中欲有推擇編
問武帝以下誰欲此行並未及對而憲先請文帝曰刺史
當撫狼臨人非爾所及以年授者當歸爾兄憲曰才用殊
不關大小試而無效甘受面欸文帝以憲年尚幼未之遣

明帝追遵先旨故有此授憲時年十六善於撫綏留心政
術辭訟輻湊聽受不疲蜀人悅之共立碑頌德保定中徵
拜雍州牧及晉公護東伐並以尉遲迥為前鋒圍洛陽齊兵
數萬奮出軍後諸軍憸駭並各退散唯憲與王雄達奚武
拒之而雄為齊人所敗三軍震懼憲親自督殿心乃安
時晉公護執政雅相親委賞罰之際皆得預焉天和三年
以憲為大司馬行小冢宰雍州牧如故四年齊將獨孤永
業來寇詔憲與柱國李穆出宜陽築崇德等五城絕其糧
道齊將斛律明月築壘洛南五年憲涉洛遨之明月道走
是歲明月又於汾北築城西至龍門晉公護閒計於憲憲

曰兄宜蹔出同州為威容憲請以精兵居前隨機攻取六
年憲辛勤出自龍門齊將新蔡王康德潛軍宵遁憲乃度
河攻其伏龍等四城二日盡按又攻張壁克之斛律明月
時在華容弗能救乃北攻姚襄城陷之汾州又見圍日久
憲追桂國宇文盛運粟饋之憲自入兩乳谷襲克齊伯杜
城使柱國譚公會築石殿城以為汾州之援齊平原王段
孝先蘭陵王高長恭引兵大至大將軍韓歡為齊人所乘
遂退憲身自督戰齊眾稍卻會日暮乃各收軍及晉公護
誅武帝召憲入免冠拜謝帝謂曰汝親則同氣休戚共之
事不相涉何煩致謝乃詔憲往護第收兵符及諸簿籍等

尋以憲為大冢宰時帝既誅宰臣親覽朝政方欲齊之以
刑愛及親親亦為刻薄憲既為護所任自天和後威勢漸
隆護欲有所陳多令憲奏其閒或有可不憲慮主相嫌隙
每曲而暢之帝亦悉其此心故得無患然猶以威名過重
終不能平雖遷授冢宰實奪其權也開府裴文舉憲之侍
讀帝嘗御內殿引見謂曰昔魏末不綱太祖匡輔元氏有
周受命晉公復執威權積晉生常謂法應須爾豈有三
十歲天子可為人所制乎且近代已來又有一弊暫經時
蜀便為郎禮若君臣乃亂時權宜非經國之術爾宜陪侍
齊公不得即同臣列且太祖十兒寧可悉為天子鄉宜規

建德三年進爵為王憲友劉休徵獻王箴一首憲美之休
徵後又以歲上之帝方翦削諸弟甚悅其文憲嘗以兵書
指心撫几曰吾心公寧不悉但當盡忠竭節耳知復何言
以正道無令兄弟自致嫌疑文舉再拜而出歸以白憲憲
繁慮自刊為要略五篇至是表陳之帝覽而稱善其秋書
於雲陽寢疾衛王直於京師舉兵帝與趙王招俱入拜親
吾亦續發直尋敗走至京師憲與趙王招謂曰汝為前軍
曰管蔡為戮周公作輔人心不同有如其面但愧兄弟親
尋干戈於我為我周公不能耳初直內忌憲隱而容之且以
毋弟每加友敬晉公護之誅也直固請及憲帝曰齊公心

迹吾自忘之不得更有所疑及文宣皇后崩直又密啟憲
欲酒食肉與平昔不異帝曰吾與齊王異生俱非正嫡特
為吾意令汝富媼之何論得失汝獨與內史王誼謀之子
但須自勖直乃止四年帝將東討獨與內史王誼謀之子
人莫知後以諸弟才略無出憲右遂告之憲郎贊成其事
及大軍將出憲表示公卿曰人臣當如此朕心寧資此物乃
以憲為之五年大舉東討憲為前鋒守崔鼠谷帝親圍晉
詔憲為前軍趣黎陽帝親圍河陰未剋會帝疾班師是歲初置上柱國官以
洛口拔其前軍趣黎陽帝親圍河陰未剋會帝疾班師是歲初置上柱國官以
州憲進克洪洞永安二城更圖進取齊王聞晉州見圍自
來援之時陳王純頓千里徑大將軍永昌公椿屯雞棲原
大將軍宇文盛守汾水關並受憲節度憲密謂椿曰兵者
之後賊猶致疑時齊王分軍萬人向千里徑又令其眾出
諸道汝今為營不須張幕可伐栢為菴示有處所令兵去
稍遠盛與柱國侯莫陳芮為之會被敕追還率兵夜及齊人果謂栢菴為
帳幕不疑軍退翌日始悟時帝已去晉州留憲後拒憲阻
水為陣齊領軍段暢至橋憲隔水問暢姓名暢曰領軍段

暢也公復為誰憲曰我虞候大都督耳暢指陳王純曰下
是凡人何用隱名位憲乃曰我齊王也暢指之戈甲甚銳
並以告之暢鞭馬去憲郎命旅軍齊人遂追之憲與開府宇
憲與開府宇文忻為殿拒之斬其驍將賀蘭豹子山褥瓌
等齊眾乃退帝又命憲援晉州齊王已走鄴留其安德王延宗
洛女帝命憲攻洛女破之齊王已走鄴留其安德王延宗
據并州帝進圍其城憲攻其西面剋之延宗走鄴遂追
悅既而諸軍俱進時大清齊王通走鄴人稍遍晉州帝大
陳永營南帝召憲馳往觀之憲反命曰請破之而後食帝
顧憲率所部先向晉州明日諸軍總集稍遍晉州帝大
之以功進封第二子安成公質為河間王拜第三子寶為
大將軍仍詔憲趣鄴進剋鄴城憲善兵謀長於撫御摧鋒
陷陣為士卒先齊人聞風懾憚其勇略齊任城王湝廣寧王
孝珩等守信都後詔憲討之仍令齊王手書招湝湝不納
憲軍過趙州湝令間諜二人覘軍軹以白憲憲放還令充使
舊將遇編將示之曰吾所爭者大不在汝等郎放還令充
乃與湝書憲至信都湝陣於城南登張其家望之俄而湝
所署領軍尉相願偽出略陳遂降湝殺其妻子明日湝
及孝珩等先是稽胡劉沒鐸自稱皇帝文詔憲督趙王招
等平之憲自以威名日重潛思屏退及帝欲親征北番乃

辭以疾尋而帝崩宣帝嗣位以憲屬尊望重深忌之時尚
未葬諸王在內居服司衛長孫覽總兵輔政恐諸王有異
志奏令開府于智察其動靜及山陵還帝以伯文命智就宅候
憲因是告憲有謀帝遣小冢宰宇文孝伯逆問憲曰今欲以
叔為太師九叔為太傅十一叔為太保何如憲辭以才輕
孝伯還先伏壯士於別室至即執之憲辭色不撓固自陳
引進命後帝曰晚共諸王俱入叔至殿門獨被
說帝使于智留慈恨其因擲笏於地乃縊之時
復圖存但老母在堂恐
事勢何用多言憲曰我位重屬尊一旦至此死生有命

年四十帝以于智為柱國封齊國公文殺上大將軍宮
公王典上關府獨孤熊開府豆盧紹等皆以眤於憲世帝
既誅憲無以為辭故託奧等與憲結謀遂加戮焉時人知
其冤酷咸云伴憲死也憲所生千氏蠕蠕人也建德
三年上冊為齊國太妃憲有至性事母以孝聞太妃嘗患
母必有疾乃馳使參問果如所慮六子貴質貴乾貴乾
貴字乾福少聰敏便騎射始讀孝經便謂人曰讀此一
經足為立身之本十歲封安定郡公文帝始封此郡未嘗
假人至是封焉年十一從憲獵於甘州一圍中手射野馬

及鹿二十有五建德二年拜齊國世子後出為幽州刺史
貴雖出自深宮而留心庶政性敏過目輒記簿道逢二
人擭其左右曰此人是縣豪何因輒行左右不識賣便說
其姓名莫不嗟伏自獸烽帥受賣不言
其罪他日此帥隨倒來參賣乃問云商人所燒烽帥因私放
惜之質字乾祐以憲勳封河閒郡王賣字乾禮中坦公員
烽帥愕然遂即首伏其明察如此卒時年十七武帝其痛
出後宣莊公乾禧安成公乾拉與憲俱被誅

趙惛王招字豆盧突幼聰穎博涉群書好屬文善工儷
詞多輕艷魏恭帝三年封正平郡公武成初進封趙國公
歷益州總管大司空大司馬進爵為王除雍州牧建德五
年從東伐以功進位上柱國又與齊王憲討平稽胡斬賊
帥劉沒鐸宣政中拜太師大象元年詔以洛州襄國郡邑
萬戶為趙王國招出就國二年宣帝不豫徵招及陳越代
滕五王赴闕比招等至而帝已崩隋文帝輔政加招殊
禮入朝不趨劍履上殿隋文帝將遷周鼎招密欲圖之以
封所親人史胄皆先在左右佩刀而立文藏兵刃於惟席
社稷乃要隋文帝至第飲於寢室招子員招妃弟魯
開後院亦伏壯士隋楊弘元胄
弟威及陶徹坐戶側招叟以佩刀割瓜啗隋文帝隋文未之

疑元冑覺變扣刀而入乃以大觴親飲冑酒又命冑向廚
取殺冑不爲之動膝王迴至隋文降階迎冑因得耳語
曰公宜速出隋文共追後坐須更辭出後事覺隋以謀
反其年伏誅招及其子德廣公貢求康王貢越公乾銛弟
乾鏵等國除招所著文集十卷

陳惑王純字埴智突武成初封陳國公保定中使突厥迎
上柱國歷秦并州揔管雍州牧太傅大象元年詔以濟南郡
皇后歷秦并州揔管雍州牧太傅大象三年進爵爲王從平鄴進位
從平鄴拜大冢宰蔗子乾懌嗣爲隋文帝所害國除
邑万戶爲陳國純出就國二年朝京師并其子爲隋文帝
所害國除

譙孝王儉字侯幼突武成初封譙國公建德三年進爵爲王
越野王盛字立乂突武成初封越國公建德三年進爵爲
王從平鄴進位上柱國歷相州揔管武當安昌二郡邑萬戶爲越
大前疑太保其年詔以豐州揔管大冢宰大象元年遷爲
國盛出就國二年朝京師并其子爲隋文帝所害國除
代奭疑王達字度斤突性果決善騎射武成初封代國公建
德奭進位柱國出爲荆州刺史有政績武帝手敕襃美之
所管禮州刺史蔡澤黜貨枉訟違以其勳庸不可加載者
曲法貸之又非奉上之體乃令所司精加案劾密表奏之

車竟得釋終亦不言其觳事周愼如此雅好節儉食無兼
膳侍姬不過數四皆衣綈衣未嘗營產國無儲積食無
嘗以爲言達曰君子憂道不憂貧何煩於此三年以達不遇
從平鄴群淑妃馮氏尤爲群後至所幸見獲帝以達不遇
聲邑特以馮氏賜之宣帝卽位進上柱國大象元年拜大
右弼其年詔以潞州上黨郡邑萬戶爲代國達出就國二
年朝京師及其子爲隋文帝所害國除
異康公通字屈率突少好經史解屬文武成初封異國公薨子絢嗣建德三
年進爵爲王迴字爾固突武成初封滕國公
滕聞王迴字爾固突少好經史解屬文武成初封滕國公
建德三年進爵爲王宣政元年進位上柱國大象元年詔
以荆州新野郡邑萬戶爲滕國迴出就國二年朝京師爲
隋文帝所害并其子國除
孝閔帝一男陸夫人生紀厲王康字乾安保定初封紀國
公建德三年進爵爲王出爲利州揔管康驕侈無度遂有
異謀司錄裴融諫康殺之五年詔賜康死子湜嗣大定中
爲隋文帝所害國除
明帝三男徐妃生畢剌王賢後宮生豐王貞宋王實出
畢剌王賢字乾陽保定四年封畢公建德三年進爵爲王
後宋獻公震

歷荊州總管大司空大象初進上柱國雍州牧太師明年

宣帝崩賢性強瀷有威略慮隋文帝傾覆宗祐言泄并其

子被害國除

鄷王貞字乾雅初封鄷國公建德三年進爵為王大象初

為大冢宰大定中并其子為隋文帝所害國除

武帝七男李皇后生宣帝漢王贊庫汗姬生蔡王兌鄭姬生荊王元

允馮姬生道王充薛世婦生蔡王兌鄭姬生荊王元

漢王贊字乾依初封漢國公建德三年進爵上柱國拜右大丞相外

隋文帝輔政欲順物情乃進贊位及秦王贄曹王兌道王充

示尊崇雖無所綜理轉太師尋及秦王贄曹王兌

蔡王兌荊王元並為隋文帝所害國除

宣帝三子朱皇后生靜皇帝王姬生萊王衍皇甫姬生郢

王術衍及術並大象二年封並為隋文帝所害國除

論曰昔賢之議咸以周建五等歷載八百秦立郡二

世而士雖得失之迹可暴是非之理亇起而因循莫變復

古未聞良由著論者溺於至當也審試論之夫皇王迭興為國之

變匪一聖賢閒出立德之指殊塗斯故為相反哉亦云

道由一聖賢並未窮於立當德之指殊塗斯故為相反哉亦云

為政而已矣何則五等之制行於商周之前郡縣之設始

於秦漢之後論時則澆淳理隔易地則用捨或殊譬猶工

戚曰用難以成垓下之業稷嗣所述不可施成周之朝是

知因時制宜者為政之上務也觀人立教者經國之長策

也且夫裂封疆建侯伯擇賢能署牧守循名曰異軫平善

實抑亦同歸盛則與之共安襄則與之共患共安襄然

惡非禮義無以敦風共患不能靖亂然

以齊晉帥禮鼎業傾而後振溫陶釋位王綱弛而更張然

則周之列國非一姓也晉之群臣非一族也立功權輕者難以

盡節故也由斯言之建侯守古今之異術兵權爵位

列國溫陶賢於群臣哉蓋位重者易以立功權輕者難以

蓋安危之所階乎周文之初定關右曰不暇給既以人臣

禮綜未遑蕃屏之事亶蕩輔政爰樹其當崇室長幼立攜

兵權雖海內謝隆平之風而國家有盤石之固矣武皇克

翦芒剌思弘政術懲專朝之為患志維城之遠圖外崇寵

任內結猜阻自是酖天之基潛有朽壤之墟矣宣皇嗣位

逞暴是崇莫刈先其本枝削黜編於公族以喬王之奇姿

傑出足可牢籠於前載麾周公之地居上將之重智勇冠

俗攻戰如神歐國繫以存亡鼎命由其輕重蜀道消之日

挾震主之威斯人而學斯教君子是以知國祚之不求也

其餘雖地惟叔父親則同生假文能輔王武能戡敵莫不

謝卿士於當年從侯服於下國號為千乘位侔匹夫是以

權臣乘其機謀士因其隙遂驅非速於俯拾鑱王侯烈於
煉原悠悠遠古未聞玆酷豈非摧枯振朽易爲力乎向使
宣皇擇姬劉之制覽聖哲之術分命賢戚布於內外料其
輕重閒以親疎首尾相持遠近爲用使其位足以扶危其
權不能爲亂事業既定倬倖自息雖使卧赤子朝委裘社
稷固以父安億兆可以無患矣何后族之地而能窺其神
器哉昔張耳陳餘賓客厮役所居皆取卿相而蔣王之文
武寮吏其後亦多台牧異代相符可謂賢矣哉

列傳第四十六　　北史五十八

寇洛

趙貴　從祖兄善

李賢　子詢　崇　孫敬　弟遠　穆　孫暉

梁禦　子睿

寇洛上谷昌平人也累世為將吏父延壽魏和平中以良
家子鎮武川因家焉洛性明辯不拘小節賀拔岳西征洛
與岳鄉里乃募從入關以功封安鄉縣子及岳為大行臺
以洛為右都督從侯莫陳悦既害岳時初喪元帥
洛於諸將中最為舊齒素為眾信乃收集將士志在復讎
既至原州眾推洛為盟主統岳之眾至平涼周文帝至以
洛為右都督從討侯莫陳悦平之拜涇州刺史大統初詔
加開府進爵京兆郡公封母宋氏為襄城郡君四年鎮東
雍州五年卒於鎮贈太尉尚書令諡曰武子和嗣明帝二
年錄舊勳以洛配享文帝廟庭賜和姓若引氏政封松陽
郡公

趙貴字元寶天水南安人也祖仁以良家子鎮武川因家
焉貴少有節槩尒朱榮以為別將從討元顥有功賜爵燕
樂縣子從賀拔岳挍平關中累遷大都督岳為侯莫陳悦所
害將吏奔敗莫有守者貴謂其黨曰吾聞仁義豈有常哉

行之則為君子違之則為小人脩感意彙微恩
尚能蹈履匪名鄧沈吾等荷賀拔公國士之遇寧可自同眾
人乎因涕泣歔欷從之者五十人乃詣悦諜降悦信之因
請收葬岳言辭慷慨悦壯而許之貴乃收岳屍還營與寇
洛等奔平涼共圖後事後以貴為首議迎周文帝至以貴
為大都督領府司馬悦平貴行秦州事後以貴為隴西行臺討破之從
復弘農沙苑進爵中山郡公定河右以貴為河橋之戰貴與怡峯為左軍
戰於芒山貴為左軍失律坐免官尋復官爵後拜柱國大
將軍賜姓乙弗氏六官建為太保大宗伯改封南陽郡公
周孝閔帝踐阼進封楚國公邑萬戶初貴與獨
孤信等皆與文帝等夷及晉公護攝政貴自以元勳每懷
快快與信謀殺護為開府宇文盛告被誅

善字僧慶貴之從祖兄也少好學涉美容儀沈毅有遠畧尚
書封山北縣伯天光拒齊神武於韓陵敗見殺善請收葬
朱天光討邢杲万俟醜奴以為長史普泰初為大行臺尚
其屍齊神武義而許之賀岳挍關中迎善後以為長史
岳為侯莫陳悦所殺善共諸將翊戴周文帝魏孝武西遷
改封襄城縣伯歷位尚書左右僕射進爵為公善性溫恭

有器局雖位居端右而愈自謙
退其職務克舉則曰某官
之力有罪責則曰善之效也時人稱其有公輔量大統九
年從戰芒山屬大軍不利善爲敵所獲卒於東魏建德初
周齊通好齊人乃歸其柩其子詢表請贈謚詔贈大將軍
大都督四州諸軍事此州刺史謚曰敬
李賢字賢和自云隴西成紀人漢騎都尉陵之後也陵沒
匈奴子孫因居北狄後隨魏南遷復歸汧隴曾祖富魏太
武時以子都督討兩山屠各殺於陣贈寧西將軍隴西郡
守大統末以賢兄弟著勳追贈司空公賢幼有志節不妄
舉動嘗出遊逢一老人鬢眉皓白謂曰我年八十觀士多
矣未有如卿卿必爲台牧努力勉之九歲從師受業略觀
大指而已或讓其不精答曰賢豈能領徒授業至如忠孝
之道寶銘於心問者慙服十四遭父憂撫訓諸弟友愛甚
篤魏永安中万俟醜奴據歧涇等州反孝莊遣尒朱天光
破之光爲都督長孫邪利行原州事以賢爲主簿累遷高
平令賀拔岳爲侯莫陳崇以功授都督仍守原州及大軍至秦
穆等密應侯莫陳悦所害周文帝西征賢與其弟遠
州悦棄城走周文命兄子導追之以賢爲先鋒至牽屯山
及之以功授假節撫軍將軍大都督魏孝武遷周文令
賢率騎迎衛封上邽縣公俄授左大都督選鎮原州大統

二年州人豆盧狼害都督大野樹兒等據州城反賢率敢
死士一戰敗之狼斬關遁走賢追斬之八年授原州刺史
周文之奉魏太子西巡至原州遂幸賢第讓閭而坐行鄉
飲酒禮後帝復至原州令賢乘路車備儀服以諸侯會遇
禮相見然後幸賢第歡宴終日凡是親族頒賜有差恭帝
元年進爵河西郡公仍授氏州刺史武帝西巡至賢
年詔復賢官爵後以弟子植被誅賢坐除名保定二
不利居宮中周文令於賢家處之六載乃還宮因賜賢妻
吳姓宇文氏養爲姪女賜與甚厚及武帝西巡幸賢
親凡厥昆季至子姪等可豫宴賞於是令中侍上
第詔曰朕昔冲幼爰寓此州使持節驃騎大將軍開府儀
同三司大都督瓜州諸軍事瓜州刺史賢斯土良家動德
兼著受委居賢輔導積年念其規弼勳勞甚茂今巡撫德
此不殊代邑舉目依然益增懷想賢雖無蜀錦朕勳之若
士尉遲愷往瓜州隆重賚勞賢賜衣一襲及被褥并御所
服十三環金帶一要中廐馬一疋金裝鞍勒雜綵五百段
銀錢一萬賜賢弟申國公穆亦如之子姪男女中外諸孫
三十四人各賜衣一襲拜賢甥庫狄樂爲儀同侍門生昔
經侍奉者二人授大都督四人授師都督六人別將奴已
免賤者五人授軍主未免賤者十二人酬替故之四年主

師東討西道空虛龐寇渾侵擾乃授賢河州摠管河州舊
非摠管至是乃創置賢大營屯田以省運漕多設斥候以
備寇戎於是寇渾斂迹五年宕昌寇邊乃於洮州置摠管
府以鎮攝之遂發河州授賢洮州摠管屬羌寇侵
擾賢頻破之虜遂震懾罔不敢犯塞伐殷俟斤徵舊於河
州置摠管府後以賢舊恩徵拜大將軍大都督
京師廢帝親臨哀慟左右贈武帝思舊徵即柱國大都督
十州諸軍事涼州刺史諡曰桓子端嗣端位開府儀同三
司從平齊戰沒贈開府儀同大將軍追封襄陽公諡曰奇
儀同三司吉弟孝軌開府儀同大將軍吉弟詢

章八孝軌弟詢

詢字孝詢深沉有大略頗洪書記仕周累遷司衛上士武
帝幸雲陽宮委以留府事衛王直作亂焚肅章門詢於內
盜火故賊不得入得以武帝衛王直作亂焚
加位大將軍賜爵平高郡公隋文帝以為丞相長史委以心膂軍功
遣章孝寬擊之詢為元帥監護文帝令高熲監軍與頻同心
將不一詢而已又迴平進位上柱國改封隴西郡公開皇初歷
位隰州摠管以疾徵還京師卒帝悼惜者久之諡曰襄子
元方嗣

詢弟崇字永隆英果有籌筭膽力過人周元年以父賢勳
封迴樂縣侯時年尚小拜爵日親族相賀崇獨泣下賢問
之對曰無勳於國幼少封侯當報主非其好也辭不就是
以悲耳賢由此大奇之起家州主簿非以功最授儀同三司歷位
來為將兵都督隨宇文護伐齊以功最授儀同三司
少侍伯大夫少承御大夫攝太子宮正周武平齊引參謀
議以勳加授開府封襄陽縣公尋改封廣宗縣公隋文帝
為丞相加授上開府儀同大將軍懷州刺史進爵郡公文
遲迴反遣使招之崇初欲相應後知叔父穆以并州附文
帝慨然太息曰合家富貴數十人遇國有難竟不能扶傾
繼絶何面目視天地間乎平壽妻子為卧起其兄
詢時為元帥長史每諷諭之崇由其亦歸心焉及迴平授
徐州摠管進位上柱國開皇三年除幽州摠管突厥犯塞
崇輒破之突厥敢死略盡來內附後突厥大為
侵掠崇率步騎三千拒之轉戰十餘日師人多死遂保于
沙城突厥敗圍之崇之死亡且盡突厥降之謂曰
崇知不免令其士卒曰吾為今效命以謝
國家看吾死所且可降賊方便散走見至尊道此意也乃
挺刃突賊復殺二人沒於陣贈六州諸軍事豫州刺史諡
曰壯子敏嗣

敏字樹生文帝以其父死王事養於宮中及長襲爵廣宗
公起家左千牛姿容善騎射工歌儛管絃開皇初周宣
帝后樂平公主有女娥英妙擇婚對敕貴公子弟集弘聖
宮者數百人敏在選中公主親御琵琶遣敏歌舞遂
主謂敏曰我以天下與至尊唯一女夫當為汝求柱國若
授餘官愼勿謝無謝及進見上親御琵琶遣敏歌舞遂
公主曰敏何官令授鄉柱國敏拜而蹈舞
上曰不滿爾意耶令授開府又不謝敏曰今授儀同敏不荅
我何得向其女壻惜官今授鄉柱國敏拜而經城縣
於坐發詔授桂國以本官宿衛後避煬帝諱改封經城縣

公歷幽金華歧數州刺史多不在職常留京師往來宮內
侍從遊宴賞賜超於功臣大業初轉衛尉鄉樂平公主將
薨遺言於煬帝從之竟食五千戶攝屯衛揚玄感反後城闕
與敏之策也轉將作監從征高麗領新城道軍加光祿
大夫敏十年帝復征遼道敏黎陽督運時或言敏一名洪
兒帝疑洪字當讖崔面告之冀其引決敏由是大懼數與
金才善衡等屏人私語宇文述知而奏之竟與運同誅其
妻宇文氏晏亦賜鴆而終賢弟遠

遠字萬歲幼有器局嘗與群兒為戰鬬戲指麾便有軍陣

之法郡守見而異之召使更戲群兒散走遠持杖叱之復
為向陣意氣雄壯殆甚於前君守曰此小兒必為將帥非
常人也及長沈猛有籌略魏正光末天下鼎沸敕勒賊胡琛
侵逼原州遠昆季率勵鄉人欲圖拒守而狼情頗有異同
遠乃按劍喻以節義因曰有異同議者斬之眾皆懾懼唯遠
弟迦為人所匿得兔遠乃使賢晦迹和光潛身間行入朝
聽命相與盟歃深壁自守無援城陷百守遠被害唯遠克
求援魏朝嘉之授武騎常侍俄轉別將及尒朱天光西代
配遠精兵一疲鄉道天光欽遠才望除為長城郡守後以應
侯莫陳崇功遷高平郡守周文見而悅之令居帳下及魏

孝武西遷封安定縣伯魏文帝嗣位之始思其退年少遠
字可嘉令扶帝升殿進爵為公仍領左右從征竇泰復弘
農並有殊勳授都督原州刺史周文謂遠曰孤有卿若身
之有臂本州之榮乃私事公遷大丞相府司馬事沙苑
之役遠功居最進爵陽平郡公尋除大丞相府司馬重
國機務時河東初復人情未安周文以河東為國之要乃
領授河東郡守遠奬風俗勸課農桑遠姦非兼偵候
御之備嘗未朞月百姓懷之周文降書勞問徵為侍中又以
太子少師東魏北豫州刺史高仲密請舉州來附周文又以
仲密所據遠遠難為應接諸將皆憚此行遠曰比豫遠在

賊境高歡又屯兵河陽常理而論定難救援但不入獸穴
不得獸子若以哥兵出其不意軍或可濟脫有利鈍故是
歲所言姜強人意不行便無克定之日周文喜曰率萬
繼進遠乃潛師而往掊仲密以歸仍從周文戰於芒山時
大軍不利遠獨整所部為殿義援都督義州弘農等二十
一郡諸軍事遠善撫馭有幹略戰守之備無不精銳每厚
誅亦不以為悔嘗獵於莎柵見石於叢薄中以為伏兔射
撫境外之人使為間諜敵有動靜必先知之至有事泄被
之鏃入十餘視之乃石周文聞而異之賜書曰昔李將軍
親有此事公復爾可謂世載其德矣東魏將段孝先趣
宜陽以送糧為名實有覘窬之意遠密知其計遣兵襲破
之率先遁走周文賜以乘馬及金帶牀帳衣被等并綵二
千四拜大將軍頃之除尚書左僕射遠固辭周文不許遠不
得已方拜職周文又以遠第十二子達令尚遠子之其見
親待如此時周文嫡嗣未建明帝君長已有成德孝閔夙
嬌年尚幼沖乃謂群公曰孤欲立子以嫡恐大司馬有疑
大司馬即獨孤信明帝敬后父也眾未有答遠曰立子以
嫡不以長略陽公為嗣公何疑焉若以信為嫌請即斷信
便起拔劍周文亦起曰何事至此信又自陳說遠乃止於

是群公並從遠議出外拜謝信曰臨大事不得不爾信
亦謝遠曰今日賴公決此大議六官建授小司寇周孝閔
帝踐祚進位柱國大將軍復鎮弘農遠子植文帝時已為
相府司錄參掌朝政及晉公護執權遠子植頗泄護乃
出植為梁州刺史尋而廢帝召遠及植還朝遠恐有變沉
吟良久乃曰大丈夫寧為忠鬼作叛臣乎遂就徵至
京師護以遠功名素重猶欲全宥之謂曰公何
可早為之所乃以植付遠護謂植已死乃曰陽平公何
此謀遠信之詰朝將植謂護護謂植已死乃曰陽平公何
意自來在右云植亦在門外護大怒曰陽平公不信我矣
召入命遠同坐令帝與植相對於遠前植辭窮謂帝曰
為此謀欲安社稷利至尊耳今日至此何事云遠自殺
自投於牀曰君親誠合萬死於是護乃害遠并逼遠自殺
贈上柱國改諡曰懷植及諸弟基字仲和
建德元年晉公護誅贈本官加贈諡曰忠隋植弟基追
幼有聲譽譽簡儀善談論涉獵群書尤工騎射周文令尚
義歸公主以父勳封建安縣公累遷大都督進爵清河郡
公及魏廢帝即位之後猗猗獮漊時周文諸子年甚幼沖
章武公導中山公護復東西作鎮唯託意諸將皆以為心膂
基與義城公李暉常山公千翼等俱為武衛將軍分掌禁

旅魏帝深憚之故密謀遂泄魏恭帝即位進爵敦煌郡公
靈進位驃騎大將軍開府儀同三司拜陽平國世子六官
建授御正中大夫周孝閔帝踐阼出為浙州刺史尋為兄
植合坐死以王壻又為季父穆所請得免武成二年除江
州刺史既被譴謫常憂憤不得志保定元年卒於位穆兄
所鍾愛每哭輒悲慟謂所親曰好兒去門戶豈欲
興宣政元年追贈上開府儀同大將軍徐謹三
陽平郡公加上開府大象未進至柱國封公醫弟深被親
州刺史敦煌郡公謚曰孝子威嗣威字安人又改冀遠爵
穆字顯慶少明敏有度量文帝入關便給事左右深被親

遇穆亦小心謹爾未嘗懈怠及侯莫陳悅害賀拔岳周文
目夏州赴難而悅黨史歸擄原州德為悅守周文令侯莫
陳崇龔之穆時先在城中與兄嗣遠應崇遂禽暴復弘農
都賢從迎魏孝武封永平縣子又領娥蛮賓農
並有戰功周文賞之捷穆言歡今日已疼膽矢請速遂之則
歡可為也周文不聽論前後功進爵為公芒山之戰周文
馬中流矢背因大罵曰籠東軍士爾曹主何在爾獨住此敵人
見其輕侮不疑於是捨而過穆以馬授周文遂俱逸
是日微穆周文已不濟矣既而與穆相對而泣自是恩眄

更隆顧左右曰我事者其此人乎權授武衛將軍儀同
三司進封安武郡公前後賞賜不可勝計周文歡其忠節
曰人所貴唯命濟孤輕命爵位王帛未足為報乃特
賜鐵券恕以十死進驃騎大將軍開府儀同三司侍中初
芒山之敗唯命穆授周文驄馬後中既有此色者悉以賜之又
賜穆嗣子博安樂郡公姊一人為郡君自餘姊妹並為縣
君兄弟子姪及總麻已上親并舅氏宦豎沾厚賜其褒崇如
此從解王壁圍河灤破之俄除原州刺史拜世子惇為儀
謹平江陵以功別封一子長城縣侯進位大將軍賜姓
拓技氏文聲曲沔蠻破之

同三司以賢子為平高郡守遠子為平高縣令並加鼓吹
穆自以叔姪一家三人皆牧宰鄉里恩遇過隆固辭不拜
周文不許後入為雍州刺史兼小家宰周孝閔帝踐阼文
封一子為升遷縣伯穆請迴授賢子孝軌許之及兄子植
謀害宇文護被誅穆亦坐除名先是穆知植非保家主每
勸遠除之遠不能用及臨刑泣謂穆曰顯慶吾不用汝
言以至此將柰何穆以子惇怡等代死辭理酸切聞者莫不
基當從坐穆求以子惇怡等代死辭理酸切聞者莫不
動容護矜之遂特免基死明帝郎位拜驃騎大將軍開府
儀同三司大都賢復爵安武郡公拜直州刺史武成中子

弟免官爵者悉復之累遷大司空天和二年進封申國公

武帝東征令穆別攻軹關及河北諸縣並破之後以帝疾

儔爵迴授一子建德元年遷太保尋出為原州總管四年

平人情高攜穆靖以鎮守百姓懷之大象元年加邑至九

班師葉而不守六年進位上柱國除并州總管時東夏初

千戶遷大左輔總管如舊二年詔加太傅仍總管及隋文

作相尉遲迥舉兵遣使招穆穆鎖其使上其書

以穆所居天下精兵處陰勸穆應之穆弗聽曰周德既衰

黑智共悉天時若此豈能違天乃遣使謁隋文帝并上十

三環金帶蓋天子服也以微申其意時迥子誼為朔州刺

史亦執送京師迥令其署行臺韓長業攻陷潞州執刺史

趙威署城人郭子勝為刺史穆遣兵討獲子勝文帝嘉之

以穆勞同破鄴城第一勳加三輔大將軍孝軌聽分授其二子榮才及

賢子孝軌榮及才並儀同大將進開府儀同大將

軍文別封子雄為容國公穆文奏表勸進文帝既受禪詔

既舊德且又黨敬惠來旨便以今月十三日奉膺詔

天命俄而穆來朝文帝降座禮之拜太師贊拜不名真食

成安縣三千戶穆子孫雖在襁褓悉拜儀同其一門執象

勢者百餘人貴盛當時無比穆上表乞骸骨詔曰公年既

耆德筋力難煩令勒所司敬禰朝集如有大軍須共謀議

別遣侍臣詣第詢訪時太史奏當有移都事帝以初受命

甚難之穆乃上表極言宜遷都之便帝素嫌臺城制度迮

小又宮內多鬼妖帝嘗遷上不納遇太史奏狀意乃

惑之至是省穆表帝曰天道聰明已有徵應太師人望復

抗此請則可矣遂從之歲餘穆自以年宿下詔自今已後雖

但非謀逆皆聽贖罪

遺令以不得陪葬代公恨詔諾黃門侍郎監護喪事贈

十州諸軍事冀州刺史謚曰明賜以石槨前後部羽葆鼓

吹轀輬車百寮送之郭外詔太常卿牛弘宣哀冊文遊戲

太牢長子惇字士歡周文帝令功臣長子並與略陽遊戲

惇於羣流中特被引接每有遊方服說珍奇無不班賜封

安樂郡公位驃騎大將軍開府儀同三司鳳州刺史先穆

卒子筠襲祖爵惇怡位儀同三司贈渭州刺史怡弟雅

少有識量仕周以軍功封西安縣男位荊州總管開皇初

進爵為公雅弟恬位臨州刺史封曲陽侯恬弟藥位合州

刺史長城縣公榮弟直位車騎將軍歸政縣侯直弟雄位

柱國驃騎將軍密國公雄弟渾仁壽初筠忽驚遽遣兄子

善衡賊之求盜不得文帝大怒盡追其親族初筠與從父

弟開豐雲有隙渾遂證筢寰殺之而善衡獲免筢死帝議立

嗣郕公蘇威奏筢不軌請絕其封帝不許乃以渾嗣

渾字金才姿貌瑰偉鬚眉如畫起家左侍上士尉遲迴反於
鄴時穆在并州隋文帝甚應迴遣驛詣穆穆令渾
入京奉斗曰願執斗柄以斬天下也文帝太悅又遣渾詣
韋孝寬所而述穆意會鄴平以功授上儀同三司封武安
郡公開皇中晉王廣出番渾以驃騎將軍領親信從往楊
州及筠死渾規欲紹之謂妻兄太子左衛率宇文述曰若
得襲封當以國賦之半每歲相奉述因入白皇太子述奏
帝竟詔渾龍襲申公以奉穆嗣大業六年追改穆封為郕公
渾仍襲焉累加光祿大夫遷右驍騎衛大將軍渾既紹父
業曰增豪俊二歲後不以奉物分述述大憙因醉謂其友

人于象賢曰我竟為金才所賣死且不忘渾聞之由是結
陳及帝討遼東有方士安伽陀謂帝曰李氏應為天子宜
盡誅天下李姓知之因構渾於帝帝曰李臣與金才為風親聞
其數與李敏善衡等日夜屏語或終夕不寢渾大臣也家
世隆盛身擁禁兵不宜然帝曰可覓其事述乃遣武
郎將裴仁基表告渾友即日遣述掩其家述左丞元文
御史大夫裴蘊雜推之數日不得反狀帝更遣述入
獄中召出敏妻宇文氏謂曰夫人帝甥也何患無賢夫
敏金才名當株識夫人當自求全因教言金才嘗告敏云
汝應圖籙普思為天子今主上好兵勞擾百姓此亦天亡隋

時也若復度遼吾與汝必為大將軍每軍二萬餘兵以
五萬人矣又發諸房子姪內外親婭並兼從征吾家子弟
決為主帥分領兵馬散在諸軍吾與汝前發襲取御營子
弟誓赴一日之間天下定矣述口自傳授令敏妻書帝封
云上密述持入奏云已得金才反狀并有敏妻帝表帝覽
之泣曰吾宗社幾傾賴親家公而獲全耳於是誅渾敏等
自餘無少長皆徙嶺表

梁御字善通其先安定人也後因官北邊遂家於武川改
姓紇豆陵氏高祖俟力提從魏太武征討位揚武將軍定
陽侯御少好學進趣詳雅及長更好弓馬尒朱天光西討
知御有志略引為左右共平關隴除益州刺史第一領人
酉長封白水縣侯從賀拔岳鎮長安及岳被害御與諸將
同謀翊戴周文既平秦隴欲引兵東下雍州刺史
賈顯持兩端通使於齊神武周文知其意以御為大都督
雍州刺史領前軍先行及與顯相見因說顯顯郎出迎周
文禦遂入鎮雍州大統元年進爵信都縣公授尚書右僕
射從周文復弘農破沙苑加侍中開府儀同三司進爵廣
平郡公出為東雍州刺史為政舉大綱而已人庶稱之薨
於州臨終唯以國步未康為恨言不及家贈太尉尚書令
雍州刺史諡曰武昭子睿

睿字恃德少沉敏有行檢周文帝時以功臣子養宮中後
命與諸子遊處七歲襲爵廣平郡公累加儀同三司本州
大中正開府改封五龍郡公渭州剌史周閔帝受禪徵為
御伯出為中州剌史鎮新安以備齊齊人來寇睿輒挫之
帝甚嘉歡拜大將軍以禪佐命功進爵蔣國公入為司會
後從齊王憲拒齊命睿為行軍元帥率軍搃管于義將張威達
睿不得進文帝命睿為益州搃管行至漢川西謙及攻始州
宰歷敷州剌史涼安二州搃管明月於洛陽每戰有惠政進位柱國階文
睿拽百揆代王謙為益州搃管俱有惠政進開府孚三王

奚長儒梁昇石季義步騎二十萬討之謙遣開府孚三王
平林泣懼而來降謙又命高阿那環達奚慕等以盛兵攻
十萬攘峻為營周亘三十里睿令將士衘枚出自間道四
面奮擊力戰破之遂鼓行而進謙將破惏守劍閣梁嚴拒
剌州聞睿將至慈分兵攘開遠睿遣上開府託拔宗趣劍
閣大將軍字文魚搯巴西大將軍趙達水軍入嘉陵遣張
威破之慈奔歸于謙遣成都謙令達奚慈乙弗虔守城及
申破之慈韓相賣阿那惠等分道攻慈自午及
親帥精兵五万青城結陳睿擊敗之謙將入城慈虜以城
降謙將麾下三十騎道走新都令王寶執之睿斬謙于市

北史列傳四十七　十七　引端

娜南悉平進位上柱國搃管如故賜物五千段奴婢一千
口金二千兩銀三千兩邑千戶睿時威報西州夷獠歸附
唯南寧首帥爨震恃遠不賓睿上疏曰南寧州漢祥柯之
地近代巳來分置寧州至偽梁南寧州剌史徐文盛被湘
以益州曠遠分置寧州至偽梁南寧州剌史徐文盛被湘
寶戶饒二河有駿馬明珠益南建寧井犀角晉太始七年
以益州曠遠分置寧州至僞梁南寧州剌史徐文盛被湘
東徵赴荊州屬東夏尚阻未達遠略土人爨瓚遂擴一
方國家遙授剌史其子震相承至今而震臣禮多虧貢賦
不入如聞彼人苦其苛政思被皇風幸因平蜀士眾不煩
重興師鄉獠既紀郡請略定南寧以支文帝深納之然以天下
之策也睿威惠兼著人夷悅服聲泊逾重文帝因平之拉
初定恐人心不安故未許後竟遺史萬歲討平之因

北史列傳四十七　十八　引端

武與其通和稱為皇帝尉他之於高祖初猶不臣孫皓之
睿後上平陳榮帝善之下詔曰昔公孫隗囂漢之賊也光
答晉文書通云白或轟歆服或郎滅亡王者體大義存遲
養雖陳國來朝未盡藩郎如公大略誠須責罪尚欲且緩
其誅宜如此意淮海未滅必興師時見突厥方強恐為邊
以身許國無足致醉也睿乃止睿時見突厥方強恐為邊
患復陳鎮守之策十餘事帝嘉歡父之答以厚意睿時自

以周代舊臣父居重鎮內不自安嘗請入朝於是徵還京
師及引見上為之興命睿升殿握手極歡睿退謂所親曰
功遂身退今其時也遂謝病閉門自守不交當時帝賜以
板輿每有朝觀必令三衛興上殿睿初平王謙之始自以
威名太盛恐為時所忌遂大受金賄以自穢由是勳簿多
不以貢詣朝堂稱臣上表陳謝請歸大理上尉喻遣之十五
主者多獲罪睿懼上表陳謝子洋嗣歷位萬徐二州刺史武
年從至洛陽而卒諡曰襄

論曰賀拔岳纘起金卒侯莫陳悅意在兼并于時人有離

心士無固志寇洛撫循散亂抗禦仇讎全師而還敵人絕
觀覦之望慶德而勦霸王建臣合之謀趙貴居二關之險
周室定二分之功彼此一時其功固不細也李賢和兄弟
屬亂離之際居戎馬之間志略從橫忠勇舊發頻摧勁敵
屢涉艱危及逢時遇主榮名委質荷生成之恩蒙國士之
遇俱蔡好爵各著勳庸遂得任兼文武聲彰出內位高望
重自周迄隋鬱葇連暉聊椒繁衍冠冕之盛當時莫與比
焉自周榮家跗萼為西京盛族雖金張在漢不之尚也然
周文始崩嗣君冲幼內則功臣放命外則強寇臨邊晉公
以猶子之親膺負圖之託遂能撫寧家國開翦異端章魏

興周遠安通悅功勤已著過惡未彰孝植受遇先朝宿參
機務憂威權之去己懼將來之不容生此屬階成茲貝錦
乃以小謀大由踈間親主無昭帝有上官之訴嫌
隙既兆釁故因之啟寡宰無君之心成閔帝殯弒之禍植
之由也李遠關義方之訓又無先見之明以至誅夷非為
不幸粱禦孫奉興王象謀締構驅馳畢力夷險備嘗雖遂
志未申亦云遇其時炎穆及睿皆周室功臣晴文王業
室之忠臣終勳徐穆之子孫特為隆盛朱輪華轂凡數
初基俱受腹心之寄故穆然方登師傅睿終膺殊寵觀其見
機而動抑亦人之先覺然方魏朝之貞烈有愧王凌比晉

十人見忌當時禍難逃及得之非道可不戒歟

列傳第四十七

北史五十九

　李弼　曾孫密

　宇文貴　子忭

　侯莫陳崇　崇兄順

　王雄　子謙

李弼字景和隴西成紀人六世祖振慕容垂黃門郎父求
魏太中大夫贈涼州刺史弼少有大志膽力過人鬢名亂
謂所親曰大丈夫生世會須履鋒刃平寇難以取功名安
能碌碌依階以來仕初為別將從尒朱天光西討破赤水
蜀以功封石門縣伯又與賀拔岳討万俟醜奴万俟道洛

三百六十一　備傳山川
北史列傳四十八　　　　〔一〕　李弼

王慶雲晉破之賊咸畏之曰莫當李將軍前也及天光赴
洛弼練侯莫陳悅征討畧有冠捷及悅害賀拔岳周文帝
自平涼討悅弼陳悅令解兵謝之悅惶惑計無所出弼知
悅必敗周文許至悅乃棄弼乃勒所部云悅欲向秦州命
裝束東悅妻眾感信悅以歸周文悅由此敗周文謂曰公與吾
密通於周文許背悅至夜弼乃勒所部云悅欲向秦州命
走弼慰輯之遂擁以歸周文悅由此敗周文謂曰公與吾
同心天下不足平也平定秦州南出撓險以自固是日弼
三司從平竇泰斬獲居多周文以所乘騅馬及泰所著甲
甲賜弼又從平弘農與齊神武戰於沙苑弼軍為敵所乘

弼將其麾下九十騎橫截之賊分為二因大破之以功進
爵趙郡公四年從周文東討洛陽弼倍道而前進軍首
鼓譟曳柴揚塵東魏將莫多
婁貲文率眾至穀城弼倍道追斬其首大軍翌日又從
周文與齊神武戰河橋弼身被七創遂為所獲陽隕絕於地
睨其傍有馬因躍上得免騎位司空太保柱國大將軍
帝元年賜姓徒何氏六官建拜太傅大司徒又晉公護執
政朝之大軍皆與于謹及弼等參議周孝閔帝踐阼除太
師進封趙國公邑萬戶弼每征討朝受命
文便引路畧不問私事亦未嘗宿於家兼性沈雅有深識
故能以功名終薨於位明帝即舉哀比葬三臨其喪發卒
穿冢給大路龍昉陳軍至塞益曰武尋追封魏國公配食
文家廷子曜居長以次子暉尚文帝女義安長公主故
遂以為嗣暉初賜爵義城郡公嘗即疾菁年文帝憂之賜
錢一千萬供其藥石之費魏恭帝二年加驃騎大將軍開
府儀同三司出為岐州刺史從文帝西巡率公卿子弟別
為一軍後襲趙國公改襲魏國公天和六年進位柱國建
德元年出為梁州總管時　弎逢二州生獠積年侵暴至州
綏撫並來歸附軍書勞之暉第衍字接豆少專武藝慷慨
有志略仕周為義州刺史封真鄉公王謙作亂以行軍總

北史列傳四十八　　　　〔二〕　李忭

管從梁濟纂平之進上大將軍隋開皇元年以行軍摠管
討平叛蠻進位柱國後拜安州摠管以疾還京卒仲威
嗣行弟綸最知名有文武才用以功臣子少居顯職位至
司會中大夫開府儀同三司封河陽郡公為聘齊使主卒
撿校秦州總管綸第晏開府儀同三司趙郡公從平齊殁
弃州子憬以晏死王軍即襲其官爵曜旣不得嗣河州刺史
弼功重封曜邢國公位開府子寬幹略過人自周及隋數
經將領位柱國蒲山郡公號為名將弼第撝字雲傑長不
盈五尺性果決有膽氣魏永安元年以兼別將從尒朱榮

北史列傳四十八　(三)　客省

破元顥榮誅隨尒朱兆入洛及魏孝武西遷撝從都督元
斌之與齊神武戰敗遂與斌之奔梁後得逃歸進封晉陽
縣子尋為周文帝帳內都督從後弘農破沙苑撝時踐馬
運手衝堅陷陣隱身奮甲之中敵人見之皆避此小兒不
知撝之形貌正自如此周文初聞撝驍悍未見其能至
是方嗟歎之謂曰但瞻決如何何必須八尺之軀也
以功進爵為公武成初從豆盧寧征稽胡進爵汝南郡公
出為撝管延綏丹三州諸軍事延州刺史卒官無子以弼
子椿嗣位開府儀同大將軍右宮伯政封河東郡公
密字法主蒲山公寬之子也才兼文武志氣雄遠少驍勇

蒲山公養密禮賢無所愛吝與玄感為刎頸交後更折
節敭學尤好兵書誦皆在口師軍國子助教包愷受史記
漢書愷門徒皆出其下大業初授親衛大都督以疾歸及
玄感有逆謀召密令與爭玄挺赴黎陽以為主密進三
計曰今天子遠在遼外公長驅入薊直扼其喉前有高麗
退無歸路不戰而禽此計上也文關中四塞衛文昇不足
為意公率衆務早入西據咸全之勢此計中也若隨近先
東都以引歲月此計乃下策矣今
百官家口並在東都若不取之安能動物且經城不拔何

北史列傳四十八　(四)

以示威密計不行玄感旣至東都自謂功在朝夕及護章
東都時李雄勸玄感連稱尊號玄感以問密密以為不可
玄感笑而止又字文述來護等軍且至玄感謂密計將安
福嗣旣非同謀設謀皆持兩端玄感後使作檄文固辭不
肯密揣知其情請斬之玄感不從密將西謂所親曰楚公好
反而不欲勝吾屬無為虜矣後玄感將西入福嗣竟立歸
因此入關可得給衆玄感遂用密謀號令西至陝縣圍弘
出密曰元弘嗣統強兵於隴右今可揚言其反遣使迎公
農不拔西至閺鄉鄉人告密被捕與其黨俱送
叔詢相隨匿馮翊詢妻家寺為隣人告被捕與其黨俱送
帝所在途與其衆謀逃其徒多金密令出示使者曰吾等

死日此金留付公奉用相瘞其餘即皆報德使者利金遂

相許及出關密每夜宴飲行次邯鄲夜宿村中密等七人

皆穿牆而遁與王仲伯亡抵平原賊帥郝孝德密不甚

禮之備遺饑饉削樹皮而食之仲伯潛歸天水密詣淮陽

舍於村中變姓名稱劉智遠聚徒教授經數月輒懟不得

志密為五言詩詩成泣下數行時人有怪之以告太守趙他

下縣捕之密得遁去君明竟坐死密投東都賊帥翟讓乃因

王伯當以密得遁道諸小賊所至輒降讓始敬焉乃與

讓遣說諸賊避之密勸讓列陣以待密

計軍密以兵衆無糧勸讓直趣滎陽休兵館穀然後爭利

讓從之乃掠下滎陽太守邱王慶及通守張須陀以兵討

讓讓數為須陀敗將遠避之密勸讓列陣以待密令兵

掩擊大破之斬須陀於陣讓於是令密建牙別統所部復

說讓以鄭清天下為事令掩擄興洛倉發粟以振窮之於

是與讓以義寧元年春出陽城北踰方山自羅口龍襲興洛

倉破之開倉振百姓越王侗遣武賁郎將劉長恭討密

城洛口周回四十里以居之讓上密號為魏公設壇場即

位稱元年以房彥藻為左長史邴元真為右長史楊德方

為左司馬鄭德韜為右司徒封東郡公長榮

山賊孟讓掠東都燒豐都市而歸密攻下輩縣獲縣長榮

孝和拜為護軍武賁郎即將裴仁基以武牢降密密因遣仁

基與孟讓襲破回洛倉擄之俄而德韜方俱死後以鄭

頲為左司馬鄭虔象亥為右司馬柴孝和說密令裴仁基守

回洛翟讓擄洛口身率精銳西襲長安密既未下他人我先密

曰此誠上策然我之所部並山東人既見未下洛陽賊帥不

肯西入苟時諸將之心亦不能一此所未可也孝和曰

萬餘人密時兵銳每入死地與數十騎至陝縣賊帥兵

所中卧於營內東出兵擊之密被大潰棄回洛倉歸

口孝和之衆聞密敗各分散而去孝和輕騎歸密爆帝遁

王世充率江淮勁卒五萬討密敗之孝和溺洛水死密其

傷之世充營於洛西與密相拒百餘日武陽郡丞元寶藏

黎陽賊帥李文相洹水賊帥張昇清河賊帥趙君德平原

賊帥郝孝德並歸密共襲破黎陽倉擄之周法明舉江黃

之地以附密齊郡賊帥徐圓朗任城大俠徐師仁淮陽太

守趙他等前後款附以千百數翟讓所部王儒信勸讓為

太宰總攬眾務以奪密權兄寬復謂讓曰天子止可自作安

得與人汝若不作我當為之讓聞惡之會讓欲乘勝破其營

數百步密與單雄信等赴之世充敗走讓欲乘勝破其營

會日暮密固止之明日讓與密數百人至密所欲為宴樂其所

將左右各就食諸門並設備讓不覺密引讓入坐令讓射

引蒲將發密遣壯士蔡建自後斬之遂殺其兄寬及儒信
等從者亦有死焉讓部將徐世勣為亂兵所斫中重創密
止之僅得免雄信等皆叩頭求哀密並釋而慰之於是詣
讓管遣王伯當郕元真單雄信等告以殺讓意令世勣
信伯當分統其衆世充夜襲奪城密拒之斬武賁郎將
書青奴世充復管洛北密水構浮橋先衆擊密橋陷溺水
不利而退世充因薄其城下密擊之大潰李橋梁德重
者數萬人武賁郎將楊威王辨霍世舉劉長恭梁德重
智通等皆沒于陣密乃不敢還東都遂走河陽
其夜大雪餘衆死亡殆盡密乃修金墉故城居之衆三十

餘萬遂上春門留守韋津出軍戰被執其黨勸密即尊號
不許及義士圍東都比指黎陽密拒之會越王侗讋遣使
及薇通自江都比 東南道大行臺行軍元帥魏國公令先
授密太尉尚書令
平化及然後入朝輔政化及至黎陽徐世勣守倉城不下
奴阜隷破野頭耳父
與兄弟皆受隋恩豈卿本劍奴阜隷破野頭耳父
後嗣化及黯然術仰良久乃瞋目大言曰共你論相殺事
何須持挍驅之知其糧且盡因偽與之和化及大喜恣
王吾當挍挍之知其糧且盡因偽與之和化及大喜恣

七
三十

其兵貪其資鏹之會密下有人獲罪亡投之具言密情化
及大怒又食盡遂與密戰于童山下自辰達酉密中流矢
頓於汲縣比趙魏縣以輔重留於東郡道引其
刑部尚書王軌守之軌以郡降密以軌為滑州總管密引
兵而西遺記室參軍李儉朝于東都執殺帝人于弘達以
賜將士時密兵少衣世充之食乃請於密入朝密既擅權乃厚
私利遂勸密許焉初東都絕糧人歸密者日有數百至
世充已殺元文都伺以儉為司農少卿使召密至溫縣聞
獻越王侗侗以儉為司農少卿
此得食降人益少蓮悔而止密雖擾者無附軍兵戰不
賞又厚撫初附兵於其衆心漸怨時邴元真守洛口倉性
貪鄙字文溫每謂曰不殺元真公必為憂密不荅而元
其知之謀叛楊慶聞而告密因疑之
密囚王伯當守金墉自就偃師比阻芒山以待之
程嘰金等駐將十數人皆重劍密甚惡之世充潛潛詣
數百騎度御河密遣裴行儼等行偵
朝而陣密方覽之狼狽出戰敗績馳向洛口世充夜圍偃城
師守將鄭頲為其部下翻城而降世充將入洛口君城
元真已遣人引世充密候騎不時覺比將出戰世充兵半
度洛水然後擊之密候騎不時覺比將出戰世充兵半已

八

濟密引騎而逃元真以城降世充眾漸離將如黎陽人
或曰殺翟讓之際徐世勣幾死其心安可保密乃止時王
伯當黃金塘城保河陽密自武牢濟婦之謂曰久苦諸君
我今日自刎以謝眾眾皆泣莫能仰視密復曰諸君幸不
相棄當共歸關中密身雖有瞬昔之遇君必保富貴其府掾
又曰明公與長安宗族不戰而得京師此公之功也眾咸
東都斷隋歸路使唐國公孫光祿卿彙奉使出關安撫至
曰然密遂歸朝封邢國公孫光祿卿彙奉使出關安撫至
熊州而逃被見殺

字文貴字求貴其先昌黎大棘人也徙居夏州父莫豆干
保定中以貴勳追贈柱國大將軍少傅夏州刺史安平郡
公貴母初孕貴夢老人抱一子授之曰賜爾是子俾壽且
貴及生形類所夢故以求貴字之貴少從師受學嘗輟書
歎曰男兒當提劍汗馬以取公侯何能為博士也魏正光
末破六韓拔陵圍夏州營城固守以貴為統
軍後從朱榮禽葛榮於滏口加別將邢杲反貴率鄉兵從
杲敗都督元顥入洛貴率鄉兵從朱榮有功封革融縣
侯除郢州刺史入為武衛將軍關內大都督從魏孝武以宗室
甚親進爵化政郡公貴善騎射有將師才以宗室
遷除之大統初與獨孤信入洛陽東魏潁州長史賀君

九 ▼

統據潁川來降東魏遣將堯雄賀拔勝等二萬攻
潁川貴自洛陽率步騎二千敕之軍次陽翟雄等去潁川
四十里貴聞洛陽率步騎二千敕之軍次陽翟雄等去潁川
彼眾我寡不可爭鋒貴曰若賀君一陷吾輩坐此何為遂
入潁川雄等稍進貴率千人背城為陣與雄合戰貴軍中
流矢乃短兵步鬥雄大敗輕走趙青雀於是降任祥聞雄敗
遂不敢進貴乘勝遇祥敗之是云貴亦降任祥宮昌王在
中帝笑曰由基之妙正當兩耳進位大將軍開府
天游圉以金圉置侯上令公卿射中者即賜之貴一發而
儀同三司十六年遷中外府左長史進位大將軍開府

梁彌定為宗人獠甘所逐來奔又有渭州人鄭五醜同
企定反後據有渭株川擁隸數千家與渭州人鄭五醜同
反周文令貴與豆盧寧計之貴等禽斬鐵忽及五醜盡
別擊獠甘破之乃納彌定并於渠株川置岷州朝廷重功
遂於栗坂立碑以紀其績廢帝三年詔貴代尉遲迥鎮蜀
時隆州人開府李光易反於隆貴攻圍隆州而隆州人李
又令開府成亞擊拓及道降之貴乃命開府叱奴與隆州
果拜小司徒先是蜀人多劫盜貴乃召任俠傑健者署為
游軍二十四部令其督捕由是顧息周孝閔帝踐阼進位

十 ▼

柱國拜御正中大夫武成初與智蘭祥討吐谷渾軍遠進
封許國公邑萬戶舊爵回封一子遷大司空行小冢宰歷
大司徒遷太保貴好音樂眺亦兼紹連不倦然好施愛士
時人頗以此稱之保定末使突厥迎皇后天和二年還至
張掖薨贈太傅諡曰穆子善嗣善弘厚有武藝大業中位至
上柱國封許國公隋文帝受禪遇之甚厚拜其子頴上儀
同及善弟恠誅竝發于家善未幾卒頴大業中位司農少
卿後沒李密善弟忻

忻字仲樂幼而敏慧為童兒時與群輩戲輒為部伍進止
行列無不用命者年十二能左右馳騁捷若飛忻謂所
親曰自古名將唯以韓白衛霍為美談吾察其行事未足
多尚使與僕並時不令堅子獨擅高名年十八從周齊王
憲討突厥以功拜儀同三司賜爵固縣公章孝寬以忻
驍勇請與鎮王壁以戰功加開府進爵化政郡公從武帝
攻拔晉州齊後主親搤兵六軍憚之欲旋忻諫曰以陛下
之聖武乘敵人之荒縱何往而不剋若齊人更得令主君
臣協力未易圖也帝從之乃戰遂大剋及帝攻陷并州先
勝後敗帝為賊所窘挺身而遁諸將多勸帝還忻勃然曰
破城士卒輕敵微有不利何足為懷令破竹形已成奈何
棄之而去帝納其言明日復戰接晉陽發乎進位大將軍

氣與馬九軌破陳將吳明徹於呂梁進位柱國除豫州捴
管隋文帝潛時與忻情好其厚恊及為丞相恩顧彌隆尉
遲迥作亂以忻為行軍捴管隋晉王孝寬擊之時兵屯河陽
帝令高頴馳驛監軍與頴密謀進取者唯忻而已頴遣遣子
惇盛共武陟忻擊走之進臨相州迥遣遣精甲三千伏野馬
岡忻以五百騎龍襲之斬獲略盡進至草橋迥以柱國
奇忻觀戰者數萬人忻謂左右曰事急矣吾當以權道破
之於是射觀者走之韓相騰聲如雷霆忻乃傳呼曰賊
敗矣衆復振齊力急擊之迥軍大敗及平鄴以功遷上柱
士庶觀戰者數萬人迥背城結陣官軍不利時忻以

國文帝謂曰尉遲迥傾山東之衆連百萬之師公舉無遺
筭策無全陣誠天下英傑也進封英國公自是每參帷幄
出入臥內禪代之際忻有力焉後拜左領軍大將軍寵顧
彌重忻解兵法馭我齊整當時六軍有一善事雖非忻建
在下輒相謂曰此必英公法也其見推服如此後改封杞
國公上嘗欲令忻擊突厥破高頴固讓曰忻有異志不可
兵乃止忻既佐命功臣頻經將領其有威名不可委以大
之以讒去官與梁士彥帝眤狎數相往來士彥時亦怨望陰
圖不軌忻謂士彥曰帝眤狎數相往來士彥時亦怨望陰
起事我必從征兩陣相當然後連結天下不可圖也謀洩伏

諸家口籍沒忻第愷愷字安樂在周以功臣子年三歲賜
爵雙泉伯七歲進封安平公愷多有器局諸兄並以弓馬
自達愷獨好學博聞彊記解文多伎藝爲名公子累遷御
正中大夫儀同三司隋文帝爲丞相加上開府近師中大
夫及踐阼誅宇文氏愷亦將見殺以與周本別文兄忻有
功故得免遷鄀上以愷有巧思詔領營新都副監高熲雖抱
大綱凡所規畫皆出於愷及決渭水達河以通運漕詔愷
縣公及還都上以曾班故道久絶不行令愷修之既而
惣督其事後畫夜甚有能名坐兄忻以決渭水達河以通運漕詔愷
又不得調會朝廷以曾班故道久絶不行令愷修之既而

上建仁壽宮右僕射楊素言愷有巧思於是檢校將作大
匠歲餘拜仁壽宮監授儀同三司尋爲將作少監文獻皇
后崩愷與楊素營山陵上善之復爵安平郡公煬帝即位
還都洛陽以愷爲營東都副監尋遷將作大匠愷揣帝心
在於奢侈於是東都制度窮極壯麗帝大悅進位開府拜工
部尚書及長城之役詔愷規度之時帝比巡欲誇戎狄令
愷爲大帳其下坐數千人帝大悅賜物千段又造觀風行
殿上容衛者數百人離合爲之下施輪軸推移倏忽有若
神功戎狄見之莫不驚駭帝彌悅前後賞賜不可勝紀是
時將復古制明堂議者皆不能決愷博考群籍爲明堂圖

樣奏之又以張衡渾象用三分爲一度裴秀輿地以一寸
爲千里臣之此圖以一分爲一尺推而演之引千時議
者或以綺井爲重屋或以圓楣爲隆棟將爲膠說事不經
見令錄其疑難爲之通釋皆出證據以相發明爲議曰臣
愷謹按淮南子曰昔者神農之御天下也甘雨以時五穀
蕃植春生夏長秋收冬藏月省時考終歲獻貢以時嘗穀
祀于明堂明堂之制有蓋而無四方風雨不能襲燥濕不
能傷遷延而入之臣愷以爲上古朴略未立典刑尚書帝
命驗曰帝者承天立五府以尊天重象赤曰文祖黃曰神
斗白曰顯紀黑曰玄矩蒼曰靈府注云唐虞之天府夏之
世室殷之重屋周之明堂皆同矣尸子曰有虞氏曰總章
周官考工記曰夏后氏世室堂脩二七博四脩一注云脩
南北之深也夏度以步今堂脩十四步其博益以四分脩
之一則博十七步半也臣愷案三王之世夏最爲古從
質尚文理應漸就寬大何因夏室乃大殷堂相形爲論理
恐不爾記云堂脩二七博四脩一若夏度以步則應脩七
步注云今堂脩十四步乃是增益記文殷周二堂獨無加
字便是義類例不同山東禮本輒加二七之字何得殷無
加尋之文周關增筵之義研窮其趣或是不然讎校古書
並無二字此乃桑間俗儒信情加減黃圖誰云夏后氏益

其堂之大百四十四尺周人明堂以為兩杅間馬宮之言
止論堂之一面據此為準則三代堂基並方得為上圓之
制諸書所說並為此下鄭官獨為此義亦直與古違
異亦乃乖背禮文異文求理深孔未愜尸子曰穀人陽館
考工記曰穀人重屋堂脩七尋堂崇三尺四阿重屋注云
周人明堂廣九尺之筵東西九筵南北七筵堂崇二尺又曰
室凡室二筵禮記云注王藻云天子廟及路寢皆如明堂制禮圖
複朝重屋注通天之觀觀八十一尺得宮之數其聲

云於內室之上起通天之觀觀八十一尺得宮之數其聲
濁君之象也大戴禮云明堂者古有之凡九室室有四戶
八牖以茅蓋上圓下方外水曰璧雍赤綴戶白綴牖堂高
三尺東西九仞南北七筵其宮方三百步凡人疾六畜疫
五穀災生於天道不順天道不順生於明堂不飾故有天
災則飾明堂周書曰明堂方百尺高四尺階六
洛曰明堂太廟路寢咸有四阿重屋孔氏注云重屋
尺二寸室居內方六十尺高八尺博四尺作六
累棟重廊累壁禮圖曰泰明堂九室十二階各有所居呂
氏春秋曰有十二堂與月令同並不論尺丈臣憚錄十二
階雖不與禮合一月一階非無理恩黃圖曰堂方百四十

四尺坤之策也方象地堂圓楣徑二百一十六尺乾之策
也圓象天室九宮法九州太室方六丈法陰之變數十二
堂法十二月三十六戶法極陰之變數七十二牖法五行
所得曰數八達象八卦通天臺徑九尺法乾以九
覆六高八十一尺法黃鐘九九之數堂四向五色法四時五
宿堂高三尺土階三等法三統堂長四丈取太室三
殿門去殿七十二步法五行所行門堂長四丈應
之二垣高無蔽目之照南牖六尺其倍之殿垣方在水內
法地陰也水內徑三丈應觀禮經武帝元封二年立明
應二十四氣水內周於外象四海圓法陽也水闊二十四丈
堂泣上無室其外略依此制泰山通義今士不可得而辨
也元始四年八月起明堂辟雍長安城南門制度如儀一
殿垣四面門八觀水外周堤壤高四方和會築作三旬五
年正月六日辛未始郊太祖高皇帝以配天二十二日丁
亥宗祀孝文皇帝於明堂以配上帝又先賢百辟卿士有
益者於是袟而祭之諸侯王室四夷君長匈奴西國侍子
因班時令宣恩澤禮圖曰建武三十年作明堂堂上圓下方
奉貢助祭禮圖曰辰九室法九州八窗象八風法
天方法地十二堂法日之王室有二戶二九十八戶法土王三十八
七十二法地一時之王室有二戶二九十八戶法土王三十八

日內堂正壇高三尺土階三等胡伯始注漢官云古清廟
蓋以茅令蓋以尨尢下籍茅以存古制東京賦曰乃營三
宮布政頌常複廟重屋八達九房迾舟清池惟水決決薛
綜注云複重廟複謂屋平覆重棟也續漢青祭祀志曰明
帝求平二年祀五帝於明堂五帝坐各奧其方黃帝在未
皆如南郊臣愷案詩云我將祀文王於明堂也我將我享
維羊維牛據此則蒲大牢之祭今云一犢恐與古殊自晉
以前未有鴟尾其門墻壁水一依本圖晉起居注裴頠議
曰尊祖配天其義明者廟宇之制理擄未分直可為一殿
以當嚴祀其餘雜碎一皆除之臣愷案天垂象聖人則之

辟雍之星既有圖狀晉堂方構不合天文既關車棟又無
璧水空堂乘五室之義直殿達九階之文非古欺天一何
過甚後魏於北臺城南造圓墻三相重不依古制室間通巷
不與墻相連其堂上九室三三相重不依古制室間通卷
違許劇多其室皆用墼累秘成褊陋後魏樂志曰孝昌二
年立明堂議者或言九室或言五室詔斷從五室後元義
執政後改為九室遭亂不成宋起居注曰孝武大明五年
立明堂其墻宇規範擬則太廟唯十二間以應朞數依漢
汶上圖儀設五帝位太祖文皇帝對饗鼎俎簠簋一依廟

禮梁武即位之後宋時太極殿以為明堂無室十二間
禮疑議云祭用純漆俎尢樽文於郊賢於廟止一獻用清
酒平陳之後臣得目觀逐童柸敷記其尺丈猶見林然燒殘
柱毀破之餘入地一丈皦然如舊柱下以撐木為蹄長丈
餘閣四尺許兩兩相並凡安數重宮闕所仍在郭內雖
漱隘甲陋未合規摹但祖宗之靈得崇祀周齊二代
而不備大饗之典於是麟託自古明堂圖唯有二本一是
宗周劉熙阮諶劉昌宗等作三圖略同一是後漢建武三
十年作禮圖有本不詳撰人臣遠尋經傍求子史研究
圓觀觀有四門帝可其奏會遼東之役事不果行以度遼
之功進位金紫光祿大夫其年卒官帝甚惜之謚曰康撰

東都圖記二十卷明堂圖議二卷釋疑一卷見行於世長
子儒童游騎尉少子溫起部郎
侯莫陳崇字尚樂代武川人也其先魏之別部居庫斛真
水祖元以良家子鎮武川代因家焉父興殿中將軍羽林
監後以崇著勳追贈柱國太保清河郡公崇少驍勇善騎
射謹愨少言十五隨賀拔岳破亦朱榮征葛榮後從岳
入關破赤水蜀又從岳戰破万俟醜奴崇與輕騎逐岳馳
至涇州長坑及之賊未成列崇單騎入賊中於馬上生禽

醜奴遂大破之封臨涇縣侯及岳為侯冀陳悅所害崇與
諸將同謀迎周文帝至軍原州刺史史歸猶為悅守
先知崇來中外鼓譟伏兵悉起遂斬之以崇行原州
事仍從平悅別封廣武縣伯累遷儀同三司改封彭城郡
奉原州時帝夜還京師竊其故崇謂所親人常昇曰吾
皆有功進位柱國大將軍六官建拜大司徒保定三年從武帝
進封興國公加太保嶷大崇伯大宗伯大司空周孝閔踐阼
公死耳於是皆傳之或有發其書畫帝偉諸公卿於大德
殿責崇惶懼謝罪其夜遣使將兵就崇宅遍令自殺
葬禮如常儀謚曰躁讓誄改謚曰莊閔子芮嗣位柱國從
武帝東代率衆守太行道并州平授上柱國仍從平鄴拜
大司馬隋文大業初以讒詔流配嶺南芮卒顏
王通擊龍泉文城叛胡與柱國豆盧勣分路而進顏縣
父軍功賜爵廣平侯累遷開府儀同三司周武帝時從滕
王通少有器量風神整發爲時輩所推魏大統末以
軍五百餘里破其三柵先是稽胡叛亂輒略邊人爲奴婢
至是詔胡有厭匿良人者誅籍沒其妻子有人言爲胡村

所隱匿者勣將誅之顏曰將在外君命有所不行諸胡固
非悉反但相迫脅爲亂今慰撫自可不戰而定如即誅之
轉相驚恐爲難不細未若召其渠帥以隱匿者付之令自
歸首則群胡可安勣從之諸胡爭降附比士以安邊司馬
加振威中大夫隋文帝受禪加上開府進爵平郡公平
陳之役以行軍摠管從秦王俊出秦山道與行軍摠管段
文振慶江安集歸附者莫不流涕困相與立碑頌顏清
德後拜邢州刺史仁壽中吏部尚書牛弘持節巡撫山東
王俊交通免官百姓送者再遷瀛州刺史其有惠政後坐與
以顏爲第一上優詔褒稱揚時朝廷以嶺南刺史縣令多貪
鄙纔美怨叛妙簡清吏於是徵顏入朝上與言及平生以
爲歡笑即日進位大將軍拜桂州摠管十七州諸軍事及
至官大崇恩信人夷悅服煬帝即位後拜兄梁國公芃坐事
徙邊崇恩不自安徵還京師後拜恒山太守爲南方所信伏
南閩越多不附帝以顏前在桂州有惠政爲南方所信伏
拜南海太守卒官謚曰定子慶會最知名
崇兄順少豪俠有志度初軍尒朱榮爲統軍普泰元年封
木縣子後從魏孝武入關順與周文帝同里閈素相友善
且崇先在關中周文見之其歡進爵彭城郡公及梁企定
圍逼河州以順爲大都督與趙貴討破之即行河州軍大

統四年魏文帝東討順與太尉王盟射周惠達等留鎮
長安時趙青雀反盟又惠達奉魏太子出次渭北順於渭
橋與賊戰頻破之魏文帝還執順手曰渭橋之戰卿有殊
力便解所服金鏤玉梁帶賜之南岐州氐羌符安壽遂率
部落一千家款附時順芽崇文封彭城郡公羌符安壽遂率
間郡公六年加驃騎大將軍開府儀同三司行西夏州事
改封平原郡公周孝閔帝踐阼拜少師進位柱國封順河
功賜罽二蔡縣男棠以平原州總管上柱國封僑武郡公
轉授凱孝閔踐阼所進位開府儀同三司進爵為公天和中
吳弟璟歷位荊州總管上柱國封僑武郡公璟弟凱以軍

為司會中大夫建德二年為聘齊使主
王雄字胡布頭太原人也父崘以雄著勳追贈柱國大
將軍小傳安康郡公雄儀貌瑰梧少有謀略魏末從賀拔
岳入關除金紫光祿大夫孝武西遷封臨貞縣伯大統中
進爵武威郡公累遷大將軍行同州事恭帝元年賜姓可
頻氏周孝閔帝踐阼授少傅進位柱國大將軍武成初進
封庸國公邑萬戶出為涇州總管保定四年從晉公護東
征至芒山與齊將斛律明月戰退走左右皆散唯
餘一奴一矢在焉雄案稍不及明月者大餘曰惜爾不得
殺但生將爾見天子明月反射雄中額抱馬走至營幕贈

便持節太保同華等二十州諸軍事同州刺史諡曰忠子
謙
謙字敬萬性沉恭謹無他才能以功封安樂縣侯保定二
年父雄封庸國公以武威郡公回封謙安樂伯回封第三
子震雄死朝議以謙父殉行陣特加謙龍殊寵進位柱國大將軍
覆爵庸國公建德五年武帝東征謙進隋文帝輔政以
謙為益州總管十八州諸軍事及宣帝崩隋文帝輔政以
梁睿為益州總管時謙使司錄賀若昂等具
陳京師事謙以父子受國恩圖匡復遂舉兵署官司
總管長史乙弗虔廣益州刺史達奚惎勸謙憑險觀變隆州
刺史高阿那肱為謙畫三策曰公親率精銳直指散關蜀

人知公有勤王之節必當各思効命此上策也出兵梁漢
以顧望天下此中策也坐守劍南發兵自備此下策也謙
帝即以謙為行軍元帥便發利鳳文秦成諸州兵討之謙
所署柱國達奚惎高阿那肱大將軍乙弗虔楊安任岐侯
斜景爭等眾號十萬盡銳攻利州總管楚國公豆盧勣拒
戰將四旬惎等諸軍聞睿將至衆遂潰乘其骸縱兵深入惎
子英攻巴州文為刺史呂珫所破睿乘其骸縱兵深入惎
愛睿遣使詣睿請為內應以贈乘謙不知甚麼之反已也

竝令守成都謙先無籌略且所任用多非其才又聞鄴兵
奄至惶懼計無所出乃自率衆逆戰又以惠慶之子為左
右軍行數十里左右軍皆叛新都縣令王寶執之而斬
之傳首京師甚慶以成都降隋文帝以甚慶首謀令殺之
松蜀市餘衆竝散阿那肱暴亦被誅
論曰李弼庸佐當時之略逢運之期締構艱難網緣顧遇
方面宣其庸績任時之略逢運之期締構艱難網緣顧遇
自取衆道風雲之會奮其鱗翼囚封函谷將割鴻溝乘天
之間衆數十萬行萬里聲勤四方雖事屈與王運乘月
春而雄名克振何其壯歟然志性輕狡終致隕覆固其宜
也宇文貴負將帥之材蘊剛銳之氣遭逢喪亂險阻備嘗
自致高位亦云美矣忻武藝之風名高一代又晚節遇禍
雖鳥盡弓藏然亦器盈斯覆實哉非為不幸惕學藝兼該
思理通贍規矩之妙參蹤班兩當時制度咸取則焉其起

亡身危亂之原抑亦由此至於老臧書傳定明堂圖度意
過其通有足觀者侯莫陳崇以勇悍之氣逢戰爭之秋雖輕
騎啓高平之扉迄馬得長坑之俊以宏材遠略附鳳攀龍
茂績元勳位居上袞而識懃明哲逐以出終惜哉王雄身
參佐命謙籠列山河又投袂勤王志匡社稷雖忠君之效

承宣與夫懷祿固寵者異也初魏孝莊帝以爾朱榮有翊
戴之功初拜柱國大將軍位在丞相上榮敗後此官遂廢
大統三年魏文帝復以周文帝建中興之業始命為之其
後功參佐命望實俱重者亦居此職自大統十六年已前
任者凡有八人周帝位撦百揆都督中外軍事魏廣陵王
欣元懿咸從容禁闥而已此外六人各督二大將軍分
掌禁旅當爪牙御侮之寄當時榮盛莫與為比故今之稱
門閥者咸推八柱國家今并十二大將軍錄於左使持
隴西郡開國公李諱使持節太傅柱國大將軍大宗師大
節太尉柱國大將軍大都督尚書左僕射隴右行臺大
司徒廣陵王元欣使持節柱國大將軍大都督大宗伯趙
郡開國公李弼使持節柱國大將軍大都督大司馬河内
郡開國公獨孤信使持節柱國大將軍大都督大司寇南
陽郡開國公趙貴使持節柱國大將軍大都督大司空常
山郡開國公于謹使持節柱國大將軍大都督少傅彭城
郡開國公侯莫陳崇使持節柱國大將軍大都督少傅
大都督少保廣平王元贊使持節大將軍大都督淮安王
元育使持節大將軍大都督齊王元廓使持節大將軍大
都督平原郡開國公侯莫陳順使持節大將軍大都督七
州諸軍事秦州刺史章武郡開國公宇文導使持節大將

軍大都督雍州諸軍事雍州刺史高陽郡開國公達奚武

使持節大將軍大都督陽平郡開國公李遠使持節大將

軍大都督范陽郡開國公宇文貴使持節大將軍大都督

化政郡開國公豆盧寧使持節大將軍大都督荊州諸軍

事荊州刺史博陵郡開國公賀蘭祥使持節大將軍大都

督陳留郡開國公楊忠使持節大將軍大都督岐州諸軍

事岐州刺史武威郡開國公王雄是為十二大將軍每大

將軍督二開府凡為二十四貝分團統領是為二十四軍每

一團儀同二人自相督率不編戶貫都十二大將軍十五

日上則門欄陛戟警晝巡夜十五日下則教旗習戰無他

賦役每兵唯辦弓刀一具月簡閱之甲槊戈弩並資官給

自大統十六年以前十二大將軍外念賢及王思政亦拜

大將軍然賢作牧隴右思政出鎮河南並不在領兵之限

此後功臣位至柱國及大將軍者衆矣不限此秩無所統

御六柱國十二大將軍之後有以位次嗣掌其事者而德

均弗素在諸公之下並不得預於此例

列傳第四十八　　北史六十

王盟　子勱
　　　孫誼
獨孤信　子羅
竇熾　子榮　定　兄子毅
賀蘭祥
叱列伏龜
閻慶　子毗
史寧　子雄　祥
權景宣

北史列傳四十九

王盟字仵明德皇君之兄也其先樂浪人六世祖波前燕
太宰祖琰魏黃門侍郎贈并州刺史樂浪公父羅伏波將
軍以良家子鎮武川因家焉魏正光中破六韓拔陵攻陷
諸鎮盟亦為其所擁坐陵平後流寓中山復以積射將軍
從薦竇寅西征竇寅借泹盟遂逃匿人間及爾朱天光入
關盟從之隨賀拔岳萬俟醜奴平秦隴常先登力戰及
縣公大統三年徵拜司空轉司徒迎文帝東征以留後大都督行雍州事節度
侍中遷太尉魏文帝孝武悼后於蠕蠕昌
關中諸軍趙青雀之亂盟與開府李諱輔行太子出頓渭北
軍平進長樂郡公賜姓拓跋氏遷太保九年進位太傅加

開府儀同三司盟安度弘雅仁而況愛雖君師傅禮冠群
右而謙自勵未嘗次勢位驕人魏文帝甚尊重之及疾
數幸其第親問所欲十一年薨贈本官諡曰孝定
子勱字醜興性忠果有材幹十七從周文帝入關及平
秦隴定關中周文帝謂曰意欲兼被之周文大笑尋拜散騎常侍賜
爵梁甫縣公大統初為千牛備身直長領左右出入卧
內小心謹厚魏文帝常曰王勱可謂不二心臣也沙苑之
役勱以都督領禁兵居左翼當其前者死傷甚眾勱
亦被傷重遂卒於行間周文深悼焉贈使持節太尉

信勢山刊
北史列傳四十九

尚書令十州諸軍事雍州刺史追封咸陽郡公諡曰忠武
子弼襲爵尚魏安樂公主位大都督通直散騎常侍勱
身懷字小興也以懃尚幼留在山東求安中始
入關與盟相見遂從征伐大統初賜爵安平縣子後進爵
為公累遷右衛將軍于時疆場交兵未申憂紀服喪不許
並墨綬從事及盟薨懃上表辭位乞終衰制魏文帝不許
年除南岐州刺史賜爵安寧郡公後拜小司寇卒於官子
悅嗣位大將軍同州刺史改封濟南郡公盟兄子顯幼而
侍中左衛將軍領軍將軍懃溫和小
心敬慎宿衛宮禁十有餘年勱恪當官未嘗有過慶帝二

敏悟沉靜少言初為周文帳內都督累遷驃騎大將軍開
府儀同三司光祿卿鳳州刺史賜爵洛邑縣公進位大將
軍車子誼

誼字宜君少有大志便弓馬博覽群言周閔帝時為左中
侍上士時大冢宰宇文護執政帝拱默無所關預有朝士於
帝側微不恭誼勃然而進將擊之其人惶懼請罪乃止自
是朝臣無敢不肅誼遷內史大夫父難毀奉過禮盧於墓側
負土成墳武帝即位累遷內史大夫封國公從帝伐齊
至并州帝弟越王盛諶王倫為總管並受誼節度賊平封一
子開國公帝臨崩謂皇太子曰王誼社稷臣宜委以機密
不須遠任皇太子即位是為宣帝憚誼剛正出為襄州總
管及隋文帝為丞相尉遲迥司馬消難舉兵比至襄州以總
誼為行軍元帥討之未至而消難奔陳于時比至商洛南
拒江淮自號河南王以附消難比連尉運帥蘭洛州為
主洛州自號河南王以附消難比連尉運帥蘭洛州為
旬月皆平帝遣使勞問冠蓋不絕以第五女妻其子奉之
孝尋拜大司徒誼自以與帝有舊亦歸心焉及隋受禪顧
遇彌厚帝親幸其第與之極歡太常卿蘇威議以為戶

口滋多人田不贍欲減功臣之地以給人誼奏曰百官者歷
世勳賢方蒙爵土一旦削之未見其可帝以為然竟寢威
議帝將幸岐州誼諫曰陛下初臨萬國人情未洽何用此
行是行也振揚威武欲以服公心耳誼笑而退或謂誼曰
愧帝嘉其振揚威武欲以服公心耳誼笑而退或謂誼曰
言公未幾其子尚蘭陵公主以去年五月身喪有五
嚴帝嘉其振揚言進鄖國公未幾其子奉孝卒踰年五表
之道也而御史大夫楊素劾誼曰聞喪服有五
親疏異御喪制有四降殺殊文王者之所常行故不易
之道也而御史大夫楊素劾誼曰王姬終下嫁之禮
始經一周儀同王奉孝既殞文王者之所常行故不易
公則主之猶在移天之義況復三年之喪自達下及青
釋服在禮未詳然夫婦之則人倫收始喪紀之制人道至
大苟不重之取笑君子故誼雖不自疆爵位已重欲之速朝祥
其可傳乎乃薄俗傷教為父則不慈爵禮易喪致喪於
幕歌誼必忘哀之早然誼禮有詔不聞然恩禮稍薄誼頗
無義若繼而不正恐傷風俗有詔不聞然恩禮稍薄誼頗
怨望或告誼謀反帝令案其事誼有不遜之言誼頗
姓來言論酣飲帝賜酒而釋之時上柱國元諧亦坐事免
無友狀帝賜酒而釋之時上柱國元諧亦坐事免
見誼憮然曰朕與公舊同學甚相悕愍將本國法何於是
遇彌厚帝親幸其第與之極歡

15-879

詔曰誼有周之世早預人倫朕共遊庠序遂相親好然性懷儉薄巫覡盈門鬼語怪言補神道聖朕受命之初深存戒約口云改悔心實不悛乃說四天王神道誼應受命書有誼譏天有誼星桃鹿二川岐州之下歲在辰巳興帝王之業密令卜問伺殿省之災又說其身是明王聖主信用左道所在詿誤自言相表當王不疑此而赦之將或為亂禁暴除惡宜伏國刑帝復令大理正趙綽謂誼曰時命如此賜誼死於家時年四十六

北史列傳四十九

獨孤信雲中人也本名如願魏初有四十六部其先伏留屯者為部落大人也與魏俱起祖俟尼和平中以良家子自雲中鎮武川因家焉父庫者為領民酋長少雄豪有節義信美容儀善騎射正光末與賀拔度等同斬衛可瓌由是知名後以別將從爾朱榮所獲信既少年自修飾服章軍中號為獨孤即朱氏破葛榮以信為別將從征韓婁信匹馬挑戰禽賊渠陳悅所害勝乃令信入關撫爵受德縣侯遷武衛將軍賀拔勝出鎮荊州乃表信為大都督及勝為侯莫陳悅所害信入關撫岳餘眾屬周文帝已統岳兵與信卿里少相狎善相見甚歡因令信入洛請事至雍州大使元毗又遣信還荊州尋徵入朝魏孝武帝雅相委任及孝武西遷事起倉卒信單騎及之

於湓湘孝武嘆曰武衛遂能辭父母捐妻子從我世亂識忠貞臣哉進爵浮陽郡公時荊州雖陷東魏人心猶戀本朝乃以信為衛大將軍都督三荊州諸軍事兼尚書右僕射東南道行臺大都督率傳清等出武關東魏新蔡於是三荊遂定東魏又遣其將高敖曹侯景等前驅至信以眾寡不敵遂拔身自歸居三載因使懇求還朝魏文帝方欲招懷東魏遂許之信父母既在山東常有南歸之志遂奉表自陳文帝優詔不許

北史列傳四十九

武義之禮遂甚章矣大統三年至長安以信所往皆答以事君無二梁罪魏文帝付尚書陳郡王玄謨等議以為既經恩降請旅罪復職詔轉驃騎大將軍加侍中開府儀同三司領軍將軍仍從復弘農破沙苑政封河內郡公俘虜甲有信親屬始得父凶問刀發哀行服尋起為大都督與馮翊王元季海入洛陽穎豫襄廣陳留之地歡附四年東魏將侯景等圍洛陽信據金埔城隨方拒守旬有餘日及周文帝至瀍東景等退走信與李弼出武關東魏遂即以信為大使慰撫三荊州周文令乖方人有寃訟有洛陽六年侯景寇荊州信與李遠為右軍戰不利東魏刺史先是守宰闇弱政令乖方人有寃訟歷年不能斷決及信在州事無擁滯示以禮教勸以耕桑數年之中公私

富貴流人願附者數萬家。周文以其信著遐邇，故賜名為信。七年，岷州刺史、赤水蕃王梁仚定舉兵反，詔信討之。仚定尋為其部下所殺，而仚定子弟仍收其餘眾，信乃勒兵向萬年，頓三交谷口。賊併力拒守，信因說道趣稠松嶺。賊不虞信兵之至，望風奔潰，乘勝逐北，徑至城下，賊並出降。加授太子太保。後擊之，齊神武追騎奔擾諸軍，信因此得全。及涼州刺史宇文仲和據州不受代，周文令信率諸軍討之。仲和嬰城固守，信夜令諸將以衝梯攻其東北，信親率壯士襲其西南。遲明克之，擒仲和，虜其男女六千口，送于長安，拜大司馬。十三年，大軍南討，時蠕蠕為寇，令信移鎮河陽。十四年，進位柱國大將軍，錄前後功，贈封聽回授諸子。於是第二子善，封魏寧縣公；第三子穆，義寧縣侯；第四子藏，武平縣伯；候邑各一千戶。第五子順，武成縣侯；第六子陀，建忠縣伯；邑各五百戶。信在隴右，歲父啟求還朝，周文不許。或有自東魏來者，又告其母凶問，信發喪行服，信陳哀苦請終禮。制文不許。於是追贈信父庫者司空公，追封信母費連氏常山郡君。十六官遷尚書令，六官建，拜大司馬。周孝閔帝踐阼，遷大宗伯，進封衛國公，邑萬戶。趙貴誅後，信以同謀坐免。居無幾，晉公護又欲殺之，以其名望素重，不欲顯其

罪，逼令自盡於家，時年五十五。信美風度，雅有奇謀大略。周文初啟霸業，唯關中之地，以隴右形勝，故委信鎮之。既為百姓所懷，聲振鄰國。東魏將侯景之南奔梁也，魏收為撰梁文，矯稱信撫隴右，不從宇文氏，乃云無關西之意。魏收既為百姓所懷。信在秦州，嘗因獵日暮，馳馬入城，其帽微側。翌旦，而吏人有戴帽者，咸慕信而側帽焉。其為鄰境及士庶所重如此。羅主先在東魏，乃以次子善為嗣。自古以來未之有也。元貞皇后，第七女隋文獻皇后。周隋及皇家三代皆為外戚，自古以來未之有也。隋文帝踐極，乃下詔褒贈信太師上柱國十州諸軍事冀州刺史封趙國公，邑一萬戶，諡曰景。贈信父庫者使持節太尉上柱國六州諸軍事定州刺史封趙國公，邑一萬戶，諡曰恭。信母費連氏贈太尉趙公夫人。羅字羅仁，父信隨魏孝武入關，中羅遂為高氏所囚。又信為宇文護所誅，羅始見釋，寓居中山，孤貧無以自給。齊將獨孤永業以宗族故哀之，為買田宅遺以資。信初入關後，復娶二妻，郭氏生子六人，崔氏生隋獻皇后。及齊亡，隋文帝為定州總管，獨孤皇后以羅是嫡，遺人求羅，得之相見，悲不自勝，侍御者皆泣。於是後遺車馬財物，未幾，周武

帝以羅功臣子久淪異域徵拜禁衞安郡太守以疾去官歸
京師諸弟見羅少長貲賤母輕侮不以兄禮軍之然性長
者亦不與諸弟競長短后由夫重之文爲丞相拜羅
儀同常置左右既受禪詔追贈羅父以闈后由夫重之文諸弟以羅母沒齊
先無夫人號不當徒襲上以闈后追贈羅父以闈后曰羅誠嫡長不可誣
也於是襲爵趙國公以其弟晏爲河內郡公穆爲金泉縣
公藏爲武平縣公淹爲武喜縣公整爲千牛備身權拜羅
爲左領軍將軍前後賞賜不可勝計出爲涼州
抱管進位上柱國徵拜左武衞大將軍
國公未幾卒官謚曰恭子纂嗣位河陽都尉纂嗣位改封蜀大

業末亦爲河陽都尉庶長子開遠宇文化及之弑通也裴
度通率賊入城象殿宿衞兵士皆從逆開遠時爲千牛與
獨孤盛力戰閤下不爲賊所執義而捨之
善字伏陁幼聰慧善騎射以父封勳封魏寧縣公魏帝
元年文以父勳授驃騎大將軍開府儀同三司加侍中進
爵長城郡公周孝閔帝踐阼除河州刺史以父貞嘗父廢
於家保定三年乃授上開府尋除兗州刺史政在簡惠百姓
從帝東討以功授上開府尋除兗州刺史政在簡惠百姓
安之卒於州贈使持節柱國五州諸軍事定州刺史子覽
嗣位右候衞大將軍大業末卒

陁字利邪仕周賀附上士坐父從蜀十餘年宇文護誅始
歸長安隋文帝受禪拜上開府領左右將軍累轉延州刺
史陁性好左道其外祖母高氏先事貓鬼已殺其舅郭氏
因轉入其家上微聞而不信會獻皇后及楊素妻鄭氏
俱有疾召醫視之皆曰此貓鬼疾也上以陁后之異母弟
妻楊素之異母妹由是意陁所爲陰令其兄左監門郎將
穆以情喻之上又令左僕射高熲納言蘇威大理正皇甫
孝緒大理丞楊遠等雜案之陁婢徐阿尼言本從陁母家
來常事貓鬼每以子日夜祀之子者鼠也其貓鬼每殺
人者所死家財物潛移於畜貓鬼家陁嘗從家中索酒其
妻曰無錢可酤陁因謂阿尼曰可令貓鬼向越國家使我
足錢阿尼便呪之居數日貓鬼向素家阿尼向越家使我
陁於是夜祠阿尼曰可令貓鬼向皇后所省多賜吾物阿
尼復呪之遂入宮中楊遠乃於門下外省使阿尼呼貓鬼
阿尼於是夜中置香粥一盆以匙扣而呼曰貓鬼可來無
住宮中久之阿尼色正青若被牽挽者曰貓鬼至矣以其
事下公卿奇章公牛弘曰妖由人興殺其人可以絶矣以上
令憎陁夫妻將死於其家陁弟司勳侍中整諧闕
求哀於是免陁死除名以其妻楊氏爲尼先是有人訟其

母為人猫鬼所殺者上以為祆妄惡而遣之及此詔誅被
訟行猫鬼家陀未幾而卒煬帝即位追念舅氏聽以禮葬
乃下詔贈正議大夫帝意猶不已復贈銀青光祿大夫二
子延福延壽陰弟整位幽州刺史大業初贈金紫光祿大

夫平御侯

竇熾字光成扶風平陵人後漢大鴻臚章之後也章子統
靈帝時為鴈門太守避董卓之難二奔匈奴遂為部落大
人後魏南徙子孫因家代賜姓紇豆陵氏累世仕魏皆至
大官父略平遠將軍以熾著勲贈少保柱國大將軍建昌
公熾性嚴明有謀略茂韓彪身長八尺二寸少從滉陽祈

忻受毛詩左氏春秋略通大義善騎射督力過人魏正光
末北鎮擾亂乃隨略避地定州投蔦榮欲官略略不受
榮疑其有異志遂留略於其州熾又從蔦榮兄善隨軍及尒
朱榮破葛榮熾乃將家隨榮於尒州時蔦榮別帥韓婁等
擁劒城不下以熾為都督從驃騎將軍尒即位蠕蠕諸番並遣使

奔浸時梁主文遣元樹入寇攘譙城子鵠令熾擊破之封
咸歎熾舅焉大悅藝隨東南道行臺襲子鵠追尒朱仲遠
元遠人乃給熾御前兩隻命射之鵠乃應弦而落諸蕃人
竇以功拜軒揚烈將軍親孝武即位熾素知熾善射因欲秒
首以熾飛鳴於殿前帝乃應弦而落之鵠乃落諸蕃

行唐縣子尋進爵上洛縣伯時帝與齊神武構隙以熾有
威重堪𤓷爪牙任拜閣內大都督還至交衣閣遂從帝西
還仍與其兄善至城下與武衛將軍高敖曹戰於千秋門
敗之因入宮城取御馬四十匹并戰勒進之行所帝大悅

賜熾及善駿馬各二匹駑馬十匹大統元年別封員定縣
公從周文帝禽竇泰復弘農破沙苑皆有功河橋之戰諸
將退走熾時獨從兩騎為敵人追至三山熾乃下馬背山
抗之俄而敵衆漸多矢下如雨熾騎上所執弓逆為敵人
所射破熾乃摠收其箭以射之所中人馬應弦而倒敵乃

相謂曰得此三人未足為功乃稍引退熾因其急遂突圍
得出又從太保李弼討白領稽胡破之高仲密以北豫州
來赴熾從周文援之至洛陽會東魏人擾芒山為陣周文
命留輜重於瀍曲率輕騎奮擊中軍與右軍大破之乘勝
其步卒熾獨追至石濟乃還十三年進使持節驃騎

大將軍開府儀同三司加侍中出為涇州刺史在職數年
政績清靜政封安武縣公魏廢帝元年除原州刺史抑
挫豪右申理幽滯在州十載甚有政績州城比有泉水熾
政乃清每至此泉者莫

唯當飲水而已又去職後人吏感其遺惠每至此泉者莫
嘗經游踐嘗與僚更宴於泉側因酌水自飲曰吾在此州
不懍之恭帝元年進爵廣武郡公屬蠕蠕寇廣武熾與柱

國趙貴分路討之蠕蠕引退熾慶河至翹伏川追及大破
之武成二年拜柱國大將軍周明帝以熾前朝舊臣勳望
兼重愍獨為造第熾醉以天下未平干戈未偃不宜輒發
徒役周明不許尋而帝崩武帝方得寬保定元年進封鄧國
公邑一萬戶別食資陽縣一千戶收其租賦天和五年自
大宗伯為宜州刺史先是周文田於渭北令熾與晉公護
分射走免熾一日獲十七頭護十一頭護之元老言望素隆至於軍
嫌至是熾又以周武年長有勤護歸政之議護惡之故以為
還為又護誅徵拜太傅熾既朝之元老言望素隆至於軍
國大謀常與參議膏有疾周武帝幸其第問之因賜金石
之樂其見禮如此帝於大德殿將謀伐齊熾年已衰老乃
扶腕曰臣雖朽邁請執干櫓首啓戎行得一觀誅翦鯨鯢
廓清寰宇方觀俗登岳告成然後歸魂泉壤無復餘恨
帝壯其志齊遂以熾第二子武當公恭為左二軍總管齊
平之後帝乃召熾歷觀相州宮殿拜賀曰陛下真不貧齊
先帝矣帝大悅進位上柱國宣政元年兼雍州牧及周宣
帝建東京以熾為京洛營作大監宮殿死制度皆取決焉大
象初改食樂陵縣邑戶如舊隋文帝入輔政傅洛陽宮作
熾請入朝屬尉遲迥舉兵立熾乃移入金墉與洛州刺史平
涼公元亨同心固守仍權行洛陽鎮事相州平熾方入朝

屬文帝初為相國百寮勸進皆以累世受恩遂不肯署
箋時人皆高其節及帝踐極拜太傅加殊禮贊拜不名開
皇四年八月薨時年七十八贈八州諸軍事冀州刺史諡
曰恭熾事親孝奉諸兄以悌順聞及其望位隆重而子孫
皆顯列位遂為當時盛族子茂嗣茂有第十三人恭威最
知名恭位至大將軍從周武平齊䝉封南城公從魏孝武西
遷仕至太僕永富縣公諡曰忠子榮定嗣
儀同三司永富縣公容貌魁偉美鬚髯便弓馬初為魏文帝
府儀同三司
榮定沉深有器局容貌魁偉美鬚髯便弓馬初為魏文帝
千牛備身周文帝見而奇之授平東將軍賜爵宜君縣子
後從周文與齊人戰於芒山周師不利榮定與汝南公宇
文神慶帥精騎擊郤齊師以功拜上儀同復以軍功進
位開府襲爵求富縣公除忠州刺史從平齊加上開府拜
前將軍仗飛中大夫其妻隋文帝長姊安成長公主也
及帝作相德之情契其厚榮定亦知帝有人君之表无相推
結文帝少與榮定相親左右宿禁中遇尉遲迥之亂初平朝廷頗以山東為意拜榮
仗衛常宿禁中遇尉遲迥之亂初平朝廷頗以山東為意拜榮
定為洛州總管以鎮之前後賜縑四千四西涼女樂一部
乃受禪來朝賜馬三百四部曲八十戶遣之坐事除名公

主曰天子姊乃作田舍兒妻上不得已晕拜右武候大將
軍上數幸其第恩錫甚厚每令尚食日供羊一口珍味
稱是以佐命功臣拜上柱國歷位寧州刺史右武候大將軍
秦州總管賜吳樂一部笑歟沙鉢略寇邊為行軍元帥率
總管出涼州與虜戰於十二三榮原兩軍相持地無水士卒渴
軍復援於是進擊數挫其鋒突歟懼之請盟而去賜繒萬
四進爵安豐郡公復封子憲為安康郡公賜繒五千匹歲
餘拜右武衛大將軍帝欲以為三公榮定上書固辭陳畏
懼之道帝乃止前後賞賜不可勝計及卒帝為之廢朝令

左衛大將軍元旻監護喪事贈絹三千四上謂侍臣曰吾
每欲致榮定於二軍其人固讓不可令欲賜之重達其志
於是贈冀州刺史父卒後封幽州總管彌厚所賜錢帛金寶萬
率長於巧思父卒後恩遇彌厚即位漢王諒反又以鉅萬
位定州刺史檢校幽州總管陳公諡曰懿子抗嗣抗美容儀性通
與通謀由是除名以其弟慶襲封陳公慶亦有安容性和
厚顧工草隸初封求富郡公位河東太守衞尉卿大業末
為南郡太守為盜賊所害慶弟雄亦工草隸頗解鍾律歷
位潁川南郡扶風太守早卒及毅著勳追贈大將軍冀州刺史毅
毅字天武父岳早卒及毅著勳追贈大將軍冀州刺史毅

深沉有器度軍親以孝聞魏孝武初起家員外散騎待郎
時齋帥神武擅朝毅慨然有徇主之志從孝武西遷封武鄉
縣子從念寶泰私義戰沙苑皆有功進爵安武郡公保
帝元年進授驃騎大將軍開府儀同三司大都督政封永
安縣公出為驃騎大將軍時與齊人爭衡戎動茋茋遺使求
以為外援突歟已許納女於周齊人亦甘言重將遺使求
婚狄人便欲有悔期往逆猶懼改圖以毅地兼勳戚之性返十餘
方復前好至是雖朝廷人爭衡揚群東使結之性返十餘
威重乃令為使及毅至齊使亦在焉突歟君臣猶有武志

毅抗言正色以大義責之累旬乃定卒以至后歸朝議嘉
之別封成都縣公進位柱國歷同州刺史總管累君藩鎮
加上柱國入為大司馬隋開皇初拜定州刺史蒲金二州總管
朝廷所委雖任兼出內未嘗有矜情之容時人以此稱
溫和每以謹慎自守文尚周文帝第五女襄陽公主特為
咸得人和二年薨於州贈六州刺史諡曰肅毅性
賢志業通敏少知名宣政元年授使持節儀同大
將軍開皇中龍爵神武公除遠州刺史毅第二女即大唐
太穆皇后武德元年詔贈毅司空使持節總管荊郢等十

州諸軍事荊州刺史杞國公又追贈賢子紹宣秦州刺史
幷襲賢爵紹宣無子仍以紹宣兄子德藏嗣
賀蘭祥字盛樂其先與魏俱起有乞伏者為賀蘭莫何弗
因以為氏後有以良家子鎮武川者遂家焉父初其少知
名為鄉閭所重尚文帝姊建安長公主保定二年追贈太
傅柱國常山郡公祥年十一而孤居喪合禮長於舅氏特
為周文帝所愛雖在戎旅常博延儒生使迎致之解褐奉朝
請入關有膽氣志在立功尋權補都督恓恂居帳下從平侯莫
陳悅文迎魏武以前後功封撫夷縣伯仍從擊潼關獲

四四五　　北史列傳四十九　〈十七〉　五

東魏將薛長儒又攻回洛抜之還拜左右直長進爵為公
大統九年從周文與東魏戰於芒山進位驃騎大將軍開
府儀同三司加侍中十四年除都督荊州刺史進爵博陵
郡公先是祥嘗行荊州事雖未蒞月頗有惠政至是重往
百姓安之由是漢南流人襁負至者日有千數遠近蠻夷
莫不欵附祥隨機撫納咸得其歡心時盛夏亢陽祥親巡
境内觀政得失見有發掘古冢暴露骸骨乃謂守令曰此
豈仁者為政所由乎即命所在收葬之即日澍雨是歲大有年
境内多古墓其俗好行發掘至是遂息祥雖周文密親性甚
清素州境南接襄陽西通岷蜀物産所出多諸珍異既與

涼通好行李往來公私贈遺一無所受梁雍州刺史岳陽
王蕭詧欽其風素乃以竹屏風綺綾之屬及經史贈之祥
難違其意取而付諸所司周文以涇渭溉灌之處渠堰廢毀乃令祥修造
拜大將軍周文以涇渭溉灌之利用既畢人獲其利魏廢帝
富平堰開渠引水東注於洛為功用既畢人獲其利魏廢帝
二年行華州事後改華州為同州仍以祥為刺史尋拜尚
書左僕射晉公護執政祥與護中表少相親愛軍國之事
皆與祥參謀及誅趙貴廢閔帝踐阼進位柱國大
司馬時晉公護有力焉武成初吐谷渾

四廿九一　　北史列傳四十九　〈十八〉　十

侵掠州郡詔祥與宇文貴總兵討之祥乃遣其軍司檄吐
谷渾與渾廣定王鍾留王等戰破之因抜其洮陽洪和二
城以其地為洮州撫安西土振旅而還進封涼國公贈
太師同岐等十三州諸軍事同州刺史諡曰景有七子敬
讓璨師寬知名敬少歷顯職封化隆縣侯後襲爵涼國公
伍柱國華州刺史讓大將軍鄭州刺史河東郡公璨開府
儀同三司宣陽郡公寬開府儀同大將軍幽州
大將軍追封清都郡公師尚明帝女位上儀同大將軍鄭
剌史博陵郡公寶開府儀同大將軍武始公入隋隸沭鄭
二州剌史竝著政績祥弟隆大將軍襄樂縣公隋文帝與
祥有舊開皇初追贈上柱國

北史列傳四九 十九

叱列伏龜字摩頭陁代郡西部人也其先爲部落大人魏
初入附遂世爲第一領人酋長至龜五世龜容貌瑰偉嘗
帶十圍進止詳雅兼有武藝嗣父業復爲領人酋長魏孝
昌三年以別將從長孫承業西征累遷金紫光祿大夫從
之大統四年封長樂縣公自此常從征討丞有戰功歷
隨例來降都督遂爲蔡神武所寵任加授大都督沙苑之敗
中驃騎大將軍開府儀同三司怕州剌史卒子椿嗣椿字
千年明帝時位驃騎大將軍開府儀同三司改封永世縣
公天和初除左宮伯進位大將軍

閻慶字仁慶河陰人也曾祖善仕魏歷龍驤將軍雲州鎭
將因家雲州之盛樂郡祖提持節車騎大將軍敦煌鎭都
大將父進有謀略勇冠當時正光中拜龍驤將軍屬衞可
壞作亂攻圍盛樂進率衆拒守以功拜盛樂郡守慶幼聰
敏重然諾風儀端嚴望之儼然隨父固守盛樂旣而齊神武舉
拜別將後以軍功拜步兵校尉中堅將軍旣有篡逆之謀堂
兵入洛魏孝武西遷慶調所親曰高歡有篡逆之謀稍
可苟安目前受其控制也遂以大統三年自宜陽歸闕稍
遷後將軍封安次縣子以功進爵爲伯慶善於綏撫士卒
未休未嘗先舍故能盡其死力屢獲勳勞累遷散騎常侍

北史列傳四九 九

驃騎大將軍開府儀同三司雲州大中正加侍中賜姓大
野氏周閔帝踐阼出爲河州剌史進爵石保縣公州居
河外地接戎夷慶留心撫納頗稱簡惠就拜大將軍進爵
太安郡公入爲小司空歷雲守二州剌史慶性寬和不苛
寨百姓悅之天和五年進位柱國晉公護之姑也護以慶
二子毗尚帝女清都公主慶雖望隆重婚連帝室常以
謙慎自守時以此稱之建德二年抗表致事優詔許焉靜
雖擅朝而慶未嘗阿附及護誅武帝以其先朝舊特異恒倫乃詔
旣衰老恒嬰沈痼宣帝以慶先朝耆舊特蒙優異詔靜
帝至第問疾賜布千段醫藥所須令有司供給大象二年

拜上柱國隋文帝踐極又令皇太子就第問疾仍供殿藥
之費開皇二年薨年七十七贈司空七州諸軍事荊州剌
史諡曰成長子毗常先慶卒次子毗嗣
毗七歲襲爵石保縣公及長儀貌矜嚴頗好經史受漢書
於蕭該該略通大旨能篆書草隷尤善爲當時之妙周武帝
見而悅之命尚清都公主宣帝即位拜儀同三司隋文帝
受禪以技藝侍東宮數以琱麗之物取悅於皇太子由是
甚見親待每稱之於上尋拜車騎宿衞東宮上嘗遣高顚
大閱於龍臺澤諸軍伍多不齊整唯毗一軍法制蕭然
頗言之於上特蒙賜帛俄兼太子宗衞率長史尋加上儀

同太子服翫之物多毗所為及太子廢毗坐杖一百與妻
子俱配為官奴婢二歲放免煬帝嗣位盛修軍器以毗性
巧練習舊事詔典其職尋授朝請郎毗立議輦輅車輿多
所增損擢拜起部郎帝嘗大備法駕嫌屬車太多顧謂毗
曰開皇之日屬車十二乘於事亦得今八十一乘議屬車九
宇文愷參詳故實據漢胡伯始蔡邕等云屬車八十一乘
車不足以益文物脧欲減之從何為可毗曰臣初定數共
此起於秦遂為後式故張衡賦云屬車九九是也次及法
駕三分減一為三十六乘此漢制也又據宋孝建時有司
奏議晉遷江左唯設五乘尚書建平王宏曰八十一乘義

兼六國三十六乘無所準憑江左五乘儉不中禮但帝王
文物旂旒之數爰及晃王皆用十二今宜准此設十二乘
開皇平陳因以為法令憲章往古大駕依秦法大駕依漢小
駕依宋以為差等帝曰何用秦法皆此類也長城之役毗
十二小駕除之毗研精故事皆立壇場尋轉殿內丞從幸
車又帝有事恒岳詔毗持節迎勞遂將護入東都尋以
郡高昌王朝于行所詔毗視事興遼東之役自洛口開渠達
母憂去職以令視事將軍兼領右翊衛長史營建臨朔
涿郡以通漕毗督其役明年兼領宿衛時軍團遼東城
宮及征遼東以本官領武賁郎將典宿衛時軍團遼東城

帝令毗詣城下宣諭賊弓弩亂發流矢中所乘馬毗顏色
不變辭氣抑揚殿內少監又領將作少監後
復從帝征遼東會楊玄感作逆帝班師從至高陽郡卒帝
其悼惜之贈殿內監寔字永和建康表氏人也曾祖豫
仕沮渠氏為臨松令魏平涼州祖灌隨例選於撫寧鎮因
家焉父遵初為征虜府鎧曹奔怕州為賊所敗遵後歸洛
陽拜通遠率卿及寔以軍功累贈散騎常侍征西大將軍金紫
刺史諡曰貞寔少以軍功加持節鄧征東將軍金紫光禄
大夫賀拔勝為荊州刺史寔以本官為勝軍司隨部曾
荊蠻騷動三鴉路絕寔先驅平之因撫慰蠻左翕然降附
除南鄀州刺史及勝為大行臺表寔為大都督攻武下
豪蜀孝武西遷東魏遣侯景冠荊州寔隨勝奔梁九城未及論
功寔李香蹕前謂之曰臣世荷魏恩位為列將天長喪亂本朝傾
引寔鄉寔吾曰觀卿風表終是富貴我當使卿衣
錦邊鄉寔吾荷恩逾重感於中面事逆賊非臣本朝
覆不能北面事逆賊得意有有道懌如明詔欣華實寔多
因淚泣橫流涕寔為之動容在梁二年勝乃與寔密圖歸
計寔白朱异既為梁主所信任請往見之寔辭之勝本朝
見异申以投分之言微託思歸之意辭氣雅至異亦嗟挹乃

為秦梁主許勝等歸大統二年自沼歸進爵為侯久之
遷車騎將軍行泾州事時賊師冀折後熾掠居人寧率
州兵與行原州事李賢討破之轉東義州刺史寧亦以
胡梨苟為東義州刺史寧討破之得入州梨苟亦至寧擊破
之斬其洛安郡守馮善道州既降接疆場百姓流移寧留
心撫慰咸來復業轉涼州刺史寧未至而前刺史宇文仲
和撫州作亂詔撾信與寧討之寧先至涼州為陳禍福
城中吏人皆相率降附仲和仍攝城不下尋亦冠千寧
驃騎大將軍開府儀同三司加侍中進爵為公十六年岩
昌叛羌獠甚作亂逐其王彌定而自立并連結傍乞鐵忽
又鄭五醜等詔寧軍與宇文貴豆盧寧等討之寧別擊
獠甚而山路險阻緣通單騎獠甚巳分其黨立栅守險寧
進兵攻之遂破其栅獠甚將百騎走投生羌董廉王彌定
遂得復位寧以未獲獠甚遂進軍大破之生獲董廉王而
斬之并執董廉王送闕所得軍實悉分賞將士寧無私焉
師還召寧率所部鎮河陽寧先在涼州戎夷服其威惠邊
鎮之後邊人莥魏廢帝元年復除涼甘瓜三州諸
軍軍涼州刺史初蠕蠕與魏和親後更離叛寧為突厥所
破殺其主阿那瓌部落逃遺者仍奉瓌之子孫抄掠河右
寧率兵邀擊獲瓌子孫二人并其種落酋長自具每戰破

之前後數萬人進爵安政郡公二年吐谷渾通使於齊寧
覘獲之就拜大將軍寧後遣使諸周文帝諸軍文即以
所服冠冕衣被及弓箭甲申賜寧謂其使人曰為我謝涼
州孤解衣以衣公推心以委公善始令終無損功名各時
突厥木汗可汗假道涼州將襲吐谷渾周文令寧率騎隨
之軍至番禾吐谷渾巳覺奔於南山木汗將分兵追之令
俱會於青海寧謂木汗曰渾巳柤散此上策也木汗
今若捨其本根餘種自然離散此上策也木汗從之即分
為兩軍木汗從比道向賀真寧趣樹敦樹敦渾之
戰寧擊斬之蹈山獲險遂至樹敦樹敦是渾之舊都多諸
珍藏而渾主先巳奔賀真留其征南王及載千人固守寧
進兵攻之偽退渾人果開門逐之因迴兵奮擊門未及闔
寧兵遂得入生獲其征南王俘斬男女財賀盡歸諸其破
渾賀羅拔王依險為栅欲塞寧路寧攻破之木汗會禾汗
真膚渾主妻子大獲珍物寧還軍於青海與禾汗會木汗
握寧手歡其勇決并遺寧良馬令寧乘之木汗亦破賀
親自步送突破以寧所圖必破皆異憚之咸曰此中國神
智人也又將班師木汗又遺寧妓婢一百口馬五百匹羊
一萬口寧及還州羞被徵以明蜀周文帝崩寧悲慟不已
乃請赴陵所盡哀并告行師邠捷周孝閔帝踐阼拜小司

北史列傳四十九

〔北王〕仲玉

徒出為荊州刺史襄鄄等五十二州及江陵鎮防諸
軍事寧有謀善識兵權臨敵指撝皆如其榮甚得當時
譽及在荊州頗自著縱貪濁不脩法度如有軍者也大
岳法寧還付被訟著治之自是有軍者不敢復言歎名大
撝松西州保定三年卒於州諡曰烈子雄嗣
雄字世武少勇敢旅力過人便弓馬有籌略年十四從寧
松奉屯山舉迎周文仍從校獵弓無虛發周文歎異之
轟尚周文女求富公主除使持節驃騎大將軍開府儀同
三司景還鄴部中大夫從桂國枹空公平威
縣公隋文帝踐阼拜儀同領交州事進鄱陽城郡公在州
祥字世休少有文武才幹仕周太子車右中士觀蔣武遂
頗有惠政轉驃騎將軍伐陳之役從宣陽公王世積出九
江道破陳師進拔江州總管徵拜左領軍將軍復以行
府丞拜蘄州刺史邊右衛將軍仁壽以行
軍總管從晉王廣破突厥松璽武邊右詔慰勉之進位上開
兵屯弘化以備胡賜帛時在東宮遭祥書論舊行兵時事
申以周旨祥為書陳謝太子其親遇之又即帝位漢王諒
作亂遣其將綦母良自淦口徇黎陽塞白馬津余公理自
太行下河內帝以祥為行軍總管軍於河陰久不得濟祥

北史列傳四十九

〔北六〕

謂諸吏曰余公理輕而無謀文新得志謂其衆可恃恃衆
必驕且河北人先不習兵所謂擁市人而戰不足圖也乃
令軍中修攻具公理使謀知之果屯兵於河陽內城以備
亦於是繕船南岸公理聚用當之祥乃簡精銳於下流潛
祥於是孃船南岸公理聚用當之祥乃簡精銳於下流潛
度公理拒之未成列祥縱擊大破之東趣黎陽討基良
良公理走其衆大潰進位上大將軍賜縑七千段女妓
十人良馬二十延轉太僕卿帝賞賜甚重
夏侯進遍深貴其唯聞古戰目詎知令旦撝勁草賞女有
背淮心掃逆黎山外振於河之陰功已書王府留情太僕
蔵祥上表辭謝帝手詔曰昔歲勞公間非河朔賊豈曰塞
兩關之路撫奔阻河公崛誠書第一擊而尅故卿不所懷
亦何謝也氣運漓胭卿從征吐谷渾祥出王門道擊盧破
之進位右光祿大夫拜右驍衛大將軍及征遼東道東
道不利是除名俄拜燕郡太守被賊高開道所圍城陷
開道其禮之會開道與羅藝通和遣祥於涿郡道所圍城陷
義隆永年令祥弟雲字世高亦以父勳賜爵武平縣公雄
位同職下大夫儀同大將軍萊州刺史雲弟威字世儀亦
以父勳賜爵武當縣公

權景宣字暉遠天水顯親人也父曇騰魏隴西郡守贈秦
州刺史景宣少聰悟有景俊宗黨皆歎異之年十七親行

臺塞蕭寶夤見而奇之表為輕車將軍及寶夤敗景宣歸鄉
里周文帝平隴右擢為行臺郎中尋武西將軍
步兵校尉加平西將軍寧都中正大統初轉祠部郎中
景宣聽兵權有智略從周文按弘農累破沙苑皆先登陷陣
轉外兵郎中從開府于謹攻景宣破洛陽景宣督課糧儲軍以周
濟時共宣至司州牧元季海等以驍少按還鳳城悉叛道會
東魏兵宣二十騎且戰且走從騎略盡景宣輕馬英圍
擁塞景宣初復洛陽將假緒官室景宣徒三千先出採運會
手斬數級馳而獲免因投人家自匿景宣以久藏并討乃
偽作周文書招募得五百餘人保擄宜陽聲言大軍續至

東魏將段琛等衆至九曲憚景宣不敢進景宣恐琛番
其處實乃將腹心自隨詐云迎軍因得西道與儀同李延
孫相會攻拔孔城洛陽以為尋亦來附周文即留景宣與
張白塢節度東南義軍東延景宣奧延孫
等擊走之以功授大行臺左丞進屯宜陽攻功封顯
郡守王洪顯周文嘉之徵人朝錄前功顯親縣男除
南陽郡守郡隣敵境舊制發人守防三十五騎多備器械盜盜
而姦宄猶作景宣至並除之唯修起城樓多備器械盜盜
敻迹人得肄葉焉百姓稱之立碑頌德周文特賞菜焉以
推其能還廣州刺史侯景舉河南來附景宣從僕射王思

政經略應接既而侯景南叛恐東魏復有其地以景宣為
大都督豫州刺史鎮樂口東魏亦道張伯德為刺史伯德
令其將劉貴平率其戍卒又山蠻屢來攻逼景宣共不滿
千人隨機舊擊盡死乃退走進授使持節車騎大將軍儀
同三司賴川陷後周文以樂口等諸城道絕悉令技
還襄州刺史杞秀以襄陽歸朝仍鎮荊州委景宣令嚴明
所部全濟獨被優賞仍留鎮荊州委景宣令嚴明戎旅整庸
陽王蕭詧乘虛冠掠之景宣乃率騎三千助詧因是乃遠其襄
將杜岸兄乘虛冠掠之景宣與開府楊忠取梁將柳仲禮技

王氏及子寮人質景宣文與關府楊忠取梁將柳仲禮技
安陸隨郡久之隨州城人吳士英殺刺史黃道王因聚為
冠景宣以英小賊可以計取之若聲其罪恐同惡者愍
與菜書偽稱道王凶暴歸功英等英寧東信之遂相率洛
至景宣執而戮之獲其黨與進攻城技之獲夏侯珍洛
郵新應六州諸軍事并州刺史氣進驃騎大將軍開府儀
同三司加侍中兼督豫州伯引至齊兵大為人害景宣文破之
蠻田魯嘉以其地為郡轉安州刺史梁定州刺史李洪遠初
獲賓田魯嘉以其地為郡轉安州刺史梁定州刺史李洪遠
歟後叛景宣惡其懷貳密與破之庸其家口及部衆洪遠

脫身走免自具酋帥憚服無敢叛者燕公子謹征江陵景

宣別破梁司空陸法和司馬羊亮於潀水又遣別帥攻破

魯山多逢舟艦益張旗幟臨江欲度以懼梁人梁將王琳

在湘州景宣遺書喻以禍福琳遂遣長史席整因襲除基郡硤

舉州欵附周孝閔帝踐阼以禍福琳徵為司憲中大夫尋除基郡硤

平四州五防諸軍事江陵防主加大將軍保定四年晉公

護東討景宣別略河南齊豫州刺史郭芳年壽不守

州以士良世怡及降卒一千人歸景宣到夏州而羅陽鹽反景宣回軍

世怡並城降景宣以開府謝徹守永州開府鄭芳年壽不守

乃葉二州拔其將士而還至昌州而羅陽鹽反景宣回軍

破之還次霸一晉公護親迎勞之天和初授荊州刺史總

管十六州諸軍事進爵千金郡公陳湘州刺史華皎舉州

欵附表請援兵戰景宣統水軍與皎俱下景宣到夏口陳

人已至而景宣任遇隆重遂驕縱恣多自矜伐故納

賄貨指撝節度朝出夕改將士憤怒莫肯用命又水軍

交一時並集戰艦器伏略無子遺時衛公直總督諸軍以皎

疾卒脯河渭郡三州刺史諡曰恭子如璋嗣位至開府儀

宣皇歡縱以軍法朝廷不忍加罪遣使就軍赦之蕭遇

州刺史如璋卒子廣川縣侯

論曰王盟始以親黨升朝終而才能進達勤宣運始位列

周行寶參迹於功臣蓋弗由於恩澤誼文武奇才以剛正

見已有隋受命戀慝為名臣末路獨信有終之克鮮獨孤

信威申南服化洽西州信著遐國雖不免其身

蘖延千後三代外戚何其盛歟竇熾儀表魁梧誡雄遠

入參朝政則嘉謀彰本朝義聲播於殊俗並以國華人

上參恭接下列伏龜閣慶等雖階緣

望論道當官榮映一時靡流求榮及藏逡勸進有送故

之心雖王公恨何以加此榮定以功懋賞以國保

威祿位貽厥子孫盛矣賓蘭祥此列伏龜閣慶等雖階緣

戚屬各以功名自終而昵制造之功亦足傳於後葉史

權景宣並以將帥之才受內外之寵總戎薄伐著冠敵之

功布政役人垂楠職之譽君此著豈非有國之良翰歟然

而史在末年貪財勣其雅志權亦晚節矜驕衰其威聲惜

矣楊諒千紀祥獨冠之效亦足稱云爾

列傳第四十九

北史六十一